MW01249008

EDITORIAL
kIER

Obras de la Fraternidad Cristiana Universal

Josefa Rosalía Luque Alvarez
(Hilarión de Monte Nebo, F.E.)

ARPAS ETERNAS *(Alborada Cristiana).*
Tres tomos.

CUMBRES Y LLANURAS *(Los Amigos de Jhasua).*
Segunda parte de *Arpas Eternas.* Dos tomos en un solo volumen.

MOISES *(El Vidente de Sinaí).*

PARAFRASIS DE KEMPIS *(Imitación de Cristo).*
Conjuntamente con "EL HUERTO ESCONDIDO".

Josefa Rosalía Luque Alvarez
(Sisedón de Trohade)

ORIGENES DE LA CIVILIZACION ADAMICA
(Vida de Abel). 1ro. y 2do. tomo en un solo volumen.

ORIGENES DE LA'CIVILIZACION ADAMICA
(Vida de Abel). Tomo 3ro.

ORIGENES DE LA CIVILIZACION ADAMICA
(Vida de Abel). Tomo 4to.

Josefa Rosalía Luque Alvarez
(Los Maestros)

LLAVE DE ORO

Fraternidad Cristiana Universal
Dirección postal: Casilla de Correo Nº 47
(1648) Tigre; Pcia. de Buenos Aires
República Argentina

JOSEFA ROSALIA LUQUE ALVAREZ
(HILARION DE MONTE NEBO)

ARPAS ETERNAS 1

JOSEFA ROSALIA LUQUE ALVAREZ
(HILARION DE MONTE NEBO)

ARPAS ETERNAS 1

DECIMO SEPTIMA EDICION

*en formato mayor
cotejada con los
originales de la autora*

EDITORIAL
kiER
*Desde 1907 un sello positivo
para un mundo que merece serlo*

FRATERNIDAD CRISTIANA UNIVERSAL
Florida (F.C.N.B.M.) Prov. de Bs. As.
1°, 2°, 3° edición
© *Hugo Jorge Ontivero Campo*
Dibujo y diagramación de tapa:
Horacio Cardo
Composición:
Cálamus
LIBRO DE EDICION ARGENTINA
Queda hecho el depósito que marca la ley 11.723
© 2003 by Editorial Kier S.A., Buenos Aires
Av. Santa Fe 1260 (C1059ABT), Buenos Aires, Argentina.
Tel: (54-11) 4811-0507 Fax: (54-11) 4811-3395
http://www.kier.com.ar - E-mail: info@kier.com.ar
Impreso en la Argentina
Printed in Argentina

BIOGRAFIA

La autora, Doña Josefa Rosalía Luque Alvarez, nació en Villa del Rosario, Pcia. de Córdoba, Rep. Argentina, el 18 de marzo de 1893. Sus padres, Don Rafael Eugenio Luque y Doña Dorotea Alvarez.

Educada en el colegio de las Carmelitas Descalzas, en la ciudad de Córdoba.

En el año 1910, obtiene el Primer Premio y Diploma por su trabajo "Lauros y Palmas", en el certamen que, en conmemoración del Centenario de la Revolución, organiza la Sociedad Damas de la Providencia y patrocinado por la Universidad Nacional de San Carlos, el Gobierno de la Provincia y Municipalidad de la Capital en Córdoba.

Circunstancias de la vida la llevaron a vivir en la ciudad de Buenos Aires, donde colaboró con su prosa y poesía en revistas espiritualistas cristianas.

En el año 1932 aproximadamente se radicó en el Delta bonaerense.

Allí comenzó a escribir lo que luego conformaría una hermosa tetralogía: "Orígenes de la Civilización Adámica" — "Arpas Eternas" — "Cumbres y Llanuras" y "Moisés", que fue la última terminada días antes de su desencarnación.

Todo libro o escrito está dirigido a lectores ya determinados. En su caso a los buscadores sinceros de la Verdad, la Justicia y el Amor.

Cuál fue la voluntad determinante: el dar a conocer enseñanzas y vidas Mesiánicas del Guía e Instructor de esta Tierra, y que fueron un calco perfecto de la Idea de Dios.

Extraído de lo que está grabado en forma indeleble en el Archivo de la Luz Eterna.

Como todo aquel que con esfuerzo y sacrificio desentraña de amontonamiento de piedras y malezas la riqueza de la tierra; así la autora tuvo que desarrollar su Obra entre la inconsciencia de seres que con distinto miraje se acercaron a ella, no comprendiendo la magnitud de la misma.

La lectura de su libro "El Huerto Escondido", evita el entrar en detalles; en su diálogo con el Cristo desahoga su alma y trasunta el dolor causado por la incomprensión de las criaturas humanas.

No ha de ser el discípulo mejor tratado que su Maestro.

Conocedores de la Obra de Santa Teresa de Jesús establecen un paralelo entre las mismas.

Al ver su Obra, hay que admirar la voluntad férrea para llegar a concretarla, y poder dar vida nuevamente al Cristo, entre nosotros, reflejada en un libro.

Y con la finalidad de hacer resurgir de lo profundo de nuestra alma el Ideal inculcado por nuestro Divino Maestro: la Paternidad de Dios y la Hermandad

Universal; y que en su postrera vida de Jesús de Nazareth trató de grabar a fuego en nuestros corazones.

La Ley Divina dió los recursos necesarios a nuestro espíritu para despertar la conciencia de que integramos una alianza milenaria y el deber que nos corresponde en este final de ciclo, y en esta hora decisiva de nuestra evolución.

La personalidad de la autora se diluye ante la magnitud de la Obra, y se agranda por haberle dado vida.

Su espíritu es esencia en Dios.

Nuestra alma aspire a lo mismo.

Paz, esperanza y amor sobre todos los seres.

PORTADA

Inútil parecería un nuevo relato biográfico del gran Maestro Nazareno, después que durante diez y nueve siglos se han escrito tantos y aún siguen escribiéndose sin interrupción.

Mas, Jesús de Nazareth, encarnación del Cristo, no es propiedad exclusiva de ninguna tendencia ideológica, sino que nos pertenece a todos los que le reconocemos como al Mensajero de la Verdad Eterna.

El amor que irradió en torno suyo el genial soñador con la fraternidad humana, le creó un vasto círculo de amadores fervientes, de perseverantes discípulos, que siglo tras siglo han aportado el valioso concurso de sus investigaciones, de su interpretación basada en una lógica austera, y finalmente, de las internas visiones de sus almas más o menos capaces de comprender la gran personalidad del Enviado por la Eterna Ley, como Instructor y Guía de la humanidad terrestre.

Yo, como uno de tantos, aporto también mi vaso de agua al claro manantial de una vida excelsa, de la cual tanto se ha escrito y sobre la cual hubo en todos los tiempos, tan grandes divergencias, que las inteligencias observadoras y analíticas, han acabado por preguntarse a sí mismas: "¿Es real, o mitológico, un personaje del cual se han pintado tan diferentes cuadros?"

El hecho de haber muerto ajusticiado sobre un madero en cruz a causa de su doctrina, no justifica por sí solo la exaltación sobrehumana, la triunfante grandeza del Profeta Nazareno. ¡Hubo tantos mártires de la incomprensión humana inmolados en aras de sus ideales científicos, morales o sociológicos!

La historia de la humanidad, solamente en la época denominada *Civilización Adámica*, es una cadena no interrumpida de víctimas del Ideal; un martirologio tan abundante y nutrido, que el espectador no sabe de qué asombrarse más, si de la tenaz perseverancia de los héroes, o de la odiosa crueldad de los verdugos.

La grandeza del Maestro Nazareno, no está, pues, fundamentada tan solo en su martirio, sino en su vida toda, que fue un exponente grandioso de su doctrina conductora de humanidades, doctrina que El cimentó en dos columnas de granito: *La paternidad de Dios y la hermandad de todos los hombres.*

Toda su vida fue un vivo reflejo de estas dos ideas madres, en que basó toda su enseñanza por la convicción profunda que le asistía, de que sólo ellas pueden llevar las humanidades a su perfección y a su dicha. Sentir a Dios como Padre, es amarle sobre todas las cosas. Sentirnos hermanos de todos los hombres, sería traer el cielo a la tierra.

Veinte años de ansiosa búsqueda en la vasta documentación, crónicas y relatos del siglo primero, salvados de la proscripción ordenada más tarde por el emperador Diocleciano, y de perseverantes investigaciones por la Palestina,

9

Siria, Grecia, Alejandría, Damasco, Antioquía y Asia Menor, nos permiten ofrecer hoy a los buscadores de la Verdad, en lo que se refiere a la augusta personalidad de Cristo, este relato cuyo título: *"Arpas Eternas"* induce al lector a la idea de que estas excelsas vidas. . . vidas geniales, son las arpas eternas en que cantan los mundos la grandeza infinita de la Causa Suprema.

No podemos callar aquí, la colaboración de los antiguos archivos Esenios de Moab y del Líbano, y de las Escuelas de Sabiduría fundadas por los tres ilustres sabios del Oriente: Gaspar, Melchor y Baltasar, las cuales existen aún en el Monte Sulimán, cerca de Singapur (India) en las montañas vecinas a Persépolis (Persia) y en el Monte Sinaí (Arabia).

Tampoco podemos olvidar a la bravía raza Tuaregs, perdida entre los peñascales del Desierto de Sahara, cuyos viejos relatos sobre el Genio Bueno del Jordán, como llamaron al Profeta Nazareno, han dado vivos reflejos de sol, a determinados pasajes de nuestra histórica relación.

En especial, está escrito este libro, para los discípulos del Hombre-Luz, del Hombre-Amor. Y a ellos les digo, que no es éste un nuevo paladín que baja a la arena con armas de combate. Es un heraldo de paz, de unión y de concordia, entre todos los discípulos de Jesús Nazareth, sean de cualquiera de las tendencias en que se ha dividido la fe de los pueblos.

Creemos, que el reconocer y practicar su enseñanza como una elocuente emanación de la Divinidad, es la más hermosa ofrenda de amor que podemos presentarle sus admiradores y amigos, unidos por el vínculo incorruptible de su genial pensamiento: "DIOS ES NUESTRO PADRE: TODOS LOS HOMBRES SOMOS HERMANOS".

Los amantes del Cristo en la personalidad de Jesús de Nazareth, encontrarán sin duda en este modesto trabajo, al Jesús que habían vislumbrado en sus meditaciones; al gran espíritu símbolo de la más perfecta belleza moral: reflector clarísimo del Bien, practicado con absoluto desinterés.

—¡Son así las estrellas de primera magnitud, que derraman sus claridades sin pedir nada a aquellos cuyos caminos alumbran, sino que labren su propia dicha futura!

Y al tender hacia todos los horizontes, la oliva de paz, simbolizada en este nuevo relato de su vida, digo desde lo más íntimo de mi alma:

Amigos de Jesús: os entrego con amor, el esfuerzo de veinte años, que presenta a vuestra contemplación, la más fiel imagen del Cristo de vuestros sueños, que nos es posible obtener a nosotros, pequeñas luciérnagas errantes en la inmensidad de los mundos infinitos.

EL AUTOR.

PRELUDIO

¡Era la hora justa, precisa, inexorable!

Hora que en la infinita inmensidad, es sinónimo de día de gloria, edad de oro, resplandor de voluntades soberanas que llega cuando debe, y se va cuando ha terminado de manifestarse.

Y ese algo supremo como el *fiat* del Infinito, ¡iba a resonar en las arpas eternas, como un himno triunfal que escucharían las incontables esferas!...

La pléyade gloriosa de los Setenta Instructores de este Universo de Mundos, estaba reunida en luminosa asamblea para que el Amor Supremo ungiera una vez más, con la gloria del holocausto a sus grandes elegidos. Su ley marcaba la tercera parte más uno. Debían, pues, ser veinticuatro.

¿Hacia dónde se abrirían los senderos largos en la inmensidad infinita?...

En los archivos de la Luz Eterna, estaban ya marcados desde largas edades.

No sería más que la prolongación de un cantar comenzado y no terminado aún.

No sería más que la continuidad de una luz encendida en la noche lejana de los tiempos que fueron, y que antes de verla extinguirse, era necesario llenar nuevamene de aceite la lamparilla agotada.

No sería más que una siembra nueva, ya muchas veces repetida de Amor divino y de divina Sabiduría, antes de que se extinguieran los últimos frutos de la siembra anterior.

¡En la inconmensurable grandeza del Infinito, eran pequeños puntos marcados a fuego!... ¡Nada más que puntos!...

Una pequeña ola coronada de blanca espuma que va hacia la playa, la besa, la refresca y torna al medio del mar, feliz de haber dejado sus linfas refrescantes en las arenas resecas y calcinadas.

Eran los elegidos para una nueva misión salvadora: Jhasua, Venus, Alpha, Castor, Pólux, Orfeo, Diana, Jhuno, Beth, Horos, Resay, Hehalep, Régulo, Virgho, Ghimel, Thipert, Schipho, Shemonis, Pallus, Kapella, Zahin, Adonai, Ghanma y Shedanial.

A cada cual se le llamaba con su nombre elegido desde su primera encarnación consciente en su mundo de origen, que debía ser también el que llevara en la última; nombres tan poderosos y fuertes en sus vibraciones, que muchos de ellos quedaron impresos por largas edades en los mundos físicos donde actuaron.

Y cada cual siguiendo el rayo luminoso de las **Antorchas Eternas**, que a su vez los recibían de los **Fuegos Magnos**, supremos jerarcas de este universo, vieron destacarse en el infinito azul, como burbujas de luz, los globos donde el dolor y el sacrificio les esperaban.

Cada cual había realizado allí mismo, varias estadías separadas unas de otras por largos milenios.

Cada cual eligió de entre los cuarenta y seis hermanos gemelos que quedaban libres en sus gloriosas moradas, los que debían guiarle y protegerle, en la tremenda prueba a realizar. Y el dulce Jhasua, originario de la segunda estrella de la constelación de Sirio, que ya había realizado ocho etapas en el planeta Tierra, eligió como guías inmediatos a Ariel y Aheloin, que ya lo habían sido en las jornadas de Juno, de Krishna y de Moisés, como Sirio y Okmaya lo habían sido de Antulio; Venus y Kapella de Abel; Isis y Orfeo de Anfión, de Numú y de Buda.

Mas, como se trataba de que el dulce Jhasua debía realizar la jornada final, la más tremenda, la que cerraría el glorioso ciclo de todos sus heroicos sacrificios, se ofrecieron para auspiciarle también, Ghimel, Tzebahot y Shamed, que por su excelso grado de evolución, estaban ya próximos a pasar a la morada de las Antorchas Eternas.

Después de la solemne e imponente despedida con la presencia del gran Cirio, punto inicial de aquellas magníficas evoluciones, que dio a beber a los mártires voluntarios, de la copa sagrada de los héroes triunfadores y les bendijo en nombre del Eterno Amor, los veinticuatro misioneros fueron vestidos con las túnicas grises de los inmolados, y el dulce y tierno Jhasua fue conducido por sus cinco Guardianes Superiores al portalón de color turquesa que da a la Esfera Astral de la Tierra, donde fue sumergido en el sueño preliminar y entregado a la custodia de tres Cirios de la Piedad, hasta el momento de hacerle tomar la materia ya preparada de antemano, por las inteligencias encargadas de la dirección de los procesos fisiológicos de la generación humana.

La mayoría de los elegidos para el holocausto grandioso y sublime, eran de la Legión de las Arpas Vivas o Amadores, unos pocos de los Esplendores y de las Victorias, y otros de la Muralla de Diamantes.

Era pues, una desbordante inundación de amor la que arrastraban consigo aquellos gloriosos Enviados desde la altura de los mundos Sirianos, hasta los globos favorecidos con tan preclaros visitantes.

Mas ¡cuán ajenas e ignorantes estaban aquellas esferas, del divino don que iban a recibir!

En el planeta Tierra, existían cuatro agrupaciones de seres humanos, que veían en el cielo terso de sus místicas contemplaciones, el acercamiento del Gran Misionero: Los Esenios, congregados en número de setenta en las grandes grutas de las montañas de Moab, al oriente del Mar Muerto, otras porciones en la cordillera del Líbano, y los montes de Samaria y de Judea, mientras los que tenían familia y hogar, se hallaban diseminados en toda la Palestina, y éstos formaban como una segunda cadena espiritual dependiente de los que vivían solitarios y en celibato.

La segunda agrupación se hallaba en Arabia, en el Monte Horeb, donde un sabio, astrólogo de tez morena, había construído un templo-escuela a sus expensas, y con ochenta y cuatro compañeros de estudios y de meditación, buscaban de ponerse en la misma onda de vibración que las inteligencias invisibles, cortesanos del Divino Ungido, que entraba en el sueño preparatorio para la unión con la materia física.

Era Melchor el príncipe moreno, que habiendo tenido en su primera juventud un amor pasional profundo como un abismo, y fuerte como un huracán, le había llevado a la inconsciencia del delito; le había arrancado a un joven pastor, la tierna zagala que debía ser su compañera, con lo cual causó la desesperación y la muerte de ambos.

Melchor, buscando curar el dolor de su culpa, derramó la mitad de su cuantiosa fortuna a los pies de todas las zagalas de su tierra para cooperar a sus bodas. y a la formación de sus hogares. Y con la otra mitad construyó un Templo Escuela, y. llamó a los hombres desengañados por parecido dolor que el suyo, que quisieran buscar en la serenidad de lo Infinito, la esperanza, la paz y la sabiduría.

Estaba como incrustado en el monte Horeb, entre los cerros fragorosos de la Arabia Petrea, a pocas millas de Dïzahabad, por lo cual los de esta ciudad portuaria les llamaban los ermitaños Horeanos, que fueron respetados y considerados como augures, como astrólogos y terapeutas.

La tercera agrupación se encontraba en Persia, entre las montañas de la cadena de los Montes Sagros, a pocas millas al sur de Persépolis, la fastuosa ciudad de Darío.

El templo se hallaba a la vera de un riachuelo que naciendo en las alturas de los Montes Sagros, desembocaba en el Golfo Pérsico. Comúnmente les llamaron en la región ''Ruditas'' debido a Rudián, célebre médico que vivió entre los solitarios, cuyos cultos eran como resonancia suave del Zend-Avesta, y origen a la vez, de los dulces y místicos Chiitas, que repartían su tiempo entre la meditación, la música y el trabajo manual.

Era Baltasar, el Consejero en esta Escuela de meditación y de sabiduría, y a ella había consagrado la mayor parte de su vida que ya llegaba al ocaso.

Y por fin la cuarta agrupación, radicada en los Montes Suleiman, vecinos al gran río Indo, cuya torrentosa corriente era casi el único sonido que rompía la calma de aquella soledad. Y allí Gaspar, Señor de Srinaghar y Príncipe de Bombay, había huído con un sepulcro de amor en su corazón, para buscar en el estudio del mundo sideral y de los poderes internos concedidos por Dios a los hombres, la fuerza necesaria para ser útil a la humanidad, acallando sus propios dolores en el estudio y la contemplación de los misterios divinos.

He aquí las cuatro porciones de humanidad a las cuales fuera revelado desde el mundo espiritual, el secreto del descenso del Cristo en un cuerpo físico, formado en el seno de una doncella del país en que corre como en el fondo de un abismo, el río Jordán.

Y en la lucidez serena de sus largas contemplaciones, vislumbraron un hogar como un nido de tórtolas entre rosales y arrayanes, donde tres seres, tres esenios, cantaban salmos al amanecer y a la caída de la tarde, para alabar a Dios al son de la cítara, y entrar en la onda vibratoria de todos los justos que esperaban la llegada del Ungido anunciado por los Profetas. Eran Joachin, Ana, y la tierna Azucena, brotada en la edad madura de los esposos que habían pedido con lágrimas al Altísimo, una prolongación de sus vidas que cerrara sus ojos a la hora de morir.

Y era Myriam, un rayo de luna sobre la serenidad de un lago dormido.

Y era Myriam, un celaje de aurora sobre un jardín de lirios en flor.

Y era Myriam, una mística alondra, cuando al son de su cítara cantaba a media voz salmos de alabanza a Jehová.

Y las manos de Myriam corriendo sobre el telar, eran como blancas tortolitas sacudiéndose entre arenillas doradas por el sol.

Y eran los ojos de Myriam. . . ojos de siria, que espera al amor. . . del color de las avellanas maduras mojadas por el rocío. . . Y miraban con la mansedumbre de las gacelas, y sus párpados se cerraban con la suavidad de pétalos al anochecer. . .

Y el sol al levantarse como un fanal de oro en el horizonte, diseñaba en sombra en su silueta gentil y su paso ligero y breve, sobre las praderas en flor, cuando iba con el cántaro al hombro a buscar agua de la fuente inmediata.

Y la fuente gozosa, le devolvía su propia imagen. . . imagen de virgen núbil, con su frente tocada de blanco al uso de las mujeres de su país!

¡Qué bella era Myriam, en su casta virginidad!. . .

Tal fue el vaso elegido por la Suprema Ley de esa hora solemne, para depositar la materia que usaría el Verbo Divino en su gloriosa jornada Mesiánica.

Y cuando Myriam contaba sólo quince años, Joachin y Ana con sólo diferencia de meses, durmieron en el seno de Dios, ese sueño que no se despierta en la materia, y la dulce virgen núbil de los ojos de gacela, fue llevada por sus parientes a proteger su orfandad entre las vírgenes de Sión, bajo los claustros y pórticos dorados del Templo de Jerusalén, donde los sacerdotes Simeón y Eleazar, esenios y parientes cercanos de su padre, la acogieron con tierna solicitud.

Y la dulce Myriam de las manos de tórtolas, corriendo sobre el telar, tejía el blanco lino para las túnicas de las vírgenes, y los mantos sacerdotales; y corrían sobre las cuerdas de la cítara, acompañando el canto sereno de los salmos con que glorificaban las grandezas de Jehová.

Veintinueve meses más tarde, Joseph de Nazareth, joven viudo de la misma parentela era recibido en el Pórtico de las mujeres por la anciana viuda Ana de Jericó, prima de Joachin, y escuchaban las santas viudas del Templo, la petición de la mano de Myriam para una segunda nupcia de Joseph, cuya joven esposa dejara por la muerte su lugar vacío en el hogar, donde cinco niños pequeños llamaban ¡madre. . . madre! sin encontrarla sobre la tierra.

Y Myriam, la virgen núbil de cabello bronceado y ojos de avellanas mojadas de rocío, vestida de alba túnica de lino y coronada de rosas blancas, enlazaba su diestra con la de Joseph de Nazareth, ante el sacerdote Simeón de Bethel, rodeada por los coros de viudas y de vírgenes que cantaban versículos del Cantar de los Cantares, sublime poema de amor entre almas hermanas que se encuentran en el Infinito.

Y a todos esos versículos, Myriam respondía con su voz de alondra:

"Bajad Señor a bendecir las nupcias de la virgen de Sión".

Terminado el solemne ritual, la dulce virgen recibió en su frente coronada de rosas, el beso de sus compañeras y de sus maestras, besó después el umbral de la Casa de Jehová que cobijó su orfandad, y siguió a Joseph a su tranquila morada de Nazareth.

Los excelsos arcángeles de Dios, guardianes del dulce Jhasua que esperaba arrullado por una legión resplandeciente de *Amadores*, envolvieron a Myriam en los velos nupciales que tejen en torno a las desposadas castas y puras, las Inteligencias Superiores denominadas *Esposos Eternos* o *Creadores de las Formas*, y mientras caminaba al lado de su esposo hacia Nazareth, iba levantándose este interrogatorio en lo más hondo de su yo íntimo: ¿Qué quieres de mí, Señor, que me mandas salir de tu Templo, para seguir a un siervo tuyo que me ofrece su amor, su techo y su pan?"

Y después de un breve silencio creía escuchar esta voz que no podía precisar si bajaba de lo alto, o era el rumor de las praderas, o la resonancia del viento entre las palmeras y los sicomoros:

"¡Myriam! . . . Porque has sido fiel en guardar tu castidad virginal en el hogar paterno y el Templo de Jehová; porque tus manos no se movieron más que para tejer el lino y arrancar melodías de tu cítara acompañando las alabanzas de Dios, verás surgir de ti misma la más excelsa Luz que puede bajar a la Tierra".

Y con sus pasitos breves y ligeros, seguía a su esposo camino a Nazareth, absorta en sus pensamientos tan hondos, que la obligaban a un obstinado silencio.

—¿Qué piensas, Myriam, que no me hablas? —le preguntaba Joseph mirándola tiernamente.

—Pienso que me veo en seguimiento tuyo, sin saber porqué te voy siguiendo —le respondía ella haciendo un esfuerzo para modular palabras.

Porque los velos nupciales de los radiantes *arcángeles Creadores de las Formas* se envolvían más y más en torno de su ser físico, que iba quedando como un óvalo de luz en el centro de una esplendorosa nube de color rosado con reflejos de oro.

¡Y el silencio se hacía más hondo, a medida que se acercaban a la casita de Nazareth; silencio de voces humanas pero lleno de armonías, de resonancias, de vibraciones dulces, suaves, infinitas!

Cantaban en torno a Myriam, las *Legiones de los Amadores*, mientras la belleza ideal de una forma humana flotaba ya en la ola formidable que es Luz y Energía, por medio de la cual van y viene, suben y bajan las Inteligencias excelsas forjadoras de toda forma plástica en el vasto Universo!

Y apenas entrada Myriam bajo el techo de Joseph, fue a postrarse en el pavimento de su alcoba, y desde el fondo de su yo elevó a la Divinidad esta sencilla plegaria:

"¡Señor. . . Señor!. . . Desde tu Templo de oro me has conducido a esta humilde morada, donde continuaré cantando tus alabanzas, tejiendo el lino y laborando el pan de los que rodean mi mesa. ¡Señor. . . Señor!. . . ¡Myriam será tu rendida esclava, en cualquier condición de vida en que quieras colocarla!

—¿Qué haces, Myriam, y por qué tienes lágrimas en los ojos? —díjole Joseph al verla de rodillas en medio de la alcoba y con dos líquidas perlas en sus blancas mejillas.

—Oro a Jehová, para que sea yo portadora de la paz en tu hogar —respondió ella.

Y llevada por Joseph, fue a encontrar junto al hogar que ardía en vivas llamaradas, a los cinco hijitos de Joseph, que vestidos con sus mejores ropas esperaban ansiosos a la dulce madrecita, que les prometiera traer su padre desde la ciudad Santa de los Reyes de Judá. Los niñitos de 10, 8, 6, 4 y 2 años se prendieron de la túnica blanca de Myriam, mientras se alzaban en la punta de los pies para besarla en la boca.

Y una Legión de Amadores cantaban invisibles en torno a la Virgen, madre de cinco niños que otra madre trajera a la vida, y la cual, sin duda lloraba de felicidad, viendo a sus tiernos retoños acariciados por la hermosa Virgen rubia que les amaría como una madre.

El humilde hogar del artesano vióse con la llegada de Myriam inundado de ininterrumpidas ondas de luz, de paz y de amor.

Los niños reían siempre, las golondrinas alegres y bulliciosas anidaban en el tejado; las tórtolas aleteaban arrullándose entre el verdor brillante del huerto, las alondras y los mirlos cantaban al amanecer haciendo coro a los salmos de Myriam que les acompañaba con las melodías de su cítara.

—¡Qué hermosa es la vida a tu lado, Myriam! —decíale Joseph cuando terminada su labor de artesano, se sentaba junto al telar donde su esposa tejía o junto a la lumbre donde ella cocía el pan y condimentaba los manjares.

—Paréceme que estás siempre envuelta en la luz de Jehová y que le tengo a Él bajo mi techo, desde que estás a mi lado. Si la ley no dijera "No adorarás imagen ni figura alguna, sino sólo a Mi que soy tu Creador", estaría por adorarte, Myriam, como a un retazo de Dios.

Y cuando así empezaba Joseph a diseñar en palabras sus pensamientos de admiración, Myriam ruborizada entornaba los ojos mientras ponía sus deditos de rosa sobre la boca de Joseph para indicarle callar.

Su estado habitual era un dulce y suave silencio, porque la poderosa irradiación de la forma astral que flotaba acercándose y del radiante Espíritu Divino que vibraba en lo infinito, la tenía de tal modo embargada y absorta en su propio pensamiento, que con dificultad bajaba al mundo exterior, cuyas vibraciones eran pesadas y duras comparadas con la intensa y suavísima armonía de su mundo interior.

¡Myriam!. . . ¡Dulce y tiernísima Myriam! ¿Cómo habían de comprenderte en tu silencio las mujeres nazarenas que hablaban y reían siempre en alegres corrillos cuando hilaban o tejían, cuando recogían leña y heno en el prado, cuando cosechaban sus viñedos y sus higueras, cuando caminaban presurosas a buscar con sus cántaros el agua de la fuente?

¡Myriam! ¿Por qué estás triste?... ¡Myriam!... ¿Cuándo vas a reír? ¡Myriam!. . . ¿No tienes nada para contarnos?. . . ¿No eres feliz, Myriam?

A todos estos interrogantes hechos espontáneamente y sin premeditación por las mujeres nazarenas, Myriam contestaba con una suave sonrisa o con estas palabras:

—¡Soy tan feliz, que si hablara, paréceme que mis propias palabras interrumpirían la melodía interna que me arrulla siempre!

¿Cómo podían comprender a Myriam las mujeres nazarenas, si ella sola era el vaso de nácar elegido para recibir al amor que es canto universal, inefable y eterno?

¡Y el amor cantaba en ella, oculto como una lira bajo su blanco tocado!

¡Y el amor cantaba para ella, cuando de rodillas en la penumbra de su alcoba solitaria, oraba a Jehová para que enviara sobre Israel el Salvador prometido a los Profetas!

¡El amor cantaba junto a ella, cuando su meditación era profunda, y hermosas visiones iban surgiendo del claro espejo de su mente no ensombrecido por hálito alguno, que no fuera el aliento soberano del amor que buscaba nido en su seno!

¡El amor cantaba en sus ojos, que acariciaban al mirar, que el pudor o el éxtasis entornaban como pétalos mojados por la lluvia y besados luego por el sol!

¡El amor, cantaba en sus manos cruzadas por la oración honda, profunda, íntima, conque su alma de elegida le respondía en salmos idílicos, durante todas las horas que iban desgranándose de sus días como perlas blancas, azules, doradas!. . .

En su purísima inocencia, Myriam pensaba:

> "Ni aún en mis días luminosos del Templo santo de Jehová, me sentí tan absorta en la Divinidad como hoy, que me hallo sumida entre las monótonas labores de ama de hogar.
> Diríase que la casa de Joseph es también un templo pequeño y humilde, pero donde baja en raudales el aliento de Jehová para purificar a las criaturas por la Fe, la Esperanza y el Amor".

Las Iglesias Cristianas, como inspiradas de oculto conocimiento de la Verdad profunda, encerrada en estos extraordinarios acontecimientos, rinden culto sin definir por qué, a los días solemnes de ansiedad y únicos, en la vida de una mujer, a los cuales han llamado "días de expectación de la Virgen Madre".

Días de gloria, de paz y de amor incomprensibles para el vulgo, pero de una sublimidad clara y manifiesta para Myriam, que veía deslizarse en torno de ella visiones de oro magníficas y radiantes, que le hablaban con voces sin sonido, de cielos ultraestelares, de donde momento a momento bajaba la Luz sobre ella, y el Amor tomaba plena posesión de ella; y las arpas eternas cantaban en ella misma, como si todo su ser fuera una vibración con vida propia, un himno divino, que tomaba formas tangibles a intervalos, o se esfumaba en el éter con rumor de besos suavísimos después de haberla inundado de tan divina felicidad, como jamás lo soñara, ni aún en sus más gloriosos días entre las Vírgenes de Sión.

Y este estado semi-extático de Myriam, entristecía a veces a Joseph, que en su inconciencia de los excelsos designios divinos sobre su compañera, se juzgaba a sí mismo duramente como un indigno poseedor de ese templo vivo de Dios, como un audaz gusano que había osado acercarse a la virgen núbil, bajada a su hogar de artesano, como un rayo de luna en las noches serenas; como un copo de nieve resbalado de cumbres lejanas vecinas de los cielos, como una ave del paraíso asentada en su tejado. . .

¡Pobre y triste Joseph, en su inconsciencia de los excelsos destinos de Myriam traída a su lado por la Ley Divina, porque su honrada probidad de hombre justo, le hacía digno protector y amparo en esa hora extraordinaria y única, en la vida de Myriam!. . .

La mayoría de los primeros biógrafos de tales acontecimientos, tampoco interpretaron debidamente la tristeza de Joseph, atribuyendo a que habían pasado por su mente alucinada, obscuros y equivocados pensamientos respecto a la santidad de su esposa. ¡Nada de eso!

Joseph no pensó nunca mal de su santa compañera, sino que por el contrario, se vio a sí mismo demasiado imperfecto junto a ella; demasiado hombre junto a ella que era un ángel con formas de mujer, y hasta pensó en huir por juzgarse indigno de permanecer ni un día más junto a aquella criatura celestial, que él mismo solicitó por esposa en los Atrios del Templo de Jehová.

Mas, el amor que cantaba en Myriam, cantó también una noche en sueños para el entristecido Joseph que cayendo del lecho bañado en llanto se prosternó sobre el frío pavimento de la alcoba, adorando los designios de Jehová que le había tomado como medio de realizar en el plano físico terrestre, ¡lo que la Eterna Voluntad había decretado desde las alturas de su Reino Inmortal!

Y la infinita dulzura de una paternidad que le asemejaba a Dios, cantó divinas melodías en el alma de Joseph, para quien se había descorrido el velo místico que ocultaba la encarnación del Verbo de Dios en el casto seno de Myriam.

¡Ya está todo comprendido y sentido!. . .Ya la gris nebulosa de cavilaciones se ha esparcido en polvo de oro y azul, y los esposos de Nazareth esperan felices que desborde la Luz Divina bajo el techo humilde que les cobija.

Y las arpas eternas cantaban cada vez más cerca y en tonalidades más y más solemnes: ¡Gloria a Dios en las alturas de los cielos infinitos, y paz en la tierra a los hombres de buena voluntad!

LA GLORIA DE BETLEHEM

¡Los días volaban!. . . volaban como pétalos de flores que lleva el viento, por valles, montañas y praderas; y cada uno de esos días, girón de luz desmenuzado por los inexorables dedos del tiempo, le decía a Myriam con su voz sin ruido, que se acercaba el gran acontecimiento de su divina maternidad.

Una radiante visión color de amatista y oro le había cantado en un atardecer de otoño, una melodía jamás oída por ella:

"¡Dios te salve, Myriam!. . .¡Llena eres de Gracia!. . .¡Bendita tú entre todas las mujeres!. . . ¡Y bendita en el que saldrá de ti, el cual será llamado *Hijo del Altísimo*!

"¡Aleluya, Myriam!. . . ¡Aleluya!

"¡Canta, mujer del silencio, canta porque tu gloria sobrepasa a todas las glorias, y en esta hora solemne, se ha fijado tu ruta de estrellas por los siglos de los siglos!. . .".

Y la celeste voz parecía ir perdiéndose a lo lejos, como si aquel de quien surgía fuese elevándose más y más en el infinito azul.

Algunos humildes labriegos y pastores nazarenos, que pasaban las noches del otoño bajo las encinas gigantescas, con hogueras encendidas cuidando sus majadas o sus cultivos en maduración, creían haber soñado con cantares como los de las vírgenes de Sión, en la solemnidad de la Pascua en el Templo de Jerusalén.

Y otros transeúntes nocturnos de la silenciosa ciudad nazarena, aseguraban haber visto cómo nubecillas rosadas, azul y oro del amanecer, bajando y subiendo, esparciéndose como filigrana de tenues hilos de los colores del iris sobre la grisácea techumbre de la casa de Joseph el artesano. Y a media voz empezaban a correr versiones cargadas de misterio, de enigmas y de estupor, haciéndose los más variados y pintorescos comentarios, que ensanchándose más y más llegaban a lo maravilloso. Algún poderoso mago debía andar de por medio en todo aquello —decían sigilosamente.

Y la curiosidad femenina tejía redecillas sutiles, obra de imaginaciones de mentes sin cultivo y sin lucidez. La dulce Myriam, acosada a preguntas, iba entristeciéndose y alarmándose, al ver que su casita-templo, era tomada como escenario de algo que aquellas buenas gentes no acertaban a comprender, y Joseph tomó la medida prudente y discreta de llevarse a Myriam a Betlehem, a casa de Elcana, unido en matrimonio con Sara, hermana menor de Ana su madre, los cuales tenían un verdadero culto por la virtuosa y bella sobrina.

Joseph había tratado el viaje con la caravana de mercaderes que bajaba periódicamente desde Cesárea de Filipo a Jerusalén, y que hacía descanso junto a la fuente, en las afueras de Nazareth.

Y cuando la luna llena estaba en el cenit, Joseph y Myriam montados sobre un camello seguían la caravana rumbo al sur, mientras los niños de Joseph al cuidado de una parienta, continuaban encendiendo la lumbre bajo aquel techo enmohecido por los años, y que tantas bellezas había visto pasar en los siete meses de preparación para el gran acontecimiento.

—¿Qué ha pasado en la casita del carpintero? —se preguntaban los vecinos nazarenos— ¡Que no se oyen las sierras ni los martillos de los jornaleros de Joseph!

¿Será que los ángeles del Señor se llevaron al séptimo cielo a la dulce Myriam, que acaso va a ser madre de un nuevo Profeta enviado de Jehová para fulminar a los déspotas dominadores de Israel?

Tales interrogantes surgían de las mentes sin malicia de los que habían escuchado las aseveraciones de algunos clarividentes, que sorprendieron extraños resplandores sobre la casa de Joseph.

Pero la mayoría, tejía de malignas suposiciones, una redecilla obscura en torno a la dulce mujer del silencio, no faltando quien anunciase que había perdido la razón; que una atroz demencia la había ido llevando de sombras en sombras envuelta en su tenaz silencio, hacia esa pavorosa tiniebla mental que llamamos locura.

Y después de tres días de marcha, Joseph y Myriam se encontraron en la ciudad de David, el místico rey pastor, que al son de una lira de oro cantaba salmos de alabanzas a Jehová y salmos de dolor por sus pecados: ¡gritos de angustia clamando piedad y misericordia para sus grandes errores!

— ¡Myriam. . . hija de Ana!. . . —exclamaba Sara, su tía, abrazándola tiernamente en el dintel de su puerta—. ¿Qué gloria es ésta que viene contigo, Myriam, mujer escogida del Altísimo?

Y Myriam, fijando en aquella mujer sus grandes ojos llenos de ensueños divinos, díjole con su dulzura habitual: —¿También tú, tía Sara, me rodeas de milagros y enigmas? Si escogida fui para ser madre de un profeta, como todas las madres de profetas en esta tierra del Señor donde tantos hubo. ¿Es eso acaso lo que quieres decir?

—Es que Elcana mi marido, y yo, hemos tenido extraños sueños respecto de tí Myriam, hija de Joachin y de Ana.

—Entremos, y te lo contaré todo junto al hogar.

La tía Sara seguida de la joven fueron a sentarse en el banco del hogar, mientras Elcana y Joseph disponían de hospedaje conveniente para Myriam que venía a esperar la maternidad bajo su techo Betlehmita.

—Soñamos Elcana y yo, que te veíamos de pie en lo alto de un cerro a inmediaciones de Nazareth, y que de tu pecho brotaba un reguero de aguas cristalinas que iba ensanchándose hasta formar un azulado arroyuelo, donde multitud de gentes acudían a beber porque aquellas aguas maravillosas curaban todas las enfermedades.

"Luego no se te veía a ti, sino sólo al arroyuelo que se tornaba en río caudaloso, y después en un mar de aguas doradas y resplandecientes que inundaban desde Idumea hasta Sidón.

"Otra vez soñamos que tú y Joseph entrábais al Templo de Jerusalén para los oficios de Pascua, y que el Templo se llenaba de un rosado resplandor como si hubiera llamas color de amatista por dentro y por fuera. Que vosotros dos salíais, y el resplandor quedaba allí causando estupor a los sacerdotes y doctores, porque esa luz vivísima les alumbraba hasta el fondo de sus conciencias, donde encontraban sus pecados al descubierto y pedían perdón y misericordia a Jehová.

"Y por tercera vez soñamos que tú sola, en lo alto de una montaña decías en un clamor que partía el corazón en dos:

"Gentes que pasáis por estos caminos, mirad y decid si hay dolor comparable a mi dolor".

— ¡Oh qué extraños sueños son los tuyos, tía Sara!

Y Myriam, la esenia, reservada y silenciosa, discreta y prudente como todos ellos, calló en cumplimiento de aquella vieja ley de la Orden que decía:

"El esenio no hablará nunca de sí mismo, si no es obligado en defensa de la verdad".

Y por su mente lúcida y serena pasaron en armonioso desfile cuantas visiones, anuncios y profecías había tenido respecto al gran ser que debía llamarle Madre.

"¡Myriam!. . . —le había dicho el mismo Espíritu-Luz, el inolvidable día en que era coronada de rosas para desposarse con Joseph— ¡Myriam!. . . La Ley Eterna del Amor Universal me permite asociarte a la misión redentora que me traerá pronto a la Tierra".

Había sido el amanecer de aquel día memorable, cuando siguiendo la liturgia sagrada, la virgen que iba a desposarse hacía por última vez la ofrenda del incienso y de la mirra en el Altar de los Perfumes, símbolo de que ofrecía a Jehová el sacrificio de su virginidad para transformarse en esposa y madre, otra forma de sacerdocio consagrado también por la Ley Divina, eterna conservadora de la especie humana sobre el Planeta.

Y el Espíritu-Luz que debía ser su primogénito, le había dicho más en el íntimo lenguaje oculto y secreto, conocido por las almas cultivadas en las altas facultades de la psiquis humana:

"¡Myriam!. . . Mi acercamiento a ti será tu gloria por los siglos de los siglos, pero será también tu martirio tan profundo y tan hondo, que te llamarán los hombres *Dolorosa* y será tu símbolo un corazón. . . el "tuyo, atravesado por siete espadas".
"¡Myriam!. . . El Apóstol de la Redención arrastra en pos de sí el dolor, el oprobio y el anatema de la inconsciente humanidad a la que trae el divino mensaje; dolor que alcanza a todos aquellos que de más cerca comparten la divina carga de Luz y de Sabiduría, de que Aquél es portador".
"Paladines de la Verdad, de la Sabiduría y del Amor, venimos a la inmolación, y quien más se acerca a nosotros, más duramente inmolado será.

"¡Myriam!. . . en este incienso y esta mirra que quemas sobre el altar cubierto por tus azahares blancos, llega hasta Mí, la heroica aceptación de tu alma de ser la más íntima aliada en la misión redentora que me trae a tu lado. ¡Seas bendita por siempre, mujer divinizada por el Amor, por el sacrificio y por la maternidad!''

Sara, su tía, sencilla y virtuosa betlemita, veía a Myriam absorta en sus pensamientos, y que por su faz de rosa y marfil parecían cruzarse reflejos de la interna claridad que la iluminaba siempre.

Y mientras en el plano físico se desenvolvían así los acontecimientos, en el mundo sideral se preparaban también insólitos movimientos.

Los dos más grandes planetas de nuestro sistema, Júpiter y Saturno, se acercaban lentamente con la soberana majestad de astros de primera magnitud para unirse en magnífica conjunción, como si ese formidable himeneo de los cielos, debiera tener repercusión en ese otro himeneo del plano terrestre entre la Divinidad y la humana naturaleza, que se gestaba en el seno de Myriam, la dulce mujer, arpa viva de la Eterna Ley.

Y Júpiter y Saturno seguían su marcha nupcial a través de los espacios infinitos teniendo por cortesanos y espectadores, los millares de estrellas y de soles de este Universo visible desde la Tierra.

Era el año 747 de la fundación de Roma, 8967 de iniciada la Civilización Adámica, únicas fechas exactas y de posible comprobación que podemos dar para orientación de los estudiosos.

Ambos planetas se dirigían hacia los dominios zodiacales de Piscis, estrechamente vinculado por entonces a los destinos del gran pueblo seguidor de Moisés.

La tierra de promisión, dada por él al pueblo de Israel entre el mar y el Jordán, parecía tener una extraña atracción para los dos radiantes viajeros celestiales, que corrían a celebrar su formidable himeneo justamente en el campo sideral que constituía su patrimonio.

Y los sabios y estudiantes de las grandes Fraternidades Ocultistas, seguían con extática mirada aquella grandiosa marcha estelar, que desde siglos atrás sabían que ella debía marcar la hora precisa de la aparición del Hombre de Dios sobre el Planeta.

¿Dónde se unirían los dos radiantes viajeros? ¿En cuál de los doce palacios zodiacales estaría la magnífica cámara nupcial de los amantes celestes?

Y la mirada de los sabios penetraba los abismos en busca de la gran verdad.

¡PISCIS!, gritaron todos a una vez, cuando les vieron darse allí el abrazo supremo, mientras el solsticio de invierno cubría de nieve la tierra de promisión vislumbrada por Moisés; y en el éter azul, el rojizo Marte, corría también presuroso hacia Piscis para cubrir con la púrpura de sus cendales flotantes, el resplandeciente himeneo de Júpiter y Saturno.

La reunión de los tres planetas era la eterna clarinada que marcaba la hora exacta, precisa, inexorable, en que el Hombre de Dios abría sus ojos humanos a la vida física sobre el Planeta Tierra para la postrera inmolación, la que coronaba su gloriosa y larga carrera de Mesías-Instructor de humanidades.

¡Y de las grandes Escuelas de Divina Sabiduría, salieron en viaje, audaces peregrinos hacia la tierra bendita, donde había nacido el Hijo de Dios en carne de hombre!

Seis siglos antes, Isaías, uno de los más grandes videntes de Israel, había cantado en su arpa de cuerdas de bronce, cuyas vibraciones estremecían las almas:

"Y tú, Betlehem de Judá, no eres pequeña, sino grande entre las ciudades de Israel, porque de ti nacerá el Salvador de los hombres".

Y como esa noche, séptima del solsticio de invierno, permanecían muchos en vigilia para contemplar el grandioso espectáculo anunciado por los astrónomos asirios y caldeos, algunos de los cuales hasta temían un cataclismo estelar que produjera la disgregación de varios mundos incluso la tierra, fue así cómo los pastores betlehemitas velaban también, y por su sencillez de costumbres y ferviente plegaria a Jehová pidiendo misericordia, captaron los más sensitivos, la onda de armonía divina emanada de las Grandes Inteligencias que prohijaban la entrada del Hombre de Dios al plano físico; onda radiante de luz y de gloria, que vertía sobre la tierra como una cascada musical, el inolvidable canto del Amor y de la Paz:

"¡GLORIA A DIOS EN LO MAS ALTO DE LOS CIELOS Y PAZ EN LA TIERRA A LOS HOMBRES DE BUENA VOLUNTAD!"

Myriam, Joseph, Sara y Elcana, únicos seres humanos que presenciaron el advenimiento del Verbo de Dios, cayeron en hipnosis extática, por la fuerza de vibración del gran espíritu que tomaba posesión de su materia para una vida terrestre.

Los fluidos sutiles y penetrantes de las purísimas Inteligencias que apadrinaban la conjunción planetaria que ya conocemos, no pudieron ser resistidos por la débil materia física de los cuatro seres presentes, y tan de cerca inmediatos al acontecimiento.

Joseph y Elcana sacudieron más pronto el sopor suavísimo y profundo que les invadiera, y que ellos inconscientemente calificaron de sueño letárgico, producido por exceso de incienso y mirra que se quemaban en las ascuas de un pebetero. Ellos despertaron a Sara, porque el recién nacido se quejaba quedo, suavísimo, querubín de rosa y nácar, yacente en la blancura del lecho de la madre, aún sumergida en las brumas radiantes de la hipnosis.

¡Sara!, mujer humilde y buena.... ¡fueron tus manos laboriosas las que primero tocaron el sagrado cuerpo del Cristo recién nacido, y serían también las últimas que perfumaron su cadáver 33 años después, cuando Myriam desvanecida en profundo y doloroso desmayo, caía sobre el pecho de la Magdalena enloquecida, al serles arrancado el santo cadáver para llevarle a la sepultura!

¡Sara!, ¡laboriosa y abnegada mujer, ignorada en tu grandeza silenciosa y obscura ente los hombres, que buscas tu cumbre por senderillos solitarios y olvidados, donde brotan florecillas que nadie codicia, ni busca, ni ambiciona; senderitos hogareños que muy pocos ven, y menos aún, valoran y comprenden!...

Más, ¡nadie borrará de tus manos el sagrado florón de oro estampado en ellas, por el divino contacto del cuerpecito recién nacido del Hijo de Dios!

Tres esenios de edad madura, cuyas viviendas se levantaban en los suburbios de Betlehem hacia el oriente, velaban en torno a la hoguera encendida junto a un ventanal que les permitía contemplar el espectáculo grandioso y acaso amenazador, de la unión de los dos grandes planetas en el infinito azul.

Los tres jefes de familia, Alfeo, Josías y Eleazar estaban reunidos en la casa de este último, a causa de que teniendo numerosa familia entre la que estaban sus padres ancianos, necesitaba ser ayudado para el temido caso de que un cataclismo sideral tornara en escombros la vivienda.

Mientras que Alfeo y Josías, ambos viudos, sólo tenían el criado guardián de los ganados. Las esposas eran muertas, y los hijos ya casados, formaban una familia aparte. Y he aquí que cuando la conjunción planetaria era perfecta, vieron que interceptando la luz de los dos amantes siderales, unas nubecillas de púrpura y de nieve, de azul y oro, parecían acercarse en vuelo sereno y majestuoso, hasta poder distinguir claramente formas humanas como pintadas sobre el azul de los cielos por una mano de artista.

Parecían tener laúdes y cítaras produciendo una armonía lejana. . . muy lejana y débilmente perceptible.

Los tres esenios hechos todo ojos y oídos, parecían tres figuras de arcilla recortadas en el ventanal escuchando y mirando sin acertar a moverse.

Las radiantes figuras humanas de una sutilidad que por momentos se esfumaba en la penumbra azul de la noche, parecían volar hacia la dormida ciudad de Betlehem, cuyas techumbres cubiertas de nieve como las copas de los árboles centenarios que le rodeaban, aparecían a lo lejos como una inmensa manada de elefantes blancos entregados al reposo nocturno.

Una que otra luz de alguna ojiva de observación, cortaba a intervalos la blanca monotonía de la ciudad dormida bajo la nieve.

Alfeo y Josías, que por estar ya libres de los lazos de familia, concurrían más asiduamente a los ocultos templos esenios de las montañas, tenían más desarrollada la facultad clarividente, y pudieron percibir con alguna nitidez que las hermosas figuras radiantes flotaban sobre la casa de Elcana el tejedor, en cuyo interior se vislumbraba la dorada claridad de la hoguera encendida.

—Los maestros —decía Josías— nos están anunciando la llegada de un Redentor, acontecimiento que sería precedido de extraordinarias manifestaciones en los cielos, y acaso sea éste el momento.

Y ya andando por la ciudad en su lado oriental donde se hallaba la casa de Elcana, presenciaron que allí desaparecían o se esfumaban las esplendentes visiones.

—Mas, ¿cómo puede haber nacido allí —añadía Alfeo— si Elcana vive solo con su mujer y sólo tuvieron un hijo que ya es casado y vive en Sebaste?

Y rondando alrededor de la silenciosa y tranquila morada del tejedor, escucharon.

Era el preciso momento en que Elcana y Joseph sacudían el sopor hipnótico que el acercamiento de Inteligencias Superiores les había producido, y los tres ansiosos observadores externos escucharon la voz de Elcana:

— ¡Sara!. . . ¡Sara!. . . despiértate, que el niño ha nacido y empieza a llorar.

Y llamando tenue a la puerta del taller, vecino a la alcoba, desde fuera decían:

—Elcana, esenios llaman a tu puerta. ¡Abrenos por favor!

La hospitalidad es una de las grandes leyes de los esenios y Elcana abrió su puerta.

—¿Qué pasa en tu casa, que todas las luces de los cielos bajan sobre ella? —preguntaron los visitantes.

—¿Luces, decís? Velando nos habíamos dormido y nos hemos despertado con los vagidos del niño —le contestó el interpelado.

— ¿Pero de qué niño hablas?. . . ¿Acaso es tu mujer?. . .

—No, sino Myriam nuestra sobrina, que vino desde Nazareth a esperar aquí el nacimiento de su hijo.

— ¡Elcana!. . . —díjole Josías—, ya sabes que los ancianos han anunciado la venida de un gran Profeta sobre Israel. ¿No será éste, acaso?

—Entrad y hablaremos. —Y los tres visitantes escucharon de los labios de Elcana el tejedor, el relato de los sueños que él y Sara habían tenido referente al hijo de Myriam y Joseph que acababa de nacer.

— ¡No hay duda que es él!. . . —afirmaron todos a la vez, y su convicción fue mayor cuando Elcana les refirió cuanto a Myriam había sabido por boca de Joseph su esposo, referente a la virtud y silencio de la dulce mujer, cuya vida parecía una continuada contemplación interior, aún en medio de las faenas penosas del hogar.

Y poco después fueron conducidos a la alcoba de Myriam, que sentada en su lecho tenía en el regazo a su tierno recién nacido.

Y aquellos hombres adustos, esenios con almas radiantes de fe y esperanzas, cayeron de rodillas, para así, de rodillas, besar las tibias manecitas del querubín de rosa y nácar que dormía en profunda quietud.

Joseph lloraba de felicidad. Esenios todos ellos, podían valorar con exactitud lo que significaba para los dichosos padres, el ver su hogar bendecido por el nacimiento de un enviado de Dios.

Myriam, la mujer de la dulzura y del silencio, miraba a todos y miraba a su niño. Y callaba abismándose nuevamente en su interna contemplación.

Por fin rompió el silencio meditativo de todos:

—Paréceme que mi hijo me dice a lo más hondo del alma: cantad un himno de acción de gracias porque se ha cumplido la voluntad del Altísimo.

Y aquellos siete humildes esenios cantaron a coro algunos fragmentos de los salmos de alabanza y gratitud, porque había bajado a la Tierra el Salvador de los hombres.

Y retirándose de la alcoba de Myriam para dejarla reposar, se reunieron en torno de la hoguera que ardía en alegres llamaradas, los cinco hombres con Sara, que llena de solicitud y poseída de santo entusiasmo tomó la copa de las libaciones sagradas que el rito esenio acostumbraba en los grandes acontecimientos de orden espiritual. Dicha copa era lo que nosotros llamaríamos un jarroncito de doble asa y debía ser de oro, de piedra, o de arcilla, según se lo permitiera a cada familia su situación financiera. Elcana estaba en la posición media y su copa era de mármol blanco. Este como jefe de la casa tomó la copa de manos de Sara, su esposa, mientras ella ponía mantos blancos sobre los hombros de todos, símbolo de que una gran pureza debía cubrirles en esos momentos solemnes [1].

---

[1] Los relatos de estos testigos oculares de los acontecimientos de aquel amanecer del Cristo sobre la Tierra, sirvieron de argumentos dignos de fe a los primeros biógrafos; podemos mencionar dos, cuyos nombres como grandes amigos del Salvador, han pasado a la posteridad: José de Arimathea y Nicodemus de Nicópolis.

Y todos de pie en torno a la hoguera, cruzaron sus manos sobre el pecho e inclinaron sus frentes en adoración del Supremo, ante quien reconocían sus pecados en un acto de sincero arrepentimiento. Y Elcana, jefe de la casa, repetía las frases del ritual:

"—El Altísimo ha recogido nuestra confesión y nuestro arrepentimiento.

"Su misericordia, derrama sobre nosotros las aguas divinas que lavan los pecados de los hombres.

"Su amor eterno nos abre las puertas de su templo de sabiduría.

"Y que este jugo de la vid que juntos bebemos la noche de la encarnación del Avatar Divino, sea salud y bendición, santidad y justicia para todos los días de nuestra vida".

Y la blanca copa de las libaciones sagradas corrió por todas las manos en el más austero silencio. Y cuando todos hubieron bebido, Elcana vació sobre las ardientes llamas del hogar, el resto del licor que quedara en el fondo de la copa, mientras decía:

"—Que el hogar del esenio arda siempre para dar luz y calor a cuantos lleguen a su puerta".

Terminado el religioso ritual, empezaron las confidencias íntimas sobre el feliz acontecimiento que les reunía esa noche en torno del fuego hogareño de Elcana.

Todos presionaron a Joseph para que les revelara hasta los menores detalles observados en Myriam desde que la sacó del Templo el día de los desposorios.

A medida que avanzaba el relato, iban todos llegando al pleno convencimiento de que el niño que acababa de nacer, no era un simple Profeta de Jehová sino el Avatar Divino, o sea la encarnación del Hijo del Altísimo esperada desde siglos por sus maestros esenios. Y Alfeo, Josías y Elcana tomaron la resolución de partir al siguiente día para las montañas del Mar Muerto, donde ocultos en profundas criptas, vivían en el estudio, la oración y el trabajo, los setenta ancianos esenios que formaban el Consejo Supremo de la Fraternidad. Ni Eleazar, ni Joseph podían acompañarlos, por los sagrados deberes que a ambos les ataban junto a sus respectivas familias.

Cuando los viajeros tomaban el cayado y ajustaban su correa para emprender el viaje, la previsora Sara les daba un morral con pan y frutas secas a cada uno, pues la aridez escabrosa de aquellas montañas amenazaba con el hambre a quienes se aventurasen por ellas sin bolso de provisión.

Eleazar, corrió a su casita de las afueras de Betlehem para participar a los suyos el gran acontecimiento. Sus ancianos padres, su mujer y sus hijos corrieron presurosos a casa de Elcana el tejedor, para ofrecer a Myriam y a su divino infante todo cuanto tenía, dando con esto vida real a los tiernísimos relatos que la más antigua tradición ha conservado referente a los sencillos dones de los pastores betlemitas, primeros conocedores del sublime misterio del Avatar Divino hecho hombre sobre la tierra.

La fausta noticia corrió bajo un sigiloso secreto por todas las familias esenias de Betlehem. Y la modesta vivienda de Elcana se vio visitada por una inmensa e ininterrumpida peregrinación de todas las comarcas vecinas.

Y los que no conocían el secreto decían:

—Jehová ha bendecido las manos de Elcana y de Sara, su mujer, cuyos primorosos tejidos de lana atraen gentes desde los pueblos vecinos.

Los dulces y silenciosos esenios callaban, porque tal era el consejo de los maestros para no producir alarmas entre los gobernantes romanos o judíos, que podían ver un cercano peligro en el gran ser que había bajado entre el pueblo de Israel.

LOS ESENIOS

Sigamos a los tres viajeros camino de En-gedí en la margen occidental del Mar Muerto, donde existía un antiguo y escondido Santuario esenio, residencia de algunos solitarios, especie de delegados de confianza del Supremo Consejo, a los fines de facilitar a los hermanos de la Judea el concurrir a las asambleas en días especiales, como los había igualmente en el Monte Ebat para los de Samaria, en el Carmelo y el Tabor para los galileos, y en el Hermón para los de Siria. El Gran Consejo de los Setenta Ancianos conductores de la Fraternidad Esenia, tenían su residencia habitual en los Montes de Moab, en la ribera oriental del Mar Muerto, allí donde no llegaban más seres humanos que de año en año para subir a un nuevo grado, o analizar las pruebas designadas para cada grado, pues las consultas más sencillas eran atendidas por los esenios de los pequeños Santuarios de que ya se ha hecho mención.

Era En-gedí una aldea antigua y de sombrío aspecto, pues que aquella comarca salitrosa y árida, muy pocos encantos ofrecía a los viajeros. Entre las últimas casas, hacia el oriente, se encontraba la vivienda de dos fornidos mozos, que con su anciana madre vivían de la fabricación de manteca y quesos de una gran majada de cabras que poseían, a más de la carga de leña que a lomo de asno transportaban a las aldeas vecinas.

Esta casa era conocida de todos por la *Granja de Andrés*. Había sido el jefe de la familia, pero ya no vivía desde hacía varios años atrás.

A la puerta de esta casa, llamaron nuestros viajeros al anochecer del día siguiente de haber emprendido el viaje.

Un postiguillo en lo alto de la puerta se abrió y por él entró Elcana, su mano haciendo con ella el signo de reconocimiento de los esenios, al mismo tiempo que decía las palabras del santo y seña *"Voz del silencio"*. El signo era, la mano cerrada con el índice levantado hacia arriba.

La puerta se abrió en seguida y los viajeros ateridos de frío, sacudieron la nieve de sus gruesas calzas de piel de camello, se acercaron de inmediato a la hoguera que ardía en rojizas llamaradas.

Una anciana de noble faz, cocía el pan y varias marmitas humeaban junto al fuego.

Cuando se quitaron los pesados gorros de piel que les cubría gran parte del rostro, los tres fueron reconocidos por la familia de Andrés, pues ese mismo viaje lo hacían una vez cada año.

—Novedades grandes debéis tener cuando habéis venido en este crudo día en que ni los búhos salen de sus madrigueras —observó Jacobo, el mayor de los muchachos.

— ¡Grandes noticias! —exclamó Elcana—. Y así os rogamos que nos dejéis pasar a la presencia de los solitarios.

—No será sin que antes hayáis comido junto con nosotros —observó la anciana, cuyo nombre era Bethsabé.

—Así daréis tiempo a que los Ancianos terminen también su cena que es justamente a esta misma hora —añadió Jacobo.

—Bien, hermanos, aceptamos vuestra oferta —respondieron los viajeros. Y acto seguido aquellos seis modestos personajes rodearon la sencilla mesa de la Granja de Andrés el leñador, que durante toda su vida pasó en aquella cabaña sirviendo de portero a la subterránea entrada al templo de los esenios; humilde tarea que seguían cumpliendo su viuda y sus hijos, también para toda su vida, pues entre los esenios, las misiones de este orden eran como una honrosa investidura espiritual, que pasaba de padres a hijos como sagrada herencia a a la cual tenían derecho hasta la cuarta generación.

La frugal comida, leche de cabra con castañas asadas, higos secos, queso y miel, terminó pronto; y Jacobo encendiendo en el hogar una torcida encerada que les servía de antorcha, dijo:

—Estoy a vuestra disposición.

—Vamos —contestaron los tres viajeros.

—Id con Dios y hasta mañana —dijeron a la vez la madre y el hijo menor, jovenzuelo de diecisiete años, a quien llamaban Bartolomé.

Los tres viajeros precedidos de Jacobo, pasaron de la cocina a un pajar, al extremo del cual se encontraba el inmenso establo de las cabras. Detrás de una enorme pila de heno seco, y dando rodeos por entre sacos de trigo y de legumbres, Jacobo removió una lámina de piedra de las que formaban el muro, y un negro hueco apareció a la vista. Era una pequeña plataforma, de donde arrancaba una escalera labrada en la roca viva que subía hasta diez escalones. A la terminación de ellos, se encontraba una puertecilla de hierro que apenas daba lugar al cuerpo de un hombre. Del interior de la puerta salía el extremo de una cuerda. Jacobo tiró de ella, y muy a lo lejos se oyó el tañido de una campana que resonó suavemente. A poco rato el postiguillo de la puerta se abrió y la luz de la antorcha de Jacobo alumbró un blanco rostro de anciano que escudriñaba al exterior.

— ¡Voz del silencio! Hermanos esenios traen grandes noticias y piden hablar con los Ancianos.

Vio el rostro de Jacobo y sonrió bondadosamente.

—Bien, bien. . . esperad unos minutos.

La puertecita se abrió pesadamente después de un breve rato, y los tres viajeros entraron a una habitación baja e irregular, de cuya techumbre pendía una lámpara de aceite. Siete esenios de edad madura esperaban sentados en el estrado de piedra que circundaba la sala.

—Por esta noche quedan aquí los viajeros —dijo el esenio portero a Jacobo—. Vete a dormir y ven por ellos mañana antes del mediodía. —Y el joven se retiró.

Una hoguera recientemente encendida brillaba en un ángulo de la habitación, y una gruesa estera de fibra vegetal y algunas pieles de oveja, daban al rústico recinto un aspecto confortable.

Y en pequeños taburetes frente al estrado, los viajeros en profundo silencio se sentaron.

—Que la divina Sabiduría ilumine nuestra mente, y que la Verdad mueva nuestra lengua. Hablad.

Estas solemnes palabras fueron pronunciadas por el anciano que ocupaba el lugar central.

—Así sea —contestaron los tres viajeros.

En seguida Elcana refirió cuanto el lector conoce desde los sueños de él y su esposa, la llegada de Myriam y Joseph a su casa, y cuanto allí había ocurrido. Cuando él terminó, Josías y Alfeo relataron a su vez lo que habían visto mientras observaban la conjunción de los grandes planetas.

De un hueco en forma de alacena, cuya puertecilla era una piedra que se corría, uno de los ancianos extrajo un rollo de telas enceradas, tabletas de madera y de arcilla y en el más profundo silencio, comenzaron entre los siete a recorrer aquellas escrituras.

—En verdad hermanos, que vuestra noticia es de trascendental importancia —dijo por fin el anciano *Servidor*, como llamaban ellos al jefe o mayor de la casa.

—El tiempo era llegado y la conjunción marcó la hora última de la noche pasada, sobre la constelación de Piscis que prohija al país de Israel —añadió otro de los ancianos.

—Tal acontecimiento ha sido comprobado por todos nosotros —observó un tercero— y ya los Setenta deben esperar de un momento a otro este anuncio que nos traéis vosotros.

—¿De cuánto tiempo disponéis para esta misión? —preguntó el Servidor.

—Del que nos mandéis —respondieron los tres viajeros a la vez.

—El sacrificio que habéis realizado en esta cruda noche de nieve, la voluntad firme y la más firme adhesión a nuestra Fraternidad bien merece a lo que juzgo, una compensación espiritual de nuestra parte. ¿De qué grado sois en la Orden?

—Hace seis años que entramos al primero: *la hospitalidad y el silencio*, y por mi parte creo haber cumplido con regularidad —contestó Elcana.

—Yo —dijo Josías— he faltado sólo una vez a la hospitalidad en el caso de presentarse a mi puerta un prisionero de la Torre Antonia, a quien buscaba la justicia con mandato de entregar vivo o muerto. Le di pan y frutas y le pedí que pasara de largo para no verme obligado a entregarlo. Aún vivía mi esposa y mi hija no era casada, y creí que mi vida les era necesaria a ellas.

—No pecaste ante Dios ni ante la Fraternidad, hermano, que jamás obligan a sacrificar a los demás consigo mismo. Otra situación hubiera sido si estuvieras solo en el mundo.

—Y yo —refirió Alfeo— he faltado al silencio reglamentario en un caso en que no fui capaz de dominarme. Hubo riña entre dos pastores por causa mía y a no ser por mi propia intervención y la de otros vecinos, hubiéramos tenido que lamentar una muerte.

"Venía observando de tiempo atrás que un pastor sacaba la leche de las cabras de cría de su vecino, y los cabritillos de éste iban enflaqueciendo y muriendo en la época de frío. El infeliz pastor se quejaba de su mala suerte, y llamaba injusticia de Dios que sólo sus cabritillos estuvieran lánguidos y raquíticos, cuando él tanto se esforzaba para cuidar a las madres.

"Como ya pasara más de un año tragándome la lengua para guardar el silencio, un día no pude más y dije al pastor perjudicado: Ven, observa desde mi granero. Y desde allí él vió lo que yo veía desde hacía más de un año. Y aquí fue que ocurrió el drama, al final de todo lo cual el mal vecino fue condenado a indemnizar los daños causados, con la amenaza de ser expulsado de la comarca si se repetía el caso.

—Tampoco tú has pecado contra Dios ni contra nuestra Fraternidad, hermano, porque había daño a tercero, y ese tercero tendría esposa e hijos que sustentar y a la larga, todos ellos padecerían miseria y hambre si aquella situación se prolongase indefinidamente. El hablar cuando es justo, no es pecado. El hablar sin necesidad ni utilidad para nadie, es lo que está vedado por nuestra ley.

"Y como estamos autorizados en este Santuario para ascender hasta el grado tercero, pasemos al Santuario donde recibiréis del Altísimo el don que habéis conquistado".

El esenio portero que era uno de los siete de aquel pequeño Consejo, se acercó a los viajeros entregándoles tres paños de finísimo lino. Los tres rápidamente se vendaron los ojos. Entonces el Servidor apagó la lámpara de aceite, cubrió la hoguera con una campana de arcilla, y en la más profunda obscuridad, se sintió el correr de una piedra de la muralla y luego el crujido de una puerta que se abría. Los tres viajeros unidos por las manos y conducidos por el portero, anduvieron unos veinte pasos por un pavimento liso y cubierto de suave arenilla, al final del cual sintieron otra puerta que se abría y que penetraban en un ambiente tibio y perfumado de incienso.

El Servidor les quitó las vendas y los tres cayeron de rodillas, pronunciando las palabras del ritual mientras se inclinaban a besar las losas del pavimento:

—"Sed bendito por los siglos de los siglos, oh Santo de los Santos, Dios misericordioso que me has permitido entrar a este sagrado recinto donde se escucha tu voz".

Acto seguido tres esenios les cubrieron con el manto blanco de las consagraciones, y les acercaron hacia el gran candelabro de siete cirios, en el cual sólo estaba encendido uno; era el grado primero que ellos tenían.

En seguida fue descorrido el espeso cortinado blanco que desde el techo caía detrás de la lámpara, y aparecieron siete grandes libros abiertos sobre un altar de piedra blanca, encima de cada uno de ellos aparecían escritos en letras de bronce los nombres de los grandes maestros esenios desaparecidos: Elías, Eliseo, Isaías, Samuel, Jonás, Jeremías y Ezequiel.

Y más arriba de los siete libros aparecía tallada en piedra, una copia de las Tablas de la Ley Eterna grabada por Moisés, cuyo original estaba en poder de los Setenta en el Santuario de los Montes Moab. Las repetidas cautividades del pueblo hebreo y las devastaciones de los santuarios de Silos, de Bethel y de Jerusalén, obligó a los discípulos de Esen, a salvaguardar aquel sagrado legado de Moisés en las profundas cavernas del Monte Moab.

Y suspendida de la techumbre iluminando las Tablas de la Ley, resplandecía una estrella de plata, cuyas cinco puntas eran lamparillas de aceite que ardían sin apagarse nunca. Aquél era el Símbolo Sagrado de la gran Fraternidad Esenia, cuyo oculto significado era: la Luz Divina que iluminó a Moisés, en el Monte Horeb y el Sinaí, de donde surgió la Ley que permanece hasta hoy como brújula eterna de esta humanidad.

Y en los siete enormes libros de telas enceradas, estaba escrita la vida y enseñanza, profecías y clarividencias de cada uno de aquellos seres venerados como maestros de la Fraternidad Esenia.

Resonaron las cítaras de los esenios cubiertos todos con mantos blancos.

El Servidor se ciñó a la frente por medio de un cordoncillo de seda azul, una estrella de plata de cinco puntas que simbolizan la Luz Divina, que imploraba sobre él al hacer la consagración de los tres hermanos que llegaban al Santuario buscando acercarse más a la Divinidad.

Espirales de incienso se elevaban a lo alto, desde pebeteros colocados delante del altar de los siete libros de los Profetas.

Con voces austeras y graves, cantaron a coro el salmo llamado *El Miserere*.

Pedían a una voz y al son de sus cítaras y laúdes, el perdón de sus pecados y la misericordia divina sobre todos los hombres de la Tierra.

Terminado el doliente salmo, profunda lamentación del alma humana que reconoce sus errores y se arrepiente de ellos, el Servidor destapó una pilastra de agua que había a la derecha de la gran lámpara de siete cirios, e invitó a los que iban a consagrarse en el segundo grado de la Fraternidad, a sumergir en ellas sus manos hasta el codo.

Era la *ablución de manos*, rito que iniciaba la entrada al segundo grado, como la *ablución de faz*, era la iniciación al primer grado que habían pasado. Aquellas aguas fuertemente vitalizadas por setenta días de transfusiones de elevadas y puras energías, producían una suave corriente dulcísima a los que en ella sumergían sus manos, que después dejaban secar sin contacto de paño ninguno.

Llevados ante la gran lámpara, el Servidor pronunciaba las palabras de la Consagración: "Dios Todopoderoso, que habéis vitalizado con vuestra energía divina las manos de vuestros siervos para que trabajen en favor de sus hermanos desvalidos y menesterosos, escuchad el voto sagrado que os hacen, de trabajar dos horas más cada día, para sustentar a los leprosos, paralíticos y huérfanos que crucen por su camino".

Y los consagrados decían cada uno por separado: "Ante Dios-Creador de todo cuanto existe, hago voto solemne de aumentar en dos, mis horas de trabajo para sustentar a los leprosos, paralíticos y huérfanos que crucen por mi camino".

Entonces un esenio encendió el segundo cirio de la gran lámpara sagrada.

Y el Servidor poniendo sus manos sobre la cabeza de cada uno le decía:

—"Si tu vida es conforme a la Ley, las energías benéficas que han absorbido tus manos en este día, te servirán para aliviar los dolores físicos de nuestros hermanos".

Acto seguido los recién consagrados llegaban hasta el gran altar de los siete libros, y arrojando incienso a los pebeteros, hacían una evocación a sus grandes profetas y pronunciaban sus nombres, más con el alma que con los labios. Y ocurría siempre que alguno de los siete profetas, se aparecía en estado espiritual, más o menos visible y tangible, según fuera la fuerza de vibración que la evocación tuviera.

Y esta vez les apareció el dulce Samuel, que les aconsejó el desprendimiento y la generosidad para con todos sus semejantes impedidos por una cosa o por otra de procurarse el sustento. —"Es el segundo grado de la Fraternidad Esenia —les dijo la voz sin ruido de la espiritual aparición— y siete años pasaréis practicándolo si alguna circunstancia especial y favorable a vosotros, no impulsa a los Ancianos a abreviar el tiempo de vuestra prueba. Y porque habéis realizado el esfuerzo de anunciar el Nacimiento del Verbo de Dios, la Divina Ley os permitirá seguirle de cerca en su vida y de acompañarle hasta la muerte.

"Desde el mundo espiritual vuestros maestros esenios os bendicen en vuestros trabajos, en vuestras familias, en vuestros ganados, en vuestros campos, en el agua de vuestra fuente y en el fuego de vuestro hogar".

Los tres habían caído de rodillas ante el gran altar de piedra, y su llorar emotivo y suavísimo había corrido hasta mojar las piedras del frío pavimento.

Tan honda había sido su emoción que no acertaban a moverse, siendo necesario que el esenio portero les sacudiera de los hombros, al mismo tiempo que les presentaba los paños para vendarse los ojos. Los otros ancianos desaparecieron tras la pesada cortina blanca que cayó de nuevo, y los tres viajeros fueron nuevamente conducidos por el mismo camino a la sala aquella en que primeramente fueron recibidos.

Ya era muy entrada la noche. La hoguera se encendió de nuevo y el esenio les arregló con pieles, hermosas camas sobre el estrado. Les dejó pan, frutas, queso y vino, y desapareció sin ruido alguno. El gran silencio les anunció que ya estaban solos, y quitándose las vendas, se abrazaron los tres como en una explosión de amor fraterno.

El lector puede imaginar los comentarios de los tres viajeros, que por mucho que la imaginación corra, quedará siempre atrás de la realidad.

Era aquella, una época de exaltado sentimiento religioso en el pueblo de Israel, designado en esa hora para recibir la última encarnación del Avatar Divino sobre la Tierra. Y la corriente de fe y de amor emanada de los templos esenios ocultos entre áridas montañas, mantenía a muchas almas en un alto grado de vibración homogénea a la que emanaban las Inteligencias Superiores, para que fuera posible la conjunción perfecta entre la sutilidad extrema del Verbo de Dios y la naturaleza física que le serviría de vehículo para su última manifestación. Y los esenios como los Dacktylos del tiempo de Antulio, y los Kobdas del tiempo de Abel, cumplieron admirablemente su cometido de precursores del Hijo de Dios. Juan el Bautista, no fue sino el eco formidable de la gran voz de la Fraternidad Esenia que hablaba de la humanidad a la Palestina, como la más inmediata al nacimiento del Hombre Luz sobre ese rincón de la Tierra. No es pues, de extrañar que nuestros tres humildes personajes se manifestasen así poseídos de tan extraordinario fervor religioso, que les hacía capaces de grandes sacrificios y de inauditos esfuerzos.

Los seres sensitivos y de una regular evolución, se identifican y compenetran tanto de las corrientes espirituales elevadas de determinadas épocas propicias, que dan a veces grandes vuelos, aunque más tarde se estacionen en el progreso alcanzado, cuando épocas de adversas corrientes pesan enormemente sobre ellos.

La historia del rey David, y de todos esos grandes arrepentidos que hicieron de sus vidas un holocausto de expiación y penitencia, cuando despierta su conciencia, les acusó su pecado, son un ejemplo de la aseveración que hacemos, con el fin de que los lectores no se vean atormentados por dudas referentes a los adelantos progresivos de las almas. Si el Cristo se vio sometido a tan formidables luchas con las pesadas corrientes que en momentos dados lo acosaban, no obstante la altura espiritual y moral en que se hallaba, no es de extrañar las caídas y las deficiencias de los que le venimos siguiendo a tan larga distancia.

A mitad de la mañana siguiente, Jacobo, el hijo de Andrés, llamaba a la puerta de la sala hospedería donde se encontraban los viajeros, y abriendo ellos mismos la puertecita de hierro, le siguieron no sin antes buscar con la mirada, por si algún esenio aparecía para despedirles. Mas los hombres del silencio no hablaban ni una palabra más de las que ya habían dicho en cumplimiento de su deber. Se llevaron como era de práctica, los tres paños de lino con que se vendaron los ojos antes de entrar al Santuario, única prueba que les quedaba de que no era un sueño ni una alucinación cuanto había ocurrido aquella noche.

—Tenemos ya dos paños como éstos —advertía Elcana— mientras lo doblaba cuidadosamente y lo guardaba sobre su pecho debajo de su gruesa casaca de piel.

—Que Dios nos conserve la vida hasta que reunamos siete iguales que éstos —decía Josías, que parecía tener el presentimiento de una larga vida.

— ¡Así sea! —contestaban los otros, mientras guardaban también sobre el corazón lo que era para ellos una sagrada reliquia.

—Cara de fiestas traéis —decíales la buena y laboriosa Bethsabé al verlos llegar rebosantes de alegría.

— ¡Mucha, madre Bethsabé, mucha!

—Aquellos santos ancianos son los depositarios de toda la dicha de los cielos, pues que así la hacen desbordar sobre quien llega hasta ellos.

—Pienso, hermano Alfeo —decía Elcana— que como ellos hacen con nosotros, debemos nosotros hacer con cuantos lleguen a nuestra morada, si de verdad somos esenios.

—Pues porque yo quiero serlo —dijo la buena mujer—, os ruego que os sentéis aquí junto al fuego, para que comáis mi pan calentito con manteca y miel, mientras acaba de cocerse la comida del mediodía.

—¿Fiestas tenemos, madre Bethsabé, por lo visto? —interrogaba uno de los viajeros.

— ¡Pobre fiesta de una cabaña de leñadores! —añadía Jacobo ayudando a su madre a disponer la mesa y a retirar del fuego la gran marmita donde se cocían las castañas en vino y miel, y otra más, en que humeaban las lentejas guisadas con trozos de cabrito.

— ¡Esenios matando animalitos para comer!. . . —exclamaron los huéspedes al darse cuenta.

— ¡Calma, hermanos!. . . que los esenios no matan, sino que recogen lo que las montañas matan —contestó Bethsabé haciendo las partes en grandes platos de barro sobre la mesa.

—Y yo casi me mato —añadió Bartolomé— cuando en la tarde de ayer me colgó Jacobo con una soga desde un picacho del Quarantana para bajar al fondo de una garganta donde se habían despeñado tres cabritillos preciosos que allí perdieron la vida.

—Y tres sois vosotros, y así os llevaréis las tres pielecitas blancas para el niño de Myriam, y los mejores trozos de carne para que ella recobre fuerzas y críe al bienvenido como un gozo de Dios —decía iluminada de dicha la buena mujer, en quien la cualidad de dar estaba grandemente desarrollada.

—¿Habremos de pensar que los inocentes cabritillos quisieron ofrecer sus vidas al santo niño que viene a la Tierra a salvar a todos los hombres? —preguntaba Josías a sus compañeros.

—Puede que sí —contestaba Jacobo, acercando bancos a la mesa y haciendo sentar a los huéspedes—. Puede que sí, pues yo no recuerdo que haya ocurrido una triple muerte desde que abrí los ojos a la luz.

—De vez en cuando ocurre esto cuando algún lobo hambriento se acerca a la comarca y las cabras se arremolinan al sentir por el olfato su proximidad. Y así ellas mismas se despeñan o despeñan a sus hijuelos al fondo de los barrancos. Años atrás esto era muy común, porque los lobos nos visitaban a menudo hasta la cerca que rodea la casa. Mi pobre Andrés y yo hemos pasado las nuestras para defender de ellos a nuestro ganado. ¡Cuán felices hubiéramos sido si él hubiese llegado con vida a este gran acontecimiento! —exclamaba la buena mujer, mientras en sus pupilas asomaba el brillo de lágrimas que no dejaba correr.

—Madre —intervino el jovenzuelo Bartolomé—, siempre olvidáis lo que nos dijo el maestro esenio del Monte Hermón cuando vino con la triste noticia que aún lamentáis.

—¿Qué os dijo si se puede saber? —preguntó Elcana buscando una idea piadosa para consolar a Bethsabé.

—Que diga, madre, lo que nos dijo —insistió el jovencito.

—Es que mi Andrés, fue sorprendido por la muerte allá en el norte del país, en un viaje que hizo mandado por los ancianos del Quarantana. Y el Servidor del Monte Hermón mandó uno de los esenios de aquel Santuario a traernos los últimos mensajes de Andrés, que entregó su alma a Dios entre los brazos de los ancianos agradecidos a su sacrificio.

—Contadnos cómo fue la heroica acción de nuestro hermano Andrés, para que nosotros aprendamos también a sacrificarnos si llega el caso —dijo Alfeo demostrando su anhelo de conocer virtudes ajenas, cosa muy común en los esenios, o sea comentar las nobles y bellas acciones del prójimo.

—Los ancianos de aquí —siguió diciendo la buena mujer— necesitaron un hombre de confianza que fuera con una tropilla de asnos a traer cereales y legumbres, frutas secas y aceitunas desde Galilea, que es tan rica en todos estos productos de que esta árida tierra seca carece. Habían recibido aviso del Santuario del Monte Hermón, que ya tenían recopilado cuanto debía transportarse aquí. Y mi Andrés fue el elegido para esta delicada misión. Lleno de gozo decía al despedirse de nosotros:

"— ¡Qué dicha la nuestra, Sabé, que sea yo el elegido para traer el sustento a los siervos de Dios!

"Lejos estaba de pensar que con ello perdería la vida. Llevaba tres hombres para ayudarlo, pero uno de ellos se vendió por unas monedas de plata, y descubrió a unos foragidos que asaltaban a los viajeros, que mi marido llevaba barrillas de oro y plata extraídas por los ancianos en estas montañas y con las cuales pagaría los productos que debía traer. Andrés lo sospechó y ocultó las barrillas entre los sacos de heno y bellotas, que colgaban de la cabeza a los asnos en las horas de la ración.

"Y así fue que al no encontrarle el oro en la tienda, se hartaron de darle palos, en tal forma que los dos criados fieles, tuvieron que llevarlo medio muerto sobre un asno. Por mucho que los ancianos de allí lo curaron estaba mal herido, y de resultas de ello murió sin poder vernos más sobre la Tierra.

—Fue un esenio mártir de su silencio y de su fidelidad —dijo Elcana, con reverencia y piedad.

Los tres huéspedes se pusieron de pie para rendir un homenaje al valiente hermano que prefirió dejarse maltratar, antes de entregar el tesoro que se le había confiado.

—Que Dios misericordioso lo tenga en su Reino de Luz Eterna —exclamó Josías.

—Así sea —respondieron todos.

La pobre Bethsabé lloraba silenciosamente.

De pronto Alfeo y Josías, ambos clarividentes, vieron una silueta astral como una nube blanquecina que se condensaba más y más al lado de Bethsabé, la cual sintiendo algo así como el roce de un vientecillo fresco, volvió la cabeza al mismo tiempo que las manos fluídicas de la visión tomaban su cabeza y la besaba tiernamente.

—No llorarías así, mujer de mi juventud, si supieras cuán feliz soy por haber comprado con mi vida el sustento para los siervos de Dios y para todos vosotros. Consuélate con la noticia que te traigo: así que nuestro Jacobo tome esposa, seré su hijo primogénito y me llamaréis otra vez Andrés; seré, pues, tu primer nietecito. —Y besando tiernamente a todos, desapareció.

¡Y la feliz Bethsabé que poco antes lloraba de tristeza por el amargo recuerdo, lloraba ahora de felicidad por el anuncio de Andrés que volvería cerca de ella como su primer nietecito!

—¡Bendita sea la Eterna Ley, que tiene tan grandiosas compensaciones para los justos! —exclamó Elcana.

—¡Bendita sea! —respondieron todos, sobrecogidos sus ánimos por lo que acababan de presenciar.

Y luego de terminada la comida emprendieron el regreso, no sin que antes tuvieran que aceptar cuantos dones quiso la buena Bethsabé que se llevasen para ellos y para el niño de Myriam, como decían cuando aún no se atrevían a decir alto: para el Niño-Dios nacido en Betlehem.

Enterada la familia de Andrés de que la dichosa madre del recién nacido pensaba quedarse por largo tiempo en casa de Elcana, hasta que no ofreciesen peligro alguno al niño las contingencias del penoso viaje, anunciaron una visita, porque no era posible —decían— que quedase una sola familia esenia sin conocer al divino enviado de Dios para salvar a los hombres.

¡Hacía tantos años que sus ancianos maestros les impulsaban a rogar a todas horas del día!:

> "¡Manda, Señor, tu luz sobre la Tierra, que perece en sus tinieblas!
> "¡Mándanos, Señor, el agua de tus misericordias, porque todos perecemos de sed!
> "¡Dadnos, Señor tu pan de flor de harina, porque el hambre de justicia nos acosa!
> "¡Acordaos, Señor, de vuestras promesas, que esperamos ver cumplidas en esta hora de nuestra vida!"

¿Cómo pues no había de cantar un hosanna triunfal la gran familia esenia diseminada en las montañas de Palestina, cuando a media voz fue corriendo de unos a otros la gran deseada noticia?

Diríase que la Eterna Ley había querido que el descenso del Avatar Divino fuera lo más cercano posible al gran Santuario Esenio, depositario de los tesoros de la antigua Sabiduría, y donde se encontraban encarnados grandes y fieles amigos del Hombre de Dios que llegaba.

Allí se encontraba Hilcar de Tapalken con el nombre de Eleazar de Esdrelon. Como en las montañas del Atica prehistórica, había sido fiel guardián de la Sabiduría de Antulio, hasta que otra vez volvió el Verbo a la Tierra en la personalidad de Abel, guardaba ahora la Sabiduría de Moisés, hasta que nuevamente llegara el Misionero del Amor en la personalidad de Jhasua, hijo de Myriam y de Joseph. Escapado milagrosamente de las matanzas de hebreos en los primeros tiempos de la dominación romana, había huído a las montañas casi niño con su madre y un anciano abuelo, junto a los cuales se vio obligado muchas veces a recoger bellotas de encina destinadas a las piaras de cerdos que pastaban en los campos de Judea. Un viajero que venía del país de Harán, les encontró refugiados en una cueva de las montañas del Líbano, y poniendo al anciano, la mujer y al niño sobre su carro que arrastraban tres mulos, les llevó hasta En-gedí, punto terminal de su viaje.

Aquel viajero decía que era un ilustre médico, un terapeuta que llegaba hasta las salinas del Mar Muerto para llevar aquellas sales venenosas, de las que componían drogas para curar ciertas enfermedades infecciosas en su país.

Y fue así como aquellos tres infelices fugitivos llegaron a los esenios del Monte Quarantana, y de allí a los Montes de Moab cuando el niño, ya joven, inició su carrera escalando siempre altas cumbres.

Allí se encontraba también aquel Kobda Adonai, Phara-home del Nilo en la época de Abel, y esta vez con el nombre de Ezequías. Ambos, con cinco esenios de menos edad estaban encargados de los Archivos en que había enormidad de escrituras de muchos países y en las lenguas más variadas. Vidas enteras empleaban los esenios en descifrar aquellas escrituras, más por iluminación espiritual que por puro análisis, y traducirlas todas al sirio caldeo, que era por entonces el idioma más generalizado del Asia Central.

En el inmenso Santuario del Monte Moab, que era como una ciudadela de enormes grutas practicadas por antiquísimas explotaciones mineras, parecían haberse dado cita adelantados espíritus de la alianza del Cristo, en sus respectivas manifestaciones físicas en el planeta Tierra.

Los *Marinos libertadores de esclavos* de Juno, el mago de las tormentas, los *Profetas-médicos* de Numú, a quien llamaron *los salvavidas*, las gentes de aquel tiempo, por sus grandes conocimientos de medicina naturalista con lo cual realizaban maravillosas curaciones; los *Profetas blancos* de Anfión, el Rey Santo, que fueron instructores y maestros de todo un Continente; los de la *Escuela Antuliana*, llamados más tarde *Dacthylos*, que forjaron en las ciencias y en las artes de la gloriosa Atica prehistórica, cuna y origen de la posterior civilización europea; los primeros *Flámenes* de la India o *Tierra donde nace el sol*, que tomaron su nombre y su sabiduría de los dictados de Krishna, a su discípulo Arjuna, origen de la profunda filosofía Védica que aún hoy no se llega a interpretar en toda su amplitud y oculta sabiduría; los *mendicantes* de Buda, que para eludir las persecuciones de que era objeto su elevada enseñanza, la ocultaban bajo la humillante indumentaria de peregrinos mendigos, que recogían limosnas para sustentar sus vidas; y eran maestros de almas que iban dejando en cada conciencia, una chispa de luz, y en cada corazón un incendio de amor a la humanidad. Y por fin, los *profetas-*

terapeutas de Moisés que se diseminaron desde el Nilo al litoral del Mediterráneo, sobre todo a la llamada Tierra de Promisión, o sea Palestina, Siria y Fenicia, porque se sabía desde muchos siglos que en aquellas latitudes aparecería la postrera manifestación del Avatar Divino. Y los *Esenios* que llegaron hasta el Nacimiento del Jhasua, fueron la prolongación de estos *profetas-terapeutas de la Escuela Mosaica.*

En los Archivos esenios se hallaba recopilado todo cuanto de luz, de ciencia y de conocimiento había aportado el Cristo a la humanidad terrestre, por medio de las inmensas legiones de sus discípulos y seguidores.

¿Qué extraño podemos encontrar que Setenta hombres pasaran toda una vida catalogando, ordenando, traduciendo e interpretando aquel vastísimo Archivo de Divina Sabiduría, que tantos miles de siglos había corrido por toda la faz de la Tierra?

Los esenios del Monte Hermón en la cadena del Líbano, los del Monte Ebat en Samaria, los del Carmelo y Tabor en Galilea y los del Quarantana, estaban obligados por una ley común a todos los Santuarios, de enviar substitutos y reemplazantes de los que enfermaban o morían en el Santuario de Moab, donde jamás debían faltar los Setenta Ancianos de que formó Moisés su alta Escuela de Divina Sabiduría.

Esenios pues, fueron los cristianos del primero y segundo siglo, hasta que la inconciencia humana empezó a obscurecer la excelsa figura del Hombre de Dios y a perseguir como heresiarcas a los que luchaban por conservar su doctrina tal como la habían bebido de su Inteligencia superior.

ESCENARIOS DEL INFINITO

Mientras los tres viajeros regresan paso a paso descendiendo de las colinas ásperas, cargados con su interna alegría y cargados a la vez de los dones que la familia de Andrés enviaba para el hijo de Myriam, contemplemos con la rapidez que es permitido a través de las líneas esbozadas en páginas de papel, dos escenarios completamente distintos y que abarcaban grandes extensiones de tierras y muy diversos y lejanos países.

El cántico de paz, de amor y de gloria que resonara en la inmensidad de los espacios infinitos, había resonado en cada alma, que con la interna luz de la Divina Sabiduría esperaba la llegada del Hombre de Dios. ¡Gloria a Dios en los cielos infinitos y paz en la Tierra a los hombres de buena voluntad!

Y como había resonado para todos los Esenios refugiados en sus Santuarios, había resonado también en las Escuelas Ocultas y Secretas de Gaspar, Melchor y Baltasar, en las comarcas en que desde años atrás existían. Un inusitado movimiento en toda Siria, Fenicia y Palestina agitaba gozosamente las almas con diversas formas y manifestaciones de dicha, según fuera el prisma por el cual miraba cada uno el gran acontecimiento.

Los que ya adheridos a la Fraternidad Esenia, sólo conocían de ella que eran continuadores de la enseñanza de Moisés, aceptaban la interpretación que daban los sacerdotes, relacionada con la futura venida de un Mesías, Salvador de Israel.

El pueblo de Israel había sido dominado por Roma, reina y señora del mundo civilizado de entonces. Y esta dominación era tan amarga y dura para el pueblo hebreo, que se creía munido de todas las prerrogativas de *pueblo elegido*, que ningún acontecimiento era mayor para él, que la aparición de un Mesías-Salvador.

Y bajo este punto de vista interpretaban todos los anuncios, todas las profecías desde la remotísima edad de Adamú y Evana, o sea desde los comienzos de la Civilización Adámica.

Muchos de estos anuncios y profecías se habían verificado en las diversas estadías del Hombre-Luz sobre la Tierra. Algunas se habían cumplido en Abel, otras en Krishna, otras en Moisés y en Buda.

Mas, para el pueblo hebreo era todo un solo aspecto en aquella hora: un Mesías-Salvador que empuñando el cetro de David y Salomón, levantara a Israel por encima de la poderosa dominadora de pueblos: Roma.

Si algún versículo de los libros Sagrados insertaban en sus enigmáticos cantos frases como ésta: "Dijo Jehová: Mandé a mi hijo para que se pusiera al frente de mi pueblo" era interpretado sin lugar a duda alguna, en el sentido de que el Enviado de Dios sería un glorioso príncipe, ante el cual se rendirían todos los reyes y poderes de la Tierra. Y era sencillamente una inspirada alusión a Moisés, que sacó a los hebreos de la esclavitud en que gemían cautivos, en el prepotente Egipto de los Faraones de aquella hora.

En alguna de las diferentes cautividades y dispersiones que había sufrido la raza, algunos sensitivos, profetas o ascetas hebreos, habían tenido noticia de un canto apocalíptico en que se hacía referencia al gran Ser que vendría, y el cual sería llamado "Príncipe de la Paz". Y también esta alusión que un clarividente de la antigua Persia había recibido referente a Krishna, era aplicada a la hora presente, y más reforzaba el sueño del pueblo hebreo, de que el Mesías debía ser un poderosos rey que dominara a todos los reyes del orbe. Y por este orden, se levantaban sobre bases equivocadas las grandes esperanzas de los hebreos en general.

Sólo los Esenios, desde los primeros grados estaban exentos de este equivocado pensar, debido a la instrucción que recibían año tras año en los Santuarios de la Fraternidad. Es por esto, que ellos se mantenían en su silencioso recogimiento, callando siempre que escuchaban este insensato soñar de las turbas en general.

Sólo los Esenios sabían que el Hombre Luz aparecía sobre la Tierra para dar el retoque final a su magnífico lienzo en que había esbozado con su sangre divina de Mártir, el ideal de fraternidad, de amor y de paz que soñara para sus hermanos de este planeta. Sólo ellos sabían que la humanidad terrestre estaba tocando el límite de tolerancia de la Divina Ley que marca el aniquilamiento para los rebeldes incorregibles que después de millares de siglos no aprendieron a amar a sus semejantes, siquiera lo necesario para no causarles daño deliberadamente. Todos los guías de humanidades, los elevados instructores de mundos, saben y conocen el terrible proceso de la Eterna Ley cuando ha rebasado su medida, su hora, el vencimiento de su plazo, después de inmensas edades de espera impasible, serena, imperturbable.

Sólo una infinita ola de Amor Divino podía transmutar el tremendo cataclismo de las almas embrutecidas en el mal, de las inteligencias perturbadas por el crimen, por el odio, por el goce implacable del pecado.

Sólo un retazo, un girón de Divinidad desprendiéndose del Gran Todo Universal y descendiendo a la humana miseria como una estrella a un lodazal, podía operar la estupenda transmutación de las corrientes formidables de aniquilamiento, prontas a descargarse sobre la humanidad de la Tierra. Y ese girón de la Divinidad se rasgó de su Eterna Vestidura de luz, para arrastrar juntamente con él como una radiante marea, la irresistible corriente del Amor Creador y Vivificador, al impulso del cual surgen sistemas de planetas, miríadas de soles y de estrellas, millares de universos de millares de mundos.

¿Cómo un girón, un florón de la Divinidad no había de salvar de su inminente ruina a pequeños mundos, que al igual que la Tierra reclamaban el beso del Amor Eterno para no ser aniquilados?

Por eso los Esenios no esperaban un Mesías Rey de Israel, sino una encarnación de la Divinidad, un resplandor de la Luz Increada, un reflejo de la Suprema Justicia, un aliento vivo del Amor Soberano: un Dios hecho hombre.

Tal es el misterio del Verbo hecho carne, sobre lo cual han llenado bibliotecas y más bibliotecas los filósofos de todas las tendencias ideológicas, sin haber llegado todavía a hacerse comprender de la humanidad. La palabra de bronce y fuego del Cristo:

"Dios da su luz a los humildes y la niega a los soberbios", se cumple a tra-

vés de los siglos y de las edades. Por eso, los grandes doctores de Israel, hojeando legajos y más legajos en sus fastuosos pupitres de ébanos y de nácar, bajo doseles de púrpura en el Templo de Jerusalén, no pudieron comprender ni asimilar la magnífica y luminosa verdad que los Esenios en sus cuevas de roca, o diseminados en sus chozas de artesanos, o de pastores, habían visto brillar como una lluvia de estrellas, en el puro y limpio horizonte en que desenvolvían sus vidas.

Y aún se sigue cuestionando en todos los tonos de la dialéctica, en las esferas sutiles de la teología y de la metafísica, hasta formar los más inverosímiles engendros mentales que no resisten a los análisis severos de la ciencia racionalista, ni aun a la lógica más elemental.

De aquí ha surgido el incomprensible enigma de la Trinidad, o sea del Dios Trino en persona y Uno en esencia, única forma encontrada por la teología para explicar qué era ésto del Hombre-Dios. De esta misma incomprensión surgió también la anticientífica y antirracional afirmación de que en el seno de una virgen se formó un cuerpo humano sin el concurso de hombre alguno, como si la maternidad y paternidad ordenadas por la Naturaleza que es la más perfecta manifestación de la Sabiduría Divina, fuera un desmedro o un borrón para la humanidad creada por su Omnipotente Voluntad; desmedro y borrón de los cuales quiso la teología librar a la divina encarnación del Verbo.

En todas estas pesadas elucubraciones de mentes escasas de Luz Divina, se ha tenido muy en cuenta la materia y muy poco el espíritu; pues buscando engrandecer la excelsa personalidad del Hombre-Dios, se cubrió su materia física con el hálito intangible del milagro desde el momento de su concepción, sin tener en cuenta de que aquella radiante Inteligencia, vibración de Dios-Amor, era grande, excelsa, purísima por sí misma, sin que el fenómeno de que se rodeó su nacimiento pudiera añadir ni un ápice a aquella plenitud magnífica en el conjunto de sus divinas cualidades.

Más ¿qué sabían los doctores y los pontífices de Israel de la infinita escala de las Inteligencias Superiores o espíritus puros que en interminable ascensión van formando con sutiles vibraciones de inefable armonía, el Gran Todo, ese océano infinito de Energía, de Poder, de Sabiduría y de Amor?

De ese Infinito Océano, se desprendió un raudal hacia la Tierra habitada por una humanidad tan inferior en su gran mayoría, que fue necesario encerrar aquel raudal de la Divinidad, en un vaso de arcilla que estuviera al alcance del hombre terrestre, que pudiera beber en él, ver reflejada su imagen grosera en aquella linfa cristalina, tocarlo, palparlo, amarlo, escucharlo, seguirlo como se sigue una luz que nos alumbra el camino: como sigue el niño a quien le da el pan, como sigue un cordero al pastor que le lleva al prado y a la fuente.

Los doctores de Israel, no sabían que ese cristalino y puro raudal del Infinito Océano Divino, se había desprendido *nueve veces* en diferentes edades y épocas, para arrastrar en pos de sí todo el Amor de la Divinidad, toda su Sabiduría, toda su Piedad, toda su Luz, su Verdad y Grandeza inmutables. Si algunos de los viejos Esénios de familia sacerdotal habían podido quedar aún bajo los atrios del templo, al amparo de una incógnita rigurosa, sepultaban en el más profundo secreto sus principios de Oculta Sabiduría. ¡Qué lejos estaba pues, el pueblo de Israel, de imaginar siquiera la grandiosa verdad!

Y ha llegado el momento, lector que vas siguiéndome por este senderillo humilde y escondido que el Dios-Amor te descubre, de que conozcas y sepas lo que era Jhasua, el Cristo que bajaba a la Tierra.

En la magnífica obra inspirada por el Kobda Sisedón de Trohade, Pharahome de Neghadá sobre el Nilo, se admiran grandiosos cuadros vivos de las más elevadas regiones de Inteligencias Supra-humanas y de sus radiantes Moradas en el inmenso Infinito. El último tomo de dicha obra, está consagrado casi exclusivamente a este asunto, sobre el cual el discreto autor no ha podido extenderse más, debido al carácter mismo de la obra; una Historia de los "Orígenes de la Civilización Adámica" escrita para los recién iniciados de la futura próxima generación, no ha podido dar cabida en sus páginas, a ciertas verdades muy hondas y muy lejanas de todo cuanto pueden percibir y palpar los sentidos físicos en este plano inferior, del mismo modo que en cualquier rama de los conocimientos humanos, ningún maestro o profesor da a un niño que comienza, lo que puede y debe darle a un adulto que inicia un curso superior de estudios. *"El orden es fuerza constructiva"*, dice el viejo principio de la antigua sabiduría, y más aún en cuestiones suprafísicas.

Entremos pues, amado lector, guiados por emisarios de la Divina Sabiduría, al Infinito Reino de la Luz Increada en busca de Jhasua, el Ungido Salvador de la Humanidad Terrestre.

Cuando en las noches serenas de primavera o estío contemplas el espacio azul, piensa, en que muy más allá de cuanto percibe tu mirada, guarda el Altísimo sus insondables secretos, reservados para el que busca con perseverancia y amor.

Ves rodar por el inmenso velo de turquí, millones de millones de globos radiantes. La Ciencia Astronómica te dice que son constelaciones de estrellas y de soles, algunos, centros de Sistemas, Planetas y planetoides, satélites y asteroides, estrellas fijas y estrellas errantes, cometas vagabundos que cruzan el espacio como impelidos por un huracán invisible. La astronomía ha dicho mucho pero siempre dentro de lo que alcanza el telescopio y de los sistemas de cálculos en distancias y velocidades de los astros en sus rutas eternas.

La moderna filosofía basada en una buena lógica ha dicho un poco más: que esos globos siderales son habitaciones de humanidades, porque sería un pensar infantil, que la Tierra como una avellana en los espacios, esté habitada por seres inteligentes, y que no lo estén los demás astros, algunos de los cuales son en muchísimos aspectos, superiores a nuestra Tierra.

Llegada es la hora, de que las Escuelas de Divina Sabiduría levanten el velo que encubre los secretos del Gran Todo, para que el hombre del Nuevo Ciclo que está llegando a las puertas de la vida, sepa lo que hay más allá de la atmósfera que le envuelve.

Algunas fraternidades ocultas de la antigüedad, enseñaron el secreto divino a sus más altos iniciados; mas como se habían anticipado a la época, todo desapareció bajo la mole de la ignorancia, de la inconciencia y del fanatismo de todos los tiempos; y las hogueras, y los cadalsos, y los calabozos vitalicios, sepultaron las grandes verdades, como se sepulta un cadáver para que se haga polvo en lo más profundo de la tierra.

La "Fraternidad Cristiana Universal" ungida de Amor y Fe, levanta otra vez el Gran Velo para la humanidad nueva que llega, y que será por ley de ésta hora la madre que reciba y cobije en su seno al gran Jhasua, que se deja ver de ella tal como El es en la infinita Eternidad de Dios.

Los grandes soles o estrellas llamadas de primera magnitud son para el físico, centros de energía y de fuerza vital que arrastran en pos de sí a innumerables globos atados a ellos por las leyes de atracción. Para la inteligencia iluminada por una luz superior, que pregunta a todas las ciencias y a todas las cosas: *¿Quién es Dios?* sin que hasta hoy nadie le haya respondido a satisfacción; hay un poema eterno que no se ha escrito todavía, y que no han leído los hombres: *El poema de Dios y de las almas.*

Con el favor divino, me atreveré a esbozarlo. Desde el más ínfimo ser dotado de vida hasta el hombre más perfecto, hay una larguísima escala de ascención, a la cual la Ciencia Psíquica llama Evolución. Más arriba del hombre ¿qué hay? Seres que fueron un día hombres y que siguiendo su evolución han continuado subiendo y subiendo durante ciclos y edades que no podemos medir, hasta llegar en innumerables graduaciones a unificarse con el Gran Todo, con la Suprema Energía, con la Eterna Luz.

Esta gloriosa escala tiene sus jerarquías, que cada una forma legiones más o menos numerosas.

Las definiré concretamente; Primera jerarquía: *Angeles guardianes*. Es el grado primero en la Escala de superior perfección a que puede llegar un hombre que ha alcanzado su purificación.

Inteligencias de esta Legión pueden encarnar en el plano físico de la Tierra y globos de igual adelanto. Sus características generales son: incapacidad para el mal de cualquier orden que sea y la predisposición para todo lo bueno que puede realizar un ser revestido de carne. Esto, cuando se hallan viviendo como hombres sobre la Tierra.

Ahora en estado espiritual su mismo nombre lo indica: son los guardianes y celadores de todas las obras que en beneficio de la humanidad se realizan en los mundos de aprendizaje y de prueba como la Tierra. Son ordinariamente los inspiradores de toda buena acción, los consoladores de todos los dolores de los hombres encarnados y de los desencarnados que habitan en la esfera astral de los planos físicos, y son los intermediarios entre el dolor humano terrestre y las divinas fuentes de consuelo y de alivio, si lo merecen. Los que están de guardia alrededor de un planeta, permanecen de ordinario en su esfera astral o estratósfera y pueden bajar y subir a voluntad y en casos justificados, y siempre para propender al bien. Y entonces toman el nombre de *Cirios de la Piedad*. Tienen largas épocas de reposo en la Luz para adquirir mayores conocimientos y poderes, pues de esta Legión, las Inteligencias pueden tomar caminos y rumbos diferentes según las inclinaciones y voluntades de su Yo Superior.

Su estado es de perfecta felicidad, y el grado de su comprensión y conocimiento de todas las cosas, sobrepasa en mucho a los más aventajados espíritus encarnados en la Tierra.

Las estrellas, los planetas o soles adelantados, tienen a más de la esfera astral inmediata a la atmósfera, varias esferas radiantes más o menos sutiles según el grado de evolución al que el astro ha llegado, y es en esas esferas concéntricas y sobrepuestas, donde tienen su morada habitual las inteligencias purísimas que llamamos Angeles Guardianes. Gobernadas por poderosos Jerarcas de su misma Legión, obedecen plácidamente al solo reflejo de los pensamientos de aquéllos, que desde luego, están encuadrados dentro de las leyes y misiones propias de la grandiosa falange, la más numerosa de todas. Cada subdivisión, ostenta en su etérea y sutil vestidura uno de los colores del

Iris, por lo que queda entendido, que son siete grandes falanges, bajo siete Jerarcas de la misma Legión.

Lector amado, si interrogamos a cualquiera de estos Jerarcas de los Angeles de Dios, donde encontramos a Jhasua el Cristo, nos contestará como contestó Juan el Bautista, cuando le preguntaban si él era el Mesías anunciado por los Profetas.

"Nosotros no somos dignos de desatar la correa de su sandalia. Muy más alto que nosotros le encontraréis. Subid".

Y subiendo a las radiantes esferas sutiles que envuelven globos siderales de gran perfección, encontraremos entre mares interminables de luz, de bellezas indescriptibles, de las que son opacos reflejos las más admirables bellezas de la Tierra, otra numerosa jerarquía de Inteligencias purificadas y que irradian amor, poder, sabiduría, en grado mucho más superior que la legión anterior. Son los *Arcángeles* llamados también Torres de Diamantes o Murales, según la lengua en que tales nombres se inscriben. Son éstos los señores de los elementos o fuerzas poderosas, que aparecen a veces en los planos físicos. Ellos son los que gobiernan las corrientes dispositivas de encarnaciones de espíritus en determinados mundos, entre unas u otras razas según el grado de su evolución y según la altura de la civilización a que deben de cooperar.

Guardan ellos el libro de la vida y de la muerte, marcan con precisión y justicia las expiaciones colectivas de los pueblos, de las naciones o de los continentes. Aunque más rara vez, encarnan también en los planos físicos, sobre todo cuando algún gran espíritu Misionero debe permanecer allí, en cumplimiento de un Mensaje Superior de gran importancia.

Tienen también sus grandes Jerarcas, que en Consejo de siete, distribuyen las misiones o las obras a realizar.

Visten también sutiles túnicas de los colores madres más espléndidos y radiantes, pero a diferencia de los anteriores, están provistos de grandes antenas blancas en forma de alas, que parecen tejidas de resplandeciente nieve. En ellas residen las poderosas fuerzas que les hacen dueños y señores de los elementos.

Si a cualquiera de estos Jerarcas de los radiantes Arcángeles, les preguntamos si está entre ellos Jhasua el Cristo, nos responderá igual que los anteriores: "Subid, subid, porque nosotros sólo somos sus servidores cuando él está en misión."

Y seguiremos corriendo lector amigo, hacia esferas y planos más radiantes y sutiles, donde los *Esplendores* y las *Victorias*, los esposos adolescentes cuyo recíproco amor les complementa para la constante y permanente creación de las formas y de los tipos, de cuanta manifestación de vida observamos en la compleja y sabia combinación de la Naturaleza, los excelsos conductores de la *mágica ola*, que no es fuego, ni agua, sino materia radiante de donde toman su luz, todos los soles, todas las estrellas más esplendorosas, de donde surgen los principios de todo sonido, de toda armonía, de toda voz, capaz de deleitar al alma más delicada. Ola que viene y que va en rítmico y eterno vaivén, y entre cuyas ondulaciones luminosas se esfuman, suben, bajan, se enlazan, flotan, esos incomparables espíritus radiantes de belleza, de armonía, de fuerza imaginativa y creadora en su misma inefable suavidad. Piensan una forma, un tipo, un sonido, un color, y de la ola formidable de materia radiante en que ellos se deslizan y viven como en su propio elemento, van surgiendo sus pensamientos hechos formas, tipos, sonidos y colores, para que la eterna madre Naturaleza conciba en su fecundo seno, aquellas divinas manifestaciones de vida que ningún artífice terrestre es capaz de forjar ni en semejanza siquiera.

Y si estos seres, cuya dicha suprema está en la contemplación de sus eternas creaciones, para poblar de múltiples formas de vida los mundos y los universos, propendiendo así a la evolución de todos los seres orgánicos e inorgánicos, escucharan nuestro interrogante: ¿está por ventura entre vosotros Jhasua el Cristo? ellos nos responderían sin detener el armónico movimiento de sus manecitas como lirios:

"Jhasua el Cristo es un arpa viva que vibra siempre entre los *Amadores*, y de su vibración eterna de amor, aspiramos las notas sublimes y tiernísimas para plasmar creaciones dulces, amorosas y sutiles. . . para forjar el grito de amor de una madre, el canto de amor de una hija, la égloga de inmensa ternura de una esposa que sabe sacrificarse por un amor, que sobrepasa a todas las cosas. Nosotros, ya lo véis, creamos la forma, el tipo, el sonido, el color. . . ¡Más Jhasua, crea el Amor más fuerte que el dolor y que la muerte!. . . ¡Subid al cielo de los *Amadores o Arpas Eternas*, y allí le hallaréis entre los Amantes heroicos y geniales, que dan vida en sí mismos al Amor que les lleva hasta la muerte, por los que no saben ni quieren amar!. . .

"De nuestras creaciones surgen todas las formas y tipos de vida, de belleza, de color y de armonía que observáis en los mundos que habitáis; pero de los *Amadores* Arpas Eternas de Dios, emana perpetuamente el Amor que es consuelo, paz, esperanza y salvación en todos los mundos del Universo. Y son ellos, los que sólo pueden llamarse *Salvadores de humanidades*. ¡Subid, subid al cielo divino de los *Amadores* donde vive la gloria de sus heroicos amores Jhasua el Cristo divino que venís buscando.

Subimos a la Constelación de Sirio por no mencionar otras de las mil y mil que son moradas de luz y de gloria de las Arpas Eternas del Divino Amor [1].

Y mucho antes de llegar a la esfera astral conjunta de aquella hermosísima constelación, nos sorprende una multitud abigarrada y compacta de fibras luminosas sutilísimas, del rosado color de la aurora cuando un sol de estío está para levantarse; fibras, rayos o estelas que parecen nacer en los globos mismos de aquel radiante Sistema. El que por primera vez llega a tales alturas, se figura que aquella infinidad de rayos luminosos son como defensas que impiden la llegada de los profanos, tal como algunas famosas fortalezas de la antigüedad aparecían erizadas de puntas de lanzas agudísimas y a veces envenenadas, como formidable defensa de enemigos desconocidos, pero posibles.

Y el guía. . . (que allí nadie puede llegar sino conducido por un experto Instructor) nos dice: "No temáis, que estos rayos no hieren a nadie sino que acarician con infinita dulzura".

—¿Qué son pues estos rayos y para qué están como formando una selva de fibras de luz sonrosada alrededor de estos magníficos soles? —preguntamos.

Son las formidables antenas, que nacidas del plexo solar o centro de percepción de los Amadores o Arpas Eternas, atraviesan toda la inmensa esfera astral de esta Constelación habitada por ellos y permanecen perennemente tendidas hacia los espacios que le rodean y en todas direcciones, a fin de captar con facilidad el Amor y el Dolor de todos los mundos del Universo a que esa

---

[1] El lector comprenderá que estas percepciones son posibles solamente en ese estado espiritual que se llama **éxtasis** o **transporte**, o **desdoblamiento** consciente del espíritu.

Constelación o Sistema pertenece. Y estas Arpas Vivas y Eternas están percibiendo los dolores humanos de los que desde mundos apartados y lejanos les piden piedad, consuelo y esperanza. . . y Ellos, dioses de Amor y de Piedad, emiten con formidable energía el consuelo, la esperanza y el amor que les demandan.

He aquí el efecto maravilloso e inmediato de una oración, pensamiento o plegaria dirigidos a tan excelsos y purísimos seres. ¡Amadores!. . . ¡Arpas Eternas del Infinito!. . . Viven amando eternamente, y cuando sus antenas captan gritos desesperados de angustia de mundos amenazados por cataclismos que sólo el Amor puede remediar, se precipitan desde sus alturas de inmarcesible dicha, como pájaros de luz entre las tinieblas de los mundos de dolor y de prueba, ¡para salvar a costa de tremendos sacrificios y hasta de la vida, lo que puede aún ser salvado y redimido!

Y ahora hemos encontrado a Jhasua el Cristo Divino ¡Salvador nueve veces del hombre terrestre!. . .

¡Jhasua, el excelso Amador que ama por encima de todas las cosas y más allá del dolor y de la muerte!

Jhasua, el que siembra semilla de Amor en todas las almas de la Tierra, y pasadas muchas centurias de siglos vuelve para buscarlas y ver si han florecido!. . .

¿Qué hace Jhasua en su diáfano cielo de la Constelación radiante de Sirio?

¿Vive acaso deleitándose infinitamente en la plenitud de dicha que ha conquistado?. . .

¿Vive sumergido en la extática contemplación de la Belleza Divina que es posesión suya por toda eternidad?

¿Vive absorbido por nuevas y nuevas soluciones a los profundos arcanos de la Sabiduría Divina que le abrió de par en par las puertas de su templo?

Toda esa inmarcesible grandeza y gloria la tiene ante sí Jhasua el Amador, mas no llena con sólo eso su vida en los cielos de paz y de dicha que ha conquistado.

Jhasua el Amador, tiene tendidas las cuerdas radiantes del arpa divina que lleva en sí mismo; y esas cuerdas son antenas de sutil percepción que hacen llegar al corazón de Jhasua el más imperceptible gemido de las almas que entre la humanidad de la Tierra, su hija de siglos, se quejan, lloran, padecen, sufren la decepción, el odio, el abandono, el oprobio, el desamor de los amados, la injusticia, toda esa pléyade obscura y tenebrosa de los míseros dolores humanos, que él ha bebido hasta el fondo de la copa, en cada etapa suya sobre el globo terrestre.

¡Jhasua lo comprende todo, lo percibe todo, lo siente todo!

Su excelso estado espiritual le veda el sufrimiento, pero le deja amplia libertad para amar, y de tal manera se desbordan sobre los que le aman las incontenibles olas de su amor soberano, que en los seres muy sensitivos se manifiestan de diversas maneras según las modalidades, las aptitudes y grado de evolución de estos amadores terrestres: Los poetas escriben divinos versos de amor a Jhasua; los músicos desglosan poemas insoñados y fantásticos, desbordantes de alegorías y de símbolos, en que el amor de Jhasua hace prodigios de heroísmo, de abnegación, de belleza suprema; los artistas del pincel y del cincel, plasman en el lienzo o en el mármol, las más bellas imágenes del Hombre-Dios, del Hombre-Amor, al cual acaso no acaban de comprender, pero sí figurárselo como el prototipo más acabado y perfecto del amor llevado hasta la apoteosis.

Y nadie sabe sobre la Tierra que si el poeta, el músico, el pintor y el escultor, han sido capaces de dar a la humanidad esas obras que son como un iris de amor, de dulzura infinita, es porque Jhasua el divino Amador, ha desbordado su ánfora sobre la humanidad de la Tierra, y los más sensitivos han bebido unas gotas. . . muchas gotas. . . un raudal acaso, de su soberano desbordamiento.

¡Oh Jhasua, el divino Amador!. . . ¡Nadie sabe en la Tierra, que si hay en ella claros arroyuelos en que el hombre puede saciar su sed, de tu seno han nacido. . . porque tú sólo Jhasua, amante genial, sublime y eterno, siembras en los amadores de esta Tierra, las semillas divinas de ese amor tuyo tan grande como lo Infinito, más fuerte que el dolor y que la muerte!

Es la Constelación de Sirio, una de las más grandes y hermosas de que está ornamentado el Universo visible desde la Tierra, al que pertenece nuestro pequeño sistema solar. Y habiendo en dicha Constelación, de la cual, es Sirio el gran sol central, una cantidad considerable de globos de segunda, tercera o cuarta magnitud, y habitados por humanidades de diversos grados de evolución, no podemos pensar en buena lógica, que toda la atención y el Amor de Jhasua, lo absorbe nuestra Tierra solamente.

Forman los excelsos Amadores una legión radiante de armonía, de paz, de suavidad infinita, y esos divinos efluvios se extienden por todos los globos de esa Constelación. Y si la Tierra recibe y percibe más de sus potentes vibraciones de amor, es porque en nueve veces de haber encarnado Jhasua en ella, ha creado fuertes vinculaciones espirituales; lazos de amor que no pueden romperse jamás, y a cada una de aquellas Arpas Eternas le ocurre lo propio, con las humanidades en medio de las cuales han tomado naturaleza de hombres.

Los *Amadores* que nos son más conocidos por estar Jhasua entre ellos, habitan en la segunda estrella de primera magnitud de la Constelación de Sirio, catalogándolas desde la Tierra, punto de observación para esta humanidad. ¡Cuán cierto es, que las estrellas y las almas se parecen, en sus rutas eternas de solidaridad universal!

Remontándonos más y más en el conocimiento de las Inteligencias Superiores, nos encontramos con más y más solidaridad, más y más comprensión entre ellas; más y más unificación. Es que avanzan lenta, pero ineludiblemente hacia la Eterna Armonía Universal.

Toda su felicidad está en el Amor. Toda su grandeza la deben al Amor. ¡Toda su Sabiduría la bebieron en la copa del Amor!

El Amor es Piedad.
El Amor es Misericordia.
Y el Amor es también Redención.

He ahí pues, lector amigo, el querubín de oro y rosas que ha nacido en Betlehem, coincidiendo con la triple conjunción planetaria de Júpiter, Saturno y Marte, y que causa el gran movimiento esenio en los pueblos de Palestina que fue su cuna. Y ¿por qué fue el dominio de Israel su cuna y no otros parajes, en donde florecían con mayor exuberancia las ciencias, las artes y todas las grandes manifestaciones de las capacidades humanas?

Roma, Grecia, Alejandría de Egipto, Antioquía de Fenicia, eran por aquel entonces emporios de civilización, de esplendor, de ciencia y de riqueza. ¿Por qué el esplendor divino del cielo de los Amadores fijó su atención en las humildes serranías de las costas del Jordán?

Es que la simiente de la Unidad Divina sembrada por Moisés, había echado raíces entre las generaciones de Israel, que creyéndose pueblo preferido de Dios, rechazó heroicamente hasta sacrificando su vida, la idea de la multiplicidad de dioses en perenne lucha de odios fratricidas unos contra otros.

El pueblo de Israel con su inquebrantable idea de un Dios Unico, Esencia Inmaterial e Intangible, Eterno en su grandeza y en sus perfecciones, abrió la puerta a esa gran esperanza en lo infinito, en ese Soberano Dios Unico, que velaba sobre su pueblo, sobre cuyos dolores debía mandar un Salvador. Y esta gran esperanza de Israel, y las hondas plegarias y evocaciones de sus videntes, de sus profetas, de sus grandes iluminados, durante siglos y siglos, atrajo el pensamiento y el amor de Jhasua hacia aquel pueblo, en medio del cual había vivido muchos siglos atrás, y el cual con todas sus incomprensiones y deficiencias, le amaba sin comprenderle, y le buscaba sin haber aprendido a seguirle. Y ese amor *más fuerte que la muerte* en Israel, atrajo a Jhasua a los valles de la Palestina, la Tierra de Promisión, que en su vida de Moisés vislumbró como el escenario final de su grandiosa apoteosis de Salvador de los hombres.

Porque los caminos de Jhasua, fueron uno mismo desde el principio hasta el fin; una sola doctrina; uno solo su ideal; una sola la hermosa y eterna realidad que buscaba: la fraternidad humana, principio que encuadra en la armonía y el amor Universal.

Las grandes Inteligencias que palpitan y vibran ya dentro de la Gran Idea Divina, no varían ni tuercen jamás su camino, porque él forma parte de esa misma Eterna Idea Divina, por lo cual Jhasua pudo decir con toda verdad: *'Los cielos y la Tierra pasarán, pero mis palabras no pasarán''.*

Y el pequeño querubín de nácar y de oro, de leche y rosas como diría el Cantar de los Cantares, dormitaba quietecito sobre las rodillas de Myriam velado por los Angeles de Dios, incapaz entonces de pensar que una formidable sanción divina pesaba sobre él: Era Salvador de la humanidad terrestre.

Se ha hablado mucho y se ha escrito más aún, sobre el milagroso nacimiento del Cristo; y si el calificativo se aplica a todo hecho excepcional y que rebasa en mucho la comprensión humana, podemos decir con toda verdad que fue un acontecimiento de orden espiritual muy elevado, dentro del marco ordinario de lo puramente humano. La esencia íntima y profunda de un hecho semejante, sólo pueden comprenderlo en su estupenda realidad, los espíritus del excelso cielo de los *Amadores.* . . ¡Arpas Eternas y Vivas del Dios-Amor! avanzados en los caminos de la Divinidad.

¿Cómo captar con nuestra limitada mentalidad, la idea de que una avanzada Entidad de la Séptima Morada en la ascendente escala de los seres purificados, pueda reducirse a la tierna y débil pequeñez de un parvulillo, que cabe en una canastilla de juncos?

La humanidad inconsciente, quiso encontrar el milagro en la formación de esa pequeña porción de materia física humana; pero el más estupendo prodigio estaba muy arriba de todo eso; estaba en el Amor soberano de un glorioso y puro espíritu, que ya en las antesalas de la Divinidad misma, deja en suspenso por propia voluntad las poderosas actividades que le son inherentes, para hundirse temporalmente en las sombrías regiones del pecado y del dolor, arrastrando consigo como un torrente purificador, todo el amor de su cielo. . . He ahí el sobrehumano prodigio de fe, de esperanza y de Amor.

¡Jhasua, el excelso Amador del Séptimo Cielo, fue capaz de soñar con la sublime grandeza de ese prodigio!. . . ¡Soñarlo y realizarlo!

¡He ahí el misterio sublime del Hombre-Dios que la incomprensión humana terrestre ha desfigurado con toscas pinceladas y con burdos y groseros conceptos, acaso por el mismo deslumbramiento que produce una gran claridad de improviso entre negras tinieblas!

¡Tal es la soberana amplitud del Amor Eterno, cuando, dueño en absoluto de un ser, lo convierte en una aspiración a lo infinito. . . en una inmensa palpitación de vida. . .en una luz que no se extingue. . . en una vibración que no termina!

¡Tal es Jhasua, el Dios-Niño que duerme en Betlehem bajo el techo de un artesano, en una canastilla de juncos!

Y para arrullar su sueño de Dios encarnado, cantan los Angeles del Eterno.

"Gloria a Dios en las alturas celestiales y paz en la tierra a los hombres de buena voluntad".

A LOS MONTES DE MOAB

Los Siete Cirios del Monte Quarantana, que *cirios* se denominaban a sí mismos los esenios que habían ya escalado el grado Cuarto de la Fraternidad, pues que debían tener las características propias de un cirio: derramar la luz de Divina Sabiduría y calor del fuego sagrado del Amor que lleva hasta la muerte, si de ella ha de surgir la redención de las almas. Decía pues, que los siete Cirios del pequeño Templo del monte Quarantana que hemos conocido ya, eran: Ismael, Abiatar, Henan, Joel, Sado, Manasés y Amós.

Les encontramos de nuevo la misma mañana que Elcana, Josías y Alfeo emprendían el regreso a sus hogares en Betlehem.

Cantaban acompañados de salterios y de cítaras, hermosos salmos de acción de gracias, mientras el sol levantándose en el oriente dejaba penetrar un rayo oblícuo de su luz de oro por una lucera de la roqueña techumbre. Y como en todos los templos esenios, aquel rayo de sol de amanecer, iba a proyectarse aunque fuera sólo por unos minutos sobre las Tablas de la Ley, que como se sabe se encontraban sobre un enorme atril de piedra, inmediatamente detrás de los Siete Libros de los Profetas.

Profundos conocedores de las poderosas influencias planetarias, en conjunción con los pensamientos humanos, los esenios construían sus templos en tal forma, que una luz de oro del sol y la luz de plata de la luna se asociaran a sus más solemnes momentos de evocación al Infinito.

Y en el preciso momento en que el rayo solar vaciaba su resplandor sobre las Tablas de la Ley, apareció la figura de Moisés, que con su índice escribía con fuego los mandatos divinos, pudiéndose notar claramente que aquellas palabras: *Amarás a tu prójimo como a ti mismo* parecían arrojar chispas de luz tan refulgente y viva, que no la resistía la mirada humana.

Y se oyó claramente su voz como una vibración de clarines que decía: "Amar a los hombres hasta morir por ellos, es el programa que vengo a desenvolver juntamente con vosotros. ¿Seréis capaces de seguirme?"

Los siete esenios puestos de pie colocaron su diestra sobre cada uno de los Siete Libros Sagrados mientras contestaban:

—"Lo juramos por nuestros Profetas mayores. Hablad, Señor, y se hará como lo mandéis".

—"Echad suertes —dijo de nuevo la voz de la aparición— e id tres de vosotros al templo del Monte Moab, para dar aviso a los que me esperan, de que ha empezado el gran día de la Redención".

Los siete doblaron sus frentes a la tierra y cuando la levantaron nuevamente, el rayo solar había pasado y la visión se había esfumado en la penumbra gris del templo de rocas.

Echaron suertes como se les había dicho, y salió la cedulilla de Joel, Sadoc y Abiatar.

Pocos momentos después, vestían una túnica de peregrinos, de burda piel de camello y manto de obscura lana, y tomando el cayado y el bolsón de pan, queso y frutas, recibían la bendición del Servidor y salían al mundo exterior por la puertecita que conocemos, y que daba al pajar de la *Granja de Andrés*.

El sol empezaba a derretir la nieve de las montañas y los senderitos tortuosos y resbaladizos, ofrecían grande peligro para quien se aventuraba por ellos. Sus viejas crónicas contaban de muchos esenios que habían perdido la vida en la travesía que ellos iban a realizar.

Saliendo de En-gedí hacia el norte, el trayecto era mejor, aunque significaba dar toda la vuelta alrededor del Mar Muerto, y tropezar con poblaciones donde si bien tenían algunas familias esenias, les llevaría mucho más tiempo para llegar a los Montes de Moab que era su destino.

Era pues preferible tomar el camino de En-gedí hacia el Sur, o sea pleno desierto, que sólo era interrumpido por la tétrica fortaleza de Masada, espantoso presidio de los más audaces foragidos de toda la comarca. Debían atravesar las grandes salinas y después el turbulento riacho de Zared, que bajando de las alturas de Acrobin se precipitaba con furia de torrente a desembocar en el Mar Muerto.

Aquellos espantosos parajes estaban infectados de fieras salvajes y de fieras humanas, pues los escapados de la Fortaleza buscaban refugio en las más profundas y sombrías cavernas, donde también los tres esenios buscarían resguardarse de la nieve que caía abundantemente sobre toda aquella región.

Pero ellos habían jurado sobre los Siete Libros Sagrados de sus Profetas, seguir al que llegaba desde las alturas de su Séptimo Cielo para salvar a la humanidad. ¿Qué mucho era que ellos atravesaran unas millas entre la nieve y por montañas y desiertos escabrosos y poblados de fieras? ¿Qué era la humanidad para el Santo de los santos que venía a salvarla y a morir por ella?

¡Era también un desierto poblado de fieras, de sierpes venenosas, de lobos con fauces hambrientas!...

Más todavía: era una humanidad con inteligencia desarrollada, con voluntad empleada en el mal; capaz de amor y de odio, capaz de venganza y de crimen!...

Y Jhasua no había visto nada de eso, ni había vacilado, ni se había detenido, ni había pensado que pudiera ser inútil su inmenso sacrificio... Sacrificio de un Serafín del Séptimo Cielo en favor de los hombres terrestres, que sólo demostraban tener capacidad para odiarse unos a otros, para hacerse daño mutuamente, para devorarse como fieras rabiosas!...

Así meditaban los tres viajeros esenios, mientras avanzaban rompiendo la nieve por los peligrosos senderos que forzosamente debían recorrer.

Entre En-gedí y la Fortaleza de Masada se extendía un mortecino valle, cuya escasa vegetación se debía al arroyo Anien que lo atravesaba de este a oeste.

Hasta pasado el mediodía, el arroyuelo estaba convertido en una sábana de escarchas, imposible de vadear ni de apreciar las honduras peligrosas que pudiera ofrecer. Se sentaron pues, a la orilla sobre la escasa yerba y abrieron los zurrones para tomar algún alimento. Apenas habían empezado su frugal comida, salió un hombre semidesnudo de un matorral de arbustos secos que ocultaban la entrada a una de las numerosas cuevas de aquellas áridas montañas.

Su cabellera enmarañada, y las ropas desgarradas que le cubrían a medias le daban el aspecto feroz de un oso parado en sus patas traseras.

—Llevo cincuenta días comiendo raíces y lagartos crudos —dijo aquel hombre con una voz cascada y dura—. Si no sois fieras como las que pueblan estos montes, dadme por piedad un pedazo de pan.

Los tres esenios le extendieron los zurrones, mientras le decían:

—Toma lo que quieras.

—No estoy seguro aquí —añadió—; venid a mi madriguera que es más abrigada que este páramo.

Ellos lo siguieron.

El hombre apartó con un palo las espinosas ramas de los arbustos y les dejó la entrada libre.

Era una cueva en la roca viva pero tan negra y sombría, que se estrujaba el alma de pensar que fuera aquéllo habitación de un ser humano.

—Come —le dijeron los esenios— y dínos qué podemos hacer por mejorar tu situación.

"Mientras el sol derrite la escarcha del arroyo tenemos tiempo para escucharte.

—Bien comprendo que no sois hombres capaces de hacer daño ni a los lagartos que corren por estas breñas, y sé que no me delataréis.

—No, hermano —le contestaron—. Nuestro deber es hacer bien a todos, no el mal. Somos los terapeutas peregrinos que recorremos las comarcas azotadas por las epidemias; y buscamos en las montañas plantas medicinales.

—Triste misión la vuestra; perder vuestro tiempo y vuestra salud, en curar a hombres que se devoran como fieras unos a otros; ¿por qué no curáis más bien las ovejas y los perros sarnosos?

Los esenios sonrieron y callaron. Demasiado comprendían el alma lastimada de aquel hombre, víctima sin duda de las maldades humanas.

—Yo vivo aquí, hace ya cerca de catorce meses porque quiero pagarme yo mismo una deuda. Tengo que matar un hombre que me ha reducido a la condición en que me veis, después de haberme robado mi mujer, y de haberla encerrado en un calabozo de esa Fortaleza con los dos hijos que eran la única alegría de mi vida. Desde aquí, salgo como un lobo hambriento a espiar el momento propicio para dar el golpe. Es el Procurador, y tiene a mi mujer en la torre, engañada que yo he muerto junto con mis hijos en una revuelta callejera que hubo hace año y medio. ¡Pero yo le arrancaré las entrañas y se la daré a comer a los perros!... —Y el infeliz se ponía rojo de ira.

Los esenios pensaban y callaban.

—Dinos el nombre de tu mujer y de tus hijos —díjole Abiatar que era el de más edad—, y si Jehová está con nosotros, algo haremos por ti y por ellos. Mas empezad por no pensar más en la venganza, que ella os llevará a más grandes desgracias, y tu mal pensamiento nos impedirá obrar en tu favor.

—Mi mujer se llama Zabad y mis hijos Gedolin y Ahitub. ¿Qué pensáis hacer?

—Esto es cosa nuestra. ¿Conocéis bien este arroyo?

—¡Lo crucé tantas veces! ¿Queréis vadearlo? —preguntó el hombre aquel.

—Tal es nuestro deseo y nuestra necesidad —contestaron los esenios.

—Seguidme pues, y gracias por el alimento que me habéis dado —y les devolvió los zurrones, casi llenos.

—Quédate con su contenido —díjole Joel— porque Jehová nos sustenta a nosotros como a los pájaros del campo, y vació los tres zurrones sobre una piedra a la entrada de la cueva.

—Podéis morir de hambre si vais lejos —les repitió el hombre de la caverna.

—No te preocupes por ello, hermano. Guíanos al paso que conoces del arroyo —insistió Abiatar.

El hombre se metió en su cueva seguido de los esenios que encendieron sus cerillas para poder distinguir algo en la espantosa tiniebla.

Caminaron un largo rato inclinados para no lastimarse la cabeza en las puntiagudas salientes de la roca. De tanto en tanto se sentían asfixiados, pero algunas grietas en la roca que dejaban filtrar luz y aire, les producían un pequeño alivio. Grande fue su sorpresa cuando vieron brillar un boquete de salida como un recorte de cielo dorado por el sol entre las sombras que les rodeaban. Y mayor fue su sorpresa cuando vieron a unos cincuenta pasos de distancia los negros muros de la Fortaleza, a la cual, por el camino ordinario habrían tardado medio día en llegar.

— ¡Hermano! —exclamó Sadoc— ¡qué buena obra has hecho con nosotros! He aquí la Fortaleza a cincuenta pasos de nosotros. ¿Y el arroyo?

—Va serpenteando por otro lado, pero yo descubrí este pasaje, y ya veis que es bastante bueno.

—Bien, bien. Quédate aquí que ya te traeremos noticias de tu esposa y de tus hijos. —Y echaron los tres a andar, mientras el hombre solitario se quedó mirándolos con los ojos azorados. Uno de los esenios volvió la cabeza y le vió en la puerta de salida de la cueva que les seguía con la mirada. Agitó la mano en señal de amistad y de confianza y siguió andando.

El hombre se dejó caer sobre la hierba mustia de aquel triste paraje, y dos gruesas lágrimas rodaron por sus mejillas curtidas por la intemperie, y fueron a perderse en su barba enmarañada.

—No todos los hombres son malos —murmuró—. Aún, hay justos sobre la Tierra. . .Empiezo a creer que existe Dios en lo más alto de los cielos. —Y cerrando nuevamente el áspero breñal que ocultaba aquella salida, se echó en el suelo y esperó.

Los tres esenios dieron la vuelta al negro murallón de piedra hasta dar con el gran portalón de entrada. Cuando estuvieron ante ella, tiraron de la soga de la campana que resonó como en el fondo de una tumba.

Un postiguillo enrejado se abrió y apareció la cara adusta del conserje que investigaba con la mirada.

—¿Quién va? —se oyó al mismo tiempo preguntar.

—Terapeutas peregrinos que piden visitar los enfermos si los hay.

— ¡Ah, bienvenidos! Hay aquí unos cuantos lobeznos con el diablo de la fiebre en el cuerpo que me tienen a mal traer. Os abro en seguida.

Y después de grandes chirridos de cerrojos y de llaves, se abrió una pequeña portezuela por donde apenas cabía el paso de un hombre.

Los tres esenios entraron.

El conserje parecía tener grandes deseos de hablar, y hablaba él solo. Los esenios y nosotros lector, escucharemos en silencio.

—El alcaide no está, que fue llamado por el Procurador hace un mes y no sé cuando vuelve. Tengo casi todos los presos de los calabozos bajos, enfermos, y una loca en la torre que nos vuelve locos a todos con sus chillidos de corneja.

"Hermanos terapeutas, vosotros me conseguísteis el indulto de mis pecadillos de la juventud a cambio de que aceptase este puesto, pero creedme que malo y todo como soy, ciertas cosas me sublevan y quisiera mandar a todos al Valle de Josafat y escapar de esta vida de infierno.

—Mira, Urias —aconsejó Abiatar—, tú sabes que aún vive el poderoso señor que quería asegurar con tu muerte, el secreto que le interesaba guardar y que tú poseías. El cree que estás sumido en un calabozo de esta Fortaleza para toda tu vida, y con esta creencia vive tranquilo y tú te conservas con vida y salud. Jehová inspiró a sus siervos este modo de salvarte, y a la vez ayudar a corregirte llevando una vida ordenada, aunque triste por ser esta una mansión de dolor. Pero tu cautividad aquí no durará siempre.

"A nuestro regreso de este viaje, conseguiremos un buen cambio para ti. Llévanos a ver a los enfermos que prisa tenemos de continuar el viaje.

Les hizo bajar hasta los calabozos, donde entre los enfermos encontraron dos niños de once y trece años, hijo del hombre de la caverna. Una fiebre infecciosa por mala alimentación y falta absoluta de higiene les tenía postrados en un sucio lecho de pajas y pieles de oveja.

Tratándose de enfermos, los terapeutas peregrinos eran una autoridad en los presidios y aún ante los grandes personajes. Estaban reconocidos como médicos sabios y bajo este concepto les tenían en gran estima, pues curaban sin exigir gratificación ninguna.

Y así los terapeutas mandaron llevar a los enfermos a una gran sala alta, llena de aire y de sol, con cambio de alimentación, y con una buena limpieza como primera ordenanza antes de curarlos.

A los dos hijos del hombre de la caverna, les mandaron subirles a una sala de la torre que tenía una ventana hacia la dirección en que se hallaba la salida aquella del camino subterráneo. Cuando el conserje con sus ayudantes realizaron todos estos cambios, los esenios pidieron visitar la enferma de la torre.

—Está loca furiosa —les contestó Urias, el conserje— pero si os empeñáis, haced el milagro de salir sanos y salvos de sus garras. ¡Hacéis tantos milagros, haced también éste!

—Déjanos solos con ella —pidieron los tres médicos— y no vengas hasta que necesitemos de ti.

La infeliz desahogó con ellos su espantoso dolor, que le hacía dar alaridos desesperados y estaba a punto de volverse loca de verdad.

Ya comprenderá el lector, que los esenios que poseían el secreto de toda tragedia, pronto llenaron de paz y esperanza el alma de aquella mujer. La hicieron reunirse con sus dos hijos que habían sido llevados a la sala vecina, y el lector ya se figurará la escena que tuvo lugar entre la madre y los hijos separados cerca de un año y medio sin tener noticias unos de los otros.

Pasada aquella explosión de dolor y de alegría a la vez, los esenios combinaron la forma en que los tres llevarían su vida en la torre sin dar lugar a sospechas de ninguna especie.

Era la Fortaleza de Masada un escenario demasiado conocido para los esenios, que hacía años entraban allí como médicos, y como consoladores de los infelices que eran condenados a la horca, que funcionaba en las profundidades del peñón en que se asentaba el edificio. Era una enorme caverna destinada nada más a cámara de suplicio, pues allí se cortaban cabezas, se ahorcaba, se descuartizaba y se quemaban a los condenados a la hoguera.

¡Aquella tétrica morada, era testigo mudo de los prodigios de ingenio y de abnegación de los terapeutas peregrinos, para evitar torturas y salvar a muchos infelices condenados a la última pena!

¡Cuántas vidas salvadas y cuántas almas redimidas, sin que nadie sobre la tierra conociera este aspecto del heroico apostolado de los esenios!

Era relativamente fácil para ellos, disponer las cosas en forma que la madre y los hijos pudieran estar juntos parte del día y de la noche y que a la vez se hicieran ver los tres del solitario de la caverna por el gran ventanal que daba a esa dirección.

Una piedra que se movía de su sitio con solo introducir la punta de un cuchillo en el ensamble de una piedra con otra, era lo bastante para dar paso al cuerpo de un hombre, y de este procedimiento se valieron los esenios para que los dos hijos pudiesen reunirse con la madre.

Les encargaron suma prudencia y cautela hasta que ellos pudiesen buscar los medios de anular por completo la injusticia de que la familia había sido víctima. Y para no dejar en olvido al solitario padre que les proporcionó el hacer tan excelente obra, dejaron a la esposa uno de los tres zurrones vacíos, para que atado al extremo de un cordel, le bajase a su marido todas las noches una parte de los alimentos que ellos como médicos mandarían que se les diesen a los tres enfermos de la torre.

Y llamaron entonces a Urías el conserje, para hablarle en presencia de los enfermos:

—Ya ves, hermano conserje: esta enferma ya no molestará más a nadie con sus gritos, y continuará mejorando si le traes diariamente dos raciones abundantes, una a mediodía y otra a la noche. Queda en paz, hermano, hasta nuestra próxima visita que será pronto.

Y aquel procedimiento lo usaron los esenios respecto a los demás enfermos; y recomendaron no cambiarles de las habitaciones designadas por ellos.

En el gran libro de las observaciones médicas, dejaron escrito:

"Los calabozos bajos no pueden ser habitados por la humedad e inmundicia, que puede desarrollar una epidemia mortífera para todos los habitantes de la Fortaleza".

Luego el conserje, según las órdenes que tenía, entregó un bolso de buenas provisiones a los terapeutas peregrinos y besándoles la orla del oscuro manto de lana, les abrió la puerta recomendándoles no olvidarlo, pues el cargo de conserje de aquel sepulcro de vivos era demasiada tortura para él.

Los tres esenios salieron de la fortaleza, que pareció haberse iluminado a su llegada. ¡Tan cierto es, que cuando la luz divina y el divino amor están en un ser, todo en derredor suyo parece florecer de paz, de consuelo y de esperanza!

Dando algunos pequeños rodeos, trataron de acercarse al solitario de la caverna para entregarle un buen ropaje de abrigo y algunas mantas de lana que pidieron al conserje para un mendigo enfermo que se albergaba en una caverna vecina.

Y lleno de gozo el infeliz escuchó de los esenios el relato referente a su esposa e hijos, y la forma en que podían comunicarse hasta que ellos buscasen los medios de conseguir reunirlos nuevamente bajo el techo de un hogar honesto y laborioso.

¡El Dios-Amor oculto en aquellas almas, seguía sembrando paz, consuelo y esperanza!...

¡Eran esenios de grado cuarto y eran de verdad Cirios que daban luz y calor!...

Siguieron viaje costeando el Mar Muerto por el sur, atravesando las grandes salinas, y todos aquellos áridos parajes sin una planta, sin una hierbecilla, sin rumores de vida, sin nada que pudiera proporcionar al viajero, solaz y descanso.

Con las almas sobrecogidas de pavor, recordaban lo que las viejas tradicione decían de aquel hermosísimo valle de Shidin, donde cinco florecientes ciudades habían sido destruídas por el incendio.

—¡Justicia Divina sobre tanta maldad humana!. . . —exclamaba uno de los tres, contemplando la abrumadora aridez y devastación producida en aquellas comarcas, por las que parecía haber pasado como un huracán, una terrible fuerza destructora, de la que no habían podido librarse en tantos siglos como pasaron.

Llegaron por fin a los enormes peñascales denominados entonces *Altura de Acrobin*, entre los cuales se despeña y salta y corre el riacho de Zarec, cuya presencia en aquellas escabrosidades pone una nota de vida y alegría en el muerto paraje. Raquíticos arbustos, cardos y algunas de las más rústicas especies de cactus cuajados de espinas se dejaban ver asomando de entre los grises peñascos, como diciendo al viajero: no esperes encontrar aquí nada en que puedas recostar tu cabeza cansada.

La travesía del riacho no les costó grandes esfuerzos, debido a que traía poca agua, la cual dejaba al descubierto grandes piedras, por las que fueron pasando lentamente ayudados de sus cayados de varas de encina que usaban para los largos viajes.

Y cuando vieron por fin los altos picos de Albarín y de Nebo, cayeron de rodillas bendiciendo a Dios que les permitía llegar una vez más al Sagrado Templo, donde estaba encerrada toda la Sabiduría Divina que había bajado a la Tierra como mensajes de los cielos infinitos para la mísera criatura humana, incapaz casi siempre de comprenderla.

Tan profunda fue su evocación amorosa hacia los Setenta Ancianos del Santuario, que a poco rato vieron descender por un estrecho desfiladero de las montañas, tres mulos con aparejos de montar, y a los cuales conducía de las bridas un enorme perro blanco, que a la distancia aparecía como un cabritillo menudo.

—Nuestros padres han recibido anuncio de nuestra llegada y nos envían las bestias que han de conducirnos —dijeron los viajeros.

Y se sentaron sobre las piedras del camino, a tomar un poco de aliento y de descanso, ya que tenían la seguridad de que venían por ellos.

Más de una hora tardaron en llegar las cabalgaduras conducidas por el enorme mastín de las largas lanas blancas.

Los esenios acariciándole tiernamente, decían llevando su recuerdo a una vieja crónica de edades pretéritas, semiperdida en el inmenso amontonamiento de los tiempos.

—¡Noble y hermosa criatura de Dios! Sería como tú el heroico mastín blanco de largas crenchas que salvó al gran Padre Cirio cuando vadeando un río caudaloso estuvo a punto de perecer ahogado! [1]

"Hoy eres un blanco mastín dedicado a ayudar y a salvar esenios de los traidores peñascos. . . ¿Qué serás en los siglos venideros?. . .

El animal sintiéndose amado agitaba plácidamente su cola como un

---

[1] En la obra "**Orígenes de la Civilización Adámica**", del mismo autor.

borlón de lana blanca, y los esenios pensativos y silenciosos por el gran recuerdo evocado, tuvieron al mismo tiempo esta visión mental:

Un monje de negros hábitos con la capucha calada que impedía verle el rostro, bajando por entre montañas cubiertas de nieve, alumbrado por un farolillo y guiado por un perro color canela que llevaba provisiones y agua atados al cuello, iba en busca de un viajero sepultado por la nieve en los altos montes Pirineos entre España y Francia. Y comprendieron los tres sin haberse hablado una palabra, que en un futuro de quince siglos, el blanco mastín que acariciaban estaría haciendo su evolución en la especie humana, y seguiría la misión que había comenzado en los Montes de Moab de salvador de hombres. Era un ignorado monje de la orden del Císter dedicada en especial a hospitalizar a los viajeros que atravesaban las peligrosas montañas.

Cada uno en silencio escribió en su carpetita de bolsillo, la visión mental que habían tenido, y que guardaban cuidadosamente para ser examinadas y analizadas en la asamblea de siete días, que realizaban en el Gran Santuario en ocasión del ascenso de grados.

Y cuando les pareció que las cabalgaduras estaban descansadas, emprendieron de nuevo el viaje, llevando por guía al inteligente *Nevado*, que así llamaban al blanco mastín tan querido en el viejo Santuario, casi como un ser humano.

Tan peligroso era el descenso como la subida a los altos picos del Monte Moab, que parecía cubierto de un blanco manto de nieve velado con gasas de oro, por efecto de los rayos solares de la tarde. Aquellos altísimos promontorios cubiertos de nieve dorada a fuego por el sol, eran el cofre magnífico y grandioso que ocultaba a todas las miradas, los tesoros de Divina Sabiduría guardado por la Fraternidad Esenia, última Escuela que acompañaba al Cristo en su apoteosis final como Redentor.

Todo un desfile de grandes pensamientos iba absorbiendo poco a poco las mentes de los viajeros, a medida que trepaban por aquellos espantosos desfiladeros, en los cuales un ligero desvío de las cabalgaduras significaba la muerte. Aquel estrecho y tortuoso camino subía oblicuamente en irregular espiral hasta las más altas cimas, en medio de las cuales se tropezaba de pronto con una enorme playa de roca, como si una guadaña gigantesca hubiera cortado a nivel aquella mole gris negruzca que parecía escogida para habitación o para tumba, de una regia dinastía de gigantes.

Aquella plataforma, era el forzado descanso de la tensión de nervios que sufría el viajero, viendo constantemente el precipicio a sus pies; y descanso para las cabalgaduras cuyo demasiado esfuerzo las agotaba visiblemente.

La naturaleza había dejado allí una sonrisa de madre para suavizar la pavorosa dureza del paisaje, en una cristalina vertiente que nacía de una grieta negra y lustrosa abierta en la peña viva. Diríase que algún Moisés taumaturgo la hubiera tocado con su vara, para hacer brotar el agua en cristalino manantial, que estacionado en un pequeño remanso o un estanque natural, se desbordaba después y se lanzaba con ímpetu hacia abajo formando el arroyo Armón, que corría sin detenerse hasta desembocar en la orilla oriental del Mar Muerto. En una cavidad de las rocas, los esenios habían amontonado gran cantidad de hierbas secas, granos y bellotas para las cabalgaduras, queso y miel silvestre para los viajeros.

— ¡Un breve descanso y arriba! —decían los esenios a Nevado y a los mulos mientras les daban su correspondiente ración— y que no nos sorprenda la noche en estos desfiladeros por causa de nuestra holganza. Y cuando ya el sol iba a hundirse en el ocaso, los tres viajeros desmontaban en la gran puerta de entrada al Santuario de los Esenios.

¿Te figuras lector amigo una enorme puerta de plata cincelada, o de bronce bruñido, o de hierro forjado a golpes de martillo?

Nada de eso. Es puerta de un Templo Esenio que nada revela al exterior y sólo sabe que es una puerta el que ha penetrado alguna vez en ella. Era una enorme piedra de líneas curvas cuya forma algo irregular presentaba achatamientos en algunos lados, y que a simple vista parecía un capricho de la montaña o la descomunal cabeza de un gigante petrificada por los siglos. Mas, era el caso que esta inmensa esfera de piedra giraba sobre sí misma en dos salientes cuyos extremos estaban incrustados en los muros roqueños de la entrada, y el movimiento era del interior al exterior, mediante una combinación sencilla de gruesas cadenas. La esfera entonces se abría hacia el exterior, y daba lugar a que entrasen los que Nevado anunciaba tirando con sus dientes del cordel de una campana; cordel que estaba oculto entre breñas a unos veinte pasos de aquella puerta original, y que nadie que no fuera Nevado podía introducirse por aquel vericueto de cactus silvestres y de espinosos zarzales. Apenas giraba hacia fuera la enorme piedra, se veía la dorada luz de varias lámparas de aceite que alumbraban la espaciosa galería de entrada, o sea un magnífico túnel esmeradamente trabajado por verdaderos artistas de la piedra.

Ningún audaz viajero escalador de montañas que hubiera tenido el coraje de trepar por aquellos fragorosos montes, cuyas laderas como cortadas a pico las hacían casi inaccesibles, no hubiera imaginado jamás que pasado aquel negro boquerón pudiera encontrar bellezas, arte, dulzura, suavidad y armonía de ninguna naturaleza.

En aquel oscuro túnel, sólo iluminado por lámparas que no se apagaban jamás, podían admirarse hermosos trabajos de alto relieve y de escrituras en jeroglíficos egipcios, traducidos al sirio-caldeo.

En alto relieve podían verse los principales pasajes de la vida de Moisés, empezando por el flotar de la canastilla de juncos, en que él fuera arrojado a las aguas del Nilo para ocultar su origen. . . el paso del Mar Rojo seguido por el pueblo hebreo, la travesía del desierto, las visiones del Monte Horeb, de donde bajó con las tablas de la Ley grabado a buril por él mismo, en uso de sus poderes internos sobre todas las cosas de la Naturaleza, y sintiendo a la vez que una voz de lo alto le dictaba aquel mensaje divino que hemos llamado: *Decálogo*.

Asombraba pensar en los años y en las vidas que se habrían gastado en aquella obra gigantesca.

Terminaba aquella galería en un semicírculo espacioso, del cual arrancaban dos caminos también iluminados con lámparas de aceite: el de la derecha se llamaba: *Pórtico de los Profetas* y el de la izquierda: *Pórtico de los Párvulos*. Por el primero entraban los esenios que vivían en común y en celibato. Por el segundo los que vivían en el exterior y formaban familias. Si de éstos, llegaban algunos al grado cuarto y por estado de viudez querían vivir en el Santuario, podían entrar por el Pórtico de los Profetas. Era llamado así porque en aquellos muros aparecían grabados los principales pasajes de la vida de los Siete Profetas Mayores, cuyos nombres ya conoce el lector.

Mientras que en el Pórtico de los Párvulos habían sido grabados episodios ejemplares de esenios jóvenes de los primeros grados, que habían realizado actos heroicos de abnegación en beneficio del prójimo.

Por ambos caminos se llegaba al Santuario que quedaba al final de ellos, y cuya plataforma de entrada se anunciaba por un enorme candelabro de setenta cirios, que pendía de lo alto de aquella cúpula de roca gris que pacientemente labrada y bruñida, orillaba con el dorado resplandor de tantas luces.

La gran puerta era un bloque de granito que giraba sobre un eje vertical, sin ruido ni dificultad alguna, pero sólo por un impulso que se daba desde el interior.

Nevado se había llevado los tres mulos hacia unas caballerizas o cuadras, que se hallaban a la vuelta de un recodo en aquel laberinto de montañas y de enormes cavernas, en medio de las cuales se abrían vallecitos escondidos y regados por hilos de agua que bajaban de los más altos cerros, formados por los deshielos o por ocultas vertientes.

Los viajeros se anunciaban por un pequeño agujero practicado en el bloque giratorio, y el cual era el tubo de una bocina de bronce que repetía como un largo eco, toda frase que por allí se pronunciaba:

"Mensajeros del Quarantana; esenios del cuarto grado".

El anciano que hacía guardia a la entrada del Santuario, hacía girar el bloque de granito, y los viajeros caían de rodillas besando el pavimento del Templo de la Sabiduría.

Los Setenta Ancianos cubiertos de mantos blancos, aparecían en dos filas a recibir entre sus brazos a los valientes hermanos que habían arrostrado los peligros del penoso viaje, para llevarles un mensaje de gran importancia.

Aquella escena tenía tan profunda vibración emotiva por el grande amor de los hermanos que luchaban al exterior, que éstos rompían a llorar a grandes sollozos mientras iban pasando entre los amantes brazos de aquellos setenta hombres que pasaban de los 60 años, y que sólo vivían como pararrayos en medio de la humanidad; como faros escondidos, cuyo pensamiento escalaba los más altos cielos en demanda de piedad y de misericordia para la humanidad delincuente, como arroyuelos de aguas vivificantes, que bajaban incesantemente para llevar su frescura, su paz y su consuelo a las víctimas de las maldades humanas.

Eran los Amadores terrestres, que a imitación de los Amadores del Séptimo Cielo, se ensayaban a ser arpas eternas en el plano terrestre por amor a los hombres, que eran la heredad cobijada por el Cristo.

Paréceme sentir el pensamiento del lector que pregunta:

¿Qué móvil, qué idea original y extraña guió a los esenios a ocultar su gran Santuario Madre en tan agrestes y pavorosos montes? Si montañas buscaban, había tantas en aquella tierra, que cubiertas de hermosa vegetación, eran un esplendor de la Naturaleza, como la cadena del Líbano y las montañas de Galilea y de Samaria.

Eran los esenios la rama más directa del árbol grandioso de la sabiduría de Moisés, el cual tuvo, entre la tribu Levítica que organizó antes de llegar a la llamada Tierra de Promisión, un jovencito que conquistó el privilegio desusado de las ternezas del gran corazón del Legislador. Era como una alondra sobre las alas de un águila; era como una flor del aire prendida al tronco de un roble gigantesco; era un pequeño cactus florecido en la cumbre de una montaña. Este jovencito llegó a hombre al lado del gran Hombre emisario de la Divinidad, y tanto mereció la confianza de Moisés, que en horas de amargura y de profunda incertidumbre, solía decirle: "Esen, niño de cera y de miel, toma tu cítara y despeja mi mente, que una gran borrasca ha encrespado las aguas de mi fuente''. Esen tocaba la cítara, y Moisés oraba, lloraba, clamaba a la Divinidad, que se desbordaba sobre él como un grandioso manantial de estrellas y de soles.

Este humilde ser que eligió la vida oculta en ese entonces, como expiación de grandezas pasadas que habían entorpecido su vida espiritual, había acompañado a Moisés cuando sus Guías, o sea las grandes Inteligencias que apadrinaron su encarnación, le anunciaron que había llegado la hora de su libertad, que subiera a la cordillera de Abarin, que entre ella buscara el Monte Nebo y la cumbre de Pisga, donde vería la gloria que Jehová le guardaba. Esen le siguió sin que Moisés lo supiera, hasta que estuvo en lo alto de la escarpada montaña. Le acompañó hasta el desprendimiento de su espíritu en el éxtasis de su oración en una noche de luna llena. Y cuando estuvo seguro que su Maestro no se despertaría más a la vida física, recogió su cuerpo exánime que sepultó en un vallecito llamado Beth-peor, sombreado por arrayanes en flor, bordado de lirios silvestres y donde anidaban las alondras y los mirlos. Le pareció digna tumba para aquel ser excepcional que tanto había amado. Y para no revelar nada de cuanto había ocurrido según él le ordenara, se refugió en una caverna y no se presentó más a Josué el sucesor de Moisés, por lo cual él y los Príncipes y los Sacerdotes tuvieron en cuenta lo que el Gran Profeta les había dicho: "Si pasados treinta días no bajé de los Montes, no me busquéis en la Tierra porque Jehová me habrá transportado a sus moradas eternas''.

Este jovencito Esen de la familia sacerdotal de Aarón, fue el origen de los esenios que tomaron su nombre.

La cumbre de Pisga donde Moisés tuvo sus grandes visiones, el Monte Nebo donde murió, y el valle de su sepulcro, fue el lugar sagrado elegido por los esenios para su gran Templo de roca viva, que perduró hasta mucho después de Jesús de Nazareth. He ahí por qué habían sido elegidos los fragorosos montes de Moab, para cofre gigantesco de cuanto había pertenecido a Moisés. Allí estaban aquellas dos tablas que él había grabado en estado extático, y que él mismo rompió en dos por la indignación que le causó al bajar del Monte Horeb, y encontrar que el pueblo adoraba a un becerro de oro y danzaba ebrio en rededor de él. Esen había recogido aquellas tablas rotas y eran las que guardaban en el gran Santuario Madre de la Fraternidad Esenia.

Hecho este sucinto relato explicativo para ti, lector amigo, entremos también nosotros al inmenso templo de rocas donde viven los Setenta Ancianos su vida de cirios benditos, consumiéndose ante el altar de la Divina Sabiduría a fin de que jamás faltara luz a los hombres de esta Tierra, ¡heredad del Cristo a cuyos ideales habían sacrificado ellos sus vidas tantas veces!...

Terminada la emotiva escena del recibimiento en el pórtico interior del templo, se veía un inmenso arco labrado también en la roca, el cual aparecía cubierto con un gran cortinado de lino blanco.

En aquel primer pórtico aparecían grandes bancos de piedra con sus correspondientes atriles para abrir los libros de los Salmos, donde cantaban las glorias de Dios o reclamaban su misericordia para la humanidad terrestre.

Era éste el sitio de las Asambleas de Siete Días para examinar las obras, los hechos, los progresos espirituales, mentales y morales de los hermanos que debían subir a un grado superior.

Los hermanos que debían ascender, vestían durante esos Siete Días túnica violeta de penitencia y cubiertos de un capuchón, ni podía vérseles el rostro, ni ellos podían hablar absolutamente nada.

Entregaban su carpeta donde aparecían sus obras y las luces divinas, y los dones que Dios les había hecho en sus concentraciones, y las debilidades en que habían incurrido, y el desarrollo de sus facultades superiores. Escuchaban las deliberaciones de los Ancianos que hablaban libremente como si los interesados no estuviesen oyéndoles, y asimismo exponían su fallo favorable o no según los casos.

Si el fallo era favorable, los graduados levantaban su capuchón y el gran velo del Templo era descorrido para que pasaran todos al Tabernáculo de las ofrendas, donde el Gran Servidor encendía con un cirio de los Setenta que allí ardían, una hoguera sobre una mesa de piedra y en ella se quemaban las carpetas con la última confesión de los graduados.

El oficiante decía en alta voz: "El fuego de Dios reduce todo a cenizas, lo grande y lo pequeño, lo bueno y lo malo. Y la ceniza es olvido, es silencio, es muerte". Y cantaban el Salmo de la Misericordia o Miserere, arrojando incienso y mirra a las ascuas mientras el oficiante añadía:

"Sea agradable a Vos, omnipotente Energía Creadora, Causa Suprema de toda vida, de todo bien, la ofrenda que acaban de hacer de los siete años vividos en vuestra Ley, estos hermanos que reclaman de vuestra inmensa Piedad el don de ser acercados a Vos por nuevas purificaciones, que serán otros tantos holocaustos en favor de la humanidad herencia del Cristo".

Acto seguido, les vestían las túnicas de blanco lino y les ceñían a la frente una cinta de púrpura con tantas estrellas de plata de cinco puntas como grados habían pasado. Y a la cintura les ceñían un cordel de lana color púrpura que se llamaba el *Cíngulo de Castidad*, en cuyos colgantes tenía tantos nudos cuantos grados había pasado.

Entonces y sólo entonces, los graduados subían las siete gradas del Tabernáculo, donde se hallaba un gran cofre de plata cincelada que el Gran Servidor abría. Allí se veían las Tablas de la Ley rotas por Moisés y unidas cuidadosamente por pequeñas grapas de oro.

Con profunda emoción iban poniendo sus labios en besos reverentes sobre aquellos caracteres grabados por el Gran Ungido, más con la fuerza de su pensamiento y de su voluntad puestas en acción, que por su dedo convertido como en un punzón de fuego que pulverizaba y quemaba la piedra.

Allí estaban los cinco manuscritos originales de Moisés en geroglíficos egipcios, que Esen había recogido de entre las ropas del gran taumaturgo después de su muerte.

Eran cinco pequeñas carpetitas de papiro encerradas en un bolsillo de cuero. Estaban abiertas para que se leyeran los títulos: Génesis - Exodo - Levítico - Números - Deuteronomio.

Debajo de los cinco libros sagrados de Moisés aparecía un papiro extendido, y sujetos los extremos por pequeños garfios de plata, en el cual se leía en antiguo hebreo:

"Yo Esen, hijo de Nadab, de la sangre de Aarón, que huí a la altura de Nebo en seguimiento de Moisés, mi Señor, juro por su sagrada memoria que él me mandó recoger de su cuerpo estas escrituras cuando le viere muerto, y me declaró que la voz de lo alto le aconsejó llevarlas consigo para que no fueran destruidas y adulteradas como ya pensaban hacerlo una vez muerto el autor, pues que había tenido visión de que fueron quemadas las copias fieles que él mandara sacar para uso de los Sacerdotes y del pueblo. Mi padre Nadab, hijo de Aarón, gran Sacerdote, fue muerto en el altar de los holocaustos, por ofrecer incienso sobre las ascuas y panes de propiciación, y negarse a las degollaciones de bestias, repudiadas por el Gran Profeta. Y huí en pos de él, a causa de que su ley fue sustituída por otra ley en benefico de los Sacerdotes y de los Príncipes de Israel dueños de los ganados que prescribían sacrificar para su negocio y ganancias. Que Jehová Poderoso y Justiciero, ante quien voy a comparecer dentro de breve tiempo, dé testimonio de que digo verdad enviándome un siervo suyo que cierre mis ojos, y recoja las escrituras de Moisés, que yo su siervo he conservado''.

Más abajo aparecía una nueva línea escrita con caracteres más gruesos y temblorosos: ''Lloro de gozo y bendigo a Jehová, que dio testimonio de que yo decía verdad y trajo a mi soledad estos seis Levitas que huyen de la abominación de Israel, entregado a la matanza en los pueblos que quieren habitar, renegando de la Ley de Jehová que dice: ''No matarás''. Y luego con letras diferentes se veía: ''Atestiguamos de ser todo esto verdad. Y seis nombres: Johanán, Sabdiel, Jonathan, Saúl, Asael, Nehemías y Azur''.

A continuación de las seis firmas volvía a leerse: ''El amor de estos siervos de Jehová háme curado la fiebre que me consumía, y El me concede la vida por otro tiempo más. Loado sea Jehová, Esen, siervo de Moisés''. Luego, una fecha que denotaba 14 años después, decía: ''Jehová ha llamado a su Reino a nuestro hermano Esen y le hemos sepultado en Beth-peor junto al sepulcro de Moisés nuestro padre''.

En lo más alto del Tabernáculo se veía una estrella de cinco puntas, símbolo de la Luz Divina formada con cinco lamparillas de aceite que ardían sin apagarse jamás.

Hacia la derecha se veía una gran alacena labrada también en la roca con muchos compartimentos, encima de los cuales se leía: *Libros y Memorias de los Grandes Profetas*. Y cada casilla ostentaba un nombre: Elías, Eliseo, Isaías, Ezequiel, Samuel, Jonás, Jeremías, Oseas, Habacuc, Daniel, etc., etc.

Hacia la izquierda había otra igual, encima de la cual podía leerse: *''Crónicas de la Fraternidad y memorias de los Ancianos que vivieron y murieron en este Santuario''.* Y a un lado y otro del gran Tabernáculo central se veían dos pilastras de aguas que se llenaban por surtidores de las vertientes de Pisga, y se desagotaban por un acueducto que salía hacia el vallecito de las caballerizas. Aquellas aguas poderosamente vitalizadas, eran llevadas al exterior por los terapeutas peregrinos para la curación de muchas enfermedades físicas y mentales.

Descrito ya minuciosamente el Templo de los esenios, pasemos lector amigo, con los tres viajeros que en seguimiento de los Ancianos penetraron por una pequeña galería iluminada también con lámparas, hacia el interior del Santuario. Encima de cada lámpara podía leerse un grabado con una sentencia, con un consejo lleno de prudencia y de sabiduría de los grandes maestros y profetas esenios.

Entraron todos a las piscinas de baños para realizar la ablución de inmersión, que como medida de higiene y limpieza ordenaba la ley antes de la comida de la noche. Luego iban en conjunto al comedor, sitio en el cual era permitido el recreo y el solaz durante la comida, y allí se referían todas las noticias que los viajeros traían del exterior.

Y nuestros tres esenios viajeros, refirieron cuanto de extraordinario sabían del nacimiento del hijo de Myriam y de Joseph.

Después de oírles atentamente, el Gran Servidor que era quien repartía y servía los manjares que de antemano habían sido colocados en grandes fuentes y cazuelas de barro, les decía: —"Cuando ayer a mediodía tuvirnos anuncio espiritual de vuestra llegada, sabíamos que el Avatar Divino estaba ya encarnado en la ciudad de Betlehem, y que hermanos del Templo de los Montes Quarantana venían con el aviso.

"Algunos videntes os vieron desde que salísteis de la Fortaleza de Masada en dirección hacia aquí.

"Cuando hayamos terminado la refección que Dios nos da, examinaremos juntamente con vosotros lo que nuestros inspirados y auditivos han escrito en sus carpetas de bolsillo y podremos ver las comprobaciones.

"Y cuando sea la hora del rayo de luna llena sobre las Tablas de la Ley, haremos la Evocación Suprema para que nuestro Padre Moisés vuelto a la Tierra nos dé otra vez su bendición."

Grandemente animada continuó la conversación espiritual de los Ancianos, sobre el gran acontecimiento que ocurría entre ia humanidad terrestre, sin que ésta se apercibiera de ello.

— ¡Pobre niña ciega e inconsciente! —exclamó uno de los Ancianos—. ¡Ha estado a punto de ser aniquilada y conducida a los mundos de tinieblas y no se dio cuenta de ello!

Cuando así hablaban, dos de los Ancianos y uno de los esenios, recién llegados, Sadoc, sacaron sus carpetitas de bolsillo y escribieron.

En las tres carpetas había estas palabras: "No aquí, sino en la caverna del Monte Nebo recibiréis el don de Dios. Eliseo".

Cuando se enteraron todos del mensaje, dijo el Gran Servidor:

—Entonces no hay tiempo que perder, porque el trayecto es largo y apenas si llegaremos al rayo de luna.

—Andando pues —dijeron todos.

Y embozándose con sus gruesos mantos blancos de lana, y encendidas las torcidas enceradas, pasaron del comedor a un recinto circular alumbrado débilmente con una lamparilla pendiente de la techumbre. Allí podían verse tres guardarropas de cedro, que sin puerta, dejaban ver gran cantidad de túnicas violetas de penitencia, túnicas y mantos blancos y cordones de púrpura.

Encima de los guardarropas decía en uno *"Monte Nebo"*, en otro *"Beth-peor"* y en el tercero *"Pisga"*.

Entreabriendo las ropas colgadas se entraba a obscuros corredores, que conducían al templo de Monte Nebo, al valle de Beth-peor y a la cumbre de Pisga. En Monte Nebo los esenios habían transformado en un templo sepulcral, la gran caverna en que Moisés murió, y donde había orado tantas veces cuando su pueblo acampado en las faldas de los montes huía él del tumulto para buscar a Dios en la soledad.

En una caverna de la cumbre de Pisga, había escrito Moisés su admirable Génesis, no el que nos muestra la Biblia hebrea que conocemos, sino la verdadera gestación de nuestro sistema planetario, desde que sólo era una burbuja de gas en la inconmensurable inmensidad, y que le fue diseñada en una de sus magníficas visiones.

En el valle de Beth-peor donde Esen sepultó a Moisés, tenían los Ancianos una Escuela-Refugio de niños y niñas, huérfanos, hijos de esclavos, de raquíticos, de tísicos y de leprosos, para curarlos y educarlos.

Y aquel hermosísimo valle rodeado de montañas y regado por las vertientes de Pisga, le llamaban *el Huerto de Moisés*. Y estaba al cuidado de una familia esenia compuesta de padre, madre y tres hijos: dos varones y una mujer. Tal como la familia de Andrés que guardaba la entrada al Templo del Monte Quarantana, y que se sucedían de padres a hijos. Por aquel valle que sólo estaba a una jornada del Mar Muerto, se podía salir hacia las poblaciones vecinas.

El mensaje les decía que era en Monte Nebo donde serían visitados por la gloria de Dios, y sin pérdida de tiempo se encaminaron por el negro boquerón que los llevaría hacia el lugar indicado.

Nuestros tres viajeros habían hecho aquel mismo camino, sólo una vez en su vida o sea cuando ascendieron al grado cuarto en que estaban, y su emoción iba subiendo de tono a medida que se acercaban. Aquella galería era tortuosa y a veces se ensanchaba enormemente, formando grandes bóvedas naturales, algunas de las cuales tenían aberturas en la techumbre por donde se filtraba la claridad de la luna.

Abría la marcha el Anciano que estaba de guardia para las puertas de entrada. Caminaron a buen paso como una hora y media aquellos setenta y tres hombres embozados en mantos blancos, y con cerillas encendidas formando como una fantástica procesión silenciosa que parecía deslizarse en las sombras.

Un profano hubiera pensado que eran almas errantes que buscaban entre tinieblas la salida a un plano de luz. Pero tú lector y yo, sabemos que eran hombres de carne, consagrados a un ideal sublime de liberación humana, y no se paraban en sacrificios cuando en ello florecía la fe y la esperanza de una conquista espiritual.

¡Y allí iban como fantasmas de la noche por las entrañas de los montes, a embriagarse de Luz Divina, de Amor Eterno de Sabiduría Infinita!. . .

Por fin sintieron el murmullo de cristales que se chocan y se rompen: era el caer de las aguas de una vertiente en un estanque natural que las recibía dejándolas desbordar por una especie de surco en la roca viva, que las llevaba alrededor de una inmensa caverna, donde ardían siete lámparas de aceite y donde un suave aroma de flores impresionaba agradablemente.

En el centro de la caverna se veía un gran cofre de piedra blanca, asentado sobre cuatro bloques de granito labrado y bruñido hasta dar brillo. En la tapa de resplandeciente cobre cincelado, decía en grandes letras: Moisés.

Al pie de este sencillo monumento se veían grandes ramos de arrayanes, de lirios del valle, de rosas blancas y rojas. Aquellas delicadas ofrendas florales contrastaban con la agreste rusticidad de la caverna que había sido conservada tal como la vieron los ojos de Moisés en carne mortal, cuando fue tantas veces allí a orar, a pensar y después a morir.

Hacia un lado se veía un saliente de roca que formaba como un estrado de dos pies de altura, tres de ancho y diez de largo, pero de irregulares líneas de contornos. Y encima aparecía grabado en la roca viva: "Sobre esta piedra durmió y murió Moisés nuestro Padre. Esen su siervo".

Aquella enorme piedra era usada como altar de las ofrendas, y apenas llegaron, encendieron sobre ella una pequeña hoguera para ofrecer incienso de adoración al Supremo Creador.

Los mirlos y las torcazas entraban y salían libremente por la abertura que habían practicado los esenios para que entrase el rayo de luna y el rayo solar a horas determinadas, y fuera a caer como un beso de luz astral sobre la momia de Moisés, dormida en su largo sueño de piedra en el cofre de mármol que la guardaba.

Hacia el opuesto lado del estrado se veía una abertura que daba paso a otra caverna, la cual era utilizada para sepultar a los Ancianos que morían en el Gran Santuario Madre. Sus momias aparecían disecadas de pie, adheridas a los muros de la caverna por soportes de cobre.

Aquella multitud de momias vestidas de túnica de lino y con capuchón blanco, a la temblorosa luz de las cerillas parecía como que fueran a echarse a andar para recibir a los visitantes vivos que acababan de llegar.

— ¡Muertos ellos y muertos nosotros, para aquello que los humanos llaman *vida*! ¡Vivos ellos y vivos nosotros para la verdadera vida, que es Esperanza, Amor y Conocimiento! —dijo el Gran Servidor que captó la onda de lúgubre pavor de los tres esenios viajeros no familiarizados todavía con aquella inmóvil familia blanca y muda, que hacía la guardia a la caverna sepulcral de Moisés.

El Gran Servidor ayudado por los Ancianos del más alto grado, levantaron la tapa del sarcófago de Moisés y la momia quedó al descubierto.

Tenía ya un color cetrino como un marfil demasiado viejo, y algunas partes presentaban sombras como de humo.

Había sido un hombre de alta estatura con una hermosa cabeza coronada por una frente genial. El hijo de la princesa egipcia y del Levita Amram, escultor hebreo, aún dejaba traslucir en su cadáver petrificado, rasgos de belleza de ambas razas.

Sus largas y delgadas manos aparecían extendidas sobre sus rodillas, y sobre sus pies desnudos se veía un grueso rollo de papiro enrollado por un aro de plata. Eran las escrituras de Esen sobre la vida de Moisés y la vida de los discípulos suyos, que después de su muerte se refugiaron en aquellos montes. En el pavimento de la caverna, casi debajo del dolmen de Moisés, se veía una losa de color más claro que el resto de las rocas, y escrito en ella y ya medio borroso de tantos pies que lo habían pisado, este nombre: *Esen siervo de Moisés*.

Allí dormía su largo sueño la momia del ''niño de cera y miel'' que tocaba la cítara cuando al Hombre-Luz se le habían encrespado las aguas de su fuente interior.

Aquel amor había sido en verdad más fuerte que la muerte.

Apenas descubierta la momia de Moisés, los Ancianos empezaron a cantar el Salmo llamado de la Misericordia, mientras agitaban incensarios alrededor de aquella inmensa caverna.

Es el Salmo 136 y cuya letra original dice así:

''Alabemos a Jehová porque sólo El es bueno, porque es eterna su misericordia''.

''Alabemos al Dios de los dioses, porque es eterna su misericordia''.

''Alabemos al Señor de los señores, porque es eterna su misericordia''.

''A Dios que hace grandes maravillas, porque es eterna su misericordia''.

''Al que hizo los cielos con sabiduría, porque es eterna su misericordia''.

''Al que extendió la Tierra sobre las aguas, porque es eterna su misericordia''.

''Al que cubrió los espacios de grandes luminarias, porque es eterna su misericordia''.

"Al que en nuestro abatimiento derramó paz sobre nosotros, porque es eterna su misericordia".

"Alabemos al Dios de todos los cielos en la noche y en el día, en la vigilia y en el sueño, en la calma y en la angustia, porque es eterna su misericordia". Así sea.

Terminado el salmo, cada cual se quedó quieto y mudo en el sitio en que estaba.

—¡Que Dios misericordioso sea en medio de esta santa convocación! —exclamó el Servidor con voz solemne, levantando a las alturas sus brazos abiertos, que era el signo supremo con que los grandes Maestros evocaban a la Divinidad.

Una radiante nubecilla empezó a revolotear como un remolino de los colores del iris sobre el dolmen de Moisés, que desapareció de la vista de los circunstantes. La nube radiante se tornó en llama viva, que fue llenando la inmensa caverna con sus reflejos de oro, de rubí, de amatista.

Los esenios quietos, inmóviles, silenciosos pensaron quizá:

"Este fuego divino va a consumirnos completamente". Y asimismo no se movieron. Ya no se veían más unos a otros, porque todo lo había llenado la llama viva. Hasta la vecina caverna de las momias blancas en gran multitud, fue invadida por ella. Mas era una llama que no hacía daño alguno, sino que transportaba el alma, inundaba la mente de divinas claridades, anulaba los sentidos físicos, sutilizaba la materia hasta el punto, que los esenios pensaron cada uno:

"Mi cuerpo fue consumido por el fuego de Dios, y solo vive mi Yo Interno, el que sabe amarle y puede llegar a comprenderle".

Y un gozo divino les inundó, pues pensaron que no vivían ya más la grosera vida de los sentidos.

Y entonces vieron entre la llama viva, la faz de Moisés tal como le habían visto otras veces, con esos dos potentes rayos de luz que emanaban de su frente, y cuyo resplandor no lo resistía la mirada humana. Y alrededor de él los sesenta y nueve Amadores compañeros, que extendiendo sus diestras sobre Moisés, parecían fortificar más y más con la potente irradiación que manaba de sus dedos, las dos poderosas fuentes de luz que brotaban de su frente, y que era la que había encendido la llama viva que inundaba la caverna.

Los esenios pensaron:

—"Sólo la frente de nuestro Padre Moisés ostenta dos manantiales de luz".

Y la voz solemne de Moisés contestó ese pensamiento de los esenios:

"Fuí ungido por las **Antorchas Eternas** de Dios, para traer la Divina Ley a esta Humanidad en aquella hora de mi Mesianismo, y por eso manan de mi frente estos poderosos rayos de luz.

"Hasta entonces la Voluntad Divina sólo fue patrimonio de unos pocos, que la presintieron en sus horas de ansiedad por lo infinito. Mas, desde entonces, la Voluntad Divina cayó sobre la humanidad de este planeta con fuerza de Ley Suprema, de tan absoluta manera, que el que contra ella delinque, arroja sobre sí mismo una carga de tinieblas para innumerables siglos.

"Los Profetas blancos de Anfión, los Dacthylos de Antulio y los Kobdas de Abel, no fueron sino los primeros sensitivos que captaron la onda de la Ley

Eterna, que se cernía como una llama purificadora más allá de la Esfera Astral del Planeta.

"Y mi encarnación en Moisés fue la conductora del Eterno mensaje que marcaba a fuego el camino de la Humanidad terrestre.

"Hoy es otro día en la Eterna inmensidad de Dios: es el gran día del Amor, de la Piedad, de la infinita Misericordia. El día grande del Perdón y de la Paz. Por eso no soy ya más Moisés, el portador de la severa Ley Divina, sino simplemente Jhasua el Amador, el que envolverá en la ola inmensa del Amor Misericordioso a los que delinquieron contra la Eterna Ley traída por Moisés. Y porque fue olvidada esa Ley, la humanidad terrestre sería transportada a moradas de tinieblas a vivir vidas de monstruos o vidas de piedras y de rodantes arenas y cenizas, hasta que nuevas chispas encendieran las lamparillas que la Justicia Eterna apagara con su vendaval incontenible.

"Mas, ha llegado Jhasua el Amador con el mensaje del Perdón, de la Misericordia y de la Salvación para todos cuantos le reciben, le busquen y le amen. Apenas muerto en esta misma caverna que hoy inunda la gloria de Dios, el pueblo elegido para ser el primogénito de la Ley Divina, fue el primer prevaricador contra ella, como lo prueban las espantosas escrituras adjudicadas a mi nombre, y en las cuales se hace derroche de muerte, de víctimas y de sangre, allí mismo donde vierte su eterna claridad el mandato divino: *No matarás*.

"No es más el día de ardiente sol de Moisés, sino el dulce amanecer de Jhasua el Amador. ¡Mirad!. . ."

Y al decir así, la esplendorosa visión se transformó por completo. La llama viva de oro y rubí se esfumó como un incendio que se apaga súbitamente, y sólo quedó envuelto en una rosada nubecilla un Moisés sin rayos en la frente, y solo, absolutamente solo, sin el radiante cortejo que le había acompañado.

—"¡Soy Jhasua, el Amador, que viene a vosotros como un corderillo, manso a pastar en vuestros huertos de lirios en flor!. . . ¡Soy el Amador que busca ansiosamente a sus amados!. . . ¡Soy el amigo tierno que busca a sus amigos ausentes mucho tiempo!. . . ¡Soy la luz para los que caminan en tinieblas!
. . . ¡Soy el agua clara para los que tienen sed! . . . ¡Soy el pan de flor de harina, para los que sienten hambre!. . . ¡Soy la Paz!. . . ¡Soy la Misericordia, soy el Perdón!. . .

"¡A estos montes vendré a buscar como un aprendiz imberbe, vuestra sabiduría!. . . A esta misma caverna vendré ya joven y fuerte a pedir la luz divina para decidir mi camino, y seréis vosotros en la Tierra los Maestros de Jhasua que envuelto en la materia y en un plano de vida en que todo le será adverso, se agitará indeciso como un débil bajel en una mar borrascosa, como un ciervo herido en un desierto sin agua. . . ¡como un ruiseñor olvidado entre una estepa de nieve!

"¡Esenios silenciosos de Moisés!. . . Yo os lo digo: ¡Preparaos para ayudar a Jhasua a encontrarse a Sí mismo, para cumplir su destino, para llegar sin vacilaciones a su apoteosis de Redentor!".

Levantando extendidas sus manos que resplandecían en la noche como retazos de luna en los espacios, exclamó con una voz musical, como si fuera resonancia de salterios divinos que vibraban a lo lejos:

"¡Gloria a Dios en las alturas infinitas y paz a los hombres de buena voluntad!. . ."

La visión se iba perdiendo a lo lejos y aún se oía su voz de música lejana.

" ¡Esperadme que yo vendré! ¡Como el pájaro solitario a su nido! ¡Como el amado a la amada que espera!... ¡Como el hijo a la madre que le aguarda con la lámpara encendida!...

" ¡Esperadme que yo vendré!...''

¡Desapareció la visión quedando una suave estela de luz y una dulcísima vibración de armonía, como si no pudiese extinguirse por completo el eco prolongado de una salmodia indefinible!...

¡Sin saber cómo, ni por qué, ni cuándo, los esenios se encontraron todos de rodillas con los brazos levantados como abrazando el vacío y con los ojos empapados de llanto!...

¡Era el divino llorar del alma, a quien Dios ha visitado en la Tierra!...

Después de un largo soliloquio mental de cada uno con la Divinidad, y de cada uno consigo mismo, los esenios silenciosos y meditativos tornaron por el mismo camino al Santuario y cada cual buscó la imperturbable quietud de su alcoba de rocas para reposar.

HA NACIDO UN PARVULITO

Volvamos a la serena quietud de Betlehem, la tranquila ciudad donde David el pastorcillo que Samuel Profeta Esenio, ungió rey de Israel. . . el rey de los salmos dolientes y gemebundos, cuando su corazón sincero comprendió que había pecado.

Volvamos a la casita de Elcana el tejedor, en una de cuyas alcobas se encontraban Myriam y Joseph con su niño Divino. . . ¡El Dios hecho hombre! Y la Ley nos da permiso para escuchar su conversación. Es ya muy entrada la noche y todos se han recogido en sus alcobas de reposo.

Joseph se despierta, porque siente que Myriam llora con sollozos contenidos, acaso para no llamar su atención.

Enciende un candil, y se llega al lecho de Myriam a quien encuentra con el niño en brazos.

—¿Qué pasa, Myriam, que lloras así? ¿Está acaso enfermo el niño?

—No —dice ella— El duerme. Mírale.

—Y bien, si está tranquilito y duerme ¿por qué lloras tú?

—Mañana hará ocho días que nació.

—Es verdad, ya lo he pensado y Elcana también. Ellos dos le llevarán a la Sinagoga a circuncidarle y yo me quedaré contigo.

Myriam dio un gran gemido y sus sollozos se hicieron más hondos. Joseph apenado hasta lo sumo, no acertaba con la causa de aquel dolor.

—Una voz me ha despertado en el sueño —dijo por fin Myriam— y esa voz me dijo: "Tu niño no será circuncidado".

—¡Cómo podrá ser eso! —exclamó Joseph— ¿Si es ley de Moisés recibida por él mismo de Jehová? Cierto que este es un Profeta según todas las apariencias; pero todos nuestros Profetas creo que fueron sometidos a esa ley; ¿cómo podemos pecar contra la ley de Moisés?

—Joseph, siéntate aquí a mi lado y yo te explicaré lo que me ha acontecido. Yo me desperté porque la canastilla del niño estaba llena de luz y creí que eras tú que habías encendido el candil para velarle. Y entonces comprendí que no era luz de candil sino un suave resplandor que salía de mi niñito, y esta luz alumbraba los rostros venerables y hermosos de varios ancianos de blancas vestiduras que yo les observaba, uno de ellos me dijo:

"—Mujer, quítate esa espina de tu corazón, porque tu hijo no será herido por el cuchillo del sacerdote.

"—Es ley de Jehová —dije yo. Y él añadió: Ni es ley de Jehová, ni es ley de Moisés, sino de los hombres inconscientes que buscan la filiación divina en groseros ritos materiales. La filiación divina la tenemos todas las criaturas humanas, porque de Dios surgimos como una chispa de una hoguera.

"—¿Quiénes sois vosotros que así me habláis? —les pregunté.

"—Somos —me contestaron— los depositarios de los libros de Moisés que desde él hasta hoy, habitamos oscuras cavernas en agrestes montañas, para que la Divina Sabiduría traída por él no sea corrompida y borrada de la faz de la Tierra. Somos los Ancianos del gran Templo Esenio de Moab, y en sueños te visitamos para advertirte la voluntad Divina. Y en prueba de ser esto cierto, mañana estará enfermo el Hazzam de la Sinagoga, Joseph encontrará un sacerdote que viene de Jerusalén, Esdras, que es de nosotros y a quien acabamos de visitar, como a ti, para que venga a esta Sinagoga. Id a él poco antes de mediodía, y llevadle al niño que él sabe lo que ha de hacer. Y dicho esto, desapareció el resplandor y los ancianos. ¿Has oído Joseph?"

—Sí, Myriam, he oído y mucho temo que sea esto engaño de espíritu de tinieblas. ¡Decir que la circuncisión no es ley de Jehová recibida por Moisés grave es esta cuestión!

—Por eso mi aflicción ha sido grande, y llevo mucho tiempo clamando el Señor con lágrimas para que dé luz a su sierva que quiere nada más que lo que Él quiere.

—¡Myriam!. . . consuélate, que esto se esclarecerá mañana a la hora primera del día. Yo saldré al camino que viene de Jerusalén, y al primer sacerdote que llegue le preguntaré: ¿Eres tú Esdras el sacerdote que Dios manda a Betlehem para circuncidar a un niño nacido hace ocho días? Y de su respuesta comprenderemos la voluntad de Dios.

Y ocurrió tal como los ancianos habían dicho.

Y era Esdras un esenio del grado quinto que venía a Betlehem, avisado en sueños por los Ancianos de Moab, para evitar que fuera profanada la vestidura física del Avatar Divino con un rito grosero, impropio hasta de las bestias, cuanto más de seres dotados de inteligencia y de razón.

Llevado el niño a la Sinagoga y estando enfermo el Hazzam encargado de ella, Esdras con Elcana y Sara realizaron los rituales de práctica, se anotó en el gran libro, el nombre del niño y de sus padres con la fecha de su nacimiento, pero no fue herido su cuerpo porque Esdras era un esenio avanzado y conocía todos los secretos del gran templo de Moab, o sea, los libros verdaderos de Moisés y toda la Divina Sabiduría, que es la Ley Eterna para los hombres de este planeta. Y como Myriam había dicho que el niño debía llamarse Jhasua (Jesús en castellano), y Esdras sabía también que así debía llamarse, tal nombre le fue impuesto y Elcana y Sara volvieron con el niño a su morada, a donde esa tarde acudió también Esdras para sosegar el alma de Myriam respecto de la visión que había tenido.

—Dime, Myriam —le decía Esdras— si es que puedes recordarlo, ¿cómo era la investidura de los ancianos que viste junto a la cuna de tu hijo?

—¡Oh. . . los recuerdo bien, sí! —contestaba ella—. Tenían los cabellos y las barbas blancas y largas donde no había rastro de tijeras, ni navajas; llevaban las túnicas ajustadas con cordones de púrpura, sobre la frente una cinta blanca con siete estrellas de cinco puntas que resplandecían con viva luz.

—Y dime ¿nunca viste uno de nuestros templos esenios del Monte Carmelo o del Monte Hermon?

—No. . . aún no, porque Joseph y yo somos esenios del primer grado y los terapeutas peregrinos que nos instruyen nos dicen que cuando hayamos subido al grado segundo, nos permitirán la entrada al Santuario Esenio, que para nosotros está en el Monte Tabor o en Monte Carmelo.

—¿Cuánto tiempo lleváis en grado primero?

—Joseph mi marido hace ya siete años, que juntos ingresaron con su esposa primera Débora; pero yo sumergí el rostro en el agua santa, a mi salida del Templo de Jerusalén, cuando me desposé con Joseph hace diecisiete meses.

—Cuando volváis a vuestra casita de Nazareth y sea el niño más crecidito y fuerte, subiréis juntamente conmigo al templo esenio del Monte Tabor, y allí podrás ver algunos ancianos tal como los que viste en tu sueño.

Myriam le miraba con sus grandes ojos dulces, como avellanas mojadas de rocío. . . miradas en las cuales se transparentaba el oleaje ininterrumpido de sus emociones más íntimas, que asomaban a sus pupilas y que parecían asomar a sus labios, pero que ella guardaba siempre como si temiera que se evaporasen al salir al exterior. Mas, por fin, todas ellas se condensaron en esta sencilla interrogación.

—Pero. . . ¿quién es este niño que me ha nacido?

—¿Que quién es este niño? ¡Mujer bienaventurada por los siglos de los siglos! —exclamó el sacerdote esenio, que si era doctor de la Ley en el Templo de Jerusalén por su descendencia de antigua familia sacerdotal, más era esenio por convicción, por educación, por íntima afinidad con la sabiduría esenia transmitida de su madre.

— ¡Mujer bienaventurada! Este niño, es la Luz Increada hecha hombre, es el Amor Divino hecho carne; es la Misericordia infinita hecha corazón humano. ¡Es un Hombre-Dios! ¿Comprendes Myriam?. . .

—Yo sólo sé y comprendo que es mi hijo; que es un pedazo de mi propia vida, que este cuerpecito de leche y rosas se fue formando poco a poco dentro de mi seno, donde se ha ocultado nueve meses, y que al llegar al mundo exterior, aun necesita de que yo le de vida con la savia de mi propia vida. ¡Es mi hijo!. . . ¡es mío!. . . ¡más mío que de nadie! ¡El vive de mí y yo vivo. . . vivo para él!

El esenio Esdras, comprendió que la inmensa ternura maternal de Myriam no le permitiría comprender sin alarmas y sobresaltos la grande y sobrehumana idea de un Hijo que era Dios.

¿Cómo asimilaría esta tiernísima madre apenas salida de la adolescencia, la suprema verdad, ni la estupenda grandeza espiritual de su hijo, que por ser lo que era, podía bien calificarse de un don hecho por la Bondad Divina a toda la humanidad terrestre?

¿Cómo podría ella comprender la tremenda inmolación de su nombre de *madre* en el altar del Amor Eterno, que un día le diría con la voz inmutable de acontecimientos sucedidos: "Toda la humanidad delincuente puede decir como tú Myriam: ¡Es mío!. . . ¡vive por mí y yo vivo por él!...

Diríase que en los más recónditos senos de su Yo íntimo, Myriam presentía el futuro, sin tener noción ni idea del divino arcano que tenía su cumplimiento y su realización en el plano físico terrestre, en cuanto al hijo que acababa de nacerle. Y de ahí la secreta alarma que la hacía pronunciar siempre y de improviso estas mismas palabras: "Es mío más que de nadie. Es mi hijo, y él vive de la savia de mi vida, y yo vivo para él".

A veces añadía: —¿Por qué vienen tantas gentes a verle? ¿No es acaso un niño como los demás?

"Los sacerdotes de Jerusalén se ocultan para venir a verle y dicen: "No digáis que estuvimos a ver a este niño. No reveléis a nadie lo acontecido antes y después de su nacimiento.. ¡No sea que obstaculice la ignorancia de los hombres, el cumplimiento de los designios divinos! . . . ¡Me espanta todo este enigma que hay alrededor del hijo de mis entrañas! ¿Qué ven las gentes en él?. . . ¿qué ven? ¡Yo sólo una cosa veo: que es el tesoro que Dios me da. . . que es lo más hermoso que hay para mí sobre la Tierra!. . . ¡Que será lo más santo y lo más bueno de la Tierra porque yo lo he ofrecido a Dios para que él sea todo suyo!. . . porque siendo de El, es mío, puesto que Dios me lo ha dado. ¡Sólo Dios Padre Universal puede ser dueño de mi hijo sin arrancarlo a mi cariño!. . .

Una especie de delirio febril iba apoderándose de Myriam a medida que hablaba, y sus palabras dejaban traslucir el temor de que su hijo le fuese arrancado de sus brazos como consecuencia del gran interés y entusiasmo que su nacimiento despertaba. Y Esdras le decía:

—Sí, Myriam, hija mía, cálmate, es tuyo, Dios te lo ha dado y porque te lo ha dado eres bienaventurada por los siglos de los siglos. Las gentes que conocen la grandeza espiritual de tu hijo, sienten el afán de verle, de tocarle, pero nadie piensa en arrancarlo de tí, Myriam, vive tranquila que su llegada significa para ti la bendición divina.

Hizo grandes recomendaciones a Elcana y a Joseph referente al cuidado del niño, y les dijo que en todo cuanto les ocurriera, dieran aviso a los terapeutas peregrinos para que fuera remediado de inmediato. Luego volvió al Templo de Jerusalén rebosante su alma de consuelo y de esperanza, porque había visto cumplida la promesa de Jehová a Moisés en la cumbre de Pisga: "Toda esa tierra que ves, desde este Monte hasta la Mar Grande será la heredad de Israel, más tú no entrarás en ella en esta hora, en que habrá muerte y desolación, guerra y devastaciones. Pisarás esa tierra en la hora de tu victoria final, cuando habrás vencido al mal que atormenta a la humanidad del planeta".

Y Esdras el esenio del grado quinto, anduvo esa noche como un fantasma por el pórtico de los Sacerdotes para departir con Nehemías, Habacuc y Eleazar, sacerdotes y Esenios como él, sobre el cumplimiento de la escritura profética de Moisés.

¿Qué no dieran ellos por encontrarse en el gran Santuario de Moab en medio de los Ancianos Maestros, en esos momentos solemnes para la Fraternidad Esenia, que sería la madre espiritual del Avatar Divino encarnado en medio de la humanidad?

Más la Ley Eterna les había confiado la misión de salvaguardar los ideales religiosos de los verdaderos servidores de Dios, la interpretación fiel de la Ley Divina, o sea los Diez Mandamientos de las Sagradas Tablas, que era lo único de cuanto dijo Moisés que no había sido adulterado, desvirtuado o interpretado equivocadamente.

. Ellos veían con dolor la profanación horrible que se había hecho siglo tras siglo de las Escrituras de Moisés, sobre todo de los Libros llamados *Levítico* y *Deuteronomio*, donde no sólo se encuentran a cada paso formidables contradicciones con los Diez Mandamientos de la Ley Divina, sino que se hace alarde de una ferocidad inaudita, donde se incita a la venganza, al crimen, al incendio, a la devastación de pueblos y ciudades que quisieran los hebreos conquistar para sí. Y todo esto, con la aseveración antepuesta:

"Y dijo Dios a Moisés" para que lo transmitiera a Israel. . . Y aquí los mandatos de arrasar pueblos, ciudades *sin dejar uno vivo* (palabras textuales), ni a los hombres ni a las mujeres ni a los niños. Y ese Dios había hablado a Moisés en el Monte Horeb para hacerle grabar en piedra sus Diez Mandamientos entre

los cuales hay dos, el primero y el quinto que dicen: *"Amarás a Dios sobre todas las cosas y al prójimo como a ti mismo"*. Y el quinto que dice: *"No matarás"*.

Y en estas adulteraciones de los libros de Moisés tenía origen la persecución a los verdaderos y fieles discípulos del gran Legislador, que habíanse visto obligados a ocultarse en las cavernas de los montes, o a vivir de incógnito en las Sinagogas y en el Templo, aun con grave riesgo de ser descubiertos y pagar con la vida la ilusión hermosa de reconstruir la obra espiritual de Moisés. Todos los esenios que se permitieron alimentar este sueño, habían sido condenados a muerte, acusados de innovadores, hechiceros, de perturbadores del orden, de sacrílegos, entre ellos el más audaz de todos, Hillel, esenio del grado sexto que sin importarle de su vida recorrió la Palestina hablando en calles y plazas de la verdadera doctrina de Moisés. Esto ocurrió cincuenta años antes del nacimiento de Jhasua. Y llegó Juan el Bautista que como un vendaval de fuego sagrado, quiso llevar a Israel a la verdadera doctrina de Moisés, basado en la pureza y santidad de la vida, no en el exorbitante número de sacrificios sangrientos que hacían del Templo de Dios y Casa de Oración, un inmundo matadero, donde corría la sangre por altares y pavimentos, y manchaba de rojo las blancas vestiduras sacerdotales y los velos de las vírgenes y las viudas que cantaban las alabanzas de Jehová. Y porque el Templo había sido profanado, Juan llevó las gentes a las orillas del Jordán, bajo la luz serena de los Astros, bajo la sombra de los árboles, a la vera de las aguas puras y cristalinas del río, para que aquel pueblo encontrara de nuevo al Dios de Moisés en la belleza sublime de todas sus obras en las cuales debía amarle sobre todas las cosas. . . Y la cabeza de Juan el Bautista, el esenio de grado séptimo, cayó en la obscuridad de una mazmorra, y su muerte fue inculpada por unos, a venganza de Herodías que había abandonado a su marido que no era rey, para unirse ilícitamente con su cuñado que era rey. Por otros al apasionado amor de la jovencita Salomé que ganó por medio de una danza el derecho de pedir al rey lo que quisiera. . .y por insinuación de su madre Herodías, pidió la cabeza de Juan el Bautista. Tal fue lo sucedido, pero la verdadera historia dice, que la sentencia de muerte del Bautista fue pedida por los Doctores de la Ley y el Sumo Sacerdote porque vieron que el Templo se quedaba sin matanza para los sacrificios, y los mercaderes, agentes de lucro de los sacerdotes, se quejaban de las escasas ventas realizadas, desde que *un impostor vestido de cilicio y piel de camello*, decía al pueblo que la purificación debía nacer de su propio interior, mediante el esfuerzo y la voluntad de mejoramiento espiritual, y no por matar un toro, un cordero, una ternera, y regar el altar de Dios con su sangre, y quemar después las carnes palpitantes y tibias de la víctima.

Y los esenios en sus secretas e íntimas conversaciones de entonces, decían:

"He aquí que la mayoría de esta humanidad había merecido ser llevada a las Moradas de Tinieblas para volver al *no ser* y comenzar de nuevo su evolución desde el grano de arena o el átomo de polvo que se lleva el viento por la espantosa adulteración y desprecio de la Ley Divina traída por Moisés. . . Centenares de sus discípulos habían encontrado la muerte en la defensa de su doctrina sin haber conseguido nada.

Y Moisés movido de piedad de sus mártires que a millares se habían sacrificado. . . movido a piedad de esta heredad humana que el Padre le confiara, deja su cielo radiante. . . el Séptimo cielo de los Amadores, y baja por última vez a la Tierra para salvar la humanidad que caminaba al caos y a la destrucción.

¿Le escuchará la humanidad? ¿Le reconocerá la humanidad?

¿Vestirá la túnica de penitencia y caerá de rodillas ante El, reconociendo su pecado?

¿Irá Jhasua a Roma pagana e idólatra, para llevarla a la adoración del Dios verdadero?

¿Y desatará allí Jhasua todos sus estupendos poderes, y realizará maravillas suprahumanas como Moisés en Egipto, para que César al igual que Faraón diga a Jhasua: "Veo que Dios está contigo; haz como sea tu voluntad"? Y ¿será entonces Jhasua el Instructor de toda la humanidad que le seguirá dócilmente como una majada de corderillos?

En esta santa conversación: estaban los cuatro sacerdotes esenios a la débil luz de un candil, cuando la diestra de Nehemías empezó a temblar sobre la mesa.

Tomó rápidamente el palillo de escribir y sobre un pedazo de su manto de lino escribió: "Huid por la rampa que sale hacia las tumbas de los Reyes, porque dos levitas espías escucharon vuestra conversación y estáis amenazados de muerte antes del amanecer. Huid, Eliseo".

El candil se apagó súbitamente, y los cuatro esenios se hundieron por un negro hueco que se abría en el fondo de una inmensa alacena-depósito de incensarios, de vasos y fuentes usados para el culto, y del cual sólo ellos poseían el secreto. A no haber estado familiarizados con aquel tenebroso corredor, se habrían vuelto locos para encontrar la salida entre tinieblas, pues no tuvieron tiempo de buscar cerillas ni antorchas ni cirios. Ya otras veces habían burlado espionajes, y delaciones del mismo estilo, mediante esta salida subterránea del Templo de Jerusalén, y que era obra de un profeta esenio de nombre Esdras, el cual estando entre el pueblo hebreo cautivo en Babilonia se ganó la confianza y el amor del Rey de Persia y de Asiria, Artajerjes, que le autorizó para reconstruir la Ciudad Santa y el Templo destruídos por la invasión ordenada por Nabucodonosor, cuando arrasó a sangre y fuego la ciudad de David y el Templo de marfil y de oro construído por Salomón.

Y al hacer Esdras el Profeta, la reconstrucción, le hizo hacer con obreros esenios esa salida secreta, porque como buen discípulo de Moisés soñaba con devolver a Israel la doctrina de su gran Legislador, y que los Maestros Esenios que habitaban las cavernas de los montes, tomaran nuevamente la dirección espiritual de las almas, formando el alto sacerdocio del Templo. Precavido y temeroso Esdras, de que volverían también los enemigos encubiertos de la doctrina Mosaica, hizo abrir este corredor secreto en dirección al oriente y que iba a salir a la Tumba de Absalón, antiguo monumento labrado esmeradamente en la roca viva de las primeras colinas del Monte de los Olivos, de que formaba parte el Huerto de Getsemaní.

Por allí entraban y salían los terapeutas peregrinos para llevar mensajes de los Maestros del Monte Moab a los sacerdotes esenios, que por razón de su ascendencia no podían eludir el servicio del templo cuando les tocaba el turno.

Entre las facultades psíquicas de Esdras el Profeta, se destacaba la premonición, llegando a veces a leer como en un libro abierto un futuro lejano. Y acaso vio en sus profundas y solitarias meditaciones, la persecución y muerte de que serían objeto sus hermanos esenios, después que fueron ellos los más abnegados e incansables obreros de la reconstrucción de Jerusalén y de su templo devastado.

Y la magia divina de los cielos nos deja ver a Esdras el Profeta en la soledad de la noche, bajo un pórtico semiderruído del Templo, examinando a la luz de un candil un croquis de la ciudad Santa y sus alrededores, para encontrar la orientación y salida más conveniente al corredor de salvamento, que después tomó su nombre: *Sendero de Esdras*. Estudiados los pro y los contra, el vidente esenio comprendió que mayores facilidades y ventajas ofrecía el camino hacia el oriente con salida al Monumento de Absalón, que abandonado y semiderruído no interesaba ya a nadie, pues era sólo un osario repugnante donde sólo los lagartos y los búhos habitaban. Además, ofrecía la ventaja inmensa de la proximidad al Monte de los Olivos, en cuyas grandes mesetas de roca había buenas cavernas y que esas tierras hasta Bethania eran heredades de familias esenias que desde muchas generaciones iban pasando de padres a hijos. En las cavernas de aquellos montes se habían salvado de la invasión asiria, numerosas familias esenias, que continuaron viviendo allí, mientras la mayoría del pueblo joven y fuerte vivía esclavizado en Asiria.

En las montañas del norte de la Ciudad Santa estaba la llamada gruta de Jeremías, muy conocida de los esenios por haber sido el refugio y recinto de oración de uno de sus grandes profetas, el inimitable cantor de los *Trenos*. Pero quedaba muy distante, lo cual hacía doblemente grande el esfuerzo a realizar.

Se hallaba también al sur, la tumba de David para salida, pero a más de la larga distancia, era lugar demasiado frecuentado, por hallarse hacia allí un acueducto a las piscinas de Siloé, y la carretera hacia Betlehem.

Y al mismo tiempo que a la luz del sol el Profeta esenio con miles de obreros hacía reconstruir la Ciudad y el Templo, un centenar de picapedreros esenios abría y fortificaba el estrecho corredor subterráneo, por donde los discípulos de Moisés podrían continuar iluminando las conciencias, alimentando la fe del pueblo hebreo fiel a su gran Instructor, y a la vez estar en contacto con los Ancianos de Moab.

Este sendero de Esdras, fue el que siguieron los cuatro esenios sacerdotes de Jerusalén, en la noche del mismo día en que fue impuesto al niño de Myriam el nombre de Jhasua. Diríase que las inteligencias del mal desataban sus fuerzas destructoras para comenzar de nuevo el aniquilamiento de las legiones mosaicas, el mismo día que salía Jhasua ante el mundo, anotándose en los libros de la Sinagoga el nombre con que vendría para siempre. . . a ellos, que habían sepultado bajo espantosos errores la ley suya, escrita sobre tablas de piedra por el dedo de fuego de Moisés. . .

Llegaron al viejo monumento funerario, donde entre losas amontonadas, ocultaban pieles y mantas, y pequeños sacos de frutas secas, y redomas con miel. Encendieron lumbre y se tendieron extenuados sobre lechos de heno y pieles de oveja.

Tres horas después resplandecían los tintes del amanecer.

Cuando el sol se levantaba en el horizonte, se encaminaron hacia Bethania con indumentaria de viajeros, y así entraron por diferentes caminos a la ciudad, donde Nehemías y Eleazar pasaron de inmediato al templo para tomar turno en el Servicio Divino, mientras Simón y Esdras quedaban en sus casas particulares.

La estratagema de la huída por el camino subterráneo, les sirvió para desvirtuar la delación al Sanhedrin que era en mayoría favorable al Sumo Sacerdote, hombre duro y egoísta, que lucraba con su elevada posición y luchaba por exterminar de raíz lo que él y sus secuaces llamaban *sentimiento o sensiblerías* de una generación menguada, de sacerdotes indignos de la fortaleza divina de Jehová; y estos deprimentes calificativos, iban aplicados a los de filiación esenia. Y en los recintos del Templo cualquier observador sagaz, hubiera notado bien definidas las dos tendencias que el Sumo Sacerdote había calificado de *"Sacerdotes de bronce y Sacerdotes de cera"*.

Los de cera eran los esenios, que desgraciadamente formaban la minoría; pero una minoría que a veces adquiría tal prestigio y superioridad en medio del pueblo fiel, que los de *bronce* vivían mortificados, despechados, lo cual desataba de tanto en tanto fuertes borrascas que cuidaban mucho de que no salieran al exterior.

Las clases pudientes de la sociedad estaban con los sacerdotes de bronce y las clases humildes con los de cera. Ya comprenderá el lector que los primeros buscaban en el servicio del Templo su engrandecimiento personal y el aumento de sus riquezas, y desde luego estaban fuertemente unidos a las clases pudientes poseedoras de grandes extensiones de tierra pobladas de ganados. Y en la ley relativa a los sacrificios sangrientos, iba en aumento siempre el número de víctimas a sacrificar, pues en ello estaban particularmente interesados los dueños que vendían a un altísimo precio, los agentes intermediarios puestos por los sacerdotes en los atrios del templo, como hacen en un mercado público los vendedores de mercancías, y los sacerdotes mismos que tenían doble ganancia: la ofrecida por los intermediarios, y las que producía la venta de carne de las víctimas que la Ley de Moisés, según ellos, destinaba para consumo de la clase sacerdotal.

Imposible que los sacerdotes y levitas consumieran aquella enormidad de animales que se degollaban cada día sobre el altar de los holocaustos, los cuales sumaban varios centenares sobre todo en las solemnidades de Pascua y en las fiestas aniversarios de la salida de Egipto, y de los retornos de los cautiverios que por tres veces había sufrido el pueblo de Israel. Dichas carnes destinadas al consumo de Sacerdotes y Levitas, eran conducidas desde el Templo a sus casas particulares, las cuales tenían siempre una puertecita muy disimulada en el más invisible rincón del huerto, destinada a sacar por allí en sacos de cuero, aquellas carnes vendidas a terceros negociantes, cual si fueran sacos de frutas o de olivas.

En cambio los Sacerdotes que estaban en el bando calificado de *Doctores de cera*, impedían esos pingües negocios de carne muerta, porque a los fieles que les hacían consultas en los casos de ofrecimientos de holocaustos, siempre les contestaban de igual manera:

"Traed un pan de flor de harina, rociado con aceite de olivas y espolvoreado con incienso y mirra, o una rama de almendro en flor, o una gavilla de trigo, o una cestilla de frutas, porque place a Jehová que el humo perfumado de estas primicias de vuestras siembras, suba hasta El juntamente con vuestros pensamientos y deseos de vivir consagrados a su divino servicio, cumpliendo con los Diez Mandamientos de su Ley".

Debido a esto, los sacerdotes que eran esenios por sus convicciones, estaban en turno de uno o dos cada día, porque de lo contrario arruinaban el negocio de las bestias, lo cual era una grave amenaza para las arcas sacerdotales y para sus agentes intermediarios.

En la época que diseñamos, en todo aquel numeroso cuerpo sacerdotal y levítico, sólo había catorce sacerdotes que eran esenios, o sea el número siete doble y veintiún Levitas (el siete triplicado), que era una insignificancia, comparado con los centenares que formaban los Sacerdotes y Levitas del bando de los *Doctores de bronce.*

Estas aclaraciones minuciosas y pesadas si se quiere, tienen por objeto que el lector sea dueño en absoluto, del escenario ideológico en que actuará Jhasua dentro de breve tiempo, o sea el que tardemos en relatar sus primeros acercamientos al Templo de Jerusalén.

A los cuarenta días de su nacimiento, estaba de turno en el servicio divino, el esenio Simeón de Bethel y los Levitas Ozni y Haper, Jezer y Nomuhel para auxiliarle en su ministerio. Había asimismo otros sacerdotes y Levitas auxiliares en el turno de ese día, mas escuchemos lo que había pasado en la casita de Elcana el tejedor, tres días antes.

Era la medianoche y todos dormían. Sólo Myriam velaba, pues el gemido de su niño le había despertado, y luego de amamantarle continuaba meciéndolo entre sus brazos, mientras le susurraba a media voz una suave canción de cuna:

¡Duerme que velan tu sueño
Los ángeles de Jehová!. . .
Los angelitos que bordan
De luces la inmensidad.
¡Duerme que velan tu sueño
Los ángeles de Jehová!. . .
¡Y derraman en tu cuna
Sus rosas blancas de paz!
Duerme hasta que encienda el día
Sus antorchas de rubí.
Y se vayan las estrellas
Por los mares de turquí.
Manojillo de azucenas
En el huerto de mi amor
Duerme mi niño querido
Hasta que despierte el sol.

El Niño-Dios se quedó dormido profundamente. Myriam vio que una tibia nubecilla rosada lo envolvía como un pañal de gasas que ondulaban en torno a su delicado cuerpecito. Y de pronto una vaporosa imagen de sin igual belleza apareció de pie junto al lecho. Era un rubio adolescente con ojos de topacio que arrojaban suavísima luz.

—¡Myriam!. . . —le dijo con una voz que parecía un susurro—. ¿Me amas?

—¿Quién eres tú que me haces esa pregunta?

—El mismo que duerme sobre tus rodillas.

—¿Qué misterio es éste, Jehová bendito?

—No es misterio, Myriam, sino la verdad. ¿Temes a la verdad?

—No, pero mi hijo es un niñito de un mes y tú eres un jovenzuelo. . . Y no comprendo lo que mis ojos ven.

—Myriam, la Bondad Divina te llevó al sacerdocio de la maternidad que te exigirá dolorosos sacrificios. De aquí a tres días te obliga la Ley a presentarte al templo para la purificación y para consagrarte a Jehová.

"Ni la maternidad te ha manchado, ni yo necesito consagración de hombres, pues que antes de nacer de ti, ya estaba consagrado a la Divinidad. Mas, como es un rito que no ofende al Dios-Amor, irás como todas las madres, y tu holocausto será una pareja de tórtolas de las que venden en el atrio destinadas al sacrificio. Iréis a la segunda hora en que encontraréis en el altar de los perfumes, al sacerdote Simeón de Bethel con cuatro Levitas.

"Le dirás sencillamente estas palabras: "Mi niño es Jhasua hijo de Joseph y de Myriam".

"El sabe lo que debe hacer". —Y la suave y dulce visión se inclinó sobre Myriam, cuya frente apenas rozó con sus labios sutiles; se dobló como una vara de lirios en flor sobre el cuerpecito dormido, y se esfumó suavemente en las sombras silenciosas y tibias de la alcoba.

Todos dormían, y sólo Myriam velaba en la meditación del enigma que encerraba su hijo.

Recordaba lo que las madres de los antiguos profetas habían visto y sentido antes y después del nacimiento de sus hijos según decía la tradición. Recordaba lo que le había dicho su parienta Ana Elhisabet, madre de Juan, nacido pocos meses antes de Jhasua:

—"Mi pecho salta de gozo por lo que en tu seno llevas".

—"¿Qué sabes tú mujer?

—"Salen de tu seno rayos de luz que envuelven toda la Tierra. Traes el fuego y no te quemas. Traes el agua y no te ahogas. Traes la fortaleza y llegas a mí, cansada. ¡Oh, Myriam! ¡Bendita tú, en el que viene contigo!. . .".

Y encendiendo el candil alumbró Myriam el rostro de su niño dormido. Estaba como siempre, pero esta vez sonreía.

Y ella oprimiéndose con ambas manos el corazón porque palpitaba demasiado fuerte, murmuraba:

—"¡Cálmate, corazón, que tu tesoro no te será arrancado sin arrancarte la vida!. . .".

"Duerme también, corazón, como duerme tu niño, que si es elegido de Jehová, él mismo será tu guardador.

"Duerme corazón en la quietud de los justos, porque lo que Dios une, los hombres no lo separan".

Y Myriam tendióse en el lecho, y con el niño en brazos durmió hasta el amanecer.

Dos días después en la primera hora de la tarde Joseph y Myriam emprendieron viaje a la vecina Jerusalén para dar cumplimiento a la Ley que ordenaba la ceremonia de la purificación de la madre, a los cuarenta días de nacido su hijo, al cual debía al mismo tiempo consagrarle a Jehová en su santo Templo.

La pareja de asnos en que Elcana y Sara desde años realizaban sus viajes a Jerusalén en la festividad de la Pascua, fueron los conductores de la familia nazarena en esta andanza de ley.

Tenía Elcana en la ciudad santa a su hermana viuda Lía, madre de tres hijas que aún no estaban casadas: Ana, Susana y Verónica, criadas las tres en las severas costumbres morales en que educaban sus hijos las familias esenias.

Vivían en el barrio de la puerta oriental o sea en dirección a las piscinas de

Siloé [1]. Juntamente con ellas vivía su anciano tío Simeón, hermano del padre de Lía, el cual tenía dos hijos Levitas: Ozni y Jezer, que justamente estaban de servicio esos días como auxiliadores del anciano Simeón de Bethel.

A esta buena familia hierosolomita, iban recomendados como huéspedes Myriam y Joseph con su pequeño hijo.

Lía con sus tres hijas vivían con la labor de sus manos habilísimas en el hilado y tejido del lino y lana, que luego teñían esta última, en grandes madejones de color cárdeno, púrpura y violeta, según los pedidos fueran para las vestiduras sacerdotales del templo, o para los Santuarios Esenios, que usaban el blanco y el violeta subido.

El anciano tío Simeón, sacaba su manutención de los derechos de sus dos hijos Levitas a los diezmos y primicias que aportaban el pueblo para todas las familias Levíticas. Como ellos, consecuentes con su ideología esenia no tomaban parte en sacrificios de bestias, sólo percibían las primicias y diezmos de aceite, olivas, frutas, harina de trigo y demás cereales que se cosechaban en el país.

Viudo también el anciano Simeón y solo, unió su vida a la de su sobrina, que muy joven quedó sin marido y con tres hijas adolescentes. La presencia del tío anciano era siempre una sombra protectora para la joven viuda y sus hijas.

Como se ve pues, toda esta familia vivía del trabajo que daba el Templo en tejido y labores manuales en general. Tenían además una participación en un hermoso y extenso huerto de viñas, cerezos y naranjas que formaba un delicioso valle en la cadena de montañas llamada **Monte de los Olivos**, que abarcaba toda la parte oriental del país. Era el Huerto de Getsemaní, propiedad de un núcleo de familias esenias que lo cultivaban en conjunto. La familia de Lía, era lo que entonces podía llamarse una familia acomodada con holgura y tranquilidad.

Llegaron los viajeros sin previo aviso, pero la carta de Elcana que entregó Joseph al llegar valió por todos los anuncios premonitorios y auspiciosos que hubieran podido hacerse.

Decía así:

"Silencio y paz del Señor en tu hogar, mi querida hermana Lía. Junto con ésta te mando el más grande tesoro que podíamos ambicionar los hermanos del silencio.

Myriam y Joseph nuestros parientes, llevan para presentar al Templo a su primogénito Jhasua, en el cual según todas las probabilidades y a juicio de los Maestros, está encerrado el Avatar Divino esperado por los hijos de Moisés desde hace tantos siglos. Creo pues, que sabiendo el huésped que te mando, no necesito hacerte recomendación alguna, ya que el silencio para nosotros no es un consejo sino una ley. En cuanto a Myriam y Joseph, ya los verás; son como los panes de la propiciación que en el altar del Señor se dejan consumir sin ruido. Cuanto hagas por ellos, por mí lo haces.

Con un gran abrazo de Sara y mío, me despido hasta la vista

Elcana."

Lía leyó la carta de Elcana, su hermano, y la escondió en su seno.

Y aunque había recibido con gran benevolencia a sus huéspedes en la sala

---

[1] Donde hoy es la Puerta Mora.

del hogar, corrió Lía presurosa hacia ellos y arrodillándose ante Myriam que tenía a su hijito en el regazo, rompió a llorar con emoción intensa sobre el cuerpecito del niño abrigado en gruesas mantillas. Myriam emocionada también, no estorbaba el amoroso desahogo de su parienta lejana, que desde muy niña no veía.

Mientras se desarrollaba esta escena, Joseph con el anciano Simeón acomodaban las bestias en el establo.

La hermosa virtud de la hospitalidad esenia, hacía tan agradables los viajes, que cada cual llegaba a encontrarse como en su propia casa, en la casa de sus hermanos de ideología. Para ninguno era inquietud ni sobresalto viajar sin un solo dracma en su bolsa vacía, porque hasta era agravio para el dueño de casa que su huésped pensara en darle compensación material.

En toda bodega esenia había siempre un fondo de repuesto que se llamaba *"la porción de los viajantes"*, que no se tocaba sino era para cambiarla por provisiones frescas recientemente cosechadas.

—¡Bendita seas tú, Myriam, en el hijo que el Señor te ha concedido y bendita sea esta casa que le da hospitalidad! En la tristeza y luto de mi viudez, no pensé jamás que viniera así la alegría de Dios a iluminar mi morada.

—¿De dónde sacas tales palabras para dirigirnos a mi hijo y a mí? —preguntó Myriam, temerosa de que aquella mujer hubiera también penetrado el enigma.

—De la carta de mi hermano Elcana —le respondió Lía.

—Pero. . . te ruego silencio —añadió Myriam.

—¡Silencio hasta que sea llegada la hora de Dios! —contestó Lía con solemnidad casi profética.

Y asomándose al taller donde sus tres hijas hilaban y tejían en sus telares les dijo:

—Venid a besar el hermoso niño de vuestra parienta Myriam. Es su primogénito y la tradición asegura que trae suerte a la casa que le hospeda.

Las tres jovencitas entraron precipitadamente. Verónica y Ana eran mellizas y tenían trece años. Susana, la mayor, contaba quince, y se quedó de pie observando al niño mientras las dos menores se arrodillaban junto a Myriam para besar al pequeñito, que dormía tranquilamente.

De pronto dijo Susana, con un acento que parecía salir de su íntimo yo, con el semblante sobrecogido por un dolor interno e indefinible:

—Con tanto amor y dicha le besáis ahora y un día le enjugaréis la sangre y le besaréis muerto. . .—Y cayó desvanecida en los brazos de la madre, que la sostuvo.

—¡Dios mío!. . . ¿Qué te pasa, Susana?. . . Traed agua, por favor —dijo a sus hijas, que se apresuraron a humedecer la frente de la joven desmayada.

Myriam algo había percibido de aquellas terribles palabras y su alma tierna de sensitiva se sobrecogió de espanto.

—¿Es profetisa vuestra hija? —preguntó a Lía.

—No, nada de eso se le ha conocido nunca. Sí, que es muy impresionable y a veces se espanta de un débil ruido y hasta de su sombra.

—Parece que hablaba algo referente a mi niño, como alusión a un accidente. ¿Seremos acaso atropellados por algún motín popular mañana al ir al Templo?. . .

—¡Oh, no lo permitirá Jehová! No pienses así, Myriam ¡por favor! Es que esta hija se ve como acometida de no sé qué delirios extravagantes —decía la madre haciendo beber a Susana pequeños sorbos de agua. Al fin se reanimó e iba a hablar, pero los ojos inteligentes de su madre le impusieron silencio.

—Ven acá, Susana —dijo Myriam tomando una mano de la jovencita—. Dime, ¿viste a mi niño acometido de un accidente? ¿Por qué dijiste esas palabras?

—No, Myriam, no. Es que yo padezco de visiones imaginarias que a veces me hacen sufrir mucho. Vi tendido aquí un hombre muy herido y muerto que me causó indecible espanto y compasión. Eso fue todo.

—Pero eso nada tiene que ver con el niño de Myriam —añadió la madre procurando dar fin al asunto—. Sólo siento —dijo— que en este momento de tanta dicha, haya venido a mezclarse este pequeño incidente. —No es nada, no es nada—. Y la viuda Lía arrojó al fuego del hogar incienso, mirra y un fruto fresco de manzano, mientras decía: "Que Dios Todopoderoso arroje de este recinto los espíritus del mal y nos envíe mensajeros de paz y amor".

—Así sea —contestaron todos.

La entrada de Joseph y del anciano Simeón acabó de tranquilizar los ánimos.

Y antes de que llegara la noche los dos hombres se encaminaron al Templo para saber por medio de los Levitas hijos de Simeón, la hora fija en que el sacerdote esenio estaba de turno al día siguiente, que era el prescripto por la ley para la presentación del niño de Myriam.

Quedaron, pues, convenidos que a la hora tercia esperaría en la puerta que daba al atrio de las mujeres, el sacerdote Simeón de Bethel, esenio de grado cuarto, con los Levitas Ozni y Jezer como auxiliares. Y muy bajito dijeron los Levitas a Joseph y a su padre que la noche antes el sacerdote mencionado y ellos tuvieron aviso de los Ancianos de Moab, que al día siguiente haría su primera entrada al Templo, el Avatar Divino, y que se guardara bien de ofrecer por él sacrificio de sangre. Que aceptara las tórtolas presentadas por Myriam, y las soltara en libertad por una de las ojivas del Templo.

El viejo Simeón, padre de los Levitas, como buen esenio, guardaba silencio, pero en su Yo íntimo empezaba a levantarse un gran interrogante:

—¿Quién es ese niño que así se preocupan de él los ancianos de Moab?

Esenio del grado primero, igual que Joseph, sabía cumplir con los Diez Mandamientos, rezar los salmos y guardar hospitalidad. No iba más allá su instrucción religiosa.

Joseph ya estaba más en el secreto de la superioridad de su hijo, debido a los fenómenos suprafísicos que se habían manifestado desde antes de nacer el niño. Pero él era buen esenio y nada dijo.

Cuando regresaron a la casa de Lía, Myriam, que había dejado al niño dormido en la canastilla, salió a recibirlos y su primera pregunta fue ésta:

—¿Hay tumulto en el centro de la ciudad?

—No, todo está en calma —contestaron los dos hombres a la vez.

—Hace tanto tiempo que se acabaron los tumultos —dijo Simeón— porque los grandes señores del país encontraron el modo de arreglarse con los dominadores, y el pueblo se cansó de motines en que siempre sale perdiendo. . . ¿Por qué lo preguntáis?

—Hace tanto tiempo que no estoy en la Ciudad de David, y pensé que podía ser como en mis días de pequeña —explicó Myriam.

Joseph en cambio, algo percibió en los ojos ansiosos de Myriam, alrededor de los cuales creyó ver una sombra violeta. Y entrando con ella a la alcoba en que el niño dormía, la interrogó.

—Temo por nuestro niño —le contestó ella. —Desde que me hicieron comprender que hay en él algo superior a los demás niños, vivo temerosa y llena de inquietudes.

—Por eso mismo que hay designios de Jehová sobre él, debemos pensar que será doblemente protegido de los demás. Vive tranquila, Myriam, que es grande tu dicha por ser madre de tal hijo. —Y besándola tiernamente sobre los cabellos fueron ambos a sentarse junto al fuego del hogar, donde ya estaba reunida toda la familia para la cena. Susana había quedado en el lecho a causa de la pequeña crisis nerviosa que tuvo esa tarde.

Simeón como el más anciano, bendijo el pan y lo partió entre los comensales según la costumbre esenia, haciendo igual cosa con el ánfora del vino, del cual puso una parte en los vasos de plata que había sobre la mesa.

Myriam presentó a su vez las ofrendas que enviaba Elcana desde Betlehem a su hermana Lía, consistentes en quesos de cabra, manteca y miel de la montaña.

Un abundante guisado de lentejas y un gran fuentón de aceitunas negras del Huerto de Getsemaní, condimentadas con huevos de gansos asados al rescoldo, componían la comida que presentó la hospitalaria Lía a sus huéspedes.

Myriam quiso llevar por sí misma una tacita de miel y un trocito de queso al lecho en que descansaba Susana.

— ¡Pobrecilla!. . . —le dijo—. Me apena que te has enfermado a nuestra llegada. Siéntate y come de esta miel que manda tu tío Elcana, y acaso te confortarás. —Y ayudó a la jovencita a incorporarse en su lecho. Susana comió y cuando hubo terminado, abrazando el cuello de Myriam la suplicó:

—Si me traes aquí un poquitín a tu niño me curaré por completo. Vi en sueños a Elías y Eliseo nuestros grandes Profetas que envolvían en fuego a tu niño para que nadie le hiciera daño. Debe ser un gran profeta tu hijo, Myriam ¿no lo has pensado tú?

—Desde antes que él naciera vengo viendo extraordinarias manifestaciones que a veces me traen temerosa de toda esa grandeza que me anuncian; pues yo sólo sé que es mi hijo, y no quiero que su grandeza lo aparte jamás de mi lado. Te lo traeré.

Y unos minutos después el pequeñín descansaba sobre las rodillas de Susana sentada en el lecho. Se quedó inmóvil contemplando al hermoso querubín de nácar y rosas dormido en su regazo.

Myriam la contemplaba a ella. La vió palidecer intensamente, pero se contuvo a una señal de silencio que la joven le hizo.

Observó que su mirada se tornaba vaga, cual si mirase a una lejanía brumosa. . . Después de unos instantes, levantó al niñito suavemente a la altura de sus labios y lo besó en la frente como se besa un objeto sagrado.

— ¡Dime la verdad, Susana! Tú has visto algo en él, ¿qué has visto?

—Una locura, Myriam, de las muchas que me acosan continuamente: He visto que yo iba por un camino siguiendo el cortejo fúnebre de un pariente cuya muerte nos causaba gran dolor, y que este niño, ya joven y hermoso, detenía el cortejo y hacía levantar del féretro al muerto y lo devolvía a su madre vivo y sano. ¿Será que tu hijo es un gran profeta o que yo estoy loca de remate?

—¡No!... tú no estás loca, sino que en mi niño hay algo tan grande... ¡tan grande, Susana!...que vivo llena de espanto, como las mujeres de Israel cuando veían los relámpagos y sentían los truenos en Horeb y en Sinaí... Las cosas demasiado grandes, espantan a las almas tímidas como la mía...

Y tomando Myriam a su hijito que se despertaba en ese instante, le dijo con los ojos empañados de llanto:

—¿Por qué eres tan grande, querubín mío, si tu madre es pequeña y débil como una corderilla, que sólo acierta con la fuente para beber?

Y silenciosa se llevó al niño a la alcoba.

Y junto al fuego del hogar, mientras la madre y las hijas ordenaban todo cuanto se había usado para la cena, Simeón y Joseph departían sobre las esperanzas de una próxima liberación para Israel.

—Unos sostienen que vendrá de nuevo Elías para hacer bajar fuego del cielo, que consuma en un abrir y cerrar de ojos a los dominadores que con los tributos empobrecen al pueblo. Y otros dicen que vendrá también Moisés para realizar las maravillas que espantaron al Faraón, y dejó en libertad al pueblo. —Decía así Simeón.

—¿Qué se dice de todo esto en el Templo? Por tus hijos puedes saberlo —contestó Joseph.

—Mis hijos escuchan todos los días que *el tiempo ha llegado* para que aparezca el Libertador de Israel; pero parece que las esperanzas se van esfumando lentamente, porque en las líneas consanguíneas directas de David, no se tiene conocimiento de que haya nacido un varón en la fecha que esperaban los Doctores del Templo.

—Uno de mis hijos fue con otros Levitas hacia Levante; otros al Poniente, otros al Norte y al Sur del país a mirar los registros de las Sinagogas, en busca del anhelado acontecimiento.

—¡Cómo!... ¿Y ningún varón ha nacido en Israel de la descendencia de David? —preguntó extrañado Joseph.

—¡No, no es eso!... Ya se ve que no andas tú en las intimidades sacerdotales —decía afablemente el viejo tío de Lía—. Es que no sólo se espera un varón en la descendencia de David, sino un varón nacido en la fecha marcada por los astros que presiden los destinos del pueblo hebreo. Además, ese niño extraordinario debe ser el primogénito de una doncella recién casada; y aún cuando alguna profecía existe parece indicar que nacería en Betlehem, eso se pasaría por alto, en atención a que alguna cosilla haya pasado para las estrellas delatoras del acontecimiento. Más, es el caso que han nacido varios varones de la descendencia de David, pero que son hijos terceros o cuartos o sextos de matrimonios padres de numerosa prole.

—¿Y no fueron por Betlehem los agentes sacerdotales? —preguntó algo inquieto Joseph.

—Naturalmente que sí, y fueron de las primeras sinagogas inspeccionadas. Estuvo allí para mayor seguridad el sacerdote Esdras.

—¿Y sin resultado? —volvió a preguntar Joseph.

—Igual que en·todas partes, pues en la rama bilateral que hay en la descendencia de David, no hubo nacimiento de primogénito varón en la fecha indicada. Y en el Sanhedrín hay una desazón estupenda por este motivo, debido a que el Rey Herodes que se entiende muy bien con el Gran Sacerdote, se hizo dar todas las explicaciones pertinentes a estos asuntos y empieza a burlarse de todas las profecías y hasta prohíbio que se hable al pueblo absolutamente nada acerca del libertador Rey de Israel que debía nacer en estos tiempos.

Cuando llegaron los últimos agentes con noticias negativas, y el Rey lo supo, obligó al Sanhedrín a darle una declaración firmada de que pasó la hora anunciada por los astros para el nacimiento del Mesías-Rey de Israel, y que por lo tanto el pueblo por medio del Sanhedrín que es su suprema autoridad, renuncia a todas sus esperanzas y derechos en favor de Herodes el Grande y su descendencia.

—¿Y el Sanhedrín lo hizo? —preguntó Joseph con cierta ansiedad.

—El Sanhedrín aprecia más la amistad del Rey que hace grandes concesiones al alto cuerpo sacerdotal, que mantener una esperanza que hasta hoy ha resultado vana.

Y bajando la voz como temeroso de ser oído, Joseph preguntó:

—Y los sacerdotes esenios ¿qué dicen a todo esto?

—Son la minoría y no hacen cuestión de este asunto. Además ellos no esperan un Rey-Libertador, sino un Mesías-Profeta y Taumaturgo al estilo de Moisés para restaurar su doctrina y depurar la Ley.

—Hondas son estas cuestiones para que las tratemos nosotros, hermano Simeón —alegó Joseph, dando un corte a la conversación, pues varias veces en el curso de ella, estuvo a punto de hablar sobre las manifestaciones extraordinarias que se habían notado desde antes del nacimiento de su hijo.

Lía, que había oído en silencio toda esa conversación, recordaba la carta de su hermano Elcana, esenio del segundo grado, como ella y su marido ya muerto, y creyó mejor guardar el secreto que su hermano le recomendaba.

Pensó con mucho acierto: "Si Joseph, que es el padre del niño, no habla; si el sacerdote Esdras, esenio adelantado, calla; yo, pobre mujer que no sé si mis revelaciones harían acaso un desastre, con mayor motivo debo callar."

Y muy disimuladamente hizo que acomodaba los troncos de leña que chisporroteaban en el hogar, y arrojó a la llama la carta de su hermano, sepultando así en el fuego aquel secreto que le hacía daño.

En el corazón de Lía, única mujer hierosolimitana que lo sabía, quedó sepultado el divino secreto del Hombre-Dios cobijado bajo su techo, muy cerca del Gran Templo, en plena Ciudad Santa, mientras el orgulloso Sanhedrín y demás Príncipes Sacerdotes se devanaban los sesos pensando cómo podía ser que hubieran fallado los astros y las antiguas profecías de los videntes de Israel.

Los sacerdotes más ancianos decían, rasgando sus vestiduras en señal de funestos presagios:

—Cuando los astros y las profecías han fallado nueva desgracia amenaza a Israel. Terribles signos son éstos que en otra hora fueron anuncio de dispersión, de incendios y de muerte. Acaso la llegada de la nueva centuria nos encontrará a todos en el Valle de Josaphat y a nuestros hijos cautivos en tierra extranjera.

Tal era el ambiente en el Templo de Jerusalén el día que llegaba la humilde pareja Myriam y Joseph con el Niño-Dios en los brazos. Era poco antes del mediodía, y un sol de oro caía como una lluvia de arrayanes sobre la magnífica cúpula del templo, que recibía bajo sus naves al Hombre-Dios sin saberlo, aquellos fastuosos sacerdotes, cuya regia indumentaria de púrpura y pedrería dejaba muy atrás a los reyezuelos de la Palestina.

Por aviso espiritual, los Sacerdotes y los Levitas esenios estaban enterados, y la noticia fue confirmada por los dos hijos de Simeón, que la víspera lo supieron por su padre y Joseph cuando estuvieron a preguntar la hora en que serían atendidos. Y de acuerdo todos ellos, se unieron para ofrecer en el altar de los perfumes, holocaustos de pan de flor de harina rociado del más puro aceite de oliva aromatizado de esencias, vino puro de uva con incienso y mirra, frutos de manzano, flores de naranjo y cuanta flor y fruto de aroma pudieron reunir. Pretextaron que era aniversario de cuando Moisés hizo brotar agua fresca de la roca en el desierto. Los dos sacerdotes esenios que estaban de turno, Simeón y Eleazar, podían realizar aquella liturgia usada todos los años.

Las doncellas del Templo fueron invitadas para cantar salmos al son de sus cítaras y laúdes. Los catorce sacerdotes esenios con sus ventiún Levitas, provistos de incensarios de oro daban vueltas cantando alrededor del Tabernáculo en el preciso momento en que Joseph y Myriam llegaban al atrio.

Una vez realizado el rito de la purificación, Myriam con su niño en brazos penetró al Templo hasta el sitio donde era permitido llegar a los seglares. El gran velo del Templo corrido severamente, no les permitía ver lo que los Sacerdotes y Levitas realizaban detrás de El en el Sancta Sanctorum. Las vírgenes en un alto estrado con rejas de bronce, cantaban el más vibrante salmo de alabanza a Jehová. Y cuando Myriam y Joseph entregaban las tórtolas del holocausto y Simeón tomaba en sus brazos al divino niño para ofrecerlo a Dios, sin que nadie supiera los motivos, el gran velo del Templo fue abatido hacia un lado como si un vendaval poderoso hubiese hecho correr las anillas de plata que lo sostenían en una larga vara del mismo metal.

Todos los presentes sintiéronse sobrecogidos de respeto y admiración, al ver cómo una corriente de poderosa afinidad obró lo que podía bien tomarse como una extraordinaria manifestacion espiritual, que ponía de manifiesto la excelsa grandeza del ser que se ofrecía a Dios en aquel momento.

Mientras tanto Simeón de Bethel, tenía al niño levantado en alto al pie del altar de los perfumes y añadía a las frases del ritual aquellas palabras que ha conservado la tradición: "Ahora, Señor, puedes echar polvo en los ojos de tu siervo porque ellos han visto tu Luz sobre la Tierra".

Una anciana paralítica de nombre Ana, que todos los días se hacía llevar en una camilla hasta el interior del Templo para orar a Jehová que enviase su Mesías Salvador, salió corriendo por sus propios medios hacia el altar de los perfumes, y no se detuvo hasta caer de rodillas a los pies de Simeón, dando gritos de gozo y anunciando a todos:

—He aquí el Mesías Salvador de Israel, cuyo acercamiento ha curado mi mal de hace treinta años.

Para hacerla callar y que no causase alarma alguna, fue necesario dejarle que besara una manecita del niño y que prometiera allí mismo guardar el más profundo secreto.

Los rituales terminaron y todo volvió a su acostumbrada quietud y silencio, pero el hecho de haberse corrido el velo del Templo sin motivo visible y real, trascendió a otros de los sacerdotes que no estaban en el secreto, y fue causa de que el Sanhedrín llamase a una asamblea de consulta sobre cuáles podrían ser los motivos de aquel extraño fenómeno.

Los unos opinaron que el mismo Moisés había asistido, invisiblemente, a la celebración de aquel aniversario de una de sus grandes manifestaciones del oculto poder de que era dueño.

Ante esta opinión los *sacerdotes de bronce* se sentían despechados de que tal manifestación la hubieran recibido los *sacerdotes de cera* en unión de las vírgenes que cantaron los salmos. Otros opinaron que se hubiera producido una pequeña desviación de nivel en la gran vara por donde corrían las anillas que sostenían el velo. Y no faltó quien afirmase que a esa hora se produjo una gran ola de viento y que al abrir la puerta del atrio de las mujeres puso en comunicación las corrientes, con los otros atrios, lo cual produjo el hecho de que se trataba.

Para sondear la opinión del bando de *bronce,* Simeón de Bethel dijo:

—¿Y no se podría suponer que este fenómeno fuera anuncio de la llegada de Mesías-Salvador?

—¡Imposible!. . . —exclamó el Pontífice—. Nuestros agentes han recorrido todas las sinagogas del país y no ha sido encontrado ni un solo primogénito varón en la dinastía de David.

—No obstante —arguyó nuevamente Simeón—, yo acabo de ofrecer a Jehová un primogénito nacido en Betlehem.

—¿Pero quién es? ¡Un hijo de mendigos!. . . — espetó el Gran Sacerdote.

—De artesanos —rectificó Simeón—. ¿Acaso David no fue pastor?

—¿Pero pensáis que el Mesías Rey de Israel va a nacer de artesanos, cuando todos los Príncipes, Sacerdotes y Levitas de dinastía real, hemos tomado poco antes de la conjunción de los astros, esposas vírgenes y de noble alcurnia para dar oportunidad al Mesías de elegir su casa y su cuna?

"Sostener otra cosa sería tergiversar el sentido de las profecías y renunciar hasta al sentido común.

"¿Creéis que el Mesías Libertador de Israel, va a salir de la hez del pueblo, para ser el escarnio y la mofa de nuestros dominadores?

"El Mesías-Rey saldrá como una flor de oro de las grandes familias de la aristocracia hebrea, o no saldrá de ninguna parte.

—Y ¿cómo explicaremos entonces que las profecías han quedado sin cumplimiento y que los astros han mentido? —preguntó Esdras el esenio, que sentía lástima por la ceguera de aquellos hombres.

—Yo pienso —contestó uno de los *doctores de bronce*— que todo el año de la conjunción astral puede ser apto para la llegada del Mesías, porque la influencia de esos planetas puede llegar hasta la Tierra en un período más o menos largo. ¿Podemos acaso encadenar la voluntad y el pensamiento de Jehová?

—Justamente era así mi pensamiento —añadió Simeón de Bethel— que ni nosotros ni nadie sobre la Tierra podemos encadenar el pensamiento y la voluntad de Jehová, cuando quiere El manifestarse a los hombres.

—Pero ¿qué quieres decir con eso? —interrogó el mismo doctor que había expresado aquel pensamiento.

—Quiero decir que si Dios quiere enviar a la Tierra su Mesías Salvador, nosotros no podemos imponerle nuestra voluntad de que aparezca en una familia de la alta aristocracia o de una humilde familia de artesanos. Digo esto, porque el motivo de esta asamblea es el hecho de haberse corrido por sí solo el velo del Templo en el preciso momento en que yo ofrecía a Jehová un primogénito hebreo y a más la viejecita paralítica que todos hemos visto desde treinta años pegada al suelo como molusco a una roca, salir corriendo hasta llegar a donde estaba yo con el niño, y en su gozo de verse curada comenzó a gritar como una loca: "He aquí el Mesías Salvador de Israel que ha curado con su presencia mi mal de hace treinta años". Y no se pudo hacerla callar ni quitarla de encima hasta que le fue permitido besar al niño. Son hechos que si nada confirman por sí solos no dejan de ser dignos de estudio y de nuestra atención, ya que para ello nos hemos reunido.

El Gran Sacerdote y otros con él fruncieron el ceño, pero la lógica de Simeón no admitía réplica.

—¿Se han tomado datos precisos de su familia y antecedentes? —preguntó el Gran Sacerdote.

—Yo —dijo Esdras— estuve, como sabéis, en Betlehem a indagar sobre los nacidos en aquella ciudad, y estando enfermo el Sacerdote de aquella Sinagoga, fui yo el actuante cuando llevaron este niño a circuncidar. Sus padres son artesanos acomodados y tienen en Nazareth sus medios de vida. Ambos son originarios de Jericó y descendientes de familia sacerdotal, encontrándose en Betlehem en visita a unos parientes cercanos de la esposa, que fue una de las vírgenes del Templo donde se educó justamente por su procedencia de familia sacerdotal; y Joseph, el marido, la buscó entre las vírgenes del Templo por fidelidad a la costumbre de que los hijos o nietos de sacerdotes, busquen esposa entre las vírgenes del Templo, y Joseph es hijo de Jacob, hijo de Eleazar, sacerdote que algunos de los presentes hemos conocido. Es cuanto puedo decir.

—Bien —ordenó autoritariamente el Pontífice— que tres miembros de la comisión de Genealogías reales se encarguen de estudiar este asunto y pasen luego el informe correspondiente. —Y sin más trámite se dió por cancelado este asunto, al cual no se volvió a tocar, pues en los momentos que atravesaba la política del país con Herodes el Grande al frente, no era nada oportuna la presencia del Mesías Rey de Israel, que provocaría desde luego un formidable levantamiento popular en contra del usurpador idumeo.

—Conviene que este asunto no trascienda al exterior —añadió todavía el Gran Sacerdote—, y que esa familia no sospeche ni remotamente que nos hemos ocupado de ese niño cuya seguridad está en el silencio. El tiempo se encargará de revelar la verdad.

—*El tiempo se encargará de revelar la verdad* —repitieron como un hecho los sacerdotes esenios convencidos plenamente de que aquellas palabras eran proféticas.

Y fue así, como pasó desapercibido en toda la Palestina el advenimiento del Hombre-Dios.

Dios da su luz a los humildes y la niega a los soberbios. Hacía muchos siglos que el pueblo de Israel esperaba un Mesías Salvador. Y cuando él llegó como una estrella radiante a iluminar los caminos de los hombres, no lo reconocieron sino los pequeños, los que se ocultaban para vivir en las entrañas de los montes, o en la modestia de sus hogares entregados al trabajo y a la oración.

FLORECIA EL AMOR PARA JHASUA

Cuando Myriam y Joseph abandonaban el Templo, encontraron en el pórtico exterior un grupo de Levitas que les esperaban en el sitio más apartado y detrás de una gruesa columna. Entre ellos estaban los dos hijos de Simeón, tío de Lía. Eran un grupo de Levitas esenios. El más resuelto de entre ellos se acercó a Joseph y le dijo:

—Déjanos besar a tu niño, porque sabemos que es un Gran Profeta de Dios.

Joseph accedió, pero los dulces ojos cargados de temor con que los miró Myriam, les llenaron de compasión.

—No temas, mujer —les dijo el Levita—, que nosotros somos amigos vuestros. ¿No me reconoces, Joseph?

''Piensa en el anciano sacerdote Nathamiel, de la sinagoga de Arimathea, aquel a quien salvaste la vida cuando fue arrastrado por las cabalgaduras desbocadas. . .

—¡Oh, oh! —exclamó Joseph—. ¿Y eras tú el jovenzuelo enfermo que iba dentro del carro?

—Justamente era yo.

Y los dos, Joseph y José, se abrazaron tiernamente; pues el joven era José de Arimathea, más tarde conocido Doctor de la Ley.

Entonces Myriam abrió su manto y dejó ver al pequeñín quietecito entre sus brazos. Como le vio despierto le tomó en los suyos y estrechándole a su corazón con indecible ternura le decía:

—¡Yo sé quién eres Jhasua!. . . ¡yo sé quién eres! ¡Y por que lo sé, te juro por el Tabernáculo de Jehová que seré tu escudo de defensa hasta la última gota de mi sangre!

—Juradlo también vosotros —suplicó a sus compañeros, presentándoles el niño para que lo besaran.

—Lo juramos —iban diciendo los Levitas mientras besaban las rosadas mejillas del niñito de Myriam.

El último que se acercó era un hermoso y esbelto joven, cuyos ojos oscuros llenos de tristeza le hacían interesante a primera vista. Tomó el niñito en brazos y le dijo con solemne acento:

—¡Si eres el que eres, sálvame porque me veo perdido!

Todos le miraron con asombro, casi con estupor.

El niñito apoyó inconscientemente su dorada cabecita en el pecho del joven Levita que le tenía en brazos. Todos pensaron que el niño estaba cansado de pasar de brazo en brazo y que buscaba descanso y apoyo. ¡Sólo el que le tenía comprendió que su ruego había sido escuchado y devolviendo el niño a su madre, se abrió la túnica en el pecho y les mostró una úlcera cancerosa que allí tenía. ¡Cuál no sería su asombro cuando en el sitio de la llaga sólo aparecía una mancha rosada, como suele aparecer la piel demasiado fina en una herida recientemente curada!

El joven Levita abrazó las cabezas unidas de Joseph y de Myriam mientras sus ojos se nublaban de lágrimas.

—Por esta úlcera cancerosa —confesó cuando pudo hablar— debía abandonar el templo en la próxima luna, perdiendo todos mis estudios y esta carrera, esperanza de mi anciana madre y de mis dos hermanos. Mi mal no podía mantenerse oculto por más tiempo, y ya sabéis la severidad de la Ley para con enfermedades de esta índole.

—Este es el milagro número tres —certificó José de Arimathea— y hay que anunciarlo al tribunal del Templo.

— ¡No lo hagáis por piedad de mi hijo y de mí! —exclamó Myriam llena de angustia. —Los Terapeutas peregrinos nos han mandado callar cuanto ha sucedido antes del nacimiento de este niño. Callad por piedad también vosotros porque es consejo de sabios.

—Lo prometemos —juraron todos a la vez—, si nos permitís visitaros mientras estáis en Jerusalén.

—Venid —les dijeron al mismo tiempo Myriam y Joseph—. Somos huéspedes de nuestra parienta Lía y de su tío Simeón, padre de estos dos —indicaron— señalando a los Levitas Ozmi y Jezer.

El joven de la úlcera en el pecho era de familia pudiente y entregó a Myriam un bolsillo de seda pura con monedas de oro.

Myriam se negó a recibirlo diciendo:

—Somos felices con nuestra modesta posición. No necesitamos nada.

— ¡Tomadlo, haced el favor! Es la ofrenda de oro puro que hacemos los veintiún Levitas esenios al Dios hecho hombre, como base para su apostolado futuro.

''Mas si antes de que él sea mayor, lo necesitáis, usadlo sin temor. Hay siete monedas por cada Levita de los 21 que somos. Queremos ser nosotros los primeros cimientos del Santuario que ha de fundar.

—Si es así —asintió Joseph—, lo tomamos para tenerlo como un depósito sagrado hasta que el niño sea mayor.

El levita de la úlcera en el pecho se llamaba Nicodemus de Nicópolis.

La tradición ha conservado su nombre juntamente con el de José de Arimathea, por el solo hecho de que pidieron al Gobernador Pilatos el cadáver de Cristo; pero, antes de esta tremenda hora trágica, muchas veces hemos de encontrarnos con ellos como con otros muchos, cuya actuación quedó perdida entre el polvo de los siglos, debido al conciso relato evangélico y al secuestro que desde el siglo III se hizo de todos los relatos, crónicas y narraciones escritas por discípulos y amigos del verbo encarnado. Myriam y Joseph regresaron a casa de Lía en la primera hora de la tarde.

—Alabado sea Jehová que hemos terminado con las prescripciones de la Ley.

—Estoy ansiosa por encerrarme en casa y no asomar más por donde andan las gentes —suspiró Myriam dejándose caer con muestras de gran fatiga sobre un banco junto al hogar.

—¿Por qué, Myriam, hablas así? ¿Recibiste daño de alguno en el Templo? —preguntó Lía algo alarmada.

—No, daño ninguno; pero susto y espanto sí.

—¿Puedo saber?. . .

—Los terapeutas peregrinos no se cansaban de recomendarnos silencio, secreto y discreción; pero, es el caso que, a todas partes que vamos se va divulgando este secreto que pronto no lo será para nadie. ¡Y temo tanto por este hijo!. . .

Myriam refirió lo que había ocurrido en el Templo, desde que llegaron hasta que salieron.

Era en verdad el relato de Myriam, fiel y exacto de los acontecimientos ocurridos en el plano físico, percibidos y palpados por los sentidos corporales. Pero, el aspecto esotérico y real, desde el punto de vista en que vamos analizando todas las cuestiones, tenía otros relieves más definidos, otros alcances mucho más amplios y sublimes.

Las cinco Inteligencias Superiores que apadrinaban a Jhasua en su última encarnación mesiánica, habían descendido junto con él a la Esfera Astral del planeta Tierra con la investidura etérea usada por los Cirios de la Piedad [1] y ya se comprenderá que durante la infancia del Cristo debían prestar gran atención a despertar las conciencias de la humanidad, a la cual él se acercaba.

Tanto debían observar el campo Esenio como el Levítico y Sacerdotal, para preparar a Jhasua el escenario más conveniente a la victoria final de su obra.

El poderoso pensamiento y voluntad de estas Superiores Inteligencias, puestas en la corriente afín y simpática de los sacerdotes esenios que actuaban en el Templo a la entrada del Niño-Dios bajo sus naves; fueron los verdaderos operadores de los fenómenos supranormales, que todos pudieron observar, en los momentos de la presentación del Cristo-Niño a la Divinidad.

Entre las innumerables fuerzas del Universo, que desconocen por completo la mayoría de los encarnados en el planeta Tierra, está la llamada *Onda simpática* o *Corriente simpática*, fuerza formidable que, cuando se consigue unificarla a la perfección, ella sola puede derrumbar montañas, murallas, ciudades, puentes y templos por fuertes y bien cimentados que ellos sean. ¿Saben, acaso, los hombres qué fuerzas actuaron en el abrirse de una cordillera atlante provocando la primera invasión de las aguas sobre ese continente? ¿Conocen, acaso, los hombres las fuerzas tremendas que producen muchos de los grandes cataclismos que han llenado a las gentes de terror y espanto en diversas épocas de la humanidad?

Por eso hemos dicho siempre que, la interrupción o trastorno de las leyes naturales, *no existe*. Lo que existe es un cúmulo de fuerzas sujetas a leyes inmutables y precisas que están en el universo, y que manejadas por inteligencias de grandes poderes, pueden producir los efectos maravillosos que el hombre califica de milagros. Hecha esta breve explicación, los tres hechos ocurridos en el día de la consagración de Jhasua a la Divinidad, son pequeñas manifestaciones del poder divino adquirido por Espíritus de gran evolución que han llegado a ser señores de sí mismos, señores de los elementos y de todas las especies de corrientes y de fuerzas que vibran eternamente en el universo.

¿Qué finalidad impulsaba a aquellas Superiores Inteligencias a producir

[1] Llámanse así ciertos espíritus de gran adelanto que voluntariamente quedan en esos planos para ayudar en determinadas obras, a las cuales consagraron de tiempo atrás sus actividades.

tales hechos? Fácil es comprobarlo. Fue el llamado divino a las mentes y a las conciencias de los altos dirigentes de la fe, y de la ideología religiosa del pueblo hebreo, cuya educación en la Unidad Divina lo hacía el más apto para colaborar en la obra mesiánica de esa hora. Más ellos, permanecieron ciegos y duros por el excesivo apego al oro, y, en general, a las conveniencias materiales, y dieron lugar a que se cumpliera en ellos lo que Moisés percibió en sus radiantes éxtasis del Monte Horeb, y que la calcó a fuego en el cap. 30 de su Deuteronomio, uno de los pocos párrafos que no ha sido interpolado ni transformado en las muchas traducciones hechas.

En aquel formidable capítulo, Moisés anunció al pueblo hebreo, que sería dispersado por toda la faz de la tierra, perseguido y odiado por todos los hombres, si hacían oídos sordos a la voz de Jehová cuando les llamase para un nuevo pacto.

Obraron justamente como aquel Faraón egipcio Seti I, que aún cuando veía los efectos de las corrientes tremendas de justicia sobre él y su pueblo, por la durísima esclavitud en que habían encadenado a Israel, continuaba empedernido en el mal, diciendo: "Yo, Faraón, con mi corte de Dioses, venceré al Dios de Moisés".

Hay quien dirá que todos los pueblos y todas las razas han delinquido más o menos contra la Divina Ley. Es verdad. Pero el pueblo hebreo, fue quien recibió de Moisés el mandato divino, y fue conducido por el mismo a la fértil región en que había de practicar esa Ley de: ¡amor a Dios sobre todas las cosas y al prójimo como a tí mismo!. . . Y apenas muerto Moisés, y, aún antes de poner los pies en aquella tierra de promisión que manaba leche y miel según la frase bíblica, la Santa Ley fue olvidada y despreciada por un código feroz de venganzas, de degüello, lapidación y exterminio de todo cuanto se oponía a su paso.

Pronto se cumplirán los XX siglos desde Jhasua hasta la actualidad, y el pueblo de Israel dispersado por todo el mundo, maldecido, perseguido y odiado, no ha podido aún tornar como nación a la tierra prometida para su dicha, y que él regó con sangre inocente. Tan solo Israel había escuchado de labios de Moisés el mandato divino: *No matarás. Amarás a Dios sobre todas las cosas y al prójimo como a ti mismo.*

Mas el pueblo hebreo dijo: Jehová es grande y glorioso en los cielos. Pero el oro está sobre la tierra y sin oro no podemos construir tabernáculos y templos de Jehová.

Y hoy, después de XX largos siglos, el oro al que sacrificó su fe y su ley, le ha aplastado, destruído, aniquilado. La espantosa persecución a los hebreos hoy día, no reconoce otra causa que el afán de tiranos ambiciosos, de despojar a Israel de todo oro acumulado por su raza en el correr de los siglos. ¡Cuánto más le habría valido a la nación hebrea, recoger como migajas de pan del cielo, las palabras del Gran Ungido:

"No amontonéis tesoros que el orín consume y los ladrones roban; sino tesoros de Verdad y de Justicia que perduran hasta la Vida Eterna".

Habiendo dejado explicada clara y lógicamente, la parte esotérica de lo ocurrido en la presentación de Jhasua a la Divinidad, continuemos nuestra narración:

A pocos días de lo ocurrido, Simeón de Bethel, el sacerdote esenio que consagró a Jhasua, se presentó en la casa de Lía acompañado de tres Levitas:

José de Arimathea, Nicodemus de Nicópolis y Rubén de Engedí, otro de los del grupo aquel que esperaron al Divino Niño a la salida del Templo y presenciaron la curación de Nicodemus. Allí tuvieron la inmensa satisfacción de encontrar tres de los setenta ancianos del Monte Moab, con uno de los Terapeutas peregrinos del pequeño santuario del Quarantana. Todos ellos vestidos de peregrinos de oscuro ropaje, tal como usaban aquellos en todas sus excursiones al exterior.

En esta hermosa y tierna confraternidad de seres pertenecientes todos a la alianza del Cristo encarnado, se manifestaron naturalmente nuevas y más íntimas alianzas, porque a la claridad radiante del que traía toda Luz a la Tierra, las almas se encontraron sin buscarse, se amaron y se siguieron para toda la vida.

Los tres jóvenes Levitas, José de Arimathea, Nicodemus de Nicópolis y Rubén de Engedí encontraron sus almas compañeras en las tres hijas de Lía. José miró a Susana, la sensitiva, la que meditaba siempre buscando el fondo de todas las cosas, y ella bajó los ojos a su telar en que tejía lino blanco. Pero, aquella mirada de alma a alma hizo descubrirse a entrambos. Y se amaron como necesariamente deben amarse los que desde antes de nacer a la vida física se habían ofrecido en solemne pacto el uno al otro.

Ana, la segunda, se acercó a Nicodemus, el de los ojos profundos, a ofrecerle el lebrillo de agua perfumada para lavarse las manos antes de tomar la refección de la tarde, según la costumbre, y los rostros de ambos se encontraron unidos en el agua cristalina, en el preciso momento en que el Levita iba a sumergir sus dedos en ella.

—¡Lástima romper el encanto de las dos frentes unidas! —exclamó él mirando a los ojos de ella, que toda ruborizada estuvo a punto de soltar el recipiente lleno de agua. Nicodemus lo notó y se lavó de inmediato, aceptando el blanco paño de enjugarse que pendía del hombro de la joven. El tomó el lebrillo y dijo a Ana:

—Decidme si tenéis una planta de mirto para vaciar esta agua en su raíz.

—¿Por qué eso? —preguntó tímidamente la jovencita.

—Porque el mirto hará que se mantenga en nuestra retina el encanto de las frentes unidas en el agua.

Y siguió a Ana, que le llevó a pocos pasos de la puerta que del gran comedor daba al jardín.

Un frondoso mirto, cuyas menudas hojitas parecían susurrar canciones de amor, recibió toda el agua del lebrillo que le arrojó Nicodemus.

—¡Mirto, planta buena, criatura de Dios! —exclamó el joven—. Sea o no verdad que mantienes toda la vida el encanto de las uniones de amor, Ana y yo te regaremos siempre, si cantas para nosotros algunos de tus poemas inmortales. ¿Es cierto, Ana?...

—¡Sí, es cierto!... —contestó ella ruborizada.

Fue toda la declaración de amor recíproco de Ana y Nicodemus, al atardecer de aquel día, junto al mirto frondoso del huerto de Lía. Nicodemus tornó al cenáculo y Ana se metió presurosamente en su alcoba. Se oprimió el corazón que parecía saltarse de su pecho, y murmuró en voz muy queda:

—¡Señor!... ¡Señor!... ¿Por qué fui a enseñarle dónde estaba el mirto?...

Oyó que su madre le llamaba y acudió a ayudar a sus hermanas a disponer la mesa. Observó que Rubén, el más joven de los tres, bebía un vaso de jugo de cerezas que le ofrecía Verónica, después de haberlo ofrecido también a los ancianos y demás familiares.

—¿Cómo te llamas? —le preguntó él.

—Verónica, para serviros —repuso con gracia.

—¡Hermoso nombre! Paréceme que somos los más pequeños de esta reunión, y si me lo permites te ayudaré a servir a los comensales.

—Como gustes; pero, no sé si mi madre lo permitirá —advirtió ella.

—Yo lo permito todo, hija mía, en este día cincuenta del divino Niño de Myriam. ¿Qué queríais? —preguntó gozosa Lía dando los últimos toques a la mesa del festín.

—Pedía yo a Verónica ayudarla a servir a los comensales —dijo Rubén.

—Muy bien, comenzad pues —consintió Lía pasando al interior del aposento.

—Antes, en señal de eterna amistad, bebamos juntos este licor de cerezas. Los persas consagran así sus amistades.

—Aunque nosotros no somos persas. . ., bebamos juntos si te place. —Y la hermosa adolescente mojó apenas sus labios en la copa de Rubén.

—¡Pero, estos jovenzuelos celebran esponsales! —exclamó Myriam entrando en el comedor con su niño en brazos, y, mirando a las tres jóvenes que, sin buscarlo, estaban cerca de los tres Levitas. La sensibilidad de Myriam había sin duda percibido la onda de amor que de su niño surgía, y a su niño tornaba después de producir suavísimas y sutiles vibraciones en las almas preparadas de los tres Levitas y de sus tres elegidas.

Las jovencitas se ruborizaron al oír las palabras de Myriam y los tres muchachos sonreían radiantes de felicidad.

Y el anciano Simeón, tío de Lía, con la sonrisita peculiar de los viejos cuando ven reflejarse en los jóvenes su lejano pasado, decía:

—¡El pícaro amor, es como el ruiseñor que canta escondido!. . . ¿Qué sabemos nosotros si hay en nuestro huerto algún nidal oculto?

—"Elije en la juventud la compañera de toda tu vida y que su amor sea la vid que sombree tu puerta hasta la tercera generación", dice nuestra Ley —recordó con solemnidad uno de los tres ancianos de Moab.

—¿Será, acaso que, sin pretenderlo y sin sospecharlo siquiera, traje yo tres tórtolos que tenían aquí sus compañeras? —preguntó Simeón de Bethel, el sacerdote.

—"Cuando el esposo está cerca, las flores se visten sus ropajes de pétalos, los pajarillos cantan y las almas se encuentran", cantó en sus poemas proféticos nuestro padre Esen. Y he aquí que estando bajo este techo el Ungido del Amor, que es el esposo de todas las almas, ¿qué otra cosa puede suceder, sino que el amor resplandezca como una floración de estrellas bajadas sobre este huerto? —Estas palabras dichas por otro de los ancianos, no fueron casi oídas por los tres Levitas que hablaban por lo bajo con Simeón de Bethel, el cual, puesto de pie en medio de la reunión, dijo a la viuda Lía:

—Estos tres jóvenes Levitas acaban de autorizarme para que pida la mano de tus tres hijas como esposas suyas: Susana para José de Arimathea; Ana para Nicodemus de Nicópolis, y Verónica para Rubén de Engedí.

—Nuestro niño, trae fiesta de amor a todos los corazones —confesó Joseph a Myriam, sentados en una de las cabeceras de la mesa.

—¡Pero, yo no esperaba esta sorpresa! —declaró Lía mirando alternativamente a sus tres hijas—. ¿Sabíais vosotras algo?. . .

—¡No, madre, no! —contestaron las muchachas que parecían tres rosas encarnadas.

—¡El Dios-Niño es responsable de todo! —exclamó el tercer anciano que aún no había hablado—. ¿No sabemos, acaso, que él viene a traer fuego de amor a la tierra? Pues dejad que la llamarada se levante y consuma toda la escoria.

—Bien, bien —añadió Lía— entonces esta sencilla comida es una celebración de esponsales. ¡Que Jehová os bendiga, hijos míos, si hacéis con ésto su santa voluntad.

El mayor de los tres ancianos bendijo el pan y lo partió entre todos. Ocupó con sus dos compañeros la otra cabecera de la mesa, mientras las tres parejas de jóvenes, Lía, su tío y los demás esenios ocupaban los costados laterales.

—¡Somos 15 personas! —exclamó el tío Simeón que los había contado.

—Somos 16, tío —rectificó Myriam poniendo su niñito como una flor de rosa y nácar sobre la mesa.

—¡Cierto. . ., cierto!. . . ¡Bendito! ¡Bendito sea! ¡Que presida la mesa!

Todas estas exclamaciones surgieron al mismo tiempo de todos los labios.

—La presidirá muchas veces cuando nosotros tengamos hebras de plata en nuestras cabezas —vaticinó Susana con su mirada perdida como en un lejano horizonte.

—Sigue, niña, diciendo lo que ves —díjole el mayor de los ancianos de Moab, que estaba dándose cuenta del estado espiritual de la joven.

—Veo a un gran Profeta que preside una comida de bodas donde Myriam está a su lado. Le veo en el lujoso cenáculo de un ilustre personaje, y que una desconsolada mujer rubia, unge los pies del Profeta con finas esencias y los seca con sus cabellos.

"Le veo, presidiendo una cena a la luz de una lámpara de trece cirios, después de la cual, el profeta lava y seca los pies de sus discípulos. Yo sé que ésta es cena de despedida, porque él va a. . . partir a un viaje que no tiene regreso.

—¡No, no! ¡Eso no! —exclamó como en un grito de angustia Myriam, levantando su niño y guardándolo bajo su manto.

—¡Basta ya, niña, de las visiones! Jehová te bendiga; y tú, Myriam, nada temas, que tu hijo envuelto en la voluntad Divina, como en una fuerte coraza, nada le sucederá sino lo que él mismo quiera para sí. Es señor de todo cuanto existe sobre la tierra y todo obedecerá a su mandato. Y justamente allí estará el mérito de su victoria final. —Estas palabras las pronunció el más anciano de los tres esenios de Moab.

Simeón de Bethel y los otros esenios habían tomado anotaciones de las clarividencias de Susana.

Y comenzó la comida entre las tiernas emociones de unos esponsales inesperados, y de la brumosa perspectiva de un futuro lejano lleno de promesas de gloria y de tristes incertidumbres.

Cuando terminaba ya la cena, dijo el mayor de los ancianos:

—Sabemos que por los caminos del oriente avanzan lentamente tres viajeros ilustres por su sabiduría y por sus obras, que vienen mandados por tres Fraternidades ocultas como la nuestra, para rendir homenaje al Hombre-Dios, cuyo advenimiento les anunciaron los astros. Llegarán de aquí a tres lunas, por lo cual, conviene que Joseph y Myriam tornen a Betlehem antes de ese tiempo, para que su llegada no promueva alarmas en Jerusalén.

—Hay quien vigila en los cielos y en la tierra, mas bueno es obrar con prudencia y cautela.

—Bendecid, Gran Servidor, —pidió Lía— el amor de estos hijos si es voluntad de Jehová que sean unidos.

Entonces, todos se pusieron de pie, y las tres parejas con las manos juntas y las frentes inclinadas sobre la mesa, recibieron y escucharon la bendición acostumbrada por Moisés:

—Sed benditos en nombre de Jehová en los frutos de vuestro amor, en los frutos de vuestra tierra, en los frutos de vuestros ganados, en las aguas que fecunden vuestras simientes, en el sol que les de energía y en el aire que lleva su polen a todos vuestros dominios; como pan, miel, aceite y vino, sea todo para vosotros, si cumplís la voluntad del Altísimo.

— ¡Así sea! —contestaron todos.

Los tres Levitas besaron las frentes de sus elegidas, y sirvieron de una misma ánfora el vino nupcial a todos los que habían presenciado la ceremonia.

—Que beba también el niño de nuestro vino —añadió Nicodemus cuando Myriam bebía. Ella, entonces, mojó sus dedos en el rojo licor y los puso en la rosada boquita del niño dormido.

Así terminó aquella inesperada fiesta de esponsales que, fue en verdad, una tierna comunión de almas enlazadas desde siglos por fuertes vínculos espirituales.

Era una antigua costumbre que, por lo menos, pasaran siete lunas en el servicio del templo las doncellas que eran prometidas para esposas de los Levitas; éstos pidieron a Lía que internara sus hijas por ese tiempo.

A la madre le apenaba apartarse así de sus tres hijas a la vez, y por tanto tiempo, en vista de lo cual, los sacerdotes esenios pensaron que había una excepción acordada también por la costumbre y la tradición.

Consistía en que las siete lunas podían reducirse a tres, cuando la doncellas novias, habían estado consagradas dentro del hogar paterno a servir también al Templo, en el tejido del lino y de la púrpura, en los recamados de oro y pedrería para los ornamentos del culto. Y éste caso era el de las hijas de Lía, cuyo hogar, a la sombra del tío anciano, era uno de los más respetables hogares de Jerusalén, dentro de su modesta y mediana posición.

Y así, acordaron que cada una de las tres se internara por turnos, para no dejar sola a la madre.

Joseph y Myriam tornaron pocos días después a la casa de Elcana en Betlehem, para esperar allí la llegada de los tres personajes que ya venían del lejano oriente, según el aviso de los ancianos de Moab, y también para esperar a que el niño y la madre se encontrasen en estado de viajar hacia la provincia de Galilea. Apremiado por las necesidades relativas a su taller de carpintería, y de los hijos de su primera esposa, Joseph realizó un viaje solo a Nazareth, dejando a Myriam y al niño recomendados a sus parientes Sara y Elcana.

Además, los amigos Alfeo, Josías y Eleazar eran diarios visitantes al dichoso hogar, que por cerca de un año albergó bajo su techo al Hombre-Dios en su primera infancia.

Estas humildes familias de pastores y de artesanos, fueron testigos oculares de las grandes manifestaciones espirituales que se desbordaban sobre el plano físico en torno al niño mientras dormía, y que cesaban cuando él estaba despierto.

¿Qué fenómeno era éste? Un día lo presenciaron también dos peregrinos terapeutas que bajaron del Monte Quarantana, y ellos les dieron la explicación.

El sublime espíritu de Luz encerrado en el vaso de barro de su materia, se lanzaba al espacio infinito, así que el sueño físico cerraba sus ojos, y para retenerlo en la propia atmósfera terrestre, las cinco Inteligencias Superiores que le apadrinaban, formaban un verdadero oleaje de luz, de amor, de paz infinita en la casita de Elcana y sus inmediaciones, emitiendo rayos benéficos de armonía, de dulzura, de benevolencia hasta las más apartadas regiones del país, lo cual produjo una verdadera época de bendición, de abundancia y de prosperidad en todas partes.

Las gentes ignorantes de lo que ocurría, por más que estuvieran desbordantes de conocimientos humanos, lo atribuían todo a causas también humanas. Los gobernadores se alababan a sí mismos por la buena administración de los tesoros públicos; los mercaderes al tino y habilidad con que manejaban el comercio; los ganaderos y labradores, a su laboriosidad y acierto en la realización de todos sus trabajos. Sólo los Esenios, silenciosos e infatigables obreros del pensamiento y estudiantes de la Divina Sabiduría, estaban en el secreto de la causa de todo aquel florecimiento de bienestar y prosperidad sobre el país de Israel.

Y cual si una poderosa ráfaga de vitalidad y de energía pasara como una ala benéfica rozando el país de los profetas,eran mucho menos los apestados, las enfermedades tan livianas y ligeras se curaban fácilmente; muchos fascinerosos y gentes de mal vivir que se ocultaban en los parajes agrestes de las montañas, se habían llamado a sosiego, debido a que un capitán de bandidos, de nombre Dimas, se había encontrado con Joseph, Myriam y el niño, cuando regresaban a Betlehem.

El hombre había quedado mal herido a un lado del camino y se había arrastrado hasta un matorral por temor de ser apresado. Mas cuando vio el aspecto tan inofensivo de los tres personajes, pidió socorro, pues perdía mucha sangre y se abrasaba de sed. Tenía una herida de jabalina en el hombro izquierdo.

Myriam iba a dejar su niño sobre el musgo del camino para ayudar a Joseph a vendar al herido, mas él les dijo:

—Soy un mal hombre que he quitado la vida a muchas personas; pero os prometo por vuestro niño que no mataré a nadie jamás. Dádmelo que yo lo tendré sobre mis rodillas hasta que me curéis.

Myriam, sin temor ninguno, dejó su niño dormido sobre las rodillas del bandido herido. Mientras preparaban vendas e hilas de un pañal del niño, vieron que aquel hombre se doblaba a besar sus manecitas, mientras gruesas lágrimas corrían por su rostro hermoso pero curtido de vivir siempre a la intemperie. Como sintiera gran dolor en la herida, levantó al niño hasta la altura de su cuello y su cabecita fue a rozar su hombro herido.

Lo hizo, sin duda, inconscientemente; pero, apenas hecho, gritó con fuerza:

—No me duele ya más; el niño me ha curado; debe ser algún dios en destierro o vosotros sois magos de la Persia.

—Buen hombre —díjole Joseph—, si nuestro niño te ha curado, será por la promesa que has hecho de no matar a nadie. Déjanos, pues, vendarte y que sigamos nuestro viaje.

El asombro de ellos fue grande cuando al abrir las ropas de Dimas, vieron que la herida estaba cerrada y sólo aparecía una línea más rojiza que el resto de la piel.

Joseph y Myriam se miraron. Después miraron a Dimas que, de rodillas con el niño en brazos, lo besaba y lloraba a grandes sollozos.

—¿Qué Dios benéfico eres, que así te apiadas de un miserable? —le preguntaba al niño que continuaba sumergido en el más dulce sueño, mientras las fuerzas y corrientes emanadas de su propio espíritu desprendido de la materia obraba poderosamente sobre el alma y el cuerpo de aquel hombre. Por fin lo entregó a su madre, y levantándose se empeñó en acompañarles hasta Betlehem, después que ellos le dieron palabra de no denunciarle a la justicia.

—Si Dios ha tenido piedad de ti, nosotros que somos servidores suyos, no haremos lo contrario.

Dimas tomó la brida del asno donde iba montada Myriam y el niño, y le fue tirando del cabestro hasta llegar a la ciudad.

Ya casi anochecía y Joseph dijo a Dimas:

—No es justo que te vayas sin comer. Entra con nosotros a esta casa de nuestros parientes donde nada tienes que temer.

—Dadme más bien pan y queso, y yo seguiré a los montes de Bethura, donde me esperan mis hombres.

Joseph y Elcana entregaron a Dimas un pequeño saco lleno de provisiones y le dejaron partir. Aquel hombre no tenía más que 19 años y representaba 30, su bronceada fisonomía casi cubierta por una espesa barba y desgreñados cabellos.

Un poderoso señor de la ciudad de Joppe había asesinado a su padre y su madre, para robar a su hermana, a la cual había precipitado en la deshonra y en la mayor miseria en que puede hundirse una mujer en su florida juventud. Tal hecho había empujado a Dimas al abismo de abandono y de crimen en que se hallaba sumido.

Elcana y Joseph tuvieron la solicitud de sacar al huésped sus ropas manchadas de sangre, y le dieron una casaca, morral y calzas de las usadas comúnmente por los pastores. Y a esta circunstancia se debió que no le reconocieron los pesquisantes, que desde Rama le venían siguiendo.

Aunque aquel joven cumplió su palabra sobre el Santo Niño, de no matar a nadie jamás, pasó el resto de su vida prófugo por los montes más áridos y escabrosos, porque al frente de una docena de hombres había quitado los bienes y la vida, a casi todos los miembros de la familia de aquel poderoso señor causante de su desgracia.

Un hecho en la vida de un hombre, marca rutas a veces para todo el resto de sus días, por largos y numerosos que sean.

Joseph y Myriam alrededor del fuego hogareño de Elcana, referían con minuciosos detalles, cuanto les había ocurrido en la Ciudad de los Reyes y de los Profetas.

En la casita humilde del tejedor, donde se reunían a diario los tres esenios que conocemos, comenzó a elaborarse la dorada filigrana de la vida extraordinaria del Hombre-Dios, desde sus primeros pasos por el plano físico terrestre.

Si la inconsciencia y los antagonismos no hubiesen desperdiciado aquel hermoso conjunto de recuerdos y de tradiciones, y los biógrafos del Ungido, hubiesen tenido el acierto de espigar en ese campo, ¡qué historia más completa y acabada habría tenido la humanidad del pasaje terrestre de Jhasua, el Cristo Salvador de los Hombres!

Los Terapeutas peregrinos que pasaban por allí todas las semanas, eran quienes recogían en sus carpetitas de tela encerada, cuantos sucesos de orden espiritual les referían los que observaban de cerca al niño que era Verbo de Dios.

DESDE EL LEJANO ORIENTE

Mientras tanto el himeneo grandioso de Júpiter y Saturno, al que poco después se unía Marte, había puesto en actividad las mentes iluminadas de Divino Conocimiento de los hombres que en este pequeño planeta sembrado de egoísmos y odios, habían sido capaces de mantenerse a la vera de las cristalinas corrientes, donde se reflejan los cielos infinitos, y se bebe de las aguas que apagan toda sed.

En la antigua Alejandría de los valles del Nilo, existía aún como una remembranza lejana de los Kobdas prehistóricos, una escuela filosófica a pocas brazas de donde se había levantado un día el santuario venerado de Neghadá. Esta escuela, había sido fundada siglos atrás por tres fugitivos hebreos, que encontrándose atacados de una larga fiebre que los llevó a las puertas de la muerte, no quisieron ni pudieron seguir el éxodo del pueblo de Israel cuando abandonó el Egipto. Y para que no muriesen entre los paganos, por misericordia, habían sido conducidos a las ruinas inmensas que existían ya casi cubiertas por el limo y hojarascas arrastradas por las aguas del gran río, a la orilla misma del mar. Eran las milenarias ruinas del Santuario Kobda de Neghadá, de cuya memoria no quedaba ya ni el más ligero rastro entre los habitantes de los valles del Nilo.

De dichas ruinas, se utilizaron muchos siglos después, bloques de piedra y basamentos de columnas para las grandes construcciones faraónicas, y aún para edificar la antigua Alejandría, en uno de cuyos mejores edificios estilo griego, después de la muerte de Alejandro, se instaló un suntuoso pabellón, Museo y Biblioteca, Panteón sepulcral, y a la vez templo de las ciencias, donde podía contemplarse en los primeros siglos de nuestra era, en una urna de cristal y plata, el cadáver de un hombre momificado que llenó el mundo civilizado con sus gloriosas hazañas de conquistador: Alejandro Magno.

Nadie sabía qué ruinas eran aquellas, en torno de las cuales se tejían y destejían innumerables leyendas fantásticas, trágicas y horripilantes. Sólo las lechuzas, los búhos y los murciélagos, se disputaban los negros huecos cargados de sombras y de ecos de aquellas pavorosas ruinas. Algunos malhechores escapados a la justicia humana se mezclaban también a las aves de rapiña, que graznaban entre las arcadas derruídas, y donde de tanto en tanto, nuevos derrumbamientos producían ruidos espantosos como de truenos lejanos, o montañas que se precipitan a un abismo.

Los piadosos conductores de los tres hebreos enfermos, creyéndoles ya en estado agónico, y llevándoles una delantera de tres días la muchedumbre israelita que se alejaba, los dejaron en sus camillas, en una especie de cripta sepulcral que encontraron al pie de aquellas pavorosas ruinas. Más muertos que vivos estaban en aquel lugar. Mas no obstante dejáronles al lado, tres cantarillos de vino con miel y una cesta de pan, por si alguno de ellos amanecía vivo al día siguiente.

Y allí agonizantes y exhaustos, en la vieja cripta del antiguo Santuario de Neghadá, orgullo y gloria de la prehistoria de los valles del Nilo, volvieron a la vida los tres abandonados moribundos, a quienes tal circunstancia unía en una alianza tan estrecha y fuerte, que no pudo romperse jamás; Zabai, Nathan y Azur, fueron los que sin pretenderlo fundaron la célebre escuela filosófica de Alejandría, de la cual un solo individuo obtuvo los honores de la celebridad como filósofo de alto vuelo, contemporáneo de Jhasua: Filón de Alejandría.

Los tres moribundos vueltos a la vida eran de oficio grabadores en piedra, en madera y en metales, y por tanto conocían bastante la escritura jeroglífica de los egipcios y la propia lengua hebrea en todas sus derivaciones y sus variantes. Comenzaron pues, por abrir un pequeño taller en los suburbios de la ciudad del Faraón, disfrazados de obreros persas, para no ser reconocidos como hebreos y sufrir las represalias de los egipcios. Y como continuaron ellos visitando la cripta funeraria en que volvieron a la vida, fueron haciendo hallazgos de gran importancia.

Copiaban las hermosas inscripciones de las losas sepulcrales y en algunas que estaban derruídas, encontraron rollos de papiros con bellísimas leyendas, himnos inspirados de poesía y de sublime grandeza y emotividad. Encerrados en tubos de cobre, entre los blancos huesos de los sacrófagos, o entre momias que parecían cuerpos de piedra, encontraron un manuscrito en jeroglíficos antiquísimos y que al descifrarlo, comprendieron que era la ley observada sin duda por una fraternidad o escuela de sabios solitarios que se llamaron *Kobdas*.

Tales fueron los orígenes humildes y desconocidos de la Escuela filosófica de Alejandría, que adquirió gloria y fama en los siglos inmediatos, anteriores y posteriores al advenimiento de Jhasua, el Cristo Salvador de la humanidad terrestre.

¡Qué de veces el joven y audaz conquistador Alejandro, se solazó con los solitarios mosaístas, que por gratitud a Moisés que salvó de la opresión a sus compatriotas, tomaron su nombre como escudo y como símbolo y se llamaron Siervos de Moisés! La escuela se formó primeramente de aprendices del grabado, y poco a poco fue elevándose a estudios filosóficos, astronómicos y morales.

Dos años antes del nacimiento de Jhasua, Filón de Alejandría que era un joven de 25 años, fue enviado con otros dos compañeros a Jerusalén a buscar de ponerse en contacto con la antigua Fraternidad Esenia, que aunque oculta en la Palestina estaba conocida hasta en lejanos países por los mismos viajeros y mercaderes, por los perseguidos y prófugos que siempre hallaron en ella amparo y hospitalidad. Desde entonces, la escuela de Alejandría fue considerada como una prolongación en el Egipto de los Esenios de la Palestina.

Fue así, que de la Escuela de Divina Sabiduría de Melchor, en las montañas de Parán, en las orillas del Mar Rojo, partió un mensajero hacia Alejandría a escudriñar los conocimientos de los Siervos de Moisés, referentes al advenimiento del Avatar Divino anunciado por los astros. El mensajero tardó tres lunas y volvió acompañado de uno de los solitarios de Alejandría, para emprender juntos el gran viaje hacia la dorada Jerusalén en busca del Bienvenido.

Mientras esta demora, Gaspar y Baltasar que venían de la Persia y del Indo, se encontraron sin buscarse en el mismo paraje, donde Melchor esperaba la caravana para continuar más acompañado este largo viaje; en Sela, a la falda del Monte Hor.

Las grandes tiendas de los mercaderes, donde se reunían extranjeros de todos los países, fueron escenarios propicios para el encuentro feliz de aquéllos, que sin conocerse y sin haberse puesto de acuerdo, se encontraban de viaje hacia un mismo punto final: Jerusalén de los Reyes y de los Profetas.

¿Cómo se descubrieron unos a los otros? Veámoslo.

Cada cual en su propia tienda estaba absorbido por la causa única del largo viaje realizado. A ninguno de ellos le interesaron las tiendas de los mercaderes, donde exhibían riquezas incalculables. Deseando soledad y silencio para interpretar más claramente los anuncios proféticos de sus respectivos augures y libros sagrados, en un mediodía de feria en que toda la ciudad era un bullicioso mercado, Gaspar, Melchor y Baltasar se dirigieron separadamente hacia un cerro del vecino monte Hor, con sus cartapacios y rollos de papiros y buscó cada cual el sitio que le pareció indicado para su trabajo. Encontraron extraña la coincidencia y movidos por un interno impulso se acercaron.

Después de algunos ensayos para entenderse, lo lograron por medio del idioma sirio-caldeo, que era el más extendido entre las razas semitas. Y cada cual explicó las profecías y anuncios de sus clarividentes e inspirados, los fundamentos de sus respectivas filosofías, los ideales de perfección humana con que soñaban, en fin todo cuanto puede descubrir de su Yo un hombre a otro hombre. Acabaron por comprender que las filosofías de Krishna, de Buda y de Moisés, en el fondo, eran una misma o sea el buscar el acercamiento a la Divinidad y el buscar la perfección de todos los hombres, por el amor y el sacrificio de los más adelantados hacia los más débiles y retardados.

Llegados a este punto, los tres se preguntaron al mismo tiempo:

—¿Hacia dónde vais?

Y los tres contestaron: —Al país de los hebreos, porque los astros lo han señalado como la tierra designada para recibir al Avatar Divino, que viene de nuevo y por última vez hacia los hombres.

—En Jerusalén —observó Gaspar— debe estar el pueblo enloquecido de gozo por tan grandioso acontecimiento.

—Si es que lo sabe —añadió Baltasar— pues nosotros tenemos una antiquísima tradición oculta que dice: "Nadie vio jamás dónde guarda el águila su nido. Y el que descubre el nido del águila podrá mirar al sol sin lastimar sus ojos". Lo cual quiere decir que son muy pocos los que descubren al Hijo de Dios encarnado entre los hombres, y que los que llegan a descubrirle, pueden ver el sol de la verdad sin escandalizarse de ella.

—Creo poder aseguraros —dijo Melchor— que no es del conocimiento del pueblo el glorioso acontecimiento, porque estoy vinculado a una Escuela filosófica de los valles del Nilo que se halla a su vez en comunicación con la Fraternidad Esenia de Palestina que remonta sus orígenes a Moisés.

"El pueblo hebreo espera un Mesías Rey, libertador del yugo romano que tan feroces luchas ha promovido entre los hijos de Abraham.

"Pero los estudiantes de la Divina Sabiduría, estamos todos de acuerdo en que el Hijo de Dios, no viene a libertar a un pueblo de una dominación extranjera, sino a salvar al género humano del aniquilamiento que se ha conquistado con sus extravíos e iniquidades.

"¿No es ésta la gran verdad secreta?"

—Sí, es ésta —contestaron los otros al mismo tiempo—. Y sabemos que viene arrastrando en pos de sí una oleada inmensa de inteligencias adelantadas, que bajo los auspicios de los grandes Jerarcas de los cielos superiores, inunden de tanto amor a la Tierra, como de odio le inundaron las hordas de las tinieblas.

A través de estas conversaciones al pie de un cerro del Monte Hor, llegaron a entenderse de tal manera, que desde aquel entonces se estableció una fuerte hermandad entre ellos y sus respectivas Escuelas de conocimientos ocultos. Dos días después, se encaminaron los tres con sus acompañantes hacia Jerusalén por el trillado camino de las caravanas, en busca del Bienvenido.

Hasta Bozra y Thopel, primeras etapas de su larga jornada, viajaron en dromedarios y camellos, pero al llegar al montañoso país de Moab, se vieron obligados a dejar sus grandes bestias por los pequeños mulos y asnos amaestrados para los peñascales llenos de precipicios.

Fue éste un largo viaje de estudio y de meditación, en que los tres sabios se transmitieron los conocimientos de sus escuelas ampliando los propios.

El culto del fuego de los persas, remontaba a los Flámenes prehistóricos, que con el fuego encendido perennemente sobre el ara sagrada, representaban en símbolo el alma humana viviendo siempre como una eterna aspiración al Infinito. Y su nombre mismo Flámen era una variante de *Llama*, lo cual les hacía decir, cuando eran interrogados sobre sus ideales y forma de vida: somos llamas que arden sin consumirse.

Aquellos Flámenes Lemures, predispusieron el sur del Indostán para el advenimiento de Krishna, juntamente con los Kobdas del Nilo, emigrados por el Golfo Pérsico a Bombay.

Definidos estaban pues, para nuestros viajeros, los remotos orígenes de la filosofía persa y la indostánica.

Faltaba encontrar la hilación que llevara al descubrimiento de la filosofía del país de Arabia de donde era originario Melchor. Este desenrolló un antiquísimo y amarillento papiro y leyó:

—"En una edad muy remota, en las montañas de Parán de la Arabia Pétrea, hubo una floreciente civilización gemela de la que floreció en los valles del Nilo, pues emanaban ambas de la Sabiduría de los Kobdas, la más grandiosa Institución benéfica que hizo florecer tres continentes. Y en los montes Horeb y Sinaí, que en la prehistoria se llamaron Monte de Oro y Peñón de Sindi, habían quedado ocultos como águilas en los huecos de las peñas los Kobdas perseguidos por los conquistadores del alto y bajo Egipto. Moisés que en su juventud tuvo que huir, acusado falsamente de un asesinato, estuvo en el país de Madiam, al cual pertenecen dichas montañas, y la Divina Ley le puso en contacto con los solitarios del Sinaí y del Horeb, y fue allí, donde formó la liberación del pueblo hebreo que sirviera de raíz y cimiento a la eterna y grandiosa verdad: la Unidad Divina. En aquellos montes recibió Moisés por divina iluminación, la Gran Ley que marcó rutas nuevas a la humanidad terrestre.

"De la enseñanza oculta de estos solitarios, hemos nutrido nuestra vida espiritual durante siglos y siglos. Quien encuentre este papiro y los demás que le acompañan, sepa que está obligado por la Ley Divina a abrir una es-

cuela para difundir la sagrada enseñanza que da paz y dicha a los hombres".
Firmado: Diza Abad - Marvan - Elimo Abad''.

"Este es —dijo Melchor— el origen de nuestra actual Escuela en los Montes de Parán. Y la obligación de abrirla me tocó en suerte, porque en un cruel momento de desesperación busqué un precipicio para arrojarme desde lo más alto de los cerros, y sintiendo un quejido lastimero en el fondo de una gruta, me interné en ella pensando si era posible que hubiera un ser más desventurado que yo. Encontré un pobre anciano atacado de fiebre y ya imposibilitado de levantarse a buscar agua para beber. Sus gemidos eran de la sed que lo abrasaba. Por socorrerlo me olvidé un tanto de mis crueles dolores.

"Vivió aún tres días por los cuidados que le dispensé. Era el último sobreviviente de los solitarios aquellos.

"Me dijo que por mandato de genios tutelares tomó el nombre de **Marvan** y me señaló el sitio donde fueron sepultados todos los solitarios que antes que él fueron muriendo, y el hueco de su caverna donde se hallaban estos documentos en un cofre de encina.

"Ya lo sabéis todo amigos míos del largo viaje. ¿Qué decís a todo esto?

—Que los orígenes de todas las enseñanzas de orden superior son comunes y provienen de una misma fuente —aseveró Baltasar.

—Y que esta fuente, es el Verbo Divino en sus distintas encarnaciones Mesiánicas en nuestro planeta —añadió Gaspar.

—¡Justamente! Estamos en un perfecto acuerdo —prosiguió Melchor—. Y en mi tierra los acuerdos se celebran bebiendo los amigos de la misma copa y partiéndose el mismo pan.

Y como este acuerdo se realizó en la tienda de Melchor, el príncipe moreno, él sirvió a sus amigos y dándose un estrecho abrazo que les unió para muchas vidas, se separaron ya muy entrada la noche para seguir viaje al día siguiente. Esto ocurrió en los suburbios de Thopel, donde dejaron dromedarios y camellos en una hospedería que se encargaba de ellos.

Hasta allí les habían servido los guías de las caravanas; pero para atravesar las escabrosas montañas de Moab tomaron guías prácticos, que eran a la vez dueños de los asnos y mulos, con los que juntamente se contrataban para la peligrosa travesía.

Empezaron a trepar por el senderillo tortuoso labrado en la roca viva, que subía serpenteando ora hacia la derecha, ora hacia la izquierda, a veces en espiral más o menos cerrada.

No obstante, veían claramente que aquel sendero estaba cuidadosamente vigilado en seguridad de los viajeros. De tanto en tanto habían plantado en los intersticios de las peñas, una fuerte vara de madera con una tablilla escrita en la parte superior con útiles indicaciones tales como éstas: "Agua en el recodo de la izquierda". "Detrás de este peñón hay una caverna para pernoctar'. "Sendero peligroso. Llevad luz encendida desde el anochecer". Y todo el camino fueron encontrando advertencias que les disminuían las dificultades.

—¿Quién se ocupa con tanta solicitud de los viajeros? —preguntó Gaspar extrañado de lo que veía.

—Se dice —contestó uno de los guías— que hay en los antros de estas montañas, genios benéficos o almas en pena que purgan sus pecados haciendo bien a los viajeros. Y hay una leyenda que dice, que cuando el Gran Moisés anduvo por estos mismos caminos conduciendo al pueblo de Israel, los que por infidelidades a la Ley, murieron en el camino, recibieron del Profeta el mandato de vigilar este sendero hasta su vuelta a la Tierra.

Los tres sabios, iniciados como estaban en las grandes verdades ocultas se miraron con inteligencia, mientras esperaban su turno de beber del agua fresca del manantial que la tablilla les había anunciado.

La leyenda del guía de la caravana tenía un oculto fondo de verdad, pues eran en realidad almas que purgaban culpas las que se encargaban de cuidar de los caminos. Era una especie de cofradía dependiente de los Esenios de Moab, la cual estaba formada por los bandoleros arrepentidos, a quienes los esenios salvaban de la horca a cambio de que emprendieran una vida mejor en ocultas cavernas preparadas de antemano, donde les retenían por cierto tiempo hasta que sin peligro para ellos mismos pudieran incorporarse a las sociedades humanas en los centros poblados de la comarca. Les llamaban *Penitentes*, y cada dos lunas bajaban dos de los setenta del Gran Santuario del Monte Abarin, a visitar a los penitentes y proveer a su consuelo y necesidades.

Para ellos no había otra ley que ésta, grabada en las cavernas que los cubrían:

"No hagas a tu prójimo lo que no quieras que se haga contigo. Y Dios velará por ti".

En las cavernas indicadas por las tablillas escritas, encontraron mullidos lechos de heno seco, grandes cantidades de leña para la hoguera, sacos de bellotas y de castañas.

Pero no encontraron ningún ser humano que les dijera: Yo soy el autor de estas solicitudes.

Y así llegaron a Kir, Aroer, Dibon, Atharat y Beht-peor, donde se hallaba la colonia escuela de los huérfanos leprosos y tísicos, que los esenios se encargaban de cuidar por medio de sus terapeutas del exterior.

La población de Beth-peor, se había hecho antipática a los viajeros en general, debido al pánico con que eran miradas por todos, aquellas enfermedades de las que ninguno curaba.

Pero nuestros viajeros miraban desde otro punto de vista los grandes dolores humanos, y quisieron plantar sus tiendas justamente en la plazoleta sombreada de árboles que quedaba frente a la colonia. Los terapeutas que se encontraban en ellos salieron a ofrecer atenciones y servicios a los viajeros.

—Si queréis ahorraros —les dijo el esenio— de plantar vuestras tiendas por un día o dos, venid a nuestra sala-hospedería donde hay comodidad para todos vosotros. Nuestros enfermitos están recluídos en pabellones alejados de la puerta de entrada.

Tan bondadosa y amable invitación no podía dejar de ser aceptada, y los viajeros penetraron a la gran sala-hospedería que daba al pórtico exterior.

El aliento de Moisés parecía vibrar en todos los tonos apenas se penetraba allí. En el muro principal frente a la entrada, se veía un facsímil de las Tablas de la Ley, grabados en piedra los diez mandatos. En otro muro estaba grabada la célebre *Bendición de Moisés* para los fieles observadores de la Ley, y sentencias o pensamientos suyos, aparecían en pequeñas planchitas de madera en todos los sitios en que era oportuno como un severo ornato de aquella sala. Al centro, una gran mesa rodeada de rústicos bancos y alrededor de todos los muros, un ancho estrado de piedra cubierta de esteras de fibra vegetal, de pieles y mantas, indicando que servían de lechos a los huéspedes.

—Sois aquí los dueños de todo cuanto hay —díjoles el esenio que les invitó, al mismo tiempo que entraba otro esenio seguido de dos jovenzuelos conduciendo cestas con manjares y frutas que iban colocando sobre la gran mesa central.

Permanecieron allí dos noches y dos días, pero las gentes de la colonia eran tan discretas y silenciosas, que los viajeros no tuvieron oportunidad de entablar conversación alguna sobre lo que a ellos les preocupaba. ¿Sabían o se ignoraba allí el gran acontecimiento que a ellos les empujaba imperiosamente desde tan largas distancias?

—Acaso —suponían los viajeros— a la otra ribera del Jordán encontraremos el entusiasmo que aquí no se percibe por ninguna parte.

Uno de los terapeutas sintió la apremiante interrogación que irradiaban sin hablar los viajeros, y acercándose a ellos que ya iniciaban la despedida, les dijo.

—¿No es indiscreción preguntar a qué parte de la Palestina os encamináis?

—A Jerusalén —contestaron de inmediato—. Debe haber allí grande regocijo.

—Hace cinco días que llegué de esa ciudad y no he notado absolutamente nada de lo que decís —contestó el esenio.

—Pero ¿es posible? En la ciudad de los Reyes sabios y de los más grandes Profetas ¿se desconoce el anuncio de los astros? ¿Acaso Júpiter y Saturno nada han dicho a la ciudad de Jerusalén?

—No hay ciego más ciego, que el que cierra sus ojos para no ver —contestó el esenio—. La Jerusalén de hoy no puede escuchar las voces de sus Profetas, porque el ruido del oro que corre como un río desbordado por los pórticos del Templo, ha apagado todo otro sonido que no sea el del precioso metal.

—¿Y los astrólogos?... ¿Y los cabalistas?... ¿Y los discípulos de los Profetas callan también? —preguntó otro de los viajeros.

—Los discípulos de los Profetas viven en las cavernas de los montes para proteger sus vidas, y callan para no entorpecer los designios divinos.

—Yo vengo de una escuela indostánica vecina del Indo y éste compañero, de las montañas de Persia, y este otro de la Arabia Pétrea, al cual acompaña un iniciado de la Sabiduría en la Escuela de Alejandría, y todos venimos por el aviso de Júpiter y Saturno. Vos, lo sabéis también, porque vuestras palabras han dejado traslucir la luz que os alumbra.

—Decidnos en nombre del Altísimo: ¿Ha nacido ya el que los astros anunciaron? —insistió Baltasar.

—Sí, ha nacido ya. Lo he visto y lo he tenido en mis brazos —contestó el esenio.

Ante estas palabras los viajeros cayeron de rodillas y besaron el pavimento.

—Adoremos la tierra que él pisa —dijeron derramando lágrimas de interna emoción—. Decidnos dónde está.

—Yo lo ví en Jerusalén, pues el gran acontecimiento me sorprendió en Bethania, a donde fui a recoger niños leprosos y tísicos que sus familiares habían abandonado.

"Nació en Betlehem de Judea, pero fue llevado por sus padres a Jerusalén para la presentación al Templo, pues es primogénito de un varón de familia sacerdotal y de madre que sirvió al Templo, mas no sé, si a vuestra llegada estará aún en la gran ciudad.

"Llegáos al Templo a hacer ofrendas de pan, incienso, mirras y ramas de olivo, y pedid por Simeón, Esdras y Eleazar sacerdotes del altar de los perfumes, y decidle a cualquiera de los tres estas solas palabras: "Que estas ofrendas sean agradables al Salvador del mundo y que nos muestre su rostro".

"Son las palabras de señal para que seáis reconocidos como amadores del Bienvenido."

Ya comprenderá el lector la formidable ola de entusiasmo y energía que se levantó en el alma de los viajeros. Habían estado a punto de partir sin una noticia, a no ser por la fuerza telepática que hizo sentir al esenio la vibración anhelante de los viajeros, que deseaban interrogar sobre el gran acontecimiento.

Un estrecho abrazo selló la amistad de los viajeros con el esenio, el cual añadió al despedirse:

—Cualquiera de los tres nombres que os he dado, os servirá de indicador para todo cuanto debéis hacer. ¡Y silencio! porque en Jerusalén, el silencio es como el vellocino de lana que embota todas las flechas y anula al odio y a la muerte. ¿Comprendéis?

—Lo comprendemos —dijeron, y dando al esenio un bolsillo de monedas de oro para el mantenimiento de los huérfanos enfermos, partieron antes del mediodía.

Las dos últimas jornadas antes de Jerusalén eran Baal y Beth-jesimont. Después, los valles y los bosques frondosos de la ribera del Jordán, que era como la muralla encantada de esmeraldas y zafiros, que les ocultaba la vista de la dorada ciudad de David y Salomón.

Dejemos unos momentos a nuestros viajeros para observar otro escenario diferente, donde actúan personajes que son el reverso de la moneda, el polo opuesto de los que hasta hoy hemos encontrado: Herodes el Grande y su inseparable Rabsaces, mago caldeo, al que él llamaba su médico de cabecera; y el cual se prestaba dócilmente a satisfacer todos los caprichos de su regio amo, así fuera a costa de los más espantosos crímenes. Y todo ello silencioso y discretamente, en forma que las gentes incautas siguieran creyendo que, a pesar de los impuestos y tributos excesivos y de sus escandalosas orgías, aquel reyezuelo de Judea merecía en parte su sobrenombre de Grande, siquiera fuera por el esmero que ponía en dotar al país, de populosas ciudades de estilo romano.

Escuchemos la conversación del Rey con su médico favorito, a poco de haber ocurrido la conjunción de Júpiter y Saturno.

—Señor, vuestro consejo de astrólogos asirios y caldeos han visto en los cielos un peligro para vuestro trono y vuestra dinastía.

—¿Qué hay, Rabsaces?. . . ¿Vienes con otro fantasma de humo según costumbre? —contestóle Herodes.

—No, señor; los astros anuncian el nacimiento en Judea de un extraordinario ser, de un super-hombre que cambiará el rumbo de la humanidad.

"Y si nace aquí, señor. . . ¡no será seguramente para vivir oculto tras de una puerta!. . .

—¿Si no que buscará un trono, quieres decir?

—Vos lo decís, señor. . .

—Y bien; puesto que tú y mi consejo de astrólogos les siguen a los astros tan de cerca los pasos, y decís saber hasta lo que dicen las águilas en su vuelo, podréis averiguar con facilidad en qué lugar preciso nace ese personaje y de qué familia proviene.

—¡Señor!. . . convenid en que el mundo es grande, y que precisar ya, que nacerá en Judea es bastante saber. Judea, que entre todas las tierras habitadas por hombres; es menor que un pañuelo de manos en vuestro inmenso guardarropas!...

—Bien. Lo comprendo, pero te recomiendo que me averigües cuanto sea posible a este respecto. Y ¡ay de ti y de tus compañeros si llego a saber por otro conducto, que el sujeto ese, es mi vecino y vosotros, perezosos sabuesos, nada habíais olfateado!

—No paséis cuidado, señor, que no volará una mosca que no lo sepamos.

—Vete, y no vengas con mentiras, porque ya sabes que no me gustan los sortilegios de mala ley.

Y el mago salió de la cámara real maldiciendo el mal humor del Rey y su triste suerte, que le obligaba a vivir entre el miedo y el crimen cuando podía gozar de paz y tranquilidad en su lejana aldea natal. Y el miedo le hizo poner espías y agentes en todos los rincones de la ciudad y pueblos importantes de Judea.

Y fue así, que cuando nuestros viajeros del lejano Oriente entraron en la ciudad, uno de estos espías, fue con la noticia a Rabsaces de los extranjeros que habían llegado de lejanas tierras, y que al entrar por una de las puertas de la ciudad, habían besado la tierra mientras exclamaban:

''—¡Tierra bendita que has recibido al Rey de los Reyes!''...

Y Rabsaces se puso sobre la pista de aquellos hombres que de seguro debían saber algo referente a lo que causaba todas sus inquietudes.

Les vio ir al Templo y en los atrios comprar las ofrendas de pan, de flor, de harina, incienso, mirra y ramas de olivo; y acercándose humildemente y con grandes reverencias, les ofreció sus servicios como guía, para acompañarles por todos los parajes y monumentos de la gran ciudad y fuera de ella.

—De seguro que vendréis en busca del Rey de los Reyes cuyo nacimiento anunciaron los astros.

Los viajeros se miraron con extrañeza y Baltasar contestó con gran discreción:

—Los astros no anunciaron un Rey de la tierra, sino un mensajero divino que trae la luz de la Verdad Eterna a los hombres.

—¡Será un gran Profeta!... —exclamó Rabsaces—. De todos modos, mis señores, si sois afortunados y le encontráis, no echéis en olvido este humilde siervo, que se sentirá dichoso de besar la tierra que pisen sus pies. Todos los días me encontraréis aquí a la puerta del Templo de Jehová, esperando vuestras noticias.

—Que Dios sea contigo y con los tuyos, buen hombre —le contestaron los viajeros y entraron al Templo.

El mago por su parte dejó uno de sus agentes, para que al salir los viajeros les siguiera sin perderles de vista.

Un Levita les llevó hasta el altar de los perfumes donde Esdras ofrecía los holocaustos acostumbrados, mientras las vírgenes cantaban salmos y los Levitas agitaban incensarios.

Cuando los viajeros presentaron sus ofrendas, le repitieron al sacerdote las palabras que les enseñó el esenio de la colonia de huérfanos de Beth-peor y Esdras clavó su investigadora mirada en cada uno de ellos.

—Cuando se hayan consumido vuestras ofrendas hablaremos —les dijo en voz muy baja y continuó los oficios mientras los viajeros a pocos pasos e inmóviles, adoraban al Uno Invisible que lo mismo bajo las doradas cúpulas de aquel Templo, que bajo el cielo bordado de estrellas, o entre las susurrantes hojas de los árboles, se hace sentir de las almas llegadas a la comprensión de que Dios es el hálito de vida que vibra en todos los seres y en todas las cosas.

Simeón de Bethel el esenio que consagró a Jhasua, salió de las dependencias interiores del Templo y cuando Esdras terminó la liturgia se acercó y le dijo:

—Esos viajeros son Iniciados de Escuelas Santas hermanas de la nuestra que vienen en busca de Jhasua. No les dejes salir por el atrio, que hay espías del Rey, cuyos magos le han anunciado el nacimiento de un Rey de reyes. Cuando los Levitas dejen los incensarios, los haremos salir por el camino secreto. Nuestro Padre Jeremías me lo acaba de anunciar en la oración.

—Así lo haremos —contestó Esdras—. Simeón volvió a la sala de los incensarios, donde estaba la puerta secreta del camino subterráneo hacia la tumba de Absalón.

Después de dejar Esdras sus vestiduras de ceremonia, se dirigió a los viajeros y les dijo:

—No saldréis por el atrio por donde habéis entrado porque tenéis espías que siguen vuestros pasos. Sabed que los hijos de la luz debemos vivir en la sombra, hasta que la luz sea tan viva que traspase las tinieblas.

—¿Y por dónde hemos de salir? —preguntó Melchor con cierta inquietud.

—Descansad en nosotros y esperad unos momentos más.

Cuando todos los levitas habían dejado sus incensarios y aquella sala quedó desierta, Esdras introdujo a los viajeros por el camino subterráneo que iba a la tumba de Absalón.

Mientras tanto Simeón de Bethel se había arreglado con dos Levitas de su mayor confianza para que ocultasen las cabalgaduras de los viajeros en las granjas de Bethania juntamente con sus equipajes.

—¿Qué país es éste? —preguntaba Baltasar caminando trabajosamente por el oscuro subterráneo, sólo alumbrado por las cerillas que en lugar de antorchas llevaban como para no tropezar con las puntas salientes de las rocas, que hacían de soportes en aquella rústica construcción subterránea—. ¿Qué país es éste, en que baja el Avatar Divino, y aquellos que lo saben y le esperan, deben ocultarse como bandoleros perseguidos por la justicia? Entre los hijos del Iram todo el pueblo estaría de fiesta.

—Es que el pueblo judaico exasperado por las humillaciones del vasallaje delira por un Mesías Rey y Libertador, juzgando que ningún bien mayor puede esperar que la libre soberanía de la nación. Y el sagaz Idumeo que ocupa actualmente el trono de Israel, que no le pertenece, vive inquieto pensando en que puede surgir de un día a otro, un hombre capaz de unificar el pueblo y levantarlo en armas contra él.

"Sus magos le han descifrado el lenguaje de los astros, y él ha soltado espías como una bandada de buitres por todo el país, para averiguar la aparición de ese Mesías Libertador que Israel espera. —Así trataba de explicar Esdras, el extraño fenómeno observado por los extranjeros.

¡De un pueblo que espera al Mesías y al cual hay que ocultarle la llegada del Mesías!

—¿Quién podría hacer que aceptaran las masas, la superioridad excelsa de un hombre al cual no rodea grandeza material ninguna? —preguntaba a su vez Gaspar con esa certera visual del anciano experimentado, en las formas de ver y apreciar personas y cosas, cuando ellas no aparecen envueltas en ese esplendor a simple vista que tanto seduce y arrastra a las multitudes.

—Krishna fue un príncipe de la dinastía reinante en Madura —añadió Baltasar— y debido a eso pudo vencer las grandes dificultades que los genios de las tinieblas desataron a su paso.

"Buda fue el príncipe de la dinastía reinante en Nepal, y las masas se sienten subyugadas siempre por las figuras grandes que aparecen sobre los tronos.

"Moisés fue un hijo oculto de la princesa Thimetis, hija del Faraón,y a eso debió que fuera respetada su vida, y que el Faraón temiera el castigo de sus dioses, si derramaba su propia sangre. Pero Jhasua es un infantillo hijo del pueblo, sin antecesores reales, sin grandeza material ninguna, porque debiendo ser ésta la coronación de todas sus vidas mesiánicas, ha de sentir de una vez por todas, los grandes principios de igualdad y de fraternidad humanas, y que la sola diferencia existente entre los hombres, es la conquistada por el esfuerzo mental y espiritual de cada uno. ¿Qué otra cosa pensáis que quiso expresar un oscuro profeta del Irán, cuando dejó escrito enigmáticamente versículos como éstos?

"En el heno de los campos que verdean en la ribera oriental de la Mar Grande, anidará un día el pájaro azul, a cuyo canto se derrumbarán las arcaicas civilizaciones y surgirán las nuevas".

"En las arenas de los campos dejará las huellas de sus pies, y el polvillo de su plumaje".

"Comerá el pan moreno de los humildes, y sacará por sí mismo las castañas de las cenizas".

"Ninguno cobrará jornal de sus manos, ni será llevado jamás a hombros de sus esclavos". ¿Comprendéis?

—Vuestro profeta desconocido, a mi juicio, quiso decir que el Avatar Divino nacería y viviría entre las masas anónimas o ignorado del pueblo —contestó Melchor.

—Justamente esa es la creencia, que en las Escuelas Secretas de la Persia tienen en general.

—Y así es la realidad —añadió Esdras—. El pájaro azul ha colgado su nido en el huerto de un artesano, aunque algunas antiguas escrituras y tradiciones aseguran, que sus lejanos antepasados descienden del Rey David. Un largo milenio de años ha borrado necesariamente el brillo en esa brumosa genealogía. El tiempo tira abajo realezas y poderío.

Hablando así, continuaron aquel viaje subterráneo, hasta que fueron a salir a la tumba de Absalón, donde ya les esperaban los Levitas que habían ocultado los equipajes y cabalgaduras en una antigua granja de Bethania, cuyos dueños eran Sofonías y Débora, parientes cercanos de algunos de los esenios que servían como sacerdotes y Levitas en el Templo.

Sofonías y Débora, padres de aquel Lázaro que las tradiciones dan como un resucitado del Cristo, comenzaron desde la primera infancia del Bienvenido, a prestar su morada en servicio suyo, como si su Intimo Yo les hubiera marcado de antemano su ruta, de aliados firmes y decididos para toda la vida de Jhasua sobre la Tierra.

Hacia ese hogar fueron conducidos los viajeros del Oriente, hasta que pasados unos días de ocultamiento, pudieron llegar a Betlehem disfrazados de vendedores de olivas y frutas secas, que sobre asnos y en grandes sacos, enviaban Sofonías y Débora para la casa de Elcana, que hospedaba a la familia carnal del Dios-Hombre y para los solitarios del Monte Quarantana, cuyo servidor era hermano de Sofonías.

Y los espías de Herodes, no pudieron reconocer en los rústicos conductores de aquella tropilla de asnos, cargados de productos frutales, a los graves filósofos del Oriente, que a costa de tantos sacrificios buscaban sobre la Tierra a Jhasua el Cristo.

Tal fue en realidad el hecho que las tradiciones antiguas han llamado: la adoración de los Reyes Magos.

Así llegaron a la ciudad cuna del Rey David, aquellos Jefes de Escuelas de Divina Sabiduría, venidos desde el lejano Oriente, sólo para cerciorarse por sí mismos, de que el Gran Ungido había bajado al planeta Tierra, tal como los astros lo anunciaron. Tenía ya el niño diez meses y 25 días, cuando del Oriente llegaron hasta su cuna.

Les acompañaron en este viaje, los Levitas José de Arimathea y Nicodemus de Nicópolis para que sirvieran de introductores, ya que ellos habían contraído amistades con Myriam y Joseph en la morada de Lía, la viuda de Jerusalén.

Antes de ser introducidos, cambiaron la rústica indumentaria de vendedores ambulantes, por las graves y severas vestiduras usadas en sus respectivas escuelas para los días de grandes solemnidades: el blanco y oro del indostánico; el blanco y turquí del persa; el blanco y púrpura del árabe, y sus diademas de tantas estrellas de cinco puntas, cuantas graduaciones habían subido en la escala inflexible de las purificaciones y de las conquistas del espíritu.

Los dos Levitas habituados a los ricos tejidos de seda, oro y pedrería de los ornamentos sacerdotales del Templo de Jerusalén, encontraban demasiado sencillas y humildes las vestiduras de ceremonia de los viajeros orientales, pero uno de ellos que captó la onda de tales pensamientos, dijo de pronto cuando ya se dirigían hacia la alcoba donde mecía Myriam la canastilla de mimbre de su hijo:

—Para ser discípulos de la Divina Sabiduría no es necesario el esplendor de los templos donde el oro brilla por todas partes. Bástanos vestir de lino blanco el alma y el cuerpo. Así vestirá Jhasua, que viene a ser Maestro de los Maestros.

La sorpresa de Myriam fue grande cuando vio entrar por la puertecita de su alcoba, aquellos personajes en número de siete, pues cada uno llevaba un escriba o notario de su confianza. José de Arimathea y Nicodemus se le acercaron para quitarle todo temor con estas palabras:

—Son hermanos de los Esenios, que vienen con riesgo de sus vidas desde apartadas regiones, para ver de cerca a este niño Enviado de Dios.

—No temas mujer —le dijo el anciano Baltasar— que cien vidas que tuviéramos, las daríamos contentos por conservar la de tu hijo que ha tanto esperábamos. ¿No sabías tú, que los trovadores del Irán le vienen cantando ha muchos siglos, cuando sólo le habían visto en las premoniciones de sus almas cargadas de ensueño divino?

—Y allá en el lejano Indostán —añadió Gaspar— en todas las cavernas en que habitó Buda en sus correrías misioneras, se aparece a los clarividentes su imagen radiante para decirles:

"No me busquéis ya más con este ropaje que pertenece al pasado, y es una niebla que se diluyó en la Luz Increada y Eterna".

"Bajaré en la ribera de la Mar Grande de Occidente, y entonces me encontraréis en el fondo de vosotros mismos, como a la misma Llama Eterna que alienta nuestra vida".

—Y en mi Arabia de piedra —dijo Melchor— los vates inspirados cantaron extraños versículos como éste:

"Bajaré como un águila que nadie sabe dónde esconde su nido, sobre las vegas floridas de la Tierra de promisión, soñada por Moisés, y cuando levante vuelo, arrastraré conmigo a todos los que quieran volar hacia lo invisible desconocido".

Y formando círculo cerrado en torno de la cuna del niño, los siete extranjeros con los Levitas y los familiares, comenzaron el minucioso examen que las antiguas escuelas de Conocimiento Superior, usaban, para cerciorarse de que el pequeño cuerpecito reunía en sí las condiciones físicas propias para una encarnación del Avatar Divino: las líneas de la cabeza, de la frente, las cejas, los ojos, la nariz, la boca, la barbilla, la estructura del pecho, la anchura de hombro a hombro, la estructura de los pies. Y el notario de cada escuela iba comparando con las viejísimas escrituras sagradas, donde los sabios ocultistas y astrólogos dejaron grabado el resultado de igual examen hecho con Krishna, con Buda y con Moisés.

Y el niño divino, tranquilo y quietecito con sus grandes ojos color de ámbar abiertos, como para absorber en ellos cuanto pasaba a su alrededor, parecía aceptar sin temor aquella piadosa y reverente investigación, hasta que por fin tendió sus bracitos a la madre que lloraba silenciosamene sin saber por qué. ¿Era temor? ¿Era devoción y mística unción espiritual, que la hacía creerse ella misma ante la propia Divinidad?

—¿Que será de este hijo mío, que parece venir vinculado a tan complejos y desconocidos sentimientos? —preguntó por fin abrazando tiernamente al pequeño Jhasua.

—Este hijo tuyo mujer —dijo sentenciosamente Gaspar— es entre muchas cosas, una que está por encima de todas: es el Amor Divino que salva a la Humanidad.

Revisaron después en silencio las anotaciones de los escribas, y firmándolos y sellándolos con los anillos-sellos de las respectivas órdenes o Escuelas, pasaron al estrado junto al hogar encendido, para aceptar la ofrenda de la hospitalidad de Elcana.

—Ahora que habéis compartido mi pan, mi vino, mis pobres manjares —empezó Elcana— me atrevo a preguntaros, quiénes sois y por qué habéis observado de tan minuciosa manera al niño de estos hermanos, que son mis familiares y mis huéspedes desde antes de su nacimiento.

—¿Lo habéis tomado a mal? —inquirió Melchor algo alarmado.

—De ninguna manera. Nuestra Ley nos prohibe el mal pensar, cuando la evidencia no nos autoriza a ello —contestó Elcana.

—Vuestra pregunta es pues, amistosa y cordial y es justo satisfacerla.

Y Baltasar el persa, que era el mayor de los extranjeros en edad y en graduación, pues era Consultor del Supremo Consejo de Instructores de su Escuela, cuyas ramas divididas y subdivididas se habían extendido por todo el país, hizo el relato de la forma y modo como fueron recibiendo avisos de las Inteligencias superiores, por medio de augures, por sibilas o pitonisas, por sueños premonitorios de que era llegada la hora de la Misericordia Divina para esta humanidad delincuente, que había forjado con sus inquietudes una espantosa corriente de destrucción para sí misma.

—Desde años sabíamos que la conjunción de Júpiter y Saturno con el concurso en segundo término de Marte, marcaría el momento preciso del advenimiento del Verbo de Dios al plano físico.

"Si le hemos observado de tan minuciosa manera, es para comprobar que estamos en posesión de la gran verdad.

"En cada cuerpo humano, está grabado de inequívoca manera, el grado de evolución de la inteligencia que la anima; la capacidad de amor, de sacrificio, de dominio de sí mismo, su fuerza mental de irradiación, y su fuerza de atracción, su magnetismo espiritual y su magnetismo personal, el poder de asimilación de todas las fuerzas vivas del Universo, y el poder de transmisión de esas fuerzas a todos los seres y a todas las cosas.

"Y todo ello lo hemos encontrado en grado superlativo en este cuerpecito niño de diez meses y veinticinco días. Unido a todo esto, su nacimiento en el preciso momento de la conjunción planetaria ya mencionada, de una madre que es una arpa viva de vibraciones sutilísimas donde jamás tuvo cabida el mal pensamiento, la verdad está tan manifiesta, que se necesitaría ser muy pobre de inteligencia para no comprenderla.

—En un caso como éste, es de todo punto imposible la duda —añadió Gaspar.

"Es aún mucho más manifiesta la gran verdad de lo que fue en Moisés, debido a una impresión espantosa de la madre estando el niño próximo a nacer, estuvo a punto de nacer mudo, defecto que fue subsanado por las Inteligencias Superiores, quedando no obstante en él cierta dificultad al hablar, lo cual lo habituó a ese hablar reposado y lento de los ancianos en general. Y en Krishna se notó una ligera deficiencia en los órganos visuales debido, según algunos sabios, al largo período de obscuridad en que pasó la madre encerrada en un calabozo hasta el nacimiento del niño, perseguido por un usurpador desde antes de nacer. Mas Jhasua debía ser por suprema lógica, la suma de todas las perfecciones morales, espirituales y físicas o sea, la superación sublime del hombre que traspasa el último dintel del reino humano, para entrar a formar parte del Reino Divino, o sea, nada más que un poderoso receptor y transmisor de la Energía Eterna, de la Luz Increada y del Supremo Amor, causa y origen de cuanto alienta en el Universo. Y en el cuerpo de este niño está escrito que será todo eso.

— ¡Oh, Jhasua!. . . ¡Jhasua!. . . —exclamó Melchor cayendo de rodillas a los pies de Myriam, que tenía al niño en brazos, y besando sus piececitos que quedaban a la altura de los labios temblorosos de emoción del príncipe moreno. — ¡Jhasua!. . . ¡Jhasua!. . . ¡que das a la materia humana el beso final, porque la has superado para siempre a fuerza de abnegación y de heroísmos!. . .

Y los extranjeros unos en pos de otros fueron haciendo lo mismo, pues comprobada la gran verdad, rendían homenaje a la Divinidad hecha hombre, como el perfume hecho flor, como la chispa convertida en hoguera, ¡como el rayo de luz en crepúsculo de oro!

A Myriam le hicieron numerosas recomendaciones referentes a su alimentación, que debía ser a base de leche, miel, frutas, hortalizas frescas, legumbres, cereales y agua de manantial. Le enseñaron a preparar licores de jugo de naranja, de cerezas, de uva y de manzanas. Le aconsejaron un preparado de jugo de uva con aceite puro de oliva, para dar al niño una fricción suave cada dos días en el tórax y el plexo solar y en la espina dorsal.

Y en la época de las naranjas, el mismo procedimiento con jugo de naranjas bien maduras, y aceite puro de olivas. De la combinación perseverante de ambos procedimientos, resultaría la perfecta normalidad del sistema circulatorio de la sangre, y un sistema nervioso perfectamente tranquilo y sereno. Y añadieron los sabios maestros:

—La madre carnal del Verbo de Dios, debe saber cuán delicada es esta divina maternidad y qué cúmulo de responsabilidades implica el haber dado vida física a un Dios hecho hombre.

Y dejándole un bolsillo lleno de monedas de oro le dijeron:

—Esto para que nada falte a vuestro cuidado personal y al de vuestro hijo. Cada veinte lunas vendrá un mensajero enviado nuestro, que nos llevará informaciones vuestras y del niño. Vendrá entre las caravanas de mercaderes, y se hará conocer de vosotros por un anillo igual a éste.

Y le dejaron uno de ellos para que los padres de Jhasua identificaran la procedencia del mensajero.

—¡Mujer bendita entre todas las mujeres! —le dijeron antes de partir—.

"Que ninguna inquietud ni temor agite tu alma mientras el niño se alimenta de tu seno. Aún cuando veas que la naturaleza niega agua a los campos y que vuestros árboles por sequía no den frutos, y que vuestros huertos se agotan y se secan; o que el granizo se lleva vuestras legumbres y cereales, o tu marido se ve lleno de dificultades en sus medios de vida. . . Piensa solamente que la Providencia Divina ha tendido sus redes alrededor vuestro, y que todo ha sido ya previsto por los seres elegidos por la Divinidad como instrumentos suyos, para que se cumplan sus designios en este niño-Salvador de la humanidad.

Y Myriam, la dulce Myriam los escuchaba, mirándolos con sus grandes ojos húmedos de llanto y preguntándose a sí misma, si aquellos venerables viajeros no serían arcángeles de Jehová, como los que visitaron a los antiguos Patriarcas en momentos solemnes de sus vidas.

¡Ella tan insignificante y pequeña, se veía embargada por el asombro, ante la magnánima solicitud de aquellos extranjeros venidos de tan lejanas tierras!. . .

Durante el festín de despedida que se empeñaron en ofrecerles Elcana y Sara su esposa, al cual asistieron los amigos esenios de su intimidad, resolvieron entre todos, llevar a los viajeros por el camino del Monte Quarantana y dejarlos en ese pequeño santuario Esenio, de donde serían conducidos hasta el gran Santuario de Moab. Allí, los Setenta, les esperaban para confeccionar un vasto programa de preparación, a fin de que todas las Escuelas de Divina Sabiduría secundaran la obra apostólica del Gran Mensajero Divino, que había descendido en medio de la humanidad.

Los dos Levitas que les condujeron a Betlehem no podían prolongar más su ausencia del Templo y regresaron a Jerusalén.

Alfeo, Josías y Eleazar, aquellos tres amigos esenios que presenciaron las manifestaciones astrales y etéreas la noche del nacimiento de Jhasua, se ofrecieron para conducir a los viajeros por el mismo camino que ellos hicieron.

Eleazar, padre de cinco hijos pequeños, dejó encomendada su prole a su compañero Elcana y Sara, quienes les llevaron a su casa hasta la vuelta de su padre. Fue siempre la hospitalidad la virtud sobresaliente de los Esenios, y una de las más bellas manifestaciones de fraternidad a que llegará la humanidad en el siglo venidero.

Y apenas se inició la primavera con el gorjeo de los pájaros y el florecer de las glicinas y las azucenas, Myriam y Joseph se dispusieron también a regresar a su abandonada casita de Nazareth.

Aprovecharon el viaje de seis terapeutas de Beth-peor que se dirigían a Samaria y Galilea en busca de niños enfermos y abandonados de que habían tenido aviso. De paso, se detuvieron un día en Jerusalén en visita de despedida a Lía y sus hijas.

Encontraron que el viejecito Simeón se hallaba atacado de reuma agudo en las piernas, el cual le arrancaba gemidos de dolor por cualquier movimiento. Susana la sensitiva, tomó al pequeño Jhasua en sus brazos y corriendo al lecho del tío lo puso sobre sus extremidades doloridas diciéndole: "El niño Dios te curará". El niño quedóse dormido y al cuarto de hora, el anciano dormía también despertándose luego sin dolor alguno.

EN LAS CUMBRES DE MOAB

Dos caminos se presentan a la vista del lector de "Arpas Eternas", que partiendo ambos de Betlehem la ciudad del Rey Pastor se dirigen, el uno hacia el norte de la Palestina o sea el edén encantado de Galilea con sus colinas tapizadas de huertos, donde las vides, las higueras y los naranjos llenan el aire con aromáticas emanaciones. El otro hacia el sur, el árido desierto de Judea, con el tétrico panorama del Mar Muerto y de las rocas hirsutas y peladas, de los montes Quarantana y sus derivaciones.

Por este último seguiremos, lector amigo, a los viajeros del lejano Oriente que conducidos por Eleazar, Josías y Alfeo, se dirigen al Santuario del Monte Quarantana que yà conocemos. Nuestros amigos sólo los acompañarían hasta allí, pues los solitarios se encargarían de conducirles hasta los altos Montes de Moab, donde les esperaban los Setenta.

Los extranjeros comprendieron que en aquellos sencillos pastores y tejedores había espíritus de una larga carrera evolutiva a través de los siglos. Y con la clarividencia desarrollada por años de ejercicios metódicos y perseverantes vieron a sus tres conductores formando parte de las porciones de humanidad que habían escuchado al Verbo Divino en sus distintas etapas terrestres, desde Juno hasta Moisés.

Esto les permitió franquearse con ellos en cuanto a las elevadas y profundas enseñanzas esotéricas de sus respectivas escuelas. Y en los tres días de viaje por entre riscos, cavernas y abruptos cerros, los búhos y lechuzas agoreras oyeron la palabra serena y mesurada de aquellos hombres venidos de lejanas tierras, que departían con los pastores y tejedores betlehemitas, sobre las arduas cuestiones metafísicas en relación con el gran acontecimiento que los reunía: la novena y última encarnación del Verbo Divino sobre la Tierra. Las noches aquellas pasadas en las cavernas a la luz de una hoguera, y recostados sobre lechos de heno y pieles, fueron noches de escuela, de aprendizaje y de desarrollo mental. Fueron asimismo noches de evocación, de recuerdos lejanos, pues los extranjeros quisieron compensar con descubrimientos psíquicos, el sacrificio de sus conductores. Y fue así, que los tres maestros de Ciencias ocultas, recibieron idénticas manifestaciones referentes a los tres amigos esenios.

Y los viajeros llegaron por fin a la Granja de Andrés, desde donde fueron conducidos por el oculto camino que conocemos, al pequeño santuario del Monte Quarantana.

Los tres amigos esenios tornaron a Betlehem después de un día de descanso, llevándose los relatos escritos por Melchor en el dialecto sirio-caldeo y como recuerdo de aquellos maestros del Oriente, unas sortijas de gran valor que les obligaron a aceptar, para "mejorar la situación de su vejez", según sus propias palabras.

Los solitarios del Monte Quarantana tenían en la época de las nieves, un oculto camino que era como un gran túnel con salidas a campo abierto, a vallecitos de mezquina vegetación. Eran tortuosas galerías de minas abandonadas hacía muchísimos siglos pero que acortaban enormemente la distancia hacia los Montes de Moab. Temían llevar a los extranjeros por los caminos de la fortaleza de Masada, pensando con mucho acierto, que los espías del mago de Herodes andaban por todas partes. Y ora por las galerías subterráneas, ora por las gargantas y encrucijadas de las montañas áridas de Moab, llegaron después de seis días de viaje hasta el Santuario de los Setenta en el Monte Abarin.

Dos esenios del Quarantana les habían servido de guías, y los extranjeros eran siete, pues cada maestro tenía su escriba o secretario. Dos persas, dos indostánicos, dos árabes y el egipcio de Alejandría; más los solitarios esenios, formaban pues el número nueve.

La galería subterránea por donde habían llegado, estaba comunicada con las caballerizas del Santuario, donde "Nevado", el inteligente mastín que conocemos, tenía también su morada, el cual prendiéndose con sus dientes de la cuerda de llamada, hizo resonar la campana sonora que avisaba la llegada. El Santuario de rocas se abrió pocos momentos después, y los cansados viajeros se encontraron entre la doble fila de antorchas encendidas y de los Setenta ancianos que les esperaban con sus túnicas y mantos de color marfil, el cíngulo púrpura y la diadema de siete estrellas, símbolo de sus grandes conquistas espirituales. Les condujeron a la sala de reposo, donde en estrados cubiertos de tapices y pieles, les obligaron a tomar descanso, mientras ellos cantaban a coro el himno llamado "Alabanza" en que cada versículo terminaba así:

"Alabado seas Señor de las alturas porque nos has unido en tu Pensamiento y en tu Amor".

Los viajeros quedaron solos unos momentos, pasados los cuales, volvió uno de los ancianos trayendo jarabes y viandas calientes, pan y frutas para obsequiarles. Y como las paredes de aquella sala estaban recubiertas de madera, por medio de originales y sencillos procedimientos, de allí mismo salían pequeñas mesas que abriéndose ante los estrados, lo mismo podían servir para comer que para escribir.

—Vuestro palacio de Rocas parece obra de magia —decía Gaspar viendo la serie de pequeñas comodidades de gran utilidad, que los solitarios habían ido preparando en inumerables siglos.

—Mirad —contestó el esenio señalando las maderas lustrosas y desgastadas en los bordes, a fuerza de un prolongado uso—. ¡Cuántas cabezas se habrán apoyado en este respaldo! ¡Cuántos pies habrán pisado estas tarimas! ¡Cuántos brazos habrán descansado sobre estas mesas!...

—¿Cuánto tiempo hace que empezásteis este santuario? —preguntó Baltasar.

—Siete años después de la muerte de nuestro padre Moisés —fue la contestación.

—¡Larga cadena de 1.500 eslabones! —exclamó Melchor como abrumado por aquella enormidad de tiempo y de perseverancia de los discípulos de Moisés.

—¡Quince centurias! —repitió Filón de Alejandría, el más joven de los extranjeros y que por considerarse a sí mismo como un aprendiz aspirante a los estudios de oculta sabiduría, callaba siempre para escuchar más.

—Quince centurias excavando en las montañas para perfeccionar la obra de la naturaleza, o de inconscientes mineros del más remoto pasado, que no sospecharon seguro, que las cavernas abiertas por ellos en la entraña de la roca, servirían luego para templo de la Divina Sabiduría, y para albergue de las humildes abejitas que la cultivan— añadió Gaspar mientras bebía a sorbos el vino caliente con castañas asadas.

Y aquellos hombres, que ni aún en los momentos que dedicaban al alimento corporal, podían anular las actividades del espíritu, continuaron tejiendo la filigrana dorada de pretéritos recuerdos, conversación a la cual fueron aportando elementos valiosísimos, los ancianos del Monte Abarin que tornaban a la sala de reposo, después de haberse despojado de las vestiduras de ceremonia. Entre ellos había siete Escribas o Notarios y éstos traían sus grandes cartapacios de telas, de papiros, de plaquetas de arcilla o de madera.

—Esto acabará por ponernos de acuerdo —reconoció el Gran Servidor, apoyando su diestra sobre aquellos viejísimos documentos.

—¿Y acaso no lo estamos ya? —preguntó Baltasar.

—Aún no, con los fundamentos deseables y deseados. Acaso ni vosotros ni nosotros sabemos todo cuanto hay que saber para no discrepar en lo más mínimo.

Y los esenios Escribas desprendieron de los muros todas las mesas que fueron armadas ante los estrados y allí colocada toda aquella porción de escrituras que hacía pensar a los extranjeros: 'Precisaremos muchas lunas para conocer todo esto'.

Los Setenta querían dejar establecido, que las Escuelas de Divina Sabiduría del Oriente, formaban parte del grandioso libro de Conocimientos Superiores que en el correr de los siglos, había traído al plano físico terrestre el Verbo Divino en todas las etapas que había realizado.

La Escuela de Melchor el príncipe moreno, era Kobda-Mosaica, nacida como un cactus de oro entre las montañas de Horeb y Sinaí, donde el gran Moisés despertó a la comprensión de su Mesianismo, entre los últimos kobdas del Peñón de Sindi.

La escuela de Baltasar, el persa, era una derivación del Krishnaismo Indostánico, toda vez que Zenda, primo de Arjuna, huyó a la muerte del Príncipe de la Paz, a los montes Suleiman para escapar a la persecución de que se hizo objeto a los que luchaban por mantener la abolición de las castas, y de la esclavitud, necesarias a los sacerdotes del dios Brahma para su vida de holgura, de fastuosidad y de dominio. Y el Zend-Avesta de los persas, era el Krishnaísmo puro, variado y adulterado con los siglos y la incomprensión de los hombres.

La escuela de Gaspar, señor de Bombay, era Budista, por lo cual él, al igual que el príncipe Sidharta, había abdicado en un sobrino todos sus títulos para dedicarse solamente a la Divina Sabiduría.

Y Filón el estudiante de Alejandría, era ptolomeísta en sus principios fundamentales, lo que es igual que aristotélico, pues Ptolomeo fue discípulo de Aristóteles, y éste de Platón, que a su vez lo fue de Sócrates, hermoso ovillo blanco, cuya extremidad originaria la encontramos prendida en el Monte de las Abejas de la Grecia prehistórica, donde los Dacthylos conservaron y difundieron durante siglos la Sabiduría de Antulio el gran filósofo Atlante.

Compararon los viejos textos de cada Escuela, depurándolos de las adulteraciones maliciosas o inconscientes, que discípulos sin capacidad y sin luci-dez espiritual habían introducido en ellos, de lo cual resultó tan maravilloso cuerpo de doctrina perfectamente unificado, que más tarde le permitió a Jha-sua decir ante las multitudes que le escuchaban:

> "Amad a Dios y a vuestro prójimo como a vosotros mismos, que en ello está encerrada toda la ley".

Y el célebre Sermón de la Montaña, no fue más que esta gran Ley de amor fraterno irradiando como un resplandor de oro del alma de Jhasua, Ley Viva enviada por la Divinidad a la Tierra, para evitar que la humanidad delincuente se hundiera en el caos a que lógicamente llega toda inteligencia que se obstina en el mal.

Veamos lector amigo, qué grandioso castillo de Divina Ciencia surgió de las conclusiones de las cinco ramas espiritualistas de aquella hora: Los Esenios mosaístas; Melchor, Copto; Gaspar Budista; Baltasar Krishnaísta y Filón Antuliano.

El anciano Gran Servidor de los Esenios, fue el elegido de todos para diri-gir las deliberaciones de aquella asamblea de Divina Sabiduría, compuesta de Setenta y siete hombres consagrados al estudio y a los trabajos mentales desde hacía largos años.

Después de una solemne evocación al Alma Universal fuente de Vida, de luz y de amor, el Gran Servidor propuso que comenzaran por la definición, base y fundamento de toda ciencia espiritual:

"Conocimiento de Dios".

Y Baltasar el persa, lo definió de acuerdo con sus principios védicos, here-dados de Zenda, segundo discípulo de Krishna

"Dios es el soplo vital que como un fuego suavísimo e inextinguible anima todo cuanto vive sobre el planeta."

Y los diez Escribas anotaron la definición de Baltasar el Krishnaísta.

Habló Gaspar y definió a Dios conforme a sus principios budistas:

"Dios es el conjunto unificado de todas las inteligencias llegadas a la Suprema perfección del Nirvana".

Y Melchor el príncipe sinaítico, habló conforme a su filosofía copta y Kobda:

"Dios es la Luz Increada y Eterna, que pone en vibración todo cuanto existe".

Y el jóven Filón de Alejandría, aristotélico antuliano dijo:

"Dios es el consorcio formidable y Eterno del Amor y de la Sabiduría de donde mana todo poder, toda fuerza, toda claridad y toda vida".

Y el anciano Servidor añadió al final la definición de Moisés:

"Dios, es el Poder Creador Universal, y como el Universo es su dominio y su obra, es Autor de las estupendas leyes que lo gobiernan y que los hombres no acertamos a comprender".

Estudiadas y analizadas a fondo las cinco definiciones, pudieron comprobar que no estaban en pugna, sino que entre ellas se completaban admirablemente, como si una mano de mago hubiera escrito páginas aisladas, y que reunidas for-maban un poema admirable, perfectamente unificado y completo.

—¿Por qué pues —decían ellos— tantas divisiones ideológicas, tantas luchas religiosas, tantas torturas físicas y morales, tantos patíbulos , tantos mártires, si somos un solo Todo Universal, que como un inmenso enjambre de abejas vamos siguiendo rutas ignoradas por nosotros mismos, pero siempre dentro del radio ilimitado de ese Supremo Poder: Dios?

El joven Filón de Alejandría estrechando las manos de Gaspar el budista, decía:

—Me habéis quitado un enorme peso de encima, pues hasta hoy había yo dudado a fondo de que Buda hubiera sido un resplandor de la Verdad Eterna porque lo juzgué ateo, sostenedor de que no hay nada sino una pura ilusión, en todas las manifestaciones de la vida universal.

—¿Y hoy juzgáis al Maestro de diferente manera?

—¡Completamente! Vuestra definición de Dios me hace ver que el Avatar Divino en la personalidad de Buda, escanció la oculta esencia de la Verdad Eterna para derramarla sobre la faz de la tierra. Mas fue, un perfume tan sutil, delicado y complejo, que para unos fue rosa, para otros jazmín, para otros violetas y para otros arrayán. Diríase que la humanidad era aún demasiado torpe y grosera para aspirar ese perfume. La luz de Buda fue un resplandor como el del Iris, que tiene todos los colores madres, pero que deben definirse en la retina durante el breve tiempo que dura ese fenómeno de la luz, porque luego se esfuma en lo Infinito y el que lo vió, sólo conserva la visión del conjunto sin acertar con una definición exacta.

—No sólo vos —dijo Gaspar— habéis pensado equivocadamente de Buda, sino muchos pensadores y estudiantes de las Ciencias Ocultas han pensado también. Y sin embargo, nada más conforme a la Verdad que la definición budista de Dios:

"Es el conjunto unificado de todas las Intelignecias llegadas a la Suprema Perfección del Nirvana".

"Me permitiré deshilar esta trama sutil de seda y oro:

"Sabemos que una larga serie de ciclos, de edades llamadas *Kalpas,* las Inteligencias van subiendo a medida que se van depurando. Mundos y mundos, globos y globos les van sirviendo de moradas apropiadas a su grado de evolución, hasta que llegan a refundirse como chispas en un incendio, como gotas en un océano infinito, como arenillas de oro en una playa sin riberas. A fuerza de unificación, la individualidad es hasta cierto punto transformada en poder, energía y vitalidad conjuntos, inseparables e indestructibles. Y todo ese conjunto de Pensamientos, Vitalidad, Amor, Energía, es Dios. De todas esas fuerzas conjuntas, surgen todas las creaciones, todos los poderes, todas las leyes inmutables del Universo. La unión de toda inteligencia con Dios, la hace perfecta. Buda negó un Dios personal, un ser limitado, porque su interna iluminación por determinadas conjunciones astrológicas, le fueron tan propicias a su mentalidad, que desarrolló el máximum de lucidez y claridad para comprender lo abstracto de la Idea Divina. Y esta claridad como un deslumbramiento le impidió comprender a la Divinidad bajo aspectos más perceptibles, digámoslo así, como el de la luz, el de la Energía, el del Fuego, el de la Fuerza, con que las otras doctrinas la han comparado.

"En sus célebres meditaciones, bajo el llamado simbólicamente *Arbol de la Ciencia,* él comprendió en visiones magníficas esta gran verdad suprema: vio los mundos superiores poblados de inteligencias potentísimas hasta llegar a los

Fuegos Magnos Supremos, que sostienen con el pensamiento la gran máquina universal, y en torno a ellos, no vio más que millones de miríadas de mundos que de ellos recibían el poder, la energía, la luz y la vida. ¿Qué extraño es pues, que diera de Dios aquella oculta y profunda definición?

"Diríase que Buda no fue un Instructor para las multitudes, sino un Maestro para los maestros de Divina Sabiduría. De ahí, que ninguna doctrina fue más desfigurada y tergiversada que la de Buda, cuya metafísica altísima y abstracta por completo, no podía ser asimilada sino por los espíritus avanzados en la Ciencia Divina. Y así, el Nirvana búdico, es para las multitudes el reposo absoluto de la nada. Y dicen creyendo pronunciar una gran verdad: "El Mesías ateo del Indostán, el sostenedor de la nada, el fantasma espectral de la Idea sin realidad posible en ninguna parte".

"De un vistazo comprendió Buda todo el infinito plan de la Evolución, y bajo ese punto de vista dijo: Todo es ilusión, porque todo pasa y se transforma continuamente. Nada permanece.

"Ilusión la de aquellos que creen abosolutos sus derechos de propiedad sobre individuos o pueblos que uncen al carro de su prepotencia, porque sólo es como un instante fugaz en la eternidad del Infinito.

"Ilusión la nobleza de la sangre, la pureza de las dinastías, lo rancio de los abolengos, los derechos milenarios a tal o cual porción de tierra, que se llama una Patria y un Estado; puesto que el rey de ayer, es el esclavo de hoy y viceversa. Y el que nació una vez en Indostán, en otra nació en la China, en Africa, en Europa, en el Polo o en los Trópicos, en los ardores del Ecuador o entre las nieves polares. ¿No son en verdad ilusiones que se forja la pobre mente humana que se alimenta de ellas, como las mariposas de las flores, cuya efímera vida no alcanza a ver la luz de un amanecer y de un ocaso?

"El reposo búdico se basa en la anulación del deseo, en cuanto tiene éste de perturbador de la quietud mental y de la paz interior.

"Quien haya estudiado a fondo los *Sutras Simples* encontrará la similitud entre la metafísica profunda de Buda, y las doctrinas esotéricas emanadas de todas las personalidades del Verbo Divino. Y únicamente en los monasterios de Nepal se encuentran los verdaderos libros budistas, sin alteraciones de ninguna especie, con la firma y sello de los cinco principales discípulos del gran Maestro.

"El *Mahavastu* es a mi juicio el más importante y completo, como texto de Divina Sabiduría. En el Labitavistara puede encontrarse la verdadera biografía de Buda, pero de este Libro, es del que más ha abusado el fanatismo por lo maravilloso, llegando a circular por todas partes una inverosímil leyenda, en la que sólo hay de verdad los nombres propios, y algunos lugares que fueron escenarios de aquella gran vida humana, que a fuerza de querer divinizarla, la convirtieron en una madeja de fantasmagorías imposibles de aceptar.

"El Vajrachedika, el Meghasutra y el Loto de la Buena ley, son relatos, episodios y pensamientos aislados, complementarios de la obra básica "El Mahavastu".

"Quien haga la comparación de estos textos primitivos auténticos con el Mahabharata, los Puranas, el Baghavad-Gitâ, los Uphanishad y el Righ-Veda, recopilaciones de los discípulos de Krishna, encuentra en el fondo de las mismas verdades, los mismos principios ocultos que en la doctrina Antuljana, conservada por los Dacthylos, que la filosofía Kobda de la época de Abel, y que los libros auténticos de Esen hijo espiritual de Moisés."

Y los siete extranjeros y los siete Escribas fueron comparando los diversos textos citados por Gaspar, en que la misma verdad resaltaba como brillante de primera agua, entre las arenillas doradas del simbolismo de los himnos védicos, de las radiantes descripciones de los transportes antulianos, de las conclusiones metafísicas de Buda, de las místicas ensoñaciones de Abel el Kobda, y de las luminosas y magníficas visiones de Moisés.

Todos estos delicados y profundos estudios les ocuparon siete semanas, pasadas las cuales confeccionaron un acta cuya primera copia fue grabada en el muro frontal del Gran Santuario Esenio, junto al sitio en que guardaban el original de las Tablas de la Ley. Y cada uno de los maestros extranjeros sacó copia en pequeñas planchetas de madera, adicionadas en forma, que unidas por los bordes laterales y fácilmente desarmables, ofrecían facilidad para el transporte, y seguridad de ser conservadas sin adulteraciones y sin cambios.

El acta solemne con que sellaron aquellas grandes deliberaciones estaba concebida en estos términos:

"A doce lunas del año primero del advenimiento de Jhasua el Cristo, los infrascriptos, reunidos en el Gran Santuario Esenio del Monte Abarin en Moab, dejaron sentados los siguientes fundamentos de una vasta organización espiritual, con fines de facilitar la obra redentora del Gran Enviado".

"Habiendo comprobado que es una misma verdad, la expuesta en las cinco doctrinas conocidas hoy, o sea el Ptolomeísmo de Alejandría el Kopto de Arabia, el Zend-Avesta de Persia, el Budismo de Nepal y el Mosaísmo Esenio, imponemos el sagrado deber de propender a la unificación perfecta de estas cinco ramas de Divina Sabiduría, para facilitar la misión redentora del Cristo en su último acercamiento a la Tierra".

Ezequías de Sichen Gran Servidor del Santuario de Monte Abarin.- Gaspar de Bombay, primer maestro de la Escuela Estrella de Oriente.- Baltasar de Susa, Consultor de la Congregación Sabiduría Oculta.- Melchor de Horeb, fundador de la Fraternidad Kopta de Monte Horeb.- Filón de Alejandría, estudiante de quinto grado de la Escuela Ptolomeísta.

Y a continuación grabaron también sus nombre los Escribas Esenios y los tres Notarios de los maestros extranjeros.

Con esto quedó terminada la definición histórica y científica del Verbo de Dios.

—Nos falta la comunión espiritual con nuestros mayores —observó el Gran Servidor y es justo que sea el broche de oro con que sellemos el gran libro de nuestro pacto solemne.

—Aceptado —contestaron todos.

—Esta noche será el festín de los cuerpos —continuó diciendo el Gran servidor— y mañana al atardecer nos encaminaremos al Santuario de Monte Nebo, donde vivió sus últimos días nuestro Padre Moisés y donde los ángeles del Señor recogieron su alma bienaventurada. Allí descansa la urna física de Nuestro Padre, allí hemos acumulado energía y amor durante quince centurias; allí somos conducidos a morir todos los moradores de este Santuario, y creo que allí debemos ir a buscar a la Divinidad en esta hora solemne de nuestra alianza con su Verbo Eterno. ¿Estáis de acuerdo conmigo?

—Completamente en todo y para todo —fue la contestación unánime.

En la gran sala-comedor que ya conocemos, y donde únicamente los esenios podían hablar de acontecimientos mundiales y asuntos familiares, se reunieron esa noche esenios y visitantes en una comida de confraternidad y compañerismo, que no dejaba de tener encantos y animación, no obstante tratarse de hombres maduros que habían dejado ya muy atrás las seducciones de la vida. Eran tan solo la amistad y la comprensión, las hadas blancas y buenas que coronaban de rosas, las cabezas venerables e inundaban las almas de agua clara de manantial.

Los ancianos quisieron saber el estado del mundo civilizado a la llegada de Jhasua. La mayoría de ellos llevaban muchísimos años sin salir al mundo exterior. De 20 a 25 años llevaban sin salir, los que habían llegado últimos; habiendo muchos de 30 a 50 años sin haber bajado de aquellas cumbres de roca. Algunas noticias les llegaban de tanto en tanto, por los esenios que iban a reemplazar alguno de los Setenta que moría, pero estas noticias se referían por lo común a los pueblos de la Palestina, desde Siria hasta Idumea y a la soberbia Roma, cuya dominación lo absorbía todo. Y naturalemente fue de gran interés para los Setenta, aquella velada en que se hizo correr el lienzo de las narraciones de los más lejanos países, a donde no había llegado aún el águila romana. Y les interesó mucho más la parte ideológica y espiritual.

La península indostánica, era en su gran parte brahmánica, pues el poderoso clero del culto Brahma había perseguido a muerte a los budistas que quedaron relegados a la región de Nepal, de donde lograron pasar a la China del Sur, donde la enseñanza de Lao Tsé había preparado surcos propicios a la difusión del budismo. Otras agrupaciones budistas, habían huido hacia las grandes islas de Ceylán y de Java, en los mares del Sur, donde tenían Escuelas y templos de gran importancia. Los misioneros de Buda, se establecieron en el Archipiélago del Sol Naciente, al amparo de algunos emperadores, que en su refinado egoísmo, pensaron que era cosa fácil gobernar pueblos a quienes se les enseñaba el renunciamiento a toda grandeza material. Los Himalayas se poblaron de monjes budistas, y aunque se formaron numerosas escuelas con ritos y cultos variadísimos, mucho conservan del espíritu búdico, suave, manso silencioso.

La Persia más hogareña que dada a las cuestiones públicas, desde la época de Alejandro, era una mezcla de costumbres e ideales, donde se confundían los tintes griegos, macedónicos, medos y caldeos. Pero por encima de todo, flotaba como luz difusa, la claridad del Zend-Avesta, que mantenía viva esa pequeña llama de la conciencia humana, que marca el bien y el mal. Y en las razas nórdicas, uno que otro punto luminoso, permite vislumbrar entre las nieves eternas, senderos que los siglos no habían conseguido borrar. Al noreste del Ponto Euxino (1) y casi a los pies de los Montes Káukasos, había un extraño culto, cuyas grandes ceremonias se realizaban en cavernas, sobre las cuales existían infinidad de leyendas más o menos fantásticas. Se decía que aquellas cavernas habían sido en la pre-historia, una ciudad subterránea, en que una dinastía de reyes justos, se había refugiado para escapar a las hordas salvajes de una reina malvada, encarnación de los demonios, que había surgido como un monstruo de sangre, de las olas del Mar Caspio. En aquellas cavernas-templos, se rendía culto al sol del amanecer, y al sol poniente al cual llamaban *Apolón*, que tenía, a lo que parece, el delicado gusto de que a sus altares sólo llegaran las manos femeninas, por lo cual había sacerdotisas que denominaban *Walkirias*. Y subiendo hacia los ma-

(1) Hoy Mar Negro.

res del Norte, se encontraban asimismo algunos antiquísimos templos, donde los cultos a la Naturaleza y al hogar predominaban, transmitiendo a aquellos pueblos una especie de dependencia de las manifestaciones naturales, como la lluvia, las tempestades, los aspectos solares, las fases de la luna, etc., etc. Cultos que a decir verdad, parecían mantener a los pueblos en una larga infancia, pero que al igual que los niños eran inofensivos. Y todo esto lo atribuían aquellos hombres, a que en tiempos remotos habían existido en aquellas regiones, pequeñas o grandes ramas de la Sabiduría Kobda, llevada desde los valles del Eufrates a los vastos dominios de Lugal Marada, el *Gran Aitor* de los países de la nieve.

La noche aquella en la sala-comedor, en el Santuario del Monte Abarin, fue noche de historia antigua y moderna, en que se descubrieron redes que los siglos habían ocultado a medias, con las cenizas de su vaivén eterno. Y al destejerse esas redes, se dejaban entrever las figuras luminosas de un joven kobda: Abel, que llenaba con elixir de Sabiduría, el ánfora de alabastro de una joven princesa, destinada a ser guía de la humanidad nórdica: Walkiria de Kiffauser, secundada por aquella pareja eterna Alexis y Astrid, continuación magnífica de Adonai y Elhisa, de los kobdas de Neghadá sobre el Nilo.

La comida terminó con la acción de gracias habitual junto al altar de los Siete Libros, donde parecían flotar como alas luminosas los radiantes pensamientos de los Siete Profetas a quienes veneraban los Esenios, como a sus verdaderos maestros de Divina Sabiduría.

Al atardecer del día siguiente extranjeros y esenios emprendieron el viaje por las oscuras galerías entre las montañas que ya conocemos, para tener la comunión espiritual con los mayores, según ellos decían.

La nieve caía sobre los montes como un copioso deshojamiento de rosas blancas. Era el plenilunio y víspera del primer aniversario del Nacimiento de Jhasua.

¡En qué momento más propicio se congregaban aquellos seres, que ignorados de la humanidad, se reunían en los antros de las montañas, en representación de las cinco ideologías religiosas imperantes en el mundo civilizado!

Y la humanidad ignoraba que en aquel apartado rincón de la tierra, y entre una escasa agrupación de hombres, se labraba la estatua inmortal de la fe, del porvenir.

¿Cómo podía asimilar la humanidad de entonces, que del Atman Supremo se había desprendido una llama que individualizada en el plano físico, era un Dios hecho hombre?

Menos debía esperarse que comprendieran los hombres, la importancia fundamental que tenía aquella congregación subterránea, para preparar los caminos del hombre Dios que había venido.

Cuando llegaron al Monte Nebo, de la galería subterránea, subieron la rústica escalera de piedra que tenía acceso a la caverna sepulcral de Moiśes, la cual les esperaba inundada de dorada claridad. El inmenso candelabro de Setenta cirios, semejaba un gran florón de luz rutilante y temblorosa, cuyos reflejos caían sobre la faz marfilina de la momia milenaria, e imponente en su austeridad. Siete pebeteros de bronce colgados de la techumbre y encendidos poco tiempo hacía, soltaban como nubecillas cautivas, sus espirales transparentes y blanquecinas, del más puro incienso de Arabia, que a Melchor trajo el recuerdo vivo de su Santuario de Horeb.

—¡Qué Dios bendiga al hermano que hizo solo el camino, para esperarnos con los cirios encendidos y con los pebeteros ardiendo! —dijo en alta voz el Gran servidor—. ¿Quién habrá sido?

Ninguna voz contestó a la suya, porque los esenios no acostumbraban descubrir las buenas acciones propias, sino cuando el bien de un semejante lo reclamaba.

Los extranjeros escudriñaron con la mirada todos los rostros, y sólo encontraron la serena placidez del que no da importancia sino a lo imperecedero y eterno.

La magna asamblea espiritual se inició con el preludio de la música, compuesta exprofeso para los cantos proféticos de Isaías, de los cuales un coro cantó los fragmentos alusivos al Verbo Divino, vislumbrado por el Profeta seis siglos antes de su llegada.

"Como un niño nos es nacido; el Hijo de Jehová nos es dado, lleva el principado sobre su hombro y le llamarán Admirable, Consejero, Hijo de Dios Fuerte, nacido de Padre Eterno, Príncipe de la Paz. Lo dilatado de su imperio y la paz, no tendrá término sobre el trono de David y sobre su reino, porque Jehová lo confirmará en justicia desde ahora para siempre. Cap. 9. "¡Cuán hermosos son sobre los montes, los pies del que trae alegres nuevas, del que publica la paz, del que pregona el bien, del que derrama salud, del que dice a Sion: Tu Dios reina sobre ti!

"Cantad alabanzas y alegraos soledades de Jerusalén, porque Jehová ha recordado a tu pueblo, lo ha consolado y lo ha redimido.

"Jehová bajó desnudo el brazo de su santidad ante los ojos de todas las gentes, y todos los hombres de la tierra verán la gloria del Dios nuestro". Cap. 52.

En seguida se ubicaron silenciosamente en los estrados alrededor de la gran caverna-mausoleo de Moisés, y con el pensamiento abierto al infinito, como un loto al rocío de la noche, se sumergieron en ese mar sin fondo y sin orilla del Amor Increado y Eterno, que forja mundos y seres en el torbellino incontenible de su Energía y de su Poder.

Los de mayores desarrollos psíquicos, y más intensidad de amor, se unieron rápidamente a sus Egos, en busca de su voz de consejo y sabiduría; y sus Egos les dijeron con su voz sin ruido, inconfundible: "Tendréis entre vosotros, la esplendorosa radiación del Cristo, en las cinco encarnaciones terrestres que han dado origen a las cinco religiones que representáis en esta hora".

Más ellos guardaron silencio y esperaron.

Y mientras ellos esperan en el más profundo recogimiento, veamos nosotros a través de los velos más sutiles de la esfera astral de la tierra, los estupendos trabajos fluídicos y etéreos que realizaban las Inteligencias Superiores, mediante los que fueron discípulos íntimos del Cristo, en cada una de las personalidades en que su excelsa inteligencia debía manifestarse a los hombres.

La ubicuidad, es un poder divino adquirido por las inteligencias que han llegado al magnífico y completo desarrollo espiritual, a que había llegado el espíritu Instructor de la humanidad terrestre. Este poder consiste, en que le es de fácil realización el revestir el cuerpo etéreo sutil de varias personalidades, que en un tiempo más o menos lejano fueron una realidad en el plano físico.

Y las cinco Inteligencias Superiores guías de Jhasua en esa encarnación, se pusieron al frente de las cinco legiones espirituales, que habiendo estado al contacto del Mesías en las respectivas vidas en que debía manifestarse, estaban en las condiciones necesarias, para extraer de los planos eternos de la Luz, la visión nítida y clara, de hechos sucedidos en épocas remotas y separadas unas de otras, por largos siglos y aún por milenios.

De pronto se vio la caverna convertida en un infinito azul, en el centro del cual resplandeció una enorme inscripción de oro y brillante que decía: *El éxtasis.* Inscripción que duró unos instantes, y se fue diluyendo en el éter rápidamente.

Todos comprendieron que les era necesario ese estado espiritual que se les indicaba, para estar en condiciones de ver y oír lo que deseaban.

Y se dejaron sumergir en los oleajes de topacio y amatistas de ese gran desprendimiento espiritual, que en el lenguaje místico superior, se denomina *éxtasis.*

Los que por su estado físico, o por falta de cultivo necesario, no pudieron llegar al éxtasis, fueron invadidos de un profundo sueño, para que desprendidos de la materia, pudieran ver lo que en estado de vigilia, acaso no podían.

Bajo un gran pórtico abierto en todas las direcciones, y que parecía hecho de zafiros y diamantes, apareció sobre un pedestal de pórfido, una escultural figura de hombre joven y hermoso, de una fisonomía mate que se acercaba al trigueño, iluminada por unos ojos obscuros de infinita profundidad. Su túnica de oro pálido y su manto violeta, se movía suavemente como ondulado por una brisa que allí no se percibía. Apenas diseñada esta figura, se plasmó otra a su lado tan semejante a la primera como suelen serlo hermanos gemelos en el plano físico. Sólo que éste vestía de un pálido azul de turquesa, y sus cabellos eran rubios y sus ojos de color de hoja seca.

Una tercera figura apareció en el infinito escenario de zafir, y fue la de un príncipe indostánico, con escudo y coraza de resplandeciente pedrería, y en actitud de disparar su arco hacia un monstruo, que se abalanzaba con furia sobre él.

El monstruo era un espantoso dragón color de lodo, y llevaba sobre el lomo este nombre "Usurpación".

Luego apareció un inmenso árbol cuyas ramas eran de brillantes esmeraldas, y sentado a su sombra, un hombre joven vestido de humilde sayal color de corteza seca. De sus ojos color avellana, irradiaba infinita piedad y a veces corrían también gruesas lágrimas, que brillaban como chispas de estrellas, que se sumergían en los pliegues de su vestidura de ermitaño.

Y por fin de pie y sobre un pedestal de granito un hombre hermoso en su virilidad, de extraordinaria energía, sosteniendo en su diestra dos enormes tablas de piedra como dos hojas de papel, donde se veían grabados los Diez Mandamientos de la Ley.

Y las cinco radiantes personalidades manifestaron su pensamiento de acuerdo a la época en que actuaron en el plano físico.

Antulio el gran filósofo atlante, llamó a Filón de Alejandría por su nombre y le dijo: "Joven aún, estás indicado para repetir, en esta hora tu vida de José hijo de Jacob, para encender tu lámpara otra vez en Egipto, porque serás el primer precursor de Jhasua en su último apostolado mesiánico sobre la Tierra.

"La sabiduría antuliana que deslumbró en su época, porque fue lo más avanzado que se conoció en los templos de la ciencia, no es diferente de las que muchos siglos después, pareció que se fundaban con principios y normas nuevas.

La Eterna Verdad es una sola, y es la incomprensión de los hombres la que teje tramas diferentes, con los colores diversos; más ¡ay de aquellos que desfiguran la Verdad Eterna, para amoldarla a su codicia y a su egoísmo!

"Sócrates, Platón, Aristóteles y Ptolomeo, son los cuatro reflectores postreros de la Sabiduría Antuliana. Quiero que seas el quinto o sea, el punto de enlace con la enseñanza de Jhasua desde los montes de la Palestina".

Aquella sonora vibración como de clarines de oro se esfumó en el silencio, y la diestra de Antulio se posó sobre el hombro de Abel, el de los cabellos dorados y ojos de color topacio.

"—La Sabiduría de los Kobdas —dijo— esa vieja herencia del Numú lemuriano, fue más un canto de amor fraterno que un resplandor de la Eterna Sabiduría. La maldad de los hombres, había encontrado armas poderosas en los profundos principios de Antulio para desarrollar el mal a su más alto grado, y la Bondad Divina hizo surgir la Fraternidad Kobda, cuyo amor fraterno llevado al heroísmo, sirviera de elixir curativo al envenenamiento colectivo de ciudades y de continentes.

"La ciencia, perversamente aplicada, había hecho a los hombres capaces de todas las malas artes, y el Amor piadoso de los Kobdas debía volverles a la conciencia de su hermandad universal.

"Melchor de Horeb, representas la sabiduría hecha piedad y amor de los Kobdas de la Pre-historia; que tu Escuela sea el primer resplandor de la Unidad Divina en todos los pueblos de tu raza, que está llamada a derramarse por varios continentes.

"Tu acercamiento a la cuna de Jhasua, te obliga a ser el eslabón que une la inmensa cadena kobda del pasado, con los cristianos que van a llegar".

Y en medio de un silencio lleno de suavidad y deleite espiritual, la figura de Abel apoyó la diestra sobre el hombro del príncipe indostánico, cuya túnica esmeralda remarcaba los contornos de su coraza de oro, que le modelaba admirablemente la gallarda silueta varonil. Su fisonomía bronceada dábale un aspecto de la fuerza y energía, que contrastaba con la tierna dulzura de Abel el hijo de Evana.

"—También en la justicia invencible de Krishna, pudo caber el Amor y la Piedad del salvador de la humanidad. Maravilloso prisma es el espíritu esencia divina, cuando ha escalado las cumbres a que está llamado a subir. Sabiduría, Amor, Piedad y Justicia, son hermanas gemelas nacidas del Atman Supremo, que bajo innumerables aspectos, el soplo de su hálito soberano forja leyes, principios y mandatos, conforme al grado de evolución de las humanidades surgidas de su infinita plenitud.

"Krishna con su arco tendido destruyendo el mal, que en múltiples formas devora a las criaturas humanas, fue símbolo de la Justicia Divina que protege a los pequeños, a los débiles, a los humillados y proscriptos, como otro Juno de las edades perdidas en la remota época neolítica.

"Baltasar de Susa; Zenda de los días de Krishna, el Príncipe de la Justicia y de la Paz; último vástago de mis aliados de aquella hora lejana; la unión del Oriente con el Occidente, está encomendada a tu cuidado, como jefe de una Escuela de Divina Sabiduría, que se ha basado en mis doctrinas y principios, y que ya desfigurada, ha creado la separatividad, que es destrucción y es muerte. De la realeza de la sangre de Krishna, se tomó fundamento para forjar la casta real, la más privilegiada de todas, olvidando que Krishna sólo usó de sus poderes de príncipe para defender a las más despreciables clases sociales. De familares que se erigieron en fundadores de majestuosas liturgias, surgió la casta sacerdotal, que hermanada con la primera, se constituyeron bien pronto, en cadenas de hierro para los pueblos que oyeran un día la suavidad infinita de los himnos védicos. Más sé que responderás un día a mi voz, que te argüirá para que seas un defensor de las clases oprimidas del Indostán. Krishna es justicia y es paz. Tú lo serás también''.

El mismo silencio de melodías sin ruido, y la mano abrillantada de ajorcas del Príncipe de Madura, se posó sobre el hombro del Moisés, radiante, que con su vestidura blanca y púrpura, como un trozo de montaña nevada enrojecida por el sol saliente parecía esperar su turno.

Los rayos de luz que emanaban de su frente, adquirieron tal intensidad, que causaban deslumbramientos.

''—¡Soy la Ley grabada a fuego en las conciencias de los hombres! Soy la Ley inexorable e incorruptible que no admite correcciones, ni modificaciones, ni transformaciones, porque es la concepción eterna del Supremo Poder Legislador, para todos los globos del Universo. ''Adorarás al Señor Dios tuyo, con toda tu alma, con todas tus fuerzas y a El solo servirás. Y amarás a tu prójimo como a ti mismo. Es delito contra tu Dios, el tomar Su Santo Nombre en falsos juramentos; es delito no dar tregua ni descanso a tu cuerpo; es delito abandonar a los que te dieron la vida y negarles el sustento; es delito todo daño material y moral a tu prójimo; es delito el hurto del tesoro ajeno y la mentira calumniosa; es delito el adulterio que arroja lodo sobre el honor de tu prójimo; es delito el codiciar los bienes ajenos y despojar de su pan a quien como tú, tiene derecho a la vida''.

''Soy la Ley Infinita, vibrando como una eterna palpitación que no se detiene jamás, y que aunque rueden como arenillas, llevadas por el huracán, millares de años, y de siglos, siempre será la misma, sin cambio, ni variación alguna.

''Ancianos Esenios de Monte Nebo, que conserváis como un tesoro esta Ley, cuyos diez mandatos grabé sobre una piedra, en un día que la Luz Eterna conserva como una epopeya inmortal. A vuestro lado cantará Jhasua, su postrer melodía de amor para esta humanidad, que le recibió como Protector y como Instructor, como Juez, como Consejero, como Guía y como Salvador, y que después de cada etapa, destruyó cuanto pudo sus obras y su doctrina, después de haber destruído su vida, como si fuera posible matar la Ley, matar la Verdad, matar la Idea, matar el Amor!

''Que en vuestro silencio legendario esté su escudo, su fuerza, su formación espiritual, el despertar a su heroico Mesianismo de esta hora, porque es en el país que duerme, a las faldas de estos cerros olvidados de Moab, donde él abrirá los surcos para su siembra final''.

Y cuando la radiante figura extendía su brazo y se inclinaba a poner su diestra sobre el hombro del ermitaño del tosco sayal sentado bajo el árbol de esmeraldas, éste se alzó rápidamente, y el sayal tomó tintes irisados de múltiples colores, como si al abrirse sus ojos entornados en meditación, hubiesen entretejido de claridad, los rústicos hilos de su vestido.

''—Soy la anulación del yo inferior del hombre, soy el silencio de sus instintos de bestia, la destrucción del deseo, y el renunciamiento, a cuanto hay de pasajero y efímero en los engañosos jardines de la vida. La humanidad se hundía en un abismo de oro y cieno, por la ambición y la sensualidad llevados a extremos de locura, de barbarie y de crimen. El dolor, la miseria y la muerte prematura, enseñoreados de las sociedades humanas, amenazaban con furias de avalancha que arrastraría todo al abismo.

"Por Divina Ley, Buda comprendió como ninguno, por interna iluminación, que los dolores humanos tienen por causa el deseo.

"¿Qué es el dolor sino un deseo no satisfecho? Desea el que ama, desea el que odia, desea el rey y desea el vasallo, el rico y el pobre, el joven y el viejo, el sano y el enfermo, el vencedor y el vencido.

"Y de toda esta efervescencia de tumultuosos y contrarios deseos, forma el hombre tan horrenda y lóbrega bóveda psíquica, que hace imposible la filtración de toda luz, de todo conocimiento, de toda paz y de todo bien. Por eso busqué en la anulación del deseo, el bien de la humanidad; y al extremar la medida del renunciamiento, probé que todo hombre puede limitar sus deseos a lo justo, para aniquilar al mal, y propender al bien sobre la tierra. La vida de Buda, en otros términos, fue el cumplimiento perfecto de aquel eterno *"Ama a tu prójimo como a ti mismo"*.

"Con el precio de una sola de las túnicas de Sidharta, Príncipe de Kapilavastu, podían vivir sin miseria y sin hambre cien criaturas humanas durante un año. Mis lujos eran escarnio para los desheredados, mi saciedad de todo, era su hambre. Mis atavíos eran su desnudez; mi gozo, su llanto, y mientras yo descansaba junto a las hogueras perfumadas de incienso, ellos temblaban de frío entre el cieno y las escarchas.

"El renunciamiento abrió a Buda los cielos infinitos y como Antulio, en sus transportes siderales, vi en mi meditación sentado sobre una estera, lo que es la Divinidad, cúmulo infinito de energías, de poderes, de fuerzas y de amor. Océano sin riberas, formado por millares de raudales, cada uno de los cuales, fue individualidad en su hora; hoguera sin fin, formada por millares de millones de llamas vivas, que fueron individualidad en su hora. Y comprendiendo el proceso evolutivo de las almas, Buda pudo afirmar que es pueril y propia de infantillos, la idea de un *ser* representación de la Divinidad; de una sola Inteligencia, marcando rutas a mundos y seres; de una sola mano gigantesca, sosteniendo en su palma el peso de los mundos. Todo *ser* tuvo principio. Sólo el Eterno Invisible no lo tuvo. Luego *no es un ser*.

"Y comprendida en la meditación, la profunda y estupenda verdad, dijo Buda sin temor de ser desmentido: "Dios es el conjunto de Inteligencias perfectas". El más breve camino para esa dicha suprema, es el vencimiento del deseo o sea el renunciamiento completo.

"Gaspar de Bombay: no temas al duro calificativo de filósofo ateo, que dará la humanidad a quien niega la individualidad personal de Dios. El principio de la Unidad Divina puesto sobre el Monte Santo de la Sabiduría Kobda y Mosaica, es la misma unificación de Inteligencias comprendida por Buda. La Unidad-Dios no es individualidad, sino unificación. Tal debe ser la claridad de vuestra comprensión y de vuestro discernimiento, para llegar a la conclusión de que en todas las personalidades del Avatar Divino, no pudo enseñar sino la sola y única verdad.

"Dios es la suma de todos los poderes, de todas las energías, de todos los conocimientos, de todas las perfecciones, de todos los amores. Formidable Suma de millares de millones de unidades, que forman estrechamente unidas, la infinita fuerza creadora que llamamos Dios, Gaspar de Srinaghar. Yo quiero que seas el clarín de oro que cante hacia el oriente y hacia el occidente, con las notas entretejidas del Mahavastu y los Upanishad, porque ambas son melodías del Eterno Trovador Universal".

Las cinco figuras luminosas se unieron lentamente como en un solo haz de luz multicolor, hasta no quedar de todas ellas, sino un solo gran resplandor dorado como de un sol inmenso y vivo, que llameaba en el infinito azul.

Y en el centro de ese sol que fue tornándose suavemente rosado, apareció la figura delicada y tiernísima de un niño, al cual le envolvían en aureola, una multitud de rostros felices y radiantes, que parecían haberse formado de los rayos de luz del gran sol, en que se fundieron las cinco primeras figuras.

— ¡Jhasua!... ¡Jhasua! —exclamaron a una voz todos los presentes, al mismo tiempo que el Dios-Niño levantando su diestra, hacía el signo de bendición de los grandes Maestros, o sea con el índice y el central, destacándose de la mano cerrada.

Todas las frentes se inclinaron, y la caverna se llenó con innumerables voces que cantaban a coro:

"¡Gloria a Dios en los cielos infinitos y paz en la tierra a los hombres de buena voluntad!"

Entre los sollozos contenidos de la indescriptible emoción, fuese alejando lentamente la armonía de las Arpas Eternas, y diluyéndose en el éter la esplendorosa y tierna visión, hasta no percibirse más que el trémulo oscilar de la llama de los cirios, y el suave perfume del incienso, que se había convertido en cenizas entre las ascuas ardientes de los pebeteros.

Ninguno era dueño de manejar libremente su materia, semianulada por la intensidad de vibraciones sutilísimas, de tantas inteligencias superiores, que en la plenitud de amor y de gozo, habían bajado de los cielos al abrupto recinto de la caverna de Moisés.

Regresaron al Gran Santuario ya muy pasada la medianoche, y con un simple *hasta luego* pronunciado apenas a media voz, cada cual se refugió en su celdilla de rocas, donde un estrado tapizado de pieles y una almohada blanda de lana, les esperaban para el descanso. Y pocos momentos después el Gran Servidor con el más joven de los Esenios, recorrían una por una las celdillas, dejando en silencio sobre el banquillo de escribir, un tazón de vino caliente con miel y al centro del pavimento, una brasera con ascuas encendidas.

La hospitalaria solicitud de los Esenios, encontró aun en aquella noche memorable, una tierna manifestación.

Tres días después los extranjeros bajaban de las montañas para incorporarse a la caravana, que de mes en mes pasaban hacia Sela, punto donde los cuatro se habían reunido y donde se debían separar rumbo cada cual a su país natal.

La divina luz que les guiara desde la patria lejana, fue en verdad la "Estrella de los magos" de que hizo una tierna leyenda la piadosa credulidad de la infancia cristiana.

MARAN - ATHA

Mientras el Verbo Eterno hecho niño, dormía envuelto en la bruma de oro y rosa de esa encantadora inconciencia que llamamos *infancia,* aprovechamos el tiempo amigo lector, para dar un vistazo a la obra preparatoria realizada por las agrupaciones humanas, que por su decidida consagración a la meditación y al estudio, conquistaron el derecho de poseer el gran secreto divino; el adveni- miento del Verbo de Dios en medio de la humanidad.

La forma en que dichas agrupaciones emplearon el gran secreto en bien de la evolución humana, es lo que veremos en este pasaje. Antes de separarse en el Gran Santuario de Moab, buscaron y compusieron con los elementos del idio- ma sirio, que sería el hablado por Jhasua, una frase que uniera a todos los suje- tos de dichas agrupaciones en un solo pensamiento, y que a la vez les sirviera para reconocerse unos a otros, ya que habían tomado la magna resolución, de lanzarse en medio de la humanidad como palomas mensajeras, en busca de las almas que estuviesen preparadas para el divino mensaje que llegaba. Y esta frase fue: *Maran-Atha,* cuyo significado es éste: *"Nuestro Señor llega".* Frase que di- cha al oído y a media voz, iría descubriendolos, a aquellos cuyo grado de evolu- ción y cuya lucidez de conciencia ya les había anunciado, que la hora solemne soñada por los Profetas había llegado.

Los tres viajeros del lejano Oriente, y el joven filósofo estudiante de Alejan- dría, Filón, habían pactado con los Ancianos el realizar los más grandes esfuer- zos para abrir Escuelas de Divino Conocimiento, en cuantas ciudades. y pueblos les fuera posible, sin despertar sospechas ni enconos de los poderes contituídos, en unos y otros países.

Baltasar de Persia, tenía en Babilonia un compañero de escuela de nombre Budaspe, el que se retiró del santuario común, para hacerse cargo de la ancia- na madre y de cuatro sobrinitos huérfanos, cuyos padres asesinados en un mo- tín popular les habían dejado en el mayor desamparo. La palabra amiga, plena de esperanzas y promesas hechas al sacrificio voluntario, venida desde el alma de Baltasar a la de Budaspe, había mantenido en este último, la lamparilla encendida en forma tal que poco le costó reanimar la llama hasta formar una antorcha viva.

Y a mitad del segundo año de nacido Jhasua, Baltasar se trasladó a Babilo- nia, y en el mayor silencio, sin clarinadas y sin alardes, abrió en la gran ciudad una pequeña escuela, donde comenzó dando lecciones de Astronomía, de Botá- nica medicinal, de preparación de jarabes y pomadas curativas, de preparación de placas de arcilla para grabados, y por fin de Astrología y de Divina Sabidu- ría o sea la Ciencia de Dios y de las almas. Y cumpliendo las resoluciones toma- das con los Setenta Ancianos de Moab, pasados los primeros estudios que sólo eran un medio de acercar discípulos y observar sus capacidades, el primer paso estaba en aquel sublime Maran-atha (nuestro Señor llega), y para predisponer- se a esperarle, era necesaria una purificación de vida.

Los símbolos exteriores formaron una parte importante en todas las Escuelas religiosas de la antigüedad, y de la época pre-cristiana.

Y teniendo en cuenta los Setenta Ancianos de Moab y los viajeros del Oriente, que la humanidad en general se hallaba en la infancia todavía, resolvieron que fuera un acto material el comienzo o iniciación, a una purificación y cambio de vida. Y este acto debía impresionar las mentes de los neófitos en forma que no se les olvidara jamás. Fue lo que en lengua caldea se denominó *sabismo,* que significa *bautismo.*

Debía practicarse después de siete días de recogimiento y de silencio, de arrepentimiento y de oración en los cuales los neófitos pasaban revista a su vida anterior y medían sus fuerzas para la que iban a emprender. Se les vestían túnicas blancas, y entrados en un estanque o corriente de aguas claras, se les derramaba sobre la cabeza diciendo:

"Como estas aguas de Dios lavan tu cuerpo, sea purificada tu alma por el arrepentimiento, porque Nuestro Señor llega".

Y el neófito contestaba: "Bienvenido sea a mi corazón".

Era el ritual sencillo y a la vez profundo, que se usó en aquellos lejanos días, en que la humanidad espiritualista se preparaba a recibir al gran ser que debía anular todas las fórmulas exteriores, para no dejar más que el pleno y voluntario sumergimiento del alma en la Divinidad, que es la culminación de la vida interior.

Y esta práctica se fue extendiendo a través de las ocultas y secretas Escuelas que en Palestina, Siria, Caldea, Persia y Arabia se fueron abriendo para preparar las almas a la mística siembra de amor de Jhasua.

Gaspar por su parte, trasladóse a lo que habían sido sus dominios donde desconocido de aquellos mismos a quienes su generosidad engrandeció, con extremadas precauciones, pudo abrir dos pequeñas Escuelas de Conocimientos superiores, disimuladas bajo el aspecto de Taller de grabados en Srinaghar.

De la enseñanza de estos trabajos manuales, pasaban los que estaban en condiciones de pronunciar el Maran-atha reglamentario, a los preparativos para los estudios superiores. El Brahmanismo estaba en el Indostán en todo su apogeo, habiendo ya desterrado de la península al budismo, relegado al Nepal en la falda de los Himalayas. Y recelosos de un resurgimiento budista, espiaban todo movimiento que pudiera despertar nuevamente la fascinadora igualdad humana, enseñada y practicada por el dulce lírico del renunciamiento y de la quietud.

Melchor el príncipe moreno, y el más ardiente y vigoroso de los tres viajeros orientales, habían introducido un grupo de los adeptos de su Escuela en tierras de Egipto, más allá del Mar Rojo y a orillas mismas del Nilo.

Iban como mercaderes de perfumes y esencias de Arabia, y enseñaban el arte de prepararlas. Y manifestando querer realizar combinaciones con las exóticas flores más aromáticas de la Isla Philé y de Ipsambul, logró tomar posesión de los templos subterráneos de dicha capital a orillas del Nilo, y de otro templo abandonado en la célebre isla de Philé. Y teniendo en cuenta que en verdad, para la recolección de ciertas flores y su preparación necesitaban realizar estudios meteorológicos y climáticos, instaló un observatorio astronómico con todos los elementos que en aquella época se usaban para los estudios estelares. De las aulas de botánica floral, pasaban los alumnos más adelantados a un grado superior, donde se iniciaban con abluciones nocturnas en las aguas del Nilo, cuando la luna estaba en el cenit. Estos eran aquellos que podían penetrar el secreto de aquel "Maran-atha", que corría suave y silenciosamente por valles, praderas y montañas, como un misterioso llamado al fondo de las conciencias que iban despertando del sueño letárgico, como crisálidas de su capullo.

Réstanos por fin exponer, la forma en que el joven estudioso de Alejandría, Filón, cumplió los pactos hechos con los ancianos de Moab.

Junto al lago Merik, obra magnífica con que inmortalizó su nombre el Faraón Amenhemat III, se encontraban enormes ruinas de antiguos templos construidos también por este Faraón, entre ellas el célebre Laberinto. Una de estas ruinas se alzaba entre un bosque de palmeras, arrayanes y tamarindos, y el buen estado de conservación en que se hallaban denotaban haber sido un templo construido en épocas muy posteriores a las demás grandiosas edificaciones. Dos villorios de labriegos y pastores de antílopes, lo utilizaban como depósito de cereales y establo de sus ganados. Y el joven Filón se introdujo con seis compañeros suyos entre los labriegos, bajo el pretexto de comprarles toda la producción de huevos de avestruz y dátiles para comerciar con puertos del Mediterráneo. En Ascalón tenía parentela y en Hebrón un hermano, Zacarías, sacerdote y esenio, que estaba encargado de proveer artículos alimenticios a los ocultos Santuarios esenios. Quiso Filón por este medio, fundar una Escuela de modelo esenio, y mantener vinculaciones con los ancianos de Moab, sin apartarse de la gran Escuela de Alejandría que abarcaba todas las ramas del saber humano. El joven estudiante, dotado de claro ingenio, comprendía que la Escuela Alejandrina de Ptolomeo I su fundador, después de tres siglos, no era ya la misma de aquellos gloriosos días, sino que caída bajo la tutela de gobernantes incapaces de grandes ideales, empezaban a degenerar en una burda mitología de dioses y semidioses, patrocinantes de las múltiples festividades, que el capricho de los soberanos iban creando como medio de satisfacer el bajo instinto de los pueblos. Y los Setenta Ancianos del Gran Santuario de Moab por su parte, habían resuelto salir al exterior y por turnos de siete sujetos, cada seis meses, para visitar los santuarios pequeños, las granjas de familias esenias, y hasta los más apartados pueblecitos y aldeas, donde un solo esenio mantuviera la lamparilla encendida. Y el místico y silencioso "Maran-atha", se extendió como una bruma invisible desde las alturas de Moab, hasta las costas del Mediterráneo, y desde las escarpadas y sombrías soledades del Mar Muerto, hasta la populosa ciudad de Tiro, centro y foco del paganismo romano en el medio Oriente. Desde tiempo remotísimo cuando Tiro no era más que una fortaleza en un islote de roca apartado de la costa, había quedado como vestigio del antiguo poderío de los tirios, un viejo santuario o Torreón tétrico y siniestro, por las innumerables leyendas de aparecidos y fantasmas que corrían entre el vulgo, para el cual, de aquel templo-fortaleza sólo podían surgir los demonios perturbadores de la paz y la salud. En realidad, era un refugio de leprosos arrojados de todos los centros poblados como inmundas piltrafas. Los terapeutas habían convertido lentamente en limpio y confortable hospicio, la parte en que claramente se veía haber sido alcobas particulares de solitarios y monjes budistas, por algunas borrosas inscripciones que los siglos no habían oscurecido por completo. Mientras que el gran recinto circular del centro, cuya techumbre de cuarzo lo hacía aparecer inundado de una bruma de oro en las horas del sol, y de un diáfano azulado las noches de luna, fue destinado a una gran aula preparatoria de alumnos iniciados en la ciencia de Dios y de las almas.

Los terapeutas, médicos gratuitos del pueblo y más de los desheredados, habían conseguido del Legado Imperial de Siria, que era el más alto representante del Gobierno de Roma, permiso de ocupar aquel viejo Torreón, como hospedería de leprosos y de enfermos infecciosos en general. Esto, no sólo no despertaría recelos de ninguna especie, sino que fue mirado como una obra altamente benéfica de aquellos inofensivos médicos populares, pues ahorraban a las clases acaudaladas de la gran ciudad, el triste espectáculo de tan espantosas miserias humanas.

Uno de los enfermos asilados allí y que padecía epilepsia ya en un grado muy avanzado, durante uno de sus espantosos delirios, hundió una losa del piso al arrojarse sobre ella con toda su fuerza, y cayó al fondo de un negro hueco del cual subía un recio viento con olores de agua y limo. El pobre epiléptico se mató en la caída, pero fue causa de que los terapeutas hicieran un buen descubrimiento. Aquel negro boquerón húmedo y sombrío, era el comienzo de excavaciones que se prolongaban hasta las pendientes del monte Líbano, donde había hermosas grutas cubiertas de vegetación, y de donde surgían filtraciones de aguas clarísimas que podían prestarles grandes servicios para ulteriores finalidades. El ardiente entusiasmo del apostolado, les impulsaba a transformar en templo de sabiduría, las cavernas de las montañas y las vetustas ruinas de fortalezas, o de antiguos Santuarios abandonados.

El Monte Hermón, la más elevada cumbre de los Montes Líbanos, les recordaba el límite a que habían llegado hacia el Norte, pues en sus hermosas grutas cubiertas de frondosos árboles y de frutas en abundancia, existía uno de los santuarios esenios más nuevos, pero también más expuesto a ser descubierto, aun cuando no llegaba hasta allí, la jurisdicción del poderoso sacerdocio hierosolimitano, que a decir verdad era el único enemigo de los Esenios.

Aquella excavación, que la caída del infortunado epiléptico descubrió a los terapeutas enfermeros, había quedado desde la remota época en que mediante grandes terraplenes de tierra y piedras, el rey Hiram de Tiro, unió el islote de la antigua fortaleza, con las poblaciones de la costa, formando así la gran ciudad marítima del Mediterráneo Oriental. La gran afluencia de los mercaderes de todas las comarcas de Oriente, y de navíos de todo el litoral del Mar Mediterráneo, extendió la población heterogénea de la gran capital, hacia las pendientes del vecino Líbano, cuyas faldas de verde y exuberante vegetación se vieron cubiertas de fastuosas moradas como de modestas cabañas.

Y los Esenios precursores de Jhasua, los hombres del silencio y de la meditación, encontraron que aquella excavación, que partiendo del subsuelo del torreón de Mel kart, continuaba hasta las grandes grutas del Monte Líbano, de cuyas filtraciones nacía el Jordán, les acortaba enormemente la distancia hacia el Santuario del Monte Hermón, y les ofrecía la ventaja de hacer casi la mitad del camino sin ser vistos ni observados por los habitantes de aquella comarca.

Recorrida con gran cautela la excavación, les llevó a una gruta inmensa que presentaba señales y vestigios de haber sido dedicada a los antiguos ritos fenicios de Astarté, la diosa de todos los bienes. Allí encontraron en un catafalco de piedra negra, un dios Adonis tallado en madera. Era pues el sepulcro del llorado esposo de Astarté, que según el culto y la creencia fenicia moría de amor cada año en el estío pleno de flores y frutas; y resucitaba cuando llegaba el invierno con sus escarchas y nieves.

La gran soledad de aquel paraje, y unas pocas ruinosas cabañas abandonadas, daban a entender que no era un sitio agradable para habitación.

Unos pastores de cabras les dijeron que las gentes huían de aquella gruta, cuyos resonantes ecos y lamentaciones demostraban estar habitadas por genios maléficos.

Los Esenios, hombres de estudio y de superior conocimiento, buscaron la causa de tales sonidos, que en efecto pudieron comprobar. En boquetes o grietas artificiales o naturales de la caverna, habían colocado hábilmente, innumerables bocinas de cobre de diversos tamaños y estructura, en dirección de los vientos, y eran los que producían los sonidos y lamentaciones que aterraban a las gentes.

Sin duda los creyentes de Astarté y Adonis, simularon de aquella manera los lamentos y lloros por la muerte del dios de las flores y de los frutos. Pronto el catafalco de piedra se convirtió en altar, donde las Tablas de la Ley de Dios y un candelabro de siete cirios representación de los Siete Profetas Esenios, ocupó el interior de la gruta, y las bocinas de cobre se transformaron en pebeteros para quemar incienso de adoración al Altísimo, mientras sus hijos dejaban volar en ferviente oración el pensamiento. Los lamentos cesaron de inmediato y los terapeutas cobraron gran consideración de los pocos moradores de aquel temido paraje, pues habían dominado a los malos genios que turbaban la paz y tranquilidad de los labriegos y pastores.

Y cuando Herodes el Grande mandó construir allí cerca un templo de mármol en ofrenda al César reinante, no le pasó por la imaginación ni remotamente, que a unos doscientos metros se hallaba una gruta sepulcral de Adonis, que unos humildes solitarios transformaban en casa de oración para esperar a ese Libertador de Israel, cuyo acercamiento anunciado por los Profetas, tanto temía. Y menos, que ese Hombre-Luz, genio transformador de la sociedad humana, descansaría en aquella gruta pocos años más tarde, mientras meditaba, al final, ya de su jornada, en la extraña situación en que se hallaba colocado, entre el paganismo romano cuyo exponente era Tiro, y el monoteísmo judío, representado en Jerusalén.

Ni le comprendían los paganos, ni le comprendían los adoradores del Dios Unico. ¿Hacia dónde tendería el vuelo su alma tierna de paloma mensajera de la verdad y del amor?

Y en aquella escondida gruta, a menos de una jornada de la gran capital mediterránea, donde los placeres, la fastuosidad y el lujo absorbían la vida de los seres, el lírico soñador, el genio visionario de la fraternidad y del amor entre los hombres, dejaría que en el silencio y la meditación germinase y llegase a la madurez, aquella su frase de bronce y fuego: "Sólo por el amor será salvo el hombre".

Mientras los Esenios se multiplicaban para amplificar su obra preparatoria, sus demás nobles aliados de la Persia, Indostán, Arabia y Egipto hacían otro tanto.

Filón, el joven estudiante de Alejandría, que había ocultado sus fines ideológicos y religiosos bajo un comercio entre Alejandría y Ascalon donde tenía parentela, realizó un viaje a la tierra de sus antepasados y pasó hasta Hebrón, lugar donde habitualmente residía su hermanastro Zacarías o Facega de Jafa, sacerdote ya de edad madura casado con Ana Elisabeth de Jericó prima en segundo grado de Myriam madre de Jhasua. No habían tenido hijos en su juventud, pero al igual que les había ocurrido a Joachin y Ana, Zacarías y Elisabeth recibieron ya en el ocaso de su vida, el don divino de un hijo varón, nacido doce meses antes que Jhasua, hijo de Myriam y Joseph.

Cuando Elisabeth se sintió madre, Zacarías estando de servicio en el templo, tuvo una visión de que Jehová le concedería un hijo, grande entre sus siervos, que traía consigo la fortaleza espiritual y magnética de Elías, su mismo soplo, su misma vibración poderosa y terrible. Pero que sería mártir de la vil sensualidad y perfidia de una mujer. Y en el lienzo astral de su visión, apareció la cabeza cortada de un hombre de la cual manaba un raudal de sangre que formaba un sendero de luz, por donde bajaba un joven entre un sereno resplandor de todos los colores del iris. Tan profunda impresión le causó a Zacarías esta clarividencia, en momentos que ofrecía holocausto en el Altar de los Perfumes, que se quedó mudo, con la garganta oprimida como por una mano de hierro que no le permitía articular palabra.

Y la voz sin ruido del hermosísimo joven de la visión le dijo: "Cuando tu hijo abra sus ojos a la vida, recobrarás el uso de la palabra. Su nombre será Johanan". El buen hombre cayó de rodilla y tocó su frente el frío pavimento del Templo, actitud muy usada por los hebreos esenios, cuya profunda humildad les llevaba a querer confundirse con el polvo de la tierra que todos hollaban. Así le encontraron sus compañeros de servicio en el Templo, Simeón, Esdras y Eleazar sin que él pudiera dar razón alguna de lo que le pasaba. Unos días después pudo escribir en una plancheta de madera: "Jehová me anunció un hijo que será profeta y se llamará Jhoanan" Sus compañeros pensaron que estaba loco, y uno de ellos le acompañó hasta una granja que el matrimonio tenía en Yutta, muy cerca de Hebrón. Encontraron allí a su mujer, y por ella supieron ser verdad que iba a ser madre.

Cuando el niño nació, murió su madre, y Zacarías Facega, hizo traspaso de sus bienes a sus parientes más cercanos entre ellos su hermano Filón y después se retiró con su niño recién nacido al Santuario del Monte Quarantana, dejando a su parvulillo al cuidado de Bethsabé la buena mujer que ya conocemos en la Granja de Andrés.

Al llegar el joven Filón a casa de su hermanastro, se encontró con la triste noticia de su viudez, y quedándose dueño por la cesión que él le hacía, de la Granja de Yutta, instaló en ella una pequeña escuela de letras y trabajos manuales, donde puso como maestro a un joven llamado Andrés de Nicópolis, que era un artífice en la escritura en papiros, en madera y en arcilla.

En el desenvolvimiento y actividades que desarrolló esta pequeña escuela, tuvieron gran participación Nicodemus y José de Arimathea en años posteriores, como lo veremos más adelante.

El niño Johanan, llamado después el Bautista, puede decirse que nació y creció entre el ascetismo austero de los Esenios, en cuya elevada doctrina se empapó desde sus primeros pasos por la vida. Su padre, que concentró en él toda su ternura, le visitaba casi diariamente, pues en la clarividencia espiritual les fue avisado que era la reencarnación de un gran maestro, el antiguo Profeta Elías, que llegaba como un heraldo avanzado del excelso Príncipe del Amor, de la Paz y de la Fraternidad entre los hombres.

Y mientras Jhasua creció en Nazareth de Galilea, bajo la tutela inmediata de los Esenios del Tabor y del Carmelo, Johanan crecía también más fuerte y vigoroso que aquél, bajo la amorosa vigilancia de los Solitarios del Monte Quarantana, adonde fue llevado apenas cumplió siete años.

Gran violencia debían hacerse continuamente los Esenios, para educar y gobernar al niño, en el cual estaba cautivo el gran espíritu de aquel a quien consideraban el mayor de todos después de Moisés. Sobre todo los clarividentes que le veían casi continuamente envuelto en aquella poderosa aura de fuego de los espíritus de Justicia, cuando una avanzada evolución les acompaña, sentíanse grandemente cohibidos de tratarle como a un niño. Esto dió motivo a que Johanan mientras dormía tranquilamente en su celdilla contigua a la de su padre, su espíritu desprendido de su materia se les manifestó en el Santuario con severo semblante, y con sus pensamientos como centelleantes relámpagos, les hizo comprender este sencillo discurso:

"Esenios, hijos de Moisés: si queréis ser fieles a vuestros solemnes pactos de esta hora, no veáis en mí aquel Elías que os trazó rutas de austeridad y de pureza, de desarrollo de elevados poderes espirituales, sino al niño Johanan que viene a vosotros para que le ayudéis a despertar a su realidad de estos momentos, mediante la severa educación espiritual y moral que debéis dar a todo niño que trae una misión. Si así no lo hacéis, la Eterna Ley por sus propios medios me sacará de entre vosotros, que demostráis una sensible debilidad a mi lado, y me llevará a quienes cooperen valientemente a mi desenvolvimiento y despertar espiritual".

La visión, se esfumó en la radiante atmósfera de fuego que inundaba las almas de energía y los cuerpos de fuerza y de vigor. Aquellos vivísimos resplandores que perduraron durante un largo rato hicieron comprender claramente a los Esenios del Monte de Quarantana, de qué naturaleza fueron los grandes *fuegos del cielo* que durante la vida física de Elías aparecían a la vista de muchos, hasta aquella inmensa llamarada que Elíseo el predilecto discípulo, vio con las formas vagas semidiluidas en el éter, de un carro de fuego en que subía a los cielos el alma del gran Profeta.

En la organización de esta pequeña escuela, Filón se detuvo en Judea cerca de un año, a los fines de dejarla establecida sobre bases sólidas y bajo los auspicios de los Terapeutas de la Palestina, que recorrían el país en todas direcciones, lo cual les facilitaba grandemente el obtener alumnos apropiados para dichas aulas.

Fue en tal momento que no pudo Rabsaces, el mago favorito de Herodes, ocultar por más tiempo al Rey que los viajeros de Oriente se le habían escapado de entre las manos, sin que sus numerosos espías hubiesen conseguido rastro alguno de ellos. La cólera real no tuvo límites, y después de enterarse de boca de todos sus magos y augures que el Libertador de Israel era nacido el día de la gran conjunción planetaria que conocemos, y que por entonces debía tener cerca de dos años, mandó a descuartizar a su mago favorito y aplicar cien azotes a los demás, por no haber sido capaces de averiguar con su oculta ciencia, el paradero del temido niño.

Y fue para calmar su cólera, y a la vez exterminar al descendiente de los Reyes de Judá que había llegado, que ordenó la muerte de todos los niños nacidos en Betlehem en los días de la conjunción planetaria.

Una mujer betlehemita de nombre Jael, casada con uno de los soldados de

Herodes encargados de la matanza de niños, tuvo piedad de los infantillos de su tierra natal, entre los que se hallaban los hijos de sus hermanos, y sabiendo que los Terapeutas peregrinos eran hombres de influencia y llenos de misericordia para todos los perseguidos, corrió a la casa hospicio de enfermos, que junto a la piscina de Siloé tenían ellos y donde estaba segura de encontrarles. Les dió el aviso, no pensando en el Dios-niño del cual no tenía noticia, sino en salvar a los niños de su parentela.

Un joven tejedor, de nombre Tadeo, pariente cercano del Terapeuta regente de la casa refugio de Siloé, fue enviado a todo el correr de su buen caballo a llevar el aviso a Galilea, a los ancianos de las grutas del Tabor, pues temieron que algunas de las madres betlehemitas, por salvar a sus hijos, dieran la noticia de cuál era el niño que buscaban, y que habiendo nacido en la casa de Elcana y Sara, ellos debían saber dónde se encontraba. Uno de los Terapeutas partió asimismo a Betlehem que sólo quedaba a una jornada de Jerusalén, para avisar a Elcana del peligro que amenazaba su casa, a fin de que se pusiera a salvo, igualmente que sus compañeros Alfeo, Josías y Eleazar, pues que de haber una delación, también les alcanzaría, conocida como era la amistad íntima con Elcana el tejedor, cuya casa frecuentaban diariamente.

Los cuatro amigos se hicieron como uno solo para ayudar a Eleazar, que teniendo niños pequeñitos estaba más en peligro de caer bajo el hacha de los verdugos. Cuando las sombras de la noche caían sobre Betlehem y sus montañas, que las primeras nieves empezaban a blanquear, los cuatro hombres y las dos mujeres, Juana mujer de Eleazar y Sara de Elcana, montadas en asnos con los niños más pequeños, marcharon hacia la aldea de Engedí, a refugiarse en las grutas del Monte Quarantana, en cuya entrada estaba como se sabe la Granja de Andrés.

El Terapeuta que les trajo a ellos el aviso, recorrió en toda esa noche los hogares esenios donde había niñitos de la edad del Dios-niño, a fin de que les pusieran a salvo. Y él mismo les indicó el antiguo sepulcro de Rachel al noroeste de Betlehem, el que tenía acceso a una enorme gruta habitada a veces por algunos ancianos mendigos sin hogar, o por algunos perseguidos por los odios sacerdotales, y por los odios reales. Otros fueron hacia los estanques de Salomón, entre cuyas vetustas construcciones se encontraba la entrada a las grutas resplandecientes en otro tiempo de oro y jaspe, de bronce bruñido y de mármoles finísimos, donde el rey de los grandes amores celebró sus nupcias secretas con Belkis, la encantadora reina de Saba de la lejana Etiopía, a fin de ocultarla de la hija del Faraón egipcio, que era la esposa-Reina.

En aquel laberinto de montañas, entre las cuales corría el Acueducto que terminaba en los estanques, podían bien ocultarse varias familias, que serían socorridas por los Esenios de Hebrón y de Yutta, donde se encontraba la Granja-Escuela que fuera de Zacarías y donde se hallaba entonces Filón de Alejandría. Enterado éste de la amenaza que pesaba sobre el niño Jhasua, dejó todo y corrió al puerto de Ascalón para tomar el primer barco que zarpara con rumbo a Tiro, pues supo por el Terapeuta mensajero que esa misma noche habían salido Myriam y Joseph con el niño hacia Tolemaida, para embarcarse hacia la Capital fenicia, donde ya quedaban a salvo de la furia de Herodes.

Pero Filón, que por sus vinculaciones y conocimiento del engranaje político de aquellos tiempos sabía que el Legado Imperial de Siria no descontentaría a Herodes, gran amigo del César, iba seguro de convencer a sus aliados Esenios y a los padres de Jhasua, de que llevarle a Alejandría era lo que más seguridad ofrecería para su vida.

El dijo a los Terapeutas y a los dirigentes de la pequeña escuela de Hebrón: "Yo me llevo al Niño con sus padres a Alejandría hasta que pase el peligro". Y en Judea, todos los que estaban en el secreto, quedaron convencos de que Jhasua era llevado a Egipto.

Veamos cómo ocurrieron después los acontecimientos.

A la altura de Kaphar, el velero en que viajaba Filón se vió arremetido por una furiosa tempestad que retardó la llegada al puerto de Tolemaida, donde él contaba encontrar a los Terapeutas que conducían a Jhasua con sus padres hacia Tiro.

Pero el retardo de la tempestad impidió que esto sucediera, y cuando el joven Filón llegó a Tolemaida, ya los viajeros que él buscaba debían estar llegando a Tiro. Siguió viaje hacia la Capital fenicia, donde el Hombre-Dios, niño sólo de veintidós meses, había ido a pedir refugio a los paganos idólatras, por la persecución a muerte de que era objeto en su país natal.

Había sido introducido con sus padres en el vetusto torreón de Melkart, que los Terapeutas transformaron desde tiempo atrás, en hospicio de leprosos, de inválidos y de huérfanos. Bajo aquellas sombrías bóvedas y enormes columnatas cubiertas de hiedra, bajo aquellos viejos muros almenados, donde se refugiaban las piltrafas de humanidad doliente, penetró sigilosamente con sus padres, el que un día diría a las multitudes: "Yo soy la luz del mundo, y el que me sigue no anda en tinieblas". "Yo soy el camino, la verdad y la vida, y el que oye mi palabra vivirá eternamente".

Si algunos transeúntes pasaban cautelosos por las inmediaciones poco halagüeñas del ruinoso torreón, dirían llenos de compasión al ver entrar a Myriam y Joseph encubiertos en pesados mantos: "Más infelices leprosos a esconder su desgracia entre los muros del Torreón maldito".

Y el Terapeuta que los conducía silenciosamente: "¡Cuán engañosos y errados son los pensamientos de los hombres, al ver entrar en el Torreón, en calidad de enfermos incurables, de desechos de humanidad, al que años más adelante curará todas las dolencias humanas con la suprema voluntad de su Yo, aplicándoles la fuerza estupenda de su energía y su vitalidad!"

En el gran puerto de Tiro, nadie pudo dar noticia a Filón de lo que deseaba saber. En aquella multitud de barcos mercantes que llegaban diariamente desde todos los puertos del Mediterráneo, ¿quién podía haber puesto atención en los humildes viajeros cargados de pequeños envoltorios y fardos, que al anochecer de un día gris y lluvioso desembarcaron entre multitud de viajeros y se perdieron por las callejas de extramuros de la Gran Capital?

Tres días vagó Filón con el desconsuelo en el alma por aquella ciudad que le era por completo desconocida, y dónde la prudencia le obligaba a no hacer averiguaciones que pudieran despertar sospecha ninguna.

En la noche del tercer día, se entregó al sueño en la posada de un mercader judío de oficio joyero, adonde le había recomendado el capitán del barco. Su último pensamiento había sido éste:

"Jhasua, Hijo del Altísimo..., ¡haz que yo te encuentre, si es que puedo poner a salvo tu vida en peligro!"

Y casi a la madrugada se despertó con el recuerdo vivo y nítido de haber hablado con Myriam, la dulce madre del Ungido, que le decía:

"Porque en los días lejanos de glorias y de sombras para Israel fuiste Natham, el Profeta consultor de Salomón, y salvaste a Zulamita de su tempestuoso amor como un huracán, es que hoy ella te visita en tu sueño, para decirte que no está en peligro como en aquellos días, sino a buen resguardo con su hijo, y espera la hora de volver al hogar abandonado. Vete tranquilo, Natham, profeta bueno y dulce, porque Zulamita descansa en seguridad".

Tan íntima alegría le transmitió este bellísimo sueño, que Filón salió apenas clareaba el día a beber aire del mar, en cuya inmensidad, coloreada suavemente por los tintes del crepúsculo, dejó flotar la gasa de oro de sus pensamientos, de sus ideales grandiosos y sublimes, de las líricas ensoñaciones de su alma de visionario del futuro, en el cual veía levantarse mundos nuevos, humanidades nuevas, regeneradas por el Amor de Jhasua, subiendo cumbres doradas del sol, donde no existía el dolor ni el egoísmo, ni maldad alguna, sino sólo el amor como un cantar nuevo, eternamente renovado y eternamente triunfador.

De estas esplendorosas visiones mentales le sacó el capitán del barco en que había realizado el viaje, el cual le dijo:

—¿Os quedáis aquí u os volvéis conmigo?

—Me marcho con vos. ¿Cuándo partís? —preguntó el joven.

—Hoy, antes de mediodía.

—Bien; vamos a la posada que vuestro amigo nos espera; pago y torno con vos.

Unas horas después el joven filósofo de pie en la popa del velero pensaba, mirando a la populosa Capital fenicia:

"¡Tiro... Tiro...! Orgullosa reina del mar en otras edades de grandeza y de gloria para ti... Entre tus torreones y tus palacios he perdido el rastro del dulce Jhasua, salvador de los hombres... ¿Dónde le volveré a encontrar?...

Y cuando una intensa emoción llenaba de llanto sus ojos y de angustia su corazón, parecióle sentir una voz íntima que le decía sin ruido, pero clara y distintamente:

"En el valle de las Pirámides te devolveré la visita que me hiciste en la cuna".

Filón rompió a llorar a grandes sollozos, que se perdieron entre los mil ruidos del embarcadero y el correr de los marineros, al levar las anclas y chapotear de remos sobre las olas dormidas.

El barco que le llevaba había dejado su cargamento de trigo de los valles del Nilo, y llevaba a bordo grandes fardos de púrpura y ricas telas y encajes de Tiro, para las princesas y altas damas egipcias, y para sus palacios, hermosos tapices de Persia. Y entre todas aquellas riquezas y cargas de gran valor, el joven filósofo alejandrino, perdido entre montones de fardos, escribía tranquilamente en su libro de notas los detalles de toda su peregrinación desde que comenzó su camino en seguimiento de Jhasua, hasta que había sentido esa voz íntima, serena y dulcísima, que tenía para él la solemne significación de una cita de honor con el Cristo, en la imponente soledad de las pirámides del Nilo.

Aunque el barco hizo escala en algunos puertos de la Palestina, Filón no desembarcó en Ascalón ni se hizo sentir de su parentela, sino que siguió viaje directo a Alejandría.

De todo esto bien puede comprender el lector, que se formó un mar de confusiones, de dudas y cavilaciones respecto al lugar donde fue refugiado Jhasua con sus padres. Los Esenios de Judea lo creían en Egipto, conducido por Filón, tal como él lo había dicho.

La espantosa tragedia de Betlehem, dejó sumidos en el espanto y el terror a toda aquella comarca, y ese mismo terror hacía esperar nuevas órdenes de muerte para los niños menores de dos años de todo aquel desventurado país, que debía ver segada su población infantil masculina, por sólo un niño fatal que el poderoso rey Herodes buscaba sin poder encontrar, como si se lo hubiese tragado la tierra.

El mismo terror puso un sello en todos los labios esenios, y temiendo hasta del viento que lleva las palabras, o que hubiera oídos de espías del rey hasta entre las ramas de los árboles, nadie preguntaba: ¿Dónde está Jhasua? Y si alguna vez, esta interrogación asomó a los labios de alguna mujer esenia, al encontrarse con unos de los Terapeutas, éste movía negativamente la cabeza, mientras decía:

"Dios lo sabe y con ello basta."

Las familias esenias de Hebrón, las de Betlehem dispersas por las montañas de Judea, sin tornar a reunirse hasta pasados varios años, y muchas de las cuales quedaron definitivamente en los parajes, ciudades o pueblos donde se refugiaron, natural y lógicamente continuaron creyendo y afirmando que el Niño Divino fue llevado a Egipto para salvarlo de la persecución de Herodes. Los únicos poseedores del secreto, o sea los Terapeutas y los Ancianos de los Santuarios, se guardaron muy bien de desmetir la noticia, toda vez que en ella estaba la seguridad del futuro Salvador de los hombres.

Bien sabido y notorio es que las tradiciones orales se mantienen casi tanto como los relatos escritos, y muchas veces se ha visto en el correr de los siglos, que una tradición se ha mantenido con fidelidad asombrosa, que a veces no se encuentra en los escritos, donde muchas manos van dejando huellas diversas en el noble afán de corregir deficiencias y buscar una mayor exactitud en conformidad con los hechos.

Y de este amontonamiento de relatos, de recuerdos, de tradiciones alrededor del extraordinario y grandioso acontecimiento (el nacimiento del Dios—hombre), los cronistas cristianos han debido verse en grandes dificultades para espigar con destreza y acierto, en ese inmenso campo de la tradición y de los tiernos y fervientes recuerdos, de todos los que guardaban en su corazón algunas escenas de este drama estupendo.

Si la biografía de cualquier hombre de figuración más o menos destacada, presenta dificultades sin cuenta a los historiadores, por la variedad de las aseveraciones que hacen los testigos oculares, o por lo menos más inmediatos a ellos, ¿qué no puede suceder tratándose del hecho soberanamente trascendental, el advenimiento al Planeta, de un ser tan extraordinario en su misión y en su vida como Jhasua el Cristo, en su última epopeya de amor en beneficio de esta humanidad?

Por tanto, lejos deben estar de todo amador del Cristo, las inculpaciones y censuras acervas a las primeras congregaciones cristianas, por no haber acertado a darnos el fiel exponente de todos los acontecimientos y sucesos que formaron esa gran vida divina y humana a la vez, del Cristo nacido como un hombre en el país de Israel.

Y mucho menos, si consecuentes con la verdad histórica de otros hechos, como la destrucción de Jerusalén por Tito, las huidas frecuentes, colectivas o individuales de los primeros cristianos perseguidos por todas partes, aceptamos que debió existir imposibilidad material para catalogar, conservar y comparar unos relatos con otros, unos recuerdos con otros sucesos pasados.

Perseguidos y dispersos los primeros cronistas cristianos, como un enjambre de abejas a quienes la inconsciencia humana no dejó ni un mísero arbusto donde reunirse nuevamente, ¿no salta a la vista que las crónicas quedaran truncas o incompletas, o contradictorias en algunos puntos, con otras?

La altura de la evolución humana, y de las capacidades mentales y espirituales a que hemos llegado, nos obliga por otra parte a reconocer la grandeza de la Divina Ley, y a bendecirla, por haber dado al hombre en la hora presente, los medios de conocer la verdad de todos los hechos relacionados con el Cristo, y su magnífica obra de redención humana terrestre.

EN LAS CUMBRES DEL LIBANO

¿Qué había sido del Dios-Niño y de sus angustiados padres?

Les vimos entrar bajo el espeso manto con que se cubrían los leprosos en el viejo torreón de Mel-kart, situado en la parte antigua de la Ciudad, que por las nuevas edificaciones hacia las verdes colinas del Monte Líbano, había quedado como un derruído murallón sobresaliente hacia el mar, que tenía su blanco encaje de espumas en la orilla tranquila.

Los Terapeutas enfermeros les habían subido a un pabelloncito sobre una terraza cubierta de hiedras, donde anidaban las cigüeñas y las gaviotas, y donde bandadas de mirlos azules formaban orquesta de gorjeos al amanecer. Era la única parte alegre del vetusto edificio, pues el sol inundaba la terraza, y el panorama del mar como bordado de blancas velas, casi a todas las horas del día, distraía agradablemente la imaginación.

Joseph mustio y pensativo, y Myriam llorando silenciosamente, parecían inundar de una ola de dolor resignado y silencioso aquel desmantelado pabellón, donde no había más moblaje que el estrado de madera adosado a los muros donde se les dispusieron camas; una gran mesa de encina delante del estrado y sobre ella, unas ánforas con agua y vino y una cesta de pan y de frutas secas, que era todo cuanto se ofrecía a la vista.

Uno de los Terapeutas que les encendió apresuradamente la hoguera, les había dicho al dejarles: "Aquí estáis en seguridad. Descansad hasta mañana".

El Divino Niño que ya contaba un año y diez meses, no se daba por enterado como es natural del padecimiento de sus padres, y daba alegres gritos y vivaces palmoteos cuando las cigüeñas y las gaviotas se posaban frente a su puerta después de grandes revoloteos, en que lucían al sol sus blancas alas bordeadas de negro.

Y Myriam, mirándolo tristemente sentadito en un grueso cobertor junto a la puerta por donde entraba el sol en dorados resplandores, le preguntaba con su voz de alondra:

—¿Quién eres tú, amor mío, que así te ves perseguido por un Rey poderoso? ¿Qué traes tú a este mundo, que codicia tu vida el que todo lo tiene en sus manos? ¿Qué puedes quitarle tú, mi adorado, a ese Rey aliado de César el señor del Mundo? ¿Qué sombra puedes hacerle, mi dulce jacinto en flor, a él, que es como una gigantesca encina sobre el país de Israel?... ¡Que Jehová tenga a bien descifrarme este impenetrable misterio, que tan hondamente acongoja mi alma!

Y sus manos delicadas y blancas como alitas de tórtolas que aletean en el agua, continuaba hilando la blanca lana de sus corderos nazarenos, para tejer ropita de abrigo a su pequeño querubín, que tanto amaba y por el que tanto sufría.

Joseph por su parte, cuyo hábito de trabajo era tal que le causaba honda nostalgia estar en quietud, buscó y encontró en los oscuros rincones de aquel pabellón, algunos elementos de trabajo manual: gruesos haces de varillas de mimbres, atados de junco, madejones de fibra vegetal, todo en confuso amontonamiento que denotaba haber sido puesto allí, como para dejar otros espacios libres.

Y llevando todo hacia donde estaba Myriam, le decía alegremente:

—Mira, aunque la cólera del Rey nos retenga aquí un año, mis manos no se cansarán de estar ociosas.

Y se entregó a la labor que le deparaba la Providencia, con el mismo ardor y entusiasmo con que trabajaba en su taller cobrando dinero para el sustento del hogar. Los Terapeutas les amenizaban las veladas de invierno en torno a la hoguera, con la lectura de los Libros Santos, y con sus conversaciones saturadas de esa ciencia divina de Dios y de las almas, que aligera y suaviza las más hondas angustias de la vida.

Así pasaron cinco meses, o sea hasta la terminación del invierno y tanta fue la cautela y la discreción de los Terapeutas enfermeros, que ninguno de los habitantes del Torreón advirtió la presencia de los huéspedes del *Mirador de la Princesa,* como llamaban a aquel pabelloncito, a causa de haber sido habitado siglos atrás por una descendiente del Rey Hiram complicada en una conjuración promovida por su marido para derrocar al Soberano reinante en su beneficio.

Y por extraña coincidencia, aquel pabelloncito cautiverio de una princesa ambiciosa, servía de amparo y refugio al que un día diría a las multitudes:

"Las raposas tienen sus madrigueras y los pájaros sus nidos, pero el Hijo de Dios no tiene una piedra para recostar su cabeza".

Y cuando la nieve empezó a derretirse en los picachos de los montes, y las laderas y valles a cubrirse de pájaros y de flores, Jhasua y sus padres fueron bajados al subsuelo del Torreón, donde cayó un día aquel pobre epiléptico descubriendo el ignorado camino que conducía hasta la misteriosa gruta de los *ecos perdidos* que ya conoce el lector. Desde allí, sin peligro se podía continuar el viaje en asnos hasta el Santuario del Monte Hermón, donde los Ancianos esperaban con grandes ansias al Dios-Niño, para cobijarle entre sus brazos hasta que pasara todo el peligro. Los Ancianos de todos los Santuarios estuvieron de acuerdo, en que no era ambiente propicio para la crianza del Divino Niño, aquel mustio y sombrío Torreón, habitación de enfermos incurables donde sólo permaneció cinco meses, o sea que hasta pasado el invierno pudiera ponerse en viaje una mujer y un niño de tan corta edad todavía.

Era la región montañosa del Líbano, como una continuación de las risueñas montañas galileas, sólo que en aquéllas, todo era imponente, majestuoso en su grandiosidad plena de bellezas, de infinitos misterios.

Para que los poetas bíblicos, y en particular el Rey de los palacios de oro y los amorosos cánticos, haya comparado a la esposa amada con los cedros del Líbano, con sus palmeras flexibles, con sus huertos cerrados, umbríos, como búcaros de flores, es porque aquellos parajes eran verdaderas regiones de encanto, donde la pródiga Naturaleza había hecho desbordar sus privilegiados dones de maga.

—¡Qué lejos va quedando nuestra amada Nazareth! —decía Myriam a Joseph, a cada jornada en que bajo aquella frondosa vegetación se sentaban a descansar.

Dos Terapeutas prácticos de la región y de los refugios del camino, les acompañaban simulando ser una familia de montañeses que habían estado de compras en la Capital, y regresaban al terruño nativo. Y siendo la costumbre unirse varios parientes o vecinos para realizar estas travesías, a nadie podía extrañarle. A más; la agitada Palestina dominio de Herodes el grande y del poderoso clero de Jerusalén que en la Judea dominaba tanto o más que el Rey, quedaban ya lejos, y no era de temer que sus espías hubieran llegado a tan larga distancia.

Al salir de la gruta de los *ecos perdidos* se les agregó la pequeña caravana de un mercader de Tolemaida con dos hijos y tres criados, que dos veces al año realizaba esta travesía llevando ricos tejidos, tapices, lino y púrpura de Sidón y de Tiro, a Cesárea de Filipo y a Damasco, de donde tornaba trayendo los artísticos cofrecillos de maderas olorosas con incrustaciones de plata, para que las princesas tirias y sidonias guardaran sus perfumes y sus secretos de amor; los delicados posa-pies como cubiletes tallados en ébanos, para que descansaran las bellas, sus piececitos menudos y blancos, hundidos entre babuchas de púrpura recamadas de nácar y oro.

Amán el mercader, tuvo la desgracia de sufrir una caída en los escarpados senderos de la montaña, en la cual sufrió un dislocamiento en la columna vertebral que le impidió andar por sus pies durante los pocos años que sobrevivió a este accidente.

El menor de sus hijos cuyo nombre era Tomás que sólo contaba diez y siete años, fue más tarde uno de los doce apóstoles del Cristo. Al aceptar el hopedaje de los Terapeutas en la granja, que daba entrada a las grutas del Santuario del Monte Hermón, al igual que la Granja de Andrés a la entrada del Santuario de Quarantana, los dos hijos del mercader de Tolemaida, ingresaron en la Fraternidad Esenia, debido al entusiasmo que despertó en ellos el amor y la solicitud con que los Terapeutas médicos se dedicaron a aliviar a su padre en la dura emergencia que conocemos.

El jovenzuelo Tomás, cobró gran afecto al Niño de Myriam, al cual gustaba arrullar para dormirle con los arpegios de su pequeña cítara de ébano y marfil.

El Santuario del Monte Hermón, era uno de los que gozaban de más bellezas naturales y de más abundancia. La fertilidad de aquellas regiones era maravillosa.

Tratándose de que la mayor riqueza de aquellos parajes consistía en la explotación de sus inmensos bosques, de las más apreciadas maderas para las construcciones de palacios, de templos y de barcos, la mayor parte de las poblaciones de libaneses estaban compuestas de obreros o comerciantes en maderas y de labriegos y pastores.

Entre las dos vertientes que dan origen al nacimiento del Jordán, existía desde tiempos muy remotos, una aldea que se había formado en un vallecito a la entrada misma de dos montañas paralelas, *Dan,* era esta pequeña aldea de leñadores y pastores que casi todos eran familia, especie de tribu que vivían en completa paz y armonía bajo la obediencia al más anciano, al cual llamaban el patriarca. La cabaña de éste, estaba labrada en la montaña misma, y vivía allí con su vieja compañera, tres hijos varones ya casados, y una porción de nietecitos.

Ya puede suponer el lector, que aquella cabaña era enorme para dar cabida a la numerosa familia. El *abuelo Jaime* llamaban más comúnmente al anciano, jefe de toda aquella abundante prole.

Pues bien, este anciano, su mujer y su hijo mayor Matías, eran los únicos poseedores del gran secreto de la entrada al Santuario del Monte Hermón.

Hacia un lado de la alcoba del viejo matrimonio, se encontraba un enorme arcón de encina, repleto de madejones de lana y de fibra vegetal, preparados para tejer ropas de abrigo y esteras para los pisos. Las mujeres en general se dedicaban a estos trabajos, mientras los hombres hachaban árboles, preparaban tablones, o leña, que caravanas inmensas de asnos y mulas conducían a las capitales vecinas.

Detrás de aquellos promontorios de lana y fibras, se hallaba una puerta muy disimulada que daba entrada a un largo corredor practicado en las rocas, el cual tenía salida a un valle hondo como un abismo al pie mismo del Monte Hermón. En el fondo de aquel abismo de exuberante verdor, corría un arroyo de poca profundidad, encima del cual y de orilla a orilla estaba semitendido el enorme tronco de una encina, que algún cataclismo de las montañas habría medio tronchado, sin que por eso sus ramas se hubiesen secado. Aquel corpulento árbol centenario, era el puente que daba paso al audaz caminante que se internara por aquel laberinto de bosques y rocas. Este camino tan sólo era conocido del abuelo Jaime y de su hijo Matías. Apenas vadeado el arroyuelo, un negro bosquecillo de espinos parecía interceptar el paso, pero el práctico de este camino, removía unas trepadoras enredadas entre los troncos, y quedaba al descubierto una puertecita de hierro, cuya respetable edad la hacía asemejarse a las mismas rocas en que estaba empotrada.

Tal era la entrada al Santuario del Monte Hermón.

Los leñadores y pastores de la comarca, estaban ya habituados a ver a los Terapeutas médicos llegar a la casa del abuelo Jaime, a hospedarse cuando de tiempo en tiempo acudían a recoger yerbas y flores medicinales. Y entonces los enfermos de la comarca acudían a su vez a la casa del viejo, para que los buenos Terapeutas les remediasen sus dolencias.

Y Joseph y Myriam con su niño en brazos, llegaron una tarde a la cabaña del abuelo Jaime, con los dos Terapeutas que les conducían.

Uno de ellos se había adelantado y tuvo con el anciano y con Matías su hijo mayor este diálogo:

—Abuelo Jaime: Jehová manda la gloria a tu casa.

—¿Qué gloria es esa, mi hermano Terapeuta? —preguntó el viejo.

—El Mesías nacido en Israel busca amparo por esta noche en tu cabaña. ¿Se lo das?

—¡Oh, mi Señor enviado de Jehová! ¿Dónde está, dónde, para que mis ojos le vean antes de morir?

—A la entrada del valle, viene con sus padres; pero has de hacer como si fueran de la familia tuya por si pudieran algunos verles llegar. Y cuando hayan descansado en tu casa, Matías nos acompañará al Santuario, pues allí les esperan ya.

—Esta casa es vuestra casa, hermano Terapeuta y los Ancianos son los amos que mandan —dijo Matías—. Disponed pues como queráis.

Enterada la anciana Zebai de la gran novedad, aquello fue una baraúnda de preparativos, de ir y venir para disponer el hospedaje conveniente. Y entre todos los familiares corrió la noticia de que llegaba una sobrina de Zebai, porque su marido carpintero traía obras de encargo a realizar, y buscaba de elegir las maderas más preciosas para las delicadas arquillas y posa-pies que debía fabricar.

Todo sucedió tal como lo proyectaron los discretos Terapeutas, y lo único en que no acertaron fue en que esa misma noche pasarían al Santuario; pues Myriam estaba agitada por la fatiga del penoso viaje escalando montañas, lo cual producía ese desgaste natural de un viaje lleno de impresiones, de inquietudes y hasta de miedo. Cualquier encuentro con gentes desconocidas le causaba terror, suponiendo que fueran los esbirros del Rey que seguían sus pasos. Una fuerte crisis de nervios que se resolvió en un silencioso llorar, le acometió apenas penetró a la cabaña del abuelo Jaime.

El tierno y espontáneo grito de amor de Zebai, que la llamaba con toda su alma ¡hija mía! mientras la recibía entre sus brazos, hirió la fibra más sensible del alma tiernísima de Myriam, que explotó como una lira a la cual rompieran de un golpe sus cuerdas doradas. Entre Zebai y Joseph la llevaron a la tibia alcoba que le habían destinado, y colocada ya en su lecho, su esposo aconsejó dejarla en reposo completo diciendo:

—No es nada, el descanso y el silencio es su mejor medicina. Idos que yo quedo aquí con el Niño junto al lecho hasta que la vea dormida —suspiró enternecido.

El pequeño se durmió también entre la tibia penumbra de aquella alcoba, saturada de silencio, de paz, de tranquilidad. Myriam durmió también por fin, y a poco rato vió Joseph que se encendía una claridad rosa pálido con tonalidades oro. Miró hacia todos lados creyendo que alguna lámpara oculta había sido encendida. Mas la claridad subía de intensidad e iba llenando la alcoba. Luego vio que se diseñaban con líneas más definidas dos siluetas humanas que acercándose la una a la otra, se confundieron en un estrecho abrazo. En una reconoció en seguida a Myriam, aunque más esplendorosa en su belleza que lo era en la materia. En la otra encontró un marcado parecido con ella, y a la vez con el mismo niño dormido entre sus brazos. La intuición ayudó a Joseph a descubrir el secreto de aquellos transparentes personajes, en el sutil y luminoso escenario en que la alcoba se había transformado.

—¡Jhasua y Myriam!... —murmuró quedito Joseph emocionado profundamente. Comprendió que ellos se manifestaron mutuamente sus pensamientos, aunque no pudo entender claramente, captó la onda con más o menos certeza.

—Paréceme que Jhasua dice a su madre que viva tranquila y nada tema, porque él tiene un camino largo que andar todavía y que por mucho que hagan los hombres, no le harán morir hasta que llegue la hora que está marcada —se decía Joseph a sí mismo.

Entendió asimismo, que ella le decía: "Que muera yo, hijo mío, antes que tú, porque yo no podré vivir ni una hora sin tí". Y él le contestaba acariciándola: "Dios es el dueño de las vidas de los hombres y su voluntad es adorable por encima de todas las cosas".

La emoción inundó de llanto los ojos de Joseph, y sus lágrimas caían sobre el niño dormido en su regazo. La visión se fue esfumando lentamente, y dejando Joseph el niño al lado de su madre, pasó a la gran cocina-comedor de la cabaña, que era donde estaba encendida la hoguera y donde se reunía al caer la noche toda la familia.

Las madres jóvenes daban de comer a sus hijos pequeños y los llevaban a sus lechos, con lo cual empezaba a reinar la tranquilidad y la quietud en la gran caverna central.

Después Zebai y sus nueras continuaban hilando y tejiendo, mientras en el fuego humeaban las marmitas, y entre el rescoldo se cocía el pan para la cena de los mayores. Los dos terapeutas guías hablaban aparte con el viejo Jaime y su hijo Matías. Y a poco rato, el mayor de los Terapeutas llamó la atención de los otros hijos y de los nietos mayores del anciano para que escucharan lo que debían decir. Les hizo el relato del nacimiento de Jhasua, en el cual estaba encarnado el Mesías esperado por Israel y anunciado por sus profetas. Les refirió la persecución de que era objeto por parte del rey Herodes, y cómo toda la Fraternidad Esenia se había tomado el cargo de salvar y proteger al Dios Niño, hasta que llegara al cumplimiento de su excelsa misión de Salvador de los Hombres.

Explicó ampliamente lo que era la Fraternidad Esenia, a la cual pertenecían de tiempo atrás el abuelo Jaime y el mayor de los hermanos, Matías, que ya había entrado al grado segundo. Uno de los nietos, de nombre Zebeo rompió el silencio con gran impetuosidad.

—Si abuelo Jaime y mi padre son de la Fraternidad Esenia, yo quiero serlo también desde este mismo momento—. Era sólo un adolescente de diez años, que por ley de evolución y de sus alianzas debía ser uno de los doce apóstoles de Jhasua.

La decisión del niño Zebeo les animó a todos, y la anciana Zebai, que junto con su marido había ingresado a la Fraternidad muchos años atrás, decía con voz temblorosa de emoción y de dicha:

—¡Cuánto he pedido a Jehová este momento, que El tardó en concederme acaso por mi falta de merecimiento!

Bajo esta hermosa impresión se sirvió la frugal comida y cuando todos rodeaban la mesa, apareció Myriam con su niño en brazos y rebosante al parecer de paz y de alegría.

—Llegáis a tiempo —decía Zebai, haciéndola sentar al lado de Joseph— pues íbamos a empezar la cena.

Y el hermoso niño de Myriam que atraía todas las miradas de aquellos que ya no ignoraban *quien era,* estaba muy divertido de pie sobre las rodillas de su madre, jugando con las naranjas de una cestilla que frente a él estaba sobre la mesa.

Ajeno por completo a la admiración y amor que despertaba, hacía rodar las doradas frutas dando grandes gritos y risas cuando una chocaba con otra.

Adivinando Joseph el pensamiento de todos, le levantó en sus brazos y fue presentándolo ante ellos mientras les decía:

—Paréceme justo que selléis con un beso del alma, la alianza con el Profeta de Dios, que El nos da como prenda de amor.

Todos besaron al niño que les sonreía mientras conservaba entre sus manitas una de las naranjas con que estuviera jugando.

Todos decían algo, sólo Zebeo no decía nada; luego lo pidió al padre y le llevó de nuevo a la mesa donde estaba Myriam. Corrió hacia fuera y volvió con dos hermosas tórtolas mansas que puso ante el niño, cuyo semblante tomó un aspecto de indefinible alegría.

—Ahora te pido un beso —dijo al pequeñín acercándose— porque hice algo que es de tu agrado. —El chiquitín le tendió los bracitos y le besó largamente. Muchos años después, Zebeo ya hombre recordaba esta escena con ternura que le llevaba hasta el llanto, y el Maestro oyéndolo le decía:

—Con tus tórtolas me ganaste el corazón en aquel entonces, y ahora me lo ganas con tu abnegación en seguirme.

Entre esta cordialidad llena de suave ternura se deslizó la comida, después de la cual Zebai y sus nueras rodearon a Myriam y al niño cuya espontánea alegría llenaba de gozo todos los corazones.

Ningún cansancio ni fatiga se traslucía en el diáfano semblante de Myriam por lo cual los Terapeutas conductores pensaban en silencio:

—Esta misma noche podremos llevarles hasta el Santuario.

Y cuando ya bien entrada la noche el anciano Jaime hizo la oración final: "Jehová, Señor de todo lo creado; dad descanso a tus siervos, y que el sueño que les concedes, repare las fuerzas para empezar de nuevo el trabajo al amanecer", todos se dispersaron a sus alcobas particulares y un gran silencio se hizo en la cabaña.

A poco rato, el mayor de los Terapeutas llamó sigilosamente a la alcoba de Joseph.

—¿Estáis dispuestos para partir esta noche? —le preguntó.

—Lo estamos, llevadnos cuando queráis.

En la alcoba del viejo matrimonio se veía luz encendida.

Allí esperaban ellos y Matías con las cerillas dispuestas para encender, y el manso asno de Zebai ya enjaezado, para conducir a Myriam por el secreto camino que conocemos.

Apartaron a un lado los fardos de lana y los montones de fibra vegetal, y detrás del arcón de encina apareció la puerta que se agrandaba tanto, cuantas planchas de rústica madera se apartaban de la enorme cavidad con que empezaba el corredor.

Ayudó Joseph a montar a Myriam, le colocó a Jhasua en el regazo y cubriendo a entrambos con un grueso cobertor de lana, tomó el asnillo de la brida y fue así siguiendo a Matías, que con una gruesa torzada de hilos encerados abría la marcha a través de las tinieblas.

El abuelo Jaime y Zebai quisieron ir con ellos hasta el arroyuelo que ya mencionamos, y los dos Terapeutas cerraban aquella procesión entre las sombras débilmente iluminadas por las cerillas encendidas.

—La Providencia ha querido que seamos siete en esta jornada —decía uno de los Terapeutas—. ¡Siete lamparillas de amor en torno al Verbo de Dios! ¿No es este un bello presagio?

—Lástima que mi lámpara poco durará encendida, hermano Terapeuta—, contestaba el abuelo Jaime.

—¿Por qué lo decís?

—¿No veis como tiembla ya la luz en mis manos? Ochenta y nueve veces he visto a mis viñas cubrirse de frutos ¿y preguntas por qué lo digo?

—No habléis de morir, abuelo, cuando vamos llevando la Luz de este mundo —decía el otro Terapeuta.

—Algo más de doscientas veces he hecho este mismo camino, desde que los Terapeutas me sacaron de Galilea con mi Zebai y me trajeron a esta cabaña.

—¿De veras?

—Llevo aquí cincuenta y tres años, y hubo algunos de cuatro viajes, con que haced la cuenta. En unos me fue a pedir de boca, en otros hubo resbaladas al arroyo desbordado por encima de la famosa encina puente, y en otros me costó algún trabajillo escapar a las hambrientas fauces de las fieras.

—Pero ahora descansáis en Matías, ¿no es así?

—Justamente, hermano Terapeuta; mas como conozco los peligros, hasta que le veo tornar sano y salvo, no duermo.

—¡Es grande y meritoria vuestra obra!

—No creáis que os hago estas referencias para que me engrandezcáis. Si en mi poca capacidad ni aún esto hubiera hecho ¿qué cosa tendría para conquistarme la vida eterna? Por trabajar para comer y dormir, no creo que el Señor tenga que darme un premio. ¿No andáis vosotros de un lado para otro recogiendo leprosos, paralíticos y abandonados, sin más compensación que tenerlos a vuestro cuidado y curarlos durante meses y años? Si he querido llamarme esenio, debe ser para hacer algo por los demás.

—Bien razonas y piensas, abuelo Jaime, y acaso teniendo esto en cuenta es que la Eterna Ley ha querido que el que viene para la salvación de los hombres, te visitara a ti en tu propia casa, antes que a muchos otros.

—Lo agradecemos tanto Zebai y yo, que tenemos en poco nuestra soledad en estos montes, a cambio de esta gloria de hospedarle y servirle.

—¿Y será por mucho tiempo? —preguntó la buena mujer deseando sin duda que fuera larga la estadía del Niño Divino en aquellas montañas.

—Dios dirá —contestó uno de los Terapeutas.

—Eso dependerá sin duda de que el Rey olvide su inquietud más o menos pronto —sugirió el otro.

—O de que la justicia de Dios le aparte de en medio —añadió el anciano Jaime.

Mientras tanto el niño se había dormido al suave balanceo del andar parsimonioso del asnillo que Joseph conducía de la brida. Y Myriam sumida en sus pensamientos de absoluta entrega a la Divina Voluntad, se dejaba llevar a lo desconocido, no sin detenerse a considerar la extraña circunstancia de que su hijo, a quien oía siempre llamar Salvador de los hombres, debía huir de los hombres, desde sus más tiernos años.

—¡Qué ciegos y malos serán los hombres de esta tierra, que así persiguen a quien les viene a salvar! —pensaba ella en su ingenuidad sencilla y casi infantil.

Por su parte Joseph entristecido, pensaba en su hogar abandonado en su taller confiado a la honradez de dos jornaleros de su confianza, en aquellos cinco hijos de Débora su primera esposa, a cuya hermana Salomé quedaron confiados en la ciudad de Caná, donde tenía parentela.

—Ellos están seguros y dichosos, pues que Zebedeo y Salomé harán con ellos como lo haría Débora y yo —pensaba tranquilizándose a sí mismo—.

"Ellos que saben los motivos de este precipitado viaje, ensancharán más sus corazones para amarles y cuidarles, ya que su hogar solitario por la pérdida de los primeros vástagos, se verá lleno de alegría con los míos hoy doblemente huérfanos.

Este recuerdo le rasguñó el corazón como un estiletazo, y se detuvo un momento para apartar el manto de Myriam y besar al pequeñín dormido.

—¿Qué tienes, Joseph? —preguntóle ella, que algo doloroso presintió en él.

—¡Pensaba en el hogar lejano y en mis niños abandonados!... —contestó.

—¡Y es por mi hijo que has hecho tanto sacrificio! —exclamó ella.

—¡Sí, Myriam, por el más pequeño de nuestros hijos... por el que de verdad, será el más grande de todos ellos., Myriam!... te juro por Jehová, que aunque aquellos hijos tuviera que perderlos por este viaje, bendeciría a Dios si puedo salvar este solo que es su Profeta elegido.

A poco rato Matías se detuvo y dijo en voz alta:

—Hemos llegado, escuchad.

Todos guardaron silencio y escucharon. En el inmenso silencio de aquella hermosa noche de primavera, se oía el murmullo del arroyo que pasaba a pocos pasos de la abertura de las rocas por donde iban a salir.

El enorme boquete se veía ya claramente como recortado en la claridad lunar, que caía sobre el follaje oscuro de los cedros y de las encinas, como un sutil velo de ilusión que lo envolvía todo con delicadas transparencias.

—¡Loado sea Dios! —dijo el anciano— que mis viejas piernas comenzaban a temblar.

—Sentáos en los poyos de piedra de la salida, mientras doy la señal de llegada —advirtió Matías adelantándose hacia el negro bosquecillo de espinos que se levantaba apenas pasado el arroyo.

—¡Cómo! —exclamó Myriam viéndole pasar rápidamente por el enorme tronco de encina atravesado sobre el arroyo—. ¿También yo pasaré por allí?

—Todos, Myriam, todos pasaremos por allí. Pero no temas que yo pasaré contigo —le contestó Joseph.

—No —interrumpió el anciano Jaime— ella no pasará por allí. Esperad un poco, y ya veréis que los ancianos lo han pensado todo.

A poco rato de haber desaparecido Matías tras del bosque de espinos, aparecieron siguiéndole dos esenios de obscura túnica, tal como la de los Terapeutas. Traían dos grandes tablones y Matías dos varas de madera enormemente largas. Entre los tres tendieron al lado de la encina caída, los tablones, y unos de un lado y otros del lado opuesto, sostuvieron ambas varas que servirían de pasamano a los viajeros menos habituados a la rusticidad del pasaje.

Joseph cargó al niño en brazos, y con Myriam de la mano cruzaron los primeros.

El anciano Jaime y su mujer sostuvieron en la opuesta ribera los extremos de las varas pasamanos hasta que pasaron todos. Y cuando vio Matías que todos desaparecieron por la negra puertecita abierta en la roca, metió de nuevo por ella los tablones, cerró por fuera, un pesado cerrojo cayó por dentro, y tomando el asnillo de la brida, volvió con sus padres a la gran cabaña que dormía en profunda quietud.

Una doble fila de cirios encendidos y de esenios cubiertos con sus mantos blancos, fue lo primero que apareció a la vista de los viajeros.

Eran cuarenta y nueve solitarios que habitaban aquel Santuario.

Al final de aquella galería viva de almas amantes y de llamas de cirios, estaba el Servidor, un venerable anciano, de bondadosa mirada, en la cual resplandecía la emoción cercana a las lágrimas.

Se adelantó unos pasos y extendió los brazos pidiendo al niño que dormía sobre el pecho de Joseph.

—¡Canta Hilarión, el más hermoso canto de tu vida, porque no hubo para tí otro día más glorioso que éste!... —se dijo a sí mismo con temblorosa voz el anciano, al estrechar suavemente a su pecho a Jhasua dormido, como si nada anormal pasara en torno suyo.

Un hondo silencio dejó presentir la profunda ola de emoción y de ternura que cruzó rozando todas las almas, pasada la cual, el anciano Servidor fue presentando el Niño a las miradas ávidas de todos los solitarios, que sólo se atrevieron a besar la manecita lacia como una rosa tronchada, sobre las blancas ropas que envolvían el menudo cuerpecito del niño dormido.

—¡Tanto como vosotros le amáis, le odian otros hasta desear su muerte! —dijo Myriam enternecida a la vista del tiernísimo amor que los Esenios demostraban a su hijo.

—Si los que le odian supieran quién es este niño y por qué viene a esta tierra, no le odiarían más. Los hombres más inconscientes que malos, son víctimas de la ignorancia —expresó el anciano servidor, devolviendo el niño a su madre en el momento en que el pequeñín se despertaba refregándose lo ojitos, que aparecían deslumbrados por la viva claridad de tantos cirios que le rodeaban.

— ¡Ojos de piedad infinita!... —decían unos.

— ¡Ojos de amor sin límites ni medida! —añadían otros.

— ¡Ojos que alumbrarán los caminos de los hombres!...

— ¡Ojos que irradiarán la luz de Dios sobre los pecadores... los tristes y los enfermos!

Y viendo que el niño reía mirando a su padre, alguien añadió:

— ¡Ojos de niño que ignora por el momento todos los dolores de la vida!

Y así fueron conducidos a la habitación que les habían preparado, donde ninguno de todos cuantos allí estaban podía saber por cuánto tiempo la habitarían.

Cinco años y siete meses pasó allí Jhasua con sus padres, recibiendo de los Esenios junto con la más dulce ternura, lo principios de vasta educación e instrucción espiritual y moral que debía ir despertando lentamente el excelso Espíritu-Luz, que se ocultaba bajo aquella envoltura de carne.

Tres veces en ese período de tiempo salió Joseph, y fue a Caná de Galilea, donde estaban los hijos de su primera esposa. Llegaba por la noche ocultándose como un hombre perseguido por la ley, y días después salía también de noche y llevado por los Terapeutas como si fuera un pobre leproso envuelto en pesado manto. Hacía el recorrido que conocemos hasta llegar de nuevo a la hospitalaria cabaña del abuelo Jaime, de donde pasaba al Santuario del Monte Hermón que guardaba su tesoro.

Del último de estos viajes regresó trayendo a Myriam la noticia de que el Rey Herodes había muerto en esos días, consumido por un horrible cáncer que le había roído la garganta hasta las entrañas, haciéndole exhalar lastimeros gritos que se oían a larga distancia tal como las lamentaciones de las madres betlehemitas cuando les degollaban sus hijos.

Y que en todo Israel decían a media voz por temor aún al Rey que estaba muriendo:

—Justicia de Jehová, sobre el asesino de los inocentes.

En el cuarto año de residencia de Jhasua en el Santuario del Monte Hermón, entregó su espíritu al Señor, Hilarión, el anciano Servidor que contaba noventa y dos años de vida, habiendo pasado sesenta y cuatro en los Santuarios de Monte Carmelo, del Tabor y del Hermón. Fue el primer dolor de Jhasua que contaba ya seis años de edad, pues el anciano Servidor fue como un tutor, su ayo y hasta su compañero de juego.

Se hizo niño con el gran Niño y vivió sus postreros años con una beatitud divina; como en un éxtasis de amor supremo, del cual una noche se despertó en la inmensidad del Infinito.

Y el niño Jhasua, a quien su madre no lograba arrancar del lado del cadáver de Hilarión, decía a cada instante a todos los que se acercaban:

—¡Le llamo tantas veces y no quiere despertarse!... ¡Madre!... dile tú que despierte porque me hace daño verle siempre dormido.

Pasado este primer momento de dolor, el santo niño sintió decaimiento físico, debido a una fiebre ligera que le acometió, y por la cual fue puesto en el lecho.

A Hilarión le sucedió Abdias, en el puesto de Servidor del Santuario y desde luego primer instructor del niño Jhasua.

A determinadas horas, una guardia de siete esenios de los más adelantados, rodeaba el lecho del pequeño enfermo hasta que pasados unos días, desapareció la fiebre y el niño volvió a sus juegos habituales, y a la suave tarea de su primera educación.

Y para que se vea hasta qué punto el Niño-Luz se vio envuelto en la gloria de aquellos santos amores que hacían de su vida un paraíso, oigamos el diálogo que sostenía con su nuevo Instructor.

—Servidor —le decía— creí que nunca me consolaría de haberse dormido el Servidor Hilarión, a quien yo mucho amaba, y ya lo véis, estoy consolado y tengo de nuevo ganas de jugar.

—Es justo que así sea, hijito mío —le contestaba el esenio— por que es la ley de Jehová, que vivamos pocos o muchos años sobre la tierra donde debemos dejar este cuerpo físico, para dar libertad al pájaro azul, que canta prisionero aquí en nuestro interior.

—¿Y tengo también yo aquí dentro un pájaro azul?

—Y ¡qué bello y radiante es, hijito, tu pájaro azul!

—¿Y tendré también yo que dormir como Hilarión para que vuele en libertad el pájaro azul?

—También tendrás que dormir cuando hayas terminado la tarea que sobre la tierra debes cumplir.

—¿Y qué tarea es ésa? ¿Me la podéis decir? —inquiría el niño con sus grandes ojos color de ámbar, radiantes de inteligencia.

—Salvar almas... muchas almas, que son también pájaros azules cautivos y prisioneros, por la ignorancia y por el pecado.

—¿Y qué es el *pecado*?

—Es todo aquello que contradice la Ley de Jehová.

—¡Oh, Jehová!... ¡Cuán bueno es Jehová!... Hilarión me decía que Jehová está en el sol que nos calienta con sus rayos y que hace nacer las simientes y abrirse las flores y madurar los frutos. Que Jehová está en la lluvia que fecunda los campos y alimenta las vertientes de que se forman los ríos y las fuentes. Que es quien enciende la luna y las estrellas, y da vida a los hombres que viven como nosotros aquí en la tierra. Que Jehová está en el alma de mi madre que es toda bondad, de mi padre que tanto me ama y de todos cuantos yo conozco. Mas, ¿podéis decirme cómo es que Jehová puede caber dentro de mí que soy tan pequeño?

Y era de ver aquel chiquitín de seis años parado firme ante el anciano Abdias, mirándole fijamente los ojos mientras formulaba esa pregunta.

—Jehová, hijo mío, es como una gran luz, como una oleada de esencia, de fuerzas y de energía. Tú eres pequeñito pero puedes tener en tu manita una antorcha que ilumina una habitación por grande que sea. Eres pequeñito, pero puedes guardar en el hueco de tu mano una redoma de sutil esencia, de la cual unas pocas gotas bastan para llenar de perfume todo nuestro Santuario.

"Eres pequeñito, pero puedes llevar una chispa de fuego y prender una inmensa pira de leña e incendiar un inmenso campo. ¿Comprendes?

—¡Oh, sí... voy comprendiendo!... Y pienso más aún. Pienso que como soy tan pequeñito y Jehová es tan grande, debe rebosar Jehová hacia todos los lados de mi cuerpo. ¿Verdad que es así?

—Sí, hijo mío, Jehová rebosa de ti, sobre ti, y alrededor de ti; como el agua de un torrente incontenible; como la luz radiante del sol; como el perfume de las flores, como melodía de arpas eternas, cuyas resonancias no se extinguen jamás. Así se desborda Jehová en ti.

—Y yo, ¿qué tengo que hacer para El?

—Pues amarle por encima de todas las cosas; hacer su voluntad antes que toda otra voluntad, y amar a todos los seres que han salido de su seno porque es Padre Universal.

—¿Y me dirás, Servidor, cómo puedo saber lo que quiere Jehová de mí? ¿Puedes decirme dónde le encontraré para conversar con El como lo hago contigo? ¿Cuándo podré ver a Jehová como veo a mi madre, como te veo a ti?

—Muchas preguntas son estas y arduas de contestar a un niño tan pequeño todavía. Mas como Jehová desborda de ti, creo que me comprenderás bien.

Y confiadamente el niño se sentó sobre las rodillas del anciano buscando de estar más cerca para escucharle mejor.

—Háblame que yo te comprenderé —le dijo con gran seguridad.

—A Jehová, hijo mío, no se le ve sino que se le siente.

"Vamos a ver de entendernos. ¿Qué sientes tú cuando tu buena madre te acaricia con indecible ternura, y te viste una túnica y te cubre los piececitos fríos con unas calzas de lana calentadas al fuego? Piensa un poco.

El niño pensó con su manecita puesta en la mejilla y luego contestó:

—Siento ganas de llorar de amor y de ternura por ella y me abrazo de su cuello y la beso, y la beso un centenar de veces en la boca, en los ojos, en las mejillas, en las manos, hasta que me harto bien de quererla. ¿He contestado bien?

—Perfectamente bien. Toda esa expresión, de amor y de gratitud que sientes hacia tu madre por su amor a ti, es Jehová que se desborda de tu corazón.

—¿Entonces cuando me irrito porque se me escapan las tórtolas con que juego y los corderillos que arrastran mi carrito, y cuando me escondo en un rincón para no ver ni querer a nadie es porque Jehová se ha escapado de mí y ya no me quiere más?

—¡Justamente hijo mío! Cuando somos malos y no tenemos amor para nuestros semejantes, ni queremos saber nada de nadie, Jehová esconde de nosotros su presencia para que el dolor y la tristeza en que nos deja, nos obliguen a volver hacia El y buscarle y amarle por encima de todas las cosas.

—¡Jhasua!... ¡Jhasua!... —sonó desde el opuesto lado del patio la voz dulcísima de Myriam. —Deja en descanso al Servidor, y ven hijo mío que es la hora de tomar alimento.

—¡Es madre!... ¿Voy?

—Si hijito, vete con ella que su voz es la voz de Jehová para ti.

—Y ahora sí que desbordará Jehová, porque ella me estará esperando con lo que más me gusta: castañas con miel.

El niño dio un beso al Servidor y cruzó corriendo el patio hacia la habitación donde le esperaban sus padres.

El anciano Abdias cruzó las manos sobre el pecho mientras le seguía con la mirada, y los muros roqueños de su alcoba le escucharon decir:

—¿Qué hice yo, Dios mío, para merecer la dicha de tener en mi regazo este resplandor de tu Divinidad?

Y una hilera de gruesas lágrimas que la ternura le arrancaba del alma, surcaron su blanco rostro y se perdieron en la barba cana. Y murmuró más bajo aún:

—¡Es Jehová que se desborda de mi hacia todos los lados de mi cuerpo, según decía el Niño-Luz hace unos momentos!

Luego se dirigió al Santuario porque caía la tarde, hora de la oblación del incienso en la puesta del sol.

Sintiendo desbordar la dulzura y el amor de su corazón, pidió a los esenios del coro cantar el Salmo 34 que respondía admirablemente al estado de su espíritu lleno de inmensa gratitud a Dios.

"Bendeciré a Jehová en todo tiempo, y mi alabanza será siempre en mi boca", etc. etc.

Mientras los Esenios reunidos en el Santuario cantaban salmos de gratitud a Jehová, el pequeño Jhasua sentado en la mesa entre sus padres que junto con él tomaban alimento, decía con encantadora voz:

—En estas castañas con miel también está Jehová, porque me saben muy bien y dice el Servidor que Jehová está en todo lo bueno que hay en la tierra ¿Lo sabías tú padre y también tú madre mía?

—Si hijo. Es así como dice el Servidor —contestóle Joseph.

—Hijito, tú discurres en cosas demasiado profundas para ti —le observó su madre con gran dulzura.

—Siempre me vas a repetir lo mismo, que soy muy chiquitín... "Jehová sabe que soy pequeño y se empeña en estar dentro de mí. Comprendes tú esto, madre?...

Myriam miró a Joseph como interrogándole y éste contestó:

—Tu madre y yo sólo sabemos amarte, hijo mío, y amar a todos los hombres que son criaturas de Jehová. Come tus castañas con miel, y juntos daremos gracias a Dios por todos los dones que nos ha dispensado.

Terminada la frugal refección, el niño juntó sobre el pecho sus manecitas como alas de tórtolas que se pliegan, y murmuró el comienzo de la plegaria habitual al concluir la comida:

"Bendigamos a Jehová que mantiene nuestras vidas para servirle y amarle sobre todas las cosas".

—Así sea —contestaron Myriam y Joseph con la honda emoción que les producía el recogimiento del pequeño en su oración a Jehová.

UNA LUZ EN LAS TINIEBLAS...

Las caravanas de mercaderes desempeñaron un gran papel en la transmisión secreta de las noticias referentes al Dios-Niño, oculto en el Santuario del Monte Hermón.

Sus grandes amigos Melchor, Gaspar, Baltasar y Filón, habían sido ya discretamente notificados, y cuando Jhasua cumplía sus cinco años de existencia terrestre recibió la visita de dos de ellos, Melchor y Baltasar, los ilustres personajes orientales en cuyos espíritus resplandecía el precioso tesoro de la Sabiduría Divina.

Bien comprenderá el lector, que los más destacados Esenios de aquel tiempo se acercaron solícitos al santo Niño, aunque con todas las prescripciones necesarias, para que los agentes y espías del Rey no encontrasen el más leve rastro.

De todos los Santuarios Esenios de la Palestina salían año tras año, algunos ancianos en calidad de embajada, de visita y protección. Los Esenios que prestaban servicio en el Templo de Jerusalén, uno después de otro acudieron también. Eran éstos, Esdras, Simeón y Eleazar y los estudiantes José de Arimathea, Nicodemus de Nicópolis y Ruben de Engadi.

Los tres Levitas ya nombrados, se habían unido en matrimonio dos años hacía, con las tres hijas de Lía, la noble viuda de Jerusalén, en cuya casa se formó una numerosa familia, pues las tres hijas quedaron con la madre los primeros años.

Las familias de Elcana el tejedor y sus amigos esenios, que vieron a Jhasua recién nacido en Betlehem, enviaron su embajada en el año tercero del destierro de Jhasua niño, llevando para él y sus padres cobertores y ropas de lana tejidos por ellos.

La gran Fraternidad Esenia de aquella hora, hizo en verdad el sublime papel de madre abnegada y solícita del gran niño, que apenas llegado a los oscuros valles terrestres, se veía perseguido a muerte por sus propios hermanos.

En una de las visitas de Gaspar, el indostánico, a las Escuelas de Divina Sabiduría fundada en Bela y en Chanbar (hoy Guadar) llegó hasta Babilonia, desde donde fue guiado por los Terapeutas hasta el Hermón, donde tomó anotaciones y copias de todo cuanto estaba relacionado con la postrer venida del Cristo a la Tierra, dejando un bolsillo de oro para que los Ancianos pagasen cuanto al niño le fuera necesario, y le remitiesen grabados en placas de madera o arcilla, los relatos que juzgasen de importancia, pues él, deseaba formar una detallada biografía del Hombre-Dios en su última vida terrestre. Y éste es el origen de los relatos y crónicas, que aun perduran en los grandes monasterios budistas de Lassa y del Nepal, adonde fueron recogidas las numerosas escrituras coleccionadas por Gaspar y sus adeptos, cuando el Templo Escuela en los Montes Suleiman fue incendiado por la invasión de los Mongoles y otras razas guerreras, que invadieron siglos después aquellos fértiles parajes regados por el Indo.

Todas las Escuelas de Sabiduría Divina fundadas por aquellos hombres sabios-astrólogos, que la tradición ha llamado *Reyes Magos,* tomaron después, los tintes y aspectos de los antiguos cultos de cada país, y así subsisten aún.

Y fue así, que las escuelas de Baltasar en Persia, aparecieron después como una derivación del Mazdeísmo o sea el principio del Bien y del Mal, de la Luz y las Tinieblas del Zend-Avesta, que si sabiamente se interpreta, no está en contra de la Verdad, toda vez que es realidad, que las fuerzas o corrientes del bien, luchan para redimir y liberar las humanidades de las fuerzas del mal, simbolizadas en las tinieblas. El error está, en que los adeptos de esta creencia privan al hombre de su libre albedrío y capacidad de libertarse por sí mismo si de verdad lo quiere, para hacerlo aparecer como víctima forzosa de la fuerza del mal o tiniebla, al que es malo, y como privilegiado por el bien, la luz, al que es bueno, y vive conforme a la Ley Natural.

De una de estas escuelas fundadas por Baltasar en el suburbio babilónico de Mardinu, vino a tener origen en el siglo II y III la religión llamada Maniqueísmo cuyo fundador Manes, hijo de Gulak Babak, que estuvo dotado de facultades psíquicas muy desarrolladas, fue tomado como una encarnación de la Divinidad, a la cual daban el nombre de Paracleto.

Este Manes fue causa de que la escuela Babilónica fundada por Baltasar, degenerase en una secta, que aunque duró muchos siglos y se extendió bastante en el Oriente, no pudo luchar con ventajas en contra del Cristianismo genuino y auténtico, fundado por el Cristo y sus discípulos.

Las escuelas fundadas por Filón en el Valle de las Pirámides del Nilo, que era la reminiscencia de la filosofía Antuliana, de la que Sócrates y Platón fueron las últimas ramas, en el segundo y tercer siglo se desviaron hacia los viejos cultos mitológicos egipcios, que tenían con la filosofía Socrática y Platónica, el punto de contacto del amor reverente a los muertos, que encerraba, con pequeñas variaciones, el principio de la inmortalidad sostenido por los pensadores griegos de los últimos siglos antes de Cristo.

Y las escuelas fundadas por Melchor, fueron por largo tiempo un compuesto de Ley Mosaica y Ley de los Kobdas, y fue por tanto el fuerte cimiento sobre el cual levanta siglos después el Korán sus Mezquitas, a base de una religión sin imágenes, pero que se tornó intransigente hasta el fanatismo, y por tanto dura hasta la crueldad.

Concesiones de un lado, tergiversaciones de otro, añadidos y supresiones según fines determinados y ulteriores lo exigieron, todas estas fundaciones ideológicas iniciadas con los principios básicos de la Verdad y con los fines más nobles y altruístas, vieron adherírseles complicadas y pomposas liturgias, como vemos ha ocurrido al mismo Cristianismo, comenzando por el Divino Fundador con la única oración del *Padre Nuestro*, y con los cimientos de las Bienaventuranzas o Sermón de la Montaña, sublime y sencilla enseñanza del Cristo, sentado en una barca de pescadores del lago Tiberiades, o sobre el tronco de un árbol caído, o desde lo alto de una montaña florida de la hermosa y tranquila Galilea.

Y por más que la obra ideológica de aquellos austeros sabios que conocemos como *Reyes Magos,* parezca haberse perdido entre un mar de arenillas doradas, quedó vagamente flotando en la atmósfera de sus respectivos países, el perfume de justicia y santidad emanado de los principios fundamentales de la Unidad Divina con todas sus infinitas perfecciones, y de la inmortalidad del alma humana, que recibirá recompensas para su felicidad, o sufrimientos para su expiación en el mundo invisible, adonde ha de entrar por la única puerta que existe: la muerte.

Esto es lo que hay de común entre el Cristianismo y las filosofías o religiones derivadas de las fundaciones de aquellos cuatro ilustres aliados de Jhasua, y precursores suyos, anteriores al Bautista: Melchor, Gaspar, Baltasar y Filón de Alejandría.

Su obra ideológica fue fecunda a pesar de todo.

Gaspar contribuyó a que en el lejano Oriente resurgiera, mejor comprendido y practicado el Budismo, cuyos principios básicos persisten bien definidos, en la península Indostánica, en China, parte de Japón y algunas de las grandes islas del Pacífico.

Baltasar, cooperó a que en Persia y otras naciones del Asia Menor y de la Europa Central, dieran los primeros pasos cortos y vacilantes si se quiere, hacia los principios de justicia, libertad y fraternidad humana.

Melchor, preparó la Arabia y países vecinos, para el advenimiento del Korán, que es en el fondo un vivo reflejo de la Sabiduría de Moisés, y una continuación de la doctrina de la purificación por el agua, la oración y la penitencia, implantada por Juan el Bautista en las orillas del Jordán.

Y Filón de Alejandría, cooperó al resurgimiento de la filosofía Kobda y Antuliana en los valles del Nilo, hasta el punto de que un espiritualista amante del pasado y soñador con el porvenir, creería ver dándose la mano, al pie de Las Pirámides egipcias a Antulio el gran filósofo atlante, con Abel de los valles del Eufrates. Y haciendo fondo a esas dos gloriosas personalidades del más remoto pasado, un paisaje de montañas verdes y floridas, una multitud de pueblo humilde y sencillo, y un nazareno de cabello partido y ojos garzos, que decía desde una colina:

"— ¡Bienaventurados los misericordiosos, porque ellos alcanzarán misericordia!"

"— ¡Bienaventurados los limpios de corazón, porque ellos verán a Dios!"

"— ¡Bienaventurados los que tienen hambre y sed de justicia, porque ellos serán hartos!"

"— ¡Bienaventurados los que lloran, porque ellos serán consolados".

Es así como el buen investigador en cuestiones filosóficas y religiosas, colocado en el altiplano de una imparcialidad completa, puede apreciar la obra sublime, y grandiosa, realizada por los apóstoles misioneros del pasado, a los cuales debemos la parte pequeña o grande de la Eterna Verdad que alumbra nuestro camino.

En cuanto a la Fraternidad Esenia, fue la que dio de sí, la gran mayoría de los discípulos del Cristo, de los cuales los cronistas sólo dicen que eran humildes pescadores encontrados por el Maestro Nazareno al comenzar su vida pública. Todos ellos menos Juan, eran mayores que Jhasua; todos ellos menos Juan, le habían conocido de niño, pues casi todos eran originarios de las ciudades vecinas al lago Tiberiades, exceptuando las familias de Jerusalén, de Bethania y de Betlehem que ya nos son conocidas.

De los doce apóstoles íntimos, sólo Juan, hijo de Zebedeo y Salomé, era menor doce años que el gran apóstol del amor fraterno y vino a la vida física en un momento que él no podía olvidar, según lo relataremos más adelante.

Esta alusión a aquellas vidas, que tanto se habían de refundir unas en otras, la traemos aquí para demostrar que la unificación del Cristo con sus apóstoles y discípulos, no se hizo al final de su vida como puede deducirse de los breves relatos conocidos sino que había comenzado desde el nacimiento del Cristo sobre la tierra, y esto, debido a que todos sus discípulos con muy pocas excepciones, eran miembros de la Fraternidad Esenia, madre espiritual del Verbo de Dios en su última jornada mesiánica.

Aquí cabe examinar y analizar el por qué se ha desvanecido en la sombra, la importante obra de dicha grandiosa Institución, que al igual que los Profetas Blancos, los Dacthylos y los Kobdas, realizó una obra misionera de alto merecimiento, para el progreso espiritual de las porciones de humanidad a las cuales prestó sus beneficios.

Cuando en el siglo II después de Cristo, la naciente cristiandad empezó a dar formas definidas y concretas a la disciplina espiritual, moral y material, sobre que había de cimentar su futura existencia, hubo un sinnúmero de divergencias sobre dicho tema. Y con tanto ardor y fuego fueron sostenidas las controversias, cada cual por la forma y modo como juzgaba que debía continuar e interpretarse la enseñanza de Cristo, que se formaron bandos contrarios, los cuales se adjudicaban a sí mismos la posesión de la verdad, y los unos llamaron falsarios a los otros. Y las cristiandades modestas y pobres, con escasos recursos, fueron desapareciendo lentamente, o refugiándose sus individuos aislados en el judaísmo, o en las religiones de los países en que vivían.

Cuatro fueron las ramas que quedaron con vida después de las grandes luchas del siglo I y II. Las fundadas por Pedro, por Juan, por Santiago y por Pablo. Los Ancianos del Alto Consejo de Moab intervinieron al principio, para llamar a una coordinación de toda la enseñanza, analizando punto por punto todo cuanto se había escrito referente al Cristo.

Pedro y Juan estuvieron en un todo de acuerdo con las opiniones de los Ancianos. Pablo lo estuvo después también. El que no aceptó el acuerdo fue Santiago, que ya al frente de la congregación de Jerusalén, la constituyó en las normas judaicas que persistió en los primeros siglos.

Visto por los Ancianos de los Santuarios, que sus esfuerzos eran ineficaces se encerraron en sus cavernas para evitar sufrimientos y persecuciones, y se dedicaron a los enfermos abandonados, y a multiplicar las copias de los originales escritos por testigos oculares de la vida del Cristo.

Los Esenios fueron considerados como una fracción disidente de la comunidad cuando ésta quedó constituida en la forma que creyeron justo darle los dirigentes, después de desaparecidos los Doce Apóstoles y los más íntimos amigos del Divino Maestro. Y fue así, como el tesoro de Sabiduría Divina guardado fidelísimamente por los Esenios, se perdió en la sombra de sus cavernas de rocas, y lo poco que de allí salió mediante los Esenios del exterior, ha ido cambiando de formas y de coloridos a través de los siglos y de la incomprensión humana.

Por un poco de tiempo todavía, el nombre de *cristianos,* no dará a los hombres, ni la lucidez, ni la grandeza de alma necesaria para cumplir la gran frase de Cristo: "Si quieres venir en pos de mí, niégate a ti mismo, carga tu cruz y sígueme".

¡Negarse a sí mismo!... frase de bronce y de granito como los Santuarios esenios, donde el mayor de todos, era el servidor de todos. ¿Quién es el que *quiere negarse a sí mismo* por más cristiano que se considere?

¡Yo quiero; yo mando; yo soy! He aquí las tres lápidas sepulcrales,

bajo las cuales se extinguen sobre la tierra, los más sublimes principios básicos de la religión emanada del alma misma del Cristo, en sus distintas jornadas Mesiánicas... *¡Yo quiero; yo mando; yo soy!* He ahí el panteón sepulcral que ha ido tragando siglos tras siglos, el esfuerzo mental espiritual y material de los discípulos conscientes del Cristo, que fueron sacrificándose y muriendo en cadalsos y patíbulos, en hogueras, en la horca, decapitados o arrojados a las fieras, por la defensa hecha de su grandioso ideal de fraternidad humana.

Yo quiero; yo mando; yo soy, dicen igualmente los cristianos de hoy, entre las numerosas filas de las grandes ramas del Cristianismo, organizadas bajo diversas disciplinas, dogmas y liturgias.

¿Cuál fuerza, cuál genio, cuál acontecimiento será el que las una en un solo pensar y sentir?

Sólo la palabra del Cristo puesta en acción: "Si quieres venir en pos de mí, niégate a tí mismo, carga con tu cruz y sígueme".

¡Negarse a sí mismo! Dura y heroica palabra, que significa la renuncia a toda ambición egoísta y personal, sea del orden que sea: Atrás, el que quiere lucrar con el ideal; el que busca erigirse en maestro de los demás; el que busca un pedestal para su nombre; el que llevado por intereses creados, sueña con recoger el fruto material de sus esfuerzos de misionero del ideal.

Que a todo esto obliga el *negarse a sí mismo.*

Nos escandalizamos los cristianos de hoy, de lo que ocurrió a los Esenios del tiempo de Cristo, y de que hayan desaparecido, entre las sombras y el silencio los innumerables escritos históricos detallando su vida. Y es tan natural el hecho, que nos asombraría de que hubiese ocurrido de otra manera, si tenemos en cuenta que los cristianos dirigentes de aquellas épocas, no tuvieron el valor de negarse a sí mismos, sino que por el contrario, dijeron igual que dicen los de hoy *"Yo quiero; yo mando; yo soy"* con lo cual creyeron obrar perfectamente bien.

Es así como nuestra inconsciencia retarda el tiempo de la verdad, y lo retardaría indefinidamente, si la Eterna Justicia no tuviera a su disposición sus grandes legiones fulminadoras del mal, que cuando llega la hora final que no admite dilaciones dicen: *Este es el límite.* Ha finalizado la hora de esperar. La puerta del cielo se ha cerrado. El que no entró hasta ahora, queda fuera hasta la próxima ronda.

¡Qué lenta es la evolución de las humanidades!... ¡Y qué breves son los siglos por donde ellas van subiendo a paso de tortuga!

Veo ante mí un mar inmenso de arenas doradas y un niño afanado, contando una por una las diminutas arenillas...

¿Cuándo terminará?...

Tardará mucho, pero de seguro será más rápido su trabajo, que el adelanto de las humanidades en su marcha eterna a través del infinito.

Hemos llegado al punto, en que la Eterna Ley decretó la desaparición del plano físico del Rey Herodes llamado el Grande, por la fastuosidad de que rodeó su vida y por los grandes monumentos, ciudades y obras de arte con que enriqueció a la Palestina, buscando captarse la simpatía del César, con cuyo nombre o de sus familiares, bautizó las ciudades que mandó construir.

Le sucedió en el trono su hijo Arquelao, que cambió completamente el camino de su padre, para solo ocuparse de diversiones, cacerías, saraos, orgías, en las cuales corrompió a toda su corte, soldados, guardias y mujeres. Se burlaba grandemente de los temores de su padre a un Mesías Libertador de Israel. Sin fe, sin creencia religiosa de ninguna especie, sin dar valor alguno ni a las tradiciones hebreas, ni a sus anuncios proféticos sobre la venida del Mesías, dio lugar a que el niño Jhasua cautivo en su retiro de Monte Hermón, pudiera volver tranquilamente con sus padres a la casita de Nazareth a la edad de siete años y cinco meses.

Y desde esta hora, empezó la tristeza del desterrado para el Dios-Niño, que aclimatado ya al ambiente sutil y diáfano formado por los Esenios del Santuario que le había albergado durante más de 5 años, tuvo que sufrir como un doloroso trasplante, a un lugar que le era completamente ajeno. De igual manera que una delicada planta de invernáculo trasplantada de pronto a la intemperie, expuesta a todos los vientos, el pequeño Jhasua comenzó a languidecer, y el rosado arrebol de su rostro se tornó en una palidez mate, donde sus luminosos ojos de ámbar, parecían dos grandes topacios engarzados en una ánfora de marfil.

Myriam que había recibido grandes instrucciones de los Ancianos para el tratamiento del niño, no le perdía de vista ni un momento, y con frecuencia le encontraba arrinconado en la alcoba junto a su pequeña camita, o tendido sobre ella mirando inmóvil la negruzca techumbre de su pobre morada, como si en ella o detrás de ella quisiera descubrir algo que presentía, pero que no llegaba a percibir siquiera.

Su enamorada madre se sentaba al borde del pequeño lecho y comenzaba este diálogo:

—Jhasua, hijo mío, ¿qué tienes? Ni quieres jugar, ni correr, ni comer, ni reír. Parece que ni tu padre ni yo te interesamos para nada, y no haces caso tampoco de los otros niños que se desviven por jugar contigo.

—No te enfades, madrecita buena —le contestaba el niño mimosamente, acariciando la mano de la madre que tocaba su frente, sus sienes, su pecho, buscando en él señales de enfermedad—.

"No te enfades —continuaba el niño—. Es que no me gusta mucho esta casa y me encontraba mejor en aquella gran casa de piedra, donde las gaviotas y las palomas, y sobre todo los ancianos alegraban tanto mi vida, que todo eso lo echo de menos aquí.

—Yo haré que tengas también palomas y gaviotas, y más todavía, los lindos mirlos azules que aquí tenemos —le prometía su madre, apenada de ver la tristeza de su pequeño hijo—. ¿Qué más deseas, hijo mío? ¿Los Ancianos del Monte Hermón? También vendrán ellos a visitarte de tanto en tanto.

—Visitar de tiempo en tiempo, no es vivir junto conmigo —replicaba el niño pensando las palabras que decía—. ¿Sabes tú madre, las bonitas historias que ellos me contaban? Y aquí no tengo quien me las cuente ¿Comprendes?

—¿Y si yo te trajera aquí quien te cuente lindas historias?... —preguntaba la dulce madre sonriendo, inclinándose sobre el rostro de su hijo para mirarle al fondo de los ojos.

—¡Oh, eso no puede ser madre! Tú no tienes un anciano como aquellos ancianos, que parecían cantar en sus palabras dulces, como la miel en la boca.

—Si hago venir uno dentro de un momento ¿te alegras nuevamente? ¿Volverás a correr como en el Monte Hermón? ¿Volverás a comer grandes platos de castañas con miel? ¿Tomarás hasta el final el gran tazón de leche de cabras con panecillos tostados al rescoldo?

—¡Oh, cuántas cosas quieres madre! Hay que querer una sola y basta. Después otra y mañana otra más. ¿Comprendes?

—Sí, hijito, sí. Bien, me conformo hoy con verte tomar tus alimentos y después vendrá lo demás. Con que ahora vendrá el anciano que te contará hermosas historias. Levántate y ven conmigo, que, junto al hogar le encontrarás.

El niño siguió a su madre hacia la cocina de la casa, que era el punto de reunión de la familia. Era la mitad de la tarde, y los niños mayores de Joseph ayudaban a su padre a ordenar nuevamente su taller, o entraban y salían avisando a su antigua clientela, que ya estaba de regreso para no abandonar más su amada Nazareth.

Los niños menores que ya tenían de 9 a 12 años jugaban bajo los árboles del huerto.

El Hazzán de la Sinagoga, que era un hermano de Esdras aquel sacerdote de Jerusalén que conocemos, se hallaba sentado junto al hogar. Era un esenio de grado tercero, y a más de Hazzán de la Sinagoga, maestro de escuela y médico.

Myriam le había hecho venir para que revisara su niño al cual ella creía enfermo.

—Este es también un esenio como los del Monte Hermón, y sabe lindas historias que te harán muy feliz, hijo mío. —Y así diciendo, la madre le acercó al niño.

El Hazzán que se llamaba Felipe, tomó a Jhasua por las manos, y luego le sentó sobre sus rodillas.

—¿Me amarás a mí como amabas a los ancianos del Monte Hermón?

—Si eres bueno como ellos te amaré lo mismo. Pero tú no tienes el vestido blanco y tu barba tampoco es blanca —contestaba el niño mirándole insistentemente, como si quisiera descubrir en el Hazzán algo de sus amados Ancianos de Monte Hermón. —Tu barba tiene el color de mis cabellos. ¿Por qué no tienes tu barba blanca?

—Porque aún no soy anciano como tus ancianos del Monte Hermón. No obstante ya he pasado de los cincuenta años.

—Mi madre dice que tú sabes bellas historias ¿me las contarás?

—Todas cuantas quieras, hijo mío.

—Pues empieza a contarme, y puede ser que me venga deseo de comer castañas con miel según desea mi madre.

Myriam oía y observaba, mientras iba y venía en torno al hogar en todos esos menudos y a la vez complicados quehaceres del ama de casa.

El Hazzán sacó un rollito de pergamino y comenzó a leer pausadamente la historia del pastorcillo David, que tocaba la cítara mientras llevaba las ovejas a la fuente, o a los pastos. Cuando llegó el relato de que arrojó la piedra con la honda y tiró a tierra al gigante Goliat, el niño puso su manecita sobre la escritura y dijo:

—No me gusta que le pegase en la frente y lo matase, porque la Ley dice en el quinto número: No matarás. Bastaba con que le hubiese pegado en una pierna y se la hubiera dislocado, para impedirle andar.

El Hazzán se quedó mirándole.

—Si —continuó el niño—. Jeremías, uno de mis maestros del Monte Hermón arrojaba también la honda con gran precisión, y él me ha contado, que andando por la montaña un día, le olfateó un lobo y empezó a acercarse; entonces el trepó a un árbol y cuando estaba a tiro, le arrojó una piedra con su honda, le rompió una pata delantera y el lobo no pudo hacerle daño alguno. Ya ves, se salvó sin matarle.

"Los ancianos del Monte Hermón me han enseñado que no se debe matar a los animales, y menos a los hombres que son nuestros hermanos, porque todos somos hijos del Padre Celestial. ¿No sabías tú esto?

—Sí, hijo mío; pues también estudio y guardo la Ley dada por Jehová a Moisés.

—¿Y sabes tú cómo es el Padre Celestial? Si lo sabes, me lo dirás, porque los Ancianos de allí, me dijeron que me lo explicarían más tarde porque aún soy pequeño para saberlo. ¡Es lástima que tuve que venirme sin saberlo! . . .

Y al decir así, el dulce niño Luz, su semblante adquiría un tinte de tristeza, como si añorase la ausencia de aquellos a quienes tanto llevaba en el recuerdo de su corazón.

—Y si ellos que son tan sabios te dijeron así, ¿cómo puedo explicártelo yo, si aún eres igualmente pequeñuelo? —lo observó el Hazzán—. ¿No te dijeron también que los niños deben seguir el consejo de los ancianos y obedecerles como si fuera Jehová que les habla?

—Sí que me lo dijeron y por eso yo espero que llegue la hora de saber cómo es el Padre Celestial.

"Figúrate que yo oyese continuamente hablar de mi padre, y recibiese sus regalos de pan, castañas, leche y miel y nunca le hubiese visto. ¿No será justo que me lo hiciesen ver, o por lo menos que me dijesen si es grande o pequeño, si es hermoso o feo, si es negro o blanco?

El Hazzán no sabía si reír o quedar grave en su actitud ante la locuacidad del niño, que parecía haber olvidado su taciturna actitud anterior.

—Hijo mío —intervino Myriam— el Hazzán era quien iba a contarte bellas historias y veo que no le das lugar a ello porque tú hablas siempre. ¿No sería mejor que tú escucharas y él hablase?

—En otros niños sí —dijo el Hazzán— pero éste es quien debe hablar y nosotros oír.

—Y ¿por qué yo he de hablar y los otros niños no?

—Pues porque los otros no estuvieron 5 años entre los ancianos del Monte Hermón, donde la Sabiduría Divina surge a torrentes como agua del manantial —contestó el Hazzán por no decirle la verdad; pues era la consigna entre la Fraternidad Esenia, no manifestar al niño ni una sola palabra referente a su propia personalidad espiritual, hasta que llegado el momento, su Yo Superior se le hiciera presente, descubriéndole su elevada misión de Mesías Salvador de la humanidad terrestre.

—¿Entonces tú crees que yo, aunque soy pequeño, sé muchas cosas que he aprendido de los Ancianos del Monte Hermón?

—Justamente. No puede ser de otra manera si has sido un alumno aprovechado.

—Oyeme —continuó el niño siempre sentado sobre las rodillas del Hazzán—. Poco antes de salir del Santuario con mis padres, estaba yo con un poquillo de fiebre, y la alarma de mi madre atrajo junto a mi lecho a casi todos los Ancianos que me querían mucho ¿sabes? ¡pero mucho!

—Lo comprendo, hijito, muy bien. Continúa.

—Yo vi que uno de los ancianos al cual llamaban Escriba Mayor, llevaba carpetas de escribir y otros llevaban grandes rollos de papiro.

"Pensé que iban a leerme hermosas historias.

—¿Y no fue así? —preguntó el Hazzán.

—No fue así, sino que yo me dormí muy luego de sentarse ellos en torno mío. Cuando me dormí estaba poniéndose el sol que entraba hasta la alcoba. Y cuando me desperté, amanecía, y los Ancianos aún estaban allí; y los dos Escribas Mayor y Menor escribían apresuradamente, lo que un tercero dictaba, en una carpeta de tela encerada.

"El candelabro daba toda su luz sobre los escribientes, dejando en penumbra mi pequeño lecho, por lo cual no se dieron cuenta de que yo estaba despierto.

"Comprendí que hablaban de Moisés y corregían en sus escritos algo que seguramente no estaba bien. Y oí repetidas veces esta frase que nunca he podido comprender: "El niño tachó esta frase y puso este párrafo. El niño tachó todo este párrafo. El niño arrojó a la hoguera tres hojas de esta carpeta, por estar cambiadas de como eran".

"Tú que eres el Hazzán de la Sinagoga debes saber la explicación de estas palabras. Yo entendí que el niño era yo, y que dormido había hecho todo eso que ellos decían. Si a un niño pequeño, ni aún lo que hace despierto se le tiene en cuenta, ¿cómo es que los ancianos estaban allí en consejo para cuestionar tan seriamente sobre lo que pudo decir un niño dormido?"

El Hazzán se vio en grandes apuros para responder al pequeño Jhasua algo que pudiera satisfacer a su mente, en la cual ya se revelaba en parte lo que era.

—Mira, hijo mío —confesó por fin—. No creas que yo lo sepa todo, ni que sea una gran inteligencia, pero te diré lo que me parece.

"Habrás oído decir que los niños son ángeles de Dios y que cuando duermen, están asistidos por otros ángeles y a veces los sueños de los niños son reveladores. ¿No podemos pensar que dormido has respondido a preguntas que te han hecho, y a las cuales han contestado los ángeles que velaban tu sueño?

—¡Puede ser! Me gusta mucho tu respuesta. Oyeme. Una noche, ven cuando yo duerma, te pones junto a mi lecho y me haces preguntas. Veremos qué te contesto. ¿Quieres?

—No, hijo mío, eso no, porque yo no tengo la capacidad que tienen los Ancianos del Monte Hermón para buscar así los secretos divinos.

"Ellos son sabios que han estudiado mucho. Y díme ¿cómo te despertaste de aquel sueño?

—Yo bien, y la fiebre ya no ardía más en la frente y en las manos.

—¿Ves lo que te digo? Ellos saben sanar los cuerpos y comprender el lenguaje de las almas. Acaso tú llegarás un día a saber tanto o más que ellos;

pero en este momento tú por ser niño y yo por no ser grande, debemos conformarnos con cumplir la Ley, y ser muy buenos, aún, para los que no son buenos. Si acudes el sábado a la Sinagoga, me oirás leer aquel pasaje de la Escritura, cuando el niño Samuel dormía y le despertó una voz que le llamaba. Samuel fue más tarde un Profeta de Dios, al cual Jehová daba sus inspiraciones en el fondo de su corazón. ¿No podría ser que Dios te hubiera destinado para una misión profética como a Samuel entre el pueblo escogido?

—Yo pienso a veces —dijo el niño, y su rostro pareció transfigurarse con una extraña luz—, que un grande amor me llena de llanto los ojos, un amor, que ni es a mi madre, ni a mi padre, ni a ninguno de la tierra, sino. . . a todo, al cielo, a la tierra, al aire, a la luz, al sol, a las estrellas, a todo lo que ven mis ojos, y también a lo que no se ve. ¿Comprendes Hazzán? Y cuando esto se me pasa, me quedo triste, mohino, me escondo en un rincón oscuro y pienso. ¿Qué es lo que pienso? No sé decirlo, pero a veces lloro en la oscuridad hasta que mi madre me descubre y me riñe, obligándome a salir para ayudar a devanar sus lanas y sus hilos hasta hacer grandes ovillos.

"¿Qué será esto, Hazzán? —añadió.

—Será el Señor, hijo mío, que quiere hablarte como al jovenzuelo Samuel.

Aquí llegaban, cuando apareció Myriam y Joseph siguiéndola, para que el Hazzán le vendase una herida que se había hecho en la mano.

Cuando hubo cumplido sus deberes de médico, les habló algo de su diálogo con el niño.

—¡Oh! —dijo Joseph— nuestro Jhasua es un mirlo melancólico, que más quiere llorar que cantar.

—Es un niño que piensa más de lo que sus años le permiten, y os ruego que me lo llevéis a la Sinagoga el primer día que vayáis.

Como Joseph le acompañase hasta la puerta del huerto, el Hazzán añadió:

—Vuestro mirlo melancólico comienza a tender sus alas, y el niño empieza a despertar a sus grandes realidades.

"Aquí haría falta alguno de los Ancianos, sino de Moab y del Hermón que están lejanos, por lo menos del Tabor o del Carmelo, que también los hay adelantados en los caminos de Dios. Si tenéis confianza en mí, yo me encargaré de este asunto, pues yo no me siento capaz de esperar el despertar de su conciencia, que no sabemos qué día ni qué hora se producirá.

—Veo que dais mucha importancia a las fantasías de nuestro Jhasua. ¿No sería mejor distraerlo con la escuela y el trabajo? —replicó cándidamente Joseph, sujetando su mano vendada que dejaba ver un ligero manchón de sangre rezumada.

—No queráis medir a Jhasua, con la misma medida que a los demás niños. ¿No recordáis cómo se manifestó el Señor en la niñez de Samuel?

—Sí, es verdad, haced, Hazzán, lo que tengáis por más conveniente —accedió el buen padre, despidiéndose del esenio a quien agradeció el servicio prestado.

Y aquel humilde maestro de la escuela de Nazareth, y Hazzán de la Sinagoga, se alejó paso a paso hasta su casa, bendiciendo a Dios que le ponía en el camino de su Verbo, a él que se creía menos que una hormiga en los campos del Señor, animados de su poderoso hálito de vida.

EL NIÑO PROFETA

Cuando al día siguiente, sábado, la familia de Joseph concurrió a la Sinagoga para oír la lectura y explicación de los Sagrados Libros, Jhasua iba también llevado de la mano de su madre.

—Hoy no me hablaste ni una palabra, hijo mío —decíale Myriam cariñosamente.

—Madre, cuando volvamos de la Sinagoga te hablaré todo cuanto quieras.

—Y ¿por qué no ahora?

—Porque ahora voy escuchando como una voz honda que dice en mí mismo grandes palabras.

La madre calló no sin antes tocar con sus dedos la frente de su hijo.

El Hazzán les hizo ubicarse en los sitios más cercanos a la sagrada cátedra.

Y cuando fue la hora, se cantaron salmos y él abrió el libro de Samuel Profeta de Dios y comenzó a leer. Al llegar al Capítulo III v. 19 "Samuel creció y Jehová fue con él y no dejó caer a tierra ninguna de sus palabras.

"Y conoció todo Israel, desde Dan hasta Beer-Sabah que Samuel era fiel Profeta de Jehová.

"Así tornó Jehová a aparecer en Silo; porque Jehová se manifestó a Samuel en Silo, etc.

El pequeño Jhasua se acercó al Hazzán, y con su vocecita que parecía una campanilla de bronce, dijo:

—Hazzán, por si no lo sabes, te digo que Samuel Profeta de Dios vendrá a Silo de aquí a cinco años, cuando yo tenga doce.

—¿Qué dices, niño?

—Lo que oyes: Samuel estará en el Santuario de Silo de aquí a cinco años, para repetir de nuevo a Israel la palabra, sin dejar perder ni una sola.

"¿No dice lo que has leído, que allí llamó Jehová a Samuel, para darle mensaje para el sacerdote Elí y su pueblo?

"Pues yo te doy esta noticia, de que Samuel volverá, pero el pueblo de Israel no le escuchará, y él se marchará a tierras lejanas, del otro lado del mar, después que haya visto tanta claridad, que no le quede nada más que ver sobre la tierra".

Joseph cuyo carácter severo, le hacía algunas veces brusco, se levantó tomó al niño de la mano, y le volvió al lado de su madre que estaba anonadada por la audacia de su hijo.

El Hazzán consternado intervino para decirles:

—Dejadle, no le reprendáis. ¿Por qué has dicho eso, hijo mío?

—Pues por lo mismo que el niño Samuel dijo lo que Jehová le mandó decir a Elí y a su pueblo.

"Samuel oía la palabra de Jehová y no la dejaba caer a tierra; vosotros la leéis en el Libro y no la entendéis. Si Jehová me mandó decir que Samuel vendrá a Silo de aquí a cinco años, tengo que decirlo. ¿O es que vosotros queréis mandar callar a Jehová? ¿O pensáis que El no tiene ahora el poder de hablar por medio de un niño, como lo hizo en otro tiempo por el niño Samuel?"

—Calla por favor, hijo mío, y deja al Hazzán que siga la lectura. ¿Quién eres tú para interrumpir? ¿No ves con qué ojos te miran los asistentes? —intervino Myriam.

El Hazzán continuó la lectura hasta que muerto Elí, el sacerdote y sus dos hijos, y caída el Arca de la Alianza en poder de los enemigos, fue así cumplida la palabra profética del niño Samuel pronunciada varios años atrás.

Y el Hazzán, para calmar la alteración que el caso había producido entre los asistentes a la Sinagoga, habló brevemente sobre diversos casos parecidos ocurridos en tiempos remotos, de niños que hablaron inspirados por Dios con fines determinados.

Y como por entonces el Santuario de Silo en Samaria, era utilizado como hospicio de paralíticos y de ancianos por los Terapeutas peregrinos, pensaron que podía ser voluntad del Altísimo, suscitar allí un nuevo profeta para preparar los caminos al Mesías, que según los anuncios estaba ya en medio de Israel.

Algunos oyentes pidieron la palabra para decir que acaso sería Samuel mismo el Mesías esperado, y que estaría en el viejo Santuario, quién sabe por qué circunstancia.

El pequeño Jhasua sonrió y dijo:

—Ahora no le busquéis porque no está. ¿No oísteis que dije que vendrá de aquí a cinco años?

—¡Ah! Es verdad, es verdad —reconocieron varios.

—Es precoz esta criatura —aprobó un anciano. —Cualquiera diría que nació entre los Doctores de Jerusalén, y que ha oído las Escrituras desde la cuna.

—A ver, niño —dijo otro— dime si ha nacido el Mesías y dónde está, o si es que será Samuel que afirmas debe venir.

—¿Cómo queréis que diga palabra que Jehová no me manda decir? Si digo otras serán palabras de mentira. Sólo las palabras que me mandó decir El, puedo decirlas y son la verdad.

—No forcemos la voluntad de Dios, ni queramos saber lo que El no quiere que sepamos —intervino el Hazzán—. Bendigamos al Señor grande y poderoso, que dueño de todas las criaturas y de todas las cosas, hace uso de ellas cómo y cuándo le place. Tengamos en cuenta el aviso de este niño, para testificar si de aquí a cinco años aparece un Profeta en el Santuario de Silo.

Y con esto, más los variados comentarios que los oyentes hicieron, se terminó la religiosa asamblea, y cada cual se dispersó en dirección a su hogar.

El Hazzán había indicado a Joseph que hiciera por ser el último.

Cuando ya no quedaba casi nadie, vieron junto a una columna cercana a la salida, un anciano de obscuro manto.

—¿Deseábais algo más? —le preguntó el Hazzán.

—Soy uno de los Esenios del Monte Carmelo que habéis mandado a buscar. Entre todos me han señalado a mí y aquí estoy.

—¿Hace mucho que llegasteis?

—Cuando la gente empezaba a congregarse aquí.

—¿Habéis oído lo que ocurrió con este pequeño de siete años?

—Todo lo he oído.

—¿Y qué os parece de todo esto?

—Que la Luz Divina está entre nosotros en esa pequeña personita de 7 años.

—¿Por qué lo decís?

—Porque mientras el niño hablaba, he visto con interior claridad una multitud de seres espirituales y resplandecientes, que arrojaban puñados de flores de luz sobre este niño, mientras otros cantaban: "Gloria a Dios en las alturas y paz a los hombres de buena voluntad". Y otros dijeron: "El Verbo de Dios habla a los hombres y los hombres no entienden lo que él dice".

En esto estaban cuando volvió una mujer que corría con su criatura en brazos y como un torbellino entró en la Sinagoga.

—¡Mirad mi niña curada y limpia como un vaso de plata! —y mostraba la criaturita de unos ocho o diez meses.

—Y ¿qué tenía vuestra hija?

—Estaba todo su cuerpecito hecho una llaga de una maligna erisipela que nadie le podía curar.

—Pues bien y ¿quién le ha curado? —preguntó el Hazzán.

—Oidme —contó la mujer— cuando ese niño habló de la manera que habló, yo pensé que Dios hablaba por él, y cuando su padre le volvió a su asiento, yo estaba detrás de él y con gran fe puse las manecitas de mi niña sobre los hombros de él y le dije al Señor:

"Si este niño es un Profeta como Samuel, que mi niña sea curada de este horrible mal. Mi criatura se durmió y yo la cubrí con mi manto, hasta que hace un momento cuando me marchaba a casa ella se despertó, y entonces grande fue mi asombro al verla sana y limpia de las horribles llagas que tenía. ¿La veis? Ni aun parece haber estado jamás enferma.

—Buena mujer —le advirtió el anciano esenio—; bendecid al Señor de los cielos por el bien que os ha hecho, pero los dones de Dios no siempre es bueno pregonarlos por calles y plazas. Sabéis que estamos en una época en que se ha resuelto que no siendo en el Templo de Jerusalén, el Altísimo no visita a sus hijos. Callaos pues, y demos todos gracias a Dios porque ha bajado a esta humilde Sinagoga, donde sólo se le busca y se le adora.

El Hazzán puso incienso en los incensiarios y todos juntos recitaron uno de los salmos de gratitud al Señor.

Alejada la feliz madre y los hijos mayorcitos de Joseph, celebraron una pequeña reunión el anciano de Monte Carmelo, el Hazzán, Joseph, Myriam y el pequeño Jhasua.

—Venturoso padre —le dijo el esenio a Joseph— no tengáis alarmas cuando el alma de vuestro hijo se desborde al exterior como hoy, en una explosión de divino conocimiento y de luz interior.

"Muchas veces ocurrirá esto, hasta que llegada la hora de que él mismo se reconozca en lo que es, y más firme en la posesión de su personalidad, tenga el dominio necesario para refrenar los grandes impulsos internos, que necesariamente lo llevarán a casos como el ocurrido hoy".

—Pero las cosas que dijo —refutó Joseph—, nos ponen a nosotros en una situación difícil ante los demás.

—Nada temáis —añadió el esenio— pues el hecho ocurrido se olvidará pronto, y como entre los galileos devotos de ordinario no hay gente de malas intenciones, a lo sumo pensarán que este niño es un futuro profeta, y que Dios le hizo hablar en estos momentos.

"Lo importante es que estoy aquí, mandado llamar por el Hazzán, para hacerme cargo de la educación inmediata de vuestro hijo, hasta que sea mayorcito y pueda internarse por temporadas en alguno de nuestros Santuarios. Creo que no es un secreto para ninguno de vosotros, la misión que él trae en medio de la humanidad.

—¿Qué dices tú, hijo mío? —le preguntó al niño tomándolo de las manos y acercándolo hacia sí.

—Yo no digo nada —contestó secamente el niño.

—Ahora ¿no te manda Jehová que nos digas nada? —preguntóle el Hazzán.

—Yo creo que Jehová no está para divertir a los hombres cuando ellos quieren, sino que habla cuando El quiere.

—Bien has hablado —le dijo el anciano—. Yo soy el que Dios te manda para maestro hasta nueva orden. ¿Me aceptas?

—Y si Dios te manda a mí, ¿quién soy yo para rechazarte? ¿Tienes el vestido blanco? —preguntó el niño abriéndole confiadamente el manto. Y cuando bajo el manto color de castaña vió la túnica blanca del esenio, se abrazó a él diciéndole lleno de gozo:

—¡Oh sí, sí!, tú eres como los del Monte Hermón, con el vestido blanco, con el cabello y la barba blanca, como las palomas de mi huerto y como las gaviotas de mi montaña.

"Vamos a mi casa y te enseñaré los nidos de mis palomas y mi yunta de corderitos."

—Ahora es el niño el que habla —explicó el anciano dejándose llevar de Jhasua, que tomando de una de sus manos hacía esfuerzos para arrastrarle fuera de la Sinagoga.

El Hazzán intervino.

—Oye, hijo mío. Este anciano vivirá aquí conmigo, que es hospedaje habitual de todos los Terapeutas peregrinos que visitan esta comarca, pero irá a tu casa con frecuencia, y tú vendrás aquí todos los días, como vienen otros niños a la escuela.

—Pero, ¡Hazzán! —exclamó Jhasua todo asombrado—. Si Dios le ha mandado venir a mí, ¿cómo es que tú te permites estorbar el mandato de Dios?

—Sí, hijito —certificó el anciano— he venido para ser tu maestro, pero la escuela está aquí y no en tu casa, ¿comprendes?

"Conviene guardar este orden, para no llamar demasiado la atención, y que los demás padres comiencen a preguntar: ¿Por qué al hijo de Joseph y de Myriam se le manda un maestro a su casa? Es necesario buscar la igualdad con todos lo más posible, para que recibas tu instrucción con mayor libertad, y que no comiencen a surgir dificultades desde el primer momento. Las gentes son maliciosas, aun cuando en Galilea hay bastante sencillez."

—¡Oh, qué malas son las gentes! —murmuró Jhasua— que encuentran el mal donde no existe.

"Más valía que cuidasen de no robarse unos a los otros los frutos de los huertos, y los corderos del redil, y el trigo de la era."

Todos se miraron asombrados, y hasta alguna risa apareció a hurtadillas en los rostros de los presentes.

—Pero, hijo mío —intervino Myriam—. ¿Acaso has visto tú algo de todo eso que dices?

—Claro que lo he visto, y más de una vez. A esa mujer que le fue curada la niña, la ví sacar manzanas de un huerto ajeno, una vez que fuí contigo a la fuente, madre. Y cuando volvió hoy con la niña curada, la miré a los ojos, y ella se acordó que yo la ví robar un día, y yo pensé así: Dios te cura la niña para que sepas que El es bueno contigo aunque no lo merezcas, porque faltaste a la Ley que dice: No hurtarás.

El anciano esenio levantó al niño en sus brazos estrechándole por largo tiempo.

—¡Este hijo!, ¡este hijo! —murmuraba Joseph— me tiembla el corazón por este hijo, que no sé todavía qué es lo que trae, si felicidad o desdicha.

A Myriam se le corrieron dos gruesas lágrimas y cerró sus hermosos y dulces ojos de color avellana, pues pensó en ese momento, en las palabras que dijera el anciano sacerdote Simeón de Bethel cuando le consagró en el Templo a los 40 días de haber nacido, que "siete espadas de dolores traspasarían su corazón".

Por mucho que sus padres y sus maestros quisieran preservar al niño-Dios de su propia grandeza, a fin de que pasara desapercibida entre las gentes, muy poco pudieron conseguir.

En el hogar propio estaban los hijitos del primer matrimonio de Joseph con Débora, el mayor de los cuales pasaba ya los 15 años. Las excepciones y los privilegios despiertan necesariamente los celos en espíritus de poco adelanto.

Y fue así, que en el hogar y en la escuela, el pequeño y dulce Jhasua tuvo el dolor de despertar la envidia y los celos en sus compañeros de igual edad y condiciones.

Podríamos bien decir, que el Hombre-Dios fue mártir desde la cuna, porque hondo martirio es esa gota de hiel caída en la copa de su corazón día a día, y hora a hora, nacida de la mezquindad y egoísmo de los niños de su tiempo, que a veces se tornaban agresivos para con aquel niño excepcional, que no gustaba de hurtar frutas en los cercados ajenos, cosa que tan incitante y deleitosa es para el común de los niños; que se disgustaba hasta llorar con fuertes y sentidos llantos, si apedreaban con hondas las palomas y mirlos; que les miraba con ojos de horror y espanto, si al paso de un anciano, de un contrahecho o de un leproso, los chicuelos le promovían un vocerío de palabras nada dulces ni halagüeñas.

En seguida se formaban bandos en torno al niño-Mesías Salvador de los hombres. Los de malos instintos, le odiaban de inmediato; los más adelantados en evolución, le amaban hasta el delirio.

Fue en este sentido que él dijo años después: "Traigo conmigo la guerra y la división, no obstante que es de amor y de paz la misión que me ha encomendado mi Padre".

La humanidad es siempre la misma, a pesar de sus lentos progresos intelectuales, morales y espirituales que le cuestan siglos. Todo ser que se destaca de la multitud por sus virtudes, por sus dotes, por sus aptitudes o facultades, despierta el odio y la malevolencia, en los seres cuyo yo inferior domina por completo la personalidad; y en cambio engendra un amor puro y reverente, en los seres cuyo yo superior domina y manda a la personalidad.

Y es evidente que en torno de Jhasua debía manifestarse claramente este problema humano, ya que era imposible ocultar la gran diferencia entre ser tan excepcional y todos los demás niños que en el hogar o en la escuela le rodeaban.

Y los de peores instintos empezaron a llamarle el niño tonto del carpintero, o el tontuelo hijo de Myriam, a la cual las otras mujeres compadecían grandemente de que en su primogénito hubiese tenido tan poca suerte, pues era evidente que se trataba de un niño retardado, débil, esquivo y en una palabra, falto de las condiciones necesarias para ser varón fuerte en toda la extensión de la palabra.

Y si los padres del niño o sus maestros, tomaban como es natural la defensa del ofendido y agraviado Jhasua, el odio de los otros crecía a tal punto, que el niño debía ser llevado y traído de la escuela por Myriam, su madre, pues sus hermanastros los hijos de Joseph, no le eran suficiente defensa. Hasta que un día, el hijo tercero de Joseph, de igual nombre que su padre, que era el más adelantado de los hermanos y el que más amaba al niño de Myriam, fue herido de una pedrada en el corazón por interponerse entre Jhasua y el pequeño grupo de escorpiones infantiles que le agredían. Este hijo de Joseph y de Débora murió joven, de una afección que le sobrevino a causa de aquella certera piedra arrojada a honda, por un chicuelo que no levantaba más que un metro de la tierra.

Debido a los martirios infantiles a que le sometían los niños contemporáneos suyos, un año después o sea cuando Jhasua cumplía los ocho, su anciano maestro y el Hazzán se tomaron el trabajo de concurrir en días determinados a la casa de Joseph, a fin de continuar siquiera en pequeña escala la educación del niño, sin exponerlo a las rudas alternativas que dejamos enunciadas. Su hermanastro Joseph que ya hemos mencionado cooperó con ellos en esta tarea.

La casa de Joseph fue pues como una pequeña escuela, pues los otros hijos del artesano más algunos vecinos íntimos, recibieron juntos a Jhasua, esa primera y sencilla enseñanza que se acostumbraba en todas las familias de la clase media.

Hay en el Evangelio de Lucas una frase que como una delicada flor exótica merece ser estudiada fibra por fibra. "Y el niño crecía en gracia y virtud delante de Dios y de los hombres".

Es cuanto dicen los Sagrados Libros, de la infancia y juventud del Cristo encarnado.

La Luz Eterna, esa excelsa Maga de los Cielos, nos relata en detalle lo que el Evangelio escrito por un discípulo nos dice tan concisamente, aunque ya mucho dicen esas brevísimas palabras. Detrás de ellas se adivinan poemas de bondad y de inefable belleza.

Según la costumbre hebrea, la enseñanza a los niños y adolescentes, después de leer y escribir, se reducía a estudiar los libros llamados de Moisés en primer término; luego los Profetas Mayores y Menores; y si la enseñanza era muy completa, los demás libros Sagrados, o sea los que forman el Antiguo Testamento.

Myriam la dulce madre, no tardó en observar que Jhasua desde el amanecer del día que le correspondía lección, no era el mismo niño de los demás días. Apenas levantado salía al huerto en el lugar más apartado y solitario; tras una frondosa maraña de moreras y de viñas se sentaba en un viejo tronco seco, y si no le buscaban, quedaba allí horas largas en profundo silencio.

Buscándole la madre para que se tomara el alimento matutino, le encontraba en esa distraída o abstraída actitud.

—¿Qué haces, hijo mío, aquí tan apartado de casa cuando es necesario que tomes alimento?

—Antes de que el cuerpo se alimente, debe alimentarse el alma. ¿No recordáis ya cómo hacían los Ancianos del Monte Hermón? Pensaban primero y después comían—. Pero dócil a la voz de su madre, dejaba su solitario retiro y acudía a la mesa del hogar.

Su padre le reñía casi siempre, por lo que obligaba a su madre a ir a buscarle por los senderillos del huerto, empapados del rocío de la noche. Y como fuese un día expreso el mandato de Joseph, de estar toda la familia reunida para tomar la refección de la mañana, se vio un día a Jhasua de nueve años tejiendo un cordel de fibra vegetal, largo de cincuenta brazas.

—¿Haces una trampa para los mirlos? —le preguntaban los otros niños.

—Sí, para hacer venir a casa un mirlo que se escapa todas las mañanas —contestaba él. Sin dar más explicaciones, tendió el cordel pasándolo cuidadosamente por entre las más fuertes ramas de los árboles intermedios hasta llegar al sitio donde gustaba retirarse al amanecer en los días de lección. En el extremo colocó pequeños aros de hierro y de cobre, en forma de colgantes que chocándose entre sí al agitar el cordel, producían un pequeño sonido. Y al otro extremo lo ató disimuladamente al tronco de un cerezo casi a la puerta del hogar donde su madre acostumbraba a poner las tinajas del agua y las cestas de frutas y de huevos.

Ella sola debía saber el secreto de Jhasua.

—Cuando me necesites, madre, tiras de este cordel y yo vengo en seguida sin que nadie se aperciba de que me has llamado —le decía muy bajito al revelarle el mecanismo de su *llamador*.

—Pero, hijo mío —le amonestaba la madre—. ¿No puedes **pensar** más tarde, y ha de ser forzosamente al amanecer?

—Para tí, madre, no quiero tener secretos, óyeme: parece que llevo un mirlo oculto dentro de mi cabeza, cuyos gorgeos son a veces palabras que yo entiendo claras. Y esas voces me dijeron un día así: Al amanecer de los días de lección, retírate a la soledad, y quietecito escucha lo que se te dirá. Y yo obedezco esa voz y escucho.

—Y ¿qué es lo que te dice la voz misteriosa de ese mirlo escondido? —interrogaba la madre encantada y a la vez temerosa de las rarezas de su hijo.

—Me explica cómo debo entender la lección de ese día y cuál será esa lección que a veces es diferente la del huerto de la que me da el maestro.

—Y en tal caso ¿cómo te arreglas tú?

—Después que él habla y explica, pregunta cómo lo hemos entendido.

"Entonces yo explico a mi vez como lo oí en el huerto. Si el maestro queda conforme, mejor. Si no queda conforme, guardo silencio, aunque sé que la lección del huerto es la que encierra toda la verdad porque esa viene de. . .— Y el niño miró temeroso a su madre, sin atreverse a terminar la frase.

—Viene ¿de quién hijo mío? —Jhasua acercó su boca al oído de Myriam con toda cautela con que se revela un gran secreto que no debe ser revelado sino a una madre muy amada: —"Viene de Moisés mismo". . . ¡chist! ¡no lo digas a nadie porque no lo quiere Jehová!

Y la Luz Increada, la divina Maga de los cielos, nos relata que debido a los susurros del "mirlo escondido" en la cabecita rubia de Jhasua según él decía, resultaba que el santo niño en frecuentes exteriorizaciones de su excelso espíritu, al explicar en la clase cómo había comprendido la lección de su maestro, hacía manifestaciones de conocimiento superior y a veces divergía en mucho de la interpretación de aquél.

Tanto el esenio como el Hazzán de la Sinagoga, llegaron a comprender que el niño hablaba iluminado por luz superior, pero obraban tan discretamente, que ante los alumnos aparecía como que Jhasua prestaba mayor atención, y que era un discípulo estudioso y aventajado. Alguno de éstos, removido por algún celillo indiscreto y mordaz, solía decirle:

—Jhasua, si al parecer sabes tanto como el maestro, ¿por qué vienes a la escuela? Vete a Jerusalén y hazte un doctorzuelo, que aquí nos basta con saber lo más rudimentario de la Ley.

El dulce Jhasua recibía el pinchazo acerado de la ironía, inclinaba su frente como un lirio marchito, y hundiendo en el pavimento su mirada húmeda de llanto contenido, parecía contar las planchas de piedra grisácea que lo formaban.

La Luz Eterna recogía el pensamiento del Verbo de Dios niño aún, mientras miraba las losas del pavimento:

"Estas piedras están ya gastadas por el tiempo y seguirán siendo losas frías, mudas e insensibles, por siglos de siglos. . . Así las almas, que no han llegado a la comprensión de las altas cosas de Dios".

Y el maestro y aquellos compañeros que le amaban, figurábanse que Jhasua herido por la egoísta frase aquella, se hallaba dominado por el resentimiento, y trataban de suavizarle la herida.

En una ocasión, el maestro en su explicación de la Ley, llegó a aquella parte que refiere que Moisés designó algunas determinadas regiones, para que hicieran sus viviendas los hebreos que hubieran sido hallados en delitos graves, como el homicidio por ejemplo. Y el maestro dijo: —"Esto lo hizo Moisés por separar las manzanas podridas de las buenas, para que no fueran todas contaminadas".

—Perdonad, señor —dijo Jhasua—, yo creo que Moisés no lo hizo por eso, sino porque los hombres que no se encuentran culpables de ese delito, se llenan de tanta soberbia que les hacen insoportable la vida a los que tuvieron la desgracia de cometerlo. Y Moisés quiso seguramente, que encima de su desgracia, no les hicieran amargo el pan de cada día, echándoles en cara su pecado y señalándoles con el dedo. Por eso señaló un país, donde nadie pudiera maltratarles".

Se levantó una pequeña protesta sorda:

—¿Qué sabes tú de las cosas de Moisés? Si apenas sabrás para qué sirve el martillo y el escoplo de tu padre —murmuró uno de los alumnos mayores de edad que estaba junto a Jhasua.

—Tienes razón, hijo mío —dijo a Jhasua el Hazzán— porque muchas veces los hombres tenemos pecados ocultos tan graves como los que se hicieron públicos en otros, y éstos llevan la pena, y aquéllos quedan con la honra falsa de una virtud que no tienen. Tienes razón, niño. Dios habló por tu boca.

"Y vosotros no debéis llenaros de celos porque Jhasua comprende mejor que vosotros los Sagrados Libros. El nada os quita, ni vosotros nada perdéis; ¿por qué pues os subleváis? Si Jehová le dió a él mayor capacidad que a vosotros, será porque se lo ha merecido. ¿Acaso Jhasua se subleva contra aquellos de entre vosotros que tenéis más bien de fortuna que él? ¿Os riñó porque vuestros viñedos son mayores que los suyos, o vuestros olivares os rinden grandes cosechas?

"El tesoro de él, está en su inteligencia y en su corazón. Dones son de Jehová que reparte con justicia entre sus criaturas. A estudiar pues, y conformarse cada cual con lo que ha recibido."

Casi siempre terminaba la clase con una amonestación de esta naturaleza.

¡Jhasua! . . . ¡pequeño Jhasua, lleno de luz y de conocimiento! . . . Años más adelante, algunos de estos compañeros de escuela de la niñez, levantarán protestas en la Sinagoga galilea cuando tú expliques el oculto sentido de los Sagrados Libros, y sublevarán contra ti a los oyentes que entre los más audaces te arrojarán a empellones, hasta llevarte al borde de un precipicio para estrellarte en él. . .

Y después de haberles aterrorizado con tu mirada de Hijo de Dios, pleno de oculto poder, te alejarás pronunciando aquella dolorida frase: "Nadie es profeta en su tierra".

De año en año, y a veces con mayor frecuencia llegaban a Nazareth mercaderes venidos de distintos parajes, del Norte, del Sur, del Oriente o del Occidente, ya de Tiro, de Damasco, de Joppe o de la Perea, pero siempre tenían algún pedido que hacer al taller de Joseph, o algunas mercaderías para venderle. ¡Cuánta importancia adquiría ante los nazarenos el taller del carpintero cuyos buenos trabajos eran codiciados en otras ciudades y pueblos distantes!

Mas, llegados al taller de Joseph, bajo la tosca indumentaria de mercaderes, se podía ver la túnica blanca de los Esenios que desde los distintos santuarios de la Palestina se dirigían a visitar al Verbo de Dios encarnado, sometido a la prueba de la obscuridad hasta que fuera llegada su hora.

Así llegaron también Nicodemus y José de Arimathea, desde Jerusalén, ya convertidos en doctores de la Ley, ansiosos de escuchar las maravillas de claridad mental y de alto conocimiento de que a veces daba muestras el santo niño, y con la mayor sencillez y casi sin darse cuenta él mismo.

Ambos emprendieron este viaje buscando consolarse de una inmensa amargura. José había perdido recientemente a su padre y Nicodemus a su madre y a sus hermanas en una corta navegación hacia Sidón, adonde fueron a presenciar las bodas de unos parientes.

Una tempestad bravía había hecho zozobrar el barco que fue a pique, sin lograr salvarse sino muy pocos viajeros.

Ambos jóvenes doctores estaban enloquecidos de angustia, pues eran ellos quienes promovieron el viaje, creyendo proporcionarles una grande satisfacción. El padre de José de Arimathea habría podido salvarse, pero no quiso abandonar a la furia de las olas a su prima y sobrinas, y fue así que perecieron los cuatro. Arrojados los cadáveres a la costa al subir la marea, se les encontró semidestrozados por las bestias del mar.

Aquel dolor era pues desesperado y tremendo. . . incurable, en su inmenso desconsuelo.

Joseph y Myriam, que ignoraban tal desgracia, se extrañaron grandemente cuando los dos viajeros les abrazaron en silencio y luego rompieron a llorar en grandes sollozos.

Era entrada de estío y muy de mañana, o sea la hora en que el niño Jhasua estaba en su retiro del huerto. Se presentó de pronto en medio de la reunión sin que nadie le llamase, y colocándose entre los dos viajeros que hacían esfuerzos por ocultar su llanto, tomó una mano a cada uno de ellos y mirándoles afectuosamente les dijo:

—Os estaba esperando.

—¿Tú? —interrogaron sus padres a la vez—. Pero niño... si no hemos tenido aviso alguno. ¿Por qué te permites hacer tal afirmación?

—Estaba yo orando a Jehová para que me diera el poder de consolar a todos los tristes de la tierra, que he visto muchos en mis sueños de esta noche, y os vi a vosotros dos llorando desesperadamente, y Jehová con su voz sin ruido me dijo: "Bajo tu techo están; ya tienes ese poder, véte y consuélales".

Oír esto y echarse de nuevo a llorar los dos jóvenes doctores, fue todo uno; Myriam sensible y tierna en extremo lloraba también.

Joseph dejaba correr una que otra lágrima furtiva que se perdía entre su espesa barba, mientras el santo niño con sus ojos entornados y como poseído de un sobrehumano poder, descansó sus manos sobre el pecho de los viajeros y después de un breve silencio dijo con una voz muy bajita apenas perceptible: —"No ofendáis a la Bondad Divina con vuestro desesperado dolor, porque los que amáis no están muertos sino que viven; miradles"—. Se los veía en el mundo espiritual, en un transparente plano inclinado que parecía como de un cristal opaco, aunque blando y suavemente movible.

Era como un lecho de aguas solidificadas. Los cuatro unidos parecían dormir. Una luz los alumbró de pronto y se despertaron a un tiempo diciendo: ¡Qué horrible sueño! ... ¡creí que nos habíamos ahogado; vamos! Y comenzaron a andar, acercándose más y más al plano físico que ellos tomaban como la costa del mar.

La luz se hizo más intensa y la materialización más marcada, hasta que el plano astral y el físico se confundieron en uno solo. En tal instante los *muertos* vieron a los vivos y la luz se hizo completamente para todos. Exclamaciones, abrazos, infinita alegría fue todo un desbordamiento de amor y de gozo. Sólo Jhasua continuaba como una estatua de marfil, con los ojos entornados y los bracitos tendidos en cruz.

—No lloréis, no lloréis, que ofendéis a la Bondad Divina y al Amor Eterno, que es más fuerte que la muerte —dijo por fin el niño como iluminado por internas claridades—. Ya habéis visto que los que amáis, viven, y seguirán viviendo, porque Jehová es la Vida y el amor. —La hermosa visión se fue desvaneciendo, y en las almas doloridas resplandeció una luz nueva: la luz de la inmortalidad, encendida por la fe y el amor del Dios niño hecho hombre en medio de la humanidad.

La suave marca de cristal blando y opaco que formaba el plano inclinado en que se aparecieron dormidos los llorados muertos, se transformó como en un campo verdoso salpicado de flores menudas y brillantes, donde fueron apareciendo corderillos y palomas, huertos plenos de flores y frutos, y hasta un bosquecito de verdes y brillantes moreras envuelto en sedosas hebras color de oro-pálido, que pendían de puntitos de luz temblorosa en el éter azul.

Y los jóvenes doctores de la Ley comprendieron en parte, el Eterno Enigma de la fuerza del pensamiento humano, pues en el final de esta manifestación, vieron claramente plasmados los aspectos y formas de vida que los amados muertos habían realizado en la mayor parte de su existencia terrestre. El uno había vivido de sus majadas de ovejas, otro había cuidado con amor sus bandadas de palomas en sus huertos de flores y frutos, y otros se habían dedicado al cultivo del gusano, artífice natural de la más preciosa y delicada seda, tan codiciada por la humanidad. Y todas estas hermosas manifestaciones de la vida continuaban viviendo en torno a los recién descarnados mediante la fuerza mental de ellos mismos, que continuaban creándolos con sus pensamientos.

Mientras todo se esfumaba en el éter, el Cristo niño se recostó sobre un banco, cual si un inmenso cansancio le postrase. Y se quedó profundamente dormido. Su padre a instancia de Myriam le levantó suavemente, y le llevó a su lecho sin que se despertase.

Una especie de laxitud lo mantuvo silencioso y quieto durante dos días, que los pasó casi continuamente tendido en su lecho.

—Estoy cansado —contestaba a su madre cuando ella le interrogaba para saber si alguna enfermedad o dolencia le aquejaba.

Los deslumbramientos radiantes de la metafísica iluminaron la mente de los jóvenes doctores, que se afiliaron entonces a una secreta escuela Cabalista fundada por los Esenios en el Monte de los Olivos, detrás del huerto de Gethsemaní, donde un pequeño torrente llamado Aguas de Ensenes disimulaba la entrada a una sala subterránea, que sin duda en tiempos remotos habría sido gruta sepulcral. Allí se discutió y se aceptó como de buena lógica y experimentada verdad, que en los primeros planos o Esfera Astral de la tierra, toda la actividad de las almas y su vida de entonces, es continuación de su vida terrestre con sus aspectos, vibraciones y formas elevadas y nobles, buenas o malas, según los grados de evolución de los seres, y sin que las actividades de los unos perjudiquen ni molesten absolutamente en nada a los de tendencias y pensamientos contrarios. Es éste, el llamado *purgatorio* por ciertas ideologías, donde los videntes de distintas épocas y países, han visto almas en sufrimiento sumergidos en mazmorras, hogueras, atormentados de diversas maneras, por las fieras, por asquerosos reptiles, o por verdugos humanos, cuyo aspecto terrible en armonía con lúgubres vestiduras, han hecho pensar en los demonios atormentando a las almas de los condenados *al infierno*. Y si los pacientes demostraban mansedumbre y resignación, se ha pensado en el *purgatorio*, donde los justos acaban de purificar sus faltas antes de ser recibidos en el Reino Celestial.

La radiante ciencia metafísica, nos dice que poco sabe aún el hombre de la múltiple y variadísima actividad, formas y aspectos de esos primeros planos de la Esfera Astral de la tierra, que algunos notables videntes han llamado *primer cielo* al percibir formas de vida noble, dichosa y bella, de seres recién descarnados, que continúan creándola con sus pensamientos. Otros lo han llamado *purgatorio*, y otros *infierno* según los aspectos y formas de vida que su visión les ha presentado. Y no podemos decir que ninguno ha mentido, pues que todos han visto uno de los aspectos y formas de esa variadísima vida de las almas recién descarnadas, y que habitan por tiempo indeterminado la inmensa Esfera Astral de la Tierra.

Y tan inmensa, que se dilata hasta tocar los comienzos de las Esferas Astrales de los planetas vecinos.

Todo esto lo comprendieron José de Arimathea y Nicodemus, al presenciar aquella manifestación en el hogar de Joseph junto al niño Jhasua, y juzgaron de su deber el dar impulso al estudio de la ciencia metafísica, para dar a conocer a las generaciones estudiosas de su tiempo, esa parte del gran enigma, lo cual ahorra dolores inmensos, ansiedades terribles a la humanidad, que juzga en general a sus muertos caídos para siempre en las sombras del sepulcro, o en tormentos eternos o temporales, capaces de enloquecer de terror y de espanto, aún a las almas mejor templadas.

La mayoría de la humanidad vive aún hoy día, sumida en grave error a este respecto, y hay intereses creados fortísimos, que impedirán todavía por algún tiempo, que la Verdad ilumine las mentes referentes a ese vastísimo campo de actividades mentales, que hemos llamado "Esfera Astral de la Tierra".

Los primeros sabios de la congregación cristiana, hombres de estudio y de genio como Gerónimo de Panonia, el solitario de Betlehem Agustín de Tagaste, Basilio de Capadosia, Clemente de Alejandría y otros, llegaron a estas conclusiones al comentar los *cielos*, a que Pablo de Tarso decía haber sido subido en horas de intensa contemplación.

Pero algunas epístolas y obras de estos geniales videntes, han quedado ocultas a la humanidad, porque sus dirigentes espirituales la han juzgado aún en pañales para darle manjares difíciles de digerir. Debido a este modo de juzgar, han pasado casi XX siglos desde que José de Arimathea, Nicodemus de Nicópolis, Nicolás de Damasco, Gamaliel de Jerusalén, Filón de Alejandría y otros, comprobaron estas verdades, y la humanidad en su gran mayoría continúa ignorándolas, porque aún sigue en pañales para conocer la verdad tan profunda, hermosa y real como ella es, mirada por cualquier prisma y a cualquier luz que se la quiera contemplar.

En todas las épocas y países el egoísmo humano ha encontrado el modo de medrar con la ignorancia e incomprensión de las multitudes cuyo escaso adelanto espiritual, moral e intelectual no le permite percibir la Claridad Divina anunciada por el Cristo en aquellas inolvidables palabras: *Yo soy la luz de este mundo y quien me sigue no anda en tinieblas.*

Sólo el feroz egoísmo humano continúa lucrando con la ignorancia de esa parte de la humanidad que no quiere esforzarse en pensar y razonar por sí misma. Sino que encuentra más cómodo acomodarse al pensamiento de otros; y amoldarse a la lógica acomodaticia de los que se han tomado el derecho de mandar en las conciencias y en el pensamiento de la humanidad.

EN LAS GRUTAS DEL CARMELO

Fue desde esta hora solemne que comenzó a exteriorizarse el alma elegida y sublime de Jhasua, a tal punto, que alarmados sus padres, pidieron consejo al anciano esenio que le servía de maestro, y éste les recomendó que le dejasen llevarle con él, al santuario oculto en las grutas del Monte Carmelo, para que los videntes e inspirados le guiasen en la senda que aquel gran espíritu había iniciado.

Y para que el acontecimiento pasara desapercibido, esperaron la llegada del estío, que es como una llama de fuego en aquella parte de la Palestina, tiempo en que las escuelas cerraban sus puertas dando lugar al descanso de los alumnos. Y en una noche de luna llena, el anciano y el niño emprendieron el viaje acompañados por Myriam y Joseph y uno de los hijos mayores de éste, el que llevaba el nombre de su padre, y que por su gran adhesión y clara lucidez para comprender que en Jhasua se encerraba un ser extraordinario, tenía por el dulce niño, una especie de rendida y profunda veneración.

Les acompañaron hasta Séphoris, sobre el viejo camino de los mercaderes hacia Tolemaida, y que era muy frecuentado por caravanas de viajeros, lo cual le daba seguridad de no tropezar con bandas de malhechores, que desde las fragorosas montañas de Samaria solían sorprender a los viajeros.

En Séphoris ya les esperaban cabalgaduras, asnos amaestrados para escalar montañas, enviados por los solitarios que lo hacían de tanto en tanto en busca de provisiones, y que puestos de acuerdo anticipadamente, debía coincidir con la llegada del anciano y del niño Jhasua.

Era la primera vez que Myriam se separaba de su hijo y estaba desconsolada en extremo.

Volvía a su mente el pensamiento del anciano Simeón de Bethel, que al ofrecer su niño a Jehová a los 40 días de nacido, en el grandioso templo de Jerusalén, habíale anunciado que siete espadas de dolor le atravesarían el corazón.

—He aquí la primera —decía la joven y amante madre, apretándose el corazón con ambas manos, y esforzándose por contener su llanto.

—Devolvédmelo pronto, por piedad —rogaba al anciano que se llevaba a los montes su tesoro, dejando huérfano y solo su corazón.

—Vendremos a Séphoris con frecuencia, para encontrar a vuestros enviados por provisiones, y así sabremos del niño —añadía Joseph, a quien el hondo desconsuelo de su esposa lo sacaba de quicio—.

"Tenía yo razón de no ver con buenos ojos las rarezas de este hijo. Más valiera que como los otros hubiera sido capaz de empuñar la sierra y el martillo, y no seguir el camino de los Profetas, lo cual equivale a entregarse él mismo al martirio y a la muerte."

Y al decir Joseph estas palabras, se obró una rápida reacción en él y ordenó con gran energía:

—¡Pero... soy un imbécil! El padre del niño soy yo, y tengo derecho a mandar en él. ¡Jhasua!... de vuelta a casa, y que no se vuelva a hablar más de profetismo y de visiones. ¿Por qué no has de seguir tú el camino de tus mayores? ¿Es deshonra acaso el trabajo, de donde todos mis antepasados sacaron el pan con el sudor de su rostro?

"¿Por qué ha de padecer su madre esta tremenda angustia, de que le arranquen de improviso a su hijo quién sabe por cuánto tiempo?

" ¡De vuelta a casa he dicho y no se hable más!"

Myriam estaba aterrada, pues nunca había visto así a Joseph, aun conociéndole su carácter reservado y severo.

El niño Jhasua se había tomado de la diestra del anciano, que esperaba ver calmarse la borrasca para hablar.

Jhosuelin como familiarmente llamaban al hijo de Joseph que les acompañaba en el viaje, intervino para suavizar la actitud del padre en el cual tenía gran ascendiente.

—Padre —le dijo— creo que no hay razón para ponerte así, cuando se trata de curar al niño que acaso no es rareza extravagante, sino una enfermedad lo que padece. Todos sabemos que los Ancianos solitarios del Carmelo son grandes Terapeutas, y acaso nos devolverán a Jhasua completamente curado de esas visiones que le causan tristeza y melancolía.

"Para tenerle así toda la vida, es preferible este breve alejamiento en busca de su curación. ¿No lo crees tú así, padre?

—En parte tienes razón —contestó Joseph ya vacilante.

Todos esperaban en silencio.

—Que vaya también su madre y tú con ellos —aceptó de pronto con un tono que dejaba ver una resolución definitiva.

—¿Y tú —interrogó tímidamente Myriam—, y la casa y los otros niños?

—No pases cuidado; yo me arreglaré con todo. Ahora mismo, de vuelta me llevo alguna de nuestras primas de Caná, para que nos haga de ama de casa hasta vuestro regreso. Entonces... andando y que cada sábado me encuentre tranquilo con un aviso vuestro de que todos estáis bien.

Jhasua se abrazó de su padre, al cual dijo con voz suplicante:

—¿Me perdonarás todos los disgustos que estás pasando por mi causa?

La severidad de Joseph se ablandó hasta las lágrimas, y levantando al niño en sus robustos brazos le besaba tiernamente mientras le decía:

—Sí, hijo mío, te perdono todo, aunque de nada eres culpable; pero aún no puedo entender por qué Jehová castiga mis culpas en ti, y no en mí mismo, que lo merezco.

El pequeño le puso sus deditos de rosa sobre la boca al mismo tiempo que murmuraba muy bajito:

—Jehová no te castiga padre, sino que te despierta porque estás dormido.

—¿Yo dormido?... ¿qué dices, niño?

—Sí, padre, tú duermes y mis otros hermanos también. Sólo Jhosuelin está despierto como los Ancianos de los Santuarios.

—¿Qué quieres decir con eso? —interrogó alarmado el padre mirando al anciano para buscar de develar el misterio.

—Que Jehová me trajo a tu casa como un cántaro de agua para que todos beban; y tú en vez de beber te enfadas, porque esa agua no te sirve para regar tus plantaciones.

"Jehová tiene agua para los huertos, y agua para las bestias y agua para las almas de los hombres.

"Yo soy el cantarillo de Jehová para estos últimos. ¿Quieres beber padre y no te enfadarás más conmigo? Y rodeando con sus bracitos el cuello de Joseph, lo besó en la boca con un beso mudo y largo, cual si en verdad le diera a beber la interna y cristalina corriente de amor divino, que emanaba de su corazón de Hombre-Dios.

—¡Ahora despierto, hijo mío! —murmuró Joseph profundamente enternecido, mientras se inclinaba a dejar el niño en tierra para ocultar dos gruesas lágrimas que rodaron por su rostro, ya sin los vestigios de la severidad de unos momentos antes.

—¿Me dejas partir, de buena voluntad? —interrogó nuevamente Jhasua.

—Sí, hijito mío, a condición de que Jehová me traiga pronto el cantarillo que dejó en mi casa hace ya 10 años, porque no es justo que yo padezca sed.

—En la segunda luna llena después de ésta, volverá el cantarillo a tu casa, padre; ahora ya bebiste bastante.

Durante este diálogo, Myriam lloraba en silencio y Jhosuelin con el anciano esenio disponían un asno, el más manso y mejor adiestrado de todos para la dulce madre, cuyo dolor por la separación de su hijo, había causado la sublevación de Joseph.

Era el caer de la tarde y debían aprovechar el fresco de la noche para viajar, máxime cuando una mujer y un niño iban en la caravana.

Dos Esenios jóvenes y dos labriegos de las faldas del Carmelo vinieron a Séphoris para conducirles. Habían descargado la miel y castañas que trajeran, y vuelto a cargar las provisiones que debían llevar para el santuario.

Joseph ayudó a montar a Myriam y subió al niño al asno que montaba Jhosuelin, al cual llenó de recomendaciones a fin de que el niño y su madre no tuviesen tropiezo alguno en el viaje.

—Descuidad, hermano —díjole uno de los Esenios jóvenes que debían conducirles—. Tenemos ya ordenado y dispuesto el hospedaje en familias esenias que hay diseminadas a lo largo del camino, a fin de que las horas del sol ardiente las pasemos allí, y sólo marcharemos desde la caída del sol hasta la mitad de la mañana.

—Bien, que Dios y sus ángeles os acompañen —murmuró Joseph con la voz temblorosa y los ojos húmedos. Cuando iniciaban la marcha se oyó todavía la vocecita del niño que decía a su padre, solo, de pie, en las afueras de Séphoris en la explanada sombreada de palmeras, de donde arrancaba el camino de las caravanas:

—No vuelvas a dormir, padre, porque Jehová desatará huracanes para despertarte.

Joseph sólo contestó con una señal de despedida, y volvió a la posada para iniciar a su vez la marcha de regreso a Nazareth.

Al comenzar la tercera noche de viaje llegaron al pie del Monte Carmelo, donde un alegre arroyuelo que bajaba desde una filtración de lo alto de la montaña, formaba un tranquilo remanso alrededor del cual las viñas y los castaños extendían sus ramas cargadas de frutas. Era aquello un hermoso pórtico de follaje que daba entrada a uno de los senderos más accesibles por los que se podía subir hasta la gruta de Elías, en la que se había construido el Santuario, consistente en muchas salas labradas en la roca viva y algunas de ellas recubiertas por dentro con grandes planchas de cedro.

La entrada principal era necesario buscarla donde menos pudiera pensarse que se la encontraría, tal como ocurría con los santuarios del Quarantana y del Hermón.

Aquí era la choza de piedra y pieles de cabra de un viejo pastor que vivía solo con dos enormes perros y una majada de cabras, el que guardaba la entrada al célebre monte de los discípulos de Elías y Eliseo.

Para el viajero conocedor de las viejas crónicas de los reyes de Israel, se levantarían como fantasmas del pasado los guerreros del Achab, enviados allí para llevar cautivo a Elías que se negaba a presentarse al soberano que deseaba ver los estupendos prodigios que realizaba.

Aquellas crónicas tenían relatos espeluznantes, de las llamas de fuego llenas de dragones que envolvían al Monte, cada vez que los guerreros de Achab se acercaban a él.

Muchos de ellos habían perecido, no devorados por los monstruos, ni quemados por el fuego según decían, sino que el miedo y el terror que les impulsaban a huir, no les daba tiempo a salvar los precipicios en los cuales cayeron, pues queriendo sorprender al Profeta dormido, procuraban llegar con las sombras de la noche.

Uno de los esenios guías, refería a los viajeros al llegar al sitio más notable en las viejas crónicas, los sucesos particulares que en ellos tuvieron lugar.

La llegada a la choza del pastor, la anunciaron los ladridos de los grandes perros que le acompañaban. En seguida se vió un hachón de palmeras ardientes en el extremo de una vara, que alguien entre las sombras levantaba a lo alto. Uno de los guías encendió también una pequeña antorcha, que agitó tres veces en el aire y los perros callaron, y a poco el viejo pastor salió a recibirles.

Todo lo rudo del personaje aquel, desaparecía al entrar al patio que se abría como un vergelito de flores ante la choza, en cuya habitación principal que era la sala del hogar, aparecía una mesa con blanco mantel y con enormes fuentes de barro llenas de castañas y tazones llenos de miel, cantarillos de leche fresca, queso de cabra y panecillos dorados al rescoldo.

—Madre —dijo el niño entrando, llevado de la mano por ella—. Parece que este anciano pastor adivinaba el hambre que yo traía. —Y sin más preámbulos se acercó a la rústica mesa, se sentó a ella y acercándose un tazón de miel la mezcló con la leche, se sirvió castañas y con suma tranquilidad empezó a comer.

—Hijo mío, espera que te sirvan —insinuó Myriam acercándose a su hijo.

—¡No puedo esperar, madre! —respondió el niño—. ¿No es ésta la mesa de Elías Profeta? Pues él cuando tenía hambre no esperaba que lo sirvieran sino que tomaba, y cuando no la tenía, mandaba a sus águilas protegidas que le trajeran un pan para alimentarse. ¿No lo oíste, madre, en la sección de la Escritura el sábado último en la Sinagoga?

—Sí, hijo mío, pero tú no eres Elías.

El niño miró a la madre e iba a contestarle, pero la entrada del anciano esenio, su maestro, que le dió una mirada llena de inteligencia, le hizo comprender que debía callar.

Todos celebraron alegremente el santo apetito del niño, a quien el viaje parecía haber favorecido en sumo grado.

—Pasada la cena, tío Jacobo —indicó uno de los esenios jóvenes dirigiéndose al viejo pastor—, nos abriréis la puerta de entrada.

—Pero, ¿cómo? —interrogó vivamente el niño—, ¿acaso no estamos ya dentro?

—Estáis en la antesala de la vivienda de Elías el Profeta —contestó con solemnidad el viejo pastor.

—Pues si las castañas y la miel de adentro son tan buenas como las de la antesala, aquí debe vivirse muy bien —volvió a decir Jhasua mientras continuaba comiendo.

—Hermanito —díjole Jhosuelin— veo que te sienta el aire del Monte Carmelo, pues comes y hablas que es maravilla.

—La casa de Elías Profeta es energía y vida para mí.

—¡Oh! ¡Bien!, ¡bien, Jhasua!, no hablas como un niño sino como un hombre —sonrió uno de los esenios jóvenes.

Cuando ya casi terminaban la frugal cena, sintióse un leve ruido como de un cerrojo que se corre, y ésto en la obscura alcoba del pastor que comunicaba al rústico comedor.

Myriam, sobresaltada, se apretó más al lado de su hijo y con sus grandes ojos interrogaba.

—No os alarméis —la apaciguó el viejo pastor.

—El Servidor se hos ha adelantado sin duda. —Y levantando una candela de aceite que estaba sobre la mesa se acercó al hueco que comunicaba con la alcoba.

La luz dio de lleno sobre la blanca figura de un anciano que se acercaba apoyado en una vara de encina.

—Tardabais tanto que me adelanté —dijo sonriente—. ¡La paz sea con vosotros! —Y sus ojos llenos de bondad y de inteligencia buscaron alrededor de la mesa hasta encontrase con la pequeña personita de Jhasua, cuyos grandes ojos claros parecían devorarlo con la mirada.

Se le acercó de inmediato y abrazándole tiernamente decía:

—En los siglos de los siglos, no tuvo el Monte Carmelo la gloria de este día.

—Mi hijo está enfermo y viene a que le curéis —advirtió Myriam después de contestar al saludo que a ella le dirigiera el Anciano.

—No paséis cuidado por él, que ya se curará perfectamente. El Monte Carmelo tiene aire de salud y de vida.

"Si habéis descansado, vamos que la noche avanza y allá nos esperan".

En uno de los muros de la alcoba del pastor se veía un hueco iluminado, y hacia él se dirigió el Anciano llevando al niño de la mano. Tras él seguía Myriam y Jhosuelin, después los otros esenios, y por fin el viejo pastor que les acompañó hasta la entrada a aquel silencioso túnel iluminado por antorchas colocadas a intervalos.

—Que Jehová te de buen sueño, hermano Jacobo —dijeron los esenios despidiéndose del pastor.

—Que así os lo dé a vosotros —respondió el viejo y corrió la lámina de tosca piedra que ocultaba la galería.

Era aquel un breve pasaje que desembocaba en una plazoleta natural de rocas y de grandes castaños y olivos centenarios. La luna llena, iluminaba aquel bellísimo paraje, en el cual no se veía otra señal de vida orgánica, que el chirrido de las cigarras, interrumpido a veces por el graznido de las águilas, que anidaban en los árboles de la cumbre.

Aquella inmensa soledad sobrecogía el ánimo, y Myriam se tomó del brazo de Jhosuelin que caminaba a su lado.

—No temáis, madre —le murmuró al oído el jovencito—, que aquí no hay fieras que nos hagan daño.

Uno de los esenios jóvenes se adelantó y trepando a una roca alcanzó un extremo de una soga de la cual tiró. Una campana sonó de inmediato y casi al momento se descorrió por dentro un portón y la luz salió a torrentes.

—Estamos en la casa de Elías Profeta —señaló el Anciano Servidor haciendo pasar a Jhasua el primero.

El niño solo y sin temor alguno, se adelantó hacia el numeroso grupo de Esenios que le salía al encuentro.

Eran 40 ancianos y 30 jóvenes, los que se albergaban en la *casa de Elías.*

Era de ver la diminuta persona de Jhasua ante aquel círculo blanco que se iba cerrando en torno suyo, mientras todos le tendían los brazos.

—Empezaré por los más ancianos —dijo y se entregó al tierno abrazo de un viejecito de espalda doblada y que temblaba al caminar.

—¡Hijito... ¡hijito!... esto esperaba para coronar mi vida —decía entre lágrimas el dulce ancianito a quien llamaban Azarias, y que era de los pocos que a causa de su ancianidad no había llegado hasta Nazareth para ver al Cristo encarnado.

El niño se quedó mirándole fijamente unos segundos.

—Tú —dijo de pronto y con gran firmeza— me pusiste un día una túnica celeste y te quedaste muerto sobre mi pecho. No me pongas túnica ahora y vayas a morirte también.

Los Ancianos se quedaron como paralizados ante esta magnífica manifestación de lucidez espiritual.

Mas como estaban allí Myriam y Jhosuelin que aún no habían llegado a estos conocimientos, callaron.

—¡El niño empieza de nuevo a decir inconveniencias! —suspiró Myriam al oído de su hijastro—. ¿Qué túnica le va a vestir este anciano si ahora le ve por primera vez?

—No os aflijáis, madre, que todo esto pasará bien. Los Ancianos del Monte Carmelo son médicos maravillosos —respondió el jovencito.

—No temas, Jhasua —contestó el anciano— que mi hora ya está marcada para cuando tú, en el apogeo de tu apostolado puedas hacer penetrar la luz en la urna obscura que habré tomado para glorificar a Dios.

Y continuó abrazando a los demás Ancianos, hasta que llegando a uno de ellos que sollozaba intensamente, el niño le miró con fijeza y como si encontrara algo conocido en aquella fisonomía. De pronto se irguió como si quisiera mirarle bien de frente y le dijo:

—¡Aarón!... me gusta encontrarte aquí antes que yo llegue a Moab, para avisarte que allí tendré que reunirme contigo. ¿Cómo es que no fuiste ninguna vez a Nazareth?

—Porque estuve en un país muy lejano... justamente allí donde Moisés y Aarón glorificaron a Jehová con hechos maravillosos. Allí está Esen, que Moisés amaba, y que hoy se llama Filón de Alejandría.

—Yo iré a encontrar a Esen en la tierra de las Pirámides.

La pobre Myriam rompió a llorar y acercándose a su hijo, quiso apartarle de de los ancianos, cuyo acercamiento hacía delirar al niño según a ella parecía.

El Servidor intervino.

—No padezcas, hermana, por este niño —le dijo con gran dulzura—. No es que delira; es que recuerda. ¿No has oído leer la Sagrada Escritura que hace referencia a los Profetas, que en momentos dados tenían presente el pasado y el futuro?

"Ya es hora de que vayas comprendiendo que éste, tu hijo, es de la alta escuela de los Enviados, y no debes extrañarte de lo que ves en él. Si no cooperáis siquiera con vuestra tranquilidad al desenvolvimiento de sus facultades superiores, la Ley tendrá que retirarlo de vuestro lado antes de la hora que estaba determinado".

El niño oyó este diálogo entre el Servidor y su madre, y la impresión que le produjo el llanto de ella, le volvió a su estado físico presente; se acercó a ella y tomándola de la mano se alzó en la punta de los pies para llegar hasta su oído y decirle muy bajito:

—Si tienes miedo, madre, en estas cuevas tan obscuras, Jhosuelin y yo haremos una chocita allá fuera junto al remanso, debajo de un castaño que vi cargado de frutas. Del santuario llevaremos pan y miel y ya tenemos la vida asegurada.

—y mirando a todos con sus ojos iluminados de infantil alegría, decía lleno de satisfacción—:

"Allí habrá mirlos, alondras y torcazas que tendrán nidos con polluelos que gustarán comer las migas en la mano. ¡Oh!, sí, esta es la casa de Elías Profeta. ¿No lo sabéis vosotros acaso?"

Los Ancianos le observaban en silencio, y notaron el gran cambio que se operó en el niño cuando sintió llorar a su madre.

Y así comprobaron una vez más, el enorme daño que causa una impresión por leve que sea en la psiquis de un ser adelantado, en momentos en que él exterioriza sus grandes facultades.

Myriam se había tranquilizado, y el Servidor, dejando a los Ancianos en aquella primera caverna-pórtico, la invitó a pasar con Jhosuelin hacia un corredorcillo que se abría a la izquierda, y que conducía a una pequeña explanada sombreada de higueras y de viñas.

—Esta es la *"Cabaña de las Madres"* —indicó el Servidor, señalando una caverna donde ardía un hermoso fuego y varias viejecitas hilaban. Se acercaron.

Había allí ocho ancianas vestidas también de túnicas blancas, y cuyos rostros serenos y plácidos denotaban bien a las claras que eran felices.

—Madre Salomé —le dijo a una de las ancianas— aquí viene una mujer de Nazareth con dos niños que hospedaréis por una temporada. El niño menor viene enfermo y tenemos que curarle.

"El niño Jhasua —indicó a Myriam— comerá y dormirá aquí a vuestro lado, más durante las horas del día le tendremos nosotros, hasta que notemos que está completamente curado.

"Por lo demás, podéis estar aquí como en vuestra casa, que estas ancianas aparte de ser esenias, son también madres de varios esenios de los que vivimos en el Santuario, por lo cual ellas saben la importancia que tiene para nosotros el cuidar esmeradamente a los huéspedes que aquí dejamos. Como acabáis de llegar de viaje —añadió— necesitan una refección y un buen lecho.

—Lo tendrán enseguida, Servidor —contestó la que había sido nombrada *madre Salomé* y que era, quien gobernaba en la cabaña durante esa luna, pues acostumbraban a hacer turnos de gobierno en cada mes.

El Servidor volvió a la casa de Elías Profeta, dejando a sus huéspedes disponiéndose a entregarse al descanso.

Veamos lo que ocurrió en el Santuario.

Encontró a sus compañeros de soledad haciendo entusiastas comentarios del niño Jhasua, y como casi todos tenían grandemente desarrolladas las facultades superiores, cada cual podía dar una opinión acertada del estado psíquico del niño en aquellos momentos.

Comprendieron desde luego que no estaba bien centralizado en su nueva personalidad, motivo por el cual fluctuaba entre las anteriores, sobre todo en las de Antulio, Abel y Moisés, que eran los que mayores adelantos acumularon en su Yo Superior. En su larga carrera mesiánica, habían sido los tres grandes vuelos decisivos, por estar vinculados a comienzos o terminaciones de ciclos o etapas gloriosas de nuevas civilizaciones.

Comprendiendo asimismo, que su misión de maestros del Verbo-niño, consistía en ayudarlo a centralizarse en su personalidad de Jhasua, y desligándole de las otras en las que vivía a intervalos.

Sabían además, que estaba próximo a encarnar el espíritu que fue madre de Antulio el gran filósofo atlante, aquella incomparable *Walkiria de Cerro de Oro* que le había dado vida física, y que tan cerca le acompañó en su vida espiritual de entonces.

Elías Profeta, discípulo de Hilcar, uno de aquellos cinco niños abandonados, con que él fundó sus Dacthylos en las grutas del Monte de las Abejas en la Atica prehistórica, después de varias encarnaciones en aquellos mismos parajes, cayó prisionero de los piratas de la Cretasia, que le llevaron a dicha isla como médico en una espantosa epidemia que se había desarrollado.

En mujeres humildes cretenses, encarnaron con diferencia de meses ó de pocos años, Gaudes, Walkiria, y varios otros Dacthylos y Kobdas de las viejas escuelas, entre ellos, dos conocidos archiveros de los tiempos gloriosos del Monte de las Abejas y de Neghada: Walker el archivero del Kaspio; Eladyos archivero de Neghadá, el Atlas del Monte de las Abejas a la llegada de Abel, Adonai y Elhisa, Senio y Nubia.

Los Dacthylos y los Kobdas de la prehistoria, habían pasado y eran sólo un recuerdo glorioso, estupendamente grande, de los cuales se conservaba memoria como de una epopeya legendaria, más fantástica que real, al parecer de la pigmea humanidad, que sólo vive de mezquinos ideales y de groseros deleites. Y he aquí que en la Cretasia, isla semisalvaje poblada de piratas y malhechores, colgaron su nido grandes águilas del pasado para limpiar de buitres y lagartijas aquella región, en la que debía surgir también una nueva civilización. Era acercándose ya a Fenicia y Siria, donde el Verbo de Dios realizaría su postrera encarnación mesiánica. Faltaban varios siglos aun, es verdad, mas no en uno ni en dos se operan las transformaciones para un hecho de tal magnitud en la historia de la humanidad. Era pues el Mediterráneo el escenario elegido para propender a un nuevo impulso, que preparase las almas al grandioso acontecimiento que era la apoteosis del Verbo Divino, en su misión de Redentor de humanidades.

Todo esto rememoraron los ancianos del Monte Carmelo a la llegada de Jhasua, niño todavía, y se dispusieron a sacar el mayor bien posible de este favorable acontecimiento.

Empezarían pues su trabajo, por la personalidad de Antulio, que era la más lejana de las tres que parecían revivir a cada instante en el Verbo-niño.

Y cuando al día siguiente trajeron a Jhasua entre ellos, ocurrieron los hechos que vamos a relatar.

El Santuario propiamente dicho era rústico y sencillo. Era el que más tenía de la sencillez de los Dacthylos y menos de la grandeza imponente de Moisés. Nacido éste y educado en la fastuosidad estupenda de los Faraones del Nilo, cuya tendencia a lo monumental y ciclópeo son bien manifiestas, debió imponerse al pueblo materialista y utilitario, que le serviría de instrumento para su designios, y así vióse obligado a ponerse a tono con él para mejor conducirle, imponiéndose a sus debilidades y egoísmos.

En el gran Santuario de Moab era bien marcado el tinte mosaico, mientras en el Hermón, el Tabor y el Carmelo predominaba la modalidad de los Dacthylos, no obstante ser la misma la ciencia espiritual, y los elevados conocimientos que les eran comunes.

El Santuario del Carmelo era la gran caverna de Elías Profeta, el centro de una serie de pequeñas o grandes grutas, que se abrían en las profundas gargantas de la montaña, cuyos pies lamía el Mediterráneo cuando deslizaba sus olas con mansedumbre, o azotaba con furia salvaje, cuando rugía embravecido.

No se veía allí más que cinco grandes cirios colocados en basamentos de un trozo de roca. Recordaban los cinco niños con que Hilcar de Talpaquen había fundado su escuela. En memoria de este hecho, Thylo o sea Elías, había comenzado también con cinco, de los cuales el primero había sido Elíseo, a quien Thylo llamó *Patrioka* que en su lenguaje ático significaba: *hueco de piedra.*

Un estrado circular labrado en la misma roca, y cubierto de pieles de cabra y el piso de un rústico tejido de fibra vegetal, era todo el ornato de la Casa de Elías Profeta. En mesas o bancos hechos de troncos rústicamente pulimentados, se veían apilados, libros de telas enceradas, tabletas de madera con inscripciones unidas unas a otras con largos cordeles, como si fueran páginas hábilmente enlazadas para facilitar la lectura.

Al centro, había una roca blanca labrada en forma de copa, cuyos bordes llegaban a la altura del pecho a hombres de regular estatura. Dicha copa estaba siempre llena de agua, y recordaba la copa en que la humanidad hizo beber la muerte física, al más grande hombre de ciencia hasta entonces conocido: Antulio de Mana-Ethel.

Tal era el Santuario de Monte Carmelo, donde entró el niño Jhasua al día siguiente de su llegada.

El incienso de Arabia que se quemaba en una pequeña cavidad de la roca que hacía de pebetero, y el sonido apenas perceptible del salterio que parecía llorar en una suavísima melodía, pronto hicieron su efecto en el sensitivo Jhasua, que fue cayendo en un suave letargo, entre el Servidor y el ancianito aquel que abrazó y le reconoció apenas llegado.

Todos evocaban a Antulio, pues se apareció Thylo, que como sabemos, estaba estudiando en el Santuario esenio del Quarantana y era un niño de 11 años, Juan, llamado más tarde el Bautista.

—La paz sea con vosotros —les dijo—. Os aviso que el Maestro vendrá más adelante, para lo cual mientras Jhasua duerme, daréis lectura a los relatos que sobre él escribió su madre Walkiria, que como está próxima a encarnar habita ya en los planos más próximos de la Esfera Astral de la tierra, y ella misma os servirá de introductora y de guía en estos trabajos. Durante estas breves manifestaciones, el sensitivo que por la hipnosis sirvió de intermediario, apareció envuelto en una suave bruma de oro, de la cual emanaban como chispas de radiante fuego que iluminaban a intervalos la penumbra de la caverna.

Al poco rato, uno de los esenios jóvenes cayó en hipnosis y una aura azulada suavísima difundió en el ambiente la dulzura extraterrestre de su vibración.

Un rumor sordo como una brisa delicada surgió de todos los labios:

— ¡Walkiria de Cerro de Oro!

—Sí, soy yo —repuso la voz temblorosa del intermediario— y al igual que en el remoto pasado, vengo a colaborar con vosotros en la obra gigantesca de la redención de la humanidad.

—Sé lo que queréis hacer, y sé lo que me corresponde hacer. —Y entonces se diseñó claramente la forma astral de la hermosa mujer, que apartándose del cuerpo del sensitivo se acercó a Jhasua dormido.

—Antulio, hijo mío, ven que entre todos tenemos que levantar la gloriosa personalidad de Jhasua en esta hora única en la historia de la humanidad, en que su Mesías Salvador ha de inmolarse la postrera vez, en el ara santa del Amor Inmortal.

Del dormido cuerpo del niño, se desprendió una nubecilla oro pálido, con ligeros celajes de un blanco de nieve resplandeciente, que fue llenando poco a poco la inmensa caverna, donde no había más claridad que la de cinco cirios.

— ¡Paz con vosotros! —se oyó la voz del niño dormido que parecía haber adquirido vibraciones de clarín—.

"Desde este momento —dijo— anulo todas mis anteriores personalidades para sólo vivir en toda su amplitud, energía y vigor la presente, en la cual por Ley Eterna deben quedar para siempre todas refundidas, pues terminada ésta, quedaré eternamente unido a mi Ego, desapareciendo en absoluto toda dualidad. Entonces mi Ego y yo, no somos más que una sola poderosa entidad, que pasará a formar parte de la Unidad Divina en su infinita grandeza y soberana plenitud.

"Y aun cuando a veces en el futuro, pudiera yo hacer uso de cualquiera de mis personalidades humanas en momentos determinados y con fines demostrativos de la inmutable Verdad, dichas manifestaciones serán sólo por reflejo y nominales pues terminada la vida de Jhasua, sólo soy el Cristo Luz-Idea-Verbo Eterno por incontables siglos, o sea hasta que las últimas legiones de espíritus de esta tierra, hayan entrado a las moradas de la Luz y del Conocimiento.

"Las fuertes correntadas de fuerzas inferiores que quisieran frustrar la victoria final del Mesías, porque ella marca el comienzo de su derrota sobre este planeta, han coadyuvado para producir la descentralización de la personalidad de Jhasua, buscando de hacerle revivir en pasadas edades, lo cual produciría poco a poco un desequilibrio entre la mente y el cerebro, entre el alma y el espíritu cuyas potencias quedarían reducidas a vibraciones sin coordinación posible.

"Amigos y compañeros míos de ayer y de hoy, de edades lejanas y de edades nuevas, ¡adelante! y que Jhasua que surge entre vosotros como un renuevo de palmera, a la lid gloriosa de su apoteosis como Mesías, se fortificará a vuestro contacto en su memoria, en su entendimiento y en su voluntad.

"Paz, Esperanza y Amor a los hombres de buena voluntad".

La bruma de oro pálido se fue tornando blanca por completo, hasta confundirse con las débiles espirales de humo de incienso que perfumaba la caverna.

Casi todos los Esenios habíanse puesto en estado extático, por lo que al volver en sí, tuvieron la plena convicción de haber estado en el mundo de los Amadores, en el plano sutil de los Egos, donde una selva de óvalos con reflejos de amatista les había dejado la impresión de una esplendorosa aurora, que daba nacimiento a innumerables soles de un rosado vivo y fulgurante.

El Servidor y sus cinco Consejeros, oyendo los datos aportados por todos, resolvieron comenzar la instrucción de Jhasua leyendo en su presencia las actividades espirituales de los Profetas comenzando por Antulio, considerado Maestro y Padre de los Profetas, por haber sido el primero que se lanzó a la exploración de los mundos, habitaciones de humanidades.

Uno de ellos percibió que el niño estaba despierto, pero que se mantenía recostado en el estrado con la cabeza apoyada sobre el pecho del anciano Azarías.

—¡Jhasua! —le dijo acercándose—. Te has quedado tan quietecito como si estuvieras aún semidormido.

—No, que estoy bien despierto, y espero que comencéis esas lecturas que vais a hacer para curarme.

—Bien —continuó el Servidor—. Vamos a comenzar. Llevamos nada más que una hora de sol. Tenemos toda la mañana, hasta el mediodía. ¿No te cansarás, niño, de tanto tiempo de quietud?

—No me digáis niño, decidme Jhasua, por favor. Creedme, parece que tengo prisa por ser mayor, pues me cansa perder el tiempo en esta pobrecilla infancia, que sólo sirve para buscar nidos y comer castañas. Leed... leed que ya escucho con avidez.

Y el niño se acomodó como para resistir un largo tiempo sin moverse, apoyado sobre grandes cojines de paja de trigo forrados de lino, que las ancianas de la cabaña fabricaban para almohadas de los solitarios.

—Los hermanos lectores que están de turno —ordenó el Servidor— preparen sus libros en forma de que no haya interrupciones. Escucharemos la Escritura conservada por Thylo, que relata las exploraciones espirituales y las principales visiones de Antulio, recopiladas y excritas por su madre Walkiria de Cerro de Oro, y traducidas por nuestros Padres Elías y Eliseo a la lengua fenicia (¹).

Un esenio joven se acercó con una rústica banqueta a la puerta de la caverna, cuya cortina de juncos fue descorrida para que penetrase de lleno la luz de un hermoso día de estío.

Y comenzó la lectura:

—"El Maestro Antulio describe la creación de la nebulosa que dio origen a la formación de nuestro Sistema Planetario.

"El Absoluto o Gran Todo, es Energía, es Luz y es Amor, tres Eternas Potencialidades residentes en siete Fuerzas Inteligentes y Vivas, llamadas *Fuegos Magnos*, que son las que determinan lugar, época y forma a las creaciones que luego realiza la esplendorosa Legión de Inteligencias Superiores, que la divina ciencia de Dios y de las almas llama *Antorchas Vivas,* cuyo número es tanto como setenta multiplicado por siete.

"En una edad que por ser extraordinariamente lejana, no se puede fijar con precisión, aunque podría calcularse aproximadamente en Setenta mil millones de siglos, los *Fuegos Magnos* impulsaron a las *Antorchas Vivas* hacia el vacío

(1) (Estos relatos de las exploraciones extra-terrestres del Profeta Atlante Antulio, sólo interesan a los que anhelan conocer ese mundo que encuentra el alma humana después de la muerte).

más cercano en el infinito piélago azul, donde la sustancia etérica estaba ya en condiciones de ser fecundada por la Energía Eterna.

"La idea surgió como un relámpago al mismo tiempo, en aquellas Inteligencias ultrapoderosas, diciendo como en una sola voz, vibración o sonido: "Una nueva espiral debe llenar este vacío de los cielos".

"El Absoluto ha llenado de Energía nuestro cántaro hasta el borde. Vaciémoslo aquí y que mundos nuevos surjan de su Poder Infinito y de su Eterno Amor.

"Los **Fuegos Magnos** que son Siete, están dispuestos así: cuatro representan el principio activo o masculino, y tres el pincipio pasivo o femenino. La cooperación de ambos principios es indispensable en toda creación.

"Y teniendo como auxiliares a la Legión de **Antorchas Vivas,** divididas por mitad en principio activo y pasivo, inyectaron el fecundo germen en el seno materno: **el Eter,** y una ígnea burbuja como un botón de fuego se plasmó en el fondo obscuro del vacío, por el cual se fue diseñando levemente la nueva espiral en graciosas curvas que se iban dilatando paulatimanete, hasta ocupar una enorme extensión. La espiral diminuta y sutil, se tranformó en nubecilla primero y después en gran nebulosa, salpicada a intervalos de hebras de luz y chispas de fuego. Y cuando la Energía de aquellas mentes ultrapoderosas, consiguió imprimir a la nebulosa el impulso necesario para el girar vertiginoso y permanente, los Fuegos Magnos recogieron en sí mismos el impulso creador, que equivale a dar la voz de **cese o quietud,** porque la gestación estaba hecha, y ella sola seguirá su proceso evolutivo en el largo y pesado correr de las Edades.

"Fue pues el **Eter** cargado de fuerzas vivas, la primera madre de nuestro sistema planetario, como lo es de todos los Sistemas Estelares que forman los incontables universos del espacio infinito. Durante largas edades, la recién formada nebulosa giró, se dobló, se retorció en el vacío, hasta que el vertiginoso movimiento la impregnó de calor, de gases, de fuego y fue como una inmensa llamarada con locuras de vértigo y ebria de energías que en su formidable rodar sobre sí misma, arrojó al espacio lenguas de llamas ardientes, burbujas de gases inflamables que a su vez corrían girando como enloquecidos, cual si buscaran reunirse en grandes masas incandescentes, formando un laberinto de globos de fuego, hasta que la gran masa central venció en la loca vorágine a las más pequeñas que comenzaron a rodar en torno de aquella, obligadas por las ineludibles leyes de la atracción.

"Inmensas edades pasaron para llegar a diseñarse nítidamente los planetas mayores, planetoides, satélites y asteroides, que a millares se intercalan entre las órbitas de aquéllos, siguiéndolos a veces como cortes de honor de las grandes estrellas, cuya fuerza de atracción les arrastra irresistiblemente a rodar conjuntamente con ellas en el inmenso océano azul.

Nuevas edades imprecisas por su misma inmensidad, caminan sin apresuramiento, que no hay prisa en la eternidad, hasta que aquellos vertiginosos movimientos se van haciendo más lentos, y los globos van apartándose lentamente unos de otros a inconmensurables distancias, todo lo cual coopera al enfriamiento y solidificación de aquellas materias gaseosas e inflamadas, que pasan a convertirse en rocas de lava, húmedas de vapores incesantes producidos por los globos incandescentes aún. La enorme acumulación de vapores, da lugar a la formación de corrientes de agua, lluvias tormentosas cargadas de electricidad, que invaden poco a poco los globos en formación.

"Y cuando después de otra inmensa cadena de tiempo, esas aguas consiguen estacionarse en las oquedades de las montañas de lava semiapagadas y aún humeantes, forman lagos hirvientes y pantanosos. En esa agua cálida y estancada en huecos y honduras, se reúnen a millones átomos y moléculas vivas, y comienzan a crecer y unirse unas a otras como en informes burbujas, dando con tal himeneo lugar a la formación de células vivas aunque imperceptibles, origen primero de la vida, en todos los planetas de todos los universos.

"Es pues el *Agua* la segunda madre en la vida universal.

"Esas células se agrupan, se estrechan, se buscan por la ley de atracción y en esas aguas pantanosas se forman principios de larvas, como gusanillos de goma semilíquida, más densa después hasta formar diminutas lengüetas de movimientos casi imperceptibles a simple vista.

"Aquellos pantanos cálidos, fueron ensanchándose con nuevas corrientes de vapores disueltos en lluvias, las larvas agrandándose y reproduciéndose por aproximación, y a la vez segregando sedimentos y escorias, llenos de células vivas, que a su vez se difundieron en infinitas y variadas formas de vida semivegetal y semianimal, o sea principios de algas, esponjas y corales.

"Nuevas edades de incontables siglos pasaron, hasta que las corrientes de aguas pantanosas invadieron las partes rocosas de los planetas, y esas vidas embrionarias adheridas al lodo que bañaba las rocas, fueron asimilándose con grandes esfuerzos al nuevo medio en que debían desenvolverse. La vida pasaba pues del Agua a la *Tierra*, que es la tercera madre de la vida universal.

"La gestación formidable estaba realizada. Las primeras células vivas se agitaron formando larvas o gusanos en las aguas pantanosas, y en las rocas de lava humedecidas por ellas. En ambos elementos, *Agua* y *Tierra,* se perpetuará la vida desde la larva del insecto, lombrices de agua y lombrices de tierra, primitivos antepasados de los grandes monstruos marinos y de los enormes reptiles; primeros habitantes de los globos, que un día serán el palacio de cristal y oro del ser inteligente, que se negará sin duda a reconocer como progenitores, a aquellos ínfimos y repugnantes principios.

"Manifestada ya la vida sobre la faz de la tierra, la evolución ascendente de las especies inferiores a las superiores, es fácilmente comprensible, descontando desde luego millones de años necesarios a cada transformación.

"Diez mil millones de siglos próximamente, ha necesitado este planeta para llegar a sustentar vidas y humanidades como las que vemos en la actualidad.

"Tal es la primera etapa de la sabiduría de Antulio, trasladada a la antigua Cretasia, desde el Monte de las Abejas del Atica prehistórica, por Thylos, discípulo de Hilkar II, príncipe de Talpaquen, primer Notario que fue del Maestro Antulio".

Jhasua se había dormido profundamente, y su diminuta personita aparecía envuelta en una suave bruma de oro pálido, que aparentaba la forma o silueta de un hombre de elevada estatura, que firme, de pie, haciendo el signo de los grandes iniciados en la Divina Sabiduría, parecía escuchar también la interesante lectura. Los clarividentes le comenzaron a ver desde el principio, y apenas el niño cayó al estado de sueño. Y la vieron así mismo desintegrarse luego que éste se despertó.

—Me he dormido —dijo Jhasua al abrir sus ojos— y he soñado algo que se parece al primer capítulo del Génesis, pero tan terrible y espantoso, como si todo el universo estuviera en convulsión. Pero felizmente veo que aquí no pasó nada y que todos estáis tranquilos. ¿Cómo se explica esto?

—Jhasua —díjole el Servidor— aunque tus años de vida física son pocos, tu edad espiritual es inmensamente grande, y debes saber, que en tu sueño has asistido nuevamente a la formidable gestación de este Sistema Planetario.

—¿Y por qué habéis dicho **nuevamente**? ¿Acaso asistí otra vez?

—Sí, dos veces antes de ahora; o sea en la vida de Antulio y en la de Moisés. Pero de esto hablaremos más adelante.

"Ahora lo que queremos de ti, es que pongas toda tu voluntad en dominar esas impresiones de tu pasado lejano, para no dejarlas traslucir de los profanos, ¿comprendes?

"Cuando te viene el impulso de decir **esas palabras que Jehová te dice,** según has manifestado, deberás tener la fuerza de voluntad de callarlas ante personas incapaces de comprenderte, para evitar que te tomen por un desequilibrado o un enfermo. Solamente ante nosotros puedes dejar desahogar libremente tus impulsos internos y decir todo cuanto te venga a la mente. Y es entonces que te iremos explicando el oculto sentido y significado de eso mismo que dices."

—¿Ni aun ante mi madre he de hablar con libertad? —preguntó el niño mirando a todos los que le rodeaban.

—Ni aun ante ella, que aunque es esenia como tu padre, aún no han llegado al grado segundo, que es donde comienza la Divina Sabiduría a explicar el **por qué** de todas las cosas. Con Jhosuelin puedes desahogarte algo, pues aunque es un jovenzuelo todavía, su espíritu es de larga edad.

Este diálogo fue interrumpido por uno de los esenios que dijo:

—Está al descubierto el segundo Libro Sagrado, que en la traducción de nuestro padre Elías dice así:

—"Prosternada mi alma ante el Altísimo, pedía luz para conocerse a sí misma, toda vez que en determinados momentos, la siento agitarse como ave cautiva, que busca tender el vuelo.

"Yo hombre de la tierra, ¿qué·soy?, ¿cómo soy? La luz eterna se hizo en mí, y vi claramente lo que **es** el ser humano encarnado en la tierra.

"Pude comprender que son tres los principios que lo constituyen:

"1° Materia densa o cuerpo físico.

"2° Cuerpo mental o intermediario.

"3° Principio espiritual o Ego, que es el Yo propiamente dicho.

"Hago la descripción de los tres componentes o principios, tal como me fueron mostrados en la interior claridad que recibí.

"La materia densa o cuerpo físico que todos vemos y palpamos, forma por sí sola una complicada maquinaria que han sido necesarias distintas ramas de la Ciencia para estudiarla y comprenderla, y no es sobre ella que tratará este relato con más amplitud, puesto que el cuerpo orgánico del hombre, ha sido, y es estudiado y conocido por los sabios que se han dedicado a la Anatomía. Unicamente diré, que el cuerpo físico del hombre, está envuelto en una aura o irradiación de substancia etérea o astral, en cuya composición participan los cuatro elementos del globo terrestre: aire, fuego, agua y tierra.

"Posee también el **fluído vital o fuego circulatorio**, que recorre vertiginosamente todo el cuerpo físico y que es el aura de la sangre, de color rosado más vivo o más pálido según la sangre sea más o menos pura y fuerte.

"Tiene además la irradiación o aura particular del cerebro y de la médula espinal, prolongación de aquél, a la que se denomina *fluído etéreo nervioso*.

"Todos estos componentes forman conjuntamente con la materia el cuerpo físico del hombre.

"*Cuerpo mental o intermediario:*

"Cuando el Ego, origen primero del ser, ha pasado de chispa de la Eterna Llama Viva, a burbuja, y de burbuja a óvalo, el proceso evolutivo le confiere el poder de crearse personalidades en los mundos físicos, o sea en los planetas capacitados para alimentar humanidades.

"Llegado a este grado de adelanto, y bajo la tutela y guía de las elevadas Legiones creadoras de las formas, el Ego comienza a extraer del Eter, materias sutilísimas y va formando lentamente un cuerpo que acompañará como proto- tipo y modelo, a todas las personalidades humanas que ha de revestir en futuras edades, y en múltiples existencias hasta completar su evolución. Este es el *cuerpo mental o intermediario* que se une al cuerpo físico en el momento del nacimiento del niño, cuya vida gestatoria se ha efectuado bajo su acción, y bajo la tutela de las Inteligencias superiores encargadas de las gestaciones humanas.

"Se ve pues, que el cuerpo mental o intermediario, es como la emanación directa del Yo o Ego, como si dijéramos su voluntad puesta en acción, que des- ciende al plano físico a buscar la unión con la materia orgánica que ha formado a su imagen y semejanza, para realizar todas las existencias planetarias que necesite, hasta llegar a la suprema perfección.

"Este *cuerpo mental o intermediario,* está sujeto a variaciones infinitas, según las actividades que despliega, según los ambientes en que su materia física actúa, y según la orientación que se le imprime.

"Si la unión con la materia o sea el nacimiento, ocurre bajo una influencia astral decadente, este cuerpo Mental o Intermediario sentirá muy débilmente la influencia de su Ego o Yo superior, por lo cual los instintos propios de la materia orgánica, tendrán sobre él notable preponderancia, dominándole a veces casi por completo.

Y así tenemos al hombre vicioso, malo, lleno de egoísmos y ferocidades, y como encadenado por todas las modalidades instintivas de los animales en ge- neral.

"El *cuerpo mental o intermediario* varía y cambia de aspectos y de colores a cada pensamiento, a cada deseo, a cada emoción.

"Y de aquí viene que los clarividentes no avezados a las investigaciones extraterrestres, le vean de tan diversas maneras, pareciéndoles a veces que se trata de personalidades diferentes. Sus variaciones están sujetas a los colores madres del Iris según las emociones, deseos y pensamientos: un intenso anhelo hacia la Divinidad, le revestirá como de un ropaje sutil oro pálido; un profundo sentimiento amoroso, de un suavísimo tinte rosado; un ansioso pensamiento o deseo de un conocimiento elevado, le revestirá de una sutilísima vestidura azul turquí resplandeciente; la melancolía o tristeza, según los grados de in- tensidad que tenga, le llevará desde el violeta pálido al obscuro y desde el gris al negro; un pensamiento de odio y de crimen le teñirá de cárdeno gangrena y negro-lodo; el deseo vivo de fecundidad y de verse reproducido en hijos, le envolverá en una bruma verde pálido o más vivo, según la intensidad de su deseo.

"El Ego o Yo Superior es el más simple de los componentes del ser humano perfecto.

"Nace de la Eterna Energía, que es Luz y Amor, como un pequeño foco luminoso que encierra en germen todos los poderes y fuerzas de la Eterna Potencia Creadora que le dio vida, y apenas nacido, empieza a acumular en torno suyo sustancias cósmicas sutilísimas que le forman su aura propia, que es su envoltura o cuerpo. Cuando ha conseguido formarse a perfección esta aura, crea como ya dije, el prototipo o modelo para sus múltiples existencias planetarias en la especie humana.

"Es en tal momento, cuando el Ego como entidad, comienza a desarrollar su voluntad y libre albedrío, y lentamente va adquiriendo conciencia de su ser y de sus responsabilidades y poderes.

"Cuando el Ego, bajo la tutela de las Inteligencias creadoras de las formas, ha logrado dar estructura perfecta a su prototipo, entonces lo emite como un haz de rayos o reflejos de su voluntad hacia el plano físico en que debe actuar, que siempre es un planeta que comienza a recibir humanidades en estado primitivo. Tal es la definición del hombre encarnado en la tierra, conforme a la clarividencia recibida del mundo espiritual por el gran maestro Antulio, que recogieron sus discípulos y lo han conservado y transmitido oralmente o por escrito a sus continuadores, a través de largas edades y de innumerables contingencias. Tal expresa la traducción que de la lengua cretense o ática prehistórica, hicieron nuestros padres Elías y Eliseo, Profetas del Altísimo.

PANORAMAS EXTRATERRESTRES

Llegados a este punto, el Servidor indicó la necesidad de un tiempo de silencio, en el cual todos ayudarían a que el cuerpo *Mental* o *Intermediario* de Jhasua, se adueñase perfectamente de todos estos profundos principios, y se unificasen en perfecto equilibrio con las potencias de su alma y con su propio cerebro, todo lo cual es indispensable, para que un ser de grande adelanto, se manifieste en toda la plenitud de facultades y poderes que debe manifestar en su vida cumbre, como era la que Jhasua venía a desarrollar.

La concentración mental profunda, produjo en casi todos, ese sutilísimo estado espiritual que llamamos *éxtasis, desdoblamiento* o *transporte,* y ocurrió lo que por lógica debía ocurrir; o sea, que la interna visión de los extáticos, se plasmó primeramente en el éter, y casi de inmediato en la Esfera Astral, con reflejos vagos y sutiles en la propia atmósfera que envolvía sus cuerpos físicos, que tal es el proceso seguido para que se produzcan todas esas manifestaciones supranormales en el plano físico.

Y todos vieron con nítida claridad, la forma y modo como las fuerzas vivas del Cosmos se van uniendo, para formar esas masas enormes de átomos, moléculas muertas al parecer, hasta llegar a la célula viva, principio de organismos vegetales, semianimales, larvas apenas movibles, sin individualidad todavía, actuando sólo como un informe montón de fuerzas vivas, preparadas y dispuestas para la individualización de la porción o fragmento que ha de tomar cada Ego, en el momento oportuno de comenzar su eterna tarea de transformaciones continuas.

Y así llegaron a percibir la hora luminosa y radiante en que Sirio, al igual que otras Inteligencias gemelas, tomaron del informe montón, células, burbujas de vida para encargarse de su evolución en largas edades futuras. Y en aquella hora empezó la individualización de cada célula, que sería en un lejano futuro un ser con vida propia, un vegetal primero y un animal después. Y en el rodaje maravilloso de aquellos panoramas extraterrestres, percibieron el instante supremo cuando un Ego que comprendieron por claridad intuitiva ser el de Jhasua, dirigía el haz de rayos de su voluntad sobre una célula viva que palpitaba como una burbuja rosácea, amarillenta, azulada o verdosa según el colorido de aquellos rayos vívidos de energía y de vitalidad. Desde aquel momento solemne y grandioso, la vívida y palpitante célula realizaba su desposorio eterno con su único dueño para toda la eternidad, su Ego, su Yo Superior, el que le conduciría desde sus humildes principios hasta sus más gloriosos destinos.

Vieron el pasaje lentísimo de aquella célula por bellas y delicadas especies del Reino Vegetal en los valles fecundos y florecientes del primer planeta, que junto al gran sol central Sirio, igiraba recorriendo su órbita en torno a su Centro, como todo el Sistema giraba a su vez sobre otro punto central que se perdía en la inmensidad del espacio infinito! Aquella hermosa constelación, que debido a su forma, ha sido llamada posteriormente **Can Mayor,** estaba formada por millares de planetas, grandes o pequeños, planetoides, asteroides y satélites, algunos de los cuales, en el girar vertiginoso y constante muchos se desprendieron, atraídos por fuerzas mayores y se sumaron a otros Sistemas menores, hasta que después de largas edades, la constelación se redujo a siete estrellas de primera magnitud y millares de inferior categoría y magnitud. Las edades corrían hasta que se diseñó en un mar de azules transparencias, un alga amarillenta y verdosa que trepaba por una roca blanca que era el basamento de un faro, donde un joven subía al atardecer a dar luz a la grande farola de la cúspide. Por una conmoción sísmica, la roca con el alga adherida a ella, rodó al fondo del mar y pasado un tiempo, un brillante coral sonrosado, se había prendido en otra roca basamento del faro que ya estaba ruinoso, y al pie del cual, una humilde sepultura en una cueva de las rocas, indicaba el final de la vida de aquel joven guardafaro, que prolongada en un vástago suyo, continuaba dando luz por las noches a los navegantes del mar aquel de las azules transparencias. . .

"Y así sucesivamente desfiló con inaudita rapidez aquel eterno vivir hasta pasar del Reino Vegetal al Animal cuyas especies de mansedumbre recorrió en larguísimo tiempo hasta llegar a la última: un bellísimo animal cuadrúpedo de largo pelo blanco risado muy semejante al reno de las tierras polares, sacaba un náufrago de las olas bravías de un río caudaloso y embravecido. El heroico amor inteligente de aquel animal en favor de un ser humano que le estaba ligado por alianzas pretéritas muy lejanas, fue la llave de oro que abrió la puerta del Reino Humano a la humilde *célula viva* que había recorrido mares y tierras de su planeta de origen bajo innumerables aspectos y formas hasta llegar al pleno despertar de su conciencia y de su voluntad.

"La célula viva había llegado al palacio encantado de la inteligencia humana y su primera vida de hombre fue un niño en un hogar de pastores de antílopes, que por herencia paterna fue también pastor por mucho tiempo.

"Aquel zagalito, aunque de bronceado color en su piel, se asemejaba grandemente a Jhasua sobre todo en su dulce y sereno mirar. . ."

"Al llegar a este punto culminante, todos los esenios cayeron de rodillas con el rostro prosternado en tierra adorando a la Suprema Energía Creadora, que sin más elementos que el tiempo, así transformaba las cosas inanimadas hasta convertirlas en imagen palpitante y viva de Sí Misma.

—Todo cuanto hemos visto, es mi vida en la eternidad de Dios —dijo el niño Jhasua con voz clara y vibrante—. ¿Es verdad todo esto, o es una creación vuestra, que acaso seréis magos como lo fueron Moisés, Elías y Ezequiel?

—Jhasua —díjole el Servidor—. Todos los hombres tenemos parecida historia, y es bueno que no olvides jamás lo que has visto, para que sepas bien relacionarlo con tu actual misión de Instructor y Salvador de esta humanidad.

Al día siguiente y a la misma hora, el trabajo espiritual de los solitarios continuó en igual forma, y el esenio lector leyó lo siguiente:

"El maestro Antulio explicó a sus discípulos, cómo se había presentado a su clara visión, la escala inmediata superior al hombre, o sea *Los Guardianes*, que son inteligencias de una avanzada evolución, y que por su naturaleza propia pueden actuar más en el plano físico, ya en colectividad o legiones, o ya individualmente.

"Son los que en el Sephirot de la Ciencia oculta más remota, se denominan

194

Legiones del Reino, a causa de ser los más numerosos. Otras escuelas de Divina Sabiduría los denominan *Hierofantes, Bodhi-Satvas, Profetas.* Yo les doy el nombre de "Guardianes" en razón de las tareas y misiones que les he visto desempeñar con más preferencia. Toda obra de bien y de justicia está defendida por estas Inteligencias de gran pureza y lucidez.

"Encarnan con bastante frecuencia en las humanidades de los planos físicos iguales que esta tierra. Y cuando están en la materia se les puede reconocer por la lucidez que tienen para discernir lo bueno de lo malo, lo acertado de lo equivocado; lo verdadero de lo falso. Todo ser que encarna con misiones espirituales de importancia, tiene uno o varios guardianes que lo ayudan a encaminarse hacia el cumplimiento de su misión. A veces desde el plano espiritual o esfera astral, pueden tomar formas materiales y hacerse visibles a los seres encarnados, cuando grandes causas de bien común, así lo reclaman. En tal caso se hallan todos los relatos de apariciones de inteligencias luminosas o seres encarnados, en momentos o circunstancias que reclamaban una asistencia especial. Y las Escrituras Sagradas de las más remotas Escuelas de Conocimiento Divino, relatan innumerables apariciones de esta naturaleza.

"Los Guardianes que representan siempre ese algo superior que llamamos *Providencia,* que acude a salvar una necesidad imprescindible, o evitar una catástrofe que no está en la Ley. Son los depositarios del secreto de las vidas físicas que comienzan y de las que terminan, o sea que ellos saben cuándo, cómo y dónde debe empezar una vida y cuándo y cómo y dónde ha de terminar. Pero como está en la Ley la conveniencia de que los encarnados ignoren en general tales secretos, estos elevados espíritus los guardan con austera severidad. Son ellos pues los guardianes del gran Libro de la Vida y de la Muerte, y sólo por causas graves y justas se permiten revelar a determinados seres, cosas que atañen a los secretos que la Eterna Sabiduría les ha confiado.

"Estas inmensas Legiones de Guardianes están formadas por espíritus originarios de diversos planetas, cuyas humanidades son de una evolución mayor que la humanidad terrestre.

"Cuando encarnan, realizan de ordinario vidas breves, salvo casos en que causas poderosas les retienen más tiempo en el plano físico en que actúan. Cerca de mí, por superior mandato, tengo encarnados dos espíritus Guardianes: Hilcar de Talpaken, mi primer discípulo, y Walkiria mi amadísima madre, y entre ambos forman el aura de protección que me es necesaria para desenvolver mi vida terrestre. Estos Guardianes están repartidos en siete grandes divisiones o Legiones, cada una de las cuales obedece a un superior inmediato, el cual lleva la denominación de *Guión* o sea *indicador* que tal es el significado de aquel nombre; los cuales siete *Guiones,* reciben las órdenes del Mesías-Instructor correspondiente. Cada Legión lleva el nombre de uno de los siete colores del Iris: Oro, Azul, Escarlata, Esmeralda, Violeta, Turquí y Blanco.

"Sus características más destacadas son, el amor suave y dulce, manifestado con fuerza de persuasión, y una gran firmeza y perseverancia para llevar a feliz término sus obras de bien y de justicia.

"Toda belleza les atrae y toda ruindad les repugna y asquea.

"Encarnan con preferencia en los planos físicos en civilizaciones espirituales elevadas, y poco en las épocas de decadencia. Ordinariamente los hay en proporción de uno por mil, en aquellos parajes del Planeta donde con más frecuencia se realizan obras de ayuda social, que tiendan a la elevación de la humanidad. La falta de armonía y la frivolidad en que viven de ordinario los matrimonios, son el impedimento para que estos espíritus encarnen en mayor número.

"A veces sucede que toman materia, y el ambiente terrestre les resulta tan asfixiante y pesado, que les produce alteraciones orgánicas invencibles y vuelven al espacio sin haber podido realizar su cometido.

"La mayoría de las inteligencias purificadas, que forman las filas gloriosas por su abnegación de holocausto perpetuo, llamadas *Cirios de la Piedad*, salen de estas inmensas Legiones llamadas *Guardianes*, que son la primera evolución superior a que llega el habitante de los planos físicos, destinados por la Eterna Ley a la procreación.

"*Arcángeles.* Siguen en la grandiosa Escala evolutiva de las inteligencias, las que forman otra inmensa Legión que el Divino Conocimiento llama *Muralla de Diamantes.* Son inteligencias que han desarrollado con frecuencia grandes poderes, fuerza y energía que ponen al servicio de los elevados y ocultos designios del Eterno Poder.

"Son siete categorías diferentes, y cada cual tiene su actuación propia: *Vigías, Potenciales, Heraldos, Columnas, Aquilones, Saetas y Rayos.* Están dirigidos por siete Jerarcas que obedecen a la idea del Mesías correspondiente al planeta en que actúan.

"En mis clarividencias se me han presentado vestidos de túnica corta, color plata y azul, con alas luminosas de una suave irradiación purpúrea, y con dos largas llamas de fuego semejantes a espadas, de una fulguración que deslumbra y que arrancan de las palmas de sus manos abiertas. Yo percibía su acercamiento como un agradable calor, que es a la vez vibración, energía y poder.

"Todos ellos pueden encarnar en planos similares a la tierra y en la tierra misma, a excepción de los *Saetas* y los *Rayos*, cuyas poderosas vibraciones no las resistiría un organismo físico terrestre. Sus poderes dominan corrientes magnéticas poderosas y electro-radiantes, y pueden desintegrar cuerpos inanimados y trasladar a distancia cuerpos animados, y dispersar como polvo los átomos y reunirlos nuevamente, si tal es su voluntad.

"Encarnados, tienen la fuerza de sugestión necesaria para hacerse amar hasta el delirio con fines de bien y de justicia, y sin que intervenga para nada la potencia sexual cuando se trata de seres de sexo diferente. Pueden paralizar el proceso ordinario de cualquier enfermedad de los organismos físicos, cuando la vida de determinados seres debe ser prolongada por causas de gran importancia, y pueden asimismo acelerar o retrasar nacimientos, por evitar influencias astrológicas adversas a la misión que traen a la vida seres de evolución avanzada, y de cuya actuación dependerá el adelanto o retraso de grandes porciones de humanidad.

"Su fuerza predominante se desprende del iris de sus ojos y de los extremos de los dedos de sus manos. Una de estas grandes y fuertes inteligencias presidió mi nacimiento, que se realizó una luna antes del tiempo normal, con lo cual se consiguió que se realizara bajo la influencia de Júpiter y Venus, que convenían a la tarea marcada por mi Ley, para esta hora de mi viaje eterno. Era un *Heraldo* que obedecía a Ahelohim, uno de mis actuales Guías y le debo en gran parte el fácil desenvolvimiento de mi misión actual.

"Ordinariamente despliegan sus formidables actividades en las Esferas Astrales de mundos elevados, pues casi siempre son los encargados de preparar los caminos y despejar de escollos, los acercamientos de larga o corta duración de los Mesías a los planos en que designios superiores les envían.

"Son también los custodios de los Archivos de la Luz Eterna, desde los comienzos de la creación y de las nebulosas y de los Sistemas Planetarios. Y siendo ellos la avanzada de las inteligencias que dirigen el aniquilamiento de globos y humanidades, que no responden ya a la marcha armónica marcada por la ineludible Ley de la Evolución, presiden los grandes cataclismos siderales, en que planetas apagados y sin fuerzas de atracción ni de cohesión, se precipitan por el vacío como una piedra lanzada al acaso, sin ruta determinada y con velocidades espantosas, produciendo enormes catástrofes que estas fuertes inteligencias hacen de utilidad, para humanidades y mundos que han llegado a su época de transformación.

"Cuando alguna inteligencia desencarnada acepta la misión de dictar o recibir conocimientos superiores, históricos o filosóficos para determinadas humanidades, debe formar alianza al encarnar con una o varias de estas Inteligencias llamadas *Murallas de Diamantes* (Arcángeles), ordinariamente con los *Heraldos y Vigías*, que son los custodios del Divino Archivo de la Luz Eterna, en lo que a la marcha de humanidades se refiere. He visto con claridad el proceso seguido para estos casos, y lo relato conforme a lo que me ha sido permitido ver.

"Figuraos un inconmensurable recinto con muchas entradas, todas ellas cubiertas con radiantes velos fluídicos de tan variados colores y matices, que el observador cree que son azules y luego se tornan oro o amatista, o esmeralda o púrpura vivo, como si tales cambiantes vinieran de lejanos focos luminosos, que no puede precisar donde están situados. Y todo esto se debe a los pensamientos evocadores, que desde todos los mundos llegan a estas puertas veladas en demanda de conocimiento y de verdad.

"Y cuando los cambiantes se tornan como una ebullición vertiginosa de colores, los velos desaparecen como por arte mágico, y en cada puerta se destaca la figura radiante de un *Heraldo* o un *Vigía*, que extendiendo sus manos abiertas y fijando sus ojos resplandecientes en un determinado punto del espacio infinito, atrae con fuerza irresistible, a las inteligencias que van a transmitir la Verdad a las humanidades, donde hay porciones de almas que esperan, llegadas ya a la evolución necesaria. Las inteligencias que van a transmitir o dictar, penetran al primer recinto, donde innumerables esferas luminosas giran majestuosamente como sostenidas por ejes invisibles, y cuya superficie al igual que espejos combos inmensos, dejan ver al observador, lo que quiere transmitir o dictar. Mas no creáis que sean bocetos o esbozos muertos de acontecimientos o vidas de un remoto pasado, como se ven en una pintura mural, sino la vida misma con todas sus emociones, movimientos y actividades, tal como si fuera, no un pasado, sino el presente mismo con todo su realismo vivo, palpable, sensible, imponente o aterrador.

"He comprendido, que de aquí nace el viejo decir: "que Dios todo lo ve" pues nada ha quedado sin ser recogido por la Eterna Luz. Es de aquí y en tal forma, de donde se toman las existencias planetarias de los seres, que a través de inmensas edades han realizado hechos buenos o malos, en unión con porciones de humanidad con las cuales vivieron.

"Estos fuertes y adelantados espíritus, así como pueden hacerse visibles a los encarnados cuando lo creen conveniente, pueden tomar el aspecto que concuerda con el tono o vibración de quienes les evocan, y de las circunstancias especiales en que se les evoca o espera.

"Un consejo de hombres de ciencia, animados de las más nobles y puras intenciones que fueran favorecidos por apariciones de estas inteligencias, les verán de una forma y color; madres, esposas e hijas angustiadas en horas de terribles catástrofes, les verán de forma y color diferente, porque obra en ellos la fuerza irresistible de su propio pensamiento y anhelo, en acuerdo con el pensamiento y anhelo de quienes necesitan de ellos, o les están ligados por viejas alianzas.

"Teniendo conocimiento de que toda inteligencia es como un foco de continuas vibraciones, y cuanto más adelantadas y puras, mucho más aún, bien se comprenderá que es difícil para un relator de los planes espirituales, dar definiciones precisas referentes a aspectos de los elevados seres que pueblan los Reinos Eternos de la Luz.

"El alma que haya conquistado el don divino de la percepción espiritual por la clarividencia, podrá por sí misma comprobar esta aseveración.

"*Esplendores y Victorias.* Estos purísimos seres, forman la escala inmediata superior a la *Muralla de Diamantes.* Algunas antiquísimas escuelas de Divina Sabiduría les han llamado *"Los habitantes de la ola".* Tal designación se debe, a que siempre se les ve con los pies como sumergidos en una formidable ola o corriente de energía viva de cambiantes colores y tonalidades, que avanza hacia el observador con tal potencialidad, que parece avasallarlo e inundarlo todo.

"Y cuando ha llegado hasta él, sólo siente la suavísima caricia de las radiaciones de la formidable ola que lo traspasa y lo penetra sin hacerle daño alguno, antes bien, produciéndole una suavidad divina tan intensa, que hasta le hace perder la noción de su existencia, y se cree a sí mismo, una explosión de luz y de dicha.

"Es a esto, a lo que algunas Escuelas han llamado *Tercer Cielo* o el *Tercer Reino*, y si no es con poderosa ayuda de guías experimentados, la subida a este esplendoroso lugar les ha costado la vida, pues no han podido entrar en su materia abandonada por más tiempo del que permite la Ley de los organismos físicos.

"Es a los *Esplendores y Victorias* que son principio masculino los primeros, y principio femenino los segundos, que algunos antiguos maestros de Conocimiento Superior les llaman *Esposos Eternos* porque se comprende muy bien, que en la unión espiritual de estas dos gloriosas falanges, se crean todas las formas que sirven luego de prototipo para todas las creaciones en los planos físicos.

"De la formidable ola de Energía Viva en que ellos viven su vida eternamente feliz, crean y forjan cuanto es visible como forma, en los millares de millones de mundos que se conocen desde este planeta, y que no se conocen aún.

"De sus manecitas de rosa y luz, que aparecen siempre en activo movimiento, cual si de impalpables burbujas o sedosas guedejas fueran ellos tejiendo y modelando, surge todo cuanto existe en la vasta creación universal.

"Ora son preciosos parvulitos de nieve y rosa, que parecen surgir de la ola misma en que estas sublimes inteligencias sumergen sus manos, sus pensamientos y la luz radiante de sus ojos. Ya son deliciosos bouquets de flores de múltiples formas y colores, que coronan y bordan a intervalos las interminables ondulaciones de la inmensa ola que viene y que va; que se acerca y se aleja, hasta perderse en las lejanías de un horizonte color de ópalo y rosa. Ya son bandadas de pájaros que como recortes de cristales resplandecientes emergen en momentos dados del seno de la ola, que es como el fecundo seno materno que concibe eternamente, lo que le imprimen los sublimes pensamientos de aquellos divinos creadores. Creo que con lo dicho hay para comprender medianamente la capacidad y la vida de estos elevados y puros espíritus.

"Aquí hay que advertir algo más maravilloso aún, que se observa a cada intervalo, en que la inmensa ola antes dicha se aleja casi hasta perderse de vista. Entonces el observador descubre algo así como inmensísima bóveda de una transparencia tan nítida y a la vez resplandeciente, que se figura será como el grandioso templo o santuario en que actúan los *moradores de la ola mágica*.

"Apenas piensa uno en dicha bóveda, ya está en ella como suspendido sobre nubes impalpables; y ve que la bóveda resplandeciente, son innumerables velos rizados y sobrepuestos que se estremecen al más ligero soplo, y que ostentan colores de indescriptible belleza. Y aún antes de que la inteligencia interrogue, unas manecitas como hechas de lirios y de rosas apartan graciosamente los velos, y por el resquicio entreabierto el observador contempla una selva luminosa hasta causar deslumbramientos, pero una selva o bosque formado de óvalos de un tamaño mayor que el de un hombre de alta estatura. Estos óvalos son de muy diversas tonalidades, aunque todas suavísimas y que irradian energía y calor, unos con mayor potencia que otros.

"Quienes descorrieron los velos, son los mismos seres de la ola mágica, que son por Ley, guardianes de este magnífico Cielo o Reino.

"Sin saber cómo ni por qué, me siento llevado ante un arco de finas columnas, como de una piedra luminosa y dorada, y me doy cuenta que aquello es una puerta que se abre ante mí. Uno de aquellos óvalos de color rosa, dorado, está al alcance de mi mano y en él comienza a diseñarse una silueta como si fuera yo mismo.que me miro en el fondo transparente de un espejo de oro.

"Algo perplejo pienso: Soy yo que llego y yo que salgo a recibirme. ¿Qué es esto Dios mío. . . qué es esto? Y una interna iluminación dice en mi mente: *Es tu Ego, tu Yo Superior*, tu creador, tu padre, la chispa divina que a semejanza de Dios, ha creado todas sus existencias terrestres, de igual manera que el artífice esboza en un lienzo todas las figuras que forman el argumento de su cuadro. Y este otro Yo, me demuestra un infinito amor, una tiernísima complacencia, en verdad como la de un padre que vuelve a ver después de largo tiempo a su hijo bien amado.

"Eres mi hijo en quien tengo toda mi complacencia —entiendo que me dice, al mismo tiempo que me estrecha en sus brazos etéreos y luminosos.

"El intenso abrazo me duerme, me quita el conocimiento, desaparezco en su esencia. . . ya no me siento vivir en mí mismo sino en ese otro Yo.

"Lo que pasó no lo sé, pero me desperté inundado de dicha, y sin saber a ciencia cierta si de nuevo estaba en el plano físico terrestre, o aún flotaba en ese otro Reino divino en su belleza indescriptible, adonde había sido llevado por la fuerza del Amor Eterno, y de mi propio anhelo de Divina Sabiduría".

EL NIÑO CLARIVIDENTE

La lectura de este pasaje del Maestro Antulio, tuvo la fuerza de sumergir en las profundas quietudes del éxtasis a todos los Esenios que la escuchaban, y a Jhasua mismo, que momento a momento se iba despertando a la conciencia propia de esa hora solemne de su vida de Mesías Instructor de humanidades. Y semidesprendido de su pequeña urna material de pocos años, murmuró con una voz apenas perceptible:

—¡Basta, basta, basta! No resiste más mi débil naturaleza física. Tres días de olvido, de aire puro y de sol ardiente, me darán nueva vida y energía para continuar escuchando.

Y cayó en un sueño profundo, del que despertó al caer la tarde y lo primero que vió fue a Myriam, su dulce madre que hilaba un copo de blanca lana.

Dormido le habían llevado los Esenios a su lecho en la alcoba de su madre, recomendándole encarecidamente no despertarle ni producir ruido alguno, hasta que el niño de por sí volviera a su vida habitual.

—¿Qué habéis hecho con él que duerme de esta manera durante el día en contra de su costumbre? —preguntaba alarmada la madre viendo a su niño sumido como en profundo letargo—. ¿Le habéis dado una droga que le ha narcotizado?

—¡No, mujer, no! —le contestaba el Servidor—. Nada temáis de nosotros. Son sencillamente los procesos de la curación espiritual que tú misma reclamas para tu hijo. ¿No has deseado acaso que él sea un niño normal como los demás niños de su edad, y que se vea libre de esas profundas melancolías que le absorben a veces, haciéndole buscar el apartamiento y la soledad? ¿No has dicho tú que a veces le encontrabas aletargado sobre el musgo de tu huerto enteramente frío, como si le hubiera abandonado la vida? ¿No es verdad todo esto, Myriam?

—Sí, es verdad!. . . completamente verdad —respondió ella.

—Pues entonces, mujer, debes comprender que toda curación exige un proceso, un método, después del cual el enfermo recobra su fuerza vital y sus energías, con todo el dominio de sus facultades. Esto es lo que hacemos con el pequeño Jhasua, esperando de ti toda la colaboración que necesitamos para conseguir el éxito.

—¿Qué es lo que queréis de mí? —preguntó anhelante Myriam que volvía de nuevo a la tranquilidad—. ¿Qué debo hacer, pues?

—Tener plena confianza en nosotros, que somos los que sabemos quién es Jhasua, y lo que ha venido a ser para la humanidad que le recibe sin conocerlo.

Myriam envolvió con una mirada llena de indefinible ternura, la dormida figura de Jhasua tendida en su lecho, cual si quisiera protegerle con aquella mirada.

Y como si su sensibilidad hubiera captado la onda del pensamiento del

Servidor, se arrodilló silenciosamente junto al lecho de su hijo, sobre cuyo borde inclinó su frente y exhaló suaves sollozos como susurros de hojas que agita el viento del atardeder.

—¡Mujer! —díjole el anciano esenio—, ¿por qué lloras con tan hondo desconsuelo?... ¡Si eres una madre bienaventurada entre todas las madres!...

—Parece que una voz interior me hubiera dicho en este instante, que mi hijo será el *varón de dolores* que predijo el Profeta, y blanco de todas las contradicciones de los hombres.

—Y si así fuera, mujer, él necesitaba una madre para bajar a la tierra... ¿Estás acaso pesarosa de haber sido tú la elegida?

—¡No!... ¡eso no!... ¡jamás!... Si su vida ha de ser como un encadenamiento de muertes lentas y terriblemente dolorosas, todas esas muertes quiero sufrirlas yo a su lado durante toda mi vida... Mas comprended siquiera, que debe serme permitido el desahogo del llanto en este instante, que mi propio corazón me anuncia lo que él debe padecer.

El anciano profundamente conmovido por tales palabras apoyó su diestra sobre la inclinada cabeza de Myriam, al mismo tiempo que sus efluvios de paz, de consuelo y de esperanza la envolvían amorosamente.

—Bien sabes, hija mía, —díjole cuando la vio más serena—, que todos los grandes servidores de Dios han sobrellevado vidas de abnegación y de sacrificio hasta la muerte. Las Sagradas Escrituras de nuestra Fraternidad, no relatan una sola vida de placer y de deleite de las grandes almas que nos precedieron en seguimiento del ideal de liberación humana que venimos persiguiendo. Y es Ley Divina, que a las altas cumbres no se llega sino con inauditos y heroicos esfuerzos.

—Y ¿qué empeño hay de escalar altas cimas?... —preguntó la joven madre, siempre buscando una lógica a su amor materno que rechazaba el dolor para el hijo de sus entrañas.

—¡Myriam!... El amor es más fuerte que el dolor y que la muerte. Si tú ves a tu hijo en lo alto de una cumbre ¿no harás esfuerzos por reunirte con él? Hay un amor más intenso y avasallador que el amor materno, y es el amor de las almas conscientes hacia el Supremo y Eterno Bien. Y cuando ellas han llegado al conocimiento de El, no pueden vivir sin estar unidos con él, tan estrechamente como una gota de agua que arrojas en una fuente, como un ascua encendida que arrojas en una hoguera, como una nota de tu cítara entre el torrente de melodías de nuestros himnos sagrados. Por impulso de este amor, cargan con todos los dolores humanos que buscan remediar, y esa inmensa y turbia marejada les envuelve, les azota, les golpea formidablemente hasta arrancarles la vitalidad. Tal ocurre a los Salvadores de humanidades, y a los que cooperan con ellos para el mismo fin. Tu hijo, Myriam, es el Salvador, y eres tú su íntima colaboradora. ¿Has comprendido, hija mía?

—Que se cumpla en mi hijo y en mí la voluntad del Altísimo —respondió Myriam, mientras ocupando nuevamente su taburetito de trabajo, continuaba torciendo con sus dedos de rosa, las finas hebras de lana que envolvía en el huso.

Hubo un momento de silencio en que si las palabras callaban, no callaban los pensamientos. Y Myriam dijo de pronto dando forma en palabras a lo que por su mente cruzaba:

—¿Y es mi hijo el Mesías que Israel esperaba o hemos de esperar otro después de él? Porque está escrito que sería de la familia de David, y su descendencia se ha perdido ya en la inmensidad de los tiempos que pasaron. Ni José, ni yo somos descendientes de David según me parece, pues nunca oí decir que lo fuéramos.

—Hija mía —díjole el anciano—; las profecías como todos los cantos sibilinos de los grandes inspirados, no deben leerse con los ojos del cuerpo, sino con la luz divina dada por Dios a nuestra alma. Y así esa profecía se refiere a que nacería el Mesías de la familia espiritual de David, que fue llamado desde el prado en que pastoreaba corderillos al trono de Israel. La familia espiritual de David es la Fraternidad Esenia en el plano físico. Y la procedencia venusiana de David que desde Venus vino al frente de una porción de humanidad que le era afín, y llegada la hora precisa, encarnaron al mismo tiempo en Palestina y Siria para preparar los surcos al gran Sembrador del Amor y la Fraternidad entre los hombres.

"Tú, Myriam, vienes de familia esenia desde hace siglos y has venido entre la porción de almas aliadas de David; Joseph tu compañero está en igual caso que tú.

"Nuestro Padre, el Profeta Samuel que le ungió Rey, sabía todas estas cosas, que en cuanto al grandioso poema de las almas en relación con los eternos designios, poco será lo que se escape a nuestra mirada, toda vez que hemos consagrado a ello todas nuestras vidas desde hace siglos y siglos.

"Y ahora voy a retirarme, porque tu niño pronto se despertará y no conviene que me vea aquí, para que no se avive en él demasiado pronto el recuerdo de lo que ha oído leer en el Santuario. Nada le habléis de nosotros y procurad dar paseos con él por la vecina pradera, donde debe vivir durante tres días la alegre vida de un niño sano y bien equilibrado. Déjale correr, jugar, mojarse en el arroyuelo y trepar a los árboles a buscar nidos. Al comenzar el día cuarto, él mismo volverá su recuerdo a sus viejos maestros esenios. Entonces lo traerás a nosotros para proseguir su curación".

Y el anciano, después de contemplar un instante al niño dormido, se volvió al santuario, con la promesa de Myriam que lo haría tal como le había dicho.

Cuando Jhasua se despertó, casi anochecía, y desde la gran caverna-cocina llegaba una algarabía de risas de niños mezcladas de alegres palmoteos.

—¿Oyes, madre? —preguntó el niño extrañado, pues allí sólo estaban de ordinario las ancianas que les hospedaban.

—Sí, hijo mío; son los nietecitos de las ancianas, pues cada luna, suben a ver a sus abuelitas.

—¡Oh, ventura de Dios! —exclamó el niño saltando de su lecho—. Yo que tengo unas ganas locas de jugar y correr por los campos, ahora sí que me dejarás, ¿verdad madre?

—Sí, hijo mío, porque estos niños montañeses conocerán muy bien el sitio en que anidan las gaviotas, los mirlos y las alondras. Conocerán todos los parajes más bellos del Monte Carmelo, y siguiéndolos a ellos no podremos extraviarnos.

—Pero... ¿vas a venir también tú?

—¿Y por qué no? ¿Acaso soy tan vieja que no puedo correr por donde corres tú? A más, debemos celebrar la llegada de la caravana mañana al mediodía, y de seguro que nos traerá noticias de tu padre y hermanitos.

—¡Cierto, cierto! Madre, ¿me dejas ir con los niños esos que ríen con tan buena gana?

—Vamos junto al hogar que pronto será la hora de la cena.

Y la madre y el hijo fueron a mezclarse entre la alegre algarabía de los chiquilines montañeses, que jugaban a la gallina ciega y a las ranas saltadoras, causando un indecible gozo a las ancianas abuelas que les contemplaban con deleite.

—Faltabas tú, rayo de sol, para que la fiesta fuera completa —dijo una de las ancianas cuyo nombre era Sabá al mismo tiempo que hacía lugar a Myriam en el estrado frente al fuego.

—¿Soy yo el rayo de Sol? -preguntó ingenuamente Jhasua.

—¿Y quién ha de ser sino tú? ¡Ven, que hago callar a estos grillos para decirles que tú eres el rayo de sol! —Y tomó a Jhasua de la mano y fue al otro extremo de la inmensa cocina de piedra, donde los niños en revuelto montón se estrujaban unos a otros en la lucha de las ranas saltadoras por sumergirse primero en el lago. Hay que aclarar, que el lago era para ellos una gran piel de camello extendida para secar, con punzones de madera, y sobre un colchón de heno seco.

—¡Eh, pilluelos!... bastante tiempo hicistéis de ranas y renacuajos; sed ahora niños bien educados y mirad el amiguito que os traigo —decíales Sabá riendo de las piruetas y contorsiones de aquellos diablitos desatados.

Jhasua reía también con ellos, viendo las ridículas poses que pretendían remedar.

Los chicos se pusieron rápidamente de pie y como en línea de batalla, mirando a Jhasua con azorados ojazos.

—Ahora no jugaréis más a las ranas sino a los corderillos, porque este niño hará de vuestro pastorcito. ¿Habéis entendido? Y cuidado que seréis muy obedientes y sumisos porque él es como un pedazo de pan con miel. ¿Habéis entendido?

Nadie respondió.

—¡Madre Sabá!... —dijo Jhasua— los niños se ponen tristes porque les interrumpo su juego. ¡Eran tan divertidas esas ranas despatarradas!...

—¿De modo que también tú, mi lucero, quieres ser un renacuajo saltarín?

—Yo soy niño como ellos. ¿Por qué he de ser yo el amo y ellos han de obedecerme?...

—Déjale, madre Sabá —interrumpió Myriam— que se mezcle en los juegos de los otros niños, que así lo ha mandado el Servidor para fortificar a mi niño que está algo debilitado.

—¡Ah, bien, bien, que no se hable más! Jugad, pues, a las ranas y a los renacuajos, con tal que no os causéis daño alguno —asintió la anciana.

Y he aquí a Jhasua, Mesías Salvador de la humanidad, mezclado a una decena de chicuelos de las serranías del Monte Carmelo, en confuso enjambre de caritas sonrientes y manecitas tostadas, a la espera de la cena. En las alegres correrías por montañas y valles durante el día a la busca de flores y de nidos, la alegría de Jhasua iba subiendo de tono, dando a su hermoso semblante tonalidades de la energía y la vitalidad.

Dos días permanecieron en la caverna de las abuelas los niños montañeses hasta que la familia se los llevó a sus respectivos hogares.

Jhasua les vió alejarse con pena. Una chiquilina de ocho años sintió en su alma la tristeza del niño y volviéndose junto a él le dijo: —Jhasua, si te quedas más tiempo aquí, vendremos mi hermanito Matheo y yo a hacerte compañía.

—No sé hasta cuando nos quedaremos aquí, pero si venís pronto me encontraréis. ¡Venid... me quedo tan solo!

—¡Matheo!... —gritó la niña al grupo parlanchín que ya emprendía la marcha montaña abajo. Un niño de 10 años se apartó del grupo para contestarle:

—¿Qué hay Myrina?...

—¡Jhasua se queda triste porque nos vamos! ¿Qué hacemos?...

—Pues no irnos —contestaba resueltamente Matheo.

—Pero el tío no querrá dejarnos... —alegaba tímidamente la niña a quien habían llamado Myrina, diminutivo de Myriam.

—¡Probemos!... —y Matheo corrió a la gran cocina de piedra de donde sacó medio a rastras a la abuela Sabá a cual convenció de que solicitara el permiso para quedar por otros días junto a Jhasua. La anciana que estaba enamorada del Rayo de sol, como llamaba al niño, apenas se enteró de que él así lo quería, consiguió con facilidad el deseado permiso, y Matheo y Myrina quedaron en la caverna de las ancianas esenias del Monte Carmelo por unos días más.

¡Eterna ley de las atracciones y de las afinidades de las almas! Fue uno de los cronistas del Cristo con el nombre de Matheo el Evangelista.

Y Myrina fue algo más tarde, la triste y llorosa viuda aquella que encontró Jhasua siguiendo el cortejo fúnebre de su hijo adolescente que llevaban a enterrar en un viejo sepulcro de las cercanías.

—¡Mujer, no llores, que tu hijo no es muerto, sino que él duerme y yo le despertaré!... ¡Eres tú, Myrina!...

Y dando de su propia vitalidad al yacente cuerpo inmóvil por agotamiento de vida, le hacía salir de su féretro rebosante de energía y de salud. Veía abrazarse el hijo a la madre en medio del estupor de los presentes, y Jhasua decía a los suyos: ¡Vamos!... y seguía andando por los senderos de musgo y flores de Galilea, sin esperar siquiera una palabra de agradecimiento.

Estas breves alusiones aclaratorias, son como un anticipo de los detallados relatos que haremos cuando más adelante se desarrollen estos sucesos, y dejamos entonces la explicación razonada, lógica y natural de los fenómenos psíquicos producidos, por el sabio manejo de las fuerzas formidables del Espíritu de Cristo, en relación con las fuerzas de la Naturaleza de que era señor, por la superior evolución intelectual y moral que había conquistado.

Al amanecer del día cuarto del descanso de Jhasua, apenas abrió los ojos dijo a su madre, que con tierna solicitud preparaba sus ropas para levantarse:

—¿Qué habrán hecho mis maestros en tantos días que no les he visto?

—Hijo mío, la vida de ellos, contigo o sin ti, es siempre la misma: meditación, trabajo y estudio —le contestó Myriam que ya esperaba estos recuerdos de del niño.

—Querría volverles a ver este día. ¿Me llevarás?

—¿Ya estás cansado de Matheo y Myrina?

—Yo no me canso, nunca, madre, de los compañeros buenos; pero ellos iban hoy de madrugada a la aldea con la abuelita Sabá a comprar provisiones y tres asnillos para que paseemos por las praderas. Anoche me contaron en secreto, porque Sabá quiere darnos una sorpresa a ti y a mí...

"¡Pobre abuela Sabá con su sorpresa frustrada! —Y Jhasua reía alegremente.

—¿Y por qué frustrada, hijo mío?

—Pues porque la sabemos antes que llegue. Y ahora mismo, cuando vamos al hogar le diré que todo su secreto lo desparramó el viento...

—No, hijo mío, no hagas eso. Déjala con su alegría de sorprendernos con los asnillos. ¡Tienen tan pocas alegrías los ancianos, que todos debemos cuidar como el pan bendito las pocas que la vida les permite!

—¡Ay, cómo hablas, madre!... ¡Te vas haciendo santa como los Esenios!

Y saltando del lecho se abrazó al cuello de su madre que le sonreía amorosamente.

—¿De modo que quedamos en que nada dirás a la abuela Sabá de que sabemos su secreto?

—¡Qué duro es que no se me escape, madre!... La cara que pondría la abuela Sabá cuando yo le dijera: ¿me enseñas, abuela, los asnillos que compraste en la aldea?... En seguida la emprendería a pellizcos con Matheo y Myrina que me lo contaron.

—Pues, sabiendo todo eso, debes callar —decíale Myriam ayudándolo a vestir.

De pronto el niño olvidó sus pensamientos de niño y dijo:

—¡Yo jugando y riendo, y el Dios de los Profetas esperando mi plegaria para comenzar el nuevo día!

Y se arrodilló sobre el pavimento con las manos cruzadas sobre el pecho y cerrando los ojos, para que el alma se elevara con intensa adoración al Infinito.

Y sus labios comenzaron a murmurar el salmo de la adoración:

"¡Alabado seas tú, Señor, porque eres justo, santo y bueno, y tu misericordia es eterna y tu poder no tiene fin!"...

La vibración intensísima de la plegaria de aquel niño-Dios, estremeció de júbilo las fibras más sutiles del alma de Myriam su madre, que tomando su cítara empezó a acompañarle suavemente, arrancando de sus cuerdas la mística melodía de los Salmos. Y la plegaria continuaba:

"Escucha, oh Jehová, mis palabras y considera la meditación mía.

"Atiende a mi clamor porque desde el amanecer me presento a Ti y en Ti esperaré".

"¡Oh Jehová, Señor y Dios mío!... Cuán grande es tu Nombre en toda la Tierra que has puesto tu gloria sobre todos los cielos

"¡A ti, oh Jehová, levanto mi alma, no te apartes de mí porque no sea yo confundido con los que descienden a las sombras!

"Bendito seas Tú que oyes mi voz. ¡Eres mi fortaleza y me escudo, y en Ti espera mi corazón!

"¡Salva, Señor, a tu pueblo y bendice tu heredad!"

Y el santo niño doblando su cuerpecito tocó el pavimento con su frente y Myriam oyó que decía:

—¡Tierra, esposa mía..., aquí estoy de nuevo para fecundarte otra vez con mi sangre!

—¡Otra vez comienza el delirio! —pensó la pobre madre al escuchar la tremenda frase sin sentido para ella, que acababa de pronunciar su hijo.

—Vamos, hijo mío, que ya las abuelas nos esperan con las castañas asadas y la leche calentita —díjole en alta voz para interrumpir lo que ella llamaba *delirio* y que no eran sino relámpagos de claridad divina que iluminaban a intervalos el alma del Mesías Niño.

El niño le miró con dolor, como si esas palabras le hubiesen herido profundamente.

—Vamos —contestó muy bajito—, y después me llevarás al Santuario o si no gustas molestarte, iré yo solo.

—Nunca me molesta estar contigo, hijo mío —respondió la madre—. Yo misma te llevaré.

Tomó el niño el desayuno en silencio, cual si hubiese olvidado completamente la ironía con que pensaba tratar de inmediato el secreto de los asnillos de la abuela Sabá.

Instruidas las abuelas al igual que Myriam sobre la educación espiritual que se daba al niño, no trataron de hacerle cambiar con ruidosas conversaciones de cosas materiales y efímeras.

—¿Así que hoy tienes trabajo con los Maestros, Jhasua? —díjole una de las ancianas.

—Sí. Ya descansé tres días que se me pasaron volando. Fui pajarillo libre en la montaña; ahora vuelvo a la jaula.

—¿Hasta cuándo? —preguntó tímidamente Myrina, que al igual que Matheo había guardado silencio a indicación de las ancianas.

La vocecita de la niña conmovió a Jhasua, y sonriendo ligeramente le contestó:

—A la caída del sol volveré con vosotros y os contaré hermosos cuentos que parecen sueños.

—Tú serás, sin duda, un doctor de la Ley y por eso te hacen estudiar tanto —arguyó Matheo, al parecer no muy conforme de que su amiguito pasara todo el día en el santuario.

—Soy tan pequeño, que no puedo saber lo qué seré; sólo se que necesito ir con mis maestros porque para eso he venido aquí. ¿Me llevas, madre?

—Bien, hijito, vamos. —Y sin decir una palabra más siguió a Myriam a través de la galería cubierta que conducía al Santuario.

—Pero, abuelita Sabá —recordó Matheo apenas ellos salieron—. Y la sorpresa de los asnillos, ¿para cuándo queda?

—Para esta tarde hijo, para esta tarde.

—Y ¿por qué no ahora? Yo que puse tanto esmero en enjaezar el asnillo de Jhasua, me quedo plantado con mi trabajo.

—Ten un poco de paciencia, que ese niño no es como tú, sino un profeta como Elías y como Samuel, que ha venido para las grandes promesas de Jehová a los hombre de esta tierra.

—¡Ay, pobre Jhasua! —exclamó Matheo muy de corazón—. Casi todos los profetas murieron de mala manera y vivieron de raíces y de bellotas. Y con todos los sufrimientos de los profetas, sigue habiendo ladrones y asesinos; y los soldados del César apaleando a los hebreos, y los esbirros del rey recogiendo todo el oro para los festines de su amo...

—¡Calla tú, rapaz, que no sabes lo que dices! Ve a traer leña, y tú Myrina pónme harina en la batea, que vamos a hacer el pan.

Con esto terminó la protesta de Matheo, y tú y yo lector sigamos a Jhasua que se encaminaba con su madre a la puerta del Santuario Esenio.

A mitad del camino les esperaba uno de los ancianos.

—Aquí os lo traigo —dijo Myriam—. Ha descansado muy bien y ya veis cómo ha mejorado su aspecto. Hoy, apenas se despertó, pidió venir con vosotros y aquí le tenéis.

—Muy bien. Jhasua, te quedas con nosotros hasta la hora nona que yo mismo te llevaré hacia tu madre.

—Ya lo oyes, madre, a la hora nona estaré contigo. —Y besándola tiernamente se perdió con el anciano en la obscuridad de la galería de piedra.

— ¡Dios mío!... —murmuró la madre entristecida—. Yo sé que mi hijo es más tuyo que mío. ¡Dame fuerzas para entregártelo cuando Tú me lo pidas! —Y enjugándose una lágrima furtiva que dejó correr por su rostro, volvió a su alcoba donde el huso y la rueca esperaban sus ágiles manos para convertir en finas hebras de lana, el blanco vellón que dormía en la cesta de juncos.

Cuando el anciano y el niño aparecieron en la puerta de la sala de las asambleas, los Esenios comenzaron a cantar las primeras palabras del salmo evocador:

"Oh Jehová, esperanza mía, tú serás mi escudo y fortaleza, castillo de mi refugio y resplandor de mis caminos..., etc., etc.

—Continuaremos siguiendo al Maestro Antulio en su ascensión a los cielos, que el Altísimo permitió visitar en recompensa a sus sacrificios, y para enseñanza de la humanidad. Hermano lector, podéis comenzar.

—El cronista, discípulo de Hilcar de Talpaken, testigo ocular de los hechos referentes al maestro Antulio, continúa su narración de la siguiente manera:

"El infatigable explorador celeste se tomó varios días de descanso a fin de reparar sus energías desgastadas, y a la espera de nueva indicación de sus guías espirituales.

"Tuvo aviso de que sería Okmaya quien le acompañase en la próxima exploración sideral, en razón de pertenecer a la poderosa y fuerte Legión denominada *Rayos,* y que iban a visitar los Reinos habitados por esa Legión, y su similar en la Justicia y el Poder, llamada *Potenciales.*

"Potenciales y Rayos, son la quinta y sexta jerarquías de inteligencias purificadas, y cuya misión en la creación universal, es ejercer la justicia ordenada por la Eterna Ley y usar de su poder de destrucción, aniquilamiento y disgregación cuando es llegada la hora para los mundos y las humanidades que deben pasar a otra etapa de evolución.

"Los globos siderales, al igual que las humanidades que los habitan, marchan incesantemente a su progreso infinito.

"Estas gloriosas Legiones de Justicia y Poder, residen en los soles centrales de cada Sistema Planetario, cuya irradiación, fuerza y energía, está en relación con las poderosas inteligencias que los habitan.

"Fui conducido con mi Guía a la esfera astral de nuestro Sol, y a un sistema de Soles triples, rojo, azul y amarillo, bastante cercano, dentro de las enormes distancias, a nuestro Sistema Solar.

"En aquel sistema de Tres Soles, y en nuestro Sol, podía ver parte de las grandes Legiones que se me permitía conocer.

"Les vi vestidos de turquí y oro tan vivo y resplandeciente, como si sus túnicas cortas y amplias fueran tejidas de hilos de fuego de dichos colores, amarillo y azul. Llevan como los Murallas de Diamantes alas que son antenas, y que semejan dos llamas de fuego, que a intervalos tienen reflejos de púrpura vivo.

"De los dedos de sus manos salen rayos luminosos, de la forma de estilete muy alargado; y rodea su frente como una diadema formada de iguales rayos que los de sus manos. Comprendí que mi Guía Okmaya decía con su pensamiento:

"En esos rayos de la frente y de las manos reside toda su fuerza.

"A poco de estar absorbido por esta contemplación, percibí un pensamiento que penetraba como una flecha sin herida y sin dolor, pero que no podía yo precisar de dónde venía. Comprendí que era una orden que venía de más arriba y que traducida a palabras podía interpretarse así:

"Desintegrar globos apagados. Fue una vibración de relámpago, una explosión sin ruido pero que tuvo la virtud y el poder de reunir en un instante, a tantos de estos elevados seres, como siete multiplicado por siete, o sea cuarenta y nueve. Entonces, presencié un espectáculo sideral tan estupendo, en su formidable grandeza, que no se me olvidará jamás.

"Por la inmensidad de un espacio azulado blanquecino, se precipitaban con mucha más velocidad que un pedruzco arrojado por una honda, cinco globos de diferente tamaño, cuya negra masa se percibía claramente en aquel espacio gris claro.

"Y yo pensé: Si esas enormes masas que no siguen ya órbita ninguna ni obedecen a la ley de cohesión y que se desprendieron de quién sabe qué Sistema chocan con otros de los innumerables globos habitados del espacio infinito... ¡qué destrucción de seres, qué dolor, qué llanto, qué muerte! debe producirse en esos gigantescos cataclismos cósmicos.

"Ví que los cuarenta y nueve seres se abrieron en semicírculo, como esperando el acercamiento de aquellos monstruos negros que corrían como enloquecidos y con velocidades de vértigo.

"Extendieron todos sus manos llenas de rayos hacia ellos, y las negras masas errantes se iban acercando unas a otras casi hasta tocarse. Y cuando ya parecía inminente el choque de ellos con las Inteligencias ultrapoderosas que les esperaban, se resquebrajaron *como bolas de tierra* que desmenuza el pie de un niño, y una obscura polvareda cubrió por completo aquel espacio gris azulado, por donde los monstruos habían corrido, quién sabe desde cuánto tiempo.

"Yo creí que me enloquecería el ruido formidable de aquella espantosa destrucción, pero con gran asombro mío, no percibí sonido alguno, y sólo me ví, por no sé cuánto tiempo, como envuelto en aquel abismo de negrura que había esparcido en torno mío.

"Luego percibí una armonía de potentes resonancias, como cantos de júbilo y del gloria, y ví a los cuarenta y nueve seres, con sus manos de rayos tendidas hacia abajo, y la frente coronada de rayos levantada casi horizontal hacia arriba, mientras aquel formidable concierto salía de sus labios como una plegaria hacia el Eterno Principio de Vida.

"Comprendí que aquel estupendo cantar decía así, en sus frases que parecían toques de un badajo de diamantes en una enorme campana de bronce:

"Es Amor la Vida y la Muerte que emanan de Ti".

"Es Amor la burbuja que nace y se convierte en estrella, y la roca inerte que se disgrega como polvo en el abismo insondable.

"Es Amor el átomo errante que surge a la vida, y el átomo vivo que escapa de la muerte.

"Polvareda de átomos libertados por la destrucción de cinco globos muertos, corred por los espacios infinitos y reuníos nuevamente bajo la mirada de Dios, para formar un nuevo Sistema de mundos donde su Eterna Voluntad lo mande".

"La vibrante resonancia se fue apagando lentamente como tragada por la inmensidad, y un profundo silencio pleno de suavidad me envolvió por completo.

"—¿Has comprendido? —me preguntó mi Guía, cuando vuelto en mí del estupor sufrido, tuve clara noción de que yo era un espectador del lejano plano físico, donde mi cuerpo inerte, dormía en profundo sueño.

"—Sí, he comprendido —le contesté—. La destrucción no es aniquilamiento sino renovación. Globo que se destruye y muere, nacerá quién sabe en qué lugar de la vastísima inmensidad, y acaso después de innumerables períodos seculares.

"Tal muere el hombre y renace. Las estrellas y las almas se parecen en todos los aspectos de sus vidas eternas.

"—Bien lo has dicho. Tu visión de esta noche basta para que comprendas que aun la más tremenda justicia, es sólo un aspecto del Amor Eterno. Y basta asimismo para que conozcas las actividades en que ocupan su eternidad, las Legiones de Justicia y Poder a que yo pertenezco.

"—Y ahora te acompaño a regresar a la Esfera Astral de tu planeta, habitación temporaria, para que animes de nuevo tu materia que pronto se verá alumbrada por la luz del amanecer. Y nos encontramos tú y yo cuando tan sólo había comenzado la noche.

"Sólo un momento lo pensamos, ya estábamos tocando la Esfera Astral de la Tierra. Aunque Okmaya se había prevenido con vestiduras fluídicas apropiadas para estar en mi compañía, no pudo entrar en los círculos más densos de esta Esfera Astral, y me dejó con los primeros *Cirios de la piedad* que encontramos entregados a la tarea de hacer pasar una multitud de almas de los planos densos donde aún viven los deseos materiales, a la diáfana sutilidad de las moradas donde el alma sólo anhela el conocimiento divino.

"Me desperté de pronto y lo primero que me apareció fue mi madre, que había acudido a mis clamores de espanto. Algunos de mis discípulos habían intentado acompañarme en mi viaje sideral, pero mi guía los había dejado entre los *Cirios de la Piedad* donde los encontré a mi regreso, útilmente ocupados en aliviar desde ese elevado lugar tantos dolores humanos.

"Pocos días después, me fue anunciada por la escritura recibida por mi discípulo Hilcar, que antes de proseguir las exploraciones espirituales, recibiría la visita de los compañeros que al igual que yo habitaban el séptimo Cielo, llamado *"Cielo de los Amadores",* para prepararme a subir desde este pesado plano físico cuya materia revisto, a aquellos sutilísimos planos donde la materia, si la hay, es sólo como un soplo suavísimo, como una vibración, como una armonía.

"En mi penoso destierro, sería visitado por mis hermanos los *Amadores,* que llenos de infinita piedad para conmigo, vendrían sin duda a reconfortarme en mi abatimiento, en mis hondas tristezas de cautivo en la grosera vida terrestre.

"Mi alma esposa estaba encarnada en Venus, en misión redentora como yo en la tierra; y ella, en estado de sueño, serviría de introductora de los amantes compañeros, que por breves instantes volarían hacia mí.

"—¿Cómo he de prepararme para tan excelsas visitas? —pregunté yo a uno de nuestros guías familiares.

"—Amando y orando —fue la contestación.

"Invité, pues a mis cinco discípulos íntimos, a que nos entregásemos durante siete días a gran silencio y recogimiento, sin perjuicio de las ocupaciones de orden material a que ellos y yo deberíamos atender, para nuestro sostenimiento y el de nuestra Escuela.

"Dedicaríamos tres tiempos a la meditación de las grandezas divinas, o sea al amanecer, al mediodía y al anochecer. Y redoblaríamos nuestras obras de piedad y misericordia, con los afligidos que se cruzaran en nuestro camino. Ningún dolor debía quedar sin ser consolado, ningún mal sin remediar.

"Y a las horas de confidencia espiritual, daríamos lectura a los comentarios que yo tenía hechos sobre mis compañeros de Cielo, o sea aquellos Amadores que iban a visitarme en mi destierro terrestre. Estos comentarios estaban basados en los símbolos de cada uno de ellos, o sea el significado oculto y profundo de los nombres que en el Reino de Dios se les daba. Mis visitas serían:

Venus (Odina)	Soy un beso de Dios.
Alpha	Bálsamo de Piedad.
Vhega	Luz que da vida.
Kapella	Vibración íntima.
Hehilep	Amor compasivo.
Orfeo	Canta el amor en mí.
Urania	Sondeo el insondable infinito.
Beth	El que une corazones.
Régulo	Como el perfume me quemo al fuego.
Jhuno	Soy el canto de la paz.
Shekaniah	Amor piadoso.
Jhapeth	Vaso lleno de rocío.

"La lectura de estos comentarios nos unificaría más y más con los elevados visitantes que debíamos tener dentro de breves días, o sea, cuando las corrientes atmosféricas, etéreas y espirituales, ofrecieran las oportunidades que facilitaran el grandioso acontecimiento.

"Para amarse, es necesario conocerse. Del conocimiento nace el amor o el desamor. Y tratándose de seres de una elevada perfección, el conocimiento que de ellos se tuviera, debía necesariamente dar como resultado el amor intenso hacia ellos.

"Cuando estuvimos compenetrados de lo que aquellas doce inteligencias eran en sus capacidades de amor, y en la perfección de su belleza, de lo que habían realizado en los globos y humanidades que prohijaban, esperamos con esa apacible serenidad que goza el espíritu entregado por completo a la Voluntad Divina.

"Al quinto día de nuestra preparación, las vibraciones de amor eran ya muy intensas. Al sexto día, nuestra oración era sólo de lágrimas, pues la emoción era tan íntima y profunda, que hacía correr silencioso llanto por nuestro rostro, inclinado sobre el pecho, en concentrado recogimiento.

"Y el día séptimo nos fue forzoso pasarlo quietos en nuestros sillones de juncos, pues ya no era posible ni la palabra ni el movimiento. Eramos todos un arpa viva, que vibraba en una cadencia sin ruido, pero que tenía el alma absorta én una indefinible dicha. Eramos en verdad participantes del cielo dulcísimo de los Amadores.

"Y en medio de este desbordamiento de gozo espiritual, imposible de definir ni de comprender para quien no lo ha sentido, se hizo para nosotros una claridad mental tan excelente, que comenzamos a percibir el acercamiento de nuestros visitantes del cielo de los Amadores ([1]).

"En primer término nos apareció nuestro modestísimo recinto como convertido en una selva de árboles, cuyas ramas, hojas y floración eran de los colores del Arco Iris, y estos árboles esplendorosos eran musicales, como si cada uno de ellos fuera un arpa, donde cada hojilla luminosa era una cuerda que vibraba en suavísimas melodías, sin que mano alguna las tocara. Y nos fue dado comprender que esas suavísimas vibraciones y resonancias, eran como la prolongación de las ininterrumpidas ondas de amor divino, que irradiaban hasta largas distancias los espíritus Amadores.

"Y en medio de esa selva de luz, de armonías y colores que no se concen en la tierra, ni se pueden definir con nuestro pobrísimo lenguaje, vimos destacarse doce formas semejantes a las humanas en sus aspectos exteriores, bien que dotadas de una belleza tal, que cuanto se diga resultaría pálido comparado con la realidad.

"Compararlos con esculturas de mármol o de alabastro, resulta demasiado grosero, aunque se les suponga una extremada perfección de líneas.

"Aquellas imágenes eran formas incorpóreas y como hechas de una diáfana luz rosada viva, que difundía en derredor una dulzura infinita. Y nos sonreían. Y se acercaban, y era como el acercarse de las notas divinas de un cantar que llegaba de lejos.

"Nuestro pensamiento deslumbrado y absorto les preguntó:

"—¿Quiénes sóis?

"—Manifestaciones del Amor Divino.

"—¿Qué hacéis?

"—Derramar el Amor Divino sobre todas las esferas.

"—¿Qué buscáis en este grosero plano terrestre?

"—Llenarlo de Amor Divino, para que sea en él posible tu vida física, ¡Oh, Amador, desterrado voluntario de nuestro Cielo de Amor! ¡Mirad!

"Y al pensar ellos esas frases sin sonido material, desfiló por un tiempo que no puedo decir si fue largo o corto, algo así como un lienzo gigantesco que se desenvolviera ante nosotros, sin poder precisar cómo ni porqué.

"Eran esbozos vivos y reales de diversos parajes de este globo, ciudades y pueblos que estaban en luchas feroces por viles intereses materiales, y que en ese preciso momento arrojaban las armas fratricidas, y los jefes guerreros se estrechaban las manos o se abrazaban cordialmente.

"Jefes piratas desembarcando en aldeas, con intención de robar niños y doncellas para sus delictuosos comercios de carne humana viva, y que, de pronto, sentían sus entrañas removidas por la compasión ante el llanto de las madres y de los parvullillos arrancados de sus brazos. Y llevarse en vez de seres humanos, aves, bestias y frutos, en cuya adquisición encontraban mayores ventajas.

"—¿Quiénes sois? —volvía a preguntar nuestro pensamiento estático—. ¿Quiénes sois que obráis tales transformaciones?

"—Somos el canto del Amor Divino, que llega a esta tierra a través de nosotros, y aleja momentáneamente el odio y el egoísmo para que tú, Amador

([1]) Para mejor inteligencia de los lectores diré que dicha legión está formada por los purísimos seres que las Iglesias han llamado *Serafines,* de los cuales se hacen mención que visitaron a dos extáticos: Teresa de Jesús y Francisco de Asís.

desterrado voluntario, puedas continuar tu misión de Salvador de esta humanidad.

"—¿Y por mí hacéis tantas maravillas? . . .

"—En este instante lo hacemos por tí. En la eternidad de nuestra vida gloriosa de Amor, lo hacemos constantemente en todas las Esferas donde aún predomina el egoísmo. Y lo hacemos por todos los Salvadores de humanidades, que necesariamente, y por Ley Eterna, son hermanos de nuestra Legión, pues escrito está en los cielos de todos los Orbes, que *"Sólo por el Amor serán salvadas las almas"*.

"Como un dardo de fuego que no lastima ni quema, te desprendiste de nuestro Cielo de Amor, y otros contigo, hacia mundos que al igual que éste, estaban al borde de merecer el decreto divino de la destrucción. *Arpas Vivas del Amor Misericordioso*, nuestra *Legión de Amadores*, debía interponerse entre la espada de la Eterna Justicia y los mundos delincuentes, para salvar lo que aún pudiera ser salvado. Y desgarró de su seno girones de Sí Mismo, que dejó caer como lábaros de paz y de Misericordia, que cargando sobre sí mismos todas las iniquidades y todas las aberraciones, se hicieran mártires voluntarios por la salvación de los miserables.

"Y en aquel momento percibí o sentí, que uno de aquellos seres que parecían recortes de celajes de la aurora, se me acercaba íntimamente hasta colocarme una mano en la nuca y otra en el plexo solar, mientras comprendí que decía a sus compañeros con el pensamiento, único lenguaje usado entre ellos:

"Ahora tendrá fuerza para verlo todo.

"Y apenas pronunciadas tales palabras, vi rodar en el obscuro vacío, veintitrés esferas de dimensiones mayores, iguales o menores que este planeta, y en ellos, encarnados como yo, mis veintitrés compañeros en misión salvadora de aquellas humanidades. Vi los tormentos y género de muerte en que ofrendarían sus vidas a la Eterna Justicia, por la salvación de sus hermanos delincuentes. Los unos decapitados, otros quemados, otros precipitados desde altas montañas, otros entre las fauces de las fieras, y algunos envenenados. Entre estos últimos me ví yo, sentado en una banqueta de piedra bebiendo la droga mortífera, mientras sollozaban junto a mí, mi madre y mis discípulos más íntimos.

"El ser piadoso que me confortaba era Odina, mi alma compañera, que inclinándose sobre mi materia helada, me decía con su voz sin ruido: ¡Amado mío! . . . Yo dejaré la materia entre las ardientes llamas de la hoguera y unos años antes que tú, y estaré a tu lado cuando bebas el elixir de la libertad".

"Se que perdí el conocimiento y desperté en mi canapé de junco, junto al cual, mi madre terrestre trataba de devolverme el calor y la vida, acercando a mi cuerpo aterido, recipientes de cobre llenos de agua caliente.

—"Hay aquí una nota aclaratoria —señaló el esenio lector— y esta nota dice así:

"Este y otros relatos de los transportes del Maestro Antulio, no aparecen en los originales de Hilcar de Talpaken, porque fueron tomados por la madre del gran filósofo, testigo ocular íntimo de esos momentos. Y las pocas variantes que en ellos se observan, son debidos a que fueron grabados por relatores diferentes.

—Por hoy basta —añadió el Servidor— contemplando a Jhasua, que muy quietecito a su lado permanecía con sus párpados caídos—.

"¿Duermes, Jhasua? —le preguntó dulcemente."

—No duermo sino que pienso —respondió el niño.

—Y ¿qué es lo que piensas?

—Pienso en cuál es el motivo, para que sóto la Legión de los Amadores se crea obligada a sacrificarse por la salvación de las humanidades que han salido de su Ley.

—¿Eso piensas? . . .

—Sí, eso pienso.

—¿Estás pesaroso de pertenecer tú a esa Legión?

—No, porque he comprendido que la Ley es como es, y no como quisiéramos hacerla.

—Si yo estoy entre los Amadores, alguna razón habrá para ello, ya que en las alturas no se permiten los caprichos de aquí abajo.

"Yo bien sé que todos vosotros pensáis que ese Antulio de los papiros, soy yo que viví antes esa vida. ¿Por qué es necesario el sacrificio de los Amadores para salvar las humanidades? Esa es mi pregunta.

—Muy bien, Jhasua; con ella demuestras que has comprendido el relato leído, y probaré de explicarte lo que yo comprendo y cómo interpretamos los esenios la Ley Divina en ese punto.

—La Solidaridad Universal, es una de las inmutables leyes del Universo, y esta solidaridad se manifiesta más perfectamente cuanto más purificados y perfectos son los seres.

"La Legión de los Amadores llegados ya a una gran evolución, son habitantes de lo que llamamos el Séptimo Cielo, en cuyos dos planos más inferiores de los siete que tiene cada cielo, viven las inteligencias que aún pueden tomar materia en los mundos atrasados que protegen. Antulio estaba en el primer plano de esos dos, y por tanto aún podía encarnar en el plano físico terrestre. Cuando los Setenta de esa oleada de evolución, crearon por mandato superior esta nebulosa, entre ellos quedó el encargo supremo de todos esos globos y de las humanidades que habían de habitarlas. Y como entre esos Setenta guías de humanidades, había inteligencias pertenecientes a todas las jerarquías de los mundos superiores, necesariamente debía existir entre todos ellos la gran solidaridad, que les es indispensable para conducir humanidades y mundos hacia la meta final, o sea, que los Espíritus de Poder y Justicia, se harían cargo de la depuración mediante las expiaciones colectivas dirigidas y encauzadas por ellos; y que los Espíritus de la Legión de los Amadores, mensajeros y transmisores del Eterno Amor Misericordioso, harían contrapeso en la Justicia Eterna de la Ley, bajando hacia las humanidades delincuentes, con legiones de espíritus Amadores de inferior categoría para que los secundasen en su inmenso y heroico sacrificio.

"Por eso, Jhasua, estamos los Esenios en esta Tierra al mismo tiempo que tú. Y estuvieron con Antulio y con Anfión los Profetas Blancos, de los que surgieron los Dakthylos de la Atica prehistórica, y con Abel los Kobdas de la época Prefaraónica, y los Flámenes de la India con Krishna y Buda, y los Koptos del Sinaí con Moisés.

"La Eterna Ley de las causas y de los efectos es estrictamente severa. A tal cantidad de egoísmo y refinamiento de maldad, capaces por sí solos de acabar con una humanidad, debe oponerse igual cantidad de amor desinteresado y de heroicas abnegaciones si se quiere mantener el justo equilibrio, en que solamente pueden conservarse y desenvolverse las creaciones de mundos y de humanidades.

"¿Comprendes, Jhasua, la razón por qué de la Legión de Amadores salen los Salvadores de humanidades delincuentes?"

—¡Sí... lo comprendo...! ¡y otras muchas cosas también comprendo!...

Y cuando el niño pronunciaba tales palabras, los clarividentes vieron que flotaban sobre él, como oleadas radiantes, innumerables espíritus de luz y de amor, formando un cielo de claridades tan diáfanas, que permitía leer los pensamientos de que ellos poblaban la mente del Verbo Eterno hecho niño.

—¿Podemos conocer, Jhasua, que son esas muchas cosas que comprendes? —interrogó dulcemente el Servidor, para dar al niño la confianza de vaciar plenamente sus pensamientos.

—Comprendo que las almas pertenecientes a la Legión de los Amadores, desde que llegan a la comprensión del bien y del mal, comienzan a ensayarse a ser redentores y salvadores de almas —contestó el niño.

—¿Y en qué forma comprendes tú que hacen dichos ensayos?

—Primeramente comprendo que se despierta en esos espíritus, una gran piedad y misericordia por los miserables, y bajo el influjo de esa piedad obran en todo momento. Comprendo que esa piedad los pone frente a frente de los egoístas, de los ambiciosos, de los soberbios y prepotentes; y comprendo que los espíritus pertenecientes a la Legión de Amadores, comienzan vidas de grandes padecimientos mucho antes de llegar a la purificación. Son los que más sufren en los mundos atrasados, porque no pueden tomar por sí mismos las medidas severas de represión que son las que contienen a las multitudes desenfrenadas en su crudo egoísmo. Y comprendo asimismo, que los Amadores sean de la categoría que sean, cuando cumplen con sus misiones de salvar almas, son como un punto de atracción de los espíritus Guardianes que las cobijan, y les inspiran las más bellas obras de redención humana.

—¡Cuántas cosas grandes comprendes, niño bendito de Dios! —exclamó el Servidor, dando forma a su admiración, que era común a todos los presentes aunque los demás callaban.

—Pero ahora —dijo de pronto el niño— no comprendo ya nada más, y no sé decir nada más.

Y los clarividentes veían en verdad, que las radiantes inteligencias que le formaron ese cielo de claridad mental, habían desaparecido, y Jhasua se encontraba sumergido en las sombras de la inconsciencia infantil.

—Y ahora —añadió el niño— ¿no es verdad que me dejaréis ir a jugar con Matheo y Myrina que me están esperando? Tenemos en vista tres nidos con pichones de mirlo y dos de alondras, que si nos descuidamos se nos volarán de un momento a otro.

—Sí, hijito, sí, eres niño y tienes derecho a responder a los anhelos de tu edad, no obstante la gran misión que te ha traído a esta tierra. Pero antes tomarás del vino de tus viejos maestros.

Y le llevaron al comedor donde tomó con todos ellos, vino con miel y castañas asadas.

Y Jhasua vuelto a la realidad del momento presente, les refería con mucha gracia la sorpresa de la madre Sabá con los asnillos lujosamente enjaezados que los escondían en un hueco de la montaña, y que él los había espiado oculto tras de una mata de terebintos, donde tenía visto un nido de alondras. Y él reía lleno de dicha, contagiando su ruidosa alegría a los ancianos que se creían de verdad otra vez niños al lado de aquella deliciosa criatura, cuya sola presencia entre ellos era como un anticipado cielo de amor y de luz.

Una hora después y acompañado de Matheo y Myrina, seguidos de cerca por su amante madre, Jhasua, Salvador de la humanidad terrestre, se paseaba por los valles florecientes del Carmelo, caballero en un asnillo blanco con sobrepuestos y mandiles azules, y entre una alegría de risas y gritos con que los otros niños le celebraban desde su asno color ceniza.

Mientras tanto Myriam, su madre, suspiraba en un desahogo feliz de su alma atormentada por la incertidumbre:

—¡Oh!, hijo querido... ¡Cuánto más feliz soy viéndote jugar alegre y dichoso en tu infancia, que bajo las perspectivas de una grandeza que me espanta! ...

Y apretando a su pecho una casaquilla de lana que tejía para él, le seguía con la mirada sumergida en un éxtasis de tiernísima devoción.

PLUS ULTRA. . .

—¿Por qué dejaste el lecho tan temprano, amor mío? —preguntaba Myriam a su hijo en momentos que él se acercaba despacito al estrado de su madre para espiar si ella dormía.

—¡Oh madre!. . . hoy es un día de mucho trabajo —contestaba el niño con gran seriedad.

—¿Qué trabajo es ese?... ¿Irás a picar todas las piedras de la montaña?

—¡Oh no! tanto como eso no; pero sabes madre que hoy tenemos que preparar tres jaulas de mimbre para los pichones de mirlo que hemos traído anoche. ¿Sabes cómo abren los piquitos pidiendo de comer? ¡Son nueve, madre! Matheo y Myrina no pueden bastar ellos solos y tengo que ayudarles yo.

—¡Oh, qué tarea hijo mío!. . . Pero no veo la necesidad de que dejes el lecho cuando aún no se fue del todo la noche.

—Pero, ¿has olvidado, madre, que apenas estemos a mitad de la mañana debo ir al Santuario para la enseñanza?

—¡Ah!. . . ¡Cierto! ¡Pobrecillo mío!. . . ¡No sabes si ser niño o ser hombre!

E incorporándose en el lecho, tomó las manecitas de su hijo y las cubrió de besos. Las juntó después entre las suyas y dijo:

—Oremos juntos, hijo mío, para que Jehová ilumine nuestros pensamientos, y que nuestras palabras y nuestras obras sean dignas de El.

"Alabado sea Jehová dueño y señor de cuanto existe, y que su diestra poderosa se extienda sobre nosotros". . . —Y la suave oración de la madre y del hijo, fue deshojándose del alma como un bouquet de rosas blancas, que las brisas del amanecer llevaban suavemente, sembrando de dulces pétalos de amor y de fe, las faldas verdeantes de las colinas carmelitanas.

Y cumplida su tarea para con sus pichones de mirlos y de alondras, el Cristo-niño tornó el Santuario, donde le esperaban sus Maestros Esenios.

A mitad del camino les salió al encuentro según costumbre uno de los solitarios, y la madre, entregado ya su hijo, tornó a sus labores domésticas.

—Hermano Johachin —dijo el niño antes de entrar—. Esperadme aquí un momento. —Y se apartó unos pasos en un recodo del camino. El esenio silencioso le observaba.

Vio que el niño se sentó en una saliente de las rocas, cerró los ojos y juntó las manecitas sobre el pecho. El esenio se concentró también para comprender y sentir lo que al niño le pasaba en su mundo interno. Y como casi todos ellos habían desarrollado la clarividencia, percibió en el aura mental de Jhasua, una lucha entre el Yo inferior y el Yo superior. En ese horizonte mental turbulento aparecía Matheo y Myrina, disgustados porque unos nidos que ellos espiaban cuidadosamente habían sido destrozados por aves de rapiña y devorados los pichoncitos. Y ambos pensaban que si Jhasua no se hubiera retardado tanto en el Santuario el día anterior, no hubiera ocurrido aquella desgracia, pues los pajarillos hubieran estado en las jaulas.

—Esos viejos —decía Matheo—, quieren a toda fuerza hacer de Jhasua un profeta cuando sólo tiene diez años. Cuando ellos tenían esa edad, de seguro no estarían quemándose las pestañas sobre los Libros Sagrados. Para estar viendo esto, me marcho a casa.

Myrina entristecida callaba y lloraba, teniendo entre las manos los nidillos vacíos y deshechos.

Todos estos pensamientos envolvían la mente de Jhasua, de tal manera, que el pobrecillo luchaba para aquietarse antes de entrar en el Santuario; y aún vio el esenio el pensamiento del niño de volver corriendo hacia donde estaban sus compañeros de juego. Entonces el esenio interpuso un fuertísimo pensamiento de disolución de aquellas penosas brumas que lo atormentaban, y vio como se fueron borrando en su horizonte mental que iba tornándose tranquilo y sereno.

—Entremos —dijo de pronto el niño acercándose a él, y tomándose de su mano.

—Si no tienes voluntad de entrar, Jhasua, quédate y otro día vendrás.

—No tenía voluntad, pero ahora la tengo. Ya se me pasó todo.

Y entraron.

Estaban esperándole con los papiros desenrollados, y después de la plegaria de práctica, el esenio lector comenzó así:

"Continúa el relato del Maestro Antulio.

"Mi Guía me había hecho comprender que me faltaba por investigar el Séptimo Cielo, más allá de lo cual sólo puede llegar una Inteligencia encarnada rodeándose de circunstancias y elementos muy especiales.

"Pero la Eterna Ley que te abre en esta hora sus más ocultas magnificencias, dará cuanto sea necesario para que veas y comprendas lo que Ella quiere que sepas.

"Esto decía mi guía para darme el ánimo necesario a la continuación de mis exploraciones, que a veces se hacían demasiado intensas para mi pobre y débil materia física.

"Y luego de la conveniente preparación, los Guías nos unieron a mi alma gemela y a mí, para que en conjunto hiciéramos aquella magnífica exploración. Encarnada ella en Venus, como yo en la Tierra, realizábamos misiones idénticas, y nos era necesario, sin duda, conocer nuestra Morada Celestial, para tener la fuerza necesaria al gran holocausto que se acercaba. Sólo le faltaban a ella veinte lunas para dejar entre tormentos su materia, y a mí, treinta y dos.

"Cuando fuí sacado de la Esfera Astral de la Tierra, la encontré a ella con su Guía que me esperaba. Llegué yo con el mío, y los cuatro nos lanzamos a la inmensidad. ¡Inmensidad! ... El alma se pierde en aquel vasto piélago azulado brillante, que va cortando en línea recta por enmedio a las Esferas Astrales de millares de globos de mayor o menor evolución, por lo cual, va percibiendo sensaciones diferentes de infinita dicha o de angustiosa tristeza. Por fin, aquel inmenso piélago azul, se fue tornando sonrosado y sutilísimo, y nuestros Guías nos detuvieron ante una bruma de rosa y oro, tan viva, que casi causaba deslumbramiento.

"Son las redes que los Amadores tienen tendidas en todas direcciones para captar las ondas de amor o de angustia de las humanidades, que a cada uno le pertenecen —dijeron mentalmente los Guías, contestando a nuestros interrogantes también mentales.

"—Son los pescadores de amor y de dolor en el seno del insondable Infinito. Y ahora vais a ver de qué maravillosa manera lo cumplen en su eternidad.

"Y no bien fueron pensadas tales ideas, que nos lanzamos los cuatro en línea recta a través de aquella suavísima bruma de rosa y oro. Nos había parecido sólida y compacta, como formada de cuarzo abrillantado, de amatistas y topacios y no obstante la atravesábamos sin dificultad alguna.

"Nuestros Guías que en esta exploración fueron Orfeo y Kapella, hermanos de evolución, se colocaron hacia un lado y otro, dejando a Odina y a mí en el centro.

"Nuestra condición de encarnados les obliga a usar para nosotros muchas precauciones, a fin de que ninguna emoción demasiado intensa perjudicara nuestra materia física.

"No pude precisar el tiempo que tardamos atravesando aquel inmenso mar de efluvios de amor intenso, de fe vivísima, y de una dulce y firme esperanza que me llené de valor, de energía y de fuerza para contemplar frente a frente la infinita grandeza del Atman Supremo, del Alma Universal. Me desconocía yo mismo.

"Llegué a pensar que no era yo, sino que el Atman Supremo me había absorbido por completo y era El, quien vivía en mí.

"Mi guía percibió mi pensamiento, pues me contestó con el suyo al momento:

—A medida que avanzamos a estas sublimes y felices regiones, se siente mas la sensación del Infinito en nosotros, que acabamos por olvidarnos y perdernos en El, en forma tal, que sentimos hasta la impresión de haber sido absorbidos completamente por la Divinidad. No os asustéis pues, si llegáis a percibir claramente que habéis desaparecido y que no existís más.

"Y llegamos al primer portal, que era como un gran arco luminoso de un suave color turquesa, cuya intensidad deslumbraba. Estaba todo como bordado de inmensos lotos en alto relieve, y lo expreso así, por acercarme cuanto puedo a la imagen más exacta de lo que percibí.

"—Toda esta belleza —pensaron nuestros Guías— es el original de las bellezas que contempláis en vuestros planos físicos, aunque naturalmente muy deficientes allí.

"Aquí, toda esta magnífica belleza son sólo vibraciones de amor, que han tomado la forma que sus creadores han querido darles.

"Probad a tocar un loto de esos que os parecen de alabastro incrustado en el arco de turquesa, y veréis como es verdad lo que decimos.

"Mi alma gemela y yo extendimos nuestras manos para palpar aquellos pétalos que eran impalpables, y una corriente tan intensa de amor nos invadió a entrambos, que comenzó el llanto a correr de nuestros ojos, y el alma a sumergirse en una intensidad que nos aniquilaba en un supremo gozo, imposible de describir.

"Retirad las manos —pensaron los Guías— para que no perdáis el conocimiento en este infinito piélago de amor, antes de que hayáis comprendido todo lo que la Eterna Ley permite comprender. Nosotros obedecimos, aunque era un sutilísimo deleite el dejarnos absorber por aquella divina suavidad.

"El gran arco de turquesas, se abrió por el centro, y nos encontramos ante una asamblea de seres radiantes que tenían todos ellos sostenidas por sus propias manos, una especie de bocinas pequeñas, al parecer de un cristal dorado. Las tenían aplicadas sobre el plexo solar, y por la otra extremidad salía una infinidad de rayos sutilísimos, como hilos de fuego que vibraban vertiginosamente, y a intervalos, según que aquella inteligencia les imprimiera mayor fuerza e intensidad.

"Aparecían aquellos gloriosos espíritus, como sentados sobre un gran estrado circular con altos respaldos como doseles, pero tan transparentes, que a través de ellos se podían ver otros estrados circulares, con otros seres igualmente ocupados con las bocinas aquellas.

Y nuestros Guías pensaron en respuestas a nuestros interrogantes:

"—Esas que os parecen bocinas, son receptores y transmisores. Por allí perciben con admirable nitidez el dolor y el amor que les llega de los planetas que prohijan, y cuya evolución les está encomendada, y por allí mismo irradian hacia ellos su amor infinito y su infinita piedad.

"Y por voluntad de nuestros Guías, fuimos viendo desfilar en el espacio infinito uno por uno, los globos que aquellos espíritus protegían desde la altura de su Cielo de Amor. Eran todos habitados por humanidades de parecida evolución a esta Tierra. Algunas un poco más atrasadas; otras algo más adelantadas. En algunos globos era aun espantosa la lucha del ser inteligente con los elementos de la naturaleza, y con las grandes bestias de parecidas especies a las de nuestra Tierra.

"En otros globos los seres inteligentes luchaban contra las duras condiciones climáticas, que aparecían tales como son en las regiones polares: nieves eternas, y escasa luz por las grandes distancias de los soles centrales de cada sistema. En cambio vimos los planetas que viven y se mueven dentro de la órbita del sol central, abrasados como en llamas vivas y con sus volcanes ardientes, de cuyas erupciones huían los seres como enloquecidos.

"Pudimos observar que algunas humanidades absorbían más que otras los dulces e intensos rayos de amor, de esperanza y de fe, que irradiaban hacia ellos sus Mesías respectivos, y algunas, semiembrutecidas aun por su escasa evolución, apenas los percibían como un viento fresco que templaba el fuego implacable de los climas ardientes.

"—Mirad ese globo de aura verdosa —pensó uno de nuestros Guías— y que está bajo la dependencia de Hihilep, como podéis ver siguiendo la dirección de los rayos de amor de ese Mesías. Observad las altas montañas de ese globo, coronadas por penachos de humo ardiente, presagio de formidables erupciones. Corred la vista a los pies de esos montes, y mirad cómo duermen tranquilas esas ciudades, pueblos aldeas, con sus campiñas cubiertas de rebaños. Tres lunas iluminan ese paisaje nocturno, que dentro de unos momentos será horriblemente alterado por la erupción de cien volcanes, que abrirá en profundas grietas la cordillera, y las aguas del mar al cual servían de escollera se precipitarán sobre pueblos, ciudades y rebaños.

"Observad esa parte del globo y no perdáis de vista al Mesías Hehilep, el segundo del estrado comenzando por la derecha.

"De pronto el paisaje se cubrió de llamas, humo y cenizas, y al siniestro resplandor de aquellas rojas llamaradas, las gentes abandonaban sus viviendas en una desesperación sin límites. Hehilep se estremecía en un suave temblor, entornaba sus ojos radiantes para dar más intensidad a la amorosa fuerza que emanaba de sí mismo, y que semejaba un raudal enorme, como un torrente de oro y luz hacia los Cirios de la Piedad que en la Esfera Astral del globo azotado por el cataclismo, se multiplicaban para adormecer la desesperada angustia de los que perdían la vida entre el espanto y el terror.

"—¿Y no se fatigan nunca de irradiar tanto y tanto amor? —pregunté yo con mi pensamiento.

"—¿Te fatigas tú de amar a tu madre y de prodigarle toda suerte de ternezas y de cariño?

"—No, jamás, porque la amo mucho.

"—Mucho más amamos los Amadores de nuestro Cielo de amor y de luz, por toda la eternidad.

"Habéis visto los del primer portal, y este Cielo, como todos tiene siete moradas de diferente grado de elevación. Los dos primeros Portales, permiten aún la encarnación en los planos físicos. Los otros ya no lo permiten, porque las Inteligencias han llegado a tan alto poder vibratorio, que no hay materia física que pueda resistirles.

"En seguida se nos presentó otro gran arco color marfil igual que el anterior, con la sola diferencia a primera vista, que en vez de los lotos blancos como en alto relieve, ostentaban grandes rosas bermejas de un púrpura vivo, como si sus pétalos fueran de rojo cristal. Aquellas rosas se estremecían ligeramente, como si un céfiro suavísimo las agitara. Nunca olvidaré esas divinas rosas rojas, cada una de las cuales parecía un corazón humano estremecido de amor. Y esta vez ni Odina ni yo necesitamos que nos dijeran "tocadlas" porque ambos pusimos en una de ellas nuestros labios en un beso tan hondo, como un abismo que no se podría medir. Aquellas rosas bermejas nos habían fascinado a los dos.

"—Por este arco entraréis —nos dijeron nuestros Guías— cuando abandonéis la materia que revestís, al presente.

"—¿Por qué no ahora? —interrogué yo con vehemencia.

"—Porque aún no habéis terminado vuestra misión redentora actual, que marca el tiempo medio de las ocho encarnaciones mesiánicas preparatorias de la liberación final. Cuatro habéis pasado en el primer portal y cuatro pasaréis en el segundo, de donde bajaréis a la materia por última vez, donde el triunfo final y decisivo os hará superar la materia física, de la cual os despediréis para no tomarla jamás.

"¡Cuatro encarnaciones realizaremos desde el portal de las rosas bermejas!... —exclamó mi alma compañera.

"—¿Y después?... —interrogué yo.

"—Después moraréis en los otros cinco portales Superiores del cielo de los Amadores, según que os queráis dedicar a la Sabiduría o al Amor. Los que se dedican al estudio, investigan hasta lo profundo todas las más secretas y sublimes Leyes del Cosmos, y ensayan los medios de aplicarlas a nuevas creaciones. Y los que se dedican al Amor forman Legiones de Cirios de la Piedad, escogidos entre los espíritus amadores de inferiores categorías, y los derraman bajo su tutela como bandadas de palomas blancas, mensajeras de paz y de amor por todos los mundos del vasto Universo. No pudiendo ellos bajar a los planos físicos del dolor, impulsan y dirigen a sus afines, a través de los cuales siguen consolando, animando y amando a los pequeños sufrientes de los mundos expiatorios.

"—Me desposaré con la Sabiduría por un tiempo, pero mi eternidad será toda consagrada al amor —exclamé con vehemencia.

"Y me abracé delirante al portal de las rosas bermejas donde lloré intensamente.

"Odina me apartó de aquel delirio diciéndome con gran dulzura:

"—Yo lo haré como tú por toda la eternidad.

"Orfeo y Kapella pensaron fuertemente en que yo reaccionara de aquella impresión, y acto seguido nos vimos ante una columnata semicircular que parecía construída de transparente ámbar, y que era como todo allí puramente de materia astral sutilísima. Aquella columnata aparecía toda orlada de suaves trepadoras, cuya espléndida floración eran campánulas de un blanco tan resplandeciente como la nieve cuando recibe la luz del sol. Vibraban como los lotos blancos y las rosas bermejas de los dos primeros portales, pero esta vibración era armónica y exhalaba una dulcísima melodía. No eran notas musicales, ni arpegios, ni acordes como los que oímos arrancar de instrumentos de viento o de cuerda. Eran sonidos delicadísimos y continuados, como voces humanas que suben o bajan de tono sin poder precisar dónde comienzan y dónde terminan. Tampoco eran palabras, y hubo momento en que llegué a pensar que ruiseñores ocultos en las trepadoras eran los que exhalaban aquellas suavísimas melodías.

"Nuestros Guías percibieron este pensamiento, y mentalmente me contestaron:

"—No son voces humanas ni voces de pájaros. Son solamente vibraciones de amor de estas blancas campánulas, que son receptáculos y transmisores del Eterno Amor, allí dispuestas perennemente y sin interrupción, para que de allí se alimenten los Amadores que se encuentran encarnados en planos físicos, cuando el desamor y la incomprensión de las criaturas les colme de decepciones y desaliento.

"¡Cuántas veces habéis bebido de estos blancos cálices de amor y no los reconocéis!

"Os asombra el fuerte lazo solidario que hay entre todas las puras Inteligencias que pueblan estos Cielos. Ni el más leve pensamiento de angustia de un Mesías encarnado pasa desapercibido para estas flores vivas de Amor Eterno. Y si las plantas y las flores de vuestros planos físicos tienen cierta inteligencia dentro de sus formas de muda expresión, ¿qué no será esta divina floración del Eterno Amor, que eterna y constantemente son rebasadas de los pensamientos de amor de estas gloriosas Inteligencias?

"La columnata de ámbar, estaba cerrada al interior por un velo rosado vivo, con tenues hilos de oro que irradiaban ininterrumpidas chispas de luz dorada. El pensamiento de nuestros Guías descorrió parte de ese velo, lo bastante para que nosotros contempláramos lo que detrás de él había.

"Un radiante cortejo de seres que parecían lámparas formadas de estrellas, observaban por una especie de ojiva recortada sobre un fondo turquí. Comprendí que aquella observación era como la de un inteligente operador, que sosteniendo en sus manos los hilos eléctricos de una complicada maquinaria, va viendo atentamente la forma y modo cómo obran sus propios procedimientos.

"—¿Quiénes son? —preguntamos.

"—Son éstos los Querubes o Desposados de la Divina Sabiduría, que ensayan nuevas creaciones en los vacíos del Espacio Infinito. Genios sublimes del

Amor, buscan la forma de establecer una posible solidaridad entre las humanidades de globos cercanos, mediante la interposición de astros en las órbitas de los compañeros de sistema, de tal manera, que en épocas determinadas y lo más frecuente posible, se encuentren a distancia adecuada para comunicaciones, tal como se realiza de un continente a otro. Ya comprenderéis que para realizar esto, deben estudiar la forma de conseguir la homogeneidad de éter y de atmósfera de los globos solidarios. Mirad: Y nuestros Guías descorrieron otros pliegues del amplio velo rosa vivo que cerraba la columnata, y por otra ojiva cercana a la que servía de observación a los Querubes, contemplamos mi compañera y yo, este insólito espectáculo sideral:

"En el fondo obscuro de un abismo azul turquí, revoloteaban como grandes pájaros blancos en lucha, una agrupación de pequeñas esferas que rodaban vertiginosamente, acercándose más y más unas a otras, mientras como anillos luminosos, sus inmensas órbitas iban colocándose, interpuestas unas entre otras en un enlazamiento tan magnífico, que parecía a la gran distancia en que las veíamos, como una red de hilos de oro en cuyo centro hubieran bordado en alto relieve los diez globos de aquel Sistema naciente.

"—Pero en esos mundos —dije yo— van a hablarse las humanidades de una a otra como desde balcones vecinos.

"—Eso lo creemos a primera vista, porque aquellas esferas parecen tocarse; mas en la realidad no es así. Podrán entenderse de unos a otros, puesto que tal es lo que esos Genios del Amor buscan; pero sólo será por medio de la onda sonora transmitida a través del éter y de la atmósfera.

"Para ésto será necesario que todos esos globos estén envueltos en una sola aura conjunta, y a conseguir tan estupendos resultados dedican ellos su gloriosa eternidad.

"—¿Cuánto tiempo tardarán para dejar terminada y perfecta esta creación? —interrogamos.

"—Bien sabéis —contestaron los Guías— que el tiempo no se mide aquí como en los planos físicos, y que para estos Cielos que son globos de una materia completamente sutilizada, y donde el pensamiento corre al igual que la luz, las edades pasan con velocidades que producen vértigo. Pero medido el tiempo según vuestras medidas planetarias actuales, vosotros habréis superado ya la materia, o sea que estaréis liberados para siempre de encarnaciones, cuando esta nueva Creación entre en perfecto funcionamiento. Y acaso desde estas mismas ojivas cooperaréis vosotros a la conclusión de tan magnífica obra de solidaridad y de amor.

"Al igual que esta creación que habéis visto, se hacen muchas en todos los ámbitos del Universo, adonde los Querubes, Genios creadores del Amor Eterno que es eterna solidaridad, hacen llegar la fuerza irresistible de sus pensamientos.

"Si la Eterna Ley os revela sus grandes secretos, es para que vayáis sembrando la Divina Sabiduría en las inteligencias más adelantadas de vuestros respectivos planetas. Tal hacemos con todos los Mesías encarnados en misiones de redención como vosotros.

"—Decidme —interrogó mi compañera—, ¿podrán los seres de un globo de esta nueva creación trasladarse a otro?

"—Los espíritus desprendidos por la hipnosis, sí; pero los cuerpos físicos lo podrán cuando inteligencias avanzadas encarnen en ellos, y mediante grandes esfuerzos mentales, descubran y forjen ellas mismas los vehículos adecuados para atravesar la atmósfera intermedia de un globo a otro en estas nuevas creaciones.

"Estos genios del Amor y solidaridad universal, obtienen densidad igual de éter y de atmósfera para su creación de globos solidarios y cercanos, y así desaparece la imposibilidad de que se trasladen cuerpos orgánicos de un globo a otro.

"Nos hicieron comprender que nuestra visita había terminado, y ambos Guías nos dieron el mandato mental de recordar perfectamente en vigilia todo cuanto habíamos visto para enseñanza de nuestras humanidades, y con la promesa de que ellos repararían cualquier falla involuntaria de nuestra memoria.

"Desperté al plano físico en el canapé de junco, cuando el sol estaba a mitad de su carrera, por lo cual comprendí que mi sueño había durado toda la noche y la mitad de la mañana.

"Mi madre y mis discípulos íntimos rodeaban mi lecho, pero yo no pude coordinar mis pensamientos hasta muy entrada la tarde, debido a que una sensación de frío intenso me producía un ligero temblor en todo el cuerpo, y más aún en la cabeza, y las extremidades. Mis pies y mis manos estaban insensibles.

"La reacción tardó más esta vez que otras, pero cuando se produjo, fue acompañada de tan poderosa energía y vitalidad, que al penetrar al siguiente día a nuestra hospedería de enfermos y ancianos decrépitos, se obró en todos ellos una reacción colectiva no bien iba yo pasando por las salas como siempre, con la idea de derramar en ellos mi fuerza vital. Con toda verdad pudimos calificar de curación colectiva instantánea, a la reacción obtenida aquel día, si bien no perduró mucho tiempo en los más viejitos cuyos organismos estaban en el límite de la disolución de la materia orgánica. Sobre todo en los atacados de úlceras cancerosas y afecciones pulmonares y cardíacas, la metamorfosis fue completa.

"Los purísimos efluvios del Cielo de los Amadores, habían descendido a la tierra por intermedio de un insignificante mortal, sujeto a las penosas leyes de la naturaleza física, comunes a todos los hombres de este planeta".

El esenio lector, enrolló el viejo papiro amarillento, y todas las miradas se volvieron a Jhasua, que semi-recostado en el estrado miraba hacia la techumbre con marcada insistencia.

—¿Has comprendido, Jhasua, la lectura de este día? —interrogó el Servidor.

—Sí, he comprendido muy bien y pienso que Antulio debió verse en grandes aprietos con tantos conocimientos, y sin tener a quien contarle cuánto sabía.

—Pues a toda la humanidad, hijo mío.

—A mí me arrancaron los cabellos y me arrojaron piedras los compañeros de la escuela, porque les dije un día que no matasen los pajarillos que eran criaturas de Dios.

"¿Qué harían a Antulio si les decía que por sacrificarse, los Amadores llegan a esos cielos de luz?

"¡Loco, loco, loco!, le gritarían, arrojándole piedras hasta despedazarlo.

—Y el niño dio un gran suspiro y entornó los ojos como si quisiera aislarse en su mundo interior.

Los esenios se miraron unos a otros ante una respuesta semejante, que nunca hubieran esperado de un niño de 9 años.

—Es verdad, hijo mío, que la humanidad está llena de egoísmos y de maldades, que le producen esa tiniebla mental que llamamos ignorancia e inconsciencia, pero no podemos negar que hay en medio de ella almas que brillan con luz propia, y que son los heraldos avanzados de la evolución.

"Si tú, por ejemplo, te encontrases en las condiciones de Antulio y rodeado de seres como estos Esenios que aquí ves, consagrados durante toda su vida a la Divina Sabiduría y al amor a sus semejantes, ¿no pensarías que no perdías el tiempo en adquirir conocimientos superiores para transmitírselos a ellos?"

La gran irradiación de amor con que el Servidor formuló esta pregunta, estremeció la sensibilidad del niño que se levantó bruscamente, y abrazándose al cuello del anciano le decía con voz temblorosa de emoción:

—Perdonadme, Servidor, soy un niño muy malo que en vez de docilidad para escuchar, trae aquí juicios duros y amargos.

"No sé como dije esas malas palabras.

Los Esenios comprendieron que Jhasua había vivido la personalidad de Antulio cuando las pronunciaba, pues según algunas crónicas de aquella lejana época, el gran filósofo atlante se había quejado amargamente de que la Ley Eterna le revelara tantas grandezas, que por la incomprensión humana debían morir entre unos pocos y obscuros discípulos.

—Oyeme, Jhasua: has hecho muy bien en pronunciar tales palabras que estaban en tu mundo interno, y justamente para eso vienes con estos viejos amigos, para que tu Yo íntimo se desahogue acá entre nosotros, y cuando salgas al mundo exterior seas un adolescente, un joven o un hombre normal que habla conforme al auditorio que tiene, y no conforme a lo que vive y se agita en su mundo interior... ¿Comprendes?

"Y cuando tengas cerca de ti Esenios que puedan comprenderte, y sientas que tu mundo interior quiere desbordarse al exterior, apártate unos momentos a la soledad, y evoca a tus aliados invisibles que acudirán de inmediato para que tu débil materia física no estalle en esas explosiones de grandeza Divina.

"Y salido de aquí, vuelve a ser niño otra vez al lado de tu madre, que sólo años más tarde comprenderá ella los secretos divinos."

—¿Con eso queréis decirme que ya es la hora de tornar a casa? —preguntó casi con tristeza el niño.

—Sí, hijito —le contestó el Servidor.

—Creí que ibais a descubrirme el secreto del Padre Celestial.

—¿Qué secreto es ese?

—Pues que voy siendo hombre, y aún no sé cómo es el Padre Celestial del cual tanto he oído hablar. ¿Conoció Antulio al Padre Celestial?

—¡Sí que le conoció y tanto!

"En las lecturas de los días próximos, irás comprendiendo todo cuanto Antulio comprendió del Padre Celestial.

—Con esa esperanza, me voy contento. —Y el dulce niño de Myriam besó a sus maestros que tanto le amaban, y tornó a la alcoba donde ya le esperaba la comida del medio día.

LA VISION DEL PADRE CELESTIAL

Cuando tornó el esenio que acompañó al niño hasta la gruta de las abuelas, el Servidor indicó la conveniencia de examinar detenidamente los pasajes que debían leerse en presencia de él para en adelante.

Y aquellos grandes armarios labrados en las rocas vivas, entregaban los secretos guardados desde largos siglos por aquellos ignorados solitarios, que no vivían sino para estudiarlos y conservarlos.

El armario que habían abierto quitando un tablón de cedro aparecía como parte del ensamble que cubría toda la sala, tenía en lo alto y grabado en las más usuales lenguas de ese tiempo:

Antulio de Manh-A-Ethel

El armario constaba de varios compartimientos, encima de cada uno de los cuales se veían grabados indicadores como estos:

"Copia de los originales del testigo ocular Hilcar de Talpakén.

"Copia de los originales de la madre del gran Maestro, Walkiria de Cerro de Oro.

"Copia de los originales de Huas-Karan de Tehos-Kandia, Notario Mayor de los Profetas Blancos, maestros del gran Maestro.

"Copias de originales aislados provenientes de otros discípulos del Maestro".

Había pues cuatro porciones de escrituras referentes al gran filósofo atlante.

Tratándose de que los Esenios procuraban desarrollar hasta el mayor grado posible los grandes poderes psíquicos que estaban latentes en el alma de Jhasua, debían necesariamente escoger en el vastísimo campo de las escrituras antulianas, lo que más pudiera despertar en el Mesías niño, esas facultades latentes.

A través de aquellas innumerables escrituras, se observaba claramente el grado de adelanto de sus autores. Los unos habían sido testigos de la vida del filósofo en relación con la porción de humanidad que le había rodeado, o sea en el plano físico en que él actuó como médico, como maestro de las ciencias de su tiempo, como filántropo consagrado al bien de sus semejantes. Historia puramente material, era una serie de relatos de su vida llena de grandeza.

Los otros aunque apreciaban en su justo valor la vida del gran hombre en su aspecto material y humano, habían tomado con marcada preferencia la parte esotérica, los poderes supraterrestres que por su larga evolución tenía conquistados y de ahí la necesidad en que se encontraban los Esenios, de una deliberación para escoger lo mejor de aquel vasto campo en su doble aspecto físico y metafísico. El interrogante que hiciera el niño Jhasua últimamente, y con el apremio que lo hizo sobre *cómo es el Padre Celestial*, hacíales comprender que en momentos determinados, aquel gran espíritu llegado a la cumbre, se destacaba ya de la nebulosa infantil, por lo cual debían hallarse preparados para darle los conocimientos adecuados.

Eligieron pues continuar la narración de las investigaciones espirituales que el gran Maestro había realizado con la cooperación de sus Guías.

El papiro en que se relataba la visión de los planos sutilísimos, morada de de las *Antorchas Eternas* y de los *Fuegos Magnos,* era lo que correspondía leer; lo cual daría lugar además, a que el niño-Luz, vislumbrara cómo era esa Divinidad que él llamaba *Padre Celestial.*

Y así cuando él fue de nuevo traído al Santuario, el esenio lector comenzó esta lectura:

"Una noche mis discípulos tuvieron la idea de realizar nuestra concentración en la terraza de nuestro Santuario, que aparecía casi cubierta de trepadoras florecidas de blancos racimos perfumados, mientras el infinito azul se nos mostraba bordado profusamente de estrellas.

"Mi Guía Aheloim me dijo por medio de la hipnosis de Hilcar, el más adelantado de mis discípulos, que había llegado la hora de realizar el más arduo trabajo espiritual, para un ser revestido de materia física.

"Los cielos que has visitado —me decía— están constituidos de una forma de materia que aunque sutilísima y radiante en alto grado, tiene cierta densidad que hacía fácil el traspaso desde tus campos habituales de acción. Mas ahora necesitarás otros vehículos para llegar a las alturas en que toda materia ha desaparecido ya, quedando sólo la poderosa vibración de pensamientos que no son más que Energía, Luz y Amor, y que son de tal intensidad que el alma encarnada se siente invadida completamente por la sensación del anonadamiento. Y esto es lo que debemos evitar si es que pretendemos que conserves la memoria de lo que has visto y sentido, toda vez que el fruto de tus conquistas no es para ti solo, sino para la humanidad que anhele llegar a la Divina Sabiduría.

"—Haz como lo quieras —le contesté yo— que a mí, sólo me corresponde obedecer.

"—Durante tres días te alimentarás nada más de pan, miel y jugo de naranjas, y harás dos inmersiones diarias en la piscina de agua vitalizada por tí mismo. Cuida de que no te llegue en esos días ninguna noticia desagradable, ni emoción alguna que pueda cambiar la vibración de tu espíritu.

"Yo vendré a buscarte en la salida de la Esfera Astral de este planeta, y en un sitio determinado nos encontraremos con uno de nuestros hermanos, Delphis, cuya evolución lo lleva directamente a formar antes que nosotros en esa gloriosa hueste de las *Antorchas Eternas.* El te formará con sus vibraciones propias, el vehículo sutil radiante que necesitas para comprender y para recordar, sin que sufra el lazo fluídico que te une a la materia física terrestre.

"Que tu madre y discípulos sigan iguales indicaciones durante los tres días de preparación, para que formen el aura conjunta que coopere con nosotros a la mejor realización de este delicado trabajo espiritual. Todo se hizo conforme a la indicación de Aheloim y la noche tercera esperamos en completo silencio y completa obscuridad, tendidos como siempre en nuestros canapés de juncos, y con la atmósfera tibia de varios pebeteros encendidos y que exhalaban esencias.

"—Mi Guía me condujo hasta el sitio en que nos esperaba Delphis, cuyo símbolo "Resplandor de la Idea Eterna" revela por sí, lo que ese genio divino de la Luz y del Amor tenía conquistado.

"Comprendí que estábamos a la entrada de la Esfera Astral de un globo, cuya materia constitutiva era más sutil que lo más sutil y delicado de nuestro éter terrestre. Era el sol central de un Sistema, cuyas materias densas se habían disgregado hacia inmensas edades, quedando sólo la parte fluídica, tal como cuando el espíritu abandona la materia que se disgrega en polvo, y continúa su eterna vida sutilizando cada vez más sus vestiduras o vehículos, que le permitirán la entrada en los cielos más puros y luminosos. Esto me rememoró el viejo pensamiento: "Las estrellas y las almas se semejan".

"Entre los hermanos de mi evolución, o sea entre los Setenta, Delphis, figura entre los más avanzados; que aunque hicimos en alianza los caminos eternos, siempre se da el caso de que algunos dan los pasos más largos. Desde que yo estoy encarnado en el planeta, sólo una vez habíamos tenido contacto espiritual, por razón de sus propias actividades, muy lejanas del plano en que yo desenvuelvo las mías.

—"Por hoy —me dijo con intenso amor— estrechamos nuevamente nuestra antigua amistad.

—"Mas ¡en qué situaciones diferentes! —exclamé yo, aludiendo a que él estaba en su magnífica libertad de espíritu de Luz, y yo atado a una materia tan grosera.

—"Ya verás —me contestó— cómo en los Eternos Laboratorios del Infinito, el Amor tiene el secreto de hacernos a todos iguales.

"Y nada más al decirlo, extendió sus manos radiantes como dos llamas doradas sobre mí, al mismo tiempo que sus ojos de un azulado vivo de una dulzura infinita, atraían a los míos, y ambos nos mirábamos como si quisiéramos refundirnos el uno en el otro... Jamás sentí tan intensa ola de amor como en aquellos momentos.

"Observé que mi ser astral se iba convirtiendo también en llama viva, y que todos mis recuerdos terrestres se iban borrando lentamente hasta el punto de olvidarlos por completo, como si fuera yo un ser libre enteramente de todas las ligaduras a mi materia.

—"La dicha que me embargó en tales instantes, no es posible definirla con este torpe y mezquino lenguaje.

"Delphis, Ahelohim y yo, éramos como tres inmensas llamas vivas que nos lanzábamos al espacio infinito al cual surcábamos con una velocidad fantástica.

—"¿Nos percibirán de los mundos cerca de los cuales pasamos? —pregunté yo, pensando en que aquellos que nos vieran, creerían estar ante el hecho insólito de tres cometas atravesando juntos los abismos de la inmensidad.

—"Todo este Universo —me contestó Delphis— está formado por globos y sus moradores, desmaterializados, son inteligencias avanzadas que saben que no somos cometas como tú piensas, y además casos como éste, no son una excepción, sino el cumplimiento de una ley que hoy se cumple en ti, como se ha cumplido en todos los que están en iguales condiciones que tú.

"Perdí la noción del tiempo, y no sé decir si fue larga la travesía. Lo que sí sé decir, es que sentía una sensación de energía y de poder tan grandes, que me creía capaz de correr con esa misma velocidad días y años.

"Observé también que cruzando entre millares de mundos completamente sutiles y desmaterializados, no se perciben esas sensaciones penosas que se sienten al cruzar las Esferas Astrales de globos atrasados y con humanidades en sufrimiento.

"Una diafanidad tan suave, una corriente de simpatía y de amor tan puros que yo sentía en mi ser, como si cada vibración fuera un beso intenso que dejaba cada átomo, en cada uno de los átomos de que estaba formado yo mismo.

"¡Todo amor, puro amor son aquellos cielos inefables!

"Y como en oleadas periódicas y regulares, pude percibir resonancias suavísimas como de música divina, que se acercaba hasta envolvernos en sus melodías, y volvía a alejarse para volver nuevamente.

—"¿Por qué se va y por qué vuelve nuevamente? —pregunté a mi Guía.

—"No se va —me contestaron— sino que es el ritmo potente y soberano de la Eterna Energía que circula vertiginosamente por todos los mundos del Universo, de igual manera que la sangre en un cuerpo físico en que el movimento mismo la renueva y vivifica constantemente. Son las palpitaciones infinitas del Eterno Infinito, a cuyo Corazón vamos llegando, y es por eso, que aquí se percibe tan fuertemente este incesante vaivén, de igual manera que en un organismo físico, en las proximidades del corazón, órgano del sistema circulatorio, se perciben más intensas las palpitaciones y es lo último que cesa de moverse cuando la vida física se extingue.

—"Entonces —dije yo— es bien verdadero el viejo decir: "Como es abajo es arriba".

"Todo es uno en lo infinito, y esa Unidad Suprema se percibe y se comprende más claramente en estos mundos avanzados donde ya no existe el mal, bajo ningún aspecto, porque esto es el Reino del Amor y el Amor es el Bien Eterno.

"Nos detuvimos de pronto en nuestro gigantesco vuelo sideral, hasta que una intensa claridad dorada diseñó un enorme disco que se fue ensanchando poco a poco. Comprendí que aquel disco desempeñaba el papel de una lente poderosísima que acercaba las imágenes y las cosas que miraba a través de ella.

"El disco me permitía ver una porción de Llamas Vivas, que siendo al parecer fuego, su vista no sólo no quema ni hace daño, sino que irradia tal sensación de plenitud, de energía y de amor, que el observador se siente próximo al anonadamiento. Yo creía ser sólo una vibración de aquel fuego y todo yo, me parecía estar en aquellas radiaciones de sol que me penetraban por completo, hasta hacerme pensar en que habíame diluido en aquella soberana claridad.

"Uno de aquellos seres superiores me miró fijamente con tan infinita dulzura, que perdí toda idea de mi individualidad y me sentí también como una luz que vibraba dentro de aquella otra luz.

—"Esa *antorcha* gobierna el Universo al cual pertenece tu Sistema Solar —dijo Delphis—, y por eso sientes esa irresistible atracción. Uno de esos rayos que parten de su plexo solar está vivificando incesantemente a todos los globos de tu Sistema. No puedes contar los rayos luminosos que parten de él y cada rayo está ligado a un Sistema planetario que le pertenece.

—"Para esa sublime Inteligencia, tú eres como un ave mensajera que le trae la prueba de que sus efluvios de Amor y de Vida, son recibidos y absorbidos en el pequeño globo que es tu morada actual.

"Mi pensamiento no pudo responder nada, porque estaba como diluido en aquella poderosa Llama Viva, que me hacía morir de amor y de dicha con su honda y divina mirada.

—"¿Esto es Dios, el Infinito?, pude pensar al fin.

—"Dios vibra y anima todo el Universo, pero se le siente y comprende plenamente desde los cinco planos superiores del Cielo de los Amadores, o sea cuando las Inteligencias ya purificadas han superado el Reino Humano, al cual ya no volverán, porque han pasado a formar parte del llamado Reino de Dios.

—"Las *Antorchas Eternas* que ves, están semi-refundidas ya en la Divinidad y son resplandor vivo de Ella, en mucho mayor grado que cualquiera otros seres de menos evolución.

228

—"¿No dice la Ley que de Dios hemos nacido y a El hemos de volver convertidos en llama viva?

—"¡Quiero conocer a Dios! quiero conocer tanto de El que no me quede duda alguna —dije— con suplicante pensar y sentir, pues sólo el pensamiento y el sentimiento quedan vivos y palpitantes en aquellos reinos divinos de la Luz.

—"El Amor atrae al Amor —me respondió el Guía, y él se te mostrará por completo en la hora que está llegando.

—"Y cuando así se expresaba extendía de nuevo sus manos radiantes sobre mí, debido a la cual me perdí de vista yo mismo, confundido enteramente en la llamarada viva que era Delphis en esos momentos.

—"En ese instante mismo nos vimos tan cerca del recinto de oro transparente de las *Antorchas Eternas,* que me fue posible hacer algunas observaciones más.

—"Vi que estas excelsas Inteligencias no parecían posadas en nada, pues tanto abajo como alrededor no había más que radiaciones de luz tan viva, que producía algo así como anonadamiento, como una hipnosis dulcísima de la cual el alma no quisiera despertar jamás. No obstante, el contacto de mi Guía me mantenía despierto a mi plena lucidez.

—"Observé también, que en medio de aquella explosión de llama viva en que aquellos grandes seres estaban envueltos, se destacaban como bordeados de un azul vivísimo de zafiro, unos grandes florones de conformación semejante al loto, con su corola vuelta hacía arriba en forma de copas. Me imaginé lotos de oro festoneados sus pétalos de una hebra de zafiro que vibraba delicadamente, arrojando de tanto en tanto, menudas chispitas de azulada luz que corrían vertiginosamente hasta larga distancia.

—"Desde una inconmensurable altura, bajaban con un ritmo periódico unas saetas como dardos, sobre aquellas copas que coronaban las cabezas de todos aquellos seres.

"Delphis respondió a mi pensamiento:

—"No son lotos ni son capas de oro y zafiros, lo que llama tu atención. Son centros de recepción que todos los seres tenemos, pero que se manifiestan y agrandan, a medida de la evolución que vamos conquistando a través de siglos y edades. Son receptores de Energía, de Luz y de Amor, que vienen constantemente desde la Triada Divina que los emana sin cesar. Y con tal Energía, Luz y Amor, estos potentísimos seres vivifican y animan los mundos que les están encomendados. Probad a contar —me dijo— estas cintas de luz ardiente que parten de su plexo solar hacia todas direcciones.

—"Imposible —repuse yo, viendo el haz de hebras radiantes que en su nacimiento tenía una dimensión que no abarcaban cuatro manos puestas abiertas alrededor, y tocándose apenas las puntas de los dedos. ¡Imposible! —repetí— pues hay allí millares de rayos luminosos.

—"Cada rayo correponde a un sistema planetario, mayor o igual que el vuestro. Ya ves por sólo este dato, cual será la poderosa fuerza de vibración de cada uno de estos excelsos Espíritus.

—"¿A qué queda reducido —pensé yo— el poder y la grandeza de un hombre terrestre, que desde un mísero trono que la erupción de un volcán reduce a polvo, se juzga con derechos de atropellar cuanto se opone a su paso? ¡Orgullo, soberbia estúpida, ignorancia inaudita de la infeliz hormiga terrestre, que no ha nacido apenas y ya se pudre en el polvo!

"Ahora ¡fuerza y valor!, pensó intensamente Delphis, uniendo sus manos de luz a la de Ahelohin y la mía, quedando él entre los dos. Fue un momento, como el cruzar de una flecha o de un rayo de luz, y habíamos atravesado por entre un mar de claridad que tenía a intervalos todos los radiantes coloridos del iris, pero en rizadas ondulaciones que vibraban suavemente, como si un fresco vientecillo les pusiera en movimiento. Estas maravillosas oleadas de iris rizados, se iban haciendo más intensas en el breve intervalo de nuestro avance vertiginoso. Hasta que por fin, y como reposando en ese inmenso mar ondulado de radiantes y movibles olas, percibimos siete magníficos soles que irradiaban todos los colores del iris, y eran sus irradiaciones las que teñían todo aquel vibrante mar, que no era más que Energía, Luz y Amor.

"Pronto percibí que cada uno de aquellos Soles tenía en su centro, una faz hermosísima sobre toda ponderación. No hay palabras para describir tan perfecta belleza.

"Esto es Dios —pensé— con siete rostros de maravillosa hermosura.

"Son la más perfecta semejanza de Dios —pensó mi Guía—. Son los **Siete Fuegos Magnos,** los Supremos Jerarcas de la Creación Universal. Son ellos que emiten la Idea Divina y el Supremo Amor a sus ministros inmediatos, las **Antorchas Eternas** que gobiernan los Universos de Sistemas Estelares que pueblan el inconmensurable Infinito.

"A estos soles, no les vi forma alguna, sino sólo la faz entre un grandioso sol resplandeciente de tan poderoso fulgor, que por largo tiempo quedamos petrificados en su contemplación.

"La vibración sonora de todo aquel mar de luz, producía tan hondo sentimiento de amor, que yo inmóvil y anonadado, lloraba incesantemente, y sentía que todo mi ser quería estallar por no poder contener en sí, la visión de tan incomparable belleza.

"¡Sentíame morir como en un éxtasis de amor, de felicidad, de infinita ternura!... Ya no era mas Yo, sino sólo una aspiración hacia el Gran Todo, que me inundaba hasta aniquilarme.

"Y sin saber si era yo presa de un vértigo, de un ensueño divino, de una locura de amor supremo, vislumbré por encima de los Siete magníficos Soles una espiral inmensa que se perdía en lo infinito, formada por una ancha cinta rizada de los colores del Iris, y que cada color nacía en lo alto de la frente de aquellas Siete faces radiantes.

"Y la espiral girando sobre sí misma, se perdía en la inmensidad salpicada con intermitencias y ritmo de palpitación, por focos de luz intensa que transmitían tal claridad de entendimiento, bastante para que yo, mísero gusanillo terrestre pudiera pensar:

—"¡He ahí el origen de toda Energía, de todo Amor, de toda Idea!

"¡Es la Causa Suprema! La Eterna Espiral circulatoria, sin formas definidas, imprecisas, como una Esencia que fluye eternamente de sí misma, y que da vida a todo cuanto existe en los millares de millones de mundos que han existido y que existirán!...

—"¡El Gran Todo! ¡La Idea Divina! ¡El Amor Eterno!... ¡Dios!... —pensó Delphis y Ahelohim respondiendo a mi pensamiento.

"Se hizo el caos en mi pensamiento y en mi voluntad, y perdí toda noción de ser.

"Cuando me desperté, pude notar que había perdido el uso de la palabra y que mis sentidos físicos no me repondían.

" ¡No veía, no oía, no percibía absolutamente nada! Sólo mi mente permanecía vívida, como una antorcha entre un abismo de tinieblas, y el recuerdo de mis recientes visiones se iba despertando más y más intenso. Pronto comencé a sentir un agradable calor en torno mío. Mis ojos fueron percibiendo sombras que se movían. Mis oídos escuchando voces leves a mi derredor.

"La cabeza de mi madre se unía a la mía inerte sobre la almohada... Unas lágrimas de ella cayeron como gotas de fuego sobre mi rostro. Sus manos de azucena ordenaban mis cabellos y mis ropas. Por fin la ví claramente y mis ojos se llenaron también de llanto mientras mis labios pudieron decir:

" ¡Dios, el Gran Todo, la Idea Suprema, el Amor Infinito!...

"El Eterno Ideal sin formas, porque es una Luz... una Esencia... ¡y una permanente Vibración!...

"Y un raudal de llanto que no podía contener, siguió derramándose de mi alma que permanecía aun bajo la formidable acción de lo desconocido, que apenas había vislumbrado".

El esenio lector enrolló el papiro, y todos guardaron ese silencio indispensable para que se esfumara en el éter y en el fondo de las almas, la intensa vibración de la lectura que acababan de oír.

El niño Jhasua en profunda quietud parecía dormir, mas no dormía, sino que lloraba silenciosamente.

—¿Por qué lloras, hijo mío? —preguntóle por fin el Servidor cuando comprobó que gruesas lágrimas sin sollozo y sin ruido, corrían por el rostro bellísimo pero intensamente pálido del niño de Myriam.

—Por lo mismo que lloró Antulio —contestó sin moverse.

—¿Has comprendido al Padre Celestial? —volvió a preguntar el Servidor.

—He comprendido —respondió el niño— que El está en mí y yo en El y que todo cuanto me rodea es el Padre Celestial que me envuelve, que me lleva y me trae, que me hace andar, reír, jugar, orar y comer castañas con miel. Hasta en las castañas y el pan y la miel está el Padre Celestial . ¡Oh qué bello es esto, hermano Servidor, qué bello es! Nunca más tendré miedo de nada ni a nadie, porque el Padre Celestial me rodea siempre.

—Y cuando te ocurre algo desagradable ¿qué hace el Padre Celestial?

El niño pensó unos instantes y luego contestó:

—Un día de estos trepé a un árbol con la idea fija de sacar unos pichoncillos de alondra que ya estaban a punto de volar. Y caí desde arriba y me dí un golpe regular. Ni mi madre ni las abuelas lo saben. Desde el suelo vi que los pajarillos revoloteaban desesperados en torno al nido, creyendo que yo les había robado los hijuelos. Por fin los empujaron a volar y salieron.

"Comprendí que querían librarles de caer en mis manos y que era una mala acción la que iba yo a cometer."

—Ahora digo: El Padre Celestial me hizo caer del árbol sin hacerme daño para que yo dejara los pajarillos libres. El Padre Celestial lo es también de las aves y las protege y las cuida.

"Paréceme que el Padre Celestial me ve, pues que está en mi mismo y alrededor de mí.

"Y Antulio mereció ser llevado a esos mundos magníficos, porque fue cuidadoso de hacer a las criaturas de Dios todo el bien posible; a los buenos y a los malos, a los grandes y a los pequeños, y porque se mezquinó a sí mismo sus gustos, para aliviar el dolor de sus semejantes. Y es entonces cuando el Padre Celestial nos dice: *Eres mi hijo y estoy complacido de ti.*

— ¡Jhasua! —exclamó el Servidor—. Hablas como un anciano. En verdad, hijo mío, que el Padre Celestial está en ti...

—Y está también en vos, Servidor, y en todos vuestros compañeros porque vosotros hacéis como Antulio: dejáis a un lado vuestras satisfacciones, para ocuparos con preferencia del dolor ajeno.

—¿Por qué dices eso, Jhasua?

—Porque yo soy curioso y miro todo cuanto ocurre en torno mío. Yo ví al hermano Absalón que una tarde de gran calor subía muchos cántaros de agua a la piscina pequeña que está a la puerta de la alcoba de Azarías el viejecito, que ese día, sus piernas se negaban a moverse para bajar al arroyo.

—Pero es muy natural, hijo mío. Absalón es joven aún y Azarías sufriría excesivo calor sin el atenuante de un baño.

—Ya sé, pero pienso que ese gran esfuerzo, no todos lo harían, por un ancianito que ya no puede corresponder en forma ninguna a esas atenciones... Absalón no se detuvo a pensar que gastaba el tiempo de su baño, en procurarlo para Azarías.

—Justamente, está en la privación de las satisfacciones, el mérito de las obras hechas en beneficio de un hermano —le contestó el Servidor, interiormente asombrado de la agudeza del niño en sus observaciones.

—Si yo doy de lo que me sobra, muy poco hago, pero si doy de lo que me gusta y necesito, entonces sí que hago algo, ¿no es verdad, Servidor?

—Así es, hijo mío, así es.

—Me parece que no es tan difícil ser un buen Esenio como vosotros —dijo Jhasua mirando a todos los que en ancho círculo le rodeaban.

—¿Qué piensas que es necesario para ello?... —preguntó uno de los ancianos.

—Amar a mis semejantes un poco más de lo que me amo a mí mismo —contestó el niño—. Todos vosotros sois capaces de dar vuestras vidas por salvar la mía, y yo tengo que llegar a la capacidad de dar mi vida por vosotros y por todos cuantos la necesiten.

—Muy bien, Jhasua, muy bien —exclamaron todos a una vez—. Ya eres un Esenio en toda la extensión de la palabra.

—Falta que lo sea en los hechos —sentenció como un iluminado—. Y lo seré... ¡Oh sí! lo seré.

Los ancianos conmovidos casi hasta el llanto, se miraban unos a otros con el natural asombro que tales palabras producen oídas de la boca de un niño de 10 años.

—Ya se esboza el Salvador de humanidades —observó en voz baja el Servidor a los que estaban a su lado.

Y dieron por terminada la lección de aquel día para dar descanso al niño Jhasua, que aunque espiritualmente podía soportar muchos mayores esfuerzos mentales, su físico sufría desgastes enormes, según lo veían claramente los ancianos en los círculos violetas que aparecían alrededor de sus ojos, como cargados de sueño y de preocupación.

MORADAS DE EXPIACION

El jovencito Jhosuelin, desde su llegada al Monte Carmelo había sido internado en la enfermería de los Esenios, pues lo encontraron tanto o más necesitado de un tratamiento especial que el niño a quien buscaban curar.

Una afección bronquial con tendencia a extenderse a los pulmones, obligó a los Terapeutas a preocuparse seriamente de él por lo cual lo apartaron de Myriam y de Jhasua casi apenas llegado.

Siendo de un temperamento sensitivo y nervioso, su curación exigía un absoluto reposo sin emociones de ninguna especie, y con sólo la compañía de los dos Esenios médicos que lo atendían. Espíritu selecto y de gran adelanto, había encarnado sólo para acompañar los primeros años del Mesías en el plano físico, sirviéndole de escudo protector en la materia, hasta que el excelso Misionero hubiera conseguido el dominio perfecto de su mundo interno en relación con el mundo exterior que le rodeaba.

Por espiritual revelación tuvieron conocimiento de esto los Esenios, y aportaron en consecuencia todo su saber para que este gran espíritu cumpliera a conciencia la misión que le había traído al plano físico.

Y cuando comprobaron que estaba lo suficientemente fortalecido su sistema nervioso, por vía de entretenimiento ameno y suavemente deleitable, los Esenios médicos lo invitaron a oír la lectura de viejos rollos de papiros que guardaban en sus milenarios cofres labrados en la roca viva.

—Esta lectura —le dijeron— acabará de fortalecer y serenar tu espíritu, ya que hemos conseguido reprimir el mal de tu pecho lesionado por aquel golpe de piedra recibido dos años hace.

—Antes decidme, por favor —insinuó Jhosuelin— ¿cómo están mi madre y el niño?

—Perfectamente bien, y así que terminemos esta lectura te reunirás nuevamente con ellos.

—Comenzad, pues, que yo os escucho.

—¿Tú has leído bien los Libros Sagrados? —le preguntó el esenio que iba a leer.

—Si los he leído bien, no sé, pero los he leído mucho.

—Entonces no te será difícil comprender esta lectura.

Oye pues:

"El Eterno Pensamiento señaló la hora precisa en que debía nacer sobre este planeta un resplandor suyo, en la región de los Cinco Mares junto al gran río Eufrates. Y nació Abel hijo de Adamú y Evana, cuya misión salvadora debía marcar el glorioso comienzo de una gran civilización.

"Una incontable multitud de inteligencias adelantadas que se encontraban en la Esfera Astral del Planeta, tomaron materias unos antes y otros al mismo tiempo que el gran Espíritu Misionero, con la finalidad desde luego de cooperar con El, en el avance de la humanidad de aquel tiempo. Y esparcidos en grupos reducidos o numerosos se ubicaron conforme al plan divino demarcado en lo Infinito por las Inteligencias Superiores".

"Tres amigos como tres gotas de agua, caídos de un mismo nenúfar sacudido por el viento, nacieron a la vida terrestre a la orilla de mares vecinos. El uno, al igual que en nido de águilas, en las rocas occidentales del Mar Caspio, otro al pie de la cordillera del Cáucaso y a orillas del Ponto Euxino (Mar Negro), y el tercero en las lozanas praderas vecinas del Lago Van, que en la prehistoria formaba en épocas de grandes desbordamientos, un solo inmenso mar con el Caspio y el Ponto Euxino.

"Identificados con nombres propios fueron, Solania de Tuhuspa, Walkiria de Kiffauser y Walker de Atropatene, que unidos por una alianza de largos siglos, bajaban a la vida terrestre, en la misma época, con poca diferencia de años. Solania y Walker se habían adelantado por varios años a la llegada del Hombre-Luz. Walkiria, en cambio se había retrasado, buscando salvar serias dificultades en la elección de los seres que debían servirle de progenitores.

"Para quienes desconocen las grandes e inmutables leyes que rigen en el mundo espiritual, lo que acabamos de decir resulta casi incomprensible.

"Pero es un hecho indiscutible por la lógica que le acompaña, que las inteligencias avanzadas en evolución, buscan, rebuscan y eligen con gran cuidado la familia que ha de albergarles en su vida física; no en cuanto a fortuna y posición social, sino en cuanto a las condiciones espirituales de los seres que serán sus padres.

"Esta elección, aparte de llevarles tiempo, deben hacerla con relación al programa o actuación que quieren desarrollar en el plano terrestre, a los fines de no encontrarse después con tropiezos o dificultades que los expongan a un fracaso lamentable.

"Walker de Atropatene formaba parte de los vigías del Hombre-Luz en su encarnación de Abel, y tan solícitamente cumplió su misión, que en diversas oportunidades en que estuvo en peligro su vida física antes del tiempo fijado por la Ley, fue él juntamente con Solania quienes dieron la voz de alerta desde el espacio infinito.

"Y en la inmensidad de los siglos que rodarán, hasta llegar a la etapa final del Gran Espíritu Instructor de esta humanidad, Walker de Atropatene cumplirá fielmente su pacto como Vigía en las vidas terrestres del Excelso Ungido.

"Cuando veáis cerca del Hombre-Luz, un ser que sin vacilación ni retardo expone su propia vida para salvar la de El, pensad en Walker de Atropatene, que si no es él, una inteligencia gemela suya lo será, que así tan grande y fuerte es la solidaridad que hay entre los grandes seres conscientes de su deber, como espíritus unidos por una alianza milenaria de redención humana".

Hasta aquí llegó el Esenio en la lectura del papiro amarillento y gastado que había sacado de lo hondo del cofre de rocas.

—¿Qué piensas de Walker de Atropatene, Jhosuelin? —preguntó al jovencito profundamente abstraído.

—Que yo me siento capaz de hacer como él en igualdad de condiciones.

—Y lo has hecho ya —le contestó el esenio—. Lo dice bien claro esa lesión maligna que padeces en los órganos de tu pecho, debido a esa certera pedrada que iba dirigida a Jhasua.

—Pero ¿quién es Jhasua mi pequeño hermano?... —interrogó con ansiedad

Jhosuelin reflejándose casi en sus ojos obscuros la idea que flotaba ya en su mente.

—El mismo por quien Walker de Atropatene se esforzó tan heroicamente en la época de Abel hijo de Adamú y Evana, que ahora es Jhasua tu hermanito, hijo de Myriam y de Joseph.

— ¡Jhasua!... el Hombre-Luz soñado por los Profetas y anunciado por ellos desde seiscientos años atrás!... ¿Es posible tanta grandeza a mi lado, al alcance de mis manos... bajo mi propio techo, tan modesto, que ni aún se ve entre las colinas y florestas galileas?...

— ¡Es posible y es realidad! Acaso la Eterna Ley debe pedir consejo a los poderosos de la tierra para realizar sus grandes designios?

—Y, ¿quién es entonces mi padre , y Myriam mi segunda madre, para merecer un tal hijo? Porque todo es justicia y equidad en el Altísimo.

— ¡Justamente! Joseph tu padre fue en siglos lejanos aquel honrado y firme Jacob que trabajó 14 años por la mano de Raquel. Y el misterioso sueño de la escala de marfil que empezaba a su lado y llegaba hasta el cielo por donde subían y bajaban los ángeles del Señor, no fue más que lejana visión premonitoria, por la cual el Dios de las Misericordias le hizo ver que sus grandes dolores no eran sino el crisol purificador, para que en esta hora surgiera junto a él su Verbo Eterno, la escala mística que lleva a Dios las almas purificadas, y bajan otras trayendo sus dones a las almas que los merecen. Siguiendo las rutas del Cristo, se pueblan de ángeles los cielos de Dios, y hay ángeles que bajan a iluminar los obscuros abismos en que se hunden los hombres.

Jhosuelin iba como sumergiéndose lentamente en un suave sopor parecido a la hipnosis, y en su aura mental se diseñó aquel pasaje doloroso de la vida de Jacob, el patriarca, cuando sus hijos mayores vendieron a unos mercaderes a su hijo José, que con el pequeño Benjamín, formaban toda su alegría.

El Esenio pensaba fuertemente en tal época, sin atreverse aún a descorrer para Jhosuelin el velo que ocultaba esa parte de la verdad; mas la ley de la telepatía se cumplía ampliamente, y la sensibilidad de Jhosuelin captó la onda de aquel pensamiento, y casi en estado hipnótico dijo con una voz apenas perceptible: ¡Benjamín, hijo de Jacob y hoy Jhosuelin, hijo de Joseph!...

— ¡Dios sea bendito porque despertaste a esa realidad! —exclamó el Esenio.

— ¡Qué hermoso es estar entre vosotros y poseer así ese tesoro de sabiduría que vosotros guardáis! ¿No podría ser yo también un Esenio?

"Quiero decir, vivir aquí con vosotros —indicó tímidamente el jovencito como si creyese no merecer tanto bien.

—Y lo eres, Jhosuelin, puesto que tus padres lo son.

—Para ello necesitas el beneplácito de tus mayores, y si lo consigues y eres agradable a los Ancianos... ya veremos.

Pero mientras se llevaban a cabo estas tramitaciones, Jhosuelin consiguió asistir juntamente con Jhasua a la lectura de los viejos papiros antulianos.

Tres días después el niño Jhasua volvía al Santuario, donde debía conocer otra faz de la sabiduría antigua, que el gran filósofo atlante había descubierto a la humanidad de su tiempo. Escuchemos, lector amigo, junto con Jhasua, el niño que era el Verbo de Dios.

El Esenio lector abrió el papiro y leyó:

"Moradas de tinieblas — Globos en estado igneo — Globos con vida orgánica primitiva — Globos de ciénaga hirviente — Mundos apagados y en proceso de destrucción.

El gran Maestro Antulio continúa narrando sus exploraciones extraterrestres:

"Cuando mis Guías espirituales lo creyeron conveniente, me predispusieron para seguir las exploraciones por las moradas adonde "van después de la muerte física, las almas de los hombres que han traspasado la Ley Divina con toda clase de crímenes y delitos.

"Yo había visitado las moradas de luz y de dicha de los justos, y las más puras inteligencias sumergidas ya en el infinito seno de la Divinidad. Mas era necesario conocer también el reverso de la medalla, para completar mis conocimientos ultra-estelares.

"Indudablemente que debía ser una grande y casi insoportable tortura. Iba a ver el dolor más tremendo en todas sus más pavorosas formas y ante el cual, los dolores que sufre la humanidad en este planeta no son sino pequeños rasguños de un zarzal espinoso.

"Me asistiría Okmaya y Ahelohim, que debían revestirme del ropaje astral y etéreo que era necesario para penetrar en los mundos donde reina el dolor.

"En la plácida terraza cubierta de trepadoras en flor, me dormí entrada la noche y estando acompañado sólo por dos de mis discípulos íntimos y por mi madre, que jamás quiso apartarse de mí durante estos desdoblamientos de mi personalidad.

—"No saldremos por hoy de este sistema planetario —me dijeron los Guías— pues dentro de él, tenemos lo que debes conocer y recordar, para dejarlo en herencia a esta humanidad a la que has sido enviado.

"Visitaremos un mundo de tinieblas tan densas, que cada uno de sus moradores se cree solo en medio de ellas.

"Y apenas emitido por el Guía este pensamiento, estábamos llegando a una gran esfera de un verdoso opaco, casi color de humo. Un calor sofocante causaba sensaciones penosas, por lo cual los Guías debieron cubrirme de una vestidura fluídica densa, que me pusiera más a tono con la pesada atmósfera y éter de aquel globo, que era un planetoide de tercera magnitud. Sé que este globo estaba en las proximidades del gran planeta Jovia (actual Júpiter), pero no pertenecía a su corte de satélites.

—"Globos como éste —dijo mi Guía— no pueden ser percibidos en ninguna forma desde el plano físico terrestre, porque la esfera astral que le envuelve, es como ves tan sombría, que se confunde con los abismos siderales.

"Sintiendo él mi pensamiento, que interrogaba el porqué de dichas sombras, contestó en el acto:

—"Son innumerables los globos iguales a éste, y su sombrío color se debe a múltiples causas, siendo una de ellas, que están destinados a servir de castigo y expiación a las inteligencias, que habiendo tenido la luz de la Verdad Eterna en sus manos, la apagaron para innumerables almas a las cuales debieron servir de guías en los caminos de la evolución.

"Almas tenebrosas, irradian tinieblas en torno suyo como un volcán, que no teniendo aún los gases necesarios para producir llamaradas vivas, sólo arroja negros penachos de humo que obscurecen la atmósfera hasta largas distancias.

"Debido sin duda a la claridad mental que emanaban mis Guías, pude comprender el estado físico de aquel globo, para el cual había comenzado la decrepitud, quién sabe desde cuántos millones de años, y que aún parecía luchar para no morir.

"Pude comprender asimismo que los mundos que están en tal estado, no pueden ya alimentar vidas orgánicas, ni aún seres con vida embrionaria. Allí todo es obscuridad, muerte y desolación.

"Sólo son utilizados para moradas de espíritus viejos y de muchos conocimientos, de los cuales usaron para arrastrar las muchedumbres al error, a la corrupción, a la delincuencia.

"Pude comprender, asimismo, que en el infinito campo sideral, ocurre con los mundos en general, como ocurre en cada mundo con los seres que lo habitan: gestación, nacimiento, edad infantil, adolescencia, juventud, virilidad, ancianidad, decrepitud y muerte. Comprendí que los globos todos tienen, al igual que los cuerpos orgánicos, dos especies de existencia, que se completan y hasta se refunden como si fueran una sola: existencia-energía y existencia-materia. La primera es como el alma. La segunda es como el cuerpo, que, hasta la roca inerte tiene aura y vibración propia.

"La existencia-energía, una vez que fue formada por la aglomeración de átomos con células vivas obedeciendo a los mandatos de las poderosas Inteligencias que forman la Triada Divina o Poder Creador, Renovador y Conservador, se encarga ella misma de ir acumulando cuanto necesita, para desenvolver y acrecentar su existencia material, en forma de que a través de un largo proceso, de Kalpas y ciclos, de milenios de siglos y de años, vaya poniéndose en las condiciones necesarias de cumplir el fin a que está destinado, o sea para habitación de humanidades, con vida física primero y con vida espiritual purísima, después.

"¡Cuán claramente vi entonces la semejanza que hay entre los seres humanos, y los globos que giran con velocidades de vértigo en el espacio infinito!

"Mi pensamiento preguntó a los Guías que me acompañaban:

"Este mundo en tinieblas, ¿hacia dónde se encamina?

"Ellos dieron mayor intensidad a sus pensamientos para que penetrara a mi mente de encarnado la abrumadora verdad... la estupenda verdad.

"Vi que la existencia-energía o sea el inmenso doble-astral o alma de aquel globo, iba como saliéndose lentamente hacia un lado, presentando ya tres cuartas partes libres de materia, y sólo una cuarta parte como aprisionada aún por la materia muerta y tenebrosa.

"Ofrecía el aspecto de un sol que sufre un eclipse parcial, o sea que aparecía un casco de sombra, interpuesto en la ingente y viva claridad que se agrandaba por momentos.

"Mi observación se hizo aún más profunda, y me permitió ver que en esa parte del globo en que aun palpitaba, diré así, la *existencia-energía,* se mantenía con vida física, una colonia o agrupación de seres humanos de evolución escasa y muy primitiva, cuyos medios de vida eran tan mezquinos y los elementos que les rodeaban tan desfavorables, que iban extinguiéndose por agotamiento, por lo cual comprendí que cuando aquella pequeña parte del globo fuera abandonada por la energía, todas esas vidas se extinguirían, tal como queda el cuerpo muerto, cuando el alma o principio inteligente le abandona por lo que se llama *"muerte".*

"Entre los espíritus tenebrosos, comprendí que había algunos, a lo sumo dos, que en ese momento podían ser rescatados por un ser que hubiera hecho los caminos que yo tenía andados en la eternidad. El amor habló muy fuerte en todo mi ser. Los pedí a la Eterna Ley, y Ella me permitió envolverlos en mi manto de explorador sideral, y transplantarles a la tierra para empezar una nueva evolución.

"Y como persistía en mi interrogante mental: ¿Hacia dónde camina este globo?, mis Guías me diseñaron con sus poderosos pensamientos, una órbita o sendero de sombra que se perdía a larguísima distancia, como en una nebulosa sombría, o bruma densa. Pareció que aquel triste panorama se acercaba, o yo me acercaba a él, y vi como un amontonamiento informe de monstruos muertos. Y digo monstruos, porque no acierto a darles otros nombres según su espantoso aspecto exterior. Algo así como restos de ojos luminosos con rojizos parpadeos, que me hicieron pensar que algo de vida animaba aún aquel informe montón de materia muerta.

"También en la inconmensurable inmensidad de los espacios infinitos hay cementerios como los de vuestro planeta físico —pensaron mis Guías— aunque aquí la Ley es más adusta, y no se preocupa de levantar los artísticos mausoleos en que vosotros guardáis la materia muerta de los que amásteis.

Como si vieran ellos mi estupor pensaron nuevamente:

—"Estáis ante un cementerio de globos muertos, en los que aún viven como gusanos en cadáveres putrefactos los espíritus vampiros, cuya redención se retarda indefinidamente porque ellos no la han querido ni la quieren.

"Esos eran los chispazos rojizos que como intermitente luz de relámpago iluminaba a intervalos aquella espantosa negrura.

—"Volvamos —insinuaron mis Guías—, porque tu materia física está sufriendo enormemente.

"Unos minutos después me despertaba ligeramente agitado por una crisis nerviosa, que pasó unas horas después, dejándome el cuerpo dolorido y extenuado como si hubiera realizado un trabajo de grandes esfuerzoa físicos".

Cuando el Esenio lector enrolló de nuevo el papiro vieron que Jhasua yacía en profundo sueño, y un sudor helado bañaba su frente y sus manos, apretadas fuertemente encima de su pecho. Unos ligeros estremecimientos denotaban su estado de crisis nerviosa, por lo cual los Esenios hicieron un profundo silencio, y sus fuertes pensamientos tranquilizadores fueron cayendo sobre el dormido niño como una lluvia de madreselvas de paz, de quietud y de sosiego.

Y cuando todo en él denotaba un sueño normal, le llamaron con un mandato mental.

Y Jhasua se despertó:

—Si me hubiérais dejado dormir otro poquillo —dijo alegremente— habría yo acabado de enmendar el feo sueño que tuve.

—¿Como es eso? —le preguntó el Servidor.

—Pues así es. Yo soñaba con unos monstruos horribles en que se morían hombres más horribles aún, y cuando todo eso pasó y me rodearon ángeles buenos como los que visitaron a Abraham y Jacob y cantaban salmos que eran una gloria, vosotros me despertástesis.

"Hermano lector —añadió— esta vez me porté muy mal con vos, pues no puse atención a vuestra lectura y me dormí.

—El sueño es la libertad momentánea del espíritu, y el tuyo en estado libre vivió una hora retrospectiva muy lejana, para sentir y ver nuevamente lo que en aquel lejano pasado vivió y sintió —contestó el Servidor.

El niño pensó y dijo:

—Yo vivía en ese Antulio de vuestra historia, y Dios me dejaba ver cosas maravillosas como a sus grandes profetas. ¿Si a ese Antulio, Jehová tanto lo iluminó, al pequeño Jhasua le retendrá en la obscuridad?

—Seguramente que no, hijo mío, pero todo llega a su tiempo, y acaso Jhasua, no será el Profeta de la Sabiduría sino el Profeta del Amor.

El Amor es la corona Suprema que marca la más excelsa meta a que puede llegar el ser, y hacia esa corona camina Jhasua en su presente.

—¿Entonces?...

El Servidor le miró con indecible ternura abriéndole los brazos.

El niño emocionado se arrojó en ellos como invadido por una ola de irresistible amor, y apretando sus pequeños brazos en torno del cuello del anciano que lloraba, le decía:

—¡Sabes que te quiero, y quieres que te lo diga más fuerte! No tengas miedo que se me acabe el amor que siento en este momento, que tengo amor bastante para llenar todo el mundo!

Y como si un acceso delirante de ternura le hubiese invadido, la emprendió a abrazos precipitados, locos, con todos los Esenios que le rodeaban.

Quedó un tanto agotado y sentándose nuevamente dijo en tono reflexivo:

—Soy un chiquillo loco, ¿verdad? Hasta hoy, sólo con mi madre hice estas locuras; ahora, no se por qué lo hago con vosotros. Cuando llegue a hombre ¿con quién lo haré?

—¡Con toda la humanidad! —le contestaron a coro los Esenios.

—Son malos los hombres —dijo— y se burlan y se mofan del que tiene piedad y amor. Los compañeros de escuela me tiraban piedras cuando yo defendía a los tullidos y leprosos, que se arrastraban por las calles pidiendo limosna. ¿Cómo he de amar a la humanidad?

—Tiempo al tiempo, hijito —le contestó el Servidor—. No quieras anticipar la hora de Dios.

Así terminó aquella hora de lección, que los solitarios daban al gran Maestro que bajara a la tierra para iluminarla por última vez.

El niño fue llevado a su madre, a la cual recomendaron que al siguiente día le bajase con Jhosuelin a la orilla del mar, donde ellos tenían un barquichuelo anclado en una ensenada profunda, que le disimulaba a la vista de los extraños.

—Cuatro de nosotros que son buenos remeros, estarán a la madrugada esperándoos para zarpar —le dijo a Myriam el Servidor al entregarle su hijo.

—¿Adónde iremos? —preguntó alarmada la madre.

—Al niño le vendrá muy bien el aire del mar, y llegaréis hasta Tiro donde él se encontrará con los Esenios del Monte Hermón donde pasó su primera infancia, y seis de los cuales vienen a la gran capital para embarcarse en viaje a Gaza, desde donde les conducirán al Gran Santuario de Moab.

El rostro de Myriam se iluminó como una luz celestial.

—¡Oh!, ¡los santos solitarios del Hermón! —exclamó— jamás ovidaré el amor y solicitud que nos brindaron a Joseph, al niño y a mí, en los largos años de nuestro destierro.

—Me place, mujer —añadió el Servidor— haberos traído la buena nueva, pues en la capital Siria les veréis y haréis con ellos el viaje hasta aquí, donde os quedaréis mientras ellos siguen viaje hacia el sur.

—Pero, ¿en vuestro barquito harán todo el viaje? —inquirió otra vez ella.

—No, pero aquí en nuestro santuario esperarán la venida del barco mercante más próximo y en él realizarán la travesía.

— ¡Oh, qué feliz será mi Jhasua al volver a ver a sus primeros maestros! —exclamó la dulce mujer, avara siempre de alegrías para su hijo.

—Es la última salida de esos hermanos al mundo exterior, pues ya en Moab sólo se sale para la cripta de Moisés.

"Por este motivo presenciaréis un gran festín espiritual que realizaremos en nuestro Santuario, en compañía también de los Esenios del Monte Tabor, que vendrán para despedir juntamente con nosotros a los felices hermanos que se van a morir a la vida en el mundo, para sólo vivir la vida espiritual en toda su más excelsa grandeza.

— ¿Cuándo iréis vos, Servidor? —se atrevió a interrogar la tímida Myriam, temerosa de que también este amable anciano se ausentara para no volver.

—No os alarméis, buena mujer —le respondió— que yo no he llegado a esas alturas todavía, y lo menos debo pasar cinco años más aprendiendo y purificándome. Para llegar a ocupar un sitio entre los Setenta de Moab, es necesario haber dejado de ser carne para transformarse en un serafín de amor que arde siempre sin consumirse.

—Y esos seis que vienen —murmuró Myriam.

—Van a remplazar a seis ancianos de Moab que cortaron el hilo de la vida durante una exploración sideral como las de Antulio, y tuvieron el contratiempo de un derrumbamiento en una montaña cercana al Gran Santuario.

— ¡Qué desgracia! —exclamó Myriam, profundamente conmovida.

— ¡No lo creáis! Cuando se llega a esas alturas, esto es un simple incidente sin mayor importancia.

— ¡Cómo! ¡Es la muerte!

— ¡Es la vida, mujer, es la vida en la luz y en el amor!

—Sus cuerpos momificados en la gruta de Moisés, y sus almas dictando desde el espacio infinito el resultado de la exploración, que continuaron realizando sin la prisa del llamado de su materia y sin necesidad de medir el tiempo que transcurría. ¿No comprendes que para almas tales, la materia es una cadena demasiado molesta y pesada?

"¿Qué más pueden querer que la libertad absoluta?

— ¿Pero no tienen familia que les ate a la vida?

— ¡No, mujer, no! Para que un Esenio pueda subir al grado quinto ya no debe tener lazo alguno que le ate a la vida material, ni siquiera un recuerdo que turbe su quietud interior. Con que para haber sobrepasado el séptimo, ¿qué ha de ser? ¡Una lámpara eterna en lo infinito, o una vibración que sube y sube de tono hasta confundirse con la armonía eterna de las esferas!

— ¡Dios mío!, ¡cuánta grandeza en las almas purificadas! Me abruma sólo el pensarlo —exclamó la joven madre, cubriéndose el rostro con ambas manos.

—También tú llegarás a ésto, Myriam, después de una decena de vidas terrestres vividas en monasterios, si no iguales que los Santuarios Esenios bastante parecidos en su dedicación a la vida espiritual.

— ¿Cómo lo sabéis? —interrogó ella asombrada.

—El Altísimo enciende su luz donde le place, y esa luz nos ha hecho ver vuestros caminos futuros, con la misma claridad con que vemos el camino de vuestro regreso a Nazareth de aquí a poco tiempo.

La llegada de una de las ancianas abuelas con una cesta de frutas recién cortadas interrumpió la conversación.

—Esta es vuestra parte, Servidor —le dijo— nuestro huerto no se olvida jamás de vosotros.

—Bien, bien, abuela, que el Señor os lo pague. Parece que ésto sólo esperaba para marcharme, puesto que es ya el mediodía.

—Con que hasta mañana cuando salga el sol, en la ensenada. Y no faltéis a la cita.

—Hasta mañana —le contestó Myriam viéndole alejarse por el sendero de la montaña.

LOS FESTINES DEL CARMELO

Extendía la aurora sus velos de púrpura y oro sobre el Mediterráneo y las faldas florecidas del Carmelo, cuando Myriam, Jhosuelin y Jhasua se embarcaban en el pequeño velero que dirigían hábilmente cuatro Esenios vestidos con las obscuras túnicas de los Terapeutas peregrinos.

—¿Cómo? —inquirió en seguida el niño—. Yo me vestí de túnica blanca para estar igual que vosotros, y os habéis puesto oscuros como tordos.

—Nosotros usamos el blanco sólo para el Santuario —le contestaron los Esenios, riendo de la espontaneidad de Jhasua—. ¿No sabes que hay mucho lodo en el mundo y la blancura se mancha?

—Sospecho que no es por eso —dijo el niño meditativo.

—¿Por qué es, pues?

—Porque el blanco os delata como Esenios y acaso teméis algo, que yo no alcanzo a comprender.

—¡Niño!... —exclamó la madre—. ¿Qué tienes tú que pedir explicaciones? Eso no está bien.

—¡Madre!... Los Esenios son mis maestros y yo debo saber el porqué de sus actos para obrar yo de la misma manera. ¿No es ésto lo justo?

—Sí, hijo mío —díjole el Esenio encargado del viaje, cuyo nombre era Abinadab—. Cuando la humanidad sea más consciente, no será necesario ocultarle ciertas cosas de las cuales no haría el uso debido. La humanidad cree que los Esenios queremos coartarle sus libertades y derechos, y años atrás nos ha perseguido como a seres dañinos a la sociedad. Ella se siente cómoda creyendo que no existimos. ¿Por qué renovar sus alarmas haciéndonos presentes?

—¡Ah! ¡Ya comprendo! Hacéis lo mismo que los guardianes de las abejas que se cubren de una redecilla encerada para que no los piquen. ¿No es eso?

—Justamente.

El velero seguía bogando hacia el Norte sólo a una milla de la costa umbrosa, donde las casitas diseminadas entre las verdes colinas aparecían como blancas palomas suspendidas de las ramas.

Lleno de encantos y de bellezas, el viaje no ofreció circunstancias dignas de ser referidas, y cuando llegaron a Tiro, Myriam recordó con dolor aquel otro viaje precipitado de nueve años antes, para salvar la vida del niño amenazado por la cólera de Herodes.

Jhosuelin, que había hecho el viaje leyendo al Profeta Samuel, guardó su libro para ayudar a su madre adoptiva en el desembarco. Y el niño que estaba ansioso de hablar, le decía graciosamente: —Jhosuelin, tú quieres ser Esenio antes del tiempo y te bebes a los Profetas y te los comes, como las castañas y los higos. Y sin más, ni más, tomó el saquito de las frutas y pan, y luego de ofrecerles a todos, empezó a comer tranquilamente mientras duraba la operación del atraque y desembarco.

Como una bandada de garzas y de gaviotas, el puerto de Tiro aparecía cubierto de veleros, de lanchones y de barcos de gran tamaño.

Una banderilla blanca con una estrella azul apareció en la costa hacia el más apartado rincón del muelle.

—Allí está el que nos espera —dijo Abinadab, agitando a su vez una banderilla igual.

Atracaron en aquel sitio y pronto estuvieron al lado del hombre de la banderita que era hermano de Abinadab, que les condujo a su morada cercana al castillo aquel, destinado a los enfermos protegidos de los Terapeutas.

El hermano de Abinadab con su esposa e hijos, componían la familia Esenia de confianza que los solitarios tenían siempre en los lugares de su residencia, o donde desenvolvían sus actividades apostólicas en favor de la humanidad.

—Este es el niño, que 9 años atrás fue conducido desde aquí al Santuario del Monte Hermón —dijo Abinadab como presentación de los viajeros.

—¡Bendición de Dios! —exclamó el buen hombre juntando sus manos sobre el pecho—. ¡Qué grandecito y hermoso está!

—¿Quién eres, buen hombre, que tanto demuestras tu cariño a nosotros? —interrogó Myriam.

—El guía que os condujo en aquella oportunidad hasta la gruta de los ecos perdidos, para tornar aquí con los asnos —contestó aquel hombre.

—¡En nueve años envejecisteis mucho! Padecimientos grandes, sin duda.

—Fui sometido a prisión y a torturas, pues alguna noticia se tuvo de mi complicidad, pero ante mis negativas rotundas, acabaron por pensar que habían sido engañados por un tal mago que tenía espías en todos los caminos.

—De resultas de las torturas me vino un grave mal que me tuvo postrado, y casi creí que me quedaba inutilizado, pues mi columna vertebral amenazaba no sostenerme más en pie. Pero ya lo veis, los hermanos Terapeutas encontraron el modo de hacerme andar nuevamente.

—En todas partes quedamos deudores de gratitud —dijo Myriam apenada de lo que había oído.

—Venid y comeréis algo —dijo la mujer— que hasta más entrada la noche no llegarán los seis viajeros que esperáis.

—Y ellos —dijo Abinadab— pasarán de inmediato al velero para que zarpemos en seguida.

Grande fue la alegría de Jhasua, cuando los Ancianos llegaron y dándose a conocer por sus nombres le abrazaban tiernamente.

Y el niño recordando decía:

—Tú, hermano Benjamín, eras el refectolero y me asabas las más lindas castañas.

"Y tú, hermano David, me llevabas a recoger huevos de codornices... ¡oh, lo recuerdo bien!

"Y ¿qué fue de mis corderitos, hermano Azael?

—Que ahora ya llegaron a ovejas y son madres de otros corderillos —le contestaba afablemente el Esenio.

Y así fue hablando con uno y otro recordando escenas del Monte Hermón, de donde salió cuando tenía siete años.

Una hora después se hacían a la vela rumbo al sur hacia las vegas del Monte Carmelo, donde los Ancianos debían permanecer dos semanas para llevar noticias detalladas a los Setenta, de las condiciones en que se encontraban los Esenios de la parte norte del país de Israel.

Acudirían los Terapeutas dispersos en el país en cumplimiento de sus respectivas misiones, los del Tabor y uno o dos miembros de cada familia Esenia de la comarca, que según el grado que tuviesen participarían de unas u otras de las congregaciones a realizarse en la gran Asamblea espiritual.

La noticia de llamada corría de boca en boca, y cada asistente buscaría un pretexto adecuado, que casi siempre era la compra o venta de lana, cera o miel de las faldas del Carmelo, que tan abundante era en productos vegetales y animales.

—Mi Jhasua está desconocido —decía dulcemente Myriam observando a su hijo, que con una alegría desbordante refería a los ancianos sus correría por el Carmelo, los mimos de las abuelas, las travesurillas de Matheo y Myrina, etcétera.

—¡Niño de Dios! Contigo daríamos diez veces la vuelta al mundo sin sentir fatiga.

—¡Oh, no! —exclamó él—. Este velero es muy pequeño y en la bodega sólo cabe un saco de castañas, pan muy poco y un sólo cántaro de miel.

—¡Oh rapazuelo goloso! —dijo su madre riendo como todos de la advertencia del niño—. ¿Quién te da derechos para observar las bodegas ajenas?

—¡Madre, no hice nada malo! ¿No dicen los Esenios que para ellos no existe *lo tuyo y lo mío,* sino que lo que es de uno es de todos? Entonces, la bodega de este velero esenio, es mía y tuya y de Jhosuelin; y yo no hice más que mirar lo mío.

Y se quedó quieto mirando a todos con sus grandes ojos claros que interrogaban elocuentemente.

En vista de lo cual uno de los Esenios le contestó:

—Sí hijito... la bodega de este velero y aún todo él, es tuyo y de tu madre y de tu hermano, que tal es la ley de los Esenios.

Por fin, el sueño le rindió, pues era bien entrada la noche y fue conducido al único compartimento que la pequeña embarcación tenía, donde juntamente con su madre pasó la noche. Al amanecer, el barquillo echaba anclas en la profunda ensenada del Carmelo y unos momentos después Myriam y Jhasua descansaban en su alcoba de la cabaña de las abuelas, y los ancianos y Jhosuelin seguían el senderillo de la montaña hacia el Santuario oculto como un nido de águilas entre el espeso ramaje.

Dos días después empezaron a llegar de distintos puntos de la comarca los compradores de pieles de cabra, de lana, de miel, cera y frutas secas.

Y las innumerable cavernas del Monte Carmelo se poblaron como por encanto, dando por las noches el pintoresco espectáculo de lucecitas doradas que llameaban alegremente a la puerta de las grutas, como si fueran vibraciones febriles y ansiosas de las almas anhelantes de infinito...

Y los Terapeutas que durante muchos meses habían hecho la recolección de los productos de la fértil montaña, corrían afanosos dejando en cada gruta lo que cada cual necesitaba para completar su cargamento.

—Tranquilizadas las almas respecto de la provisión equitativa y necesaria a la materia, podremos llegar más fácilmente a obtener el sustento espiritual que deseamos —decían los solitarios a los esenios seglares que iban llegando. Y por la noche hacían una ronda por todas las grutas leyendo los más hermosos pasajes de los antiguos Profetas, cantando los Trenos de Jeremías, o los Salmos de David. Las flautas de los pastores y los laúdes de los solitarios formaban un suave fondo musical a aquellos recitados hondos... profundos, llenos de emotividad y religiosa unción...

Esto sólo duraba tres días, que mientras en las horas de luz solar se hacía la distribución de las provisiones, en las noches se preparaban las almas para las Asambleas Mayores , para el ascenso de grados a los que habían cumplido los años reglamentarios.

Los compradores pagaban sus compras con telas de lana y de lino hiladas y tejidas por ellos mismos, con calzas y sandalias de cuero, con blanca harina o dorado aceite, que los solitarios necesitaban a su vez para su manutención.

Y cuando la faena de orden material se había terminado dejando a todos satisfechos y tranquilos, se daba comienzo en el día víspera, a las ofrendas florales para la cual, antes de la salida del sol, se lanzaban todos a las faldas de las montañas que desvestían de sus ropajes de múltiples colores, para tejer guirnaldas y gallardetes con que adornaban los patios y plazoletas adyacentes al Santuario.

—Las flores son criaturas de Dios, que están prontas a ayudar al hombre en su tarea de elevarse a lo infinito —decían las leyendas que aparecían en tablillas prendidas de los árboles en las puertas de las grutas. Esto hacía vibrar en las almas ese suave sentimiento, mezcla de delicada sensación hacia esos pequeños seres de la creación, que son la parte más bella del reino vegetal: las flores.

Y en este ambiente surgían como por encanto las dulces canciones, los elevados pensamientos a tono con la belleza de las flores, delicadas criaturas de Dios.

> "¡Lirios blancos! oh tan blancos
> Como la nieve invernal,
> Cubrid con vuestra blancura
> La miseria terrenal!...
> "Campanillas azuladas
> Como el cielo y como el mar...
> Cielo y mar sean las almas
> Ansiosas de inmensidad...
> "¡Rosas rojas del Carmelo
> Con pétalos de rubí...
> Como ardientes corazones
> Que de amor quieren morir!...
> "Arrayanes silenciosos,
> Racimos de oro de Ofir...
> Bordando mil arabescos
> Sobre un cielo de turquí...

Y por tal estilo brotaban como del fondo de las almas, estos delicados pensamientos suscitados por la belleza ideal de las flores, que en aquellos momentos de emotividad y hondo sentir, parecían tener también alma capaz de responder al amor con que se tejían las guirnaldas, las palmas, los grandes ramos, para depositar en pasillos y corredores, en túneles y plazoletas.

Era el principio de la grandiosa fiesta espiritual.

Diríase que el amor y la pureza de las flores ennoblecía y purificaba las almas, que casi inconscientemente iban sumergiéndose en esa dulce quietud preparatoria para los grandes vuelos del espíritu.

Y el mismo Jhasua sensitivo más que ninguno decía a sus compañeros de juegos:

—No tengo más ganas de jugar sino de pensar. Paréceme que flotaran por los aires misteriosas leyendas que debo escuchar.

Y algunos de sus compañeros, decían como temerosos:

—Si quieres, Jhasua, oremos para que Jehová perdone nuestros pecados.

—¿Tenéis miedo de Jehová? —preguntaba entonces el niño-Luz.

—Cuando hay truenos y relámpagos, sí y mucho.

—¿Por qué tontuelo? Los Maestros del Santuario me han enseñado que los truenos y rayos y relámpagos, son manifestaciones de las fuerzas eléctricas y magnéticas que hay en la Naturaleza, y que los hombres del porvenir dominarán y utilizarán un día, como los de otras edades lejanas los utilizaron también.

—Jehová es nuestro Padre y no piensa, sino en hacernos bien.

—Yo temo a los chicuelos malvados que arrojan piedras, y a las fieras que pueden devorarnos, pero a Jehová... ¡oh no! porque Él es la Bondad y el Amor.

Llegó por fin el día y la hora de la anhelada Asamblea, y cuando la luna llena subía como un disco de plata en el azul sereno de los cielos, viéronse sombras blancas que de todas las grutas salían dirigiéndose por innumerables senderillos, en dirección al Santuario, que brillaba como oro bruñido a la luz de los cirios, cuya dorada llama exhalaba perfume de cera virgen, mezclado a las emanaciones del incienso y de la mirra, que las doncellas quemaban en el altar de las Tablas de Moisés.

Las ancianas abuelas eran la corte que custodiaba a las cuarenta vírgenes, que cubiertas de los largos velos tañían cítaras, recortaban las pavesas de los cirios y arrojaban nuevos perfumes en el ara de los holocaustos.

Las grandes cavernas laterales y delanteras, cual si fueran los pórticos del Santuario de roca viva, iban llenándose de las blancas sombras silenciosas, de los cuales sólo salían suaves murmullos de plegarias a media voz.

De vez en cuando, aparecía alguna sombra de color ceniza, que con el rostro cubierto inclinaba su frente en tierra en medio de aquel solemne silencio, y una voz llorosa se oía:

—Rogad, hermanos, que el Señor perdone mis pecados, para ser merecedor de unirme a vosotros en la Asamblea espiritual.

Los hermanos decían en alta voz algunos versículos del Miserere, el himno sublime en que cantó David su profundo arrepentimiento y en que rogó misericordia al Señor.

Uno de los ancianos aparecía entonces, y cubría al pecador arrepentido con el blanco manto que lo igualaba a sus hermanos y que dejaba en el secreto su personalidad. Nacie sabía quién era y todos sabían que era un hermano que había pecado y estaba arrepentido. Y el anciano que lo había cubierto decía en alta voz:

—Que tu mano poderosa nos sostenga, Señor, para que no traspasemos jamás tu santa Ley. Con lo cual recordaba a todos, que también podían pecar como el hermano que acababa de confesar su flaqueza.

Myriam con Jhasua de la mano se hallaba entre el blanco grupo de las abuelas, y por fin aparecieron los Ancianos del Santuario con los seis recién llegados, que abrían la marcha como los de más alta graduación.

Llevaban ceñida a la frente la estrella de cinco puntas, símbolo de la Luz Divina que habían conquistado, y en la diestra el candelabro de siete cirios pequeños, que recordaba los grados que habían subido en la Orden.

Y cada anciano con su candelabro de tantos cirios cuantos grados tenía conquistados, iniciaron el magnífico desfile, al cual seguían todos los esenios con sus cirios respectivos.

Un anciano se apartó para llevarse al niño de Myriam, al cual colocaron entre los seis ancianos llegados del Hermón y le dieron también un candelabro de siete cirios.

—Soy pequeño para llevar esto —protestó en alta voz el niño.

—Obedece y calla —díjole el anciano, y el desfile continuó por los largos corredores laterales, que formaban como una gran circunferencia en torno del Santuario Central.

Cantaban los salmos en que David glorificaba a Dios por su magnificencia, por su misericordia y por su justicia.

Diríase que era una sola alma que se prosternaba ante lo Infinito en un acto de suprema adoración.

Llegaron a la rotonda donde los libros de los Profetas Mayores estaban cerrados cada uno sobre un atril.

El anciano que estaba de turno abría uno de los libros y leía algunos versículos, de los cuales tomaba tema para una disertación breve pero llena de ferviente entusiasmo, para proseguir en el sendero de la purificación del alma por la santidad de vida y pureza de costumbres.

Después el mismo anciano hacía las tres preguntas del ceremonial que la multitud contestaba a coro:

—Hermanos: ¿Reconocéis la Ley de Moisés como la mas perfecta emanación del Altísimo, para encaminar a la humanidad a su eterno destino?

—La reconocemos y aceptamos en todas sus partes —contestaban a coro hombres, mujeres y niños.

—¿Reconocéis y adoráis al Dios Unico, eterna fuerza creadora, conservadora de todo cuanto existe en el vasto Universo?

—Lo reconocemos y adoramos —volvía a contestar la multitud.

—¿Estáis conformes con la Orden Esenia a la que pertenecéis, y dispuestos a hacer por su conservación y pureza todo cuanto esté de vuestra parte?

—Amamos a la Orden como a nuestra vida, y haremos por ella cuanto nos sea posible en nuestras fuerzas y capacidad.

Entonces los seis ancianos venidos del Hermón que eran los mayores de la Orden, levantaban en alto sus candelabros de siete cirios y pronunciaban en voz alta, clara y lenta, la bendición solemne, llamada de Moisés, para todo fiel cumplidor de sus compromisos con Dios y con la Orden.

Al pequeño Jhasua le habían hecho también levantar su candelabro, y pronunciar las palabras de la sublime evocación de Moisés a todas las fuerzas benéficas del Cosmos, sobre los que estuvieran a tono con sus leyes inmutables. Como ya antes dimos a conocer dicha bendición, eludimos el repetirla en este momento.

Todas las frentes se habían inclinado reverentes ante la suprema evocación, que siempre dejaba en los seres tan benéfica influencia, que si había enfermos, o tristes, o desorientados espiritualmente entre los presentes, experimentaban de inmediato un gran alivio y a veces curación completa.

Era esto lo más solemne de la Asamblea espiritual que podía ser presenciado por todos los Esenios en general, fueran del grado que fueran.

Venía despúes el himno de acción de gracias cantado a coro por todos, y la repartición de flores hecha por las doncellas, que iban depositando ramilletes en cada mano que se extendía ante ellas. Luego se repartían los panecillos llamados de **propiciación** que habían sido preparados de antemano, y que simboliza la unión de cada alma con la Divinidad, y era como un presagio de qué hogar donde estaba el panecillo sagrado, siempre tendría el sustento necesario a la vida.

En caso de enfermedades graves, cuando ya los médicos nada podían hacer, era tradición que muchos enfermos casi moribundos habían recobrado la salud, por haber bebido el agua en que el panecillo sagrado había sido disuelto.

Eran sin duda vitalizados como las aguas y las flores, y esa influencia benéfica unida a la fe del enfermo y sus familiares, producía el fenómeno de la curación de algunas enfemedades que podían ser dominadas por aquellas fuerzas espirituales.

Y las blancas sombras silenciosas tornaban a las grutas mas silenciosas aún, bien entrada la noche, a reposar en lechos de heno y pieles, hasta ser nuevamente congregados los que aún podían tener otra participación en la Asamblea espiritual, que se celebraba cada año en todos los Santuarios Esenios.

Las reuniones se prolongaron durante siete días, pudiéndose observar como es natural, que cada reunión era menos numerosa que las anterirores, y que a medida que ellas pasaban, se iba efectuando el regreso de los que asistieron las primeras noches.

Los que partían primero decían a sus hermanos que quedaban:

—Orad al Señor por nosotros, a fin de que el año próximo podamos acompañarnos otro día más.

La regularidad inalterable y precisa de tal orden, eliminaba entre ellos todo sentimiento de celo y envidia, que tan hondos abismos abre entre las almas que se dan a la vida espiritual prácticamente.

Todos sabían que la perseverancia les igualaría un día a todos en esa mística escala de conocimientos y de virtudes que iban subiendo.

En las subsiguientes reuniones, uno de los Ancianos explicaba algún pasaje obscuro de las Escrituras Sagradas, o sea el sentido oculto que el Profeta había querido hacer figurar para el entendiminto de las almas adelantadas.

Y esto se obtenía además por la evocación a la misma inteligencia, que años o siglos atrás había derramado tales enseñanzas. Y los Esenios del Archivo anotaban en sus cartapacios la significación de aquellas enigmáticas frases, convertidas así en clara doctrina, emanación de la Divina Sabiduría.

Y comparando los enigmáticos escritos de los Profetas Hebreos, con los antiquísimos archivos conservados por las grandes Escuelas del mas remoto pasado, por los Dacthylos y los Kobdas de la Pre-historia, podían comprender claramente, y más aún, formar un cuerpo de doctrina uniforme, y relacionada íntimamente, casi desde los comienzos de la humanidad consciente sobre el Planeta.

De tanto en tanto, los ancianos de Moab ordenaban a los sacerdotes Esenios que estaban al servicio del Templo, que en las asambleas con los Doctores de la

Ley, soltaran como al acaso alguna chispa de la luz divina de la verdad, descubierta por los medios que acabamos de enunciar, pero casi siempre suscitaban acaloradas disputas, en las que muy pocas veces salían triunfantes los Esenios, que eran como se sabe una marcada minoría.

Los Doctores de Israel odiaban las innovaciones, temerosos siempre de que un nuevo rumbo que se diera a los principios aceptados, acabara con las grandes prebendas y privilegios de que gozaba hacía muchos siglos la casta sacerdotal.

Y la interpretación de las más antiguas profecías, era asunto sobre el cual discrepaban siempre, si ellas se referían al advenimiento del gran Mesías esperado, para sacudir el yugo romano y engrandecer a Israel sobre todos los pueblos de la tierra.

Este gran anhelo nacional, justo, si se quiere humanamente considerado, no era compartido por la Escuela Esenia, que tenía el pleno convencimiento de que el Avatar Divino sería un Instructor, una voz, una Luz nueva, no sólo para un pequeño pueblo de la tierra, sino para toda la humanidad.

¿Qué Dios era ese que sólo se preocupaba del pueblo hebreo y permanecía indiferente para los demás? Seguramente no era el Dios que concebían y comprendían los Esenios, para quienes el Gran Atman era la Causa y Origen, alma y vida de todo cuanto alienta en la inmensidad del Universo.

A esto tendían siempre las grandes asambleas espirituales de los Esenios, o sea a ensanchar más y más el ya vasto campo de sus conocimientos de las Eternas Verdades, cumbre y meta hacia las cuales marchan las humanidades conscientes.

Cuando llegó el día y hora de la segunda Asamblea, la mitad de los asistentes a la primera, habían salido ya de regreso a sus hogares. Sólo habían quedado los del grado tercero y subsiguientes.

Pasados los himnos de práctica, uno de los Ancianos venidos del Hermón, ostentando las sagradas insignias de su alto grado, subió las gradas del altar de los libros de los Profetas y con los ojos cerrados y a tientas, apoyó sus manos sobre el libro del Profeta Malaquías y abriendo al acaso, leyó versículos del capítulo 3ro. y 4to. que dicen así:

1° — He aquí que Yo envío mi mensajero, el cual preparará el camino delante de Mí; y luego vendrá a su templo el Señor a quien vosotros buscáis.

2° — Y ¿quién podrá sufrir el tiempo de su venida? O ¿quién podrá permanecer cuando él se mostrará? Porque El es como fuego purificador y como jabón de lavadores.

3° — Y sentarse ha para afinar, y limpiar la plata; porque limpiará a los hijos de Levi, los afinará como a oro y como a plata, y ofrecerán a Jehová ofrenda con justicia.

CAPITULO IV

1° — Porque he aquí que viene el día ardiente como un horno, y los soberbios y los malvados serán la estopa que arderá y se abrasará.

2° — Mas a vosotros, los que amáis mi Nombre, nacerá el Sol de Justicia. Y en sus alas traerá salud, y saltaréis de gozo como becerrillos de una manada.

5° — He aquí, Yo os envío a Elías Profeta, antes que venga el día de Jehová grande y terrible.

6° — El convertirá los corazones de padres e hijos; y así cuando Yo venga, no sea herida con destrucción la Tierra.

Y cerrando el Libro Sagrado el orador habló:

—Varios siglos pasaron sobre estas palabras de nuestro hermano el Profeta Malaquías, y he aquí que estamos tocando su cumplimiento. El Altísimo deja caer los rayos de su luz en la mente de los que buscan Divina Sabiduría, y como para El todo es *Hoy*, nuestro hermano Malaquías percibió en sus internas contemplaciones el hoy que nosotros vivimos por Divina Misericordia.

"El mensajero de Dios ha llegado, y está ya dentro de su templo, o sea en el cuerpo físico que le ayudará a cumplir su misión entre los hombres.

"¿Quién podrá sufrir el tiempo de su venida? —interroga ansiosamente el Profeta que le ve como un fuego purificador que arrasa toda inmundicia.

"Y sentarse ha, para limpiar y afinar la plata" —prosigue el vidente, dándonos a entender que exigirá más a los de más elevada condición, ya que la plata es un precioso metal.

"Las multitudes son como los granos de arena y los grumos de polvo de los caminos, y el Divino Mensajero no será exigente con ellos, mas a los preciosos metales que simbolizan las almas adelantadas en el divino conocimiento, les pedirá no sólo una grande purificación, sino también la perfección y la iluminación, pues que están destinadas al noble sacerdocio de la instrucción para con sus hermanos, multitud de granos de arena y grumos de polvo en los caminos de la Tierra.

"He aquí que os envío a Elías el Profeta, para que convierta los corazones de los padres a los hijos, y de los hijos a los padres" continúa el vidente, para significar la necesidad de un amor como el de padres a hijos, entre los que han de formar la grey que glorificará al Señor.

Uno de los concurrentes se puso de pie y pidió licencia para preguntar. Y así que le fue concedida dijo:

—Puesto que el Mensajero Divino ha llegado ¿no podemos saber dónde está para acercarnos a El y ser purificados?

—Se encuentra en uno de nuestros Santuarios preparándose para salir al mundo en cumplimiento de su misión, no obstante de ser un parvulito apenas salido de la primera infancia —respondió el anciano con su mirada perdida a lo lejos, pues se reflejaba en ella la figurita de Jhasua pura como un lirio del valle.

El niño había sido llevado por su madre, por no creer conveniente su presencia en ese momento.

—Y ahora que sabéis que el gran ser esperado por tantos siglos se encuentra ya entre nosotros, oigamos lo que a este respecto cantó nuestro gran hermano el Profeta Isaías hace seis siglos:

Y el anciano tomó el libro de Isaías y abriendo en el capítulo 60 leyó en alta voz, mientras un laúd escondido en la penumbra dejaba oír un fondo musical que parecía emanar de la palabra vibrante del gran vidente:

"Levántate, oh Sión, y resplandece, que ha venido tu lumbre, y la gloria de Jehová ha nacido en ti.

He aquí que tinieblas cubrirán la tierra y obscuridad los pueblos, mas sobre ti nacerá Jehová, y sobre ti será vista su gloria.

Y andarán las gentes a su luz y los reyes al resplandor de su nacimiento.

Y no necesitarás que el sol te sirva de luz para el día, ni el resplandor de la luna para la noche, sino que Jehová será tu luz perpetua y el Dios tuyo será tu gloria.

Jehová hizo oir en todos los parajes de la tierra estas palabras; Hija de Sión, he aquí que viene tu Salvador, y tu recompensa con El, y delante de El su obra.

Y os llamarán Pueblo Santo, Redimidos de Jehová... y a ti Sión, te llamarán Ciudad glorificada, no desamparada".

Apenas el anciano terminó esta lectura, un coro de clamores a media voz suplicaron fervientemente:

—Que el Altísimo no mire nuestra miseria, y nos permita conocer el lugar donde ha nacido el Salvador del mundo, para ofrecernos a El, en holocausto de amor y de fe...

Las mujeres comenzaron a llorar a grandes sollozos y los hombres se inclinaban pidiendo al Señor perdón de sus pecados.

Conmovido el anciano orador, interrogó con la mirada a sus hermanos venidos del Hermón, y ellos con una inclinación leve de cabeza dieron en conjunto su consentimiento.

Y el anciano continuó:

—Hay mandato severo de los mensajeros de Jehová, de guardar profundo secreto referente al Avatar Divino que está entre nosotros, y tan severo es, que si alguno de los hermanos tuviera la desgracia de violarlo quedaría de hecho fuera de la Orden, y nos obligaría a mantenerlo recluido en nuestros penitenciarios, para que no fuera causa de que el Divino Maestro que nos ha sido enviado, se vea entorpecido en su excelsa misión, por la inconsciencia y maldad de los hombres.

"Sabéis por las enseñanzas que habéis recibido, que el Mesías trae en sí todas juntas las misiones que cumplieron siglos atrás nuestros grandes Profetas; muchos de ellos fueron asesinados de diversas maneras, porque su predicación ponía al descubierto las iniquidades y corrupciones de los dirigentes de los pueblos. Ahora es un niño que comienza el desarrollo de sus grandes poderes internos, por lo cual no está aún capacitado para defenderse por sí mismo de la astucia y maldad de los que serán sus enemigos.

"Ya veis pues la importancia que tiene la guarda absoluta del secreto de su venida.

"¿Seréis capaces aún en caso que peligre vuestra vida de callar como sepulcros sobre cuanto concierne al Hombre-Luz que ha llegado?"

Todos se pusieron de pie y levantaron a lo alto la diestra abierta y rígida, que era el ceremonial de los juramentos solemnes.

—Bien; Jehová os lo tomará en cuenta, y vuestra conciencia será vuestro Juez. Esperad un momento.

El anciano conferenció brevemente con sus compañeros, y uno de los esenios del Carmelo salió hacia la cabaña de las abuelas en busca del niño.

Le vistieron la túnica blanca de lino que le cubría hasta los pies; le ciñeron a la cintura el cíngulo púrpura de los grandes inmolados, y a la frente la cinta azul con las diez estrellas de plata, símbolo de todos los grados de sabiduría y de todos los poderes que en él residían por su elevada jerarquía espiritual.

Y levantándolo en brazos los Ancianos lo colocaron sobre una grada del pedestal donde se encontraban las Tablas de la Ley de Moisés.

El niño en silencio se dejaba hacer cuanto querían, mas cuando le subieron en aquel sitio, él preguntó:

—¿Qué tengo que hacer yo aquí?

—Nada, hijito —le contestaron los Ancianos—. Todos nuestros hermanos que te aman, piden conocerte y colocado aquí te verán sin acercarse demasiado.

Y antes de abrir el velo que cubría a los ojos de todos aquel pedestal, uno de los ancianos dijo a la Asamblea:

—Le vais a ver por unos momentos junto a las Tablas de Moisés.

—Entonces ¿está aquí? —se oyó una, dos, tres voces y luego un suave murmullo.

—¡Nos postraremos en tierra! —dijeron algunos.

—No, —contestó el anciano— porque el Mesías no quiere ser adorado, sino seguido en sus caminos y en sus obras.

—De pie todos y con el pensamiento prometedle que cooperaréis junto con él en la redención humana.

Dos ancianos abrieron el velo que cubría el pedestal de las Tablas de Moisés, y apareció la blanca figurita de Jhasua como un marfil esculpido sobre el negro pedestal de mármol que tenía a su espalda. Le rodeaban los seis Ancianos venidos del Monte Hermón, y en rededor de ellos, todos los Ancianos del Santuario del Carmelo.

El niño sonreía dulcemente, pero cual si se sintiera cansado, se sentó suavemente en la misma grada en que le habían colocado y echando su bronceada cabecita sobre el respaldo, cerró los ojos.

Se oyeron murmullos de alarma, algunos sollozos, pero una señal de los Ancianos ordenando silencio puso calma a todos.

Conocedores los Ancianos de todos los fenómenos psíquicos que en momentos culminantes de intenso amor y fe suelen producirse, formaron con fuerte irradiación la corriente espiritual necesaria, y la exteriorización del gran Espíritu-Luz encarnado en Jhasua, se produjo sin dificultad.

El cuerpecito del niño se mantenía en profunda quietud, y su *doble* radiante de claridades rosa y oro, bajó lentamente del pedestal, deslizándose hacia el conmovido grupo, que en número de ciento cuarenta y cinco entre hombres y mujeres, se mantenían como petrificados de asombro, no creyendo a sus ojos que veían tan maravilloso acontecimiento.

El resplandeciente *doble astral* del niño dormido se detuvo a poços pasos del asombrado grupo y claramente pronunció estas palabras:

—"Benditos seáis en la sencillez de vuestro corazón, y en los santos anhelos de verdad y justicia que os traen a mí.

"Y porque sois míos desde largas edades, habéis merecido que la Eterna Ley me permita este acercamiento, que anudará más fuerte aún el lazo que os une conmigo.

"Algunos de vosotros me acompañaréis hasta que yo sea subido a la cumbre, y otros iréis al *más allá* antes de ese día.·

"Unos y otros necesitaréis la fuerza divina que hace los héroes, los mártires y los santos, porque es la jornada final, y el Eterno Amor se desbordará sin medida sobre todo el que sea capaz de percibirlo. Fe, esperanza y valor que la hora se acerca...".

Y levantando su mano etérea que en la penumbra parecía un resplandor de estrella, les bendijo con el signo de los Grandes Maestros.

La claridad rosa y oro se fue esfumando lentamente, quedando sólo aquel divino y bellísimo rostro que irradia amor, ternura, conmiseración, piedad infinita de esos ojos, cuyo indefinible color tenía los reflejos diáfanos del iris.

Y todo por fin se desvaneció en la penumbra silenciosa del Santuario.

Y de nuevo la figurita de Jhasua sentado en el pedestal de mármol como un relieve de marfil, con que un hábil artista hubiera representado la Inocencia dormida.

Pocos momentos después el niño era devuelto a su madre, y la Asamblea espiritual continuaba con el creciente entusiasmo que había despertado en las almas, el extraordinario acontecimiento que acababan de presenciar.

Bajo la tutela inmediata de tan prudentes maestros, los Esenios del exterior o sea los que vivían en familia, realizaban magníficos progresos en sus facultades espirituales, y una de estas asambleas era dedicada solamente a inspeccionar los trabajos hechos durante el año transcurrido.

Las clarividencias, lo mismo que las manifestaciones verbales, habían sido anotadas prolijamente en carpetas que eran sometidas al juicio de los Ancianos, al igual que de los dictados y aún los sueños, cuando en ellos se revelaba una coordinación lógica y manifiestamente inteligente.

Y sucedía a veces, que los relatos o clarividencias de uno, tenían su realización en otros de los hermanos, o a veces estaban relacionadas con hechos sucedidos en algunos de los Santuarios, o entre los Terapeutas del exterior. Por lo cual, los Ancianos habían aconsejado no destruir grabado ninguno, ni dejar de anotar ninguna manifestación espiritual, pues, dada la época tan trascendental que estaba viviendo la humanidad sin saberlo, podía desperdiciarse un anuncio, un aviso, un consejo oportuno y hasta necesario en esos momentos de honda expectativa en los cielos y en la tierra.

Y así se cumplía lo que estaba profetizado:

"Hasta los Ancianos y los niños profetizarán y verán visiones, porque los cielos de Jehová estarán volcados sobre la tierra."

En el mismo Santuario, antes de llegar a los libros de los Profetas y a las Tablas de Moisés, había un compartimento que era llamado de los Párvulos o sea *de los niños*, frase que tenía el oculto significado de los que *comienzan la vida espiritual*.

Perseguidos los Esenios casi a raíz de la muerte de Moisés, se había hecho un hábito en ellos ocultar bajo palabras o símbolos determinados, todo lo concerniente a los superiores conocimientos a que dedicaban su vida.

"La humanidad —decían ellos— es una reina ciega que no quiere curarse de la ceguera, y persigue cruelmente y mata a los que pueden devolverle la vista. Tenemos, pues, que buscar de curarla sin que se aperciba y ocultándonos de su presencia". Y así era común encontrar en viejos manuscritos o grabados de aquellos lejanos tiempos, alusiones a la *Reina Ciega* y a veces representada en tablas·de arcilla, como una mujer sentada en un trono con todas las insignias reales, y con los ojos vendados.

Y sólo los Esenios sabían lo que la alusión o el grabado significaban.

Volvamos lector amigo a la bóveda de los Párvulos, toda circundada de un estrado de piedra, delante del cual se ven muchos pequeños pupitres rústicos de madera a medio labrar, y allí los Esenios de diversos grados entregados a la tarea de recibir mensajes del plano espiritual. Los unos escriben, otros caídos en hipnosis hablan a media voz, teniendo a su lado a uno de los solitarios que escucha y anota. Otros sentados ante una fuente en la que cae agua de un grieta de la montaña, va diciendo en qué forma ve mezclarse con ella la divina energía, la fuerza vital emitida de las inteligencias que la vitalizan, ya sean éstas encarnadas o descarnadas. Energía y fuerzas que toman las más bellas y variadísimas formas, que los clarividentes si están bien asistidos, saben interpretarlos en toda su significación y valor. Diminutas palomitas blancas con hojas de oliva, que se sumergen en el agua y desaparecen en ella; multitud de mariposillas de luz que se posan en aguas tranquilas y se diluyen después en ella: niños alados que con cestillas de frutas preciosas, de panecillos dorados, y cantarillos de miel se sumergen felices y rientes en la linfa cristalina.

Y los Ancianos que escuchan al clarividente interpretaban:

"Efluvios de paz son las palomas con hojas de olivo. Fuerza de divina claridad son las mariposillas de luz; abundancia de sustento para la vida física, son los niños alados que se sumergen en el agua con frutas, pan y miel."

Había clarividentes que despertaban su facultad vidente en las espirales de humo de incienso, o de yerbas aromáticas que también son elementos en que las fuerzas benéficas y vitales del Cosmos se compenetran para hacer bien a los seres todos de la creación; otros en el aura de luz que esparce la llama del fuego, o la llama de un cirio, o de una lamparilla de aceite. Cuando la Luz Divina quiere descubrirse a las almas, ningún humano puede ponerle leyes ni vallas que circunscriban su formidable acción a un determinado modo de manifestación.

"El Espíritu de Dios sopla donde le place" decían los antiguos iniciados de las grandes Escuelas de Divina Sabiduría, que echaron los cimientos de esa ciencia sublime, que hace al alma conocer a Dios y amarle, y así formar parte de su fuerza creadora.

Y era por eso que en la llamada *Bóveda de los Párvulos*, a la hora de las experiencias espirituales, en apartados rincones de la inmensa gruta, se encendía una pequeña hoguera, se arrojaba incienso en un pebetero, se encendían algunos cirios o lamparillas de aceite.

Manifestaciones todas, de las fuerzas benéficas del Cosmos o Alma Universal, eran fuentes de iluminación para las almas de buena voluntad, que se ponían a tono con esa Eterna Alma Madre de todo cuanto alienta en todos los mundos.

Y la base que ponían los Ancianos antes de iniciar el desenvolvimiento de las facultades internas, estaba sólidamente construida en éstas palabras:

"Abandónese el aspirante a la acción creadora del Alma Universal, con la cual se pondrá a tono, amando a toda criatura existente como se ama a sí mismo. Y tenga siempre presente que sin esta base de granito, muy poco o nada conseguirá para la iluminación, lucidez y despertar de las facultades de su personalidad interna."

He aquí la clave de que el alma debe disponer, para llegar a percibir los divinos misterios y las sublimes verdades, que sólo es dado conocer a las minorías idealistas que han llegado a la sublime grandeza de *amar a toda criatura existente como se ama a sí mismo.*

Mientras el hombre no llegue a esto, sus facultades internas permanecerán ensombrecidas, opacas, débiles como niños enfermizos y escuálidos, que caen, apenas echan a andar.

El lector de estas páginas ha recorrido ya las obras que le inician en estos conocimientos metafísicos, y por tanto podrá comprender con claridad, el por qué de los fracasos en el sendero espiritual de la mayoría de los buscadores de la Divina Sabiduría, mediante el desarrollo de las facultades internas del ser.

De aquella base de granito puesta por los Esenios se desprende, que según el grado de amor a toda criatura existente, es el grado de desarrollo a que pueden llegar las facultades superiores del alma humana.

Sobre las formas de ese amor y sus manifestaciones prácticas, construyeron los Esenios su forma de vida, sus leyes, sus prácticas todas. La hospitalidad, la ayuda mutua en todos sus aspectos, la piedad, la misericordia, la protección a los inválidos, leprosos, huérfanos y ancianos abandonados, no eran sino formas de manifestación de ese sublime amor, base fundamental para llegar a la cumbre del desarrollo de las facultades internas.

Y los distintos grados porque ellos conducían las almas por el sendero de la luz, no eran más que ensayos metódicos para que el alma se pusiera a sí misma a prueba, en ejercicios y obras de *amor a toda criatura existente.*

Sobre tal tema, los maestros Esenios tenían largas y frecuentes disertaciones, para evitar el fanatismo y las interpretaciones equivocadas en aquellos menos capacitados, para comprender a fondo el asunto. Y así —decían ellos— el amor bien entendido debe propender al bien y mejoramiento de las criaturas amadas.

Manifestación de este sublime amor, era el silencio en los Esenios, con lo que evitaban las disputas y altercados, de los cuales se seguía casi siempre al agravio, la ofensa personal que a veces hasta se llega a poner la vida misma en peligro.

Y así al terminar las Asambleas espirituales de cada año, los Esenios del exterior volvían a sus hogares con un nuevo caudal de conocimientos, y con el programa trazado para el año siguiente, que necesariamente debía subirles un escalón más en la ascensión a la cumbre de la perfección como humanos, encarnados en este planeta.

Si los Profetas Blancos de Anfión, los Dacthylos de Antulio y los Kobdas de Abel, marcaron rumbos a la humanidad en la prehistoria, los Esenios de Moisés tienen sobre sí la gloria inmarcesible de haber sido los Precursores y los Maestros del Cristo en su jornada final, en la coronación gloriosa de su obra redentora de la humanidad.

Más aún: los Esenios han dado la orientación para la vida espiritual en la actualidad. .

Ellos mecieron la cuna del cristianismo naciente, y encaminaron sus primeros pasos.

Sólo cuando el Cristianismo fue oficializado a partir de Constantino, dejó en gran parte la vieja senda de los Esenios. Ellos volvieron a sus grutas o murieron en horcas y hogueras como Savonarola, el fraile dominicano con alma y vida de esenio.

Que así es como paga la humanidad, la Reina Ciega, a los que quieren darle la vista, la salud y la redención.

SIMON DE TIBERIADES

Pocos días después y cuando ya los Ancianos juzgaron que el niño Jhasua podía regresar al nido paterno, se organizó una pequeña caravana, al parecer de conductores de cera, miel y pieles de cabra hacia los pueblos samaritanos y galileos, entre la cual iba Jhasua, su madre y Jhosuelin. En realidad el objeto era que el niño visitara el Santuario del Monte Tabor, hermano gemelo del de Monte Carmelo, con el cual tenían establecida comunicación tan frecuente e íntima por la misma proximidad en que se hallaba y por haber sido ambos santuarios, el refugio de casi todos los Profetas y de muchos Esenios, que dieron su vida por la justicia y la verdad.

En el Tabor se encontraban los sarcófagos funerarios del Profeta Eliseo, discípulo de Elías, de Jeremías, y de Ezequiel. Allí estaba la tumba de Illel y de Simeón el Justo, ambos esenios mártires de su firmeza de enseñar y defender la doctrina de la justicia y la verdad.

Desde el Profeta Elías, era conocido el Monte Carmelo como refugio y morada de los antiguos profetas, por lo cual había sido arrasado varias veces en busca de Profetas, en quienes descargar la ira de los reyes y poderosos de la tierra, cuando se habían cumplido en ellos los vaticinios de los inspirados y de los videntes. Y por esta razón, las grutas del Monte Tabor eran refugio más seguro por menos conocido. Era el Santuario más nuevo, y la conformación de sus grutas ofrecía más seguridad a los que huían de la persecución.

Ordinariamente era la habitación más usada de los Terapeutas del exterior, porque su situación casi al centro del país facilitaba mucho el apostolado. Había allí un pequeño refugio para niñas, doncellas y viudas, o mujeres repudiadas por sus maridos, y que por distintas razones se veían en peligro de muerte.

En este pequeño Refugio fue hospedada Myriam con su niño durante los tres meses que permanecieron allí.

Nuevas amistades, nuevos lazos debía estrechar en el Tabor el Mesías-niño, amistades y lazos que más tarde se harían sólidos como cadena de oro y diamante, que no debían romperse jamás.

Allí conoció y amó a los padres de Pedro, que fue más tarde su gran Apóstol.

Era esa familia, la portera de las grutas del Monte Tabor y constaba de cinco personas: los padres, Simón, y Juana, y los tres hijos, Pedro, Andrés y Noemí, la menor que era entonces una adolescente.

Pedro, a quien llamaban Simón como su padre, era el mayor y tenía entonces 24 años. Estaba recién casado con una doncella de Sidón, hija de padres hebreos, cuyo nombre era Lidda. Los jóvenes esposos vivían junto al lago Genezareth con los padres de la esposa, que poseían barcas pesqueras y un mercado para la venta del pescado.

Y fue en las visitas que Simón (Pedro) hacía con frecuencia a sus padres en el Monte Tabor, donde el Mesías-niño con el futuro Apóstol, se encontraron.

Andrés era un jovenzuelo de 20 años, aunque por su sencillez y su natural timidez, representaba mucho menos edad.

Y con este último, Jhasua llegó a gran intimidad, lo cual hacía decir a su padre:

"El niño de 10 años y el niño de 20 viven su alegre infancia que ojalá sea duradera".

Y una hermana viuda de la esposa de Simón el portero del Tabor, era quien hacía de hermana mayor de las mujeres albergadas en el refugio. Esta viuda estaba albergada con dos niñas, de las cuales la mayor de nombre Verónica, fue más tarde una de las más constantes y decididas seguidoras del Divino Maestro en sus correrías apostólicas. Sólo tenía entonces Verónica 14 años, y su amor al retiro y al silencio la rodeaba como de una aureola de respeto y discreción.

Parecía sumergida siempre como en dulces ensueños, y estando dotada de una viva imaginación, era predispuesta a contar hermosas historias a sus compañeras.

Jhasua se aficionó pronto a ella y al caer la noche, reunidos junto a la hoguera solía decirle:

—Verónica, si me cuentas una de tus lindas historias, te traeré nidos de mirlos con pichoncitos que están ya para volar.

—No son historias, Jhasua —le contestaba ella— sino cosas que yo veo en sueños o me las figuro, para alimentar con ellas mis anhelos de otra forma de vida.

—Será lo que tú quieras, pero a mí me gustan mucho tus cuentos.

Entonces Verónica traía un pequeño cofrecillo que contenía rollitos de tela encerada, en los cuales buscaba breves anotaciones.

Eran dictados espirituales que ella iba coleccionando, para someterlos al juicio de los Ancianos del Santuario.

Eran pasajes breves de vidas lejanas... que ella decía ser cuentos o sueños, y por medio de los cuales iba ella sabiendo de un lejano pasado vivido y sentido por ella misma.

De todos los cuentos de Verónica, el que más complacía a Jhasua era el de dos niños que nacieron y crecieron en la soledad. Se llamaban Evana y Adamú. Sus madres como dos ángeles de los cielos se les habían aparecido en visión y les habían unido en un amor que debía durar siglos y siglos. Jehová les mandó un angelito rubio al cual llamaron Abel... y seguía el cuento de Verónica deshojándose como pétalos blancos de un rosal misterioso.

Y Verónica al terminar decía: —Yo siento y vivo a Evana cual si fuera yo misma... y me la figuro en todas sus tristezas y alegrías como si estuviera dentro de mí misma.

"Su encuentro con Adamú... la dicha de verse amada por él. ¿Sabes Jhasua? —interrogaba luego—. Cuando destrenzo mis cabellos rubios y voy a la fuente por agua, me viene de inmediato la imagen de aquella niña que se llamaba Evana y que parece tener gusto de visitarme en sueños.

Cuando Pedro visitó a sus padres luego de llegado el niño al Tabor, se sintió tan fuertemente atraído hacia él, que al verle pasar y aún sin saber quién era, le llamó en momentos que su hermana Noemí le llevaba a los establos para ordeñar las cabras y dar al niño su ración de leche recién sacada.

— ¡Oye, precioso! —decíale Pedro—. ¿Verdad que eres tortolito nuevo en este nidal?

—Llegué hace cuatro días —le contestó afablemente el niño.

—¿Y te quedarás mucho tiempo?

—He oído a mi madre que estaremos aquí tres meses, que tardará mi padre en venir a buscarnos.

Pedro pensó que la madre del niño no era una refugiada, sino una visita relacionada con los Ancianos del Santuario.

—¡Qué lástima que te vayas! ¡Parecía haber entrado el sol en la pobre cabaña del viejo Simón! —exclamó Pedro con gran espontaneidad.

—¡Hola!... —dijo riendo Jhasua—, ¿aún no sabemos ni tú ni yo quiénes somos y ya te lamentas de que me vaya?

—Es que te vi y ya me robaste el corazón, pilluelo. Ven acá, déjale conmigo, Noemí, que ya tendrás tú tiempo de charlar con él. Tráele aquí la leche y vamos a beberla entre los dos.

—¿Sí?... ¿Y si yo no quisiera darte de mi ración? —interrogaba graciosamente el niño—. ¡Tú sí que eres pilluelo! ¡Me ves recién y ya resuelves partir mi ración de leche contigo!...

Pedro le había sentado ya sobre sus rodillas y como extasiado mirándole a los ojos, le acariciaba distraídamente los bucles dorados que el viento del atardecer agitaba suavemente.

—¡Si no supiera que Jehová es Uno Solo y vive en los cielos, diría que eres tú un Jehová-niño que trae en los ojos toda la claridad de los cielos! ¿Cómo te llamas?

—¡Jhasua, hijo de Joseph y de Myriam! Soy de Nazareth y vengo del Carmelo donde estuve ocho meses con los Ancianos. ¡Ellos me querían tanto como tú y he tenido que dejarlos!... pero yo volveré un día... ¡Oh sí!, yo volveré.

Y Pedro notó que los ojos del niño se habían abrillantado de lágrimas. Le abrazó tiernamente mientras le decía:

—¿Y quién no se enamora de ti, rayito de sol?...

—Yo te dije mi nombre y de dónde soy, pero tú no me lo dijiste aún —observó Jhasua, pasando suavemente su manecita por la barbilla rubia de Pedro.

—Me llamo Simón como mi padre y aunque he nacido aquí, vivo junto al lago Genazareth con mis suegros porque allí tengo mi medio de vida.

—Y bien, Simón, ahora te repito lo que tú me dijiste antes. ¡Lástima que tengas que marcharte porque estoy muy bien a tu lado!

—A la verdad, yo lo lamento también y así, para no separarnos tan pronto, postergaré mi regreso por unos días más.

—Y ¿qué dirás en tu casa?

—Pues que tengo un negocio importante.

—Y dirás una mentira, y el octavo mandamiento de la Ley dice **No mentir.**

Pedro miró al niño casi con espanto y luego inclinó la cabeza.

—¡Cierto! —dijo—. He aquí un parvulito que apenas me llega a la cintura me ha dado una tremenda lección.

—¡Ah!... ¿Tú creías que yo no conozco la Ley? Sé casi lo más importante de los Profetas, y muchos salmos los sé de memoria.

"¿No ves que mi madre salió del Templo cuando mi padre la pidió en matrimonio? A más yo estuve más de cinco años en el Santuario del Monte Hermón y nueve meses en el Monte Carmelo y podrás suponer que no estuve jugando siempre al *escondite.* Y el Hazzán de la Sinagoga de mi pueblo me daba lección en la casa de mi padre.

Pedro oía y en su mente iban despertándose ideas como venidas de muy lejos...

¿Quién era este niño que en sólo diez años había recorrido tres Santuarios donde tanto se habían ocupado de él los Ancianos? No tenía noticia de que con ningún niño se hubiera hecho igual. Pensó en el Profeta Samuel, que decían vivió en el antiguo templo de Garizin, al lado del Gran Sacerdote Helí; pero que un niño tan pequeño hubiera estado en los Santuarios Esenios, no lo oyó nunca decir.

—Te quedaste pensativo y triste —dijo dándole golpecitos con su índice en la mejilla—. ¿Es que te supo mal que yo te dijese que ibas a decir una mentira a los tuyos?

— ¡No, Jhasua, no! Es que pienso otras cosas respecto de ti —contestóle Pedro mirándolo fijamente, como si quisiera leer en el hermoso rostro del niño la respuesta a los interrogantes que se estaba haciendo hacía ya rato.

En esto, volvió Noemí con un jarrón de espumosa leche que presentó a Jhasua.

—Mitad y mitad como buenos amigos —dijo el niño, poniéndole a Pedro el jarrón al borde de los labios. —Bebe tú primero y hagamos las paces. Ni tú diras una mentira, ni yo tengo porqué darte lecciones. ¡Vamos, bebe!...

Pero Pedro que estaba sacudido hondamente en su mundo interno, en vez de beber, comenzó a besar la frente, los ojos, las manos del niño, en forma que casi le hacía derramar la leche. Noemí intervino.

—Hermano —le dijo— ¿qué te pasa?, jamás te vi tan expresivo como en este instante—. Y como su mirada interrogase a Jhasua, éste dijo:

—Yo no le hice nada, pero se ha puesto así porque me quiere mucho y tiene pena de que me vaya.

— ¡Oh, Simón, Simón! —decía Noemí alejándose—, ¡qué tal te pondrás si un día tienen un hijo!

Vuelto por fin Pedro a la realidad del momento bebió dos sorbos de leche y dijo al niño:

—Bebe tú, querido mío, que yo estoy bebiendo de ti algo mejor que leche y que miel...

—Me gusta ser tu amigo, Simón —decía el niño mientras bebía la leche— pero en verdad no te comprendo muy bien.

—¿No me comprendes?... Dime, niño hermoso como una alborada. ¿Has soñado tú alguna vez, y al despertar has visto que tu sueño tenía vida y que era una realidad?

—A ver... a ver si recuerdo...

Y el niño con el índice en la sien, pensaba.

— ¡A sí!... sí ya lo recuerdo. Cuando estaba en el Santuario del Hermón, soñé que entraban a mi alcoba unos corderitos blancos tan preciosos que yo estaba loco de alegría. Y, cuando me desperté, me los encontré junto al lecho. Era el Anciano Azael que me los había traído porque él sabía cuánto yo los deseaba. Otra vez soñé que yo andaba sobre el mar, como sobre las alas de un gran pájaro que corría mucho sobre las aguas. Y al siguiente día me despierta mi madre para embarcarnos en el velero que tienen los solitarios del Monte Carmelo, y viajamos hasta Tiro para buscar a los Ancianos de Hermón que llegaban. Ya ves, también sé lo que es soñar y que el sueño se realice.

—Pues bien, Jhasua, veo que eres un niño muy superior a los de tu edad. Ahora verás.

"Yo emprendí este viaje hacia aquí al siguiente día de tener este sueño.

"Yo me veía a la entrada de un gran campo de sembradío, pero donde no había nada sembrado. Y de pronto y como si hubiera brotado de los musgos, se me puso delante un niño cuya edad no puedo precisar porque tenía el rostro cubierto con un velo color de oro resplandeciente. Y me dijo: —En la cabaña de tu padre te espera la recompensa de tus buenas obras como hijo, como esposo y como Esenio. ¿Ves este campo? Es para tí; tú lo sembrarás y en la cabaña sabrás cuándo te será legado y qué siembra deberás hacer en él.

"Y me desperté. No pensaba dar importacia al sueño, pero tropecé con mi cartapacio de anotaciones y buscando en él un billete que necesitaba para una venta realizada días antes, leí este consejo escrito por los Terapeutas peregrinos;

"Nunca desprecies los sueños, que pueden ser avisos de los ángeles de Dios para ayudarte en tu camino".

"Entonces recordé mi sueño de esa noche, y me vino fuertemente el impulso de venir a la cabaña de mi padre y aquí estoy."

—¿Y has encontrado la realización de tu sueño? —preguntó el niño que aún no veía claro en el asunto.

—Casi, casi —contestó Simón.

—Eso es decir ni sí, ni no —díjole Jhasua.

—¡No puedo más!... Esto tengo que saberlo... y ahora mismo. Llévame donde está tu madre. ¿Me harás el favor?

—Mi madre está en el Refugio donde nos hospedamos ella y yo, pero no sé si allí puedes entrar tú. Me parece que allí no entran los hombres —contestó el niño—. Esto se puede arreglar Simón, espérame aquí.

Y el niño echó a correr por el senderillo tortuoso y escondido que llevaba al Refugio.

Pedro le siguió con la mirada y del fondo de su Yo subía como un rayo de luz que escribiera en su propio horizonte mental estas palabras:

"Ya ha sonado la hora de que llegue aquel a quien todos esperamos, dicen los Ancianos Maestros. ¿Por qué no será Jhasua el esperado?"

—¡Cierto, cierto! —se contestaba Pedro a sí mismo— porque jamás niño alguno me causó la impresión de éste.

Y para acortar el camino que le separaba de él, empezó a andar por el mismo senderillo por donde le vio desaparecer. A poco rato vió salir al niño llevando a su madre de la mano.

Y se encontraron.

—¿Ves, madre? ¡Este es el nuevo amigo que he hecho en el Tabor! Es Simón y me quiere mucho. —Tal fue la presentación.

—Perdonad, buen hombre —dijo Myriam— los caprichos de mi niño. Ha querido que yo venga a responder a cosas que él dice necesitáis saber. Hablad, pues, si es verdad lo que él dice.

Pedro miraba a la madre y al niño, y decía a media voz:

—¡De tal madre, tal hijo!... ¡Aun bajan los ángeles a la tierra!...

—¿Qué estás diciendo, Simón? Si no hablas más alto, mi madre no te puede entender.

—Decía que tienes un gran parecido con tu madre.

—¡Sois vos la que habéis de perdonar pero es el caso que he perdido la tranquilidad desde que he visto y hablado a vuestro niño! ¡Es tan diferente de los otros niños!

"¿No os parece a vos lo mismo?

Myriam miraba a Simón sin saber qué forma había de usar para hablar con él de un asunto tan delicado, dado la cautela que los Ancianos recomendaban.

—Sí —dijo ella por fin—, Jhasua es muy reflexivo y a veces tiene ocurrencias que asustan a los mayores, por salirse de lo común en su edad.

—Yo he leído mucho los libros de nuestros Profetas y más todavía las viejas tradiciones referentes a ellos. En los breves momentos que he hablado con él me ha parecido encontrar semejanzas muy marcadas con Jeremías, con Ezequiel en la rápida comprensión de las cosas. Yo no sé cómo decir, pero vuestro niño me ha hecho pensar cosas muy grandes.

"El Profeta Malaquías nos anunció que volvería Elías cuando estuviera para venir el Mesías Salvador. ¿No se os ha ocurrido pensar si vuestro hijo será Elías vuelto a nacer?

—¿Sois por ventura Esenio? —preguntó Myriam antes de responder.

—Terminé el grado primero y estoy en segundo y cuando fuí ascendido, ya me dijeron los maestros de este mismo Santuario: "Si pones toda tu buena voluntad, Simón, la predicación del Mesías Salvador te encontrará ya en el grado cuarto". Estas palabras me hicieron suponer que había ya venido o estaba para llegar. Vos sabéis que no es discreto preguntar aquello que no se nos dice en el Santuario.

—Así es, y por eso mismo yo debo ser muy parca en mis palabras. Unicamente os digo que mi Jhasua parece a juicio de los Ancianos que trae una misión grande para cumplir. Si queréis visitar aquí a los solitarios, quizá ellos os podrán decir algo más.

El niño se había quedado apoyado en el tronco de un árbol y con los ojos semientornados parecía no ver ni oír lo que pasaba.

De pronto dijo.

—El Espíritu de Dios sopla donde le place, y manifiesta a los sencillos lo que esconde a los soberbios. Simón —exclamó con una voz sonora y vibrante— Jehová te dice que lo que tú estás pensando, *eso mismo es.*

Y como si nada hubiera ocurrido de extraordinario el niño volvió a su estado normal y graciosamente decía a Simón:

—Tú que eres alto y fornido bien podrías trepar a esa montañita que ves, donde está esa vieja encina.

—¿Y para qué ha de subir? —inquirió Myriam.

—Desde que llegué ando espiando una pareja de tordos azules como los de Nazareth que entran con gusanillos entre sus ramas.

—¿Y sospechas que tienen allí el nidal con pichones? —preguntó Pedro.

—¿Para qué han de llevar gusanillos sino para los hijuelos?

—¿Para qué los quieres si aquí estaremos poco tiempo? —volvió a decir Myriam.

—Madre, cuando vienen las tormentas todos los pichones son tirados a tierra donde los devoran los hurones y las víboras.

"¿No es mejor tenerlos guardaditos en casa hasta que sepan volar y defenderse de todo peligro?

—¿De modo que quieres ser *salvador* de pajarillos pequeños? —preguntó Pedro y diríase que en sus palabras se encerraba segunda intención.

—¡Salvador de pajarillos pequeños!... —repitió Jhasua pensativo—. Has acertado Simón, y te aseguro que nadie acertó tanto como tú. Es como si yo sintiera una secreta satisfacción de salvar de la muerte los pajarillos de todos los nidos.

Y Simón, como cediendo a una secreta inspiración, a una oculta voz que le hablaba desde muy adentro, respondió:

—¿No será esto un ensayo de convertirte más adelante en Salvador de hombres, Jhasua?

—No descubramos los secretos del Altísimo antes de su hora —dijo Myriam temiendo que la conversación tomase otro giro.

—¡Qué buena Esenia es tu madre, Jhasua, y qué ejemplo me da de discreción y de silencio! Para el pobre Simón ha brillado hoy una extraña luz, y creo no equivocarme, aunque nada digáis.

Y apenas llegado ante su padre, Simón le pidió, si podía, que le revelase el secreto del niño de Myriam.

—¿Es Elías que ha vuelto a abrir los caminos al Salvador esperado, según estaba predicho?

'' ¡Porque me anonada, el sólo pensar que Jehová me permita ver con mis ojos pecadores al Salvador mismo!...

Todo esto lo decía Pedro con una emoción y un fuego interno que lo transmitía a su padre, el cual le contestó:

—Hijo mío, ya sabes cuán severa es nuestra consigna de silencio. Sólo te puedo decir que en ese niño está encarnado un gran espíritu para una importante misión. Esto lo sabemos la mayoría de los Esenios. Si tú quieres saber más respecto de él, vete a hablar con los Ancianos del Santuario, que ellos te lo dirán si lo creen conveniente.

—Sí, padre, sí; ábreme la puerta porque tengo una ansiedad que parece estarme quemando las entrañas.

El Anciano seguido de su hijo, subió una escalerilla de piedra que arrancaba a pocos pasos de la piedra del hogar, donde hervían las marmitas y se cocía el pan entre el rescoldo. Era como un altillo donde en cestas de cañas y de juncos, secaban frutas y quesos. Apartó a un lado unos haces de caña dejando al descubierto las maderas mal labradas que para evitar la humedad de aquel sitio cubrían totalmente el muro. Una de aquellas tablas de dos pies de ancho, era una puertecilla por donde el padre y el hijo desaparecieron.

El Anciano volvió solo y su hijo quedó dentro.

Los Ancianos le habían visto de niño correr por la montaña cuidando las cabras y jugando con los cabritillos.

Le conocían como un muchachote honrado y bueno, habían presenciado sus bodas y le habían ayudado a formarse en la austera Ley de Moisés y en las costumbres esenias.

—¡Ah, Simoncillo! —decíanle en diminutivo para distinguirlo de su padre—. ¿Qué vientos te traen por aquí? ¿Acaso te ha nacido el primer hijo?

—¡Oh no, hermano Azarías!... Es otro el asunto que me trae esta tarde.

—¡Bien hombre, tu dirás! ¿Acaso te ves enredado en una encrucijada de difícil salida?

—Nada de eso. No sé si vos recordaréis, hermano Azarías, que yo estoy en el cuarto año del grado segundo, y que por vuestro consejo empecé hace años a prestar atención a mis sueños y a las intuiciones que de vez en cuando tenía.

Y el joven Simón refirió al Anciano el último sueño que había tenido y que había motivado su viaje. Declaró sencillamente la impresión interna que sintió al ver al niño Jhasua, impresión que se hizo más profunda mientras hablaba con él, hasta el punto de hallarse plenamente convencido de que ese niño era un gran Profeta de Dios, acaso Elías cuya venida estaba anunciada para ese tiempo, y todo buen Esenio lo sabía.

Un Anciano solo, jamás resolvía en un asunto, por simple que fuera, y así fue pasado Simón a la *bóveda de los párvulos* donde se esclarecían ordinariamente las consultas de los hermanos.

Otros dos Ancianos acudieron a investigar en el alma cándida y sencilla del joven galileo, todo cuanto pasaba por ella. Comprendieron claramente que tanto el sueño como sus intuiciones, eran formas con que la Luz Divina se le manifestaba, y entre los tres Ancianos dijeron:

—¿Quiénes somos nosotros para impedir al Altísimo manifestar sus divinos secretos a las almas?

"¿No está escrito que el Señor abrirá sus puertas a los párvulos y las cerrará a los poderosos?

Pedro parecía adivinar el gran secreto de Dios, y sus ojos azules agrandados por el asombro y la ansiedad, parecían próximos a llenarse de llanto.

—Siéntate aquí entre nosotros, Simoncillo, y con serenidad escucha lo que vamos a declararte porque vemos que es la voluntad de Dios que lo sepas. —Y el mayor de los Ancianos le refirió cuanto había ocurrido desde antes del nacimiento de Jhasua, y como los sabios venidos de Oriente y los Ancianos de todos los Santuarios Esenios habían tenido manifestaciones suprafísicas afirmando por distintos medios y de muy diversas formas, que en ese niño estaba encarnado el Verbo de Dios, el Cristo, el Mesías Salvador del Mundo anunciado por los Augures y Profetas de distintos países, donde las grandes Escuelas de Divina Sabiduría habían auscultado los astros y las predicciones más antiguas tenidas por revelaciones divinas.

Por unos momentos, Simoncillo se quedó mudo, hasta que un sollozo muy hondo le subió a la garganta y abrazándose del Anciano más inmediato a él, rompió a llorar como un niño.

Por un largo rato no pudo articular palabra, y cuando fue recobrando la serenidad, sus primeras palabras fueron estas:

—Yo lo he tenido sobre mis rodillas hace unos momentos y he besado sus manecitas y he acariciado sus cabellos de oro... ¿Qué hice, Señor, para merecer una honra tan grande y un favor tan señalado? En 24 años no hice más que cuidar cabritillos y ahora ganar mi sustento y el de los míos. Tan pocas oportunidades tuve de hacer grandes obras de bien, que no encuentro mérito alguno en mi vida para que el Señor me dé tal recompensa.

—Simón, hijo mío —díjole uno de los Ancianos— como Esenio que eres, sabes que no somos de hoy solamente, sino que muchos siglos y largas edades han pasado por nosotros. ¿Sabes acaso en detalles las circunstancias mil, las obras de misericordia que habrás hecho en tus innumerables vidas anteriores?

"¿Sabes acaso si tienes una alianza estrecha con el gran ser que tenemos entre nosotros?

"¡Simón... Simón!... La pesada materia que revestimos nos hunde en las sombras del olvido, y sólo con grandes esfuerzos consigue el alma iluminar los senderos largos de su lejano pasado. Día vendrá en que la Luz Divina abrirá para ti sus eternos archivos, y entonces sabrás por qué hoy has podido encontrar en tu camino presente al Avatar Divino, bajado por última vez a la Tierra.

—Ya ves, pues, cómo tu sueño y tus intuiciones se han realizado.

—Ahora, Simón, sólo falta que nosotros nos hagamos dignos de la grandeza divina que tenemos en medio de nosotros, y que respondamos con generoso corazón al Mensajero de Dios que ha venido a buscarnos.

—¿Qué debo hacer, pues? Mandad que no soy más que vuestro siervo.

—Siervo nuestro no, Simón, sino siervo del Rey inmortal y glorioso que viene a establecer su reinado de amor y de luz en medio de la humanidad.

—Examinemos juntos tus progresos espirituales y el estado de adelanto en que te encuentras.

—Voy en el año cuarto del grado segundo.

—Bien, ya sabes que en los tres primeros grados podemos suprimir años cuando los adelantos son notables, y el sujeto ha vencido todas las dificultades para el cumplimiento de lo que está prescripto.

Simón sacó de su bolsillo un pequeño anotador y lo entregó al Anciano que dirigía aquella consulta.

—Observad por vosotros mismos —les dijo— y luego me diréis lo que debo hacer. Vosotros sois los maestros y yo el discípulo.

—Hasta que haya salido de su silencio el Gran Maestro, del cual todos seremos discípulos —dijo otro de los ancianos.

En aquellas hojitas ajadas y amarillentas, durante cuatro años, Simón había anotado sueños, intuiciones, pensamientos, ideas al parecer disparatadas, pero que respondían a un fin altamente noble y benéfico, en conformidad con las prescripciones esenias.

De acuerdo con su suegro con el cual compartía sus trabajos de pesca, tomaba una parte menos para dejar esa ventaja al padre de su mujer en razón de que las grandes barcas le pertenecían. Y con la parte exclusivamente suya, Simón se arreglaba en forma de poder socorrer con ella a los desvalidos que a nadie tenían que velase por ellos.

En varios sueños, seres que no le eran conocidos, le habían apremiado para que no esperase perezosamente el lento paso de los siete años del grado segundo. Y algunas anotaciones decían así:

"Soñé anoche que yo iba por un camino y tropecé con un arroyuelo que lo cortaba. Yo iba a buscar el medio de no vadear el arroyo, y entonces vi un niño cuya edad no pude precisar, que desde la orilla en que él y yo estábamos, hacía grandes esfuerzos por lanzar al lecho del arroyo unos troncos con la intención de pasar sobre ellos.

—"¿Qué haces chicuelo? —le pregunté—. Ya lo ves —me dijo—, prepararme un paso. —Eres demasiado pequeño para emprender ese trabajo —volví a decirle.

—"Mi voluntad que es grande, suplirá mis pocos años. Ahora mismo quiero pasar.

—"¿Por qué esa prisa? Volvamos hacia atrás y busquemos si hay un modo de evitar tanto esfuerzo.

—"Si tanto temes al esfuerzo, quédate ahí, pasaré yo solo.

—"Y el niño continuó tirando al lecho del arroyo los pedazos de troncos uno después del otro, hasta que por fin, saltando alegre como un cabritillo pasó al otro lado.

—"Ves —me dijo—. El rey ha llegado ya, y yo voy a su encuentro mientras que tú te quedas allí quieto como un lagarto atontado.

—"En esto me desperté".

Y los Ancianos analizando este sueño, lo encontraron lleno de lucidez espiritual.

—Simón —le dijo uno de ellos— en este sueño un Guía espiritual representado por ese niño te empuja a avanzar valientemente, ejercitando la más activa potencia de tu espíritu: la voluntad.

—De este sueño, según la fecha puesta por ti, han pasado tres años.

—El arroyuelo puede ser un símbolo del grado en que estás como estacionado, por haber transcurrido tanto tiempo sin acudir al Santuario para tu remoción.

—Las demás anotaciones registran una infinidad de intuiciones en que la interna voz de tu Yo superior, te espolea para que avances; pues para el iniciado en nuestras Escuelas de Divino Conocimiento, no basta ser bueno, sino que es necesario avanzar en las capacidades a que puede llegar el alma encarnada; y quedarse estacionado es igual que si no se hubiese comenzado. Y peor aún, toda vez que es como tener abierto el libro sagrado de la Verdad Eterna y no querer leerlo; o como mantener apagada la lámpara que te fué dada para iluminar tu propio camino, y el de los que andan alrededor o en pos de ti.

—¿Qué he de hacer, pues? —preguntó dócilmente Simón.

—Pues pedir promoción al grado tercero ya que has cumplido con todo cuanto te exige el segundo.

—Haced conmigo como sea vuestra voluntad.

—Es tu voluntad Simón, la que debe decir: *quiero esto.* Los grados de adelanto espiritual son escalones en los que el alma prueba su anhelo su fuerza de vencimiento y su capacidad de amor a sus semejantes y su amor a la Verdad y a la Justicia.

—Un esenio del grado tercero, no puede concurrir a un festín con atavíos suntuosos si sabe que cerca de él hay seres humanos que padecen hambre, frío y desnudez, sino antes remediar esas necesidades de sus hermanos y despúes concurrir al festín.

—No puede decir, nunca, una mentira para escusar una falta, o para conseguir la satisfacción de un deseo aunque sea lícito.

—No puede revelar los delitos ocultos del prójimo sino en el caso de que sea condenado un inocente. No puede tomar parte en un asunto o negocio donde se perjudique un tercero, aunque le sea desconocido.

La voz de la amistad o de la sangre, no le llevará jamás a cometer una injusticia en caso de que deba ser juez entre un familiar y un extraño.

—Deberás dar dos horas de tu trabajo o su equivalente si tiene abundancia, para el fondo de socorro a los menesterosos que la Orden tiene instalado en cada aldea de nuestro país.

¿Tienes valor para realizar todo esto?

—"El rey ha llegado ya" —me dijo el niño de mi sueño. "Yo voy a su encuentro y tú te quedas allí como un lagarto atontado" —repetía Simón como hablando consigo mismo—.

"Maestros Esenios —dijo por fin poniéndose de pie—.

"Dadme el grado tercero, que puesto que el rey está entre nosotros, yo quiero seguirle de cerca.

—Esa misma noche, Simón salía del Santuario con el tercer velo blanco que guardaría como un tesoro y como una promesa, pues que al reunir los siete velos correspondientes â los siete grados, con ellos se formaba el Gran Manto llamado de purificación. Y sólo entonces empezaba para el Esenio, su carrera de Maestro de Divina Sabiduría.

Y cuando varios días después, se disponía a emprender el viaje de regreso, al despedirse del niño Jhasua, éste volvió a preguntarle:

—¿Qué dirás en tu casa de esta larga demora?

Simón recordó que le estaban vedadas las mentiras para excusar una falta o para satisfacer un deseo·y contestó con gran serenidad:

—Diré que encontré en la puerta del Santuario un niño, Jhasua, que me ató a su propio corazón, y que no fué desatado hasta que un tercer velo blanco me cayó encima como un manto de luz. ¿Está bien así niño mío?

— ¡Está bien Simón, muy bien!

Y los pequeños bracitos de Jhasua rodearon una vez más el cuello de Pedro.

—No olvides —añadió el niño— que de aquí a tres meses dice mi madre que estaremos en nuestra casita de Nazareth y que me has prometido visitarme. No tienes más que preguntar por el taller de Joseph el artesano, o pedir las señas al Hazzán de la Sinagoga.

Simón no pudo responder porque la emoción del adiós le apretaba la garganta. Besó al niño en las manos, en la frente, en los ojos y partió sin volver la cabeza atrás.

EN EL SANTUARIO DEL MONTE TABOR

Por esas combinaciones especiales que tiene a veces la Ley Divina para con los seres que se ponen a tono con Ella, en el Santuario del Monte Tabor se encontraban muchos papiros cuyo origen se remontaba a los antiguos Kobdas del Nilo, que fueron los precursores del Hombre-Luz en su personalidad de Abel.

Como en el Monte Carmelo Jhasua se había encontrado con Antulio el gran filósofo, en el Tabor debía encontrarse con Abel el apóstol del Amor entre los hombres.

Y por tal motivo los Ancianos habían querido que permaneciera allí tres meses, para que paso a paso se fuera encontrando a sí mismo.

Más adelante, en el Gran Santuario de los Montes de Moab se encontraría con Moisés, el gran Legislador, que marcó rutas inmutables a la humanidad, con los Diez Mandamientos grabados en tablas de piedra.

¿Cómo —se preguntará el lector— habían venido a Monte Tabor arrinconado entre la umbrosa y escarpada Galilea, los papiros de los Archivos Kobdas del Nilo?

Pues de la misma manera que desde Atlántida (más lejos aún), habían llegado, en legajos de telas enceradas las enseñanzas de Antulio.

La Prehistoria, o sea el período neolítico, guarda secretos que las generaciones modernas empiezan recién ahora a sospechar que existieron.

Y así como las diversas inundaciones de Atlántida llevaron poblaciones enteras hacia las costas más vecinas, de igual manera la invasión de razas conquistadoras a las praderas del Eufrates y los valles del Nilo, obligaron a expatriarse a los últimos Kobdas de los Santuarios de Neghadá y La Paz, esos dos grandes focos de sabiduría antigua en los comienzos de la Civilización Adámica.

A poco de la muerte de Antulio, algunos de sus discípulos íntimos y hasta su misma madre, huyeron hacia las costas del nuevo mar, que se había formado por la abertura de la gran cordillera que unía a Mauritania (Africa norte) con el país de los Piranes (Europa del sur). Este nuevo mar era el actual mar Mediterráneo, ese hermosísimo y hondo valle, atravesado de oeste a este por un río nacido de las cimas de la gran cordillera, y que atravesando el valle, iba a unirse como un gran afluente, al Eufrates, para desembocar en el mar de la India o Golfo Pérsico.

Estos emigrantes habían llegado a las costas del Atica, el país más civilizado de la Prehistoria, y cuya gran Capital, Hisarlik, atraía con su hospitalidad y su gran comercio a todos los extranjeros.

Tal es la trayectoria de algunos de los discípulos de Antulio, entre ellos el Príncipe atlante Hilkar II de Talpaken, cimiento y origen de los Dacktylos del Atica, que pasaron luego a Cretasia y Chipre. Llegó uno de ellos, como un pájaro perdido en un velero náufrago al Monte Carmelo, en la costa de la Palestina, y ese fué Elías el gran Profeta, que la sencilla tradición decía que no era nacido de madre, porque nadie le conoció familia ni parentela, sino que de la noche a la mañana se le vió ambular como un fantasma por las faldas del Carmelo.

A la pregunta, *cómo llegaron los papiros Kobdas* a las grutas del monte Tabor, vamos a contestar ahora.

Del antiquísimo y milenario Santuario de Neghadá sobre el Nilo, se había formado el de La Paz sobre el gran río Eufrates, que era el fácil camino que ponía en comunicación el Asia del Oriente lejano con el Africa, el Asia Central, y los países del Ponto Euxino o Mar Negro.

La dispersión de los antiguos Kobdas por la invasión de razas conquistadoras y sanguinarias, llevó a muchos de ellos a refugiarse en las ciudades de la costa del gran río, entre ellas, la primera Babilonia, la antigua Nínive, ambas destruidas varias veces lo cual provocó la huida de aquellos últimos discípulos de los Kobdas hacia Fenicia, el gran pueblo de navegantes de las más remota antigüedad. En este país, estaba Tiro, la rival de Cartago, y ya como marineros de los barcos mercantes fenicios, o como simples viajantes, llegaron fugitivos a Tiro, y desde allí en busca de lugares fértiles y a la vez seguros contra las persecuciones, encontraron las grutas del Monte Hermón, y de allí pasaron al Monte Tabor, a medida que fueron reconociendo el nuevo país que les abría sus puertas. Y las distintas cautividades que sufrió el antiguo pueblo hebreo, facilitaron a los discípulos de los Kobdas del Eufrates y del Nilo, para trasladar desde Babilonia, los ocultos tesoros de sabiduría Kobda que allí existían procedentes de los Archivos del Santuario de La Paz.

Mas, ¡cuántos siglos habían sido necesarios, para que las grutas del Monte Hermón y del Tabor completasen la gran recolección de viejos papiros, placas de cortezas, legajos de telas enceradas y planchas de arcilla, donde podía reconstruirse la verdadera historia de la Civilización llamada *Adámica*! Y si muchos fueron los siglos necesarios, fueron mucho más los Kobdas mártires, hasta que encontrándose con los seguidores de Esen, del Monte Moab, se refundieron en ellos y fueron todos , los *Esenios* precursores y maestros del Mesías-Salvador, en su personalidad de Jhasua de Nazareth.

Eran 37 ancianos los que vivían permanentemente en las grutas del Monte Tabor, sin contar los Terapeutas o médicos que iban y venían recorriendo el país, para velar asiduamente sobre todas las familias esenias, y que eran el hilo conductor de las noticias de un santuario a otro.

El Servidor, cuyo nombre era Haggeo, estaba considerado como un clarividente, poeta y músico de lo más eminente y destacado, que hubiera tenido la Orden en los tres últimos siglos.

De tal manera se habían conquistado el amor reverente de cuantos le conocían, que llegó a ejercer gran influencia dentro y fuera de la Congregación.

Y en casos difíciles en que fué necesaria su presencia, más de una vez vistió la obscura túnica de los Terapeutas, y fué allá adonde creía que le llamaba el deber de evitar el mal, en los que se veían amenazados de una forma o de otra. Desde Antioquía, Tiro y Damasco, hasta las arenas resecas del Mar Muerto en el sur de la Judea, se había hecho sentir la discreta y sabia influencia de Haggeo el Bueno, como llegaron a llamarle.

Y como nadie conocía su origen, la sencilla credulidad de ciertas gentes, empezó a crear alrededor de él, una especie de mitología llena de dulce y poético misterio.

Tan solo los Ancianos de todos los Santuarios, sabían que en la vida de Haggeo, no existía misterio alguno, sino una avanzada evolución espiritual, que le daba la magnífica lucidez a que habían llegado sus facultades superiores.

Había nacido en la costa norte del Ponto Euxino o Mar Negro, entre las primeras colinas derivadas de la gran Cordillera del Káucaso. Hijo de un príncipe asesinado en un motín popular, una hermana suya salvó la vida del heredero pequeñito de sólo tres años de edad, entregándole al capitán de un barco mercante que hacía viajes periódicos desde el Mar Negro a Antioquía, la antigua Dhapes de la Prehistoria, en la costa noroeste del Mediterráneo.

El marino, fiel servidor de su señor asesinado, buscó el modo de asegurar la vida del pequeño heredero, y compró una parcela de tierra en las afueras de Antioquía en las orillas del río Orontes, hermoso paraje sombreado de plátanos y provisto de exuberante vegetación. En la parcela de tierra adquirida, se veía cubierta de trepadoras y arbustos, una informe ruina de grandes bloque de piedra negruzca, y enormes vigas de encina que el tiempo había cubierto de musgos y alimañas, pero que no había podido reducir a cenizas.

El capitán circasiano, nacido y criado entre las duras rocas vivas cubiertas de nieve, encontró en aquellas ruinas una cierta semejanza con las habitaciones de su país natal, y así en vez de construirse una morada, tomó una docena de jornaleros y reconstruyó en el ruinoso edificio, la parte que ofrecía más facilidades para ello. El niño con su nodriza circasiana, fué instalado en el pequeño pabellón reconstruido donde el solícito capitán almacenó provisiones en forma que aquella mujer pudiera desenvolver la vida en sus ausencias frecuentes. Un viejo marinero, inútil ya para los viajes y bravo como un oso de las montañas nevadas, era el guardián que dejó para la defensa y custodia del pequeño hijo de su señor.

Su madre que murió poco tiempo después de nacer el niño, había hecho el voto de consagrarlo al Altísimo, a fin de conseguir que naciera vivo, pues los médicos anunciaban que nacería muerto a causa de los grandes terrores sufridos por la madre en esa época de tumultos, incendios y desvastaciones que soportara el país.

A decir verdad, nadie pensó en tal voto cuando el niño quedó vivo y murió la madre, pero ella lo había dejado escrito en un menudito papiro, dentro de un cofrecillo de plata no más grande que la palma de una mano y cuya pequeña cerradura, un dije de oro que era una estrellita, la colgó al cuello del niño con este nombre "Iván". Era el nombre de su padre. Pero el capitán protector, temió que tal nombre delatara su origen, y ya en Antioquía comenzaron a llamarlo Haggeo, nombre bastante común allí.

Un día el capitán no regresó de uno de sus viajes, el anciano guardián murió y el niño ya de 14 años se encontró solo con su nodriza. Siendo tan grande el aprovisionamiento de su bodega y teniendo frutas y hortalizas, los comienzos fueron fáciles, pero al cabo de poco tiempo notaron la falta de muchas cosas que no podían sacar de la tierra. La nodriza entregó al adolescente el cofre que ella guardara celosamente, y Haggeo se vio en grandes dificultades para encontrar el modo de abrirlo.

Por fin supo, al abrirlo, que su madre lo había ofrecido al Altísimo a cambio de que le concediera la vida. La nodriza le refirió su origen y que era heredero de un rico dominio entre el Mar Negro y la cordillera del Káucaso.

Y como en el pequeño cofrecillo había una veintena de enormes diamantes, aconsejaba a su hijo de crianza que emprendieran viaje a su país natal para tratar de conquistar lo que le pertenecía. En estas cavilaciones estaban, cuando la nodriza cayó enferma. Haggeo llamó a los médicos del pueblo que eran los Terapeutas esenios, y uno de ellos acudió al lecho de la enferma.

Cuando ésta estuvo convencida que su mal era grave, confió al médico su cuita, y le rogó protegieran al pobre huérfano, que no quiso saber nada de regresar a su país, donde su padre había sido asesinado y donde también el capitán, su protector, debió perder la vida, puesto que no regresó, ni nada supieron de él.

Encariñado después con los Terapeutas y teniendo en cuenta el voto de su madre, quiso retirarse a la vida solitaria que ellos hacían, y fue conducido al Santuario del Monte Tabor, de donde nunca más quiso salir. Vivió su larga vida entregado a la tarea de coordinar y poner en limpio los viejos papiros que habían pertenecido a los antiguos Kobdas de los valles del Nilo y de las praderas del Eufrates. La personalidad radiante de Abel, se presentaba a su vista con tan vivos fulgores que absorbía por completo su espíritu. Aquella sabiduría de los Kobdas le sugestionaba de tal manera, que su ardor para el trabajo era ya excesivo, por lo cual los Ancianos debieron preocuparse de frenar un tanto su afán en atención a su salud.

Desde su entrada a los 16 años hasta cumplidos los 40, reconstruyó paso a paso toda la Civilización Kobda, cuyo sol central, Abel, le producía un verdadero delirio de amoroso entusiasmo.

Y cuando había terminado su gran obra, se manifestó espontánea en Haggeo la clarividencia, en tal forma, que pudo ver su pasado en la época en que Abel estuvo en la Tierra.

Y Haggeo, asombrado, se vió en la personalidad de una mujer que había vivido más o menos en el mismo país que había nacido entonces; que en aquella época descubrió en Abel al Hombre-Luz al Hombre-Dios, y se consagró a su amor y a su obra, durante toda aquella vida.

Supo todas las vicisitudes de la valiente mujer, que fue una personalidad de su vida eterna. Y estando un día Haggeo percibiendo estas visiones de su lejano pasado, uno de los Ancianos, maestro suyo, vió al mismo tiempo un hermoso paisaje de montañas nevadas y por un mar de azuladas aguas, bogar como un pájaro blanco con alas abiertas un gallardo velero, en cuyo puente de mando, iba de pie una hermosa mujer rubia vestida de flotantes velos rojos. El anciano clarividente vió más: en una cumbre nevada, estaba escrito con letras de oro este nombre:

"Walkiria de Kiffauser".

Tuvo la idea de que tal nombre pertenecía a su discípulo Haggeo, y esperó que volviera en sí del estado semi estático en que comprendió que estaba. Observó su despertar y oyó sus primeras palabras entre emocionados sollozos que las hacían casi inenteligibles:

—¡Gracias Dios misericordioso que en esta obscura y doliente vida mía, me darás de nuevo a Abel en recompensa a mi amor de tantos siglos!

Hemos querido hacer a la ligera esta reseña histórica de Haggeo, para que el lector conozca a fondo al Anciano Servidor del Santuario de Monte Tabor, que cuando Jhasua, entrado a los 11 años, se hospedaba en dicho Santuario, Haggeo entraba a los 70 años de edad.

Una alianza milenaria de aquellas que el tiempo no destruye, y que son invulnerables a todas las hecatombes humanas, había unido a Abel y Walkiria.

En las escondidas grutas de Monte Tabor, se encontraban nuevamente con otra indumentaria física y con otros nombres: Jhasua y Haggeo, el uno niño de 11 años y el otro anciano de 70.

El lector puede bien adivinar el éxtasis de estas dos almas en aquellos momentos supremos, en que Jhasua el Cristo, realizaba su último pasaje por la Tierra.

Y en la gruta donde se custodiaban los archivos en grandes armarios de encina empotrados en cavidades abiertas en la roca, se veía frecuentemente al anciano Haggeo con Jhasua sentado a su lado, leyendo los antiguos papiros ya traducidos al sirio caldeo que relataban la vida de Abel en los comienzos de la Civilización Adámica.

Diríase que los relatos traducidos al sirio habían ganado en intensidad en determinados pasajes, pues, cuando algunos Esenios se hallaban presentes, notaban la voz temblorosa de emoción en el anciano lector y los dulces ojos pardos de Jhasua inundados de llanto.

Hay que observar que el Monte Tabor estaba circundado de tantas bellezas naturales y de una placidez tan notable, que parecía como hecho aquel paraje para las más tiernas manifestaciones de amor.

Añadamos a tal circunstncia el hecho de que en ese Santuario se habían reunido seres de gran intensidad en sus afectos emotivos y de una exquisita sensibilidad por lo cual desde tres siglos atrás se venía formando una bóveda psíquica o templo astral y etéreo de una sutilidad extrema.

Allí la música y la poesía habían vibrado en tonos tan sublimes que ya era proverbial en la Orden, que los Esenios del Monte Tabor eran arpas eólicas que vibraban al más tenue soplo de las auras galileas.

El libro llamado del Cantar de los Cantares, la mayoría de los Salmos y de los libros proféticos habían sido escritos allí, en momentos en que oleadas formidables de inspiración divina pasaron por las almas iluminadas en éxtasis, en aquellas silenciosas grutas encortinadas de musgos y de flores silvestres.

Las tradiciones orales las atribuyen a éste, o al otro personaje bíblico de notoriedad, porque algunos reyes hebreos como David y Salomón, los adoptaron para las liturgias de sus templos de oro y marfil.

Y en muchos pasajes de las Escrituras Sagradas, se relata de reyes hebreos que enviaban sus mensajeros a los profetas, escondidos en sus grutas, para pedirles *Palabra de Jehová* como decían ellos, cuando sus almas anhelaban sentir de cerca las vibraciones de lo Infinito.

Y casi todos los antiguos cantos sibilinos, y ardientes poemas de amor entre el alma humana y la Divinidad, habían nacido bajo las grutas del Monte Tabor. De igual manera que en el Monte Hermón se habían especializado en la anulación de la materia para dar mayores vuelos al espíritu; en el Monte Carmelo habían dado la preferencia al ardiente apostolado de la redención humana, iniciado por Elías y Eliseo, y en el gran Santuario de los Montes de Moab, a la Ley... a la Eterna Ley de Moisés, cuyas copias habían multiplicado hasta lo infinito, y las habían hecho correr por todos los países habitados por seres humanos, traducidas en cuanta lengua o dialecto se habló en la antigüedad.

Allí, entre las *arpas vivas* del Monte Tabor, fué Jhasua a los 11 años de edad, a empaparse de armonía y de divina inspiración, que tuvo luego gran parte en la modalidad dulce y mística del divino Nazareno.

Y cuando leían los relatos sobre la vida de Abel, traducidas por el anciano clarividente Haggeo, con frecuencia se encontraban entre paréntesis, adverten-cias como éstas: ''Este Bohindra, alma de la Gran Alianza del Eufrates y del Ni-lo, realizó tres vidas en Monte Tabor en los últimos siglos.

Y en las iguales indicaciones, entre paréntesis, como esa, aparecían mencio-nados los nombre de una Reina Ada, de los antiguos Kobdas del Nilo, Adonai, Sisedon, Tubal, Elhisa Solania y muchos otros que en los comienzos de la Civi-lización Adámica habían sido colaboradores íntimos de Abél en su grandioso papel mesiánico de aquella hora.

Y todos ellos habían pasado por el Santuario de Monte Tabor, como lámpa-ras vivas y ardientes irradiando en formidables oleadas, el amor conquistado y desarrollado en largas vidas de inmolación sublime por el Eterno Ideal.

Con lo dicho basta y sobra, para que el lector avezado a estudiar estas mate-rias, se dé perfecta cuenta de la acumulación de corrientes sutiles de intenso amor que debía haber en el Santuario del Monte Tabor.

Cuando iba a terminarse el segundo mes de la estadía de Jhasua en aquel Santuario, escuchemos este diálogo entre el niño y su anciano confidente Ha-ggeo.

—¿Sabéis una cosa, Servidor?

—Si tú no me lo dices...

—Pues que falta sólo un mes para terminar mi visita aquí y yo no quiero irme.

—¿De veras?

—¡Y tan de veras! Y ¿por qué tengo que irme cuando estoy tan contento aquí? ¿No os parece a vos que debo quedarme?

—No, hijo mío, aunque también yo lo deseo quizá más que tú. No es la hora todavía de que entres de lleno en el mundo real o espiritual, cuya intensidad perjudicarían a tu desarrollo físico. Cuando hayas cumplido tus 15 años, enton-ces será la hora de hablar de esto ¿Comprendes Jhasua?

—¡Qué lástima no tenerlos ya, y me quedaría con tanto gusto!... —exclama-ba entonces el niño inclinando su cabecita pensativa.

—Mucho has aprendido y sentido en Monte Carmelo, y mucho has aprendi-do y sentido aquí. Créeme que tanto allá como acá, hemos extremado la dosis demasiado grande con relación a tu edad. Te faltan sólo cuatro años y éstos pa-san pronto. ¿Quieres que te prometa hacerte una visita en cada año de los que te faltan?

Jhasua al oír esto se lanzó sobre el anciano y rodeándole el cuello con sus brazos le dió un largo beso en la frente.

—¡Qué bien comprendéis Servidor mis deseos y mis sentimientos! —excla-mó entusiasmado el niño—. Eso mismo iba yo a pediros, porque encontraba muy largos cuatro años que tardaré en volver!

—Bien Jhasua, bien: eso quiere decir que nuestras almas han llegado a en-tenderse sin palabras.

—Deja todo a mi cuidado, que cuando venga tu padre a buscarte, yo conse-guiré de él que te deje venir por más largo tiempo cuando sea el momento.

—¿Y mi madre? —interrogó el niño—. Creed Servidor, que es mas difícil e! permiso de ella que de él. Para mi padre, yo no soy casi nada por el momento, pues que sus hijos mayores, mis hermanastros, le responden con creces a sus anhelos e iniciativas. Pero mi madre.. ¡Oh, ella! su pequeño Jhasua como una sombrita a su lado es quien suaviza todas las esperanzas. Porque aunque ella no os lo diga, mi madre sufre en silencio por lo adusto y severo del carácter de mi padre que jamás hace demostraciones de afecto en el hogar. Y mis otros hermanos son como vaciados en el molde de él. Sólo Jhosuelín es algo diferente para con mi madre y conmigo cuando estamos ausentes de Nazareth; pero en cuanto entremos en aquella casita todo es austera severidad. Mis hermanastras Elhisabet y Andrea son iguales a mi padre y ya están casadas desde el año pasado, queda aún la más pequeña, Ana, que a escondidas de mi padre es risueña y afectuosa y hace mimos a mi madre y a mí.

"¿Os gustan Servidor esta confidencias familiares que estoy haciendo?

—¡Oh mucho mi pequeño Jhasua, mucho!, porque así me facilita el camino para entrar en tu hogar con el acierto que debo tener.

—¿Y por qué temes que tu madre sea difícil de convencer de que te permita venir?

—Porque ella teme por mí muchas cosas que yo no alcanzo a comprender, y está inquieta así que me pierde de vista. Ana la menor de mis hermanas parece acompañar a mi madre en esos temores, pues me vigila siempre.

"En casi todas las epístolas que recibimos de mi padre se ven las recomendaciones añadidas por Ana al final: "Cuidad mucho a Jhasua que yo lo sueño casi todas las noches y temo mucho por él. Madre traedle pronto, y que no se aleje más de nuestro lado".

—¿Qué edad tiene tu hermana Ana?

—Tiene tres años más que yo.

—Catorce años. Dentro de dos o tres años tomará esposo, y así cuando yo deba ir a buscarte ya no estará ella en tu hogar, y será una oposición menos que yo tendré.

—¡Creo que no estáis en lo cierto Servidor!... —observó pensativo el niño.

—¿Por qué, Jhasua? ¿Se puede saber?

—Ana dice que no tomará nunca esposo porque ningún hombre le agrada. El uno que es feo, el otro que tiene la voz de trueno, el de mas allá que camina a zancadas como un avestruz, o que corre demasiado como un gamo perseguido...

—¡Oh, oh... mi niño picaruelo!, —decía el anciano riendo—. Es que Ana no ha encontrado aún el compañero que le está destinado. Eso es todo.

—Ana tiene sueños y cree que sus sueños son realidad.

—Ella ve en sueños un doncel muy hermoso que siempre le dice: "Yo soy el que tú vienes siguiendo desde hace muchísimo tiempo" Y a veces dice que le ve esconderse detrás de mí.

¿Sabéis vos Servidor lo que significa esto?

—Cada alma niño mío, es como un gran libro, donde el dedo del tiempo ha escrito muchas historias, o como un gran espejo que refleja muchas imágenes. ¿Sabes? Acaso los sueños de Ana tu hermana son pasajes de una historia de ésas que quizá responderá a una de las imágenes del espejo de la Luz Eterna. Cuando sea la hora lo sabremos todo. Mientras tanto te digo que tu madre y Ana, son las dos almas que más te comprenden en tu hogar.

Leyendo un día en los viejos papiros de los antiguos Kobdas de la época de Abel, el Servidor leía un pasaje referente a una hermosa mujer del país de Arab (La Arabia) que enamorada ardientemente de Abel, el jóven apóstol de la prehistoria en los países del Asia Central, llamado de los *Cinco Mares*, estuvo a punto de entorpecer el camino del Misionero, Aquella mujer, según los relatos, había tenido muchos sueños, y en ellos veía la imagen que después encontró real en la persona de Abel, hijo de Adamú y Evana. Y ella decía que soñaba con un príncipe que "parecía formado con luz de las estrellas".

—Servidor —interrumpió de pronto Jhasua.— A esa mujer le sucedía como a mi hermana Ana. ¿Cómo decís que se llamaba?

—Zurima de Arab, lo expresa aquí. —Y como el Servidor viera al niño pensativo mirando al sitio del papiro donde leían, le preguntó—:

"¿En qué piensas Jhasua?

—Vosotros me enseñáis que toda criatura nace, renace y vuelve a nacer muchas veces ¿no es así?

—Justamente.

—Vos, yo, todos, tuvimos muchos cuerpos, muchas vidas y por tanto muchos nombres, pues cada cuerpo y cada vida tuvo el suyo ¿no es así?

—Así es Jhasua, así es, ¿qué quieres decir con eso?

—Que se me ocurre pensar que Ana mi hermana sería esa Zurima de Arab.

—Puede ser —dijo el Servidor asombrado del sutil razonamiento del niño—. A ver si se te ocurre pensar quién sería ese príncipe luminoso, que ella soñaba y al cual parecía estar ligada.

El niño volvió a sumirse en meditativo silencio.

—Aunque ahora no soy príncipe ni cerca de serlo según creo, puede ser que ese Abel, fuera en el pasado, yo mismo. ¿No puede ser así?

—¡Qué hermoso despertar el tuyo niño mío! —exclamó el Servidor abrazando al pequeño.

"Dos meses he pasado esperando éste momento, en que te encontraras a ti mismo en la personalidad de Abel, hijo de Adamú y Evana.

—¡Qué maravillas guardáis vosotros los Esenios en vuestras grutas llenas de misterio! —exclamó el niño siempre pensativo.

"En el Monte Carmelo me hicieron encontrar en ese Antulio maravilloso, que viajaba por las estrellas y relataba incomparables bellezas de esos astros lejanos. Y vosotros en el Tabor, me hacéis encontrarme en ese príncipe Abel, cuya vida relatan vuestros papiros con muchos mayores detalles de lo que dice Moisés en su primer libro.

"Pero creedme Servidor que esto me pasa dentro de vuestras grutas, y hasta me parece que no soy un niño sino un hombre. Cuando me hallo fuera, en la cabaña de las mujeres, o en la pradera, me olvido de todo esto y me veo otra vez un chicuelo goloso y travieso, que piensa en comer castañas y miel, y correr detrás de los corderos y espiar donde anidan las alondras y los mirlos.

—Eso significa que tu espíritu necesita fortificarse más y más, hasta llegar a dominar completamente los distintos ambientes espirituales en que se encuentra. Esto es, fortificarse en su unificación con tu Ego y Yo superior en tal forma, que tú seas capaz de cambiar o modificar los ambientes, y no que ellos te cambien a ti.

—Me parece que tardaré en poder hacerlo Servidor; ¿no os parece así?

—No, hijo mío. Estoy seguro de que antes de llegar a tus 20 años ya lo habrás conseguido plenamente.

"Ahora vete con tu madre que seguramente ya estará inquieta por tu tardanza.

El niño besó al Anciano en la mejilla y salió camino de la Cabaña-Refugio de las mujeres. Encontró a su madre que ya venía en su busca.

—¡Jhasua!... cada día te retardas más en el Santuario y olvidas que tu madre ha quedado sola —le reprobó Myriam.

—Sola no, madre, porque están las otras mujeres y está Verónica que tiene grande amor hacia ti —le contestó el niño dulcemente.

—Ninguna de ellas es el hijo, cuya presencia reclama mi corazón.

—Bien, bien madre, ya no te dejaré más sola, puesto que pronto nos marchamos de aquí.

—Eso será cuando venga tu padre a buscarnos. ¿Quieres volver Jhasua a Nazareth?

El niño la miró sin responder.

—Di la verdad, que no me disgustaré contigo cualquiera que sea tu respuesta.

—Madre, quiero decirte la verdad. Los Ancianos de los Santuarios parece que me ataran con cadenas. Lloré al salir del Monte Hermón y eso que sólo tenía ocho años. Me dolió dejar el Monte Carmelo, y hoy me duele mucho más dejar el Tabor. Pero el Anciano Servidor me ha prometido visitarme cada año en Nazareth, y con esta esperanza ha suavizado él la separación.

—¿Quieres que yo me vaya y te deje aquí? —preguntó Myriam queriendo medir los sentimientos del niño.

—¡No!... ¡eso no! Madre, porque sé la pena con que partiríais, y esa pena me amargaría mucho el corazón. —Y al decir así el niño se levantó en la punta de los pies y besó tiernamente a su madre.

Pocos días después y en una serena noche de plenilunio, en la postrera meditación de los Esenios que era siempre a la segunda hora de la noche, que nosotros diríamos las diez, los clarividentes tuvieron esta magnífica visión:

Del cuerpecito de Jhasua dormido en la cabaña en que se refugiaba su madre, se difundía una claridad rosada en la cual se confundían la cabaña y el Santuario, como si estuvieran ambos en un mismo plano resplandeciente de cristal amatista. El clarividente observador no podía precisar si la visión se acercaba hacia ellos o los atraía hacia sí, siendo lo cierto que el magnífico espectáculo se hallaba al alcance diríamos de sus manos, bien comprendido que era impalpable y sólo para ser percibido por mentes llenas de lucidez y de serenidad. Y la visión se hizo comprender así:

"Amigos del pasado, del presente y del porvenir: La cadena no interrumpida de inmolaciones cruentas de vuestro Mesías Instructor toca a su fin. Vosotros lo sabéis como yo. Mis sacrificios terminarán muy en breve, pero los vuestros continuarán durante veinte siglos más que faltan para el final de este ciclo de evolución. "Y así como este holocausto mío será el más espantoso y terrible, porque es la apoteosis del Amor-Redentor, igualmente serán para vosotros XX siglos de inmensos martirios sin honra y sin gloria, antes bien, sobrecargados de oprobios y de infamia, hasta el punto de que la humanidad dudará si sois justos o sois réprobos.

"También para vosotros será la apoteosis o las tinieblas pasados estos veinte siglos que os dará la Eterna Ley, para forjar vuestra grandeza o vuestra ruina, según que caminéis siguiendo mis huellas, o torzáis vuestro rumbo en pos de ideales que no son los míos.

"En esta etapa final de Jhasua-Cristo, quedarán refundidas como en una sola claridad, todas las actuaciones anteriores que sólo aparecerán ante la ciega humanidad, como pasajes brevísimos de meteoros iluminando las tinieblas de las pasadas edades. El heroico apostolado de Juno y de Numú en Lemuria, la mansedumbre invencible de Anfion, y la Sabiduría de Antulio en Atlántida; el Amor ternísimo de Abel, la siembra de paz y de justicia de Krishna, el renunciamiento supremo de Buda, la fuerza formidable de Moisés taumaturgo y legislador, todo se sumerge en la luz divina para formar la apoteosis de Jhasua-Cristo, que dirá ante Dios y los Hombres: *Hice cuanto fué posible hacer; todo fué consumado.*

"Niño aún, sólo podéis cooperar al despertar de mi Yo superior, fortaleciendo mi espíritu y cultivando mi mente, a fin de avivar en ellas las llamas vivas del conocimiento que brilló tan radiante en horas lejanas. Mas cuando yo me haya despertado y me haya reconocido a mi mismo, permaneced tranquilos y serenos en vuestras cavernas sin alarmaros, cuando veáis aparecer los primeros relámpagos de la tempestad, que ya os anuncio que llegará tan formidable y terrible, que guardarán de ella memoria los veinte siglos que os faltan a vosotros de vidas terrestres en este ciclo de evolución planetaria.

"Seréis dignos de lástima, si en plena borrasca llegáis a dudar de la misión divina de Jhasua-Cristo; mas es inevitable que en su corazón de hombre sea clavado también el dardo de esa duda; como los sentiréis clavarse vosotros en vuestra carne en etapas finales. La ley exige a los redentores, que ningún dolor les sea extraño de aquellos a que está sujeta la humanidad que redimen y que salvan.

"Mis Esenios de las cavernas, mis discípulos, mis aliados, mis apóstoles, mis mártires del futuro; yo os doy en esta hora, la suprema bendición de mi amor, para que ella os sirva de estrella polar en los obscuros siglos que habéis de vivir todavía en esta Tierra, entre fangales de vicio, de sangre y de llanto. Y aunque muchas claudicaciones marcarán lunares de sombra en vuestras existencias futuras, cuidad de que sea sin manchas la final, porque ella marcará vuestra gloria y felicidad, o vuestra desdicha por otro ciclo de evolución. Paz y Amor sobre todos vosotros que sois míos hasta la eternidad!"

La visión se fué diluyendo suavemente en el éter como había comenzado, dejando a los Esenios clarividentes sumergidos en la placidez extática de los grandes momentos, para el alma que ha llegado a comprender y sentir la grandeza de la Divinidad en sí misma.

La luna llena resplandecía como un lámpara de plata en el espacio azul, cuando los Esenios salieron a la plazoleta del Santuario, donde a compás de sus salterios y cítaras cantaron a coro, las vibrantes salmodias de la gratitud al Señor que les había designado para las grandes epopeyas de su amor redentor.

PRIMER VIAJE A JERUSALEN

Catorce días después de este acontecimiento, llegaba aviso de que en Caná les esperaba Joseph, para conducirles nuevamente a Nazareth, al humilde nido que Jhasua había dejado nueve meses hacía.

El Servidor y varios Esenios les acompañaron hasta dicha localidad, con la promesa solemne de visitarle en Nazareth.

Una vez allí, tuvieron todos la satisfacción de observar que el niño había cambiado mucho en sus modalidades.

Compartía con sus padres y hermanos los trabajos del hogar conforme a sus fuerzas físicas, y sólo dedicaba a sus meditaciones solitarias, las horas que destinaban los demás a sus juegos o expansiones acostumbradas.

Las grandes fiestas de Pascua se acercaban, y comenzaron los preparativos para el gran viaje a la Ciudad de los Reyes y de los Profetas: Jerusalén.

La costumbre casi erigida en ley, obligaba a los niños que habían cumplido los 12 años; y Jhasua estaba en el umbral de esa edad. Sería la primera vez que iría a la gran capital de la Nación hebrea desde los primeros días de su infancia, o sea desde que fuera consagrado en el Templo.

Estaba pues destinado a formar parte de la numerosa caravana nazarena hacia Jerusalén.

Se pusieron de acuerdo seis o siete familias emparentadas o amigas de la de Joseph, entre ellas Salomé y su esposo Zebedeo, con su único hijo Santiago de 14 años, si bien era notorio, que la madre iba a serlo dentro de breve tiempo y por segunda vez.

Tenía Myriam, una prima hermana llamada Martha, casada con Alfeo, un tejedor pudiente de Caná, que con varios de sus hijos y jornaleros formaban también la caravana que llegó a sumar 46 personas entre hombres, mujeres y niños. Por servir de vigías al niño Jhasua, iba también el Hazzan de la Sinagoga y dos Terapeutas que frecuentaban semanalmente la casa de Joseph.

La caravana siguió el camino acostrumbrado o sea el de Giané y Sichen, pasando por los antiguos Santuarios de Silos y de Bethel ya ruinosos en aquel entonces. Los alrededores son verdaderos oasis por la exuberancia de la vegetación y por la disposición del paisaje mismo, lleno de los encantos naturales, que se reúnen entre pintorescas colinas con arroyuelos murmurantes y aves que cantan en múltiples gorgeos y flores variadísimas, que los viajeros van recogiendo, mientras cantan los salmos acostumbrados en aquellas religiosas peregrinaciones anuales.

El viaje se realizó sin acontecimientos dignos de notar hasta llegar al Santuario de Silos, que por entonces sólo servía de albergue a unas decenas de paralíticos y mendigos, para quienes los Terapeutas habían conseguido permiso de habitarlo hasta que los nuevos amos del país dispusieran reconstruirlo o transformarlo en una de esas magníficas construcciones de estilo romano, en que tanto alarde de grandeza hicieron los Herodes, para captarse la simpatía del César.

Era el principio de la primavera y el sol bastante ardiente, había fatigado mucho a las mujeres y a los ancianos. Salomé la esposa de Zebedeo quiso pasar allí la noche, por no sentirse con fuerzas para continuar.

Myriam y su prima Martha, quisieron también pernoctar allí para hacerle compañía; por lo cual la caravana se dividió en dos. Los esposos e hijos de las tres mujeres quedaron también en Silos, pensando continuar el viaje a la madrugada siguiente.

El Hazzán y los dos Terapeutas viajeros, quedaron también allí con gran alegría de Jhasua que estaba encantado de aquel paraje. El aspecto ruinoso y sombrío del viejo santuario le atraía irresistiblemente, y mientras los hombres y las mujeres disponían un buen albergue para esa noche, consiguió él que Jhosuelin le acompañase a registrar cuidadosamente aquella negra mole cuyas ojivas casi cubiertas de hiedra, apenas permitían pasar débiles rayos de luz.

Su naturaleza de sirio, parecía desbordarse en místicos sueños entre los pórticos y naves del antiguo templo, y hasta pensaba escuchar la misteriosa voz de Jehová que oyera el niño Samuel cuando se iniciaba en el profetismo.

Nadie podía darle alcance en sus idas y venidas, registrándolo todo como si por momentos creyera ver aparecer alguna visión, o tuviera en el sub-consciente la certeza de que algo debía encontrar entre aquellas sombrías y resonantes murallas.

Como la noche caía lentamente, Jhosuelin luchaba por llevarse a Jhasua con la familia y demás peregrinos, y dudaba de conseguirlo, cuando la voz de Joseph su padre les llamó a ambos, porque el albergue para esa noche estaba dispuesto, y en la hoguera que ardía alegremente, la cena pronto estaría servida.

A más había otra novedad.

—¿Sabes Jhasua que el Señor nos ha mandado un angelito de oro para que nos acompañe en el resto del viaje? —decía Joseph a su hijo acaso para persuadirle a reunirse con todos, dejando por fin sus curiosos regristros en pasillos y corredores.

—¿De veras padre? ¿Ves Jhosuelin como el corazón parecía anunciarme que algo debía yo encontrar en este viejo templo?

—¡Vamos, vamos a verle! ¿Y quién lo tiene? y ¿cómo llegó? y ¿por dónde entró? ¿y qué ha dicho al llegar? ¿y no ha preguntado por mí?...

Todos este torbellino de preguntas hacían sonreir a Joseph, mientras con el niño de la mano y guiados por la cerilla que ardía en las manos de Jhosuelin, buscaban la salida en aquel laberinto de columnas y corredores.

El resplandor del fuego les atrajo por fin a un apartado rincón, donde con esteras y colgaduras de telas se había improvisado una alcoba para las mujeres.

Allí llamó discretamente Joseph, hasta que acudió Myriam y les hizo entrar.

Sobre un montón de paja que habían cubierto de pieles y mantas, se hallaba Salomé con su recién nacido.

—Ya vez Jhasua que no te he dicho mentira —decía Joseph acercándose con el niño, para que viera de cerca al angelito rubio que el Señor les había mandado.

El niño se quedó mudo, como petrificado, acaso por una extraña emoción que nadie sabía comprender. Hubo un momento en que sus ojos se llenaron de llanto, por lo cual intervino Myriam.

—¿Te entristece Jhasua vel al pequeñín de nuestra prima Salomé?

Jhasua se fué acercando lentamente sin decir palabra hasta el borde mismo del lecho, donde se puso de rodillas para que su rostro quedase a la altura en que el pequeño dormía.

—¡Angelito de Jehová!... —decía a media voz— mi corazón sabía que tú bajarías hoy a mi encuentro en este viejo santuario, donde Dios habló a sus profetas... donde Samuel escuchó de niño su voz, donde yo escuchaba hace unos momentos tantas y tantas voces sin ruido, que hablan sin palabras como habla el viento y las aguas que corren en los arroyuelos. —Y con los extremos de sus dedos suavísimos le palpaba las manecitas, la frente, las mejillas, y espiaba afanoso el instante en que abriría los ojos.

—Despiértate angelito de Jehová —le decía— que yo te llevaré en brazos hasta Jerusalen, para que juntos entremos en aquel dorado templo a cantar el amor de Jehová, que los hombres no conocen todavía.

Diríase que el alma de Jhasua, iluminada de divina claridad vislumbraba la tierna y dulce amistad de Juan, su apóstol y evangelista en los años que pronto llegarían para ambos, cargados de sus responsabilidades de sus respectivas misiones en relación con la humanidad que caminaba en tinieblas.

Temiendo los dos Esenios, que Jhasua cayera en uno de esos estado psíquicos que les sería difícil explicar ante los profanos, intervinieron en aquella escena muda.

—Jhasua —díjole uno de ellos— no es conveniente en estos momentos molestar al recién nacido. Ya lo hemos visto y bendecido al Señor por su llegada ¿Quieres acompañarnos a visitar la parte del Santuario que no has visto aún?

—Jhosuelin y el Hazzán pueden venir también.

Antes que el niño aceptara la invitación, intervino su madre.

—La cena estará dispuesta dentro de poco y os ruego no tardar mucho.

—Una hora a lo sumo y estaremos aquí de vuelta.

Y provistos de candelas y cerillas se encaminaron a lo largo del pórtico llamado de las mujeres, que era donde habían improvisado alcobas para esa noche.

Y por un gran arco que se abría al final penetraron al templo propiamente dicho. Sus pasos resonaban con largos ecos en aquella soledad poblada de sombras, y donde cada columna aparecía como un gigantesco guardián del Templo abandonado. Jhasua caminaba entre los dos Terapeutas que le conducían de la mano.

—Diríase que anda por aquí el alma pura de Samuel el Profeta de Dios —dijo de pronto el niño, quedándose plantado sobre las losas del pavimento cuando hubieron llegado a lo que había sido el Sancta Santorum.

—Mira hacia abajo Jhasua —dijo uno de los Terapeutas alumbrando con su antorcha el pavimento. Con una escritura rústica y ya muy barrosa podía aún leerse:

"Sobre estas losas dormía el joven Samuel envuelto en una pobre manta, cuando por tres veces oyó la voz misteriosa que en nombre de Jehová le mandaba transmitir su mensaje a Israel".

El niño miró con ojos asombrados a los dos esenios, pero guardó silencio.

—Si recuerdas algo del Libro primero de Samuel, comprenderás que éste era el sitio donde él acostumbraba a hacer la guardia a la sagrada lámpara, que no debía apagarse jamás en el templo de Jehová.

—Fué-aquí la gloria y el dolor del joven profeta, que recibió el anuncio de las desgracias terribles que Jehová dejaría caer sobre Elí, Gran Sacerdote y sobre su casa, por su debilidad para con sus hijos Ophni y Phinees, cuya escandalosa vida arrastraba por caminos de crimen y de vicio a toda la juventud de Israel.

—La extremada bondad de carácter de Elí, Gran Sacerdote, había penetrado muy hondo en el corazón del jovencito Samuel, que regó con amargo llanto estas losas sobre las cuales dormía, antes de atreverse a transmitir a Elí, su amado protector, el terrible mensaje que había recibido para él.

—Igual que si yo recibiera de Jehová un pavoroso mensaje para mis padres por ejemplo —murmuró tímidamente el niño.

Y pasando de allí al altar llamado de la Propiciación, se detuvieron a 20 pasos de él, para que el niño leyera en otra losa del piso esta larga inscripción:

"Sobre esta losa oró con lágrimas durante siete años, la virtuosa Ana, esposa de Elcana y madre del Profeta Samuel, pidiendo a Jehová un hijo, pues que no los tenía, hasta que el séptimo año, le nació Samuel, a quien con voto solemne consagró al Señor, dejándole en su Templo bajo la tutela de Elí, Gran Sacerdote, cuando el niño sólo tenía seis años de edad".

Y acercándose a la muralla, vieron en una plancha de arcilla grabado el cántico de Ana en acción de gracias al Altísimo, en el momento de consagrarle el hijo que le había concedido.

"Por éste niño oraba y Jehová me dió lo que le pedí.

"Yo le vuelvo pues a Jehová. Todos los días que viviere, serán de Jehová.

"Mi corazón se regocija en el Señor, y mi boca se ensancha para alabarle y glorificarle.

"No hay santo como El. Ni hay nadie fuera de Tí Dios nuestro.

"Jehová da la vida y la quita: hace descender al sepulcro y subir nuevamente.

"Levanta del polvo al pobre abatido, para sentarlo entre los príncipes.

"Porque de Jehová son los fundamentos de la tierra, y sobre ellos asentó este mundo.

"Jehová juzgará en todos los términos de la tierra, y dará fortaleza a su Rey y ensalzará el labio de su Mesías".

—Ahora recuerdo —dijo el Hazzán, que estando un sábado en la sinagoga de Nazareth, y leyendo el libro de Samuel, Jhasua dijo que este profeta estaba para venir nuevamente y que llegaría al Santuario de Silos, donde tanto habría glorificado al Señor.

¿Recuerdas Jhasua este hecho que motivó las primeras alarmas de tus padres por pronunciar palabras que tú mismo no podías justificar?

—En verdad, no lo recuerdo —contestó el niño.

—Pues sí hijo mío, y aquí os daré la prueba.

Y sacando una carpetita de bolsillo, buscó y rebuscó, hasta dar con el pequeño relato que aludía a la venida del Profeta Samuel.

La luz se hizo para todos, que exclamaron al mismo tiempo:

—El niño que acaba de nacerle a Salomé, es el Profeta Samuel que vuelve a la Tierra.

Jhasua entornó los ojos, de los cuales se deslizaron dos lágrimas que a la luz de las cerillas brillaban como diamantes, mientras decía a media voz:

—Sì, es él que viene a glorificar al Señor junto conmigo, y después de mí, muchos años, para que con nuevas visiones anuncie a los hombres lo que Jehová tiene reservado para los que le aman y los que no le aman.

Y sin esperar que nadie le guiáse echó a correr hacia el pórtico de las mujeres, y como en una exhalación penetró a la alcoba de Salomé. Con ardientes manifestaciones de cariño se abrazó del pequeñito recién nacido, y cubriéndole de besos el rostro y las manecitas, le decía como en un vehemente delirio:

—¡Qué solo y triste me habías dejado y cuánto tardaste para llegar!... ¡Mas ahora, que has venido, no me separaré de ti en la vida ni en la muerte!.

Sólo Zebedeo escuchó tales palabras porque Salomé dormía y Myriam y Martha junto al hogar, disponían la frugal comida para todos.

Los peregrinos debieron quedar allí tres días por causa de Salomé, hasta que los Terapeutas, grandes conocedores del lugar, consiguieron un pequeño carro de los que entonces usaban para viajar los que no podían hacerlo a pie, y sin apartarse mucho de los compañeros que le alcanzaban en las paradas, Salomé continuó viaje con su pequeñín hasta Jerusalén.

Cuando este viaje se hacía sin interrupción, ocupaba de tres a cuatro días, mas en la presente oportunidad les llevó siete días de Nazareth a Jerusalén.

Por fin, nuestros viajeros llegaron a la última etapa, una pobre aldea conocida con el nombre de Ain-el-Haramie, donde también se detuvo el carro de Salomé y todos juntos pasaron allí la última noche que les separaba de la dorada Ciudad, que era para todos como una visión muchas veces vista, pero que siempre deseaban ver nuevamente.

¡Jerusalén!... Era el sueño de luz y de gloria de todo buen israelita, que sólo por absoluta imposibilidad dejaría de participar en las soleminidades de Pascua, en el Templo de Jehová.

El mismo Jhasua se sentía a momentos como bajo el peso de una alarmante inquietud y así, en aquella última noche preguntaba a unos y a otros:

—¿Cómo es Jerusalén? ¿Cómo es el Templo?

—Estuviste en él a los 40 días de haber nacido —le contestaban sus padres— pero ya le verás mañana un poco antes de medio día, porque para quien no ha visto aquello, resulta muy difícil explicarlo.

—Pero allí no encontraré a los ancianos de túnicas blancas y de ojos buenos y dulces como las palomas de nuestros huertos... —decía Jhasua mirando a todos con ojos que interrogaban.

—Allí están los Doctores de la Ley, que saben todo cuanto se puede saber en este mundo —le decía Joseph mientras partía el pan, y lo repartía sobre el blanco mantel extendido en el pavimento de paja recién cortada, a falta de mesa.

—¡Ah! ¿sí?, pues ya buscaré yo de hacerles tantas preguntas, que llenaré mi cabeza de sabiduría —decía Jhasua pensativo—. ¿Será posible que en Jerusalén sepan más que los Ancianos de los Santuarios que me descubrieron tan grandes maravillas? —preguntaba nuevamente.

—Y ¿crees tú, hijo mío —decíale su madre— que los Doctores del Templo van a ocuparse de contestar tus preguntas?

—¿Y acaso no están para eso? —inquiría nuevamente el niño.

—Come Jhasua hijo mío, come que debemos descansar esta última noche, si queremos despertarnos con la aurora y llegar antes del medio día —insistía Myriam.

—Nuestros otros compañeros llevan ya tres días en la Ciudad Santa y habrán dado aviso a la buena Lía que estará ansiosa de abrazarnos —continuaba Myriam, para hacer olvidar a su hijo las preocupaciones religiosas.

Cuando terminó la frugal comida, las tres mujeres se retiraron en la alcoba preparada para ellas dentro de la gran tienda común.

Jhasua y Jhosuelin quedaron junto al hogar con Zebedeo, esposo de Salomé, Alfeo, esposo de Martha, Joseph, los Terapeutas y el Hazzán, que había compuesto un gran lecho de paja y pieles de oveja para descansar todos juntos.

Era costumbre que en esta última noche del viaje, los peregrinos cantaban en conjunto y a coro el salmo 84 que comienza así:

"¡Cuán amables son tus moradas oh Jehová de los ejércitos!

Mi alma desea ardientemente los atrios de Jehová: mi corazón y mi lengua cantan al Dios vivo.

Como el gorrión halla su casa y la golondrina nido para sí, donde poner sus polluelos, yo me refugiaré en tus altares, oh Jehová rey mío y Dios mío!" etc. etc.

Y el monótono y suave cantar seguía, hasta que el sueño cerraba los ojos de los cansados viajeros.

Jhasua no cantaba, sino que era todo oídos, para escuchar. Y cuando su padre y parientes se quedaron dormidos, él se acercó a los Terapeutas que aún permanecían sentados junto a la hoguera casi apagada, y en voz muy queda les dijo:

—Estoy inquieto y no tengo sueño. La luna brilla que es un encanto, ya véis como penetra por las aberturas de la tienda, ¿queréis que salgamos fuera para contemplar el paisaje? Apenas llegamos me encerraron bajo la tienda. ¿Por qué he de dormir si el sueño no acude a mí?

El esenio que le escuchaba más de cerca puso su índice sobre los labios para indicarle silencio, y después de cambiar breves palabras con su compañero, salieron de la tienda llevando de la mano a Jhasua.

Era un hondo valle circundado hacia todos lados por montañas cubiertas de vegetación en parte, dando lugar a que asomaran también sus agudas aristas las rocas grises y peladas, donde los arbustos o el musgo no habían podido prender sus raíces.

Infinidad de sepulcros aparecían abiertos en las rocas, según la costumbre hebrea de que los vivos tuvieran siempre a la vista sus muertos para estar seguros, según la creencia de algunas de las sectas en que estaba dividida la opinión, de que en un día determinado, los muertos saldrían de sus sepulcros con los mismos cuerpos que tuvieron.

Pues, aunque la ley de la reencarnación estaba conocida por los estudiosos y pensadores de los tiempos más remotos, nadie se ocupaba de dar al vulgo la explicación razonada y científica sobre tan profundos conocimientos.

Se ve, desde luego, que los dirigentes espirituales de las multitudes, obraron siempre de igual manera: la verdadera doctrina quedaba secreta para los iniciados de la Divina Sabiduría; y la fe de las masas, era alimentada con ceremonias exteriores de mayor o menor suntuosidad y aparato, siempre lo bastante, para llenarle la imaginación con lo que podían percibir sus ojos.

La luna daba de lleno sobre las losas sepulcrales pulimentadas a medias, pues eran enormes bloques de granito que cerraban las tumbas al exterior.

Un sordo rumor se percibía cercano, y averiguando el motivo, se encontró que había muchas filtraciones de agua en aquellas montañas, las cuales como pequeñas cascadas se precipitaban al valle, donde iban formando numerosos remansos que el ardiente sol de Judea evaporaba después, o se resumía, dando fertilidad maravillosa a aquel delicioso lugar.

Los dos Terapeutas se pusieron a la vez gorros blancos de piel de cordero.

Como Jhasua nunca los había visto en tal forma, comenzó a reír sin poderse contener.

—Dadme uno a mí, para que yo también tenga cabeza de cordero —decía.

Pero como vió que los Esenios no le hacían caso, calló y se puso en observación.

A poco se vieron salir algunos bultos o sombras de las negras aberturas de las montañas.

— ¡Oh, oh!, —exclamó el niño apretándose a los Esenios—. Parece que aquí los muertos salen de los sepulcros.

—No son muertos Jhasua, no temas. Son infelices leprosos que la crueldad y la ignorancia humana han relegado a tan mísera condicion.

—Algunos están locos a causa de sus grandes padecimientos, pues se han visto abandonados de sus mujeres, de sus hijos y de cuantos amaron sobre la tierra. Y las gentes les creen poseídos de los demonios y les matan a pedradas si aparecen en lugares habitados.

—Ellos saben que sólo nosotros les amamos, y el gorro blanco de piel de cordero, es la señal de que estamos solos y pueden acercarse.

El alma del niño se llenó de inmensa piedad, y la blanca claridad de la luna hizo brillar en sus mejillas dos gruesas lágrimas que no trató de evitar.

Las sombras iban acercándose como recelosas. Eran cuatro y por el andar podía calcularse que uno era anciano y los otros tres jóvenes todavía.

Los Esenios se adelantaron hacia ellos y les hablaron a media voz. Los cuatro miraron al niño y se sentaron sobre los peñascos cubiertos de musgo.

Los Esenios hicieron sentar a Jhasua en un viejo tronco de encina que estaba caído, y ellos lo hicieron también a cada lado suyo.

—Parece que tenemos una deliberación a la luz de la luna —insinuó el niño con su dulce voz que parecía un gorgeo.

—¿No sientes nada extraordinario Jhasua? —preguntó uno de los esenios.

—Sí. Siento un deseo grande de saber cómo se puede hacer para remediar la situación de estos hombres que viven tan miserablemente sin culpa suya, y sólo debido a su enfermedad, —contestó Jhasua como pudiera hacerlo una persona mayor.

—Y si lo supieras y pudieras ¿lo harías Jhasua?

—Eso, ni hay que preguntarlo hermano Terapeuta; ¿no lo harías vos acaso?

—Sí, yo lo haría y todo buen esenio lo haría si pudiera disponer de los medios necesarios.

—Y ¿qué medios son ésos? —volvió a preguntar el niño—. Porque cuando yo quiero un nido, subo al árbol y lo tomo. Cuando quiero una flor o una fruta las corto, y cuando quiero hacerle bien a alguno, pienso con gran fuerza de voluntad: *"Que Jehová te salve".*

—Bien has contestado niño —díjole uno de los Terapeutas—. Figúrate que estos cuatro hermanos nuestros, enfermos de una enfermedad que los medios físicos o humanos no alcanzan a curar, son flores que el Altísimo pone a tu paso por la vida. ¿Cómo harías tú para recogerlas?

El niño quedó silencioso y a poco rato su cabecita se inclinó sobre el esenio que tenía más inmediato. El otro esenio que era clarividente, observó el acercamiento de inteligencias descarnadas de gran evolución. Eran tres *potenciales* de la Muralla de Diamantes que se colocaron a espaldas del niño caido en hipnosis. Sus manos arrojaban rayos de todos sus dedos, se extendieron sobre él, y de inmediato apareció su doble astral en la radiante personalidad de Moisés.

El otro esenio, menos desarrollado en su facultad clarividente comenzó también a percibir lo que estaba operándose en el plano espiritual y dentro de la atmósfera misma que les envolvía.

Ya comprenderá el lector que todo esto ocurría en el más profundo silencio, pues los cuatro enfermos habíanse dormido con ese profundo sueño provocado por poderosas corrientes magnéticas, y apoyados en los peñascos, o unos en los otros, aparecían como un negrusco montón de harapos, imposible de definir, donde comenzaba uno y terminaba otro.

La materialización de aquella radiante aparición se hizo poco a poco, hasta que los esenios oyeron una voz con sonoridad de clarín que decía:

—¿Me preguntas cómo haré yo para recoger estas flores humanas agostadas por el mal? Yo hago así. —Y extendiendo sus manos de luz que arrojaban como torrentes de luminosas chispas hacia el informe montón de harapos, dijo con una intensidad que parecía remover hasta el fondo de las entrañas—:

" ¡Qué este fuego de Dios consuma cuanto mal haya en vosotros!"

Fué un proceso rápido y a la vez estremecedor.

La tremenda fuerza magnética puesta en acción, desintegró aquellos harapos de los cuales se levantó como un leve humo gris, y aparecieron los cuatro cuerpos completamente desnudos, tendidos sobre el césped, como blancas estatuas yacentes a la claridad de la luna.

— ¡Dios lo quiso! ¡Bendita sea! —oyeron nuevamente que la voz decía—:

"Bañadles en ese estanque y callad, que aún no es hora de que Jhasua despierte a los que aún viven muertos en la ignorancia".

Y toda la visión se esfumó.

Diríase que hubiera sido un sueño de los Terapeutas debido a su continuo estado de mística exaltación. Pero ahí estaban los cuatro cuerpos desnudos, blancos, sin una sola mancha amoratada ni llagas, ni herida de ninguna especie que atestiguaba la tremenda realidad.

El más joven de los Terapeutas corrió a la tienda a traer ropas para vestir a aquellos cuatro hombres ya curados de su terrible mal. Al bañarles, se despertaron, aunque bajo la acción todavía de la poderosa corriente que les había hipnotizado.

La frescura de las aguas del estanque les devolvieron la plena lucidez y llorando de felicidad viéndose curados, se abrazaban a los Terapeutas bendiciéndoles por el beneficio que habían recibido.

Mientras tanto Jhasua, como un corderillo blanco dormía sobre una manta, tirado en el césped, donde los Terapeutas le habían dejado hasta que por sí solo se despertase.

Comprendían que su materia debía ser nuevamente vitalizada y sabían bien, que las corrientes benéficas del Cosmos, sabiamente puestas en acción sobre él, repondrían pronto cuanto desgaste físico hubiera tenido.

Ya vestidos con limpias ropas los cuatro enfermos, les dieron a beber vino con miel y les mandaron callar lo que ellos creían un estupendo milagro obrado, no sabían si por los Terapeutas, o por el hermoso ángel rubio que dormía profundamente tendido sobre el césped, iluminado por la blanca claridad lunar.

—Ahora no volveréis a las cavernas, sino que apenas aclare el día, emprenderéis camino a Bethel con un mensaje escrito que os daremos para unos artesanos amigos nuestros, donde os darán trabajo. Esto decían los Terapeutas a los recién curados, a fin de que, el hecho no se divulgase.

—Y guardaos bien de referir este suceso, porque Jehová quiere que aún quede oculta su gloria, manifestada por este niño que es enviado suyo.

—¡Silencio pues, Silencio!, no queráis ir contra el mandato divino.

Los cuatro prometieron solemnemente no pronunciar jamás una palabra sobre lo sucedido.

—Ahora esperad que el niño se despierte para que os vea ya sanos de vuestro mal, pues que estaba apenado de ver tanta miseria sobre vosotros.

Mientras tanto les dieron algunas instrucciones sobre su vida en adelante, pues deseaban ingresar en la Fraternidad Esenia, a fin de pagar con buenas obras el bien que habían recibido.

El niño se despertó por fin, casi a la media noche.

—¿Qué hicisteis de los enfermos? —preguntó.

— ¡Miradles! —contestaron los Esenios.

— ¡Cómo! Estos no son los mismos.

—Mientras dormías, el Señor les ha curado porque tú lo has querido. ¿No decías que cuando querías una fruta o una flor la tomabas? Quisiste devolver a la vida estas flores humanas, y ahí las tienes.

En un delirante acceso de alegría, el niño abrazó a los Terapeutas y a los enfermos uno por uno. Fué una escena de profunda emotividad, en que las lágrimas corrían y el corazón saltaba de gozo. El más joven de los curados sólo tendría 23 años y abrazado al niño lloraba a grandes sollozos.

—¿Por qué lloras tanto? ¿No estás contento de haber sido curado por la voluntad de Jehová?

—Sí niño hermoso, pero padezco porque en Rama tengo una madre que llora por mí y una novia que ha entrado al Templo para no salir más por causa de mi terrible mal. Y como he prometido callar mi curación, no podré jamás hacerles saber a ellas mi dicha presente.

El niño volvió sus ojos llenos de asombro a los Terapeutas como diciendoles:

"Vosotros curáis el cuerpo y abrís heridas en el alma".

Ellos lo comprendieron.

—Todo puede arreglarse con buena voluntad —dijo el mayor de ellos—. Vente ahora con nosotros a Jerusalén a celebrar la Pascua. Allí nadie te reconocerá; y a nuestro regreso te acompañaremos a tu pueblo y a tu casa y sin necesidad de decir lo que esta noche ha pasado, únicamente dirás que unos baños medicinales te han lavado de tu mal. Estamos conocidos como médicos del pueblo, y nadie se extrañará, mayormente de una curación que ya no es la primera. Allí hablaremos a tu madre, y en el Templo trataremos de ver a tu novia, y ya ves... cuando Jehová dispone las cosas, las dispone bien.

El jovenzuelo estuvo de acuerdo y la alegría volvió a su corazón. Los otros tres no tenían mayor interés de encontrarse con sus familiares, cuyo desamor para ellos había sido tan manifiesto, por lo cual buscarían amistades nuevas entre la numerosa familia Esenia que les abriría ampliamente los caminos de la vida.

El niño púsose luego en actitud reflexiva. Era evidente que muchos pensamientos bullían en su mente. Uno de los esenios lo notó y le dijo.

—¿Meditas Jhasua? ¿En qué piensas si se puede saber?

—Durante mi sueño habéis quitado el mal a los enfermos y les habéis despojado de sus viejas ropas. Nada de eso lo vi, pero ha sucedido. Me hubiera gustado mucho más ver cómo, de enfermos se cambiaban en sanos.

—Hijo mío —díjole el Esenio— las fuerzas dinámicas del espíritu, cuando están a tono con las de la naturaleza, realizan hechos tan estupendos que solamente los iniciados en los Divinos Conocimientos saben explicar y comprender. Por hoy sólo puedo decirte que era necesario tu sueño para que estos hombres fueran curados. Cuando ingreses definitivamente en alguno de nuestros Santuarios, sabrás el por qué de todos estos fenómenos.

—En los libros de los Profetas se han registrado hechos parecidos a éste, y nada es maravilloso teniendo en cuenta el poder de una inteligencia avanzada cuando usa las fuerzas de la Naturaleza.

Mientras tanto los ex-enfermos, postrados con el rostro en la tierra bendecían a Dios en todos los tonos, pareciéndoles increíble poder de nuevo incorporarse a la sociedad humana de que habían sido apartados. Palpaban repetidas veces los sitios de sus cuerpos donde innumerables llagas sanguinolentas les hacían sufrir horriblemente, y sólo encontraban una piel más rosada que el resto del cuerpo, como ocurre naturalmente en heridas recientemente curadas.

—Para todos, sois viajeros llegados esta noche procedentes de la vecina aldea, no lo ovidéis y vamos todos juntos a la tienda, que puede ser que la madre del niño le busque —dijo uno de los esenios, guiando a todos a la gran carpa de la cual se habían apartado unos cincuenta pasos.

En efecto, Myriam se había levantado para ver si su hijo estaba bien cubierto con sus mantas, y grande fue su alarma al no encontrarle al lado de su padre donde le había acostado. Llamó en voz baja a Jhosuelin, a quien el cansancio le hacía dormir profundamente. Y antes de que éste se despertase, vió que se levantaba la cortinilla de entrada a la tienda y la luna daba de lleno sobre su hijo que entraba con los esenios. Se les acercó silenciosamente como deseando una explicación.

—No digáis nada —dijo el esenio mayor— aquí lo tenéis. Nosotros salíamos a llevar provisiones a unos enfermos, y como él estaba sin sueño quiso seguirnos.

—Porque estuvo con vosotros no le reprendo; gracias por vuestros cuidados —dijo, y tomando al niño de la mano lo llevó junto a su padre y lo acostó nuevamente.

A las primeras luces del amanecer los viajeros se pusieron en movimiento, con esa ruidosa alegría de los que ven ya muy cercana la hora de llegar a los muros de la Ciudad Santa, que les esperaba resplandeciente de gloria y de magnificencia.

JHASUA EN EL TEMPLO DE JERUSALEN

Lía la hierosolimitana que ya conocemos en los comienzos de este relato, esperaba a los peregrinos ansiosamente. La vieja casona solariega había quedado muy sola.

Su tío Simón había muerto hacía pocos años, y sus tres hijas, por razón de las ocupaciones de sus esposos los tres Levitas aquellos que encontraron el amor en el huerto de Lía, vivían en el centro de la gran ciudad. No obstante dulcificaban los días de la noble viuda, visitándola con gran frecuencia y dejándole algunos nietos, que entre los tres matrimonios los había en número de seis.

Algunas criadas antiguas y unos cuantos jornaleros que cultivaban el inmenso huerto, eran por entonces los moradores de aquel tranquilo y honrado hogar.

Antes del medio día entraban bajo el techo de Lía, Joseph con Myriam y Jhasua, Salomé con Zebedeo, su hijo mayor Santiago y el pequeño recién nacido a quien llamaron Jhoanan (Juan), Martha prima de Myriam y su marido Alfeo. Todos ellos emparentados con la virtuosa Lía, le hacían esa visita anual en la solemnidad de la Pascua.

Y viendo llegar a su puerta a Jhasua, la noble viuda decía:

—Todas las Pascuas son santas y buenas, pero ésta, amor mío, es Pascua de gloria para esta casa. —y abrazando tiernamente a Jhasua, Lía lloraba de felicidad.

Le había visto de cuarenta días, y ahora le veía de 12 años, convertido en un bellísimo adolescente, grácil como una vara de nardos, con sus ojos color topacio y sus largos bucles castaño claro, que el viento agitaba graciosamente.

Los dos Terapeutas con el Hazzán y Jhosuelin fueron a hospedarse dentro de la ciudad, en casa del sacerdote esenio Esdras, al cual conoce el lector desde los días del nacimiento del Verbo de Dios.

Esta circunstancia contribuyó a que los sacerdotes Esenios que prestaban servicios en el templo, estuviesen al tanto de la presencia de Jhasua en Jerusalén, apenas él había llegado.

Ciertos rumores habían llegado de manera vaga hasta el seno del Sanhedrín, referentes a un niño que como otro Samuel, sentíase llamado desde el mundo invisible por voces que hablaban en nombre de Jehová. Y en las caravanas de creyentes que año en año venían de las provincias del norte para la Pascua, algunos de los doctores habían insinuado la posibilidad de que el niño-profeta les fuera traído. Habían pasado varios años y ya este asunto estaba casi olvidado.

El anciano sacerdote Simeón que le había consagrado al Señor, ya no vivía en este mundo, ni tampoco la anciana paralítica aquella que fuera curada cuando el Cristo-niño era ofrecido a Jehová. Los demás sacerdotes Esenios, habían procurado con su silencio, que se olvidase al extraordinario niño de la provincia galilea por creerlo de más seguridad para él, y la misión que venía a desempeñar.

Y entre ellos habían hablado sobre la conveniencia de ocultar la presencia del niño en la Ciudad Santa.

Mas, por avisos espirituales, habían recibido el encargue de no preocuparse sobre el particular. "El niño ha sido olvidado por el Sanhedrín. Dejad pues a la Divina Majestad hacer conforme a su beneplácito". Tal era el mensaje espiritual.

Por los dos Terapeutas viajeros supieron los Sacerdotes Esenios que servían en el Templo, que a la mañana siguiente a la hora de los oficios, el niño Jhasua sería llevado al Templo por algunos de sus familiares. Y tratándose de la gran solemnidad, todos los Sacerdotes y Levitas con sus mas suntuosos y ricos ornamentos, formaban guardia en el sagrado recinto y en atrios y pórticos.

El recinto destinado a las grandes asambleas sacerdotales, casi inmediato al *Sancta-Santorum* estaba aquella mañana resplandeciente de lámparas y cirios, y los pupitres cubiertos de tapetes de púrpura y oro, sostenían un volumen de los Sagrados Libros.

Siguiendo viejas costumbres durante la solemnidad de la Pascua, los Doctores y Sacerdotes pronunciaban pomposos discursos sobre la grandeza de Jehová, su fuerza, su poder, puestos de manifiesto en cuanto había hecho por su *pueblo escogido*, según la pretensión de Israel de ser sólo él, quien había merecido la solicitud del Altísimo Señor, dueño y creador de mundos y seres.

Era también costumbre ya de años aceptada y seguida, que los más brillantes y hermosos discursos pronunciados en tal circunstancia, venían formando como un cuerpo de doctrina, muchos puntos de la cual, pasaban a ser nuevas leyes, ordenanzas o dogmas, que iban aumentando año tras año el ya voluminoso código del pueblo hebreo.

Cada Pascua era pues, una especie de Ateneo donde se hacía alarde de elocuencia y de sabiduría. Aquel recinto estaba separado del resto del templo, sólo por una balaustrada de mármol ornamentada hacia el interior por ricas telas de púrpura de Damasco, por lo cual sólo se podía percibir desde el Templo, los ricos turbantes, las tiaras, los tricornios, con que los Doctores y Sacerdotes cubrían sus cabezas.

Los viajeros concurrirían a la segunda hora de la mañana, según habían convenido la noche víspera en la velada junto al hogar. Sólo Lía, la noble viuda, había dicho que concurriría a la primera hora por circunstancias especiales. Y Jhasua acercándose a ella le había dicho:

—Si queréis, yo os acompañaré... si vosotros me dais vuestro permiso —dijo luego mirando a sus padres.

—Yo encantadísima hijo mío de llevarte por compañía, si tus padres lo consienten.

—Naturalmente —dijo Joseph.

—Está que no vive Jhasua desde que emprendimos el viaje —añadió Myriam—. Nuestro Jhasua sueña con el Templo y todas sus magnificencias.

Y así fué, que a la mañana siguiente y cuando habían pasado sólo dos horas de sol, salía con Lía para subir a la Ciudad.

Los rayos solares dando de lleno sobre los brillantes enlozados, mármoles, bronces y plata del frontispicio y las cúpulas del Templo, le hacían resplandecer de tal forma que el niño se sentía deslumbrado ante la magnífica visión.

—¡Oh! —exclamaba—. Los santuarios esenios son de obscura roca y no sólo no brillan sino que se ocultan tanto, que nadie sabe que existen. Pero los Ancianos que los habitan, sí que resplandecen como estrellas en la obscuridad.

—¿Qué te parece mejor —preguntó luego el niño— que el Santuario deslumbre de claridad a los hombres, o que los hombres derramen luz en el Santuario?

—¡Niño!... esos asuntos no debes preguntarle a una pobre mujer como yo que sólo sabe hilar y hacer el pan. Además eres muy pequeño para cavilar esas cosas...

—¡Oh! eso lo dices porque no sabes que yo estuve mucho tiempo con los Ancianos de los Santuarios y me han enseñado tanto y tanto...

—¡Oh Jhasua!... serás entonces un pequeño doctor de la ley —contestaba Lía bromeando para distraer al niño de preocupaciones que casi la asustaban.

—¡No, no!, doctor no, sino un peregrino misionero como los Terapeutas, que consuelan todos los dolores y remedian todas las necesidades. Eso quiero yo ser.

—Bien Jhasua, muy bien, y como tu intención es pura, Jehová te bendecirá colmando tus esperanzas.

—¿Sabes Lía que ya sé cómo es el Padre Celestial?

—Pues hijo mío, el Padre Celestial es como todo lo grande, lo bueno y lo bello que existe. ¿No es así?

—Eso es como decir: *tu padre es muy bueno y bello* pero con eso sólo, no sé cómo es, si nunca lo he visto.

—¡Jhasua! La ley nos manda amar a nuestro Dios con todas nuestras fuerzas y por encima de todas las cosas. Si cumplimos esto ¿no es bastante acaso?

—¡No Lía, no es bastante! Yo puedo y debo obedecer una orden de mi padre, pero eso no me hace saber cómo es él si nunca lo vi...

—Y los Ancianos ¿nunca dieron una respuesta a tu curiosidad?

—No es curiosidad mujer; es necesidad que tiene el hijo de saber cómo es el padre. Los Ancianos sí, que saben todo cuanto hay que saber, más como nadie se interesa en lo que hay más allá de las estrellas, los Ancianos guardan la sabiduría entre las rocas de sus Santuarios...

—¡Niño!... me asusta tu lenguaje, y te digo que en llegando al Templo de Jehová, te llevaré a nuestros Sacerdotes Esenios para que hables con ellos de todo cuanto sabes y deseas saber.

—¡Todos son lo mismo!... No quieren pensar, ni conocer, ni comprender... Lo mismo que los pajarillos, y los corderos. Tú también tienes miedo de abrir la puerta y ver lo que hay dentro, ¿eh?

—Bueno; ahora subamos esta escalinata y tú sabrás lo que hay dentro del Templo de Jehová...

El niño en silencio fué siguiendo a Lía hasta llegar al Pórtico llamado *de las Mujeres,* que era por donde ella podía entrar con un niño de la edad de Jhasua.

Llamó a un joven Levita que recibía las ofrendas de pan, vino y aceite y le habló en voz baja, y le entregó dos bolsitas de blanco lino. La una contenía una libra de flor de harina, y la otra una libra de incienso puro de Arabia.

—Eran las ofrendas de la piadosa viuda para el altar de Jehová.

El Levita acarició al niño y dijo a Lía que entrasen al Templo y se colocasen lo más cerca posible a la balaustrada para que escucharan los discursos que iban a comenzar. A poco rato pudieron ver por sobre la balaustrada de mármol encortinada de púrpura de Damasco, los turbantes de brocado, los tricornios y tiaras resplandecientes de oro y piedras preciosas, y por fin el arco de rubíes del báculo del Gran Sacerdote, que entraba el último a ocupar su sitial de honor.

Los ojos de Jhasua como extático ante tal esplendor, estaban fijos en aquel luminoso recinto.

Se oyó a lo lejos tras de velos y rejas, el coro de las vírgenes de Sión cantando versículos de un salmo en que se pide a Jehová la luz y la Sabiduría Divina. Y acallado el canto comenzaron deliberando asuntos civiles, relacionados con hebreos que habían incurrido en desórdenes. Después, un Doctor desarrolló brillantemente este tema:

"Terribles castigos de Jehová a los infractores de su Ley".

Con un derroche de erudicción y de citas de hechos concretos, el orador dejó aterrado a su auditorio.

Terminado el discurso venían las refutaciones de los que pensaban de diferente manera.

El niño Jhasua se había ido acercando a la balaustrada, por cuyas molduras y sobresalientes, iba subiéndose poco a poco con la intención manifiesta de mirar hacia dentro. Estando el Templo en penumbra del lado exterior, el grácil y pequeño cuerpo del niño apenas si se apercibía entre las columnas y colgaduras. Lía misma, con sus ojos cerrados y su manto echado al rostro, según acostumbraba en su ferviente oración, no se había dado cuenta.

Uno de los Doctores que más refutaba el discurso del orador era Nicodemus, apoyado después por Judas de Gamala, Manhaen, Eleazar y José de Arimathea, todos ellos Esenios de cuarto y quinto grado, pero ocultamente se entiende.

Cuando el niño oyó las voces conocidas para él de Nicodemus y José de Arimathea, no resistió más el impulso de asomar su cabecita por encima de la balaustrada. La luz de los grandes candelabros le dió de lleno sobre su hermoso rostro lleno de inteligencia y de animación. Y el primero que lo vió dijo:

—A ver si este niño es inspirado de Jehová y consigue ponernos de acuerdo.

Jhasua reaccionó ante el descubrimiento que habían hecho de él y su primer impulso, fue ocultarse bajándose de la balaustrada, pero José de Arimathea, abriendo una portezuela salió por él y le llevó entre los Doctores.

Pudo notarse que en ese instante, huyó de él toda timidez y preguntó con admirable serenidad:

—¿Qué me queréis?

—Puesto que has escuchado el debate y que lo has comprendido, dinos cuáles de nosotros estamos en la verdad. El Altísimo se complace a veces en hablar por la boca de un párvulo. —Estas palabras fueron pronunciadas por el Gran Sacerdote con gran dulzura y casi sonriendo a la vista del niño.

—Y vos que sois aquí el Jefe Supremo, ¿no podéis ponerles de acuerdo?, —preguntó cándidamente el niño.

El asombro comenzó en los oyentes ante tal respuesta.

—Siendo así —continuó Jhasua— Jehová os contestará por mi boca.

"No me conoce ni me comprende quien habla de mi cólera y mis castigos. Yo soy una esencia, una luz, una vibración permanente y eterna. ¿Puede encolerizarse la esencia, la luz, la vibración? Vosotros os encolerizais, y bajo el impulso de la cólera, castigais, mas Yo no soy un hombre revestido de vuestra grosera materialidad". Así dice Jehová, el inmortal que no tuvo principio ni tendrá fin.

Y el niño guardó silencio. Los Doctores se miraban unos a otros, y los que ocultamente eran Esenios, comprendieron con luz meridiana que aquel niño era un vaso que contenía un raudal de luz divina que se derramaba sobre la Tierra.

—La Sabiduría habla por tu boca, niño —dijo el Gran Sacerdote—. Hacedle pues, las preguntas coducentes a la aclaración de las cuestiones que se trataban.

—Sin que hagáis ninguna pregunta, yo hablaré, porque Jehová dirá lo que El quiere que sepáis.

"Vosotros no conocéis al Padre Celestial porque sois cobardes y estáis llenos de miedo.

—¡Niño!... —se oyeron varias voces.

—No lo toméis a ofensa, porque Jehová nunca ofende, sino que dice la verdad —continuó impasible Jhasua—. Sí, estáis llenos de cobardía y de miedo, y a la Divina Sabiduría no la conquistan los miedosos, sino los valientes para colocarse frente por frente a lo desconocido, al Eterno Enigma, no de potencia a potencia y con insólito orgullo, sino con el amor de hijos que ansían conocer a su padre. Y entonces el Padre se les descubre y les dice: "Aquí estoy. Conocedme para que podáis amarme como dice la Ley, más que a todas las cosas de la Tierra.

"¿No véis que es un contra sentido que mande a sus criaturas amarle sobre todas las cosas de la Tierra, y luego se encolerice y animado de ira y de furor les castigue despiadadamente como hace un mal amo con sus infelices esclavos?

"La Ley debería decir entonces:

"Temerás a Dios más que a todas las fuerzas y formas del mal que hay en la Tierra".

"Os digo que tenéis miedo de escudriñar la verdad divina, y por eso sigue ella siendo una diosa escondida y esquiva que no quiere mostrarse a los hombres. Sabéis que Dios es inmutable y os permitís hablar de su ira y de su cólera. Encolerizarse es mudarse, es cambiar de estado, y esto es otro contrasentido, porque si en momentos dados se llena de ira y de furor, *no es inmutable* y es una blasfemia atribuir al Altísimo tan grave imperfección, propia de las atrasadas criaturas de la Tierra.

"Dios es inmutable y porque lo es, permanece impasible ante todos los errores humanos, ante todas las hecatombes de mundos y humanidades.

"Dios sabe que las inteligencias encarnadas, recién llegadas a los dominios de la inteligencia y de la razón, están aún, bajo el gobierno de la fuerza bruta que es la materia en humanidades primitivas; ¿cómo pues, ha de encolerizarse contra el orden establecido por El mismo, o sea que todas las humanidades adquieran lenta y paulatinamente el conocimiento, la sabiduría y la bondad?

"Si la Ley Divina dice: "Amarás al Señor Dios tuyo con toda tu alma, con todas tus fuerzas y sobre todas las cosas, es evidente que El quiere como único don, el amor de todas sus criaturas de todos los mundos, y por tanto lo que más le complace, es que sus criaturas se esfuercen en conocerle porque nadie ama lo que no conoce.

"En resumen, todo lo bello y bueno nos viene de Dios que es nuestro Padre Universal, y todo lo malo tiene su origen en nuestros errores, en nuestra ignorancia y en nuestras iniquidades.

Y el niño que había ido adquiriendo más y más animación, calló de pronto y juntando sus manos sobre el pecho y levantando a lo alto su rostro como iluminado de suave claridad, exclamó:

" ¡Padre mío! Señor de los cielos, haz que los hombres te conozcan y sólo así te amarán!..." y cayó de rodilla e inclinó su rostro a la tierra en la forma de oración profunda que acostumbraban los hebreos cuando oraban con el corazón.

Aquella Asamblea había quedado como petrificada por el asombro, y por una vibración de anonadamiento que desde el principio del discurso del niño se había extendido por todo aquel recinto suntuoso. Nadie acertaba a moverse, ni hablar.

El niño silencioso se levantó y salió sin que nadie le detuviera. Lía en el estupor que le causó oir al niño hablar entre la asamblea de Doctores, salió corriendo hacia su casa para avisar a los padres de Jhasua lo que ocurría, y cuando el niño bajaba tranquilamente las largas escalinatas del Templo, se encontró con Lía y su madre que a toda prisa llegaban por él.

—Pero hijo mío, ¿qué has hecho? —fueron las primeras palabras que oyó Jhasua, que aparecía con una palidez mate, como un lirio del valle iluminado por la claridad dorada de la luna.

—¡Nada madre!... yo no hice nada. Los Doctores congregados en el Templo no se entendían y me llamaron para que Jehová, por medio mío, les pusiera de acuerdo. Yo he dicho lo que Jehová me mandó decir.

—¡Ay Dios mío! —suspiraba la inocente madre—. Ahora desatarán una persecución contra nosotros, y los Santuarios Esenios están muy lejos para ocultarnos en ellos.

—No temas madre, que el Padre Celestial tiene medios de sobra para protegernos. Vamos a casa que estoy cansado y tengo hambre.

Y echó a correr por la callecita tortuosa que le llevaba hacia la casa de Lía.

Cuando la Asamblea volvió en sí del estupor y asombro, trató de pensar quién era aquel niño, pero ya él había desaparecido y era difícil encontrarle entre el tumulto de gentes que iban llenando los atrios y naves del Templo.

Sólo Nicodemus, José de Arimathea y Eleazar, conocían personalmente la familia de Jhasua, pero se guardaron muy bien de pronunciar palabra.

—Un nuevo Profeta ha surgido en Israel —decían algunos— y acaso será el que ha de venir delante del Mesías libertador que esperamos.

—Está escrito —añadía otro— que volverá Elías a preparar los caminos, al que vendrá a libertar al pueblo de Dios. ¿No será Elías que ha vuelto?

—No puede ser —decía otro— porque Elías se nos presentará en toda la fuerza de la edad viril, y no como un parvulito sin los poderes de exterminio y muerte que tenía el Profeta del Monte Carmelo.

Y los Doctores de la Ley en Israel se perdían en un laberinto de deducciones y de conjeturas, que les alejaban cada vez más de la Verdad de Dios que tenían a su alcance, y que no acertaban a comprender.

Se cumplía en ellos anticipadamente lo que años después sentaría el Cristo como un axioma inconmovible:

"Dios da su luz a los humildes y la niega a los soberbios".

Mientras tanto Myriam y Lía se ponían de acuerdo para callar en casa el incidente del Templo, sobre el cual la piadosa viuda era toda boca para ponderar la grandeza que vislumbraba en el niño.

—A veces hago como que le reprendo —decía— cuando le veo con esos impulsos que parecen arrastrarle por momentos como un vendaval, pero en mi interior estoy convencida de que el niño obra por impulso divino.

—A mí me ocurre lo mismo —afirmaba la tierna madre del Verbo de Dios—.

"Trato de contenerle, pero en el fondo de mi conciencia se levanta como una voz que parece decirme: Es inútil cuanto hagas en tal sentido, ¿qué puedes tú en contra de lo que está resuelto *allá arriba*?

"Entonces inclino mi frente y digo al Señor: He aquí tu esclava, cumplida sea tu voluntad soberana.

Cuando llegaron a casa encontraron a Jhasua junto al hogar refiriendo a su padre todo cuanto había visto de grandioso y magnífico en el Templo de Jehová, sin recordar ya al parecer el incidente de los Doctores y Sacerdotes.

Y apenas Myriam pudo hablar a solas a su hijo, fué para recomendarle guardar absoluto silencio sobre lo que ella llamaba "atrevida audacia" de su hijo, al cual, y para más obligarle a callar, decía severamente:

—Mira que si tu padre lo sabe no te dejará volver al Templo y es mañana la gran solemnidad.

Y el niño con sus ojos llenos de temor respondía humildemente:

—No madre, no diré ni una palabra. Te lo prometo y lo cumplo.

Esa misma noche, José de Arimathea y Nicodemus visitaron a Joseph y Myriam, y esta última encontró la oportunidad de rogar a los dos jóvenes Doctores que no enterasen a su esposo de lo que el niño había hecho esa mañana en el Templo.

—Dejad todo de mi cuenta —le respondió José de Arimathea, pensando en sacar partido de su vieja amistad con el austero artesano, y a fin de favorecer las elevadas aptitudes que tan temprano se despertaban en Jhasua.

Escuchemos, lector amigo, la conversación del joven Doctor con Joseph; como escucharemos luego la de Jhasua con Nicodemus.

—¿Progresa vuestro taller Joseph o estáis vegetando entre dificultades y contratiempos? —interrogaba el Doctor para iniciar la conversación.

—Vamos adelante y con mucho favor de Dios, pues en Nazareth y pueblos vecinos el taller de Joseph es siempre el preferido.

"Todo esto es debido en gran parte a que los Ancianos del Santuario del Hermón me proporcionan las mejores maderas del Líbano, y como no me cuesta el transporte, puedo hacer mis obras a menos precio que los demás —respondió el artesano.

—¿Y quién os paga el transporte de las maderas? —preguntaba su interlocutor.

—¿Recordáis aquellos ilustres sabios que visitaron a Jhasua en la cuna?

—Sí, claro que sí, ¿quién podría olvidarlos?

—Pues ellos se han arreglado con los Ancianos del Santuario del Monte Hermón para que tengan permanentemente contratados hachadores que preparen maderas y caravaneros que me las traigan a Nazareth. Por lo que veis, han tomado muy en serio la protección que prometieron a mi hijo Jhasua.

—No por la protección que recibís por causa de Jhasua sino por lo que él significa para este país y para toda la humanidad, vos debéis bendecir a Jehová por haberos dado tal hijo.

Joseph lo miró hondamente y luego repondió:

—Hay grandezas que asustan, amigo mío, porque un pobre hombre como yo, no puede vislumbrar ni remotamente a dónde le conducirán. Si es un Profeta que trae una gran misión sobre Israel, de seguro tendrá que enfrentarse con todas las iniquidades de los poderosos, los cuales bien sabéis, no están nunca dispuestos a que se les diga la verdad.

"Vendrán las represalias, las venganzas, las lapidaciones, los calabozos y después una muerte ignominiosa. ¿Pensáis acaso que esto sea halagüeño, ni siquiera soportable para un padre?

"Yo soy un hombre honrado y trabajador, cumplo con la Ley y hago el bien que puedo. Nadie podrá acusarme de delito ni infracción alguna, ni como el canto de una aguja. Creo, pues, que Jehová no tiene motivo para tener desagrado de mí. ¿No basta acaso para ser un buen hijo de Abraham?

—Es tal como decís, amigo Joseph, pero no todos los seres vienen para andar el mismo camino.

"¿Por qué vinieron a la vida los Profetas con un camino tan diferente al vuestro? ¿Podemos acaso censurar a Jehová que les marcó esas rutas? ¿No es justo pensar que el Señor se vale de esos seres extraordinarios para dar luz a la humanidad que camina a ciegas?

"Si no hubiera sido por Elías Profeta que aterrorizó con sus grandes poderes a reyes déspotas e impíos, todo Israel hubiera prevaricado renegando del Dios Unico, para entrar en un laberinto de dioses cada uno de los cuales es un genio inspirador de una maldad o de un vicio.

"Si no hubiera sido por Moisés, Israel hubiera continuado esclavizado por los Faraones y no tendríamos la Ley que nos marca bien definidos el Bien y el Mal.

"Y así los demás, mensajeros de la Eterna Verdad entre los hombres.

—Tenéis razón, más os dije, que hay grandezas que me aterran y que dentro de mi comprensión, prefiero que Jehová me deje entre los pequeños, que no en esas cumbres que dan vértigo.

—Yo os comprendo amigo mío, pero así y todo, os ruego que no pongáis obstáculos al camino de Jhasua, cuya misión sobrepasa la de todos los Profetas. Ellos no hicieron sino prepararle los caminos y anunciar su venida.

—Según eso, parece que estáis cierto de que en mi pequeño hijo está encerrado el Mesías-Libertador que Israel espera.

—¡Así es... así es! pero no un libertador de la dominación romana como la mayoría piensa, sino un libertador del egoísmo humano, que ha puesto el látigo en las manos de unos pocos para hacer de toda la humanidad una majada de esclavos.

"Un libertador que viene a decir a todos los hombres: " ¡dejad por fin de ser miserables porque sois hijos de Dios!"...

Joseph dió un gran suspiro e inclinando su frente sobre el pecho murmuró tristemente:

— ¡Qué sea hecho como Jehová lo quiere!

—Joseph amigo mío —insistió José de Arimathea—. ¿Me permites llevar a tu hijo mañana a una reunión de Doctores, hombres de buena voluntad que desean llegar al conocimiento de Dios? Yo te respondo por él, si es que confías en mí.

— ¡Hombre!... no faltaba más que desconfiara de ti a quien conozco desde que ibas a la escuela. Bien sabes que tu padre fue un hermano mayor para mí.

"Llévate a Jhasua donde quieras, que sé que no le llevarás sino donde llevarías a tu propio hijo.

—Gracias Joseph, no esperaba menos de ti. Mañana vendré por él.

Mientras tanto Nicodemus en conversación íntima con Myriam y Jhasua, realizaba parecido trabajo que su compañero, con el fin de conseguir que los hombres más doctos y mejor preparados entre los dirigentes del pueblo hebreo, pudieran ser en el cercano futuro, eficaces cooperadores para el Verbo Divino que había llegado a la Tierra.

Y luego de un razonamiento parecido al que hemos escuchado, la incomparable Myriam exclamaba como Joseph su esposo: —Que se cumpla en mi hijo la voluntad del Señor.

—Pero esos doctores —decía serenamente Jhasua— ni serán más sabios que los Ancianos de los Santuarios Esenios, y nada nuevo podrán enseñarme.

—Pero oyéndote Jhasua, comprenderán lo que queremos que comprendan, esto es que la luz ha llegado y que es necesario que encendamos en ella nuestras lámparas apagadas.

—¿Y me llevaréis mañana? —volvió a preguntar el niño.

—Sí, tu padre ha dado su consentimiento —contestó Nicodemus.

En esto llegaron los dos Joseph el de Nazareth y el de Arimathea.

—Myriam —dijo el primero— estos amigos quieren llevar a nuestro Jhasua para que escuche a los Doctores de Israel, y yo he dado mi consentimiento si tú no te opones.

— ¡Es tan pequeño el pobrecillo que poco podrá comprender de esas grandes inteligencias! Mas, si ha de ser para el bien de todos, llevadle.

— ¿Y me pondrán también a mí esas túnicas de brocado y esos turbantes de oro y pedrerías? —preguntó tímidamente el niño.

—No, hijo mío —contestaron a la vez los dos jóvenes Doctores, riendo del desagrado manifiesto de Jhasua.

—Porque los Ancianos de los Santuarios Esenios dicen que ningún esenio debe vestir brocados y oro y pedrería mientras hay hermanos que sufren hambre y se visten de harapos. Yo quiero pues ir con mi túnica de lana blanca... madre, esa nueva que tú me hiciste para venir a Jerusalén.

Joseph quedóse mirando al niño con asombro y con amor.

—Sí hijo mío —le dijo con ternura—; eres hijo de un artesano que además es esenio como tu madre y las púrpuras y los brocados, oro y pedrerías no deben entrar jamás en nuestro vestuario.

Pasado este incidente, los dos visitantes fueron a reunirse con el resto de la familia, en el hospitalario hogar de Lía que en esos momentos repartía sobre la mesa una gran torta de almendras con vino de sus viejos viñedos del huerto de Getsemani.

La reunión de Doctores y Sacerdotes de Israel no era en el Templo sino en el Cenáculo o comedor de un ilustre hombre de letras llamado Nicolás de Damasco, discípulo del sabio Antígono de Soco como su compañero Judas de Gamala: Ambos habían sido los iniciadores de la reunión, cuyo fin era buscar una mayoría en el Sanhedrín mediante un acuerdo armónico al que deseaban llegar sobre diversos principios que no estaban aún bien definidos.

Allí estaba Gamaliel, joven aún, nieto del Gran Apóstol Esenio Hillel, y los sacerdotes esenios que el lector conoce desde los primeros capítulos de esta obra, más algunos compañeros de los infortunados Doctores Judas Sarifeo y Matías Margaloth, que no obstante su celebridad en Jerusalén, como hombres de grandes conocimientos, no hacía mucho que habían sido condenados a muerte por haberse opuesto con hechos al poder romano que no toleraba las insubordinaciones en los pueblos invadidos y dominados.

Asistieron también los dos Terapeutas compañeros de viaje de Jhasua y.el Hazzán de la Sinagoga de Nazareth.

La presentación que del niño hizo José de Arimathea, sólo dejaba entrever el deseo de que los presentes comprobaran que en el hijo de Myriam y de Joseph aparecía una inteligencia superior a sus años, por lo cual permitía pensar que se encontraban ante un profeta-niño como Samuel, un inspirado de Dios que bien pudiera servirles de intermediario entre la Divina Sabiduría y los pobres mortales que la buscaban con afán.

Aunque otra era la convicción de los que conocían a fondo a Jhasua, se guardaron bien de dejarla traslucir.

Todos miraron al niño con ojos acariciadores y fue colocado entre José de Arimathea y Nicodemus.

Nicolás de Damasco tomó el primero la palabra:

—Sabemos —dijo— por nuestros Libros Sagrados y profanos, de acuerdo con los astros, que son los agentes de Jehová para marcar las fechas de los grandes acontecimientos, que el Mesías prometido a Israel desde la época de nuestro padre Abraham, ha llegado ya a la Tierra aunque por disignio divino permanece todavía oculto a las miradas humanas.

"De la conjunción de Júpiter, Saturno y Marte han transcurrido doce años. Si nuestros libros y los astros no han mentido, tal debe ser la edad que cuenta el Avatar Divino hecho hombre.

"¿Os parece que estoy en lo cierto en estas afirmaciones? —preguntó el orador.

—¡Sí, sí! Así es tal como lo decís —contestaron todas las voces que eran veinte. Jhasua que era el 21 guardaba profundo silencio.

—Vosotros sabéis —continuó— que no hemos tenido éxito con los niños de esa edad que mostraban dotes extraordinarias, que en nuestro grande anhelo, hemos exagerado.

—Varios de nosotros sentimos la necesidad de un completo acuerdo en nuestra forma de comprender las grandes cuestiones que deben servir de base al pensar y sentir del pueblo, que espera ansiosamente su Mesías-Rey-Libertador y guía en la tenebrosa hora porque atravesamos.

—En primer lugar, no sabemos *quién es el Mesías esperado* ni qué dependencia tiene respecto del Supremo Creador de todo cuanto existe.

"¿Es uno de los antiguos profetas? ¿Es un ángel como los que aparecieron a nuestro padre Abraham o un arcángel como Gabriel que apareció a Jeremías, o Rafael que guió los pasos del joven Tobías?

—Y si no sabemos nada de esto, menos conocemos todavía su dependencia de la Divinidad y menos aún como actuará la Divinidad respecto de su gran Enviado a este planeta.

—Cuestiones son éstas que por su grandeza nos dejan anonadados, pero es necesario que nos aboquemos a ellas si queremos evitar el caos que se hará como una oscura noche en las inteligencias, si no tratamos de iluminarnos nosotros mismos para poder dar luz a los demás.

—Está escrito —dijo otro de los presentes— que vendrá antes, Elías para prepararle los caminos y Elías no se hace visible aún por ninguna parte. Con un poco de buen sentido, podemos conjeturar, que si un Elías viene como precursor, el Mesías debe ser alguien muy superior a Elías. ¿Quién es pues?

—Si me lo permitís —dijo uno de los discípulos del sabio Antígono de Soco—, yo pienso que será Moisés, que ya una vez fué transmisor de la Ley Eterna dada por Dios a la humanidad. Y si Elías vuelve a la Tierra ¿por qué no podría volver también Moisés para traer una ley muy superior a aquella del Sinaí?

—Tenéis razón, es una idea hermosa y feliz —exclamaron varios.

—¿Quién como Moisés para libertar a este mismo pueblo de la tiranía de Roma como ya le libertó de la opresión de los Faraones.

—Sólo Moisés haría retroceder a los Césares que van tendiendo sus águilas sobre todos los pueblos civilizados de la Tierra.

—Creo que deberíamos comenzar —añadió otro de los presentes— por estudiar de qué naturaleza es la Divinidad o Fuerza Suprema que nos enviará un Mesías, acaso más superior que Moisés.

—Eso es como pretender penetrar en la misma Divinidad, y acaso la grandeza del asunto nos apartaría de lo que podemos tratar, —insinuó José de Arimathea que por primera vez emitió su opinión.

—Opino como mi amigo, que si subimos demasiado alto, nos puede enloquecer el vértigo —expuso Nicodemus que era el más joven de la asamblea.

En tal momento Jhasua se tomó de las manos de ellos dos como si necesitara de ese apoyo para ponerse de pie. Y con un armonioso timbre de voz habló así:

—Yo estoy aquí porque vosotros queréis que la Divina Sabiduría baje a vosotros por la boca de un párvulo que apenas si sabe cuando sale el sol.

"Y Jehová dice así:

"Si tenéis puro y sencillo el corazón, yo bajaré a vosotros con toda mi claridad.

"Y aquellos que me busquen en espíritu y en verdad, me encontrarán en todas las cosas que viven y que mueren desde los soles que brillan en el espacio azul, hasta la oruga que se arrastra por la tierra.

"Yo he arrancado un pedazo de Mí mismo —dice Jehová— y es el Mesías que os mando. Es mi Verbo, mi Palabra Eterna grabada en las olas de los mares que, os dan la carne de sus peces y el esplendor de sus perlas; grabadas en las montañas que os dan piedra para vuestras viviendas y oro para vuestro regalo y vuestro bienestar; grabadas en los árboles que os dan sus maderas y sus frutos; en las bestias todas de la Tierra que os sirven para vuestra vida.

"Yo soy la Luz Eterna —dice Jehová— y mi Mesías es un rayo de esa luz.

"Yo soy el Poder, la Energía, la Fuerza que veis en todo cuánto vive, y mi Mesías es una vibración de ese Poder, de esa Energía, de esa Fuerza que está por encima de todos.

"El ha surgido de Mí, y vive en Mí, y piensa y siente en Mí ahora, y mañana y por toda la eternidad.

"El os lleva mi mensaje de Amor y de Luz, pero vosotros haréis con él como habéis hecho con todos aquellos que en Mi Nombre os llevaron la Verdad.

"Y ¿qué os dirá Moisés si es El que irá hacia vosotros?

"Mi Ley que fue Mi Mensaje llevado por él, está sepultada bajo una montaña de prescripciones y mandatos que habéis ido acumulando, con lo cual no habéis hecho sino encadenar las conciencias y cargar de temor y espanto las almas, que no saben cómo poner de acuerdo la debilidad y miseria propia de su escasa evolución con los furores de Jehová, el terrible Dios tirano y déspota que habéis creado en vuestras monstruosas alucinaciones, en vez del Dios-Creador por su Amor Omnipotente que se da continuada y eternamente a todo cuanto vive y alienta en el Universo.

"Soy Uno, pero tan grande que dentro de Mí se mueven todos los mundos y todas las humanidades que viven en esos mundos.

"La luz que os alumbra y el aire que respiráis son emanaciones mías; y vosotros mismos que os creéis a veces tan grandes no sois más que una vibración de mi Energía Eterna.

"Dentro de Mí vivís, os movéis y sois aún sumergidos entre el oleaje pesado de vuestro atraso y grosera materialidad.

"Si un día por Moisés os dí como primera ley el Amor hacia mí, y hacia vuestros semejantes emanados todos de Mí, por el Mesías que ahora esperáis y llamáis, no os daré otra ley sino aquella misma, llevada a la altura suprema del Amor por encima de todas las cosas creadas.

"Y porque soy inmutable y eterno, y soy el aliento de toda vida, veo, sé y percibo cuanto pensáis y obráis y sentís; y ninguna de vuestras obras malas, me afecta ni siquiera como el ondular de un cabello. ¡Inmutable!... ¡Eterno!... son frases, cuyo significado está más allá del alcance de vuestra mentalidad.

"¡Qué horrible blasfemia pronunciáis cuando habláis de la ira de Dios, de la cólera de Dios, del furor de Dios!...

"Mi justicia que es inexorable —dice Jehová— no es ejercida ni por la cólera, ni por el furor, sino por la Ley Suprema de causas y efectos, que rige invariablemente en todos los mundos del vasto universo.

"Y si vosotros que sois imperfectos amáis a vuestros hijos, vuestras obras, vuestras ideas, vuestros pensamientos, subiendo en la escala de lo infinito, encontraréis claramente demostrado mi amor eterno y en grado infinito, sin límites, para todo lo que surgió de Mí mismo, y es como una prolongación mía, como un hálito mío, como un resplandor de mi Luz Eterna.

"Las Inteligencias llegadas a la perfección más completa en todas sus facultades, son mi Idea, mi Pensamiento, mi Voluntad, mi Verbo, mi Palabra Eterna, mi Amor inconmensurable. Ellas están en Mí y Yo en Ellas formando así la maravillosa Unidad Divina que es Luz, Energía y Amor".

Y Jhasua apoyándose de nuevo en sus amigos que tenía a ambos lados, se sentó demostrando una suave laxitud, como si la fuerza vital hubiese disminuido en él.

Un silencio casi pavoroso se había hecho en la vasta sala, y el más profundo asombro dejó a todos como hipnotizados por una extraña fuerza, que por fin pudieron definir con esta frase que salió de todos los labios.

—El Espíritu Divino ha soplado en este recinto.

—Adorémosle con la prosternación de nuestras almas y de nuestros cuerpos —dijo el que presidía aquella reunión.

Y cuando todos estaban con la frente inclinada a la tierra, el niño salió hacia el huerto de la casa, desde el cual le llegaban los gorjeos de los pájaros y el perfume de un naranjo en flor.

Allí jugaban a los pies de una anciana de cabellos muy blancos, dos niños de seis a ocho años de edad. Jhasua se sintió atraído hacia aquel grupo encantador, y fué acercándose lentamente. La anciana era madre de Nicolás de Damasco, dueño de la casa y los niños hijos suyos; habían perdido la madre, por lo cual la anciana abuela era quien cuidaba de ellos. La niña era la mayorcita se llamaba

Martha y más adelante en la vida del Cristo la encontraremos desempeñando un papel importante. El niño se llamaba Gabes.

—Mira abuela el niño que llega —dijeron ambos hermanos al mismo tiempo.

La anciana levantó la vista de su tejido en el que movía ligeramente sus manos, y vió a Jhasua tan bello, tan delicado y grácil, como una azucena que balanceaba el viento.

—¿Quién eres hermoso niño? —preguntó la anciana.

—Yo soy Jhasua hijo de Joseph y de Myriam. Hemos venido de Nazareth a las fiestas, y me trajeron a esa reunión que está en el cenáculo.

"Estaba muy fatigado y salí al huerto a tomar aire.

—¡Pobrecillo!... Pero es ocurrencia entrar a un niño en esa reunión de mayores! Venid aquí hijo mío, para que descanses.

Y la abuela dejó vacío el banquillo en que posaba sus pies. Jhasua se sentó.

—Martitha —añadió la anciana— anda y pide a la criada vino con miel para este niño que parece estar agotado. —La niña salió.

—Estos hombres cuando tratan sus cuestiones, olvidan que los niños necesitan comer y jugar.

Y mientras Jhasua intimaba amistad con aquella anciana y aquellos niños, en el cenáculo se debatía un oscuro interrogante.

—¿Quién era aquel niño prodigio, que hablaba de los profundos misterios de la Divinidad, como pudiera hablar de sus juguetes o de sus golosinas?

Era un gran profeta, a no dudarlo, pero ¿cuál de ellos era y qué significaba su venida en esos momentos?

Pensaron en Jeremías, en Ezequiel, en Elías, en Samuel.

—No, que es Moisés —indicó uno de los Doctores— pues hubo un momento en que vi sobre su frente aquellos dos rayos de luz con que apareció Moisés al bajar del Sinaí.

—Yo pienso que es Elías —dijo otro— porque en un momento en que hablaba le ví como un aura de color de fuego.

—Jehová nos lo revelará a su tiempo, —aseguró uno de los Sacerdotes Esenios.

—Eso es toda la verdad —afirmaron José de Arimathea y Nicodemus.

—Lo más acertado es esperar.

Y siguió bastante extenso el comentario que hicieron sobre el discurso magnífico del niño, que encerraba todo un tratado de teología, comparable a los escritos más profundos de Moisés que sólo conocían los más ilustres Doctores de Israel.

Pasados los primeros momentos de asombro, comenzaron los interrogantes sobre quién era aquél niño-Luz, a lo cual José de Arimathea y Nicodemus que le habían llevado debieron responder.

—Es hijo de un artesano grandemente apreciado en toda la provincia de Galilea por su acrisolada honradez, como puede atestiguarlo el Hazzán de la Sinagoga de Nazareth y éstos dos Terapeutas, que en su calidad de médicos recorren toda aquella comarca —explicó José de Arimathea.

—Verdaderamente —añadió el Hazzán— sus padres son grandes siervos de Dios, cumplidores de la Ley y asiduos concurrentes los sábados a la lectura de los Libros Sagrados.

—Ningún afligido llega a su puerta sin que salga consolado —añadió uno de los Terapeutas—.

"Su madre que es un ángel de belleza y de bondad, está animada de la dulce piedad de Raquel, y la he visto ir de madrugada con el frío del invierno y la nieve en los caminos, a llevar un cantarillo de leche a una joven madre que por enfermedad no podía amamantar a su pequeñuelo.

—Se educó entre las vírgenes del Templo —añadió el otro Terapeuta— por lo cual está muy al tanto de las Escrituras Sagradas.

—Y ¿qué piensan ellos mismos de este hijo extraordinario? —preguntó uno de los Doctores.

—Lo que pensamos todos —respondió Nicodemus— o sea que es un Profeta de Dios.

—Pero hay que añadir que sus padres viven bajo el temor por el porvenir del niño, en la época actual, en que los idólatras están adueñados de este país —añadió el Hazzán de la Sinagoga de Nazareth.

Nicolás de Damasco y Judas de Gamala, iniciadores de aquella reunión, se pusieron de pie al mismo tiempo para decir algo que parecía palpitar en aquel ambiente cálido de entusiasmo por las grandes causas.

—Iba a proponer a esta honorable reunión que hagamos un pacto de protección y ayuda a este niño extraordinario, que sin duda es un vaso elegido por Dios Misericordioso para derramar la verdad entre su pueblo —dijo Nicolás.

—Eso mismo iba a proponer yo —enunció el de Gamala—. Dios está en medio de nosotros, pues hemos coincidido en todo.

—Y nosotros igual que vosotros —respondieron todos a una voz.

—Que Dios bendiga esta alianza por la justicia y la verdad —exclamó el anciano Sacerdote Esdras.

—Así sea —repondieron todos dándose la mano unos a otros.

—Nuestra consigna será "Esperar y callar" —dijo Nicolás.

— ¡Justo! —expresaron casi todos— que el entusiasmo excesivo no nos lleve a entorpecer el designio Divino —añadieron los Terapeutas.

Y terminó así aquella reunión donde había flotado invisiblemente, el pensamiento de Dios hecho realidad en su Cristo ya encarnado sobre la Tierra.

Al siguiente día, que era el último de las fiestas solemnes de la Pascua, Jhasua fue nuevamente llevado al Templo por sus padres y familiares.

Se encontraba el niño como dominado por una exaltación religiosa tan fuerte que su madre lo advirtió y se lo dijo:

—Jhasua hijo mío: desde que has hablado con esos grandes letrados de Israel, ya no caminas por la tierra. Paréceme que andas volando por otros mundos que tú imaginas, y esto no está bien en un niño como tú, a quien Jehová no pide otra cosa simo que seas obediente y dócil para tus padres. ¿Qué es lo que te tiene como abismado y absorto?

—Déjame madre solo con mis pensamientos. ¿No ves que estoy comprendiendo a Dios?

— ¡Pero hijito!... Dios no puede ser comprendido por criaturas tan pequeñas como nosotros.

— ¡Tú lo dices!... madre, tú lo dices, pero El está aquí dentro de mí y me está diciendo: ¡Tú estás en Mí, y Yo estoy en ti, porque somos una misma esencia!

— ¡Calla por Dios Jhasua!, que tú disparatas.

Y aquella madre asustada de las palabras de su hijo, le había puesto su mano sobre los labios.

El niño besó muchas veces aquella mano blanca y suave, mientras sus ojos garzos se hundían en los de su madre en una mirada tan profunda y tierna que parecía querer decirle:

—¡Te amo mucho madre, pero amo a Dios por sobre todas las cosas!

Pocos momentos después salían en dirección al Templo, que brillando todo como una llama viva, y con sus atrios y pórticos atestados de gentes que lucían sus mejores túnicas y ricos mantos y turbantes, presentaba un aspecto fantástico y solemne.

La exaltación religiosa de Jhasua continuaba subiendo de intensidad. Estaba seguro de ver allí entre aquella radiante luminaria, la faz divina de Jehová. Y el niño se estremecía de entusiasmo.

Pero grande fué su espanto cuando en vez de la visión de Dios que esperaba, se encontró con una horrible carnicería, un feroz degüello de toros, terneros, carneros, indefensos corderillos y blancas palomas que aleteaban espantadas, mientras se les llevaba en montones a los altares de los sacrificios.

Y los Sacerdotes armados de grandes cuchillas, aparecían con sus ropas y sandalias mojadas de la sangre que corría desde los altares por tubos de bonce incrustados en el muro, y que iban a vaciarse a una piscina de mármosl construida en un patio interior rodeado de galpones o estancias, donde sobre grandes mesas de piedra se iban depositando las reses ya descuartizadas y listas, para el reparto a la numerosa familia sacerdotal, que era quien podía, según la ley, aprovecharse de aquellas carnes aún humeantes.

Aquel patio era llamado "de los mercaderes", porque allí acudían ellos a comprar a los sacerdotes las reses que ellos no alcanzaban a consumir con sus familias.

Joseph y Myriam, en su calidad de Esenios, no podían ofrecer holocaustos de animales sino de frutos de la tierra, y ellos entregaron su ofrenda de harina, aceite, vino y miel, según acostumbraban los miembros de la Fraternidad Esenia.

—¡Madre! —murmuró Jhasua al oído de Myriam, cuando pudo dominar el espanto y horror que le causó la degollación de los animales y los altares por donde corría la sangre. —¡Madre!... yo te digo que aquí no está el Padre Celestial.

—¿Por qué hijo mío?...

—Porque El no gusta de ofrendas de sangre y de muerte, sino de amor y de vida...

—¡Calla... tú no sabes lo que dices!

—¡Salgamos de aquí que me ahogo!... —Y soltándose de las manos de su madre echó a correr rápido como un cervatillo asustado, hacia donde resonaban los laúdes y las voces de las doncellas que cantaban salmos, en una de las naves del Templo y en direccoón opuesta a la del altar de los sacrificios. Para ello, debió atravesar el Templo en diagonal y como estaba lleno de gentes, Myriam le perdió de vista por más esfuerzos que hizo para seguirle.

Tropezó con un joven Levita que iba al atrio de los incensarios para reavivar el fuego del suyo que se apagaba por falta de aire. Era de los Levitas Esenios y conocía de vista a Jhasua.

—¿A dónde vas tan de prisa que pareces un fugitivo? —le preguntó.

—Ese vaho de sangre y de carnes quemadas, me ahogan y voy a morirme sofocado. Sácame por favor de este infierno, donde esos hombres con cuchillos y vestidos manchados de sangre, me parecen demonios escapados de un antro...

— iNiño... calla por favor, que pueden oirte! Ven conmigo a la sala de los incensarios, donde te haré ver muchas cosas hermosas que habrán de gustarte.

Y el Levita se llevó al niño al sitio indicado.

Jhasua estaba pálido y un ligero temblor estremecía su cuerpo. Le recostó en un estrado y le dió de beber vino con miel, lo cual le reanimó pronto.

Recordará el lector que aquella sala tenía un compartimiento secreto, en el cual se abría la bajada al camino subterráneo conocido por *"El sendero de Esdras"* y cuya existencia era uno de los secretos esenios transmitido de padres a hijos desde la reconstrucción del templo.

Tan sólo los Sacerdotes Esenios conocían aquel camino que tenía salida en el abandonado sepulcro de Absalón, en el Monte de los Olivos y muy cercano al Huerto de Getsemaní.

Dos sacerdotes Esenios estaban ocultos en el compartimento secreto de vuelta de la tumba de Absalón, a donde ellos transportaban para los pobres, ancianos y enfermos, parte de los derroches que se hacían de las abundantes ofrendas llevadas al Templo.

—No es justo —decían ellos— que se hagan negocios fabulosos con la venta de las ofrendas de carne y frutos de la tierra, y que nuestros enfermos y nuestros ancianos menesterosos, sufran la carestía y el hambre.

Creyeron que la sala de los incensarios estaba sola y salieron. Se encontraron con Jhasua que esperaba quietecito el regreso del Levita que le había conducido allí.

Y naturalmente se entabló un diálogo de preguntas y explicaciones. Los dos esenios le conocían a él, pues que habían estado presente en la reunión del día anterior en el Cenáculo de Nicolás de Damasco, pero él no los reconoció y tenía temor de hablar.

Unicamente les dijo que había huido de sus padres para no ver la degollación de animales, espectáculo que le causaba espanto y horror.

Los dos sacerdotes se le dieron a conocer, le hablaron de los Ancianos del Tabor y del Carmelo y por último le propusieron conducirle a buscar a sus padres.

Como el tumulto era grande, y Joseph y Myriam por su parte buscaban también al niño, se habían retirado del lugar en que él los dejó, por lo cual les fué necesario a unos y otros, esperar que terminado el ceremonial, el público se alejara para poder encontrarse.

Joseph, entretenido en uno de los pórticos con sus parientes de Bethlehem, Elcana y Sara con quienes no se veía desde hacía un año, no prestó mayor atención al extravío del Niño. Eran Myriam, Jhosuelin y Lía quienes le buscaban con gran ansiedad, hasta que llegando al atrio de los extranjeros, le vieron pasar entre los dos Esenios que no les eran desconocidos.

— iMadre!... yo me quedo aquí con estos hermanos de los Ancianos —fue la primera palabra de Jhasua al encontrarse con Myiram.

—Pero hiio mío ¿qué has hecho? ¿Es esto lo que merezco de ti?

Y los dulce ojos de Myriam se llenaron de lágrimas.

— iNo madre mía! —murmuró el niño abrazándola—. Tú mereces todo mi amor, pero el Padre Celestial me llama a su servicio y yo quiero obedecer su voz como obedeció Samuel.

—Hijito —díjole el sacerdote Eleazar—. Por ahora el Padre Celestial quiere que vayas con tu madre, que también en el hogar está el Dios de los Profetas.

—¿Entonces me rechazáis? —preguntó Jhasua con la voz temblorosa y próximo al llanto.

—No hijo mío, pero eres aún demasiado niño. Así te lo han dicho los Ancianos del Tabor.

Jhosuelin había corrido a buscar a su padre en vista de la angustia de Myriam, por la insistencia del niño en quedarse en el Templo.

—¿Por qué te empeñas en quedarte? —le interrogó el otro sacerdote.

—El templo es la casa de la oración a Jehová, y yo la veo como un degolladero de animales. El Padre Celestial es piedad y amor, y repudia el horror de esas matanzas. El quiere más la pureza del corazón y el cumplimiento de su Ley, que no la abundancia de ofrendas vivas con derramamiento de sangre.

—¿Qué pasa aquí? —dijo Joseph llegando al lado de Myriam.

—Que nuestro niño quiere quedarse en el Templo como el Profeta Samuel.

—¿Y tu madre Jhasua?... ¿ella no es nadie para ti? —interrogó con severidad el padre.

—La Ley dice: "amarás al Señor Dios tuyo, sobre todas las cosas" —dijo dulcemente el niño acercándose a su padre.

—También dice la Ley: "Honrarás a tus padres todos los días de tu vida" —contestó Joseph— ¡Vamos!

Y tomando una mano de Jhasua comenzó a andar.

—Ahora eres verdadero hijo del Padre Celestial, al cual no sólo en el Templo se le adora, sino en espíritu y en verdad en cualquier lugar de la Tierra, porque toda ella es su Templo —dijo al niño despidiéndolo Eleazar, el anciano Sacerdote que le había conocido en la cuna.

El niño siguió en silencio a sus padres, dando vuelta varias veces su cabeza y agitando las manos que decían adioses tiernísimos a los dos ancianos Sacerdotes, que desde el atrio del Templo le miraban alejarse.

A medida que se alejaban el niño parecía recobrar su alegría y serenidad.

Joseph, que aunque de un exterior severo, amaba entrañablemente a aquel niño en quien reconocía un ser superior, quiso suavizar la aspereza de aquellos momentos.

—Hijo mío —le dijo— todos los años podemos traerte, si tanto te place visitar el Templo. Con tu poca edad ¿qué harías tú allí?

—Les diría palabras de Jehová que no quiere más la matanza de animales —contestó el niño— sino la adoración del corazón puro y limpio, como los ancianos de los Santuarios Esenios.

—¿Y quién eres tú pobre niño mío, para venir a poner leyes en el Templo de Jerusalén? ¿No ves que serías tomado por un niño loco o poseído de los demonios?

"¿No ves cómo los Ancianos con toda su sabiduría y altos poderes espirituales, se ocultan en el fondo de las rocas para no exponer inútilmente sus vidas?

—Tenéis razón padre, tenéis razón. Había dentro de mi corazón como una ola potente de horror y de enojo, con todo lo poco que he visto allí abajo en las bóvedas de la casa de oración a Jehová, que quería gritar a voces las infamias que allí hacen.

"Correr a látigo a los mendigos, ciegos y ancianos que vienen a pedir los sobrantes de las ofrendas que luego venden a los mercaderes por detrás del Templo y creyendo que nadie les ve.

— ¡Niño!... —dijo Myriam espantada.

—Es cierto madre —afirmó Jhosuelin—. También yo he visto a un mercader entregar un bolsillo repleto de monedas a uno de los que hacían matanza y después de haberse ya quitado las ropas manchadas de sangre.

—Aquí viene Lía con Elcana y Sara, y es necesario no tocar más este asunto —dijo Joseph, deteniendo sus pasos para esperar a los que había visto venir hacia ellos.

EN EL MONTE QUARANTANA

Las solemnidades de Pascua habían terminado, y el inmenso gentío aglomerado en la Ciudad Santa empezó a disgregarse cada cual al lugar de su morada.

También Joseph debió pensar en el regreso, pero se interpuso el piadoso deseo de Myriam de no dejar sola a Salomé, que debía esperar los 40 días para presentar al Templo a su recién nacido Jhoanan.

—Llévate a los hijos mayores y déjame a Jhasua, que ambos regresaremos con Salomé —dijo ella.

—¿Serás capaz de sacar al niño de su delirio por el templo? —le había observado el padre.

—Sí —contestó ella—, me ayudarán los dos Terapeutas que quedan aquí por arreglar asunto particulares de ellos, y a más tu amigo José de Arimathea que se nos ha ofrecido tanto, para cualquier cosa que pueda necesitar el niño.

—Bien Myriam, puesto que así lo quieres.

Y Joseph y sus hijos mayores regresaron a su casita de Nazareth, dejando a Myriam con Salomé y su recién nacido, en la vieja casa de su parienta Lía.

Joseph regresó unido en caravana a los familiares y amigos, con quienes habían hecho el viaje juntos.

Los Terapeutas tenían un piadoso programa a cumplir, y teniendo esto en vista habían combinado un plan.

La comarca cercana cuyo centro era Bethlehem, estaba muy poblada de familias Esenias, que después de aquellos años aciagos de la persecución de Herodes a los niños Betlemitas, había regresado a su tierra natal.

A más, de Bethlehem al Monte Quarantana había pocas horas de viaje, y en ese Santuario algunos Ancianos a quienes el peso de los años y de los achaques propios de la avanzada edad, no les había permitido ver al Bienvenido desde su nacimiento.

Algunos de sus Terapeutas habían arribado a Jerusalén para las festividades, y eran como el eco de aquel Santuario que no había visto en sus grutas la luz divina del Verbo encarnado.

Por lo menos treinta días debían esperar para la ceremonia de la Purificación y presentación al Templo del pequeño Jhoanan, y era sobrado tiempo para una excursión al Monte Quarantana que por la primavera, el camino era hermoso y los días templados favorecían el viaje.

Y los Terapeutas se dispusieron a afrontar la dificultad bien recia, por cierto, de que Myriam en ausencia de su esposo, consintiera en aquel viaje. Lo propusieron primeramente a Lía, cuya discreción y prudencia, bien conocida de todos, le daba una gran autoridad. Después lo consultaron también con José de Arimathea, cuyo ascendiente en Joseph hacía que sus resoluciones fueran ampliamente aceptadas por éste. Y ésta última circunstancia facilitaría a juicio de ellos el consentimiento de Myriam. Este joven Doctor, Esenio de corazón y gran clarividente respecto de la excelsa misión que traía Jhasua, se entregó con entusiasmo a la tarea de conseguir para el niño el permiso materno.

Y se presentó en la casa de su suegra Lía y trató la cuestión.

—¡Madre feliz! —le decía, usando el calificativo que le daba siempre— ¿me prestaríais a Jhasua para ocho días?

—¡Ocho días! ¿Y a dónde le vais a llevar en ese tiempo? —inquiría, con cierta alarma la madre.

—Si pensáis lo que él es para este país y para toda la humanidad, debéis comprender el dolor de algunos ancianos que anhelan verle antes de morir.

"Sabéis asimismo la confianza que tiene vuestro esposo en mí, y si vos la tuvierais igual, no negaríais vuestro permiso para que los terapeutas juntamente conmigo llevemos al niño a visitar a los que sólo esperan verle para morir tranquilos. ¿Qué decís Myriam?

—Si me permitís —repuso después de unos momentos de silencio— lo consultaré con nuestra parienta Lía. Esta fué llamada en el Acto, y como ya estaba prevenida y no veía peligro alguno para el niño, fué de opinión que se le dejase ir.

—Bajo vuestra responsabilidad —advirtió a José de Arimathea, la celosa madre— y de Lía y de los Terapeutas, concedo mi permiso con la condición expresa de que me daréis una epístola para mi marido explicándole muy claramente todo este asunto.

—Bien, bien, nada temáis y todo se hará como lo pedís. Estamos a mitad de la tarde; mañana al amanecer vendremos los Terapeutas que son cuatro, Nicodemus cinco y yo seis, caballeros en fuertes mulos amaestrados y un manso asnillo para Jhasua, que se sentirá en el paraíso al saber de esta excursión. ¿Estáis conforme?

—Sí, sí, Myriam; dí que sí —insistía Lía—. ¡Será tan dichoso el pobrecillo!

—Bien, sí —asintió ella por fin— estoy conforme. Lía tiene boca de santa y confío en ella como si fuera mi madre.

Y las dos mujeres se abrazaron.

—Hemos triunfado —pensó José de Arimathea mirando cariñosamente a su madre política, que tan eficaz ayuda le había prestado.

Y al siguiente día y cuando las últimas sombras de la noche cedían el campo a los primeros resplandores del amanecer, el hogar de la casa de Lía llameaba alegremente rodeado de todos los viajeros ya listos para emprender la jornada.

Aquella aurora primaveral parecía diseñar en los cielos una apoteosis de gloria y de dicha, teniendo doceles de púrpura y oro, mientras en los grandes árboles del huerto de Lía, millares de pájaros daban la bienvenida al nuevo día con un concierto de admirables gorjeos.

—¿Y Jhasua? —preguntará el lector.

El niño de Myriam enterado la noche anterior a la hora de la cena del proyectado viaje, ya no fué más el pajarillo taciturno por las tremendas realidades que viera en el Templo, y que tan cruel desengaño le habían causado. Era una cotorrita parlera, a la cual era inútil pedirle un momento de silencio.

Sus risas cristalinas llenaban la casa y sin detenerse a reflexionar que el pequeñín de Salomé dormía en una habitación inmediata, cuando ya no quedaba nadie a quien referirle de su viaje, corrió a la canastilla del niño y sacudiéndole suavemente de las manecitas:

—Jhoanan chiquitito —le decía— me voy de viaje al Monte Quarantana montando un asnillo ceniza que corre como el viento ¿lo oyes? pero no puedo llevarte a tí porque eres pequeño y no puedes montar. Pero no me guardes agravio ¿eh Jhoanan? porque cuando seas mayorcito te llevaré siempre conmigo.

El chiquitín se despertó llorisqueando, y Jhasua creyendo que era por su ausencia, continuaba con sus mimos de una ternura conmovedora.

—No llores Jhoanancito mío, que volveré pronto para mecer tu cuna y cantarte lindas canciones.

Y en un suavísimo arrullo que llegaba hasta el hogar, oyeron la voz de cristal de Jhasua que dormía al pequeñito:

Duerme angelito rubio
Prenda de amor,
Que dejaron en mi huerto
Los ángeles del Señor.
¡Duérmete!... Yo no quiero
Que llores más
Porque de los brazos míos
Nadie te podrá arrancar.

El pequeñín tornó a dormirse y Jhasua volvió junto al hogar caminando de puntillas poniéndose el índice sobre los labios.

Algo así como un religioso silencio flotaba en aquel ambiente.

—Jhoanan lloraba porque me voy —dijo con una ingenuidad encantadora— pero yo le he consolado y ahora duerme.

—Bien —díjole Lía— ahora ven a sentarte en tu sitio al lado de tu madre que es la hora de la cena.

Y el niño obedeció.

—Y ¿después? A prepararlo todo para el viaje de mañana.

—No, hijo mío, porque ya está todo dispuesto. Después de la cena a dormir para madrugar mañana. ¡Ahora, silencio!

Lía puesta de pie en la cabecera de la mesa recitaba la bendición de los manjares según la vieja costumbre de las familias Esenias.

El lector adivinará sin duda que aquella cena fue toda salpicada de las agudezas y gracias de Jhasua, que a toda costa quería que le describiesen aquel anhelado viaje hasta en sus menores detalles.

Y a sus interminables preguntas le contestaban siempre —Ya lo verás mañana y nos lo contarás a la vuelta.

Y cuando llegó la mañana y vió bajo los árboles del huerto los mulos enjaezados y el asnillo quieto junto a la puerta del hogar, su alegría se tornó delirio y se tradujo en fuertes abrazos y besos a su madre, a Lía, a Salomé y a sus compañeros de viaje.

—Ahora sólo es un niño... ¡todo un niño que reboza de contento y felicidad! —decía uno de los Terapeutas a Myriam que presenciaba la escena con cierta tristeza.

—Por no quitarle esta dicha he consentido en este viaje. Cuidádmelo bien por Dios, para que nunca tenga que arrepentirme —contestaba ella.

—Quedaos muy tranquila, que para nosotros este viaje es tan conocido, como que lo hacemos casi todos los meses.

—¡Serán tan dichosos los Ancianos del Quarantana cuando vean al niño, que eso sólo debe llenaros de satisfacción.

Y unos momentos después José de Arimathea levantó al niño en sus brazos, lo acercó para que besara por última vez a su madre y lo montó en el asnillo ceniza *que corría más que el viento* según creía Jhasua. Lo aseguró perfectamente, pasando una ancha faja de tela por encima de las rodillas del niño y sujetos los extremos a las gruesas anillas de la montura.

—¡Ahora todos arriba! —gritó José de Arimathea montando él mismo y colocándose al lado mismo del asnillo de Jhasua.

Del lado opuesto se colocó Nicodemus y los Terapeutas que eran los guías, abrieron la marcha por la avenida de los ciruelos en flor que dividía en dos, el ancho y espacioso huerto de la casa de Lía.

—No vuelvas la cabeza atrás, Jhasua —le gritaba Myriam viendo la intención del niño—. No vuelvas la cabeza que te puedes caer.

Y las tres mujeres que un día llorarían juntas sobre el cadáver ensangrentado del Mártir, quedaron a la puerta del hogar mirando alejarse la pequeña caravana, hasta que se perdió de vista al atravesar el gran portalón que daba hacia la carretera que debían seguir, que era como se sabe la que conducía a Bethlehem.

Allí tenía Jhasua grandes amigos que le habían visto los primeros, la noche de su nacimiento en aquella honrada casa de Elcana y Sara, sobre la cual se desbordaron las manifestaciones suprafísicas en aquella noche memorable.

Muy cerca de ella vivían tres esenios que habían sacrificado su tranquilidad y habían corrido sobre la nieve hacia el Santuario del Quarantana para llevar la noticia del nacimiento del Mesías: Eleazar, Josías y Alfeo. Doce años habían pasado y no le habían vuelto a ver, por las circunstancias de las frecuentes estadías del niño en los Santuarios esenios y por las grandes deficultades para los viajes, mayormente para los que ya habían llegado a la ancianidad. Noticias de él tenían siempre por los Terapeutas peregrinos, que eran como un correo oficial de la Fraternidad Esenia.

Y ellos habían sido como el eco fiel de los grandes anhelos de volver a ver a Jhasua en toda aquella comarca Bethlemita, donde nació y donde tanto habían padecido en la época terrible de la persecución de Herodes el Grande por el nacimiento de este niño, que aun siendo tan pequeño quitó la tranquilidad y el sueño al astuto y ambicioso Idumeo que no vaciló en decretar la degollación de los niños betlehemitas a cambio de su seguridad en el trono.

Jhasua estaba encantado de aquel viaje y enamorado de su asnillo color ceniza, a tal punto, que quería detener el andar a cada instante para dar de comer a su jumentillo.

—¿Has comido tú desde que salimos? —le preguntó Nicodemus para entretenerlo.

—No, pero el caso es muy diferente. Yo voy muy cómodo sentado, pero el pobre asnillo anda y anda soportando mi peso —contestaba el niño.

—¡Oh verdaderamente Jhasua! —añadía José de Arimathea. —Ese infeliz jumento debe estar reventado con todo tu peso. ¡Comiste tanto pan y queso allá!...

—¡Y miel y castañas y unos tacos de manteca, que yo sólo sé!...

—Bien Jhasua, bien, ahora que se pone fuerte el sol y que va llegando el medio día vamos a detenernos para comer nosotros y las bestias también.

Observa entre estas colinas del Torrente Cedrón que quedan a la izquierda, y elige tú mismo el lugar para descansar.

—Aquí, aquí —gritó jubiloso el niño— junto a este bosquecito donde se ve ese arroyuelo.

—Muy bien Jhasua, has elegido como un antiguo viajante.

Y José de Arimathea se desmontó y bajó también al niño.

Dos Terapeutas indicaron la conveniencia de adelantarse para dar aviso a los hermanos de Bethlehem y así lo hicieron.

Ya se sabe que en las ciudades pequeñas todo llama la atención. La llegada de viajeros, luego el ir y venir de gentes a una casa determinada sería sobrado motivo para que los curiosos hicieran averiguaciones y luego tejieran leyendas. Una palabra discreta de los Terapeutas pondría el orden correspondiente en este sentido.

Mientras tanto Jhasua con una solicitud tiernísima daba de comer y beber a su asnillo en tal forma, que sus compañeros de viaje decían alegremente:

—Jamás bestia alguna se vio tan favorecida y honrada como el asnillo color ceniza que monta Jhasua.

La noticia llevada por los Terapeutas produjo en las familias esenias de Bethlehem un júbilo indescriptible.

Ya comprenderá el lector que no todos los individuos de una familia debían conocer el gran secreto, sino sólo las personas mayores y cuya prudencia y discreción inspirase a los Terapeutas la más absoluta confianza.

Bethlehem estaba demasiado cerca de Jerusalén, cuyo alto clero, como se sabe, estaba siempre pronto a recelar de todo personaje extraordinario que pudiera ser una amenaza para la estabilidad de los espléndidos beneficios de que venía disfrutando ese grupo de familias, que habían dado en llamarse *la nobleza sacerdotal,* y que adueñados de los más altos y productivos puestos en las diversas funciones del Templo, venían siendo como hereditarios de padres a hijos desde hacía muchos años.

Herodes el Grande, valido de su poder de rey intruso había subido hasta el supremo pontificado, una obscura familia por justificar una pasión tardía hacia una de las hijas, y también buscando de tener sobre los hebreos, el ascendiente que le daría su alianza con el alto cuerpo sacerdotal.

Para un reyezuelo de un pequeño país dominado por los romanos, no estaba del todo fuera de lugar su casamiento con la hija del gran Sacerdote.

Y aunque Herodes el Grande ya no existía en el año que vamos historiando, aquellos grupos sacerdotales elevados por su capricho y fuera de toda ley, vivían recelosos de que llegase alguien que por justicia y derecho les arrojase nuevamente a la obscuridad, de que les había sacado la arbitrariedad de un rey sin más Dios ni más ley que su desmedida ambición.

Esta explicación aclaratoria la he creído necesaria, para que el lector comprenda la extremada cautela de los Esenios, viejos conocedores de todos los entretelones del Templo y de aquellos que vivían a su sombra, explotando la fe de los unos y el miedo de los otros.

Y si también el alto clero deseaba la llegada del Mesías Rey y Libertador de Israel, lo quería salido de entre ellos mismos, en forma de engrandecer aún más y fortificar, el castillo de oro en que estaban encumbrados.

Hechas estas aclaraciones continuemos la historia.

Los Esenios más antiguos debían ser avisados los primeros, para que ellos a su vez llevasen el aviso a los demás, valiéndose de una estratagema aceptable, que en este caso sería que los viajeros buscaban tejidos especiales en el viejo y conocido taller de Elcana, y que los que concurrían a su casa, lo hacían por trabar relaciones con estos comerciantes venidos de Jerusalén.

Josías y sus dos amigos Alfeo y Eleazar, que recordará el lector en los días del nacimiento de Jhasua, debían esperar la llegada de los viajeros en la casa de Elcana, pues los tres poseedores de grandes majadas de ovejas eran los proveedores de lana al viejo taller, circunstancia ésta que no podía causar la menor extrañeza a nadie. Ellos eran asimismo proveedores de lana para muchas familias y proveedores de abono para las tierras de los huertos y sembradíos, todo lo cual era motivo justificado para que ellos fueran por las casas de sus respectivos clientes.

Serían, pues, ellos por segunda vez, los que hicieran llegar hasta Jhasua a todos aquellos que podían estar en el secreto de la venida del Mesías tan esperado en Israel.

La sorpresa de Elcana y Sara fue grande, pues acababan de llegar de Jerusalén y nada se les había dicho de este viaje del niño.

—Viene de paso al Santuario del Monte Quarantana —contestaron los Esenios a las preguntas que les hicieron ambos esposos—. Y ahora mismo seguimos viaje para anunciarlo allá, pues sólo tenemos ocho días y debemos apresurarnos, si queremos que reciban su visita todos los hermanos que están en condiciones para ello.

Y sin tomarse sino unos breves momentos de descanso, los dos Terapeutas montaron nuevamente sus mulos montañeses y emprendieron el mismo viaje, que doce años antes y en una cruda noche de invierno habían hecho Elcana, Josías y Alfeo al Santuario del Monte Quarantana, al siguiente día de nacido el Verbo de Dios para llevar a los solitarios la buena nueva.

El ardiente sol de la primavera en Judea caía abrazando la tierra, y resecando los pajonales de suave heno que da a los campos ese indefinible tinte amarillento. Poco faltaba para el mediodía, o sea la hora prima de la tarde, cuando Jhasua jadeante y con el rostro encendido como una rosa, caía en brazos de Elcana y Sara, para pasar luego a los de Josías, Alfeo y Eleazar que le estaban esperando con grande ansiedad.

Su hermoso semblante teñido de un rosado vivo por el ardor del sol, le daba tal aspecto de salud y animación juntamente con la alegría que aleteaba en sus ojos llenos de inteligencia, que los tres amigos que no lo vieron en doce años quedaron maravillados de aquella belleza plena de vitalidad. Y más oyéndole su charla de cristal que no paraba de contar las menudas peripecias del viaje, y hasta las veces que su asnillo había sacudido las orejas al cruzar los lagartos o las codornices por el camino.

El encanto que produjo Jhasua en todos en aquella casa, donde vió la primera luz de la vida, no es para describirlo sino para que la intuición sutil del lector lo adivine.

José de Arimathea cortó aquel suavísimo encantamiento.

—Tenemos que seguir de inmediato nuestro viaje apenas se apaguen un poco los rayos solares —advirtió— porque hay poco tiempo de que disponer.

—Ya lo dijeron los dos Terapeutas que nos anunciaron vuestra llegada, pero por mucha prisa que tengáis, antes comeréis con nosotros —decía Elcana—. Ya veis —continuó— que Sara está disponiendo la mesa.

—¿Cuántos somos? —decía ella mirando al conjunto en el cual no podía diseñar cada individuo, pues en torno de Jhasua el grupo era compacto que él casi no se veía, porque todos los presentes le tenían cercado.

Pero como al niño no se le escapaba cosa alguna y sentía gran apetito, fué el primero en contestar.

—Esperad tía Sara que yo os diré enseguida cuántos somos. Tantos como diez —dijo rápidamente—. Y tened presente que yo solo comeré como dos, porque el trote de ese picaruelo de asnillo me ha abierto un apetito que ya no vivo por comer de vuestro pan.

—¿De verdad mi niño querido? Pues ven a sentarte en seguida entre estos viejos tíos que te vieron nacer.

Y sentó a Jhasua al centro de la cabecera de la mesa entre ella y Elcana.

—Los demás seais todos bien venidos y ocupad los sitios que os agraden —volvió a decir la ama de la casa.

No bien estuvieron todos sentados, el niño sin que nadie se lo dijera se puso de pie, cerró sus hermosos ojos y cruzadas las manos sobre el pecho pronunció las palabras que llamaban "Bendición del pan".

Y por aquellos semblantes varoniles, algunos tostados por el sol ardiente de Judea, se vieron correr algunas lágrimas furtivas, debido a la potente irradiación de amor a Dios-Padre Universal que la oración del niño Jhasua había puesto en actividad.

Y al terminar y como hubiera podido hacer un jefe de familia, tomó el pan que le estaba destinado y lo partió en diez pequeños pedazos. Al levantar sus ojos vió clavados en él, los ojos de todos, y en aquellas miradas encontró este interrogante mudo ¿por qué parte el niño el pan, si esto debe hacerlo el dueño de casa según la costumbre?

Y el niño con gran serenidad contestó al pensamiento: —He bendecido y partido el pan porque una voz interna me dijo:

"El amado es quien reparte el pan entre sus amados." y aquí paréceme *que el amado soy yo*.

—Dios habló por tu boca, tesoro escogido entre millares —exclamó Sara acariciándole tiernamente—. ¿Quién puede ser más amado que tú?

Y aquella comida, más que un simple acto común de la vida, fué un ágape de tierna devoción hacia aquel niño, que era para todos los que le rodeaban, un retazo de Divinidad descendido a la Tierra.

Apenas terminada la comida, un viejo criado entró a avisar a Elcana que "el huerto estaba llenándose de los tejedores que venían a vender sus telas a los viajeros de Jerusalén".

—Bien, bien —contestó Elcana— voy de inmediato allá.

No bien hubo llegado se encontró con unas treinta personas, todos hombres, muy conocidos suyos como antiguos esenios de la comarca.

—Venid conmigo al Cenáculo que allí *le veréis* —les indicó.

Y cuando iban terminando de entrar, llegó otro criado que dijo al amo de casa:

—Señor... en la puertecilla del pajar por donde se entra el heno y la leña, hay una porción de mujeres mendigas que vienen por el pan y el lienzo que la ama les ha prometido.

Sara que se acercaba, alcanzó a oir tales palabras y se apresuró a contestar al criado:

—Allá voy, deja eso de mi cuenta.

Eran las mujeres esenias, las cuales para no llamar la atención se habían puesto de acuerdo para cubrirse con el manto ceniza de las mendigas, y llamar a la casa de Elcana, por aquella puerta que daba a la campiña en dirección opuesta a la gran puerta de entrada, que caía sobre una de las tortuosas callejuelas de Bethlehem.

Todos celebraron el ingenioso ardid de las mujeres, que no se avergonzaron de disfrazarse de mendigas para acudir junto al Bienvenido que les esperaba.

Entradas ya en el Cenáculo desaparecieron los mantos cenizas, para dejar al descubierto las túnicas blancas y los velos echados al rostro, según acostumbraban las mujeres esenias para las solemnidades religiosas.

Elcana llamó en seguida a los que estaban aún alrededor de la mesa y tomando al niño los dos Terapeutas, le condujeron al gran Cenáculo en el cual había más de sesenta personas reunidas.

—Que este humilde cenáculo sea para todos nosotros un santuario, en el cual baja Dios a visitarnos —dijo Elcana colocando a Jhasua de pie sobre el centro del estrado mayor.

¡Hosanna al Hijo del Rey de los cielos que viene a nosotros! —comenzaron a cantar a media voz las esenias tañendo suaves laúdes.

¡Hosanna al Deseado de Israel que viene a enseñarnos el camino de la luz!

¡Seca tu llanto Bethlehem y no llores más tus inocentes mártires, porque ha llegado a ti la gloria de Israel!

¡Sembremos de flores la senda del justo que trae la Verdad de Dios sobre la Tierra!

De aquellas bolsas de lienzo que traían como para recibir la limosna, aquellas mujeres arrojaron a los pies de Jhasua una blanca lluvia de flores.

En ese instante una de las mujeres que había permanecido apartada en un rincón y que estaba velada de negro salió al centro del Cenáculo, y arrodillándose ante el niño dijo entre sollozos:

— ¡Angel de Dios que perdona los pecados!... perdónale al infeliz de Herodes la matanza de los inocentes por matarte a ti...

— ¡Mujer levanta tu velo! —ordenóle el más anciano de los Terapeutas.

Y al obedecer aquella mujer, pudo verse un bellísimo rostro doliente y que representaba unos treinta años de edad.

Y el Terapeuta añadió:

—Esta mujer es Marianna, la última esposa de Herodes el Grande, que la hizo víctima de un capricho fugaz como todos los suyos.

—En los días de la matanza de los niños, huyó del palacio y desde entonces se alberga en uno de nuestros refugios que tenemos en las grutas de los antiguos baños de Salomón. De su peculio ha salido el regreso y rehabilitación de las familias que huyeron en aquel entonces.

—Quería mantenerse desconocida hasta el final de su vida, pero nosotros hemos querido que reciba la bendición de Jhasua porque es esenia de grado segundo, y es la madre de todos los desvalidos en esta comarca.

Jhasua bajó del estrado rápidamente y acercándose a ella con inmensa ternura le dijo:

— ¡Marianna! eres la viuda del rey que quiso mi muerte y vienes a pedirme su vida!...

Y rodeando con sus bracitos aquella cabeza agitada en fuertes sollozos la besó en la frente y le dijo:

—Yo te doy mi bendición de niño, en nombre del Padre Celestial que está dentro de mí.

La mujer inclinó su rostro a la tierra para besarle los pies, pero él le puso sus manos y ella las cubrió de besos y de lágrimas.

La emoción de aquella escena se extendió por el Cenáculo y nadie podía pronunciar palabra.

La mujer se levantó y cubriéndose nuevamente se colocó en silencio entre el grupo de mujeres.

Los Terapeutas y los tres amigos que eran como los cicerones entre todas las familias esenias, fueron haciendo las presentaciones de todos los que habían llegado a visitar a Jhasua.

Algunas de aquellas mujeres eran madres de niños asesinados en la inolvidable tragedia, algunas eran hermanas, y todas eran deudoras a Marianna del bienestar de que disfrutaban.

Y cuando ellas le decían ¿con qué os pagaremos cuanto habéis hecho por nosotras? Ella les contestaba: Perdonad al criminal que tanto os hizo padecer".

Este hecho hace pensar que aún los monstruos tienen en su vida de crimen, un ángel que les ame y les ayude a redimirse aunque sea a través de los siglos.

Uno de los Terapeutas Esenios que era conocido de todas aquellas personas, dirigió la palabra a todos en general:

—Que el gozo que recibís de Dios en este día no os haga indiscretos en forma alguna, porque el daño que pudiera recibir el niño por causa de faltar al santo silencio, recaería desde luego sobre vosotros. Que toda vuestra oración y pensamiento de ahora en adelante sea en cooperación con él, para el feliz cumplimiento de su misión redentora de esta humanidad. Y si digo *feliz* cumplimiento, no es porque alimente la ilusión de que el sendero de la redención ha de ser sembrado de flores. Como espíritus afiliados a una larga alianza que bien sabéis, abarca muchas edades, estamos bien convencidos de lo que es y de lo que significa el calificativo sublime de Redentor.

"Cumplir con felicidad una misión, es llevarla a feliz término en forma que la formidable corriente de Amor Divino traído a la Tierra por el Hijo del Altísimo, llegue a nivelar el espantoso desequilibrio producido por las fuerzas del mal, que dominaban sobre la faz del planeta hace doce años.

"Y así vuestra plegaria desde el fondo del alma será siempre ésta, mientras el Cristo permanezca en la Tierra.

"Eterno Dios, Poder Infinito: que vuestro Amor Misericordioso salve en esta hora, lo que el mal había perdido.

"Con tales palabras, sentidas por vuestro Yo interno os ponéis a tono con las elevadas Inteligencias que rigen la evolución de esta humanidad, con el Verbo de Dios, que es el instrumento elegido, y con la misma Energía Divina, cuya Eterna Idea queremos secundar.

"Y ahora tenéis hasta la hora nona para decir cada uno lo que os dicte el corazón, a ese ángel de Dios que tenéis a vuestro alcance. Pero con orden y uno después de otro, procurando ser breves para no causarle demasiada fatiga".

Jhasua quedó solo en el estrado principal, pues todos se retiraron al otro extremo del Cenáculo. Y los Terapeutas hacían acercar de uno a uno a todos los que habían sido llamados a visitar al niño.

Josías, Alfeo y Eleazar tuvieron la preferencia por el grado que ya tenían en la Fraternidad.

Pudo notarse que Jhasua estaba como poseído de una fuerza y claridad divinas porque tomó el aspecto de un iluminado, de un extático y sin que tuviera conocimiento de la vida de cada uno, ni de sus necesidades espirituales o físicas, a cada uno le habló de acuerdo a lo que le ocurría en su vida y en la de sus familiares.

Y comenzaba siempre con este añadido:

—Jehová me manda decirte esto. —y lo decía con un acierto admirable por lo cual todos quedaban maravillados.

A Eleazar, entre otras cosas le dijo:

—Jehová me manda decirte que no dejes casar a tu hija mayor con el joven que te la ha pedido, porque está ya por manifestarse en él la lepra. Y está fuera de lo justo el traer descendencia leprosa a este país que ya son muchos los que hay.

A Josías le anunció que iba a morir uno de sus hijos casados, en un accidente provocado por la esposa que no estaba en la Ley de Jehová y que cuando el vaticinio se cumpliera, recogiera a la nietecita mayor porque era espíritu de alianza, y él necesitaría de ella unos años más adelante. (Y años después quedó ciego).

A Alfeo le dijo que repartiera entre sus hijos ya casados, lo que les pertenecía como herencia y que se dedicara al estudio de la Ley y los Profetas.

Y para no extendernos demasiado en este asunto, nos excusamos de referir cuánto dijo a los demás. Algunos se apresuraron a obedecer al anuncio cuando era apremiante. Otros debían esperar que sucedieran los hechos y los Terapeutas enterados de los mensajes de Jehová por intermedio de Jhasua, tomaron escrupulosamente nota de todo para comprobar si a su debido tiempo se cumplían.

Algunos que tenían los pulmones lacerados y otros con úlceras internas, se sintieron curados de sus males físicos porque el niño poniéndoles la mano en la parte enferma les había dicho estas solas palabras:

—Jehová me dice que estás enfermo y quiere que seas curado.

Y aunque algunos de aquellos hermanos salieron entristecidos por anuncios que eran para ellos un dolor, todos adoraron la grandeza de Dios en aquel niño que les veía por vez primera, y les hablaba de cosas y circunstancias íntimas relacionadas con ellos mismos o con sus familiares.

Y hasta se dió el caso, de que a uno de los presentes cuando se acercó, el niño lo miró unos instantes y luego le dijo: —Tú dudas de que yo pueda decirte mensaje de Jehová porque me ves tan niño. Y dudas porque tu corazón no está puro y tu conciencia te acusa:

"Tú te guardas una tercera parte del jornal que debes pagar a tus operarios con el pretexto de indemnizarte si perjudican a tus bestias o estropean la lana de tus ovejas o los telares de tu taller. Y eso no sólo es impropio de un esenio, sino que está en contra de la Ley que dice:

"Amarás a Dios sobre todas las cosas y al prójimo como a ti mismo.

—¡Niño de Dios!... exclamó aterrado aquel hombre. Ahora no dudo más, porque has dicho toda la verdad, ¿qué debo hacer pues?

—Devolver a tus operarios lo que has retenido en tu poder, y si algún día te inutilizan un animal o te rompen un telar, en ese caso has justicia, y si al hacerla te pones en el lugar del que ha faltado, la harás mucho mejor y Jehová te bendecirá.

Este hombre se condolió tanto de lo que había hecho, que se presentó poco después al Santuario del Monte Quarantana a declarar su pecado ante los Ancianos, por si querían quitarle los grados que tenía en la Fraternidad.

Los Ancianos se limitaron a aconsejarle que socorriera a los ancianos y huérfanos desamparados durante tres años que le faltaban para terminar el grado segundo.

Por fin terminó la hora de las confidencias con el Ungido Divino y la gente se disgregó.

Cuando los compañeros de viaje se acercaron al niño, éste les dijo:

— ¡Cuánto me habéis dejado dormir! Paréceme que hice un largo camino.

Se miraron los unos a los otros, pues comprendieron que el niño había hablado en estado de clarividencia perfecta, o sea desprendido de su materia que no conservaba el recuerdo de lo que había sucedido.

Y una hora más tarde proseguían el interrumpido viaje hacia el desierto de Judea, en cuyo centro parece dormir en larga quietud el Mar Muerto, *Mar de las Salinas* de la prehistoria, siniestro sarcófago funerario de cinco populosas ciudades consumidas por las llamaradas de petróleo ardiente.

El final del viaje, era como ya sabe el lector la apacible aldea de En-Gedi, al pie mismo del árido monte Quarantana.

El escenario es el mismo que contemplamos en los primeros capítulos de esta obra: Cabañas de piedra de los leñadores y los pastores de cabras, que corren y saltan por altos y bajos, por valles y cerros, por cumbres y precipicios y al final, cuando la gran mole de piedra intercepta la vista y el paso del viajero, se encuentra como adherida a la roca la ya conocida "Cabaña de Andrés", que aunque el antiguo dueño había pasado al mundo espiritual continuaba llamándose con su nombre. Habían pasado doce años y algunas transformaciones se habían producido en la humilde vivienda. La anciana Bethsabé viuda de Andrés continuaba siendo ama de casa con sus dos hijos Jacobo y Bartolomé, ambos ya casados con humildes aldeanas, pastorcillas del lugar, que siendo hermanas huérfanas de madre, encontraron en la buena Bethsabé la madre que habían perdido en la niñez. Jacobo había reemplazado a su padre en su puesto de portero del Santuario de Quarantana, puesto en el cual le hacía de auxiliar su hermano Bartolomé.

La llegada de los viajeros era un acontecimiento muy importante para la aldea de En-Gedi, pues aunque procuraron dar a su aspecto exterior el tono más modesto que les fue posible, hubo numerosos comentarios a media voz. Mas como veían con ellos dos Terapeutas, pronto se tranquilizaron pensando que al igual que otras veces, vendrían gentes de Bethlehem a contratar quesos y miel de la granja de Andrés, que eran muy buscados en toda aquella comarca. O acaso a excavar en las antiguas salinas, que a veces ocurría que gentes atacadas de reuma, buscaban aquellas sales para sus enfermos.

—Pero ese hermoso niño montado en un asnillo, ¿qué oficio desempeña entre los viajeros?

—Para contratar quesos y miel, no era necesario. Para excavar en las salinas tampoco.

— ¡Quién sabe si no es un principillo perseguido por los herodianos que vienen de paso a Idumea, o a Madian para salvarle!

316

Y aquellos buenos aldeanos, escarbaban en el polvo que levantaban en los caminos las cabalgaduras de los viajeros para encontrar l a solución del enigma.

Adivinando los Terapeutas todos estos interrogantes en las miradas investigadoras de todos los aldeanos, se apresuraron a tranquilizarlos.

—Los que tengáis acopio de quesos, miel, cera o higos secos, preparadlos porque estos señores vienen de Jerusalén a comprarlos —les dijeron—. Pero buenos ¿eh?, porque no quieren cosa de deshecho.

Aquello fue un regocijo general que hizo callar todos los comentarios y las misteriosas conjeturas. Y después de enterarse que los viajeros permanecían siete días en la Granja de Andrés, todos desaparecieron para ir a contar a los que no lo sabían, el importante asunto de los viajeros llegados de Jerusalén.

Y pocos momentos después, la anciana Bethsabé y sus nueras recibían la visita de aquellos viajeros, cuyo paso por la aldea había puesto a todos en movimiento.

La anciana que había conocido a Jhasua en la cuna y que estaba en el secreto de *quién era*, se arrojó al suelo para besar sus pies, llorando de felicidad.

—Venid también vosotras —llamaba a sus nueras— que este niño será el Salvador de Israel.

Pero Jhasua que tenía una inmensa alegría dentro de sí, se destapó en seguida como una ánfora demasiado llena.

—No lloréis buena mujer, que me recordáis la abuela Sabá del Monte Carmelo que lloraba cada vez que me veía.

"Yo sé que vos sois la anciana Bethsabé, que tenéis dos hijos, Jacobo y Bartolomé, y una porción de preciosos cabritillos que harán mis delicias los días que yo pase aquí...

— ¡Oh mi precioso! —exclamaba la buena mujer secando su llanto—. ¿Cómo sabes todo eso si nunca viniste?

—Pues porque soy amigo de los Terapeutas, y ellos me lo cuentan todo.

Mientras tanto ellos hablaban con las nueras de Bethsabé, a los efectos de instruirlas en la necesidad de ser muy discretas en caso de ser preguntadas por los vecinos. Ambas jóvenes eran Esenias de grado primero, y verdaderas hijas de Bethsabé, no tenían más voluntad que la suya. La anciana les había arrancado a los malos tratamientos de una madrastra, y eran para ella dos corderillas de admirable docilidad.

La menor, llamada Baara, que era la esposa de Bartolomé, corrió por un sendero de la montaña para avisar a los dos hermanos que andaban con sus asnos trayendo cargas de heno para los establos. La mayor era Agar, y corrió a su vez a la cocina para apresurar la cena, pues ya declinaba la tarde.

Y Jhasua, como si estuviese en su casa, decía a Bethsabé:

—Dadme unos manojos de heno fresco para mi asnillo y pan con miel para mí, porque los dos tenemos un gran apetito.

Y a poco de llegar los dos hermanos, los Terapeutas se dirigieron al secreto camino del pajar para dar aviso a los Ancianos, de que el Hombre-Luz, niño aún, esperaba la entrada al Santuario después de haber corrido un largo camino desde Jerusalén sobre su asnillo ceniza para llegar a abrazarles.

La entrada de Jhasua en el Monte Quarantana fue más emotiva, si se quiere, de lo que fue en los otros Santuarios Esenios. Un esenio con un niño de 13 años salió a recibirles.

Este niño era Jhoanan, el que más tarde sería llamado *el Bautista*, el Profeta del Jordán.

A Jhasua le acompañaban los Terapeutas, José de Arimathea y Nicodemus.

Los dos niños se quedaron mirándose por un breve instante...

Luego se oyó esta doble exclamación, al final de la cual, la hermosa cabeza rubia de Jhasua con la negra retinta de Jhoanan, se confundieron en el estrecho abrazo de los dos escogidos del Señor:

—¡Jhasua!...

—¡Jhoanan!...

—Los ancianos os esperan en el estrado —dijo el esenio que les había recibido.

Pero los dos niños no se movieron.

Cuando aquellas dos hermosas cabezas se separaron, todos vieron que había gotas de llanto que pugnaban por desbordarse y correr...

Jhoanan fue el primero en hablar.

—Yo te había visto en sueños esta noche llegando a mí, tal como lo has hecho.

—Mi madre me había dicho al salir para aquí: En las montañas de Judea tienes un primo, niño como tú, cuya madre antes de morir tuvo revelación de que sería un gran siervo de Dios.

"Y no bien te vi, ya supe que tú eres ese niño.

Los Terapeutas y el Esenio portero sabían que Jhoanan era la reencarnación de Elías y como es natural lo pensaron en aquel instante.

José de Arimathea y Nicodemus captaron la onda telepáticamente y dijeron casi al mismo tiempo:

—¿No estaremos en la presencia de Elías Profeta que prepara los caminos al Mesías-Salvador?

—La Divina Sabiduría descorre los velos de sus eternos misterios a las almas de buena voluntad —dijo el Esenio, tomando una de las antorchas que irradiaban amarillenta luz en el corredor de entrada.

—Vamos —añadió echando a andar seguido de los dos niños, de los dos jóvenes Doctores y los Terapeutas que cerraban la marcha.

Jhoanan había tomado de la mano a Jhasua y acercándose al Esenio le preguntó:

—¿Me dejáis pasar guiando a mi compañero?

— ¡Pasad, pasad, parvulitos! ¿cómo hemos de pretender *que vosotros dos marchéis a nuestro paso?*

Comprendiendo todos el segundo significado de tales palabras, dijo Nicodemus:

—Bendigamos al Altísimo si es que podemos seguirlos de lejos.

—Y pensar que esta humanidad camina en las tinieblas, teniendo estos dos grandes luminares! —exclamó José de Arimathea.

—Porque el orgullo y la ambición ciega a los poderosos, que dicen guiarla a la felicidad —respondió el Esenio.

—Es la Reina Ciega de nuestras esculturas de roca —añadió uno de los Terapeutas.

Mientras las personas mayores avanzaban lentamente esquivando las aristas y puntas salientes en la techumbre, los dos niños habían ya llegado a la plazoleta sobre la cual caían todas las grutas habitaciones de los solitarios.

Los Terapeutas pensaban.

—¿Cómo es que ahora dejan penetrar gentes del exterior sin vendarles los ojos?

318

La sensibilidad extrema del Esenio captó la onda y contestó:

—Cuando el Rey está presente, todas las puertas se abren para él y sus acompañantes.

—Ya estamos en casa. —Y dejó la antorcha con que les había conducido por el sombrío corredor.

—Esta es la gruta del Servidor —decía en ese momento Jhoanan señalando una amplia caverna a donde llegaba el sol que inundaba la plazoleta.

Era un anciano venerable, cuyo rostro fresco y sonrosado no estaba acorde con sus extremidades inferiores, atacadas duramente por el reuma persistente y crónico ya.

—Luz de Dios —exclamó extendiendo los brazos a Jhasua—. Otra vez alumbrando mi camino en la Tierra.

—Apenas he llegado a vos por vez primera, y me decís que otra vez alumbro vuestro camino —observó el niño dejándose estrechar por los brazos del anciano.

—Yo me entiendo y tú me entenderás también.

Junto al Servidor había otros cinco Ancianos, todos de mucha edad, que trataban en vano de sobreponerse a una intensa emoción. Y Jhoanan los iba nombrando: Gedeón, Laban, Thair, Zacarías, mi padre, y esta *arpa viva* que se llama **Hussin**.

El Esenio al que llamó arpa viva se abrazó de Jhasua y comenzó a sollozar profundamente.

—Te esperaba para partir —le dijo cuando pudo hablar.

—¿Te vas muy lejos? —preguntó el niño clavando sus dulces ojos en los de Hussin.

—Por el contrario, ¡muy cerca! Tan cerca, que continuaré a tu lado en el vientecillo de las tardes que ondulará tu cabello.

—Voy y vuelvo, niño mío, como la ola del mar, que tornará a la ribera sin que la sientas llegar. Voy y vuelvo, como el ave que busca un ardiente sol y que pasado el invierno, al viejo nido volvió.

—Me estás diciendo un salmo tan hermoso como los que canta mi madre en su laúd al atardecer, y en él me anuncias tu muerte...

Aquí llegaba este diálogo cuando entraron a la gruta del Servidor los otros viajeros.

—Bienvenidos seáis todos a esta casa de Dios —dijo el Servidor cuando les vió llegar.

El Esenio portero le indicó los estrados cubiertos de esteras.

—Este Santuario —explicó— no es como los del norte que seguramente conoceréis. No es más que un pasaje intermedio para llegar al Gran Santuario de Moab. Como la subida es larga y penosa, se ha puesto este Descanso en el Quarantana para los débiles y los enfermos.

Pasada la impresión de los primeros momentos, se animó la conversación y cada uno de los viajeros la inició con uno de los Ancianos.

Oigamos la del Servidor con José de Arimathea.

—Vos no sois el padre del niño ¿verdad?

—No Servidor: soy un amigo íntimo de su familia, y soy a más el que consiguió el permiso para traerle a vosotros.

—¡Oh, gracias, gracias! que el Altísimo os compense largamente.

—No podíais haber estado más oportunos, pues para la próxima luna estamos llamados cinco de nosotros al gran Santuario de Moab; quedando aquí sólo Zacarías con Jhoanan y el Esenio portero que es Dathan.

—En verdad que fué una divina inspiración. Y si no os resulta trabajo pesado, os ruego me relatéis cuanto sepáis de Jhasua, pues ningún detalle debe faltar en nuestro Archivo.

—Con todo placer, pero antes servíos decirme lo que sabéis y los que os falta por saber —contestó el interpelado.

—Nos es conocido hasta el día que le sacaron del Santuario de Monte Tabor. Ignoramos el resto hasta hoy.

"Hermanos —dijo en alta voz el Servidor—. Tenemos un trabajo que realizar, y como es algo pesado para los niños, que uno de los hermanos Terapeutas se los lleve al huerto y les entretenga a gusto de ellos.

"Jhoanan —llamó luego— ve a enseñar a Jhasua tu rebaño de corderillos y tus nidales de palomas. Jugad y recreaos queridos, que ya tenéis toda una vida ante vosotros para meditar y sufrir.

El niño interrogó con la mirada a Nicodemus y José de Arimathea.

—Vete tranquilo, Jhasua, que aquí no tienes peligro de ninguna especie —le contestaron ambos.

Y los dos niños salieron seguidos del más joven de los Terapeutas.

Escuchemos lector amigo las conversaciones de unos y de otros, que el pincel mágico de la Luz diseñó en lo infinito.

Y José de Arimathea relató cuanto sabemos de Jhasua desde su salida del Monte Tabor.

El Esenio portero y Thair anotaban a medida que el relator hablaba. Y cuando llegó a los discursos de Jhasua sobre la Divinidad, en el Templo de Jerusalén y en el Cenáculo de Nicolás de Damasco, el relator sacó su carpeta de bolsillo y los leyó tales como los había tomado un Escriba Esenio que había asistido a ellos.

—Es la única forma de que nos quede una exposición verídica y continuada de la vida sobre la Tierra del Verbo de Dios encarnado —reconoció el Servidor cuando José de Arimathea terminó su relato—.

"Firmadlos —pidió el Servidor luego de leer los papiros en que los Escribas habían anotado.

—Yo también he sido testigo de todo esto —aclaró Nicodemus— firmaré también.

—Y nosotros —dijeron los Terapeutas presentes.

—Bien, firmad todos en los dos papiros, pues uno de ellos lo llevaremos al gran Santuario de Moab, y el otro quedará archivado aquí según manda nuestra Ley.

"Y poned debajo de vuestras firmas el grado que tenéis en la Fraternidad Esenia.

Cuando estuvo terminado, pasaron al Santuario que estaba sobre la misma plazoleta, donde algunos viejos olivos sombreaban el ardor del sol cayendo de plano sobre aquellos peñascos.

Los Ancianos con báculos y apoyados en los viajeros, anduvieron los pocos pasos que les separaban del Santuario. Mas el Servidor fue colocado sobre un rústico silloncito de ruedas que uno de los terapeutas empujaba suavemente.

Llegados al Santuario que el lector conoce en los primeros capítulos de esta obra, Hussin, el arpa viva como lo había llamado Jhoanan y como lo llamaban todos, tomó una pequeña lira y ejecutó una dulcísima melodía que él había titulado así:

"ESPERANDO AL AMOR"

"Te esperamos Amor con las auroras,
Que deshojan camelias y alelí
Cuando se apaga la postrera estrella
En un cielo zafir.
Te esperamos Amor cuando la tarde
Al sol le dice su postrer adiós,
Cuando enciende la noche sus fanales,
Te esperamos Amor!...
En la vida, en la angustia... hasta en la tumba
Esperándote siempre ya lo ves,
Mucha nieve cayó en nuestras cabezas
Y aún andan nuestros pies!
Esperándote Amor pasaron siglos
Que ya no puede el corazón medir...
Tantos años y lunas!... Amor, oye...
Ya es hora de venir!
¡Ven Amor que la Tierra se desquicia
En angustias de muerte y de pavor!
Fué tanta y tanta la maldad sembrada
¡Ni un palmo hay sin dolor!
¡Ven Amor que las almas que te esperan
Se verán impelidas a emigrar
Como errantes cansadas golondrinas
Que vuelan sobre el mar!
¡Ven Amor!... no te tardes que morimos
Asfixiados en negro lodazal
Muchos mártires tuyos que esperaban,
Segó la humanidad!
En la vida, en la angustia, hasta la muerte
Esperándote siempre ya lo ves...
No importa que haya nieve en nuestras sienes
¡Que aún andan nuestros pies!
¡Ven Amor! Yo no quiero que mis labios
Den a la vida su postrer adiós
Sin haber contemplado la luz tuya,
Sin haber sentido tu calor!
¡Ven Amor!... Te buscamos, te llamamos
Como llama a su madre el pequeñin
¡Es tan honda la angustia de no verte
Como un lento morir!

Aquella voces temblorosas de hombres octogenarios que cantaban llorando, extendió una corriente de amor tan poderosa que José de Arimathea y Nicodemus no la pudieron resistir y se abrazaron los dos llorando como niños.

Sin saber cómo ni por qué, Jhasua echó a correr atravesando el huerto, y oyendo el coro de voces en el Santuario, penetró suavemente en él y plantándose en medio de todos y viéndoles llorar les dijo con su voz de música:

—¿Por qué lloráis con tal desconsuelo, como si ya nada tuvierais que esperar?

"Los manzanos y los naranjos están florecidos, y las tórtolas arrullan de amor en sus nidos.

"Estaba yo tan dichoso contemplando las obras del Padre Celestial, cuando sentí que cantábais llorando... Y vosotros lloráis también, dijo a José de Arimathea y Nicodemus."

Y con honda conmiseración fue acercándose a cada uno de los Ancianos besándoles tiernamente mientras les decía:

—Yo he venido a traeros la paz y la alegría y no es justo que vosotros lloréis. Y cuando llegó a Hussin que aún hacía vibrar las cuerdas de su lira, le dijo alegremente:

—¡Tú tienes la culpa del llorar de todos. Dame esta carpeta con tus salmos. —y comenzó a leer la letra que todos habían coreado.

Suavemente se fue dejando caer en el estrado junto a Hussin mientras seguía leyendo.

Por fin la carpetita cayó de sus manos, y sus ojos se cerraron.

Era la hipnosis.

—¡Bohindra! —le dijo a Hussin—. Tenías que ser tú para cantar al Amor en esta suprema evocación.

"Ya estoy en medio de vosotros como la vibración más poderosa que el Padre Celestial puede hacer llegar sobre este planeta.

"Y porque tanto habéis esperado al Amor, ahora tenéis el Amor.

"Y porque habéis buscado tanto al Amor, os sale al encuentro y os dice:

"Ruiseñores del Amor Divino, soltad vuestras alas a los espacios infinitos, que aun tenéis tiempo de volver antes que la humanidad aperciba mi presencia en medio de ella.

"Tanto tiempo me esperasteis, que ahora seré yo quien os espere a vosotros!"...

Pasado un breve momento el niño se despertó.

—Todo florece en el huerto —dijo—. Venid conmigo y lo veréis.

Nadie pudo resistirse y todos salieron.

Gran asombro les causó a todos, el hecho de que el Servidor no necesitó su silloncito de ruedas, sino que salió andando con sus cansados pies, apoyado en el hombro del niño que le servía de báculo.

Bajo los viejos olivos del huerto y en rústicos bancos de piedra, fueron sentándose los más ancianos primero, y por fin todos, mientras los dos niños, quedaron libres para entregarse a largas carreras en seguimiento de los cabritillos pintados de diversos colores y los blancos corderitos de Jhoanan.

—¿De cuántos días disponemos para tener el niño entre nosotros? —preguntó de pronto el Servidor a los dos jóvenes doctores que le habían traído.

—De ocho días contados desde hoy a la madrugada que salimos —le contestaron ambos.

—Descansando mañana aquí, aun tenéis tiempo de ir y volver del Gran Santuario de Moab —replicó el anciano clavando sus ojos oscuros en sus interlocutores.

—¡A Moab!... ¡Oh Servidor!... pedís demasiado, no por nosotros, claro está, sino por el niño —objetó José de Arimathea.

—Moab queda muy distante por causa de la enorme vuelta del Mar Muerto —añadió Nicodemus.

—Os equivocáis hermanos míos —insistió el anciano—. No hay ninguna vuelta.

—¡Cómo! ¿Y las salinas, y el desierto? —volvió a preguntar José.

—Hace diez años —dijo el anciano— que comenzamos a realizar nuestro sueño-de acortar la distancia entre este Santuario y el de Moab.

—¿Y lo habéis conseguido?

—Completamente —contestó el anciano con profunda satisfacción.

—Traedme el croquis del Mar Muerto hermano portero —dijo el anciano.

Y cuando el esenio portero volvió, el Servidor extendió el pequeño diseño sobre sus rodillas, y sacando su punzón les fué señalando.

—¿Veis aquí en el gran golfo cómo la anchura del lago se torna a la mitad?

—Sí vemos —contestaron los interlocutores.

—Allí no tiene más que 15 estadios, y nosotros hemos construido balsas de troncos que pueden cubrir 20 estadios.

—¡Cómo!... ¿pero es posible? —preguntaron asombrados ambos doctores.

—¡Y tan posible!

Y llamando nuevamente al esenio portero le dijo:

—Aprovechando la última claridad de la tarde, enseñad a estos hermanos, nuestras balsas ocultas al final de este huerto.

Y José de Arimathea y Nicodemus vieron con asombro un fuerte muro construido con anchos troncos labrados en plano y adheridos unos a otros con gruesos eslabones de hierro.

—Esto es una cerca fortísima, casi tanto como de piedra —dijeron ambos.

—Una cerca que se convierte en puente, cuando necesitamos pasar este lago de la muerte —dijo el esenio.

Estaban a la orilla del Mar Muerto cuyas aguas negruscas dan la impresión de ser muy pesadas y por lo mismo quietas.

Algunos restos de antiquísimas ruinas sobresalían de sus orillas.

—¡Ni siquiera los lagartos vive entre tanta muerte!... exclamó Nicodemus al ver el pavoroso aspecto de aquellas ruinas.

—Naturalmente que no —dijo el esenio—, porque en determinados días que suben las aguas cuando el Jordán crece, estas ruinas quedan sumergidas por completo.

—¿Y cómo os arregláis para que esta cerca se convierta en balsa? —preguntaron los visitantes.

—¿Queréis verlo? ¡Hermanos Terapeutas —gritó—. Llamad por favor a Jacobo y Bartolomé, y venid a más dos de vosotros.

Y al poco rato, los dos hermanos estaban maniobrando rápidamente para soltar las amarras que mantenían la balsa en línea vertical como una muralla que rodeaba el huerto.

Entre los dos Terpeutas y los dos hijos de Andrés fueron soltando al lago las balsas, que tenían cuatro codos de ancho y veinte de largo cada una, y amarradas unas con otras formaban un puente lo bastante para pasar de un lado a otro.

Tendiendo las balsas sobre el lago, pronto vieron que Jacobo y Bartolomé se iban alejando a larga distancia, mientras los dos Terapeutas y el esenio portero tiraban al agua más y más balsas que iban enganchando unas en otras.

—¿Y cuándo se llega a la otra orilla? —interrogó José.

—Allí tenemos una pequeña granja como la de Andrés —contestó el esenio, donde dos sobrinos del Servidor nos guardan mulos y asnos amaestrados, y en medio día estamos en el Santuario de Moab.

—¡Vuestra perseverancia hace milagros! —exclamó Nicodemus.

—Un milagro que se hizo en nueve años y que llevamos poco más de un año en utilizarlo, sin que hasta ahora haya fallado nunca.

Y cuando pocos momentos después las sombras primeras de la noche comenzaron a descender, se vió que de la opuesta orilla hacían señales con una antorcha levantada sobre un mástil, colocado en el sitio preciso en que el gran golfo, de la otra orilla penetra tanto, que forma una marcada península que es como una lengua de tierra firme que sobresale entre las aguas del lago.

—Ya nos han visto de allá —dijo el esenio portero— y esas señales indican que trabajarán toda la noche soltando al agua las balsas que a ellos corresponden, a fin de que mañana al amanecer podamos atravesar el lago.

—Esto significa que en la vecina orilla hacen el mismo milagro que hacéis vosotros desde aquí —reconoció José de Arimathea.

—Naturalmente —contestó el esenio—. Porque la Fraternidad Esenia no es más que una sola voluntad, y un solo pensamiento es que ha podido siempre realizar sus obras que a vosotros os parecen milagros.

—Ya está hecho nuestro trabajo —explicó el mayor de los hermanos.

—Pero ¿has amarrado en el palo de atraque la última balsa? —preguntó el esenio.

—La amarré cuando vi las señales que nos hacían con la antorcha.

—¿Y ese palo de atraque —interrogó Nicodemus— está clavado en el fondo del lago?

—Eso tiene historia aparte —respondió el interpelado— y mientras regresamos al Santuario os lo contaré. Ya asoman las primeras estrellas, y esta noche tibia de primavera invita a caminar despacio.

—Ya veis; Jhasua y Jhoanan están muy divertidos entrando al establo su hacienda—. En efecto, ambos niños separaban los cabritos y corderos de las madres, a fin de que, al siguiente día, dieran leche al ordeñador.

—La historia del palo de atraque es providencial. Hace cerca de veinte años que las fuentes de que se alimenta el Jordán allá en el norte, se desbordaron y en gran crecida, vino río abajo una barcaza de carga que traía cargamento de maderas del Líbano. Parece que la tripulación abandonó el barco a la deriva y la correntada lo trajo hasta nuestro lago de la muerte. Cuando las aguas bajaron a su nivel ordinario, el barco quedó enterrado en el pegajoso betún que hay en el fondo y sólo sobresalía el mástil. Pues ése es el palo de atraque en que amarramos nuestras balsas más o menos a mitad de la anchura del lago. ¿Habéis comprendido?

—¡Perfectamente! Eso quiere decir que vosotros tenéis el ingenio bastante para aprovechar todas las circunstancias en beneficio de vuestra causa —dijo José.

—Y esas maderas que nadie vino a reclamar jamás, nos han servido para muchas obras, incluso las balsas.

—Aquí vienen ya los niños con toda su carga de risas y alegrías. Entremos con ellos.

En efecto: Jhasua y Jhoanan parecían haberse contagiado de los cabritillos y·corrían como dos diablitos disputándose el llegar el primero.

—Yo·soy más ligero que tú —decíale Jhoanan— pero te dejé llegar primero porque tú eres mi visitante.

—Y yo, cuando tú vayas a visitarme a mi huerto en Nazareth, te dejaré subir primero al árbol de las castañas para que comas las mejores... A propósito Jhoanan... ¡Tengo un apetito!

—Y yo igual. ¡Hemos corrido tanto!

—Pues a la cena se ha dicho —les dijo el esenio que había escuchado sus últimas palabras.

Vieron que bajo los olivos del huerto y más inmediato a las grutas, les esperaba el Servidor con los otros esenios, y ya sentados ante una rústica mesa cubierta de blanco mantel. Cestillas de frutas, fuentes de manteca y queso, cantarillos de miel y tantos dorados panes cuantos eran los comensales, fué lo que vieron sobre la mesa, iluminada por antorchas prendidas de los salientes de las rocas, que formaban las puertas de las grutas.

—Venid vosotros pichoncillos aquí, a cada lado de este pobre pajarraco viejo —dijo el Servidor, a los dos niños a los cuales les hizo sentar, quedando él entre los dos.

Después fueron instalados a ambos lados de los niños José de Arimathea y Nicodemus, siguiendo luego los demás esenios.

—Esta noche hacemos una excepción —añadió el anciano— quedaos Jacobo y Bartolomé a cenar con estos hijos de Moisés.

Eran pues diez y siete los que rodeaban la mesa.

—Con una condición Servidor —propuso Jacobo dispuesto a aceptar la invitación.

—Tú dirás hijo mío...

—Que al regreso de estos señores del Monte Moab, vengáis todos vosotros a compartir nuestro pan en la *Granja de Andrés.*

—Concedido Jacobo; y ¿qué fiesta celebráis?

—Que mi madre cumple 70 años de vida y 25 de viudez, sin que haya pasado ni un solo día sin poner flores en el sepulcro de nuestro padre.

— ¡Celebráis la vida y el amor!... ¡oh qué fiesta más hermosa y sublime!... —exclamó Nicodemus.

— ¡Son así los montañeses del Mar Muerto! —exclamó Hussin—. Parece que hasta en sus afectos más íntimos estuviera calcada la firmeza de las rocas.

— ¡El tiempo no puede con ellos! —añadió Thair—.

—En verdad —dijo de nuevo el Servidor—. Estos muchachos eran dos chiquillos de 11 y 9 años cuando murió el padre, y desde entonces se pusieron a nuestro servicio y aun continúan sin pensar en abandornarnos. La Ley Divina les trajo las tórtolas compañeras a su propia casa, y ellos han tejido su nido en los peñones del Quarantana... a la puerta de los hijos de Moisés.

Los dos hermanos emocionados en alto grado iban mirando a todos con ese sentimiento profundo de amor y rendimiento de las almas humildes, para quienes todos los honores y los elogios les parecen demasiado.

Y mientras iban sentándose alrededor de la mesa, continuaban los comentarios sobre el hermoso poema del amor desinteresado y perseverante de los hijos de Andrés para los ermitaños del Monte Quarantana.

Terminada la comida y antes de retirarse los dos hermanos preguntaron a los Esenios:

—Necesitaréis de nosotros mañana a la hora de emprender el pasaje.

—Creo que no —contestó uno de los Terapeutas—, pues estamos nosotros para guiar.

—Yo había pensado —dijo Bartolomé— que el niño cruzara en mi asnillo moro que no hay como él para los senderos movedizos.

Más vale no lo hubiera dicho, porque Jhasua se levantó rápidamente de la mesa y corrió hacia Bartolomé rebozante de entusiasmo y alegría.

—¿Con que tú tenías un asnillo moro y no me habías dicho nada?

—No hubo oportunidad hasta ahora... ¿Lo quieres para ti? —Y el joven y modesto montañés acariciaba los bucles bronceados de Jhasua sin atreverse a besarlo.

Mas el niño, como si hubiese sentido la vibración de esa nota íntima del alma de Bartolomé, le abrió sus brazos, y abrazándose de él, le decía:

—Primero te quiero a ti y después a tu asnillo moro ¿has entendido?

Todos miraban complacidos aquella tierna escena.

—He comprendido —contestó el joven— y te digo Jhasua, que yo y mi asnillo moro somos tuyos para toda la vida.

El niño le rodeó el cuello besándole tiernamente y Bartolomé le levantó en sus robustos brazos, y salió a toda carrera con él hacia las caballerizas que se hallaban a la terminación del huerto.

—Esperad un poco —le gritaban varias voces— que aún no es hora del viaje.

Pero el joven montañés loco de dicha y amor ya no oía nada más que la dulce voz de Jhasua que le había dicho:

"Primero te quiero a ti y después a tu asnillo moro"...

—¡Está loco!... ¡está loco! —repetía Jacobo viendo a su hermano correr con Jhasua en brazos.

—¿Veis? —decía el anciano Servidor—. Como fué el amor de Andrés su padre para nosotros, sigue siendo el amor de sus hijos.

—Una estrellita dulce y suave, cuya luz no se apaga nunca —añadió Hussin el esenio, poeta y músico que sostenía ser el amor, la única grandeza apreciable en esta Tierra plagada de egoísmos y ambiciones.

A poco rato, y a la luz de la luna llena que se levantaba como una antorcha de oro en el diáfano azul de los cielos, vieron a Jhasua que volvía, caballero sobre el asnillo moro, mientras Bartolomé le traía del cabestro.

Y el inteligente animal, como orgulloso de la preciosa carga que llevaba, dio varias vueltas en torno a la mesa hasta que le vieron acercarse al padre de Jhoanan y frotar su hocico en un brazo del Esenio.

—¡Padre! —gritó Jhoanan— como tú sueles darle castañas, las pide ahora.

—Aquí están morillo, aquí están —y el anciano fué dándolas al manso animalito que tan festejado fue aquella noche.

Quedó resuelto que no saldrían al amanecer, a los fines de comprobar a la clara luz del día siguiente, que el sendero de balsas sobre el agua estaba en perfectas condiciones para pasar.

Y una hora después todo era sosiego y quietud en el humilde santuario de grutas, donde el Verbo de Dios, niño aún, se albergaba con unos pocos de sus fieles seguidores.

HUSSIN DE ETRURIA

Sólo Hussin velaba aquella noche sentado junto a la misma mesa, alrededor de la cual habían cenado poco antes.

Sentíase como transportado a otro mundo ajeno a las miserias y egoísmos de la tierra.

Recorría en su pensamiento algunas de sus vidas anteriores, y su alma se expandía en el purísimo gozo de verse nuevamente cerca del Verbo de Dios hecho hombre.

Y de su alma llena de gratitud hacia el Eterno Amor, se levantaba este tierno interrogante: ¿Qué hice yo para que me amaras tanto, oh Supremo Amor?

Y echando hacia atrás su cabeza coronada de cabellos blancos parecía buscar en aquel sereno cielo estrellado a ese Amor Eterno, en pos del cual se lanzaba su espíritu en aquella hora de honda contemplación.

Hussin a decir verdad, no era viejo por los años que sólo tenía 59, sino por la debilidad de su materia física, y por la intensidad con que había vivido su vida.

Sentía que su corazón era como un pájaro solitario posado en la rama de un ciprés, rodeado de sepulcros.

En su juventud y antes de conocer lo que es la vida de ultratumba, había amado mucho primero a una madre que fue una flor de luz y de ternura, cuya vida y amor había concentrado en Hussin, el único hijo de un desventurado amor.

El niño no conocía a su padre. En su infancia no vió otra manifestación de amor, que a su madre tejiendo coronas de flores silvestres para el sepulcro del compañero muerto.

Había nacido entre los cerros pintorescos de la lejana Etruria en una gruta pequeña que sólo él conocía, cerrada al mundo exterior donde dejó guardados para siempre los despojos mortales de todos sus amores; el padre que no conoció, la madre que fué el delirio amoroso de su juventud, y la joven árabe Zared, hija de una esclava del Rey de Arabia, que había huido de los malos tratamientos de la esposa favorita y muerta en Gerasa, lugar de su refugio. Dejó sola en el mundo a Zared de 10 años de edad.

Situada Gerasa en pleno camino de las caravanas que venían de Tolemaida, Hussin encontró a la niña pidiendo limosna en el mercado, y como es natural, sufriendo los soeces insultos que son usuales en tales casos entre las gentes del bajo fondo.

De allí la había recogido con inmensa piedad, viendo en aquellos ojitos negros y tristes llenos de ensueño, una luz nueva para su cielo que estaba oscuro y sombrío desde la muerte de su madre.

"Mi dulce flor del fango" le llamó desde entonces, y no pudiendo retenerla a su lado porque hacía frecuentes viajes a Tolemaida con un pariente dueño de

una caravana, dejó a la niña encargada a la esposa de un pariente pagando su manutención y cuidado.

Era Zared una hermosa flor de fuego de la ardiente Arabia, y su belleza creció pareja con el profundo amor despertado en ella hacia su joven protector.

Las ausencias de él las encontraba ella demasiado largas, y sus ojos negros llenos de ensueño hacían muchas veces cada día el viaje de Gerasa a Tolemaida.

Al cumplir ella los 15 años iba a casarse con Hussin, que los últimos cinco años había trabajado como dos hombres, a fin de poder establecer su hogar en su pueblo natal, en la porción de tierra heredada de sus padres.

Y desde Tiro a Tolemaida, traía a su amada ricas y hermosas telas para que preparase el ajuar para la boda cercana. Y la niña que recordaba las típicas vestiduras de las esposas de su padre, allá en su país natal, se preparó su traje de boda a la usanza de su país y pensando siempre: Quiero parecerle a Hussin como una de las huries de Alá".

Pero estaba en la ley de Hussin, que en esa vida vería morir todos sus afectos terrestres, y a la vuelta de un viaje encontró a Zared moribunda, consumida por un fiebre maligna que ningún médico pudo curar. Tan sólo habían conseguido prolongarle la vida unos días más, para que él la viera morir. Sintiendo ella su muerte, decía a su amado inconsolable:

—Yo quería ser para tí una de las Huries de Alá y él oyó mi ruego".

"Yo no envejeceré nunca, y esta eterna juventud te seguirá como una estrella todos los días de tu vida !

Y cuando la muerte cerró aquellos ojos negros llenos de ensueño, Hussín hizo embalsamar su cadáver, le vistió el traje de bodas que ella misma se había preparado y recostada entre almohadones en una carroza de manos cargada por cuatro etíopes fornidos que se contrataban para eso, emprendió viaje a Samaria, atravesó el Jordán y llegó a su vieja casa de piedra, junto a la gruta sepulcral de sus padres, entre los cerros pintorescos y gigantes del monte Ebat.

El amor de Hussín más fuerte que la muerte, fue el mago que realizó aquella maravilla.

La vieja casa de piedra, adosada a la roca viva fué comunicada con la gruta sepulcral por un pequeño corredor labrado con esmero por picapedreros expertos de Sichar, los cuales transformaron también la gruta en un precioso sarcófago digno de una princesa oriental. Cubierto el muro por dentro, de bloques de cuarzo, el blanco cuerpo de Zared se reflejaba en todas direcciones cuando se encendían los cirios de que Hussin rodeó su cadáver.

—Ella me espera así engalanada para nuestra boda. —Y se iba consumiendo lentamente, y su criado le veía salir de la gruta habiendo perdido cada vez, más y más vitalidad.

Acertaron a pasar por allí en una horrible noche de tempestad, dos Terapeutas peregrinos que pidieron hospitalidad en la vieja casa de piedra.

Fué la luz divina para el alma de Hussin.

Entonces supo lo que es la vida de ultratumba, y que su ciega fidelidad a ese cadáver querido, no le acercaba más al alma de su muerta que estaba dentro de él mismo por el grande amor que le había unido con ella.

Y pasados cuatro años, cerró la gruta con un gran bloque de piedra cuya cerradura sólo él conocía, y dejando su casa al viejo criado que les había servido, se fue con los Terapeutas al Monte Quarantana para acercarse a Zared por la senda espiritual.

Había vivido allí 31 años, de donde sólo había salido cada cinco años para visitar la gruta sepulcral de Zared y conservarla en las debidas condiciones.

Del amor de sus muertos había hecho un culto, que se confundía en su alma con la suprema adoración que rendía a la Divinidad, de tal forma, que pensar en ellos y elevarse al Infinito, era para él como un mismo profundo sentimiento.

Y en este estado de espíritu le había encontrado la llegada de Jhasua al monte Quarantana.

El lector se explicará perfectamente ahora aquellos sentidos versos "Esperando al Amor", que Hussin había arrancado como una rosa bermeja de lo más hondo de su propio corazón.

Todo este mundo de emotivos y santos recuerdos desbordaron del alma del esenio poeta y músico, aquella noche en que se quedó solo velando en el huerto del Santuario, bajo el ramaje de los añosos olivos. Purificados, casi divinizados sus amores humanos por el dolor y por el alto desarrollo espiritual que había conquistado, el acercamiento del Hombre-Luz, el Hombre-Amor, les dio mayor intensidad todavía, hasta tal punto, que sentía como si su materia vibrase en una intensidad que casi le hacía daño. Creía a momentos, que su endeble cuerpo iba a estallar por el desbordamiento de amor divino que le inundaba.

Y comenzó a pasearse por la orilla misma del lago Muerto, débilmente iluminado por la claridad de la luna.

Y ya muy pasada la media noche, creyó percibir sobre las aguas y a lo lejos la luz de una antorcha. Luego, una vaga sombra blanca que parecía andar con la antorcha.

Lleno como estaba con el recuerdo de Zared, creyó que era su fantasma que se le acercaba a visitarlo y que se iba acercando más y más a la orilla...

Una oleada intensa de amor, de ilusión y de infinito anhelo, le embargó el alma de pronto, acelerando los latidos de su corazón y haciendo vibrar fuertemente su cerebro. La emoción profunda le produjo como un mareo, un ligero desvanecimiento al ver que la blanca figura de la antorcha continuaba acercándose...

La divina sugestión fue tan poderosa, que gritó desde el fondo de su alma mientras abría los brazos para estrechar la visión:

— ¡Zared!... ¡ya voy hacia ti!...

Sus ojos se obscurecieron, le faltó aire para respirar y todo se hundió en las tinieblas.

La blanca figura de la antorcha era uno de los Esenios del Monte Moab que cruzó la balsa, en exploración, pues habían comprendido que trataban de pasar por alguna razón muy urgente.

Llegó en el momento en que el cuerpo sin vida de Hussin había caído al agua como un loto blanco tronchado por un vendaval.

Le sacó, le sacudió fuertemente pero comprendió que era el término de aquella santa vida consagrada al amor.

—Hussin —decía el Esenio— si esperabas un día más, habrías volado desde el Monte Moab.

Y después de besar con piadosa ternura la frente del cadáver tibio aún, le levantó en sus brazos y fué a dejarle tendido sobre la mesa en que habían cenado la noche antes.

Tocó suavemente la campana en la gruta del portero que salió al momento.

— ¡Hussin ahogado!... —gritó el esenio con una profunda alarma.

—No hermano Dathan —le contestó el recién llegado—. Ha sido un síncope en el momento que yo pisaba la orilla a veinte pasos de él. Apenas cayó, le levanté y ya sin vida.

—Ya sabemos todos lo que era el alma de Hussin, y que de un momento a otro se nos escaparía de entre las manos como una alondra cautiva, a quien de pronto se le abre la jaula.

Y entre ambos le condujeron a la gruta que había sido su morada habitual.

El Esenio recién llegado y que Hussin, en la semi-inconciencia de la última hora, había tomado por la visión de Zared, manifestó al día siguiente que los ancianos de Moab, apenas anocheciera cruzarían el lago, pues ya habían hecho las señales convenidas, avisándoles que las balsas estaban en perfectas condiciones de cruzar.

—Tuvimos aviso espiritual de que el niño Jhasua estaba aquí, y al ver que poníais las balsas supusimos que ibais a llevarle, y nos pareció mejor venir nosotros, para evitar que las fuerzas del mal provocaran un incidente desgraciado.

—Venid a mi habitación —díjole el hermano portero— y compartiré con vos mi estrado. Faltan algunas horas para venir el día, y no es justo que molestemos a los demás que duermen.

—Primeramente encendamos cirios en torno al cadáver de Hussin, y mediante la fuerza de nuestro pensamiento, tratemos de orientarle en su turbación.

Encendidos los cirios y arrojado incienso en un pebetero, se concentraron profundamente en su mundo interno. No tardaron de percibir que del plexo solar del cadáver, comenzó a desprenderse como una pequeña nubecilla de gas o vapor. Fue tomando cuerpo y formas hasta diseñarse algo confuso en el cuerpo astral de Hussin.

Le vieron que miró un momento su cuerpo sin vida, luego miró hacia todos lados como buscando algo... Y antes de apercibirles se le acercó una blanca silueta transparente que le abrazó tiernamente. Cuando percibió a los dos Esenios les sonrió haciéndoles una señal cariñosa con la diestra que parecía decir: *hasta luego.*

Y ambos cuerpos astrales se lanzaron a la inmensidad.

— ¡Así mueren los que vivieron su vida, consagrada al amor!... —exclamó el anciano mensajero.

— ¡El amor es su dicha y su gloria perdurable! —le contestó el esenio portero con intensa emoción.

Y ambos pasaron a la habitación de este último para esperar en el reposo del sueño, la llegada del nuevo día.

LOS ANCIANOS DE MOAB

Enterados por el mensajero de que al anochecer los Ancianos de Moab cruzarían el lago, comenzaron las actividades para prepararles hospedaje por los días que permanecieran allí. Eran Setenta, y aunque en el Quarantana había grutas desocupadas, se hacía indispensable preparar estrados de reposo para todos. Fué necesario que Jacobo y Bartolomé con una pequeña caravana de asnos fueran rápidamente a las dos poblaciones más cercanas, Hebrón y Herodiun, donde hermanos Esenios tenían grandes talleres de tejidos, y preparación de mantas y pieles de ovejas. Al mismo tiempo los Terapeutas salieron también a avisar a los esenios que vivían en familia, para que concurrieran al Santuario de Quarantana, los que desearan ver y oir a los grandes maestros de la Fraternidad que debían permanecer unos días allí. Todo debía ser realizado desde luego con la mayor discreción y prudencia, para evitar en cuanto fuera posible la publicidad del acontecimiento.

Tanto de Bethlehem como de Hebrón, de Jutta, de Herodiun y de algunas aldeas inmediatas, debían atravesar el Desierto de Judea, áspero y agreste en extremo, aunque no de gran extensión.

Casi todo él, en sus escarpadas montañas estaba habitado por los ocultos penitentes redimidos por los Esenios. Ya hemos dicho, que eran los condenados a muerte o a cadena perpetua que habían obtenido indulto, pero a condición de no aparecer por las poblaciones ni lugares habitados del país.

Este hecho conocido sólo de los Esenios, había contribuido grandemente a exterminar las fieras de aquel fragoroso desierto, por lo cual su travesía no ofrecía peligros a los viajeros.

Y así fué, que cuando la noche tendió por desiertos y montañas, sobre aldeas y huertos, y sobre el lago silencioso y quieto su inmenso manto de sombras pudo verse el desfile callado y silencioso como las sombras, de los Ancianos de Moab, que habían salido a mitad de la mañana de su Santuario de rocas, para llegar a la noche a la orilla del Lago muerto en que estaba prendida la balsa.

Cada sombra oscura que se movía lentamente sobre las movibles balsas, llevaba una cerilla encendida, cuyo reflejo sobre el agua dormida parecía multiplicar los pequeños resplandores, velados a medias por un tubo de cerámica que le protegía del viento y de alguna mirada profana que pudiera llamar la atención sobre el hecho.

José de Arimathea y Nicodemus, de pie a la orilla del lago en el sitio en que estaba amarrada la balsa, contemplaban aquella silenciosa procesión de fantasmas envueltos en mantos oscuros, y con la incierta luz de la cerilla que alumbraba sus pasos. —*Voz del silencio*— iban diciendo los dos jóvenes doctores a cada Anciano a quien daban la mano para saltar a la playa. Y detrás de ellos, Dathan el esenio portero recibía y apagaba las cerillas. Contaron 69. Ni uno solo faltaba, pues el que llegó en calidad de mensajero y explorador, se hallaba en el Santuario con los demás preparando la bóveda psíquica del recinto, ya que los detalles materiales habían sido dispuestos durante el día.

Jhasua y Jhoanan dormían en uno de los estrados de la gruta del Servidor, ignorantes de los huéspedes que llegaban esa noche.

Y no bien hubieron puesto sus pies en el atrio o pórtico exterior del Santuario, dejaron sus mantos oscuros apareciendo las blancas túnicas ceñidas con cíngulo púrpura que tanto gustaba a Jhasua cuando estaba en el Santuario del Hermón, del Carmelo y del Tabor.

Y sin pronunciar ni una sola palabra, conscientes de que todo estaba comprendido y sentido, dejaron a la puerta mantos oscuros y calzas de cuero, y con las blancas chinelas de lana, sus pies se deslizaron sin ruido, como sombras hacia el interior del Santuario donde setenta cirios velados de pantallas violetas, esparcían una suave penumbra lo bastante para distinguir los objetos.

Un suavísimo salmo de evocación a la Divinidad comenzaron a preludiar los laúdes, y la letra fué coreada a media voz por todo el conjunto.

Después se dieron el fraternal abrazo entre todos, y el Gran Servidor del Santuario de Moab abrió la Asamblea con las frases de ritual: "Que la Divina Luz ilumine nuestra conciencia".

Después de un momento de silencio todos se postraron con el rostro en tierra, manifestación de que se reconocían miserables y pequeños.

Y entonces el Gran Servidor añadía:

—"Que el Amor Divino purifique toda nuestra miseria".

La Asamblea estaba abierta y dos de los Setenta se ubicaron frente a dos pupitres que había en el centro, iluminados con lamparillas de aceite, y se dispusieron a escribir. Eran los Notarios Mayores de la Fraternidad Esenia, tutores y guardianes del Archivo, que desde los días de Moisés se guardaba en el Gran Santuario de Moab.

—Siendo así que tenemos aquí testigos oculares —dijo el Gran Servidor— de los doce años de vida que cuenta el Avatar Divino, nuestra permanencia aquí servirá para coordinar y rectificar el relato completo de sus días sobre la Tierra, a fin de que no ofrezca lugar a dudas, a tergiversaciones ni correcciones más adelante.

Y entonces un Anciano llamado el Relator, se acercó a uno de los pupitres iluminados y comenzó la lectura desde el momento que los padres de Jhasua celebraban sus nupcias en el Templo de Jerusalén. Los dos Notarios Mayores leían, comparando con lo que tenían en sus propias carpetas y hacía lo mismo el Notario del Quarantana.

José de Arimathea y Nicodemus allí presentes, repasaban en su memoria a medida que el Relator leía. Nadie tuvo que hacer objeción ninguna, pues todo estaba conforme a la verdad de los hechos; y los Notarios Mayores unieron a sus grandes cartapacios el que se escribiera allí mismo, el día de la llegada de Jhasua, a base de los relatos hechos por José de Arimathea y firmados por él, Nicodemus y los Terapeutas, testigos oculares de los acontecimientos.

Acto seguido pasaron todos a la gruta de Hussin, y cantando un dulce y sentido salmo, trasladaron su cadáver a la gruta sepulcral que al otro extremo del huerto se encontraba, y en la cual había muchas momias de Esenios desencarnados, desde largo tiempo.

Ardía allí permanente una lámpara de aceite, símbolo del amor y del recuerdo constante de los hermanos que quedaban en el plano físico; amor y recuerdo que debía ayudar al recién desencarnado a orientarse en su nuevo escenario de actividades.

Y era ley entre ellos, que durante siete lunas consecutivas se haría cada día una concentración de pensamientos de amor hacia él, hasta tener aviso espiritual de que había encontrado el nuevo camino a seguir.

El amor de sus hermanos le acompañaba hasta más alla de la tumba.

La primera parte del programa estaba cumplida.

Al día siguiente iniciarían trabajos más superiores bajo la inspiración del Espíritu de Luz encarnado en Jhasua, y de su principal colaborador al exterior: Jhoanan, más tarde llamado el Bautista.

El cansancio se reflejaba en los rostros extenuados de algunos de los Ancianos, por lo cual fueron conducidos a la inmensa gruta que era despensa, bodega, comedor y cocina y cuya forma irregular en extremo, la hacía asemejarse a una plazoleta de rocas, parte sin techumbre y parte cubierta.

Cuando los Esenios tomaron posesión de aquellas grutas (1) tuvieron que despejarlas de todo el horror que había en ellas, desde los tiempos de las invasiones y guerras terribles que asolaron todo el país de Moab, poco después de haberlo anunciado en sus profecías el gran maestro Fsenio Jeremías, profecías que le costaron un largo tiempo de calabozo, lleno de lodo putrefacto que casi costó la vida al Profeta, cuando más hubiera valido al rey Moabita tomar las precauciones necesarias, para evitar a tiempo el espantoso desastre.

Las grutas del Monte Quarantana cuando los Esenios se refugiaron en ellas, se encontraban atestadas de cadáveres en descomposición completa, y ya casi en estado de esqueletos, porque las fieras debieron tener allí sus festines de carne humana, de los que huyendo de Moab, habrían pasado el Mar Muerto o atravesando las salinas del sur. Esto se adivinaba fácilmente por el estado de los cadáveres, cuyos miembros dispersos por todas las enormes grutas denotaban haber sido descuartizados aquellos cuerpos.

La ferocidad humana, y la ferocidad de las fieras salvajes, tienen a veces puntos de contacto muy marcados.

Lo que no les fué posible saber por los medios físicos, era, si todos aquellos seres que pasaban de cuatrocientos contando por los cráneos que encontraron habían muerto de hambre, o si las fieras les habían quitado la vida.

Y la inmensa gruta que los Esenios destinaron a bodega, cocina y comedor, y que tenía una gran abertura de salida al exterior, era la que más llena estaba.

Y como aquel trabajo sólo podían hacerlo cuando no hubiera peligro de ser vistos, tardaron varios meses en terminar de arrojar al fondo del Mar Muerto aquellos míseros despojos humanos, que no hubiera habido fosa capaz de contener.

José de Arimathea y Nicodemus, que en silencio escuchaban aquellos dolorosos relatos, pasados por tradición escrita de unos a otros desde los primeros Esenios que habitaron aquellas grutas, pensaban profundamente conmovidos: "Así trata esta humanidad a los hombres que quieren hacerle el bien". "Los holgazanes enriquecidos por el despojo a sus semejantes, por el pillaje y el robo al amparo de la fuerza emanada del poder, viven en palacios, entre orgías interminables, y todavía los pueblos les aclaman y se inclinan reverentes ante ellos, como si fueran seres superiores venidos a la tierra para deslumbrar a sus seme-

(1) Siglos atrás.

jantes hambrientos y esclavizados. ¡Esto es horrible! ¡Esto es injusto y aunque Dios lo tolera impasible, nosotros que somos hombres no lo podemos soportar!"

Así pensaban silenciosamente los dos jóvenes doctores de Israel. El Gran Servidor del Santuario de Moab, y uno de los Notarios que descansaban allí cerca sobre estrados cubiertos de pieles, mientras se preparaba la comida, percibieron en su sensibilidad la lucha que se desenvolvía en los dos amigos y cuyos semblantes hoscos y taciturnos revelaban claramente su rebelión interior.

—Para formarnos juicios exactos —dijo el Gran Servidor— de los fenómenos psíquicos y morales que se realizan en muchos de los seres de esta humanidad, debemos partir del principio de que somos una gran minoría entre ella, los que conocemos el grandioso proceso de la evolución humana, que se desarrolla en inmensas edades y en numerosos siglos. La Divina Sabiduría sabe ésto, y es por eso que contempla impasible el lento paso de la evolución.

"La Eterna Ley a intervalos determinados, da fuertes sacudidas a las humanidades atrasadas, ya sean cataclismos siderales o cósmicos o luchas de elementos, o luchas sangrientas y destructoras de unos países contra otros, en que una parte de la humanidad abandona violentamente la vida física, para que las almas adquieran más pronto la lucidez y la comprensión necesarias a elevar el nivel de su evolución.

"Dios no obliga a nadie a sacrificarse por los demás seres; y si en esta hora y en este país hemos querido, un puñado de hombres, los Esenios continuadores de Moisés, sacrificarnos por la evolución humana en estos parajes de la tierra, ha sido porque el conocimiento espiritual adquirido en muchas etapas de vida eterna, nos hizo comprender los designios divinos en toda su grandeza. Hemos querido ponernos como una altiva falange, frente a frente a la marejada humana, ciega de egoísmo y de ambiciones, y necesariamente debemos sufrir las consecuencias materiales de nuestro arrojo, de nuestra audacia. Y para no perecer aplastados por ella, nos ocultamos en las cuevas de las rocas esperando mejores días.

"La humanidad terrestre en general, es, lo que lógicamente puede ser en relación con su atraso intelectual, espiritual y moral. Somos nosotros los espíritus más adelantados, los que nos apartamos del ambiente habitual.

"Más claro: si en una sinfonía salvaje compuesta de un centenar de tambores, de cornetines y de estridentes gritos, se mezcla de pronto el sonido de una lira o de varias liras ¿qué sucede?, que la sinfonía salvaje predomina y ahoga el concierto sutil y suave de las liras, que romperán sus cuerdas y saltarán hechas trizas, si se empeñan en dominar los estridentes sonidos. No hay pues nada injusto, ya lo veis."

—Libres y voluntariamente pactamos en un día muy lejano, con el Gran Guía de esta humanidad, nuestra cooperación con El para elevarla de su atraso moral y espiritual. Es tanto su atraso moral, que cobra aversión y odio a todo el que lucha por sacarla de su charca de fango, en medio de la cual se encuentra muy a gusto.

—Es tanta su ignorancia, que acepta los más burdos errores y supersticiones, basta que ellos estén a tono con sus gustos y comodidades, sin obligarla a hacer el menor esfuerzo para mudar de camino.

Nuestras doctrinas y nuestra vida, de acuerdo con la Divina Ley, la saca de quicio, la pone fuera de sí, haciéndola caer en espantosos delirios de odio y de furor. Y busca exterminarnos como a animales dañinos y perjudiciales, para su tranquilidad.

¡Eso es todo!

—¡Habéis leído en nuestros pensamientos, Gran Servidor! —exclamó Nicodemus.

—Es verdad —afirmó José— pero siguiendo vuestro razonamiento la luz se hace en la mente, y todas las rebeldías se apagan entre una ola de inmensa piedad, para la ignorancia y atraso de la humanidad.

—Nuestra modesta cena está servida —dijo uno de los Terapeutas— indicando al otro extremo de la inmensa gruta iluminada por la hoguera que chisporroteaba al centro, y por varias lámparas de aceite prendidas de las rocas, que en amplio semicírculo amurallaban el recinto que los solitarios llamaban *comedor.*

No se veía allí una gran mesa, sino varias pequeñas mesas, donde de dos en dos, podían instalarse más de cien personas. Estas mesas eran bastante bajas, como para que los comensales sentados en los estrados labrados en la roca viva, pudieran comer cómodamente.

El Gran Servidor y uno de los Notarios mayores, invitaron a los dos jóvenes doctores a comer en su compañía; y éstos acercaron las mesitas más inmediatas a los dos Ancianos, sentándose a la vez junto a ellos. Conocíase que una fuerte onda de simpatía se había establecido entre ellos.

Fué en esa hora, en esa íntima cena del Santuario del Quarantana, cuando José de Arimathea y Nicodemus de Nicópolis, se comprometieron solemnemente a servir de escudo de protección al Cristo, en medio del mundo a donde bien pronto iba a entrar como un cordero entre lobos, como un ruiseñor a un nidal de cuervos hambrientos.

Y para que su acción cerca de él fuera eficiente, debían ocultar cuanto pudieran su intimidad con la familia carnal de Jhasua y hasta con sus discípulos, cuando llegara el tiempo de su vida pública en medio de los hombres.

—Vuestras ligaduras con él —decía el Gran Servidor— deben ser invisibles como las nuestras, y como lo son también las de aquellos sabios ilustres que le visitaron en la cuna, y a cuyos superiores conocimientos debemos la comprobación, de que la materia que acompaña a Jhasua, es según la ciencia espiritual la que corresponde al Verbo de Dios encarnado.

—Es por eso —añadió el Notario— que vosotros debéis procurar estar en continua comunicación con nosotros, sino personalmente, siempre por medio de epístolas que podréis entregar a nuestros Terapeutas, que recorren todo el país visitando nuestros Santuarios y las familias Esenias diseminadas en toda su extensión.

—Contad con nosotros por todo y para todo —fué la respuesta de los dos amigos.

—Pero ¡silencio!, mucho silencio, en forma que ni aún vuestras propias familias lleguen a traslucirlo —dijo de nuevo el Gran Servidor.

—Os lo prometo por la misión augusta del Cristo —respondió Nicodemus con vehemencia.

—Yo os lo prometo por el Cristo mismo —dijo José apoyando la diestra sobre su pecho, como si quisiera asociar su propio corazón a la promesa solemne que hacía.

Una hora después todos reposaban en las grutas del Santuario del Monte Quarantana, donde el Salvador de la humanidad, niño aún, con un puñado de sus servidores, se ocultaban de la humanidad para delinear en las sombras, el grandioso programa de su redención.

Cuando el gorjeo de los pájaros y la luz del nuevo día iluminó de lleno el estrado en que dormían los dos niños, ambos saltaron del lecho pareciéndoles habían perdido mucho tiempo sin ocuparse de sus corderos y cabritillos.

Después de la breve oración matutina junto al lecho, salieron ambos a la plazoleta aquella que daba hacia el lago y donde comieron la primera noche.

Los dos niños quedáronse mirando uno al otro, al ver tantos Ancianos de blancas vestiduras que paseaban en grupos de dos o de tres hablando animadamente.

Cuando Jhasua distinguió entre ellos a José y Nicodemus, corrió hacia ellos como un cervatillo en busca de su madre, y sin reticencias de ninguna especie les preguntó:

—¿De dónde sacasteis tantos Ancianos si anoche sólo había siete?

—El Padre Celestial te los ha mandado para ti —contestó José.

—¿Cómo para mí? —preguntaba el niño dejando correr la mirada luminosa de sus ojos pardos por todos los ancianos, que a su vez le miraban con los suyos inundados de emoción y de amor.

—¡Sí, para ti, querido, sobre todas las cosas! —díjole el Servidor acercándose con sus brazos abiertos. Y el niño sin timidez ninguna se arrojó en ellos, sintiendo que aquellos brazos le eran suaves como regazo materno.

Y los Setenta Ancianos de Moab se agruparon en torno del niño esperando el turno de estrecharle sobre el corazón.

Jhasua tuvo la inmensa alegría de reconocer a los que durante su estadía en el Monte Carmelo, vinieron desde el Monte Hermón y a los cuales fuera él, su madre y Jhosuelin en un pequeño velero a esperarles en Tiro, y nuestros lectores recordarán también este pasaje.

Aquel lejano Santuario del norte, perdido entre las agrestes bellezas del Monte Líbano, le recordaba su primera infancia. Había entrado en sus hermosas grutas, poco antes de los dos años de edad y había salido antes de cumplidos los siete años.

Aparte de que los Ancianos de túnicas y cabellos blancos le eran tan agradables y queridos, que Jhasua se sintió como sumergido en una ola de infinita felicidad.

—Volveos cuando queráis a Jerusalén —les dijo por fin a José de Arimathea y Nicodemus— que yo me quedo con los Ancianos.

—¡Esto nos faltaba, Jhasua! —decía riendo José— ¡Trabajo nos ha costado obtener permiso de Myriam, tu madre, para traerte aquí por ocho días, y tú hablas de no volver más!...

Los Ancianos mismos que él había conocido de pequeño en el Monte Hermón, intervinieron para convencerle.

—No es bueno adelantar los acontecimientos, hijito —observó uno de ellos acariciándole tiernamente—. El Padre Celestial ha marcado todas tus horas y la de venirte con nosotros, también ha sido marcada. Tus padres son por ahora los dueños de tu vida, y ya sabes que la Ley manda prestarles obediencia y veneración.

—Además —añadió Nicodemus— los Ancianos del Monte Tabor le han prometido visitarle una vez cada año; los del Carmelo también, ahora tienes unos días de solazarte entre los del Quarantana y de Moab.

"¿Quieres más Jhasua, quieres más? Piensa también un poquito en nosotros y sobre todo en tu familia carnal... en tu madre, esa madre que no hay dos como ella, y que es un tesoro que debes saber apreciar.

—¡Perdonadme! —dijo dulcemente el niño—, tenéis toda la razón y no puedo haceros quedar mal con mi familia que me confió a vosotros.

Y volviéndose a los Ancianos les dijo:

—Puesto que vosotros sabéis que el Padre Celestial ha marcado la hora de que yo venga con vosotros. ¿Me la podéis decir?

—Cuando hayáis pasado los veinte años —le contestó uno de ellos.

El niño contó mentalmente los años que le faltaban y dijo:

—¡Ocho años!... Muchos son en verdad, pero un día se terminarán, y entonces... —Y miró a los Ancianos y a los dos amigos con una mirada firme llena de inteligencia.

—Y entonces ¿qué? —preguntaron varias voces.

—¡Nada, nada!... Es que a veces tengo unos pensamientos que no parecen míos sino de un hombre de muchos años. Ya sé que soy un parvulito sujeto a la voluntad de todos. ¡Y así debe ser!...

"¡Vamos Jhoanan a sacar a pastorear nuestros cabritillos!

—¡Vamos! —le contestó su amiguito, mientras en su mundo interno se levantaba este interrogante—:

"¿Qué habrá en Jhasua para que todos los Ancianos le quieran tanto? Que es muy hermoso, es verdad, pero los Ancianos no se dejan deslumbrar así por la belleza del cuerpo... Jhasua será en el futuro un gran profeta de Dios... ¡quién sabe! o acaso ese Mesías por el cual me enseñan a orar y llamar desde que nací.

Y ambos niños corrieron hacia los establos que ofrecían en verdad un pintoresco aspecto.

Los establos estaban compuestos de varias grutas muy irregulares y comunicadas unas con otras, por mejor decir, una enorme galería de grutas llenas de peñascos salientes, unos altos, otros bajos, con recodos y tortuosidades sin fin.

Y cabras y cabritillos, trepados a los peñascos salientes y perdidos entre grandes colgaduras de musgos, cenicientos amarillos y verdosos formaban todo un conjunto agradable y único, que Jhasua se encontraba como en un paraíso.

El correr de los cabritillos y sus descomunales saltos, desde los erizados peñascos, le divertía grandemente.

—¡Dichoso tú, Jhoanan, que tienes para ti toda esta alegría de vivir! —le decía a su amiguito— mientras que yo debo estar aquí tan sólo ocho días.

—Y, en tu casa de Nazareth ¿no hay también alegría de vivir? —le preguntaba Jhoanan compadecido de Jhasua.

—Es que aquello no es esto —contestaba el niño—. Mi padre y mis hermanos mayores están absorbidos por el taller y sus respectivas familias. Ana y Jhosuelin que están solteros, son ambos melancólicos y están siempre pensando en cosas que yo no entiendo. Mi madre es la única que trata de hacerme alegre la vida, pero como tiene muchas ocupaciones, vive absorbida por ellas.

"A más, allí no puedo tener sino dos o tres corderitos y algunas palomas, porque estropearían las hortalizas y plantaciones, y claro está, eso no es justo!"

—Mira Jhasua: tengo una idea.

—Dila.

—Que todas las veces que vengáis para las fiestas de Pascua, te traigan hasta aquí, y que pases aquí algo así como vacaciones después de la escuela.

—¡Oh qué idea más linda! Llevemos el rebaño a pastorear y al abrevadero y luego trataremos el asunto con mis dos amigos y con los Ancianos.

—¡Oh hermoso, hermoso! A mi me gusta también que tú vengas, porque aquí son, como ves, personas de edad que lo que menos piensan es jugar conmigo. A veces voy con Bartolomé y su familia, o viene él aquí y me divierte mucho. También mi vida es triste, Jhasua ya lo ves.

—¿Sabes Jhoanan una cosa?

—¡Si me lo dices!...

—Que por palabras sueltas oídas como al acaso, he sacado yo deducciones...

—¿De qué y por qué? Habla Jhasua.

—Que tú y yo traemos misiones importantes a cumplir en este mundo por mandato de Jehová.

—Algo oí también yo aquí, que hablaba mi padre con el Servidor y dos Terapeutas que vinieron desde el norte, y que te habían visitado a ti...

—¡Y sé otra cosa más importante todavía!...

—¿De veras Jhasua?

—¡Tan de veras!... —Y al decir así el niño se sentó sobre un peñasco mientras a su alrededor pastaban las cabras y sus cabritillos.

Su hermoso rostro tomo el aspecto de un inspirado. Ya no sonreía. Y no jugaba. Su mirada tendida a lo lejos, parecía buscar en otros horizontes algo que se reflejaba en su espíritu. Viéndole así, Jhoanan se sentó a su lado.

—Yo sé —comenzó Jhasua— yo sé que tú y yo hemos vivido muchos siglos antes de ahora y que hemos vivido muchas veces antes de ahora.

—¿Cómo lo sabes? —preguntó con alarma Jhoanan.

—Por las instrucciones que los Ancianos de Monte Carmelo me han dado. Los Esenios son muy antiguos, aunque en el correr de las edades no siempre se llamaron *Esenios.*

—¿Y sabes cómo se llamaron?

—Sí. En una época muy remota, se llamaron *Profetas Blancos,* después *Antulianos,* más tarde *Dactylos,* luego *Kobdas* y ahora *Esenios.* Son los mismos. Y así como ahora tú y yo estamos en medio de ellos, estuvimos en aquellas lejanas edades también.

—¡Oh, qué viejos somos!... —exclamó Jhoanan—. ¡Y eso que parecemos niños!

—¡Y niños somos en la materia que revestimos! ¡Tantas veces fuimos niños arrullados en nuestro sueño por una madre que meció nuestra cuna! ¡Oh las madres!... ¡las maravillosas madres que aman siempre... que sufren siempre y esperan siempre!...

—¡Qué extraño estás Jhasua!... parece que te hubieras transformado en un Anciano como los Esenios.

—¡Es que ahora te habla mi Yo interno que ha vivido largas edades!...

"Hace ocho mil años que también yo era niño, nacido de un gran amor en una gruta como éstas, donde se albergaba una familia de renos.

"¡Jhoanan!... ¿has leído las Escrituras Sagradas?

—Siempre asisto a esas lecturas.

—Entonces sabes el poema de Adamú y Evana, ¿verdad que lo sabes?

—¡Oh, sí!... la pareja célebre de donde arranca la era que se llama Civilización Adámica.

—¡Justamente! ¡Y Abel, su primer hijo, fuí yo! ¿No lo sabías?

—¡No, eso no lo sabía!

—Y tú formabas parte de los Esenios de entonces que se llamaban *Kobdas* y tu nombre era *Agnis.*

—Y ¿por qué se llamaban así y no Esenios como ahora?

—Porque éstos tomaron el nombre del más íntimo y querido discípulo de Moisés, cuyo nombre era *Esen*, ¿comprendes? Y los Kobdas se nombraron así, porque esa frase se traduce *corona* en la lengua que ellos hablaron. Se propusieron ser la *corona de amor y de luz,* dentro de la cual desenvolviera sus actividades el hombre Ungido del Amor Eterno para aquella hora.

— ¡Pero tú sabes muchas cosas, Jhasua!... —exclamó Jhoanan—. ¿Por qué yo no las sé?

—Ahora las sabrás en los días que yo estoy aquí. ¿Tienes miedo de Elías, Profeta del cual corren tan espeluznantes tradiciones?

— ¡No tengo miedo ninguno, pues por las Escrituras sé que fué un Profeta de Jehová, que en su nombre hacía la justicia sobre los poderosos y los malvados!

— ¡Elías eras tú mismo!

—¿Yo?... ¿has dicho que yo?

—Sí, tú, y ésto lo sé de haberlo oído en el Monte Tabor, mientras los Ancianos hacían evocación a Jehová para que les enviase luz divina con sus mensajeros celestiales.

—¿Y qué pasó?...

— ¡Ellos creían que yo dormía porque me vieron quieto!... muy quieto. Y era que yo no podía moverme como si hubiera perdido el movimiento de mi cuerpo. Más mi mente estaba lúcida y atenta. A la oración ferviente de los Ancianos, les respondió Jehová con una visión que parecía una llama de fuego. Poco a poco se fue dibujando una silueta humana y era Elías Profeta que habló de que se acercaba la hora del gran apostolado de Jhasua y de Jhoanan, hoy niños ambos.

—¿Y has dicho que yo era Elías? Yo no he salido de aquí desde hace casi tantos años como los que tengo... ¡Oh Jhasua...! ¡No sé cómo comprender lo que me has dicho!...

—Antes de dudar, Jhoanan, pensemos un poco. Los Ancianos me enseñaron como se piensa de acuerdo con la razón.

"Cuando tú duermes, ¿qué hace la parte activa y principal de ti mismo, o sea el alma, inmaterial y vibrante como un rayo de luz?

—¿Qué se yo lo que hará? ¡Dormirá también!...

—No, Jhoanan, no duerme, porque sólo duermen los cuerpos orgánicos que necesitan descanso para el sistema nervioso. El alma queda libre durante el sueño y puede ir a donde la Ley Divina le permite. La noche aquella de que te hablé, seguramente dormías aquí, y tu alma desprendida de la materia fué al Tabor donde los Ancianos llamaban a lo Infinito.

—Cuando han explicado las Escrituras a los Esenios del grado primero, me han mandado escuchar y yo he oído que Elías Profeta vendrá antes que el Mesías Salvador de Israel —dijo Jhoanan pensativo—.

"Tú me dices que ahora que estás convencido que soy Elías que ha vuelto a la vida, entonces tú ¿quién eres que siendo más pequeño que yo, sabes tantas cosas? ¡Jhasua!... ¿quién eres tú?...

Y Jhoanan devoraba con sus brillantes ojos negros a Jhasua cuya mirada seguía perdida en las lejanías...

—Yo soy Moisés que ha vuelto con una ley nueva para los hombres: la Ley del Amor Universal.

¡Sin saber por qué los dos niños se abrazaron con una emoción indescriptible!

¡Moisés y Elías!... las dos grandes figuras de la epopeya final del Cristo Redentor, transformadas para esa hora, en Jesús de Nazareth y Juan el Bautista.

—¿Qué pasa aquí que os abrazáis tan desesperadamente? —dijo de pronto junto a ellos la voz de Nicodemus que seguido de José y el Esenio portero, buscaba a los niños cuya tardanza les causaba extrañeza.

—No pasa nada —contestó Jhasua— sino que estamos recordando nuestra amistad antigua y la ternura nos ha rebosado del pecho. ¿Para qué nos queréis?

—La leche y las castañas asadas están humeantes sobre la mesa. ¿No queréis desayunar con nosotros?

—Vamos allá —dijeron ambos niños siguiendo a Nicodemus.

El día pasó sin incidentes notables, pero esa noche a primera hora, Jhoanan se acercó al Servidor del Quarantana y muy sigilosamente le dijo:

—Jhasua quiere que yo vaya con él a orar a Jehová en el Santuario, ¿nos dejáis?

—¿Y por qué no? Vuestro deseo me hace pensar que el Señor os está llamando con determinados fines. No podemos poner trabas al Dueño de todas las cosas. Id pues, hijos míos.

Y el Anciano al hablar así, obedeció a los anuncios de uno de los Esenios de Moab que recibió esa mañana, a fin de que, durante todo el día dejasen a ambos niños en completa libertad de acción, pues las Inteligencias Superiores realizaban trabajos para que se manifestara al exterior *su verdadero Yo,* no por medio de la hipnosis, sino en plena conciencia.

Mientras ocurría ésto, el Gran Servidor, dos Notarios y José y Nicodemus se colocaron a distancia en la que llamaban *gruta de las vírgenes,* que daba al Santuario, pero separada por una rejilla de bronce y un ligero velo blanco. Era el sitio donde las concellas Esenias cantaban a coro y acompañadas por su laúdes, los salmos que los Ancianos designaban para determinadas solemnidades. Desde allí podían observar todo cuanto pasaba en el Santuario.

Vieron a Jhasua que entró con pasitos quedos y lentos, como si sintiera sobre sí un gran peso que le impidiera andar con ligereza.

Fue a postrarse al centro, delante de las Tablas de la Ley, copia igual al viejo original que conservaban en el Gran Santuario de Moab. Jhoanan le había seguido, y junto a él se postró también. Ambos se pusieron luego de pie, y acercándose al atril de encina, donde estaban las Tablas de la Ley, quedáronse unos instantes quietos como si fueran estatuas de piedra. La luz dorada del gran candelabro que pendía de la techumbre daba de lleno sobre los rostros de ambos niños, clavados con insistente fijeza sobre aquellas piedras grabadas hacía más de diez siglos.

De pronto vieron que Jhasua colocó el índice de su diestra sobre aquel versículo final que dice:

"Estos diez mandamientos se encierran en dos: Amar a Dios sobre todas las cosas y al prójimo como a ti mismo".

Y con una vibrante y sonora voz que no parecía salir de aquel cuerpecito oyéronle decir:

— ¡Jhoanan!... Acabo de descubrir que a esto, sólo hemos venido tú y yo a la Tierra, en esta hora de la humanidad. Mira Jhoanan, mira. —Y continuaba marcando con su dedito rosado, firme como un punzón de hierro aquellas inflexibles palabras:

"Amar a Dios sobre todas las cosas y al prójimo como a ti mismo".

Una extraña y fosforecente claridad iluminó aquellas frases que Jhasua tocaba con su dedo, hasta el punto de hacerlas visibles a la distancia en que se hallaban los espectadores silenciosos. La "gruta de las vírgenes" se llenó bien pronto, pues fueron llamados todos los Ancianos a presenciar el espectáculo. La fosforecencia de las frases se fué tornando en un hilo de fuego que las agrandaba más y más, hasta que aquellas frases llenaron por completo esa parte del Santuario donde estaban los libros de los Profetas, por encima de los cuales se extendía la radiante claridad como una llama viva!...

— ¡Esto es todo Jhoanan!... ¿lo ves? ¡esto es todo! —continuaba diciendo la voz sonora de Jhasua—. Cuando cada hombre de esta Tierra ame a su Dios sobre todas las cosas, y a sus semejantes como a sí mismo, todas las otras leyes sobran porque ésta lo encierra todo.

— ¡Echas fuego de tu mano, Jhasua! —exclamó casi espantado Jhoanan— ¡Retira tu dedo porque consumirás así las Tablas de la Ley!...

— ¡No, no! El fuego que ardió en la zarza de Horeb ante Moisés un día, arde ahora nuevamente pra consumirlo todo... los templos, los altares, los dioses, los símbolos, porque una sola cosa debe quedar en pie después de haber brillado esta llamarada ardiente:

"Amarás a Dios sobre todas las cosas y al prójimo como a ti mismo".

"¡Todo lo demás es hojarasca seca que se lleva el viento, es flor de heno que se torna en polvo al correr del tiempo y de la vida!

Y como si una tremenda energía se fuera apoderando de todo su ser, tomó los rollos de papiro que estaban en un cubilete de piedra blanca donde se leía: *Libros de Moisés.*

—¿Ves, Jhoanan, éstas pocas escrituras donde se describe el génesis de los mundos, de los seres y de las cosas, donde unas reglas simples de buen vivir enseñan a los hijos de Israel el secreto de vivir con paz, con salud y alegría?... En el Templo de Jerusalén y en todas las Sinagogas, desde Madian hasta Damasco, los libros que llaman de Moisés son verdaderas tablas de sangre, donde reglamenta y ordena las matanzas y las torturas de hombres y bestias en homenaje a Jehová.

"¿Cómo explicarán los hombres doctos un día el *"No matarás'* de la Ley de Moisés, y el *"Amarás a tu prójimo como a ti mismo"*, puesto en parangón con esos otros libros llamados de Moisés, donde bajo el axioma de *"ojo por ojo y diente por diente"*, autoriza todos los asesinatos y crímenes que caben en los códigos satánicos de la venganza en acción?

"¡Oh Jhoanan, Jhoanan, tú y yo seremos sacrificados como corderitos entre lobos por esta humanidad inconsciente, que se solaza entre el egoísmo y el odio, pero de tu sangre y la mía brotarán a millares como plantas de un vivero maravilloso, los apóstoles del amor fraterno, que al igual de nosotros caerán segados como espigas maduras y cuyas vidas sucesivas en interminable cadena, irán escribiendo en todas las conciencias: "Ama a tu prójimo como a ti mismo", hasta que los hombres cansados de padecer, se abracen por fin a esa ley inmortal y eterna, que es el código supremo en todos los mundos y para todas las humanidades!

"¿Lloras Jhoanan?... ¿Por qué lloras?

—Porque tu fuego ha quemado los velos que me escondían las cosas que pasaron, y vuelvo a vivir tu sacrificio, como si de nuevo bebiera de tu sangre y la mía derramadas juntas en aras de la humanidad. ¿Hasta cuándo, Jhasua hasta cuándo?...

—Hasta la hora presente que es para mí la final, la que marcará la apoteosis, y será la más ignominiosa de todas mis muertes.

"¡Eres Elías!... ¿el terrible Elías que esgrimía rayos de fuego en sus manos y hacía temblar de espanto a los tiranos y a los malvados, y lloras ahora Jhoanan, lloras ahora?...

—¡Aquí no están los tiranos ni los malvados, Jhasua!... ¡querubín del séptimo cielo! ¡Aquí estás tú, cordero de Dios, y tu ternura me invade como una ola gigante que sacude mi ser, estremeciéndolo de horror y de espanto!

"¡Tú eres el lirio de los valles cantado por Salomón, el manojillo de jacintos en flor sobre el pecho de la escogida, el perfume de mirra y áloe que puebla el alma de ensueños, de paz y de amor; el arrullo de la tórtola, que llama gimiendo a la compañera desde el hueco de una peña!... ¡Oh Jhasua, vaso de miel y de esencias! ¿y no he de llorar por ti, único que sabes amar?... ¿Vas a morir has dicho?... ¿vas a ser devorado por esa loba hambrienta que se llama humanidad?

"Vas a ser despedazado por esa piara de cuervos rabiosos que jamás se hartan de sangre?... ¡No, no, Jhasua, no! ¡Ya es demasiado!... ¡Yo no lo quiero! ¡Y si es verdad que soy Elías que hizo arder en llamaradas el Monte Carmelo, y convirtió en carbones a los sacerdotes de Baal, y tendió como larvas en el suelo a los soldados de Acab, yo exterminaré a todos los hombres de esta tierra si en ella no se encuentra uno solo capaz de amarte Jhasua, hijo de Dios Inmortal, que enciende las estrellas por la noche, y los soles al amanecer!

"Yo destruiré como el mar bravío los barcos que lo cruzan...

—¡Jhoanan! ¡Jhoanan!... —díjole dulcemente Jhasua, poniendo su mano suave y delicada sobre el hombro de su amigo tembloroso por la energía formidable, que como una ola hirviente corría por todo su cuerpo—.

"¡Nada de eso harás Jhoanan, porque tú serás sacrificado antes que yo y desde tu lugar de gloria y de amor, verás mi holocausto como debe y puede verlo una inteligencia de larga evolución. Me esperarás sonriente y feliz, de verme llegar triunfante de la ignorancia, del fanatismo y de la muerte! Me esperarás para levantar los velos rosa y oro que cubren la puerta del cielo de los Amadores y serás el primero en decirme: "¡Entra a tu patria para siempre, Cristo, Hijo de Dios Vivo!"

Jhoanan abrió sus ojos como presa de un deslumbramiento súbito, y sin poder pronunciar ni una sola palabra, exhaló un profundo gemido y cayó exánime sobre el pavimento. Este clamor y el ruido de la caída, cortaron la corriente de luz, de amor, de sabiduría infinita, y Jhasua, vióse de nuevo con su debilidad de niño que teme de todo y por todo, y arrojándose también al suelo junto a su amiguito sollozaba amargamente:

—¡Jhoanan!... ¡no te mueras Jhoanan!... ¿quién me acompañará a llevar los cabritillos al abrevadero y a pastorear? —Y cubría de tiernos besos la helada frente del niño desmayado.

Entonces los Esenios salieron de su escondite y corrieron hacia ambos niños. José y Nicodemus levantaron a Jhoanan y le condujeron a su lecho, mientras los Ancianos consolaban a Jhasua que seguía repitiendo:

—¡Jhoanan, no te mueras!... ¡yo quiero que no te mueras!

—¡Calma hijito, calma! —decíale el Gran Servidor que le había levantado en brazos y le estrechaba sobre su corazón— Jhoanan sólo está desvanecido, y pronto le verás perfectamente bien.

Y pasando de brazo en brazo como cuando era muy pequeñito, llegaron al gran comedor donde el fuego del hogar semi consumido, sólo dejaba ver un montoncito de ascuas que brillaban en la semi oscuridad.

La ola de amor había consumido la ola de espanto, y Jhasua iba olvidando todo cuanto había ocurrido.

—¿Qué se hace Jhasua cuando el fuego está casi apagado? —preguntó uno de los Ancianos.

—Se enciende de nuevo —contestó el niño.

Y acto seguido tomó un haz de ramillas secas y un puñado de paja y lo arrojó a las cenizas ardientes. Se levantó una llama de oro y púrpura que iluminó alegremente la gruta.

—¡Oh, qué bonito fuego! —exclamaba el niño mirando a todos con sus ojos sonrientes— !Y qué hermosas vuestras túnicas blancas iluminadas por este resplandor! — Y se tiró junto al fuego sobre una piel negra de oso, cuya gran cabeza disecada formada un duro contraste con la cabecita delicada y rubia de Jhasua. El Gran Servidor hizo sobre sus labios, la señal de silencio porque tuvo la intuición de que el niño iba a quedarse dormido.

Un gran cambio se notó desde entonces en la personalidad de Jhasua. Hasta entonces había luchado el niño con el hombre. Este último a momentos aparecía, para desaparecer luego vencido por aquella exhuberante infancia que parecía luchar por prolongarse indefinidamente.

Diríase que en el subconsciente vacilaba ante el comienzo de un apostolado que debía conducirle al más tremendo sacrificio.

¿Qué fenómeno ocurrió en la psiquis del Hombre-Luz, durante aquel sueño en la gruta-comedor de los Esenios y así tirado como un corderillo sobre la piel de un oso disecado? Los Ancianos todos le dejaron dormir allí cuanto él quiso.

Jhoanan durmió también en su lecho en la gruta del Servidor.

Los ancianos sin perder de vista a Jhasua dormido, hicieron alrededor de él su frugal refección de la noche. Luego continuaron allí mismo la velada hablando a media voz del proceso espiritual que veían seguir a aquella grande alma sumergida, a fuerza de amor en las lobregueces de la materia.

Cuando la noche estaba ya muy avanzada, uno de ellos recibió un dictado espiritual que les aconsejaba retirarse a descansar, quedando allí solo tres o cuatro de los más fuertes de salud.

José de Arimathea y Nicodemus no quisieron apartarse ni un momento del niño confiado a su solicitud. Igualmente ocurrió a los dos Terapeutas que le acompañaron desde Jerusalén. Uno de los Notarios Mayores de Moab y el Notario del Quarantana, completaron los seis que creyeron conveniente quedarse recostados en los estrados del gran comedor para velar el sueño de Jhasua.

Y en medio de la quietud y silencio que ni el ruido más leve interrumpía, algunos de los Ancianos de Moab, solitario cada cual en su alcoba de rocas, pedían con insistencia a la Divina Sabiduría luz y acierto para secundar eficientemente al Verbo de Dios en su grandiosa misión de Redentor.

A la madrugada siguiente, y cuando todos concurrían al Santuario para cantar los salmos de alabanza a Dios acostumbrados, unos a los otros se dijeron a media voz al terminar:

—Tenemos que hablar.

—Sí, sí, yo había pensado lo mismo.

—Y yo igual.

Y resultó que todos sentían la necesidad de una confidencia.

Pasaron al recinto de las asambleas.

—Escribamós cada cual por separado lo que pensamos decir en esta reunión que todos hemos deseado —dijo inmediatamente el Gran Servidor, apenas se habían sentado en los estrados.

Y todos escribieron en sus carpetitás de bolsillo.

De la comparación hecha luego de cuanto habían escrito, resultaba lo siguiente:

Los unos habían visto en sueños y los que se mantuvieron en vigilia vieron ya por una subida contemplación de la propia alma desprendida, ya por clara intuición, lo que se operó en el Verbo de Dios de casi 13 años de edad en la noche aquella pasada en el Quarantana.

Las cinco Inteligencias Superiores que en calidad de guías vigilaban la vida terrestre de Jhasua le habían hecho recorrer durante su sueño de esa noche, todos los lugares de esta tierra habitados por porciones de la humanidad que venía a redimir.

¡El dolor humano era tanto!... ¡la iniquidad tan espantosa!... la ruindad y miseria tan completa, que parecía repetirse el momento aquel cuando un patriarca de la antigüedad intercedía para que no fuera aniquilada determinada ciudad o comarca.

"Si hubiera Señor cincuenta justos, ¿perdonarías la ciudad?

"Si hubiera sólo diez justos, por amor a ellos detendrías mi brazo justiciero".

¡Y ni aún esos diez se habrían encontrado!

Parecida era la situación de la humanidad de entonces, en medio de la cual se encontraba la Fraternidad Esenia, sirviendo de pararrayos para que la maldad humana no sobrepasara el límite, después del cual desaparece el equilibrio y todo se hunde en el caos, en la sombra, en el *no ser.*

Los grandes Guías del Verbo de Dios en su postrera jornada Mesiánica, le hicieron asomarse hasta el fondo del abismo hacia donde rodaba la humanidad.

El más feroz egoísmo dominaba en todas partes del mundo, en Bretaña, en Roma, Grecia, las Galias, Iberia, Germania, Escitia, Persia, Arabia, las Indias, el Egipto decadente, y la Etiopía semi bárbara, todo era un solo mar de dolor, de crimen, de miseria que ahogaba hasta producir náuseas...

Y los Ancianos de blancas túnicas y de tiernos y puros corazones razonaron así:

"Esto que nos ha sido revelado a todos por igual, si es manifestación de la verdad, es lo que ha visto el niño durante su sueño de esta noche y hoy tendremos la comprobación en el cambio radical que se producirá en su personalidad espiritual".

El sueño de Jhasua duró hasta casi el medio día, o sea más de 15 horas consecutivas.

Se despertó rodeado de los Ancianos que estaban de acuerdo en no hacer

344

referencia alguna a su largo sueño, ni a nada de lo que se relacionara con él. Jhoanan se había despertado unas horas antes y se había arreglado solo con los habitantes de los establos, pensando con cierta amargura que su compañerito estaría enfermo en cuanto los Ancianos no le despertaban. Jhasua se sentó en silencio en la piel del oso donde se quedó dormido, y apartó con desgano las mantas con que le habían cubierto.

En un banquito cerca de él estaba el tazón de leche y la cestilla con castañas que era su acostumbrado desayuno.

—¿Hicisteis ya la oración? —preguntó.

—Sí hijo mío —contestó el Gran Servidor— pero gustosos te acompañamos.

El niño se puso de rodillas, juntó sus manos sobre el pecho y comenzó con una media voz temblorosa como si estuviese conteniendo un sollozo:

"Alabado seas oh Dios Señor de cuanto existe, porque eres bueno sobre todas las cosas y es eterna tu misericordia" y continuó un largo rato con los versículos clamorosos y dolientes del Miserere.

Y luego, sentado sobre la misma piel en que había dormido, tomó en silencio su desayuno.

Entró Jhoanan trayéndole un cabritillo que había nacido esa noche.

— ¡Cuánto has dormido Jhasua!, ¿estás enfermo? —le preguntó.

— ¡Creo que no. Nada me duele!

Los Ancianos, entregados a sus diferentes trabajos manuales, hacían como que nada veían ni oían, para dejar que los dos niños se expansionaran libremente.

—¿Nada le dices a este nuevo habitante del establo? —preguntó nuevamente Jhoanan presentándole el cabritillo a Jhasua.

— ¡Pobrecillo! —exclamó pasando su mano por el sedoso pelo blanco y canela del animalito—. ¿Vienes también tú a padecer a esta tierra?...

¡Cómo! —exclamó Jhoanan. ¿Te disgusta que haya nacido un cabritillo más? Con este son ya 57. ¿No querías que llegaran a !os 70 como los Ancianos de Moab?

— ¡Mira Jhoanan!... ¡no sé lo que me pasa, pero estoy disgustado de todo cuanto hay en la vida y quisiera más bien morir!...

—¿Ni yo puedo traerte alegría?... —decía entristecido Jhoanan—. Hasta ayer me decías que yo era dichoso de estar aquí entre tanta alegría de vivir y ¿hoy deseas morir?

—Sí, como Hussin... el dulce Hussin, que murió sin duda porque se encontró un día como me encuentro yo ahora.

—¿Qué tienes ahora Jhasua? —continuaba Jhoanan tendido también a medias sobre la piel del oso disecada, mientras Jhasua con el cabritillo dormido en sus rodillas pasaba maquinalmente su mano sobre él y miraba sin ver todo cuanto le rodeaba.

— ¡No sé, no sé!... Pero parece que hubiera pasado mucho tiempo encima de mi vida... tengo pensamientos tan extraños, que ciertamente no son míos —continuaba el niño como bajo el influjo de una poderosa sugestión.

Mientras tanto los Ancianos, cortaban y cosían calzas de cuero los unos, esteras de cáñamo , cortinas y cestas de juncos, otros pulían cañas o mimbres para los secadores de frutas o de quesos, pero todos con el oído atento al diálogo de Jhasua y de Jhoanan.

—¿Tienes pensamientos que no son tuyos has dicho? ¡Jhasua!... ¡no te comprendo! Cuando yo pienso, el pensamiento es mío y no de otro. Cuando hace un momento pensé en traerte el cabritillo por contentarte, mío fué el pensamiento y de nadie más ¿No es así? —Y Jhoanan miraba con insistencia a su amiguito deseando descubrir el motivo de su malhumor.

—Sí, es así Jhoanan, y yo estoy cavilando en el modo de hacerte comprender lo que tengo.

—Sí, sí, ya eso me lo dijiste, que tienes un gran disgusto con todo. ¿Es que quieres irte con tu familia porque estás ya cansado de nosotros?

—No, porque estoy seguro que entre mi familia estaría peor todavía.

—¿Por qué?

—Porque mi madre padecería mucho, y mi padre y mis hermanos se pondrían muy irritados de verme así inútil y desganado de todo. Mientras aquí todos siguen tranquilos sus tareas sin hacerme caso, y así espero con sosiego que esto me pase. ¡Porque créeme Jhoanan que quien más sufre con esto soy yo mismo!... ¡Yo que quería correr, jugar, reír, estos pocos días que me faltan de estar aquí!...

¡De pronto, y en lo más apartado de aquella gruta se oyeron sollozos ahogados, profundos!... Y más cercano a los niños, uno de los Esenios más sensitivos de Moab se dejó caer desvanecido sobre las esteras de fibra que estaba tejiendo, nuevos gemidos suaves y sollozos contenidos comenzaron a oírse hacia distintos puntos de la gran caverna-cocina y comedor.

Jhasua sintió un fuerte sacudimiento, se levantó rápidamente y corrió hacia el que cayó desvanecido en las esteras. Luego miró al Gran Servidor, a todos, y su rostro reflejó una gran inquietud...

—¿Por qué está así Abdias? ¿por qué solloza Efraín y Azarías y Absalón?... ¿Lo sabéis vos Gran Servidor?

—Sí hijo mío, lo sé, Ellos son muy sensitivos, de tal forma que perciben profundamente el dolor, la alegría, la inquietud o cualquier estado de ánimo de los demás. Ellos han percibido el estado psíquico en que tú estás, lo han absorbido por completo, debido al gran deseo que tenemos todos de que vuelva a tu espíritu el sosiego y la alegría.

El niño reflexionó un instante y luego dijo:

— ¡Ya estoy bien, ya pasó! No quiero que ninguno sufra por mí.

—¿Sólo tú tienes el derecho de sufrir por todos? —preguntó dulcemente el Gran Servidor.

—Paréceme qué sí, a juzgar por lo que vi en sueños anoche.

Jhoanan escuchaba en silencio asombrado de lo que oía.

Todos volvían a la más completa tranquilidad y el Gran Servidor continuó su diálogo con Jhasua que se había acercado hacia él.

—Sería muy interesante saber qué es lo que has visto en tu sueño.

—He visto muchedumbres que sufren como yo nunca he visto una cosa semejante. Hombres que atormentan y maltratan a otros hombres, que les hunden en calabozos oscuros y húmedos donde mueren de hambre y de frío; ancianos y niños arrojados a precipicios por inútiles, para no darles el pan que no pueden ganarse. Hombres y mujeres llenos de juventud y de vida arrojados como alimento a las fieras que guardan las fortalezas de los poderosos; o degollados en los altares de dioses nefandos y malvados. Multitudes muriendo quemados en hogueras como se quema la leña para cocer el pan y los manjares; ahorcados, mutilados... ¡Oh, qué espantosas visiones las de mi sueño de esta noche!...

Y Jhasua se cubría el rostro con ambas manos, como si temiera volver a percibir las trágicas visiones de su sueño.

Luego continuó:

—¡La Tierra como una naranja rodaba ante mí, y por todos los rincones de ella veía iguales espantos, iguales crímenes!... y yo gritaba cuanto me daban mis fuerzas: "No matarás", dice la Ley. "Amarás a tu prójimo como a ti mismo", dice también la Ley; ¡pero nadie me oía y seguían matando, y la Tierra toda se empapaba de sangre y los gritos, y clamores y gemidos resonaban como un trueno lejano cuyos ecos seguían vibrando hasta enloquecerme!

Los ancianos todos habíanse acercado para oír a Jhasua, que enardeciéndose cada vez más en su relato, acabó por gritar con exasperación terriblemente dolorosa:

—¡Decidme!... decidme ¿qué mal hice yo para ser así atormentado con estas espantosas visiones, que matarán para siempre mi alegría de vivir?...

Los Ancianos estrecharon más el círculo en torno del niño y sus pensamientos de amor debieron formarle una suave y sutil bóveda psíquica.

El Gran Servidor le atrajo hacia sí y le abrazó tiernamente.

El niño, como un pajarillo herido, escondió su rostro en el noble pecho del Anciano y rompió a llorar amargamente.

Jhoanan trataba de dominar su emoción y José y Nicodemus en segunda fila, pensaban con honda preocupación:

—Si Myriam, su madre, presenciara esta escena, nos pediría cuentas sin duda de este dolor moral, demasiado prematuro en su niño que aún no ha cumplido los trece años.

—Paz, Esperanza y Amor sobre todos los seres —dijo con solemne voz el Gran Servidor.

"La Ley de los Instructores de humanidades no es como la Ley de los pequeños servidores de Dios, y no debemos alarmarnos por lo que acabamos de presenciar.

"Cuanto más elevada es la posición espiritual de un ser, más pronto y más vibrante es el llamado de la Verdad Eterna a su Yo íntimo.

"Bendigamos al Altísimo, porque Jhasua sintió el llamado en medio de nosotros, que conocedores de los procesos de la Ley en casos como éste, nos ha permitido prestar el concurso necesario para que el sufrimiento moral no causara desequilibrios, ni trastornos mentales ni físicos.

"Y tú hijito mío, empieza a comprender que la misión que te ha traído a la vida física, exige de ti lo que se exige a un médico que llega a un país de leprosos y apestados, donde el dolor y la miseria llegan hasta el paroxismo. Piensa siempre, que alrededor tuyo la Fraternidad Esenia, que es tu madre espiritual de esta hora, y en su seno encontrarás siempre el lenitivo a los grandes dolores de un Instructor de humanidades.

Las manos de todos los Ancianos se extendieron sobre Jhasua de pie ante el Gran Servidor y durante un largo cuarto de hora.

La tranquilidad se reflejó en el expresivo semblante del niño, y uno de los Ancianos que era un clarividente explicó todo el proceso seguido por las inteligencias Superiores durante el sueño de Jhasua.

El clarividente lo había relatado a los notarios antes que el niño despertara, y estaba plenamente comprobado con las manifestaciones que acababan todos de escuchar.

Y a fin de volver los ánimos a su estado normal, salieron todos al sereno vallecito donde pastaban los rebaños bajo los olivos frondosos y las vides cargadas de racimos.

Dos días después comenzaron a llegar los que habían recibido aviso de la presencia de los Ancianos de Moab en el Santuario del Monte Quarantana.

Casi todos llegaban a la madrugada, porque realizaban el viaje en la noche.

De Herodium, de Jutta, de Hebrón, de Bethlehem y hasta de Jerusalén llegaban viajeros, Esenios todos, que no querían perder aquella oportunidad pocas veces encontrada en la vida de seres que vivían para un ideal de perfección humana. Los Setenta Ancianos de Moab, eran los grandes maestros de la Fraternidad, eran sus Profetas, sus Apóstoles, sus Santos. Estaba en medio de ellos el Mesías niño aún, y esta circunstancia agrandaba ante ellos aquel momento que acaso no se repetiría más en la vida que estaban viviendo.

Algunos sabían que se encontraba también allí reencarnado, Elías Profeta en la persona de un niño poco mayor que Jhasua.

Varios personajes de importancia social y religiosa en Jerusalén acudieron también a aquella cita memorable. Aquel Nicolás de Damasco y sus amigos Antígono, Shamai y Gamaliel, nieto de Hillel, el mártir apóstol Esenio de 50 años atrás. El lector recordará que en el Cenáculo de Nicolás tuvo lugar aquella grandiosa demostración de Sabiduría Divina que tuvo Jhasua. Ninguno de ellos dudaba ya de que el Verbo de Dios estaba encarnado en el niño nazareno, hijo de Myriam y de Joseph.

Pero sería de gran importancia para ellos el conocer las opiniones de los Ancianos de Moab, grandes maestros en la ciencia espiritual. Los bethlemitas amigos de Jhasua desde la noche inolvidable de su nacimiento, Elcana, Josías y Alfeo y Eleazar, con aquellos familiares que pudieron acompañarles, acudieron también entre los peregrinos silenciosos, que disimulando su místico fervor bajo distintos aspectos, iban llegando a En-gedi, perdida entre las montañas vecinas del Mar Muerto.

Jamás desfiló mayor cantidad de personas por la pobre *Granja de Andrés,* que en aquella oportunidad. Era la entrada obligada al Santuario, y todos debían pasar por allí.

Las grutas resultaban insuficientes para albergar con comodidad tantas personas del exterior, cuyo número pasaba de doscientos. Pero la primavera tibia y agradable de aquellos parajes, facilitó la concurrencia de los peregrinos, que permanecieron sólo un día y una noche en las grutas del Santuario.

Los Ancianos se dedicaron a escuchar las consultas de orden espiritual y privadamente de los viajeros, cuyo grado de conocimiento era diverso, pues los había desde el grado primero hasta el cuarto.

Era una gran escuela entre las rocas donde todo ornato material faltaba, pero donde flotaba la uniforme armonía emanada de muchas almas que buscaban un mismo fin: la Verdad Divina que debía fijar para siempre, la ruta a seguir en el planeta Tierra.

Cuando todos fueron oídos y satisfechos en sus consultas, se preparó la asamblea general a la caída de la tarde en el recinto mismo del Santuario, que apareció con todos los velos descorridos y las mamparas divisorias levantadas, ya para dar mayor amplitud al recinto, como para dejar en todos la sensación de que estando en medio de ellos el Verbo encarnado, desaparecían todas las categorías y divisiones, para quedar confundidos como un alma sola que se unía al Ungido Divino a fin de secundar su obra de liberación humana.

—Ahora, somos todos discípulos en torno del Gran Maestro —había dicho el Gran Servidor, cuando todos los Ancianos estuvieron de acuerdo en que desaparecieran las reservas y separaciones que hasta entonces se habían observado con gran rigidez. Y si él se hará pequeño para igualarse a nosotros, cuanto más debemos bajar nosotros para igualarnos a los que están a menos altura espiritual y moral que la que hemos conquistado mediante siglos de evolución.

En sus conversaciones privadas con cada uno de los peregrinos, los Ancianos se habían esmerado en grabar profundamente en todas las almas la frase final de la Ley de Moisés, sobre la cual pusiera Jhasua una noche su dedo diciéndole a Jhoanan.

"Para esto sólo, hemos venido tú y yo a la Tierra".

La frase aquella: *"Ama a Dios sobre todas las cosas y al prójimo como a ti mismo"* encerraba para los Esenios como para el Cristo mismo, el resumen completo de toda la Ley.

El que en esto no hubiese pecado, estaba libre de toda culpa y podía presentarse tranquilo y sereno a la asamblea presidida por el Verbo Divino, que seguramente sería de una claridad deslumbradora sobre todas las conciencias.

Y casi todos en sus íntimas confidencias con los Ancianos, tuvieron que reconocer que en esas palabras finales de la Ley se encierra una elevadísima perfección, a la que sólo muy pocos podían llegar.

Todos habían hecho obras de misericordia, de hospitalidad y ayuda mutua. Todos habían socorrido a los necesitados, pero igualar al prójimo consigo mismo en la participación de un beneficio, eso, eran muy pocos que lo habían hecho.

Y a la luz radiante de aquella frase final de la Ley, se diseñaron desde aquel momento que quedó ignorado de la humanidad, las siluetas inconfundibles de los verdaderos discípulos del Cristo Redentor, o sea los que fueron capaces de *amar al prójimo como a sí mismo.*

El Hombre-Luz había ya marcado su ruta inmortal y divina.

"Querubín del Séptimo Cielo" como le llamaban los Esenios, había dejado toda su gloria, su grandeza, su inefable felicidad, y bajado a la sombría cárcel terrestre como un príncipe ilustre que hubiese dejado todo para hundirse durante años en las negruras de un calabozo, con el solo fin de libertar a los amarrados a él.

Impropio de este símil, pues que el Cristo dejó mucho más, incomparablemente más, que un príncipe de la Tierra puede dejar; pero en nuestros pobres modos de expresión, no encuentro una figura, una imagen que pueda parangonarse con el sublime y heroico renunciamiento del Cristo. ¿Qué menos pues podía exigir él a los que quisieran ser sus discípulos, que decirles: Ama a tu prójimo como a ti mismo?

Fue entonces que aquella asamblea entre las rocas, vislumbró el alcance de la frase inmortal que el Cristo tomaría como base para su apostolado de amor fraterno. Y desde ese momento, todos los asistentes a ella, tomaron la inquebrantable resolución de donar la mitad de sus bienes materiales a la obra misionera del Cristo. Los Ancianos de Moab y de todos los Santuarios aportarían también la mitad del producto de sus trabajos manuales para el *Santo Tesoro* como le llamaron, porque consideraron que nada era más sublime y excelso que demostrar con hechos, que el bien del prójimo era su propio bien.

Si la Roma idólatra y pagana sustentaba sus orgías imponiendo pesados y onerosos tributos a los pueblos dominados, el *Tesoro Santo* fruto del amor al prójimo, haría frente a la miseria y al hambre que la dominación de los Césares imponían sobre el mundo.

Tales eran los sentimientos que animaban a todos los que rodearon el Cristo niño, en aquel momento de su existencia terrestre.

Y de aquellos peregrinos se designaron los *Guardianes del Tesoro Santo* para cada ciudad o pueblo, facilitando así la entrega de los donativos anuales que debían hacer.

José de Arimathea, Nicodemus y Nicolás de Damasco en Jerusalén, Elcana y sus amigos Alfeo, Josías y Eleazar, para Bethlehem, Andrés de Nicópolis y dos tíos de Jhoanan el Bautista, para Hebrón y Jutta, y sucesivamente fuéronse designando los guardianes entre los Esenios más conocidos y probados, para todas las regiones desde Madian hasta Siria.

—Sólo así seremos dignos —decían las conciencias de todos— de cooperar en la obra del Cristo basada en la frase inmortal:

"Ama a Dios sobre todas las cosas y al prójimo como a ti mismo".

Conocedores los Ancianos de que las almas humanas sólo pueden llegar a la unión con la Divinidad mediante una perfecta tranquilidad de conciencia, creyeron haber hecho cuanto les era posible para conseguirlo. Los grandes entusiasmos por las causas elevadas y nobles, son también contagiosas, y aquel núcleo de Esenios reunidos en torno al Cristo niño, en las grutas del Monte Quarantana vibraban todos a igual tono como cuerdas de una arpa dispuesta para un concierto divino.

Y cuando todo estaba resuelto y asegurado en el orden material, se comenzó la preparación espiritual mediante el canto de un salmo coreado por todos los hermanos reunidos.

Al pie del pedestal donde descansaban las Tablas de la Ley, se había colocado una tarima de tres pies de altura y sobre ella dos taburetes de encina. Los Setenta Ancianos de Moab rodeaban en doble fila aquella tarima, y a su frente los demás Ancianos Terapeutas y peregrinos.

El Gran Servidor entró último con Jhasua y Jhoanan, que fueron colocados en los dos taburetes.

Un leve perfume de incienso flotaba como una ola invisible por el sagrado recinto y varios laúdes ejecutaban una melodía suavísima.

En aquel serenísimo silencio podía percibirse claramente este unánime pensamiento elevado a la Divinidad...

"¡Dios Omnipotente, autor de todo cuanto existe!... Déjanos ver la grandeza de tus designios, si es que nos permites colaborar con tu Mesías en su obra de salvación humana".

Y el pensamiento unánime elevado a la Divinidad desde el fondo de los corazones, obtuvo la respuesta deseada.

Jhasua y Jhoanan se inclinaron uno hacia el otro como si sus cabezas buscaran apoyo. Su quietud perfecta semejaba un tranquilo sueño, pero sus ojos permanecían abiertos.

De pronto los dos se irguieron sobre la tarima, como si una misma voz les hubiera mandado levantarse.

—¿Sabes tú lo que esto significa? —preguntó Jhoanan a Jhasua.

—Sí —contestó el niño—. Esto significa qe todos cuantos nos rodean saben ya que en ti está encerrado el espíritu de Elías Profeta, y en mí está Moisés el que grabó esta Ley sobre tablas de piedra.

"Tu fuego hizo arder un día ante mí la zarza de Horeb, y resplandecer como una llamarada ardiente el Monte Sinaí. Enciende ahora tu fuego sobre todas las leyes brotadas del egoísmo humano para que consumidas ellas aparezca radiante y viva Mi Ley de la hora presente".

Un suave nimbo de luz sonrosada iba envolviendo a Jhasua, y un fuego vivo convirtió a Jhoanan como una ascua ardiente. El vívido resplandor pareció borrar todo lo que había detrás de los niños, las Tablas de la Ley, los atriles con los Libros de los Profetas, y todas las Escrituras Sagradas. Y sobre un fondo oscuro como de negro ébano, una mano luminosa escribía con un punzón de fuego y con grandes caracteres:

"AMA A DIOS SOBRE TODAS LAS COSAS Y A TU PROJIMO COMO A TI MISMO".

Poseída de extraña y poderosa conmoción toda la asamblea se había puesto de pie, sin creer casi lo que sus ojos veían.

Sólo los Ancianos de blancas túnicas parecían estatuas de marfil, inmóviles como los estrados de piedra en que estaban sentados.

—¡Jhoanan! —dijo Jhasua con vibrante voz—. ¡Por traer al mundo esta Ley Nueva, morirás tú asesinado por los hombres, moriré yo asesinado por los hombres, y morirán tres cuartas partes de los que han presenciado esta manifestación de los designios de Dios, también asesinados por los hombres!

"¿Puedes tú contar las arenas del mar y las estrellas que pueblan el espacio infinito?...

"Tampoco podrás contar los espantosos asesinatos que cometerán los hombres ciegos e inconscientes por causa de esta Nueva Ley. No obstante, ella encierra un mandato supremo del Padre, junto con su última mirada de misericordia y su último perdón para esta humanidad delincuente. Pero ¡ay de ella cuando esta misericordia y este perdón hayan sido acallados por la voz vibrante de su Justicia inexorable!"

Jhoanan parecía una estatua de fuego, y sus dos manos levantadas a lo alto arrojaban un resplandor vivo, casi púrpura.

Y aquella vívida claridad diseñó en el oscuro fondo de aquel escenario intangible, escenas terribles que nadie podía precisar a qué época pertenecían. Sobre un árido montículo lleno de guijarros, y blancos huesos humanos enredados en zarzales resecos, se veía un hombre crucificado, y luego otros y otros más hasta formar como un bosque de gruesos troncos con seres humanos pendientes de ellos.

Vióse luego un calabozo en el fondo de un oscuro torreón almenado, y allí un verdugo con el hacha mortífera y una hermosa cabeza de hombre sostenida por los cabellos, mientras el tronco palpitante aún, se estremecía sobre el pavimento entre un charco de sangre. Y más allá de él, otros y otros hombres, mujeres y niños decapitados.

Y perdida casi en un fondo nebuloso, se veía una multitud ebria, fanática, enloquecida por la desenfrenada orgía en que se solazaba feliz, dichosa al compás de lúbricos cantares y de histéricas carcajadas...

Estas visiones duraron sólo poquísimos minutos, mucho menos del tiempo que tardo en escribirlo.

Jhasua, como espantado él mismo de tantos horrores, tocó los brazos levantados de Jhoanan mientras decía:

— ¡Apaga ya tu fuego Elías, hijo de Orión y que vuelva a nuestros corazones la Paz, la Esperanza y el Amor!

Jhoanan cayó desplomado al suelo, como si al extinguirse el fuego de sus manos se hubiera agotado toda su fuerza y energía físicas.

Jhasua se dejó caer como desfallecido sobre el taburete en que se había sentado al comenzar, y exhaló un hondo suspiro.

Los resplandores se habían extinguido súbitamente al caer Jhoanan desplomado al pavimento, y poco a poco fueron recobrando todos la serenidad.

Y después de llevar a ambos niños a reposar en un estrado, entre mantas y pieles, el Gran Servidor habló a la asamblea en estos términos:

—Por permisión divina, vuestros ojos han visto lo que costará en sacrificios y en sangre la redención humana terrestre.

"Mártires seremos todos los que por propia voluntad brindemos al Verbo de Dios nuestra cooperación a su obra salvadora. Acaso pasarán muchos siglos, sin que podamos recoger el fruto de la semilla de Amor fraterno que sembremos con inmensos sacrificios y dolores.

"Aún estamos a tiempo de desandar lo andado. Los caminos de la Fraternidad Esenia se bifurcan desde este solemne momento, en que el Altísimo nos deja ver el precio que tiene la liberación de las almas sumidas en las tinieblas de la ignorancia, y de su atraso moral y espiritual.

"Si alguno se siente débil ante la difícil jornada, olvide cuanto ha visto y oído, y vuelto a la vida ordinaria como si no conociera la vida espiritual, viva para sí mismo y para los suyos, sin compromisos ulteriores de ninguna especie. La Fraternidad Esenia acabará de cumplir su misión cuando el Cristo sea puesto en contacto con la humanidad.

"Entonces será su palabra y su pensamiento genial, los que crearán nuevas Escuelas y Fraternidades. Nosotros nos apagamos en la penumbra y el olvido, para que él resplandezca en la luz.

"No quiero vuestra respuesta en este momento de entusiasmo espiritual, en que torrentes de energía y de luz, de esperanza y de amor hacen de vosotros arpas vivas que vibran sin voluntad propia.

"Voved a vuestro ambiente habitual, meditad en todo cuanto el Altísimo quiso manifestaros; medid vuestras fuerzas, y fríamente decidid vuestro camino a seguir.

"Que la Luz divina ilumine vuestra conciencia".

Los Esenios de los grados primero y segundo vacilaron después de una fría y serena meditación. Una tercera parte de ellos se sintieron acobardados y dejaron para más adelante su decisión sobre el particular.

Tenían siete años de plazo para decidirse, o sea cuando el Verbo encarnado llegase a sus veinte años de vida física.

Con el tiempo sabremos quiénes permanecieron fieles al llamado de aquella hora, y quiénes se apartaron por temor a los tremendos sacrificios que se podían vislumbrar a lo lejos.

Dos días después los Ancianos de Moab cruzaron por las balsas el Lago

Muerto, a la luz de la luna menguante, cuyo amarillento resplandor semejaba un velo de topacio que hacía innecesarias las antorchas y las cerillas.

Y a la madrugada siguiente, José de Arimathea y Nicodemus con Jhasua y los Terapeutas, emprendían el regreso a Jerusalén acompañados por los amigos bethlemitas que tan familiares nos son desde el comienzo de este relato, los cuales quedaron en la vieja ciudad de David, después de despedir tiernamente al Niño-Luz que acaso no volverían a ver hasta después de mucho tiempo.

EL NIÑO APOSTOL

Nazareth, la pintoresca ciudad galilea vecina del Monte Tabor y del lago de Tiberiades, recibió a Jhasua doce días después, y esta vez para permanecer en ella bastante tiempo.

El niño volvía a su hogar nazareno completamente cambiado. No era el mismo Jhasua que vieron partir cincuenta días antes.

—¡Qué bien te sentaron los aires de Jerusalén! —le decían sus hermanos bromeándole.

—¿Te gustó el Templo? ¿Te maravilló la ciudad? ¡Vamos! Jhasua, cuéntanos tus impresiones y así sabremos si has comprendido bien todas las cosas.

Hay que advertir que Myriam había dicho al niño, que su viaje al Monte Quarantana nadie debía saberlo sino sólo su padre. Este había observado también un cambio en el niño, y así lo decía a Myriam su esposa.

—Una energía nueva dió Jehová a nuestro hijo —decía Joseph a Myriam, viendo a Jhasua que aún pasada la puesta del sol, continuaba en el taller poniendo en orden todas las herramientas, restos de madera, molduras sin terminar, listones y utensilios en general.

Y cuando ya se apagaban las últimas claridades de la tarde, cerraba todas las puertas y entregaba en silencio las llaves a su padre.

—Jhasua —le dijo Joseph al recibirle una tarde las llaves y en presencia de Jhosuelin, de Ana y de Jaime— ¿Te ha desagradado el viaje que has vuelto un tanto taciturno?

—¡Padre —contestó con resolución el niño— nada contesté a mis hermanos mayores cuando me hicieron parecidas preguntas, porque no sé cómo tomarían ellos mi respuesta; pero si nos os va a ofender mi franqueza, os diré que el viaje me fué encantador, la vista de la ciudad, espléndida; el Templo lleno de riqueza y de magnificencia; pero lo que se hace en la ciudad y en el Templo, me ha parecido desastroso, horrible... y malo!

—¿Cómo, hijo mío?

—Como lo oyes padre. En nada se ve allí la ley de Moisés, sino la más grosera y torpe manifestación de egoísmo refinado, de interés, de lucro y de ambición.

"Es harto más puro nuestro ambiente galileo, padre, y si de mi dependiera no cambiaría los aires de nuestra provincia por los de Judea con todo de estar en ella Jerusalén y el Templo.

—¿Pero hablas en serio Jhasua? —insistió Joseph asombrado.

—¡Oh padre! No por tener 12 años he dejado de comprender lo que pasa en la ciudad de los Rēyes y en la casa de Jehová, que lo diga sino Jhosuelin que ha visto y sabe tanto como yo.

El padre miró a aquel otro hijo que guardaba silencio, y en esa mirada había interrogación.

—Es verdad padre —dijo el aludido—. El Templo es como un gran mercado, donde los sacerdotes comercian descaradamente, a excepción de los que son Esenios, que no se dedican a la matanza de animales.

—Pero los sacrificios de animales están prescriptos por Moisés — alegó Joseph con cierta vacilación.

— ¡No padre! —arguyó decididamente el niño—. Yo estudié las escrituras de Moisés en los Santuarios Esenios, y sus escritos que son breves y concisos, no sólo no autorizan tales matanzas, sino que por el contrario aconsejan a los Ancianos del pueblo hebreo, a que traten de acostumbrar al pueblo a cambiar los holocaustos de sangre, por los de frutos de la tierra, y flores de los campos y resinas olorosas de los bosques. Y añade más aún, estas palabras que son glosadas por Isaías, Ezequiel y Jeremías:

"Más agrada a Jehová la pureza del corazón y la misericordia en las obras, que la grosura de carneros y de novillos".

"Pero es bien notorio que el quemar un puñado de harina, una manzana o una pizca de incienso, no deja a los sacerdotes las pingües ganancias de un novillo; y allí se matan centenares cada día, y sus carnes y sus grasas se las compran a precio de oro los mercaderes en los fondos del huerto mismo, en que terminan las tierras del Templo. ¿Créeis que Jhosuelin y yo no hemos visto los bolsillos de oro y plata que los mercaderes entregaban a los sacerdotes en las puertas traseras por donde entran los leñadores?

Joseph dolorido dijo:

—Bien, bien hijo mío, y tú también Jhosuelin, que nadie os oiga hablar como lo habéis hecho delante de mí. Grandes calamidades vendrán sobre nuestro pueblo. Roguemos al Señor que tenga piedad de nosotros.

Y levantándose, entró a su alcoba donde su alma de hombre justo y piadoso se desahogó en silencioso llorar.

Bajo su aspecto severo y casi rústico, se escondía un corazón de oro, y sentía de verdad honda pena, por la amargura que adivinaba en Jhasua y por los grandes males que esperaba para su pueblo.

Casi tres años habían pasado sobre la vida de Jhasua, que continuaba en su hogar de Nazareth, entre sus tareas de ordenador del taller de su padre, sin que por ésto descuidase de ayudar a Myriam en sus afanes de ama de casa. Renovar con frecuencia los cántaros del agua traída de la fuente, remover los secaderos de frutas, regar las hortalizas y plantaciones del huerto, eran las formas de ayuda que él prestaba a su madre.

Una gran tristeza empezaba a infiltrarse en su espíritu, como si una sombra lo fuese oscureciendo poco a poco.

Y así después de haber cumplido sus deberes habituales, iba a sentarse a un banquillo que él mismo se había hecho, y que estaba oculto allí donde el niño solía esconderse a pensar. Aún estaba colgado allí aquel original llamador que él inventó para que su madre lo llamase cuando le fuera necesario.

Y en aquel apartado rincón del huerto, el Hombre-Luz de 15 años de edad dialogaba con su Yo interno:

—¿A ésto vine yo a la vida física, dejando aquel espléndido y divino cielo de los Amadores que describía Antulio en sus maravillosos relatos? ¿A regar hortalizas y matar hormigas, a remover los secadores de frutas, a colocar en su sitio los martillos y los escoplos? ¿A vegetar como un animalejo cualquiera que come, duerme y trabaja?

"¿Estudiar los Libros Sagrados? ¿Para qué, si los doctores y sabios de Israel les dejan apolillarse en alacenas clausuradas, y han construido otros que marquen rutas nuevas a la humanidad, que si mala era a fuerza de egoísmo e ignorancia, más mala se tornará día por día apartándola de la verdadera Ley Divina escrita por Moisés?

"¡Los Profetas!... ¿quién se cuida de los Profetas hoy, si hay tantos sabios y doctores, que interpretan las leyes de Dios en forma de no perjudicar las conveniencias de los poderosos y tener más sumiso y doblegado al pueblo?

"Y si fueron olvidados los grandes Profetas de la antigüedad ¿puedo soñar yo, con ser escuchado, ¡pobre de mí! sumido entre las herramientas de un carpintero, cuidando las hortalizas de un humilde huerto galileo.

"¿Qué fugaz y engañosa visión fué la de los ancianos de los Santuarios Esenios, que alimentan la ilusión de que soy yo el Mesías de Israel?

"¡Yo!... ¡yo!, ¡yo!, ¡mísero chicuelo desconocido, hijo de artesanos galileos, de los cuales se dice *que nada bueno puede salir*!

"Entorpecido por la inacción; decepcionado por mi propia incapacidad; cansado de una vida inútil sin finalidad definida ninguna, me veo como un árbol estéril para la vida física, y estéril para la vida espiritual".

Tales eran los monólogos de Jhasua durante el postrero de estos tres años, o sea cuando había cumplido los 15 años de edad.

Myriam su madre, adivinaba que algo desusado y anormal bullía en el corazón de su hijo, al cual no le fue posible arrancarle ni una palabra al respecto.

Una mañana cuando el niño hacía el tercer viaje a la fuente por agua, no regresó hasta pasado el medio día.

Era una hermosa mañana de primavera, y como la noche antes había caído una lluvia mansa y serena, las flores cuajadas de rocío parecían llorar lágrimas sobre los pies desnudos de Jhasua que se dirigía a la fuente con gran lentitud.

Faltaban aún unos cincuenta pasos para llegar, cuando descubrió unos pies menudos y polvorientos que salían de entre un matorral, al pie del cual estaba un cántaro vacío.

Dejó el suyo al lado del camino y abriendo suavemente las enredaderas que entretejidas formaban una sombría gruta, se inclinó para saber qué ocurría al dueño de aquellos pies.

Vió que era una niña que gemía tristemente y cuya respiración bastante rápida y fatigosa indicaba una próxima crisis nerviosa.

Jhasua condolido hasta lo sumo, se arrodilló en tierra para hacerse escuchar de ella.

Al verle el rostro la reconoció.

—¿Eres tú Abigail?, ¿qué te ha pasado que estás así tirada en el suelo?

—Venía de casa al tercer viaje de agua, y en todos los tres me ha perseguido a la carrera un mal hombre, que se esconde tras la colina grande. Tengo tanto miedo y estoy tan fatigada, que me tiré aquí a descansar para poder volver. Temo caerme por el camino y romper el cántaro.

—Vamos, cobra ánimo —le dijo Jhasua tratando de ayudarla a incorporarse— que yo llevaré tu cántaro hasta tu casa.

—No podrás llegar, porque la tía Michal es muy severa y me llamará inútil y haragana como de costumbre. Si fuera a su hija, la excusaría, pero no a mí que soy la ajena en casa.

"Qué malo es no tener madre, Jhasua!... —Y la niña rompió a llorar.

—No llores Abi, no llores, que desde hoy yo seré tu hermano para defenderte en todo y contra todos.

"Si no quieres que llegue hasta tu casa, te acompañaré hasta pasado el barranco, y nada tendrás que temer.

"Vamos a la fuente, donde te mojaré la frente y beberás un sorbito de agua pura que te hará bien.

Levantó el cántaro de la niña y el suyo, y se dirigieron hacia la fuente.

—¿Y por qué la tía Michal te manda sola a la fuente y no viene también su hija? -preguntó Jhasua.

—Porque ella se ocupa de hacer bordados y encajes para adornarse, y yo hago la sierva. Ella tiene su madre y yo no. ¿Comprendes, Jhasua?

—¿Y tu padre no mira por ti?

—Desde que se casó con la mujer que hoy tiene, no quiere saber de nosotras. Mis hermanas están sirviendo a otros parientes y pasando igual vida que yo. Nuestro mal no tiene remedio.

—¿Cómo que no tiene remedio? —preguntó con vehemencia Jhasua—. Ya verás Abi, ya verás como yo pongo remedio.

—¿Tú? ¿qué puedes hacer, casi tan pequeño como yo?

—Tengo 15 años cumplidos este invierno. He comenzado a ser un hombre, y si Jehová no me dió la vida sólo para correr lagartos, creo que algo puedo hacer por ti. Mañana mismo vendré varias veces a la fuente, aquí nos encontraremos y casi estoy seguro que te daré una buena noticia.

Llegaron; Jhasua llenó el cántaro de la niña y dejó el suyo en lo alto de un árbol atado a una cuerda. La hizo beber en el hueco de sus manos, le mojó repetidamente la frente y las manos y cuando la vió más tranquila la invitó a marchar, pero después que hubo llenado bien el zurrón de pequeños guijarros, y tomado una sólida vara de fresno.

—Esto por si se nos presenta un enemigo —explicó sonriendo a la tímida Abi, que no salía de su asombro a la vista de la decisión de su compañero.

Nadie apareció en el camino donde Jhasua se quedó cincuenta pasos de la casa, perdida entre higueras y olivos, y no se marchó hasta que vió entrar a la niña, que le saludó a lo lejos agitando su mano.

Este pequeño incidente, al parecer sin importancia alguna, produjo una fuerte reacción en su espíritu. Había *alguien* que le necesitaba en la vida en esos momentos: la pobre huérfana que con sólo 12 años de edad, llevaba sobre su almita buena, una carga de humillación, de desengaños y dolores.

—No seré Mesías ni Profeta —decía Jhasua dialogando consigo mismo-- si no está en mi ley el serlo, pero seré un hombre útil a los débiles y pisoteados en la vida, tratando de aliviarlos en sus penas y sus incertidumbres.

"Las vidas extraordinarias, el Señor las dá a quien las pueda vivir con méritos y acierto en bien de la humanidad; yo no soy quién, para pretender vivir una de esas vidas. El grande amor de los Ancianos hacia mí, les ha ofuscado, haciéndoles ver en mi pobre persona, al Deseado de Israel.

"Jhasua... apréstate humildemente a ser un hombre de bien, capaz de amar a tus semejantes y hacerles el bien que te sea posible, sin tornar a pensar en grandezas sublimes que nunca estarán a tu alcance".

Volvió a la fuente, cargó un cántaro lleno de agua y marchó a su hogar donde encontró a su madre que le esperaba con cierta alarma.

—Nunca tardaste tanto Jhasua ¿qué te ocurrió? —le preguntó Myriam disponiendo la comida sobre la mesa.

—Nada de extradianrio madre: una pobre niña asustada por un mal hombre escondido en un barranco. Tuve que acompañarla a su casa y llevarle el cántaro, pues no tenía fuerzas para llevarlo ella...

—Ya se preparaba tu padre, no bien terminamos la comida para ir a buscarte.

—No era necesario madre, ya soy mayor y estoy fuerte, y puede ser que muchas veces me suceda como hoy.

Y comió en silencio.

Sin saber por qué Myriam sintió como una alarma en el fondo de su espíritu.

Parecióle que durante el tiempo que tardó Jhasua en ir y venir de la fuente, había cambiado por completo y que ella tenía algo que temer de ese cambio.

Dos días después Jhasua volvía a encontrarse con la pobrecita huérfana, cuya alegría al verle, llenó al niño de satisfacción.

—¡Jhasua, qué alegría pensar que ya no estoy tan sola en el mundo!

Estas sencillas palabras cayeron como un suave rocío sobre el alma entristecida del adolescente que se creía, no sólo innecesario, sino hasta inútil en el mundo.

Más, se limitó a sonreírle, al mismo tiempo que le extendía una pequeña bolsita que sacó de su cántaro vacío.

—Esto es para ti —le dijo—. Son pastelitos de miel que pedí a mi madre para traerte como un regalito ¿Te gustan Abi?

—¡Oh sí!... ¡mucho! y si vienen de tí me gustan mucho más. Pero si quieres los comeremos aquí los dos juntos, porque a mi casa no los puedo llevar —contestó la niña sentándose en el zócalo del pozo. Jhasua se sentó a su lado.

—Te prometí días pasados que remediaría tu situación —dijo el niño pasado un momento.

—¿Y qué piensas hacer? —interrogó ella mirándole fijamente.

—Hablé con el Hazzán de la Sinagoga, cuya esposa es anciana y necesita ayuda para las faenas de casa, Es una mujer dulce y buena como el pan y la miel, y ella te amaría como a una hija, si tú la quieres como a una madre.

La alegría de la niña fué tanta, que olvidándose de los pastelitos, saltó hacia Jhasua, le abrazó y besó en la mejilla.

—¡Oh, qué bueno eres Jhasua que así te ocupaste de mí!

—La Ley me lo manda Abi, cuando dice: "Ama a tu prójimo como a ti mismo". Si yo estuviera en tu situación me gustaría que se ocupasen de mí para aliviarme.

—¿No lo harías tú también conmigo, o con otros, que estuvieran como tú ahora con un gran padecimiento?

—¡Ya lo creo que sí! —contestó la niña.

—Pues bien: la esposa del Hazzán irá mañana y tratará el asunto con tu tía, y yo iré con ella por si en algún momento es necesaria mi presencia.

—¡Eres todo un hombre Jhasua! —exclamó Abigail—. ¿Quién te enseñó todo eso?

—Me lo enseñó la Ley de Moisés en acuerdo con mi conciencia. Has tú lo mismo Abi, siempre que veas un semejante en estados dolorosos y terribles, porque esa es la Ley de Dios... la única Ley ¿comprendes? ¡la única!

—¡Eres como el sol, Jhasua! —seguía diciendo agradecida la niña— ¡Donde tú estás está la luz! ¡Cuánto te quiero!

—Y yo a tí Abi, porque eres la única criatura en el mundo que ha necesitado de mí. Eso de saber que sin mi esfuerzo por remediarte, padecerías mucho, cree que me da fuerzas para continuar viviendo. ¡Oh, mi pobrecita flor silvestre pisoteada en el camino —añadió el niño dulcemente, pasando su mano por los cabellos obscuros de la niña—.

"Te aseguro que Jehová te eligió para hacerme amar la vida en estos momentos, en que creía morir de decepción y de tedio.

"¿Sabes tú lo espantoso que es creerse inútil en el mundo?

La niña comenzó a lloriquear silenciosamente.

—¿Por qué lloras, Abi? ¿No estás contenta de que haya remediado tu situación?

—¡No, Jhasua, no! Porque cuando ya veas que no necesito de tí, querrás morir de nuevo, y me dejarás sola, sola, sola. Déjame, pues, padeciendo como estoy, que así seguirás viviendo para mí que te necesito.

—¡Ay, pobrecilla tontuela!... —exclamó Jhasua secando las lágrimas de la niña—. ¿No ves que estoy contento de saber que me quieres? ¿No ves que ya nunca pensaré que soy inútil, puesto que he sido capaz de consolarte?

"Consolar un dolor Abi, es parecerse a los ángeles de Dios. Los hombres de esta tierra buscan hacerse grandes y dejan a un lado el único camino para serlo; consolar a los que sufren y derramar el bien sobre la tierra.

—Sellemos nuestra amistad Jhasua, comiendo juntos los pastelitos de tu madre —decía la niña ofreciendo uno a Jhasua.

—Bien, bien Abi, veo que has comprendido que seremos buenos amigos. Cuando estés ya en casa del Hazzán, ¡cuántas bellas cosas te enseñaré de tantas como yo sé!

Y tal como lo había dicho, Jhasua acompañó a la esposa del Hazzán a casa de la tía Michal, la cual se desató como una cotorra irritada en contra de la pobre huérfana, tratando de convencer a todos de que no servía para nada y que ni aún le compensaba el alimento y vestido que le daba.

Aunque la esposa del Hazzán estaba prevenida por Jhasua, lo miró como interrogando al niño, pues de ser cierto lo que decía la tía Michal, aquella infeliz huérfana no le sería más que una carga.

Jhasua intervino como podía hacerlo una persona mayor.

—La esposa de nuestro Hazzán es una buena sierva de Jehová que entiende muy bien la Ley de Moisés; y como sus hijos ya están casados y no le causan peso alguno, ha pensado en tomar una niña para enseñarla a su manera, y que le sirva a la vez de compañía en su solitario hogar. Siendo Abigail como vos decís tía Michal que no sabe hacer nada bien, dejad que esta buena anciana se tome el cuidado de educarla, ya que ella así lo desea.

—¿Y por qué tomas cartas en este asunto? ¿Serás pariente suyo? —preguntó con acritud la mujer, cuyo carácter se dejaba conocer de una aspereza que hacía daño.

—Es un discípulo de mi esposo —insinuó la anciana— y además vino a guiarme, pues desconocía yo esta casa.

—¿Y cómo sabíais de la rapazuela de mi sobrina? —volvió a preguntar la mujer.

—Es bien notorio en Nazareth, donde todo se comenta en la fuente, que os pesa demasiado la huérfana —contestó Jhasua— Y como esta anciana necesitaba una niña para compañía, yo le indiqué que acaso convendría vuestra sobrina.

—¿Qué salario le daréis? —preguntó Michal a la anciana.

—El ordenado para niños de su edad —contestó la anciana.

La mujer pensó unos momentos, y luego añadió:

—Llevadla, pero no quiero quejas luego, si ella se conduce de mala manera.

—Estad tranquila, buena mujer, que yo me entiendo de educar niños —contestó la anciana.

La mujer llamó a la niña de muy mala manera y la ordenó poner en un bolso la ropa y seguir a la esposa del Hazzan.

La pobrecilla Abigail disimuló muy bien su alegría y al cabo de unos instantes volvía cargada con un fardo que Jhasua se apresuró a tomar para llevarlo él.

—Espera —dijo Michal— que tengo que registrarlo, no sea que ésta lleve cosas de mi hija.

—Dejadlo todo, buena mujer —dijo la anciana— es muy malo humillar así a los niños y sin motivo. Vamos —dijo, levantándose y tomando a la huérfana de la mano.

Jhasua tiró el fardo al suelo y se hizo a un lado, dejando pasar a la anciana y la niña; y volviéndose a Michal con una energía que la asustó, le dijo a media voz:

—La maldad de tu corazón será castigada un día en tu hija, a la cual yo salvaré de que sea apedreada por adúltera en la plaza pública. Quedas avisada.

¿Qué fuerza irradiarían aquellas palabras, que la mujer se quedó como paralizada en la habitación sin poder contestar palabra?

Cuando reaccionó, quiso correr a llamarles para dar una explicación, pero no les vió por ninguna parte, dado que el sendero era muy tortuoso y poblado de arbustos y enredaderas.

El agravio recibido había enrojecido el rostro de Abigail, que a poco empezó a llorar silenciosamente.

Jhasua la tomó de la mano para decirla:

—¿Te entristece dejar la casa en que has sufrido tanto?

—No Jhasua, pero me avergüenza tanto, que me creais una ladrona.

—Hija mía, no digas eso que nos ofendes —díjole la buena anciana a la cual llamaban todos, *la abuela Ruth.*

—¿Crees que no hemos comprendido la maldad de Michal? —añadió el niño—. Olvídate de esa casa y sus moradores para siempre, Abi, para siempre ¿lo oyes?

—El Hazzán arreglará las cosas en forma que tus salarios se depositen en seguro para formar tu dote el día de mañana, pues que ni ella ni tu padre merecen la confianza de quienes te protegen desde este momento. No te preocupes más que de ser buena y dichosa, bendiciendo al Señor porque ha tenido piedad de tí.

Sucede casi siempre que ciertos hechos, tienen como una repercusión en el ambiente, tal como si una onda etérea llevase sus vibraciones por muchas almas. Y la protección dada por Jhasua a la pobre huérfana, tuvo que repetirse en varios casos más, como si los desamparados y desvalidos hubieran sido enviados al Mesías adolescente, para que él los amparase en su situación Circunstancias especiales y no buscadas por él, ponían a los sufrientes en su camino, a su alcance, a su mismo lado, como si la Eterna Ley quisiera convencerle de una vez por todas, de que la misión de *Salvador de la humanidad* era suya y de nadie más.

Abi, era la primera humilde florecita de sus jardines de amor, y fué así que tuvo para ella una tierna solicitud y afecto que jamás conoció menguantes en su corazón.

En pos de ella, llegaron otros y otros como atraídos por un invisible hilo de oro que les fuera atando al hermoso adolescente hijo de Myriam y de Joseph, que con sólo 15 años de edad encontraba el modo de aliviar sus pesadumbres y allanar sus caminos.

Los padres de Jhasua llegaron a sentir alarma de ver a su hijo mezclado en los asuntos íntimos de chicuelas de la comarca, de viejecillos andrajosos, y hasta de algunos dementes que habían huído a las cavernas de las montañas.

Hasta que un día le fueron a Joseph con la denuncia que su hijo Jhasua había ocultado a un hombre acusado de robo y de agresión al molino de uno de los pueblos vecinos.

Y con gran angustia de la pobre madre, Joseph y sus hijos mayores se reunieron en un consejo para juzgar a Jhasua y aplicarle una severa corrección, pues que estaba comprometiendo el honrado nombre de la familia con un proceder que todos juzgaban incorrecto.

Jhasua apareció ante el tribunal de familia con una serenidad admirable.

Por su madre tenía conocimiento de las acusaciones que iban a hacerle y acudía preparado para contestar.

El consejo era en el comedor de la casa, y así Myriam aúnque rehusó tomar parte, podía escuchar cuanto se dijera.

—Hijo mío —díjole Joseph—, tus hermanos mayores aquí presentes, han oído con dolor algunas acusaciones contra ti, y yo deseo saber si es verdad cuanto dicen.

—Yo os lo diré padre —contestó el niño.

—Dicen que tú has hecho entrar en casas honradas, chicuelas insolentes que sus amos echaron a la calle por sus malas costumbres. ¿Es cierto esto?

—Sí padre; es cierto.

—Y ¿qué tienes tú que mezclarte en cosas que no te incumben?

—Casi estás en pañales —añadió Eleazar el mayor de todos los hijos de Joseph— y ya te crees capaz de mezclarte en asuntos ajenos.

—Si me dejáis hablar, os explicaré —dijo sin alteración alguna el niño.

—Habla Jhasua, que es lo que esperamos —díjole su padre casi convencido de que su hijo tendría grandes razones que enumerar.

—Las Tablas de la Ley fueron dadas por Dios a Moisés para hacer más buenos a los hombres y son un mandato tan grave, que faltar a él es un gran pecado contra Dios. En la Tabla de la Ley está escrito: Ama a tu prójimo como a ti mismo''.

''Prójimos míos son esas chicuelas maltratadas por sus amos y echadas a la calle como perros sarnosos, después que las hicieron pasto de sus vicios y groserías.

—Eleazar, si tu pobreza te obligase a mandar tus niñas a servir en casas ricas ¿te gustaría verlas rodar por las calles, arrojadas por los amos que no pudieron sacar de ellas lo que deseaban?

—No, seguramente que no, —contestó el interrogado.

—Y ¿crees tú que éstas que llamáis *chicuelas insolentes* son distintas de tus hijas y de todas las niñas que por su posición no se vieron nunca en tales casos?

—Está bien Jhasua —dijo Joseph— pero no veo la necesidad de que seas tú el que haya de poner remedio a situaciones que están fuera del alcance de un niño como tú.

—Tengo quince años cumplidos padre, y a más, yo me he limitado a referir casos que llegaron a mi conocimiento al Hazzán, a los Terapeutas, o algunas personas de posición y de conciencia despierta, para que tomaran a su cuidado el remediar tantos males.

—Pero es el caso —dijo Matías, el segundo de los hijos de Joseph— que te acusan a ti de entrometerte en lo que no te incumbe.

—Sí, sí, ya lo sé —contestó el niño— porque los amos quieren saborear el placer de la venganza: las chicuelas que arrojaron, mendigando un trozo de pan duro y durmiendo en los umbrales. ¡Qué hermoso! ¡eh? ¡Y nosotros impasibles, con la Ley debajo del brazo y sin mover una paja del suelo por un hermano desamparado! Para esto, más nos valdría ser paganos, que no teniendo más ley que su voluntad y su capricho, son sinceros consigo mismo y con los demás, pues que obran conforme a lo que son.

—Dicen que últimamente has ocultado a un ladrón denunciado a la justicia porque robó un saco de harina en el molino de Naima. ¿Es cierto eso?

—Sí padre. Es un hombre que está con la mujer enferma y cinco niños pequeños que piden pan. Porque su mujer es tísica, no le quieren dar trabajo en el molino de donde fué despedido. Al marcharse tomó un saco de harina para llevar pan a sus hijos que no comían desde el día anterior.

"Si ese hombre no volvía a su casa, los niños llorarían de hambre, y la madre enferma sufriría horrible desesperación.

"A más, el saco de harina, fué pagado por la abuela Ruth. ¿Es justo perseguir a ese hombre?

"Sí, sí. ¡Yo lo tengo oculto y no diré donde, aunque me manden azotar! —añadió el niño con una energía que asombró a todos.

—¡Basta Joseph... basta! —clamó con un hondo sollozo Myriam, la pobre madre que vertía lágrimas amargas viendo a su Jhasua de sólo 15 años sometido a un consejo de familia, a causa de sus obras de misericordia que muy pocos interpretaban en el elevado sentido con que él las realizaba.

—¿Hasta cuando le vais a atormentar con un interrogatorio indigno de servidores de Dios que nos manda ser piadosos con el prójimo?

Todos volvieron la mirada hacia Myriam que pálida y llorosa parecía suplicar con sus ojos.

—Bien Myriam, bien; no tomes así las cosas, que sólo queremos aleccionar al niño para que no provoque la cólera de ciertas gentes que no soporta a nadie mezclarse en sus asuntos —dijo Joseph.

Los hermanos mayores para quien era aquella mujer algo tan sagrado como su propia madre, guardaron silencio, y sin agresividad ni enojo, con un sencillo: *Hasta mañana,* que Joseph y Myriam contestaron, se marcharon a sus casas.

Cuando se vieron los tres solos, Myriam se abrazó llorando con aquel hijo a quien amaba por encima de todas las cosas de la tierra, mientras Joseph profundamente conmovido no acertaba a pronunciar palabra.

—¡Madre!... —decíale el niño— no llores más por favor, que te prometo no dar motivo para que suceda esto en casa.

—No era necesario que vinieran tus hijos mayores Joseph, para corregir a mi hijo. Yo como madre tengo más derecho que nadie sobre él, y soy bastante para corregirle si él comete faltas.

''¿Por qué humillar así a mi hijo y a mí?...

—Perdóname Myriam y piensa que antes que Jhasua, fueron humillados Eleazar y Mathias con la rudeza agresiva con que fueron tratados, por aquellos que se creen perjudicados por la intervención de Jhasua en sus asuntos.

—Respaldado por el Hazzán y los Terapeutas, nuestro niño se cree en el deber de remediar a los débiles maltratados por los fuertes; más aún, cree que puede hacerlo sin perjuicio propio y de su familia. ¿No es así Jhasua?

—¡Padre! Entiendo que la Ley nos obliga a todos por igual, y sólo aparentan no entenderla los que explotan la sangre y la vida de sus semejantes en provecho propio.

''Decid padre; para arrancar un corderillo de las garras de un lobo ¿esperan que el lobo esté contento de que le quitéis su bocado? Si debemos esperar que los lobos humanos estén contentos de soltarnos su presa, el Padre Eterno se equivocó al mandarnos amar a nuestro prójimo como a nosotros mismos.

''Debió decir: ¡Fuertes! devorad a los débiles e indefensos. Y vosotros pequeñuelos, dejaos devorar tranquilamente por los más fuertes que vosotros.''

Y Jhasua un tanto excitado y nervioso, se sentó junto a la mesa con los codos apoyados sobre ella y hundió su frente entre sus manos.

—Hijito —díjole enternecido su padre—. Ya se vislumbra en ti al ungido del Señor, y tus pobres padres sienten la alarma de los martirios que los malvados preparan para ti. No veas pues, más que nuestro amor en todo cuanto ha ocurrido esta tarde.

—Ya lo sé padre, y estoy buscando el modo de cumplir la Ley de Dios sin lastimar vuestros corazones.

—¿Lo conseguirás Jhasua? —preguntó la madre secando sus lágrimas con su blanco delantal.

—Por ahora quizá lo conseguiré, madre mía, más adelante no sé.

Así terminó aquel día este incidente, el primero de este género, que pasó como un ala fatídica por la vida de Jhasua, apenas llegado a la adolescencia.

Y yo digo al lector de estas páginas: fácil os será comprender cómo llegó a tan alto grado el encono de las clases pudientes, que esclavizaban a los débiles y necesitados, cuando años más adelante, el Misionero se puso frente a ellos para decirles:

'' ¡Hipócritas! lucráis con el sudor y la sangre del prójimo, y tocáis campanas cuando arrojáis a un mendigo una moneda de cobre como limosna''.

Pronto llegaron al Santuario del Monte Tabor las noticias de lo que ocurría al adolescente Jhasua, y de que comenzaba para él una terrible lucha espiritual en la cual se veía solo. Grandes y dolorosas dudas respecto de su misión comenzaban a roer sus energías, y a apagar el aliento divino que sus Guías y sus Maestros habían tratado de infundirle.

Y el Servidor, tal como se lo prometiera un día no lejano, llegó a la Sinagoga de Nazareth con dos ancianos más de los que estaban en el Santuario.

El Hazzán les informó completamente, añadiendo que el niño no tardaría en llegar, pues todas las tardes al ponerse el sol acudía allí para tomar noticias de sus protegidos.

La casa particular del Hazzán, anexa por el huerto con la Sinagoga, había venido a ser el lugar donde Jhasua podía libremente sentirse hermano de sus pequeños hermanos desamparados.

Y la abuela Ruth, con Abigail como ayudante, le preparaban prendas de vestir y a veces pastelillos y golosinas, para que el niño tuviera la satisfacción de aliviar las dolorosas situaciones de miseria y de hambre de los que carecían de un techo que les cobijara, y de una mesa familiar alrededor de la cual pudieran compartir su pan.

Myriam su madre, parecía sentir en su corazón la repercusión del querer y del sentir de su hijo, y una tarde, cuando vió que él se disponía a marcharse le dijo acariciándole los cabellos:

—Quisiera ir esta tarde contigo a visitar a la abuela Ruth y la buena Abigail, a la que he tomado cariño a través de ti que la quieres.

—¡Madre!... no quisiera que recibieras otro disgusto por causa mía —le contestó con cierta alarma Jhasua.

—Disgusto ¿por que? Cierta estoy que nada malo haces. Me pongo el manto y voy; espérame.

Cuando volvió a salir, Jhasua vió que llevaba un bolso bastante grande, más un fardo muy bien acondicionado y una cestilla primorosamente arreglada con lazos de varios colores.

—Esta cestilla es para Abi, tu amiguita y se la llevarás tú.

—Bien madre, gracias; también te llevaré ese fardo que es demasiado peso para ti. —La madre se lo dió sin decir nada.

Y salieron.

Aquellas callejuelas estrechas y tortuosas donde las casas no estaban a línea, y a más interceptadas por huertos y sembrados, hacían más largas las distancias, pues el transeunte no podía ver lo que había treinta pasos de donde estaba.

A poco andar salió de entre una mata de arbustos un chiquillo harapiento y endeble cuya sola vista encogía el corazón.

—¡Jhasua! —le dijo— vine a esperarte aquí porque en el patio de la abuela Ruth son muchos los que te esperan, y como yo no tengo fuerzas para abrirme paso, siempre me vuelvo a casa con un solo panecillo y somos cuatro hermanos en casa.

Con los ojos llenos de lágrimas, Jhasua miró a su madre que tenía también los suyos próximos al llanto.

—Ven con nosotros hijito —díjole Myriam tomando al niño de la mano—. No podemos abrir los fardos a mitad de camino, pero yo cuidaré que no vuelvas a casa con un sólo panecillo. ¿Has comido hoy?

—Yo cociné el trigo que me dió Abi días pasados, y tenemos todavía para mañana —contestó el niño que sólo tendría nueve años de edad.

—¿Y por qué no cocina tu madre? —preguntó Myriam.

El chicuelo miró a Jhasua como asustado.

—¡Madre! ésta es la familia del hombre aquel que había tomado un saco de harina en el molino. La madre está enferma y Santiaguito que es el mayor cuida de todos. El padre perseguido como ladrón, no puede volver a su casa.

Estas palabras de Jhasua hicieron explotar la ternura en el alma de Myriam que comenzó a llorar sin tratar de ocultar su llanto.

—¿Ves madre? —continuó Jhasua—. Por eso, no era mi gusto que tú vinieras conmigo a ver de cerca el dolor que yo estoy bebiendo hace tiempo.

"Volveos madre, que yo solo me basto para sufrir por todos!

—¡No, no hijo mío, ya me pasó! Yo quiero ir contigo a donde tú vayas —contestó la madre continuando la marcha, llevando siempre de la mano al pobre niño que a hurtadillas pellizcaba unos higos secos y duros que sacaba de su bolsillo.

Todavía tuvieron otros encuentros parecidos antes de llegar. Por fin esto hizo reír a Myriam que decía:

—¡Cómo brotan los chiquillos de entre los matorrales y las piedras de las encrucijadas!

"Aunque os diéramos Jhasua y yo una mano a cada uno, no nos alcanzarían para todos. —Eran seis niños.

—Los más fuertes —decía Jhasua a los niños— llevad de la mano a los más pequeños y andad delante de nosotros para que mi madre y yo veamos que sois buenos compañeros y no os peleáis.

Y en el alma pura de Myriam, se reflejó con maravillosa diafanidad todo el gozo que su hijo sentía cuando le era posible en la tierra "amar a su prójimo como a sí mismo".

Por fin llegaron.

Grande fué la sorpresa de Jhasua cuando se encontró con los tres Ancianos que habían llegado esa mañana desde el monte Tabor, cuyo Santuario era el más cercano a Nazareth.

—Te he cumplido mi promesa Jhasua —díjole al abrazarle el Servidor—. Te prometí visitarte, y aquí estamos.

—Pero tardasteis tanto que todas las luces que encendisteis en mi alma se apagaron, o acaso convertidas en luciérnagas se me escaparon del corazón —contestó el niño con un dejo de amarga tristeza—.

"Permitidme —dijo reaccionando de pronto— que atienda a mis amiguitos desamparados, y luego estoy con vosotros.

—Mi hijo padece mucho, lejos de vosotros —dijo Myriam a los Ancianos cuando el niño se alejó.

—Ya lo sabemos y por eso estamos aquí.

—¿Qué pensáis hacer? —preguntó ella.

—Curarle las heridas que el egoísmo humano le ha hecho antes de que llegue su hora —le contestaron los Ancianos.

—Descansad en nosotros Myriam, que el Altísimo nos enseñará a hacer con vuestro hijo lo que debemos hacer.

La pequeña Abi, toda hecha un ánfora de alegría se acercó a Myriam

—Venid madre Myriam, que yo os guiaré a donde la abuela Ruth y Jhasua os esperan.

Y ella siguió a la niña por un sombreado sendero entre cerezos en flor, que iba a terminar en un gran patio empedrado y donde algunos naranjos enormes formaban una espesa techumbre de verdor salpicado de azahares.

Y allí sentados en esteras o en rústicos bancos, una porción de chiquillos a quienes la abuela repartía pan y golosinas ayudada por Jhasua y Abi.

Myriam entregó a la niña la preciosa cestilla que le traía llena de frutas azucaradas y pastelillos de miel, y a Jhasua le mandó abrir el fardo que había traído y que contenían gran cantidad de pañuelos, calcetines, gorros y túnicas de diversas medidas y colores.

Cuando hubieron repartido equitativamente todos los regalos, Myriam entregó a la abuela Ruth en nombre de su hijo, el bolsillo que ella traía bajo su manto y que contenía la tercera parte del producto de la dote que ella había llevado al matrimonio, para aliviar las necesidades de las familias menesterosas que su hijo socorría.

Jhasua que estaba allí presente, abrazó a su madre mientras le decía a media voz:

—Yo sabía madre buena que tú comprenderías mis sentimientos.

—Los olivares y plantaciones que en Jericó tuvieron mis padres —continuó Myriam—, son actualmente administrados por uno de los hermanos de Joseph, mi esposo, y él traerá aquí cada año, la tercera parte de la cosecha para el mismo fin que os di ese bolsillo. Abuela Ruth, pongo como única condición que nadie sepa si no vos, de donde viene el beneficio. ¿Me lo prometéis?

—Os lo prometo por la memoria de mis padres muertos —dijo la anciana enternecida.

Jhasua no cabía en sí mismo de gozo. Era su primera gran alegría como futuro apóstol de una doctrina de amor y de fraternidad entre los hombres, y como un chiquilín de pocos años, abrazaba y besaba una y otra vez a su madre, mientras decía con la voz temblorosa de emoción:

—Empiezo de nuevo a creer que soy mensajero del Dios Amor y que eres tú madre mía la primera de mis conquistas.

—Soy dichosa con tu dicha hijo mío —decíale ella dejándose acariciar por su hermoso adolescente, que parecía tener dentro de sí mismo toda la dicha de los cielos.

EL SANTUARIO DEL TABOR

Los Ancianos por su parte, enterados de lo que ocurría a Jhasua con sus familiares que no veían bien la intromisión del niño en las circunstancias dolorosas de sus protegidos, aprovecharon la oportunidad para obtener más fácilmente el consentimiento de Joseph para una nueva estadía de Jhasua en el Santuario de Tabor.

Y esta vez su madre se desprendió de él con menos dolor, pues por las causas conocidas, veía a su hijo padecer íntimamente al no ser interpretado y comprendido por su propia familia. Y su nueva estadía en el Santuario más cercano traería la tranquilidad para todos, hasta que su hijo pudiera tener la responsabilidad plena de sus actos.

Jhasua sufrió un doloroso sacudimiento interno en el primer momento, debido al profundo cariño que había tomado a todos sus protegidos, a los cuales su partida dejaría en el mayor desamparo.

Pero de esta dolorosa preocupación le sacaron pronto su misma madre, la abuela Ruth y el Hazzán de la sinagoga, con la formal promesa de no descuidar a todos aquellos que su corazón amaba.

Seis días después, Jhasua siguió a los Ancianos al Tabor, a donde también le seguiremos lector amigo en todo el tiempo que allí permanezca, y en el cual puede decirse que tuvo lugar el segundo período de la instrucción y educación espiritual del futuro Maestro de la Humanidad.

El Santuario del Tabor resplandecía entonces con la claridad esplendorosa de grandes inteligencias reunidas allí por la Fraternidad Esenia, para estar en más inmediato contacto con el Verbo Divino encarnado.

Un aventajado ateniense, perteneciente a la vieja escuela de Sócrates y Platón, que llegó desde Chipre al Carmelo catorce años atrás y cuyo nombre era Harmodio, se encontraba en el Tabor juntamente con algunos Ancianos venidos del Monte Hermón y algunos otros alumnos de la antigua e ilustre escuela de Alejandría.

Ingresados a la Fraternidad Esenia en distintas épocas, formaban como un Liceo o Foro, dedicado a espigar en los campos de las verdades eternas, lo más superior que mentes humanas hubieran concebido y comprendido.

Habían estado diseminados en los varios Santuarios que la Fraternidad Esenia poseía, y sólo hacía cinco años que estos investigadores preclaros se habían reunido en el Monte Tabor que a corta distancia de Nazareth, podrían con suma facilidad estar al contacto del Verbo encarnado.

En Alejandría, lumbrera del mundo civilizado desde la época del primer Faraón de la dinastía de los Ptolomeos, tres siglos antes, había recogido en su célebre Museo-Biblioteca, toda la sabiduría de los antiguos Kobdas.

La ciudad célebre de Alejandro Magno, fundada sobre las grandiosas ruinas de Neghadá, la ciudad sagrada de los Kobdas, derramaba fulgores soberanos desde hacía tres centurias, y hacia ella dirigían sus miradas todos los hombres que habían escapado a la bestial seducción de la orgía, del placer en los dominios de Baco, o de la orgía de sangre y torturas físicas en las arenas del Circo Romano.

Algunos Esenios antiguos de Moab o del Hermón, habían estado allí contratados como escribas o copistas, y habíanse empapado a fondo de la elevada sabiduría de los solitarios de túnica azulada, los Kobdas de la Prehistoria.

Otros, en la Escuela de los Montes Suleiman junto al Indo, donde Gaspar príncipe de Srinaghar había recopilado la antiquísima ciencia de los Flámenes, con más, los superiores conocimientos explicados y practicados por Krishna y Buda.

Era pues un conjunto de hombres adueñados de cuanto grande, bello y verdadero podía servir de alimento espiritual a las más preclaras inteligencias.

Y en este Foro o Liceo, fué donde se encontró Jhasua a los 16 años en su estadía de cuarenta lunas en el Santuario del Monte Tabor.

Eran diez los Ancianos que formaban aquel Liceo dentro de la misma Fraternidad, que los había impulsado a ello como medio de ser más eficientes para cooperar con el Verbo Divino a la elevación espiritual y moral de la humanidad.

En Tiro, Sidón y Damasco, grandes capitales del reino de Siria, donde la Fraternidad Esenia en alianza con los sabios del lejano Oriente habían abierto Escuelas de Divina Sabiduría desde el nacimiento del Verbo, enviaron algunos de sus más aventajados miembros cuando se tuvo allí conocimiento de que él se hallaba en el Santuario del Monte Tabor.

Los viajeros venidos de Damasco, Tiro y Sidón, se reunían y seguían juntos el viaje hasta Tiberias, situada sobre el Lago de Tiberiades o Mar de Galilea.

La noticia se extendió sigilosamente hacia el norte, debido a los Terapeutas salidos del Monte Hermón, y llegó a las ciudades sirias de las orillas del gran río Orontes, Ribla, Cades y Hamath edificadas en las faldas de la cordillera del Líbano.

Y así, corriendo como una estela de luz, o como una ráfaga suave de las brisas galileas perfumadas de rosas y azahares, llegó también la noticia hasta Antioquia, la populosa Antioquia, que aunque pagana e idólatra en la gran mayoría de sus habitantes, sus condiciones topográficas la hacían una especie de centro de reunión o mercado, el más importante, a donde acudían por sus negocios gentes de toda el Asia Central, de Tiphsa sobre el Eufrates y hasta del lejano Oriente.

Y como si la gran capital entre el mar y el Orontes adivinara su futura importancia en la difusión de la doctrina del Cristo, hizo jubilosa despedida a un pequeño núcleo de sus hijos, cuando anunciaron que partían de Siria en procura de asegurar tratados comerciales para el transporte de las valiosas maderas del Líbano, que les eran necesarias a las construcciones que día a día se levantaban en la gran urbe reina del Orontes.

Los grandes contratos comerciales no eran sino el pretexto que ocultaba los verdaderos móviles que les llevaban a Siria, donde en Sidón eran esperados por miembros de la Fraternidad Esenia, la madre austera y amante que guardaba en su regazo el divino tesoro de los cielos: Jhasua, el Verbo de Dios encarnado.

Bien comprenderá el lector que para realizar este movimiento, fue necesario todo el primer año que Jhasua permaneció en el Monte Tabor pues los medios de comunicación y locomoción de aquella época eran bastante lentos por mucha buena voluntad que se tuviera.

Y más todavía, si se tiene en cuenta que todo había de hacerse con la mayor cautela y discreción posible, por el gran temor que los Esenios tenían a la intransigencia de Judea dominada por el clero de Jerusalén, erigido en suprema autoridad por fraudulentos convenios desde el tiempo de Herodes el Grande, que les pagó de esa manera, el que le dejaran gozar de la usurpación del trono de Israel.

Y aunque todo esto quedaba fuera de los dominios a donde alcanzaba la zarpa de aquel odioso pontificado, cuya desastrosa actuación culminó con el suplicio y muerte del Cristo, estaba nos obstante bajo el Legado Imperial de Siria representante del César romano, a quien el oro sacerdotal compraba cuando era necesaria su alianza.

Hemos querido dar esta amplia información para que sea comprensible al lector, el estado de cosas reinantes en el escenario de acción en que el Cristo desenvolvería su vida de Misionero Instructor de la humanidad.

Los cronistas cristianos en general, se han empeñado en rodear la personalidad del Divino Salvador de fantasias anticientíficas tan irracionales, deseando hacerle aparecer más grande ante la humanidad. ¡Error fatal!

Nada de todo eso le era necesario a la excelsa grandeza de su propio espíritu; grandeza conquistada a través de inmensas edades de consagración al Bien y al Amor, únicas fuerzas capaces de levantar al espíritu a la altura de su Divino Origen.

No necesitaba el Cristo trastornar las leyes de la naturaleza, obra perfecta de Dios que es la suprema Sabiduría, para hacerse superior a todas las cosas creadas y dominarlas a su voluntad, dentro del límite marcado a su propia misión de Salvador, de Instructor, de Guía de la humanidad terrestre.

Para comprender pues, al gran Maestro desde este momento a que hemos llegado en la narración de su vida oculta e íntima, hemos de remontarnos aunque sea brevemente, a sus anteriores jornadas mesiánicas, pues que en todas ellas fue acumulando siglo tras siglo los poderes grandiosos, las fuerzas magníficas que al llegar a la etapa final, debía necesariamente ser, una apoteosis sublime de generosidad y de amor.

Fue Jhasua con sus 16 años, el joven alumno del Liceo ignorado y oculto en las grutas del Monte Tabor.

Sus discípulos y seguidores debieron en años después, vivir la vida subterránea de las catacumbas para amar y seguir al gran Maestro, cuya vida desde su nacimiento hasta los treinta años se deslizó a la sombra de las grutas esenias, donde únicamente pudo resguardarse de las feroces persecuciones de la humanidad por quien venía a sacrificarse.

"No será mejor tratado el siervo que su señor, ni el discípulo será más honrado que su Maestro"... decía él años más adelante, cuando les anunciaba cuanto habían de padecer por seguirle.

La mayoría de los galileos que le siguieron con delirante entusiasmo hasta su muerte, le habían conocido y amado en la ignorada y humilde Escuela del Monte Tabor, que derramó inmensa claridad en las inteligencias, y predispuso las almas para la inmolación y el sacrificio, en aras del gran ideal que sintetizaba toda la Ley: "Amar al prójimo como a sí mismo".

Las dos más grandes grutas que tenía el Monte Tabor, eran las que habían sido ornamentadas como Santuario propiamente dicho y donde todo el adorno consistía en un alto pedestal de piedra negra, donde estaban sostenidas las Tablas de la Ley, copia de las auténticas existentes en el Santuario de Moab; doce pedestales más pequeños, en cada uno de los cuales descansaba la vida y escritos de los doce Profetas llamados mayores; y por fin grandes cirios de cera perfumada colocados en pequeños soportes de piedra, y las pilastras del agua vitalizada para los casos necesarios.

La otra gruta mayor era el Archivo y sala de asambleas espirituales con alacenas en la roca viva, con estrados en la piedra misma de la gruta, y con varios pupitres de encina para los notarios y escribientes. Pieles de oveja o de animales salvajes en el invierno, o esteras de juncos o cáñamos en el verano, era toda la riqueza de aquellos recintos destinados a la concentración mental y al estudio. Ambas grutas se comunicaban por una puertecilla ovalada y pequeña como para dar paso a un hombre. Hacia un lado de esta puertecilla, las irregularidades de la gruta formaban como una mitad de circunferencia bastante pronunciada y más baja de techumbre que el resto de la gruta. Con unas cortinas de junco fue hábilmente separada esta hendidura de la gruta, y aquello fue la alcoba de Jhasua para todo el tiempo que permaneciera en el Tabor.

Un pequeño lecho de troncos de plátanos y entretejido la parte superior de cuerdas de cáñamo, un silloncito de juncos, un pupitre con útiles de escribir, un pequeño cirio y un cantarillo con agua, era cuanto contenía la pequeña alcoba de roca en que se refugiaba la inmensa personalidad del Cristo Salvador de los hombres.

—Quedáis aquí dueño del Santuario y del Archivo —le había dicho el Servidor· al instalarle en su reducida habitación, pues las grutas restantes, moradas de los demás Ancianos quedaban algo más retiradas y como perdidas en las encrucijadas y laberintos de la montaña.

Los únicos vecinos más inmediatos a la alcoba de Jhasua era Harmodio el ateniense, el Servidor y un anciano septuagenario, alejandrino de origen, y cuyo nombre era Tholemi. Ambos poseían grandes facultades espirituales, y habían ahondado tanto y tanto en los campos luminosos de la metapsíquica, que las almas humanas eran para ellos como libros abiertos que se dejan leer sin dificultad alguna.

—Esta vecindad —decíale el Servidor a Jhasua- os será muy favorable—. Haceos de cuenta que son para vos dos hermanos mayores, que os darán gustosos la luz de sus lámparas para iluminar cualquier sombra que entorpezca vuestro camino.

Y cuando todo era quietud y silencio en el Santuario, y el canto melancólico y solemne del Miserere había dejado extinguir sus postreras resonancias, Jhasua se dirigió solo a su alcoba que tan inmediata quedaba del Santuario.

Sentado en su pupitre sobre el cual cruzó sus manos, echó hacia el respaldo su cabeza, sobre el cual daba la amarillenta lucecita del cirio. De sus ojos claros que miraban con fijeza la techumbre se deslizaron silenciosamente gruesas gotas de llanto que iban a perderse entre los pliegues de su túnica blanca. Y por su mente cruzaban también en silencio, tiernas y emotivas imágenes; su madre con su toca blanca y su vestido azul, cantando los salmos de la noche; mirando acaso con tristeza su pequeño lecho vacío; Abigail, la humilde flor silvestre que le había vuelto a la fe en sí mismo, mediante la crudeza de su vida dolorosa de niña huérfana; la abuela Ruth, para quien él había sido un rayo de sol en la penùmbra de su vida triste con la ausencia de los hijos, lejanos ya del hogar; aquel doloroso grupo de niños y niñas, ancianos y enfermos desamparados, a los cuales su amor llevó una dulce vibración de la alegría de vivir... Era todo su mundo desfilando ante él, entristecido por su abandono.

¿Por qué les había abandonado? ¿Qué buscaba él en el Santuario, si allí nadie le necesitaba? ¿Sería para continuar alimentando la esplendorosa idea de que era un elegido de Jehová para grandes cosas? ¿Sería para buscar una grandeza que su corazón rechazaba?

Sumido en estas meditaciones que inundaban de llanto sus ojos, y de angustia su corazón, no percibió la blanca figura de Tholemi que le contemplaba en silencio desde la puertecita del Archivo.

—*¡Ay del que está solo!...* dice el sagrado libro —murmuró con voz queda el anciano.

Jhasua volvió la cabeza y sonrió tristemente al verle.

—No lo estoy ya, desde que vos estáis aquí. Pasad —dijo el niño dejando libre el pupitre—. Sentaos que yo lo haré sobre el lecho.

—Estás pensando —dijo el anciano— *"por qué estoy aquí si es la hora del silencio y del sueño"* ¿verdad?

—Es cierto, y no esperaba a ninguno en mi alcoba a esta hora —le contestó.

—El amor vela siempre hijo mío, y esta vez, él me eligió a mí para demostrarte que *los ungidos del Amor no están nunca solos.*

—Eso quiere decir que me creéis un ungido del amor. ¿Por qué?

—¡Porque amáis mucho!... inmensamente más de lo que aman los demás hombres.

—Y ¿qué demostraciones de amor podéis tener vos de mí? Me habéis conocido hoy.

—Ese llanto que ha dejado huellas en tus mejillas y círculos violeta alrededor de tus ojos hijo mío, me dicen muy claro de cuanto padeces por tanto amor.

"La separación de todos tus seres amados, ha llenado de amargura tu corazón, y esa amargura ha desbordado como un torrente incontenible y que ya no cabía más en las anchuras de tu alma, ¿no es cierto todo esto Jhasua?

—Sí hermano Tholemi, es así como decís; pero no veo nada excepcional en esto, pues creo que todos padecen cuando se separan de los que aman.

—Es que la mayoría de los hombres sólo se aman a sí mismos; pero tú hijito, olvidas tu conveniencia, tu paz, tu bienestar, para buscar la paz y el bienestar de los demás. Tú sentías hace un momento angustias de muerte pensando en tu madre, que se sentirá sola sin ti, en tus protegidos que se creerán desamparados sin tus ternuras. Tú sufrías por ellos y no por ti. ¿Verdad?

—Así es.

—En cambio ellos sufren porque han perdido por un tiempo la posesión tuya; no tienen tu ternura, tu solicitud, la casi infinita suavidad que derramas sobre ellos. ¿Quién ama más Jhasua, el que llora por el bien perdido, o el que llora por el dolor de los demás?

—¡Oh! desde luego se comprende que ama más el que llora por el dolor de los otros.

—Así lloras tú Jhasua cuando lloras. Por eso te he llamado *ungido del amor.*

—Día llegará en que tendrás que abandonarte a ese amor sin límites ni medida, sin control, ni cautela y que él solo sea quien marque las rutas que has de seguir. Yo bien sé que ese día llegará para ti...

"Pero como aún no ha amanecido ese día, te hemos apartado temporalmente porque tu espíritu necesita en primer lugar conocerse plenamente a sí mismo y vigorizarse con tal conocimiento. Para esto sólo te falta recordar, vivir por un tiempo de tu pasado, y a este fin, estás entre tus amigos viejos de las grutas, los únicos que comprenderán tus variables estados de ánimo y te conducirán a ese altiplano espiritual, donde te encuentres a ti mismo y aceptes con alma serena e inconmovible, la enorme carga de tu amor hacia los demás.

—*"La enorme carga de mi amor hacia los demás"* habéis dicho —murmuró Jhasua como si no comprendiera por completo el sentido de tales palabras— ¿Cómo puede servirme de carga mi amor al prójimo, si la Ley dice "Ama a tu prójimo como a ti mismo?"

—Ya lo verás, hijo mío. Pesada y enorme carga es la del amor, la más pesada de todas, aunque es también la que más engrandece al espíritu y la que más íntima felicidad produce. La humanidad entera está pesando sobre ti, hijo mío, porque tú la amas en los desheredados, en los huérfanos, en los enfermos en todos cuantos padecen. Pero como aún no es la hora de que el enorme peso de tu amor, destruya tu vida material, tus viejos hermanos de las grutas te apartan de esa carga a intervalos, y fortalecen tu espíritu con un amor que nada te pide, que nada quiere de ti, sino tu paz, tu alegría, tu bienestar espiritual y físico.

— ¡Oh, qué buenos sois mis amigos de las grutas! ¿Y por qué vosotros amáis de diferente manera que los demás?

—Porque hemos corrido muchos siglos por los caminos del amor y hemos debido aprender a amar por el amor mismo, sin esperar recompensa alguna. La Eterna Ley te da el amor sin egoísmo de los Ancianos de túnicas blancas, para servirte de escudo mientras desarrollas tu personalidad hasta llegar a la plenitud, de manera tal que, aunque el egoísmo humano entorpezca tu vida material y la aniquile, tu YO salga triunfante del egoísmo, de la maldad, de la vida y de la muerte. Pasada tu apoteosis, tus amigos de las grutas se eclipsarán en una penumbra tan densa y opaca, que muchos preguntarán ¿dónde están?... Estaremos —digo yo— en todos los que sepan amar sin egoísmos; estaremos como esos perfumes intensos cuyas emanaciones se perciben sin que se pueda precisar en qué sitio cayó la gota que lo produce. ¿Comprendes Jhasua?

—¿Y por qué vosotros queréis desaparecer así? ¿Acaso no podéis perpetuar vuestra vida y vuestra obra indefinidamente?

—Dentro de pocos años habrán terminado los períodos mesiánicos en sus manifestaciones materiales en el plano físico. Y será un gravísimo error pretender perpetuarnos como entidad organizada y materialmente constituida con la pretensión de conducir a la humanidad, que terminado este período mesiánico final no necesita de nuevas leyes, sino de cumplir la única Ley que las resume a todas: "Amar al prójimo como a sí mismo".

"Con la terminación de este período mesiánico llega a su plenitud el libre albedrío, la libertad de conciencia, la libertad de pensamiento, y después de ti, tus amigos de las grutas estarán seguramente en todos los que comprenden y sientan vibrar en sí mismos la ley divina del amor fraterno.

"Si pretendiéramos perpetuarnos como entidad organizada materialmente, entorpeceríamos la marcha espiritual de la humanidad, pues que para mantener autoridad sobre las almas tendríamos que crear leyes represivas de todas las libertades humanas, y haríamos retroceder a la humanidad a la más torpe inconsciencia, en vez de impulsarla a volar hacia la eterna grandeza de Dios.

"¿Cómo se perpetúan las dinastías, los reyes, los emperadores? Con la mentira, con el engaño, con la falsedad, con la fuerza erigida en derecho, con el crimen. Tus amigos de las grutas Jhasua son ungidos del amor como tú, y su vida será en adelante impersonal como la tuya sin trono, sin corona, sin palacios, sin legiones, sin mandatos imperativos sobre las conciencias, toda vez que ha llegado la hora en que la humanidad sepa que si cumple la ley del amor fraterno "ama a tu prójimo como a ti mismo" ha cumplido toda la Ley y ni Dios mismo le pedirá nada más, pues que ha llegado a la más alta cima adonde pueden llegar los humanos en el planeta Tierra. ¿Comprendéis?

—No del todo y perdonad mi simpleza. ¿Por qué, organizada a la faz de todo el mundo obraría mal la Fraternidad Esenia, con todo el conocimiento de Dios y de los hombres que ella tiene?

—Comprendo tu interrogante Jhasua y voy a contestarlo. Los Flámenes Lemures que eran tantos como los Esenios en aquellas edades remotas, cuando se hundió aquel continente se trasladaron de isla en isla hasta llegar al Continente Asiático, donde organizados como una entidad de enseñanza primero, y sacerdotal después, prepararon el escenario en que actuaría siglos más tarde Krishna, llamado el Príncipe de la Paz. Se empeñaron en organizarse materialmente, en oficializarse después, aliándose para ello con los poderes civiles. Con esto sólo pasaban a ser una entidad de fuerza, de privilegios y de dominios. Los espíritus, conscientes de que habían tomado un camino equivocado, se eclipsaron en la sombra, quedando la entidad en poder de los ambiciosos, de los egoístas que vieron la fácil forma de engrandecerse a la sombra de la ya poderosa entidad de los Flámenes. ¿Qué ocurrió? La espantosa división de la numerosa humanidad hindú, en castas, de las cuales la primera, que eran los Brahmanes (sacerdotes del dios Brahma) tenían el privilegio de vivir a costa del esfuerzo de todo el país. Nadie conocería en esos señores Brahmanes, dueños de vidas y haciendas, a los humildes Flámenes Lemures surgidos en lejanas edades del amor pastoril de Numú, el Dios-Pastor como le llamaban y que fueron en aquel entonces, como maestros y Terapeutas, ángeles de piedad y de consuelo para todos los doloridos de la vida.

"La Fraternidad Kobda que preparó el campo al dulce Abel de la prehistoria, cuando quiso perpetuarse como entidad organizada y oficializarse también en alianza de los poderes civiles, cayó en el mismo abismo que los Flámenes, y el Pharahome, *hombre faro* de los antiguos Kobdas, se transformo con el tiempo en los despóticos Faraones egipcios, que con sólo inclinar a tierra el índice de su mano, condenaban a la tortura y a la muerte a uno o muchos seres humanos, sin permitirles defensa alguna y casi siempre por satisfacer caprichos, veleidades de cortesanos o cortesanas despechadas, que buscaban la venganza para curar el agravio.

"Créeme, Jhasua, que las Fraternidades de orden espiritual elevado, deben mantenerse siempre en la penumbra y no buscar jamas perpetuarse indefinidamente, ni aliarse con los poderes civiles constituídos sobre la fuerza.

"Creadas por uno o muchos Guías espirituales con altos fines también espirituales, no pueden descender sin rebajarse a la vulgaridad de las fuerzas y poderes materiales. Bien se comprende que para perpetuarse por la fuerza, hay que pasar por encima de la ley del amor fraterno. Allí no puede existir ya el *ama a tu prójimo como a ti mismo* porque deben mirar la conveniencia material de la entidad ya organizada sobre bases materiales, y eliminar, destruir, aniquilar todo lo que se oponga a su poderío. Y entonces, una cadena espantosa de crímenes y de horrores marca la ruta seguida por la entidad que nació del amor y para el amor.

"¿Comprendes hijo mío, por qué los Esenios de la hora actual sabemos que debemos eclipsarnos como institución, para continuar viviendo a través de los siglos, la vida anónima y obscura en el plano físico, pero intensamente activa en el plano espiritual?

—¡Oh!, sí, lo comprendo ahora claramente.

—Y así, cuando los humanos vean seres que se dejan matar y resisten todas las torturas antes de renegar de su fe en el supremo ideal del amor fraterno, deben pensar que *son los Esenios* que tan sólo se dejan reconocer cuando es la hora de sostener el Amor por encima de la vida y de la muerte!

—¡Oh, hermano Tholemi! qué sublimes sois los Esenios en vuestro inegoísmo y desinterés! Por eso la humanidad no os comprende, ni acaso os comprenderá jamás.

—¡Como no te comprende a ti, hijo mío! Apenas pisando el umbral de tus 16 años ya has saboreado amarguras intensas debido a la incomprensión humana. Lo dicen tus dolores en el Templo a los 12 años, viendo convertido el pensamiento de Moisés como transmisor de la Ley Divina, en código de matanza de animales, lo cual convierte el Templo de oración en mercado público, donde los mercaderes lucran con la fe del pueblo ignorante y engañado. Lo dicen tus amarguras en Nazareth, donde sólo contadas personas interpretan acertadamente tu piedad para los desamparados.

"Y más adelante Jhasua, necesitarás de todo tu dominio sobre ti mismo, y de toda tu fuerza de voluntad para no huir asqueado del lodo en que se revuelca gozosa gran parte de la humanidad. Lodo en la adolescencia imberbe; lodo en la juventud agostada y sin ideales, que levanten su frente de la tierra; lodo en la edad viril ya cansada, aguzando aún el ingenio para hallar nuevos aspectos de su refinada lascivia; lodo en el celibato; lodo en el matrimonio, en la viudez, en la ancianidad... lodo infernal rebosando en todos los seres Jhasua, ángel blanco del delirante soñar de los ungidos del amor, que enloquecidos vuelven a ti las miradas diciéndote: ¡Hombre Luz, Hombre Amor, sálvanos del lodo que nos ahogamos!

"Y aún escucharás espantado que la humana miseria, artificiosamente, pone nombres resonantes y hasta atractivos a las asquerosas formas de lujuria con que regocija su vida; "son mandatos imperativos de la naturaleza" —dicen— "es alegría de vivir", son los instintos paternales que se manifiestan exuberantes, son ensueños amorosos, ilusiones de felicidad que todo ser anhela conquistar", etc., etc. ¡Oh mi dulce Jhasua! y aún es necesario pensar en las víctimas que van quedando atrás... las víctimas que nunca deja de haberlas a lo largo de esos caminos tenebrosos, por donde se lanza la humanidad como un caballo desbocado. Entonces sí, que queda tristemente olvidado el divino pensamiento "ama a tu prójimo como a ti mismo". Prójimo, es la esposa o el esposo, traicionados en su fe conyugal; prójimo, es la doncella cuya honra se arrastra por el muladar; prójimos, son *los hijos de nadie* que brotan como flores enfermas del jardín envenenado del vicio, y que los vientos de la vida llevan rodando como hojarasca seca a lo largo de los caminos!...

Jhasua que había escuchado silencioso el terrible monólogo del anciano Tholemi, se levantó de pronto y buscando en el cajoncito de su pupitre una de las hojas de papiro que allí le habían puesto para cuando quisiera escribir, tomó su pluma de águila y con caracteres firmes, aun cuando su corazón temblaba, escribió a la vista del anciano esta misiva:

"Padre, Madre, hermanos, he tomado la resolución de no salir jamás de este Santuario del Tabor, donde quiero vivir y morir. Podréis venir a verme cuando queráis, mas no hagáis esfuerzos por apartarme de aquí, porque serían esfuerzos inútiles. Como vive mi primo Jhoanan en el Santuario del Monte Quarantana, yo viviré en el Tabor.

"Ruego al Altísimo que os consuele si os apena la resolución de vuestro humilde servidor".— *Jhasua.*

—Leed lo escrito —dijo con gran firmeza a su interlocutor— y con la caravana de Tolemaida que pasa mañana a mediodía, haced el favor de despachar a Hazareth este aviso. —Y se sentó de nuevo en su lecho.

Con los ojos húmedos de emoción, el Anciano estrechó entre sus brazos al hermoso adolescente, cuya faz entristecida le asemejaba a un Adonis de mármol, próximo a llorar por un amor imposible.

—Mi pobre tórtolo entristecido por una ráfaga siniestra de los huracanes de la vida... —le dijo—. Mi cervatillo asustado por no encontrar agua clara para beber en los engañosos jardines de la humanidad!...

"Créeme, hijo mío, que en la inmensidad de Dios, el justo encuentra compensación a todos sus afanes, y el valor y la fuerza necesaria para pasar por encima del lodo sin manchar su túnica; tal como el ave del paraíso, cuando los lagos aparecen turbios y agitados, se inclina a beber en el cáliz del blanco nenúfar, o en la flor de los magnolios, copas de nácar que guardan el agua de las lluvias o el llanto del rocío.

"Este aviso, bien comprendo que es un grito angustioso de tu alma espantada de lo que presiente llegar; mas te digo, que es prematuro y que tiempo tendrás de enviarlo días más adelante, puesto que vas a permanecer aquí una buena temporada. ¿No encuentras más prudente esperar a empaparte bien de todos los conocimientos que vas a recibir desde mañana, para tomar una resolución?

—Creedme, hermano Tholemi, que más conocimiento del que he tenido esta noche, creo que no lo tendré jamás! ¿Qué me falta por saber de los hombres y de la vida?

"Sólo me hacen falta fuerzas para no odiar a la humanidad, y poder amarla sin merecer mi amor. Y como no tengo ni esas fuerzas, ni ese poder, quiero ocultarme aquí para toda mi vida.

—¡Jhasua!..., tiempo al tiempo. ¡Esa fuerza y ese poder lo tendrás en tan alto grado, como no lo tuvo hombre alguno sobre esta Tierra!

"Mucho has visto ya en tu visita a Jerusalén, de ese espantoso rodaje de la miseria humana que corre por los caminos de la vida destrozando ideales y esperanzas, honras y anhelos, pisoteando cuanto hay de santo y bello entre las obras de Dios. Pero te digo de cierto, que tu triste visión de Jerusalén podrías tenerla en cualquier paraje del mundo a donde llevaras tus pasos.

—Pero entonces decidme, ¿qué he de pensar de esta humanidad que es obra de Dios? —preguntó Jhasua algo desorientado en su pensamiento.

—Para pensar de esta humanidad con el pensamiento divino, nuestro espíritu debe remontarse a una grande altura, hijo mío, porque de lo contrario no acertaríamos con la verdad.

"Tú, acompañado de una inmensa legión de espíritus que por amor a la Verdad y a ti, te han seguido desde largas Edades, son los impulsores de esta humanidad a su elevado destino.

"La evolución es muy lenta y no de un salto se transforma en perfecta, una humanidad atrasada.

"Piensa, hijo mío, que por tu propia voluntad y por el grado de tu evolución espiritual, has tomado el cargo de jefe y guía de la inmensa caravana humana terrestre, en medio de la cual hay seres de variadísimos grados de evolución. Los perezosos, los retardados, los holgazanes y los viciosos, pesan enormemente sobre los más adelantados. Y no sólo pesan, sino que se sublevan contra todos aquellos que se empeñan en hacerles avanzar por el verdadero camino.

"Cuando en los designios divinos sonó la hora en que esta humanidad era apta para comenzar a comprender ideas y sentimienos, algo más que los instintos puramente animales, se hizo una especie de recolección o llamado a los mundos más adelantados que la tierra, a fin de que las inteligencias que para ellos eran ya retardadas, se sumaran a la legión de instructores para esta humanidad. El planeta Venus fue quien ofreció el más numeroso aporte de almas adelantadas para servir de impulsores a los primitivos espíritus de la humanidad terrestre.

"Y ninguno vinimos engañados, sino bien compenetrados de los grandes sacrificios, de los dolorosos holocaustos que nos esperaban en el mundo inferior (*el infierno* del vulgo) adonde veníamos con el doble papel de instructores de esta humanidad primitiva y desterrados a penitencia purificadora, toda vez que en el mundo de donde salíamos, nos habíamos quedado rezagados por nuestra débil voluntad, para las conquistas espirituales a que nos obliga a todos la Ley Suprema de la evolución.

"La Sabiduría Divina, hijo mío, toca todos los recursos posibles para impulsar a sus criaturas al eterno progreso hacia la perfección. Dios es la suma perfección, la suprema belleza y el eterno amor, y quiere a todas sus criaturas semejantes a El, formando una sola esencia con El, una sola luz, un solo pensamiento, un solo amor. Y mientras ese fin sublime llega, icuántos miles de siglos han de pasar! Cuántos martirios, cuántos sufrimientos, cuántas vidas de sacrificio causado por los mismos a quienes venimos a tender la mano para ayudarles a andar.

"Por eso, ni tú, ni yo, ni nadie que ha llegado a la comprensión de los caminos de Dios, puede espantarse del atraso de esta humanidad.

Jhasua escuchaba silencioso sin perder palabra de su anciano maestro.

—Acabo de figurarme —dijo después de un momento— que la humanidad es una infeliz leprosa ciega, que debe ser curada primero para poderle vestir la túnica blanca de las desposadas.

—Perfecta imagen, hijo mío, pero con el agravante de que no se deja curar voluntariamente, y que en esa curación se van sacrificando a millares los seres de buena voluntad que luchan por sanarla.

—Voy comprendiendo, hermano Tholemi, el papel que desempeña en medio de esta humanidad la Fraternidad Esenia.

—Y tú al frente de ella Jhasua, aunque de esto no has adquirido aún la plena conciencia.

Y levantándose, el anciano añadió:

376

—La hora es avanzada ya, y es necesario que descanses, para que comencemos mañana la gran tarea.

—¿Cuál es, si puedo saberlo? —preguntó Jhasua.

—La de poder vivir tu pasado, a fin de que comprendas claramente el *porqué* de tu presente.

—Sea como vosotros queréis.

—Como lo quiere Dios, hijo mío, cuyo mandato supremo has venido a cumplir.

—Que la paz sea contigo.

—Y con vos, hermano Tholemi.

Y el niño que había acopañado al anciano hasta la puertecilla que comunicaba al Archivo con el Santuario, continuó alumbrándole con su cirio las sombrías oquedades de la inmensa gruta, hasta que la blanca silueta se perdió en las tinieblas.

Jhasua de pie en la puertecilla irregular de comunicación de ambas grutas y con su cirio en la mano, semejaba una estatua de la diosa Minerva iluminando la las tinieblas de la ignorancia humana. La nacarada suavidad de su semblante, sus largos rizos castaños y sus ojos dulcísimos, dábanle un aspecto femenino de incomparable ternura.

En el gran santuario ardía tan sólo la lamparilla de aceite ante las Tablas de la Ley, según la vieja costumbre esenia, como un símbolo de que la Divina Ley vivía siempre en las almas y en las obras de todos los afiliados a la ya numerosa familia de los hijos de Moisés.

Iba a dirigirse hacia allá, pero recordó la larga conversación con el maestro Tholemi y pensó:

—Si yo quiero cooperar a la curación de la *leprosa ciega,* debo empezar por no ser como ella, rebelde a los consejos de los que saben." ¡Jhasua!... tu pasado es aun una espesa nebulosa que te falta descifrar. Tu futuro es para ti aún más desconocido e incierto. Di, pues, como el Profeta Samuel: Manda, Señor, que tu siervo escucha". Y volviendo atrás sus pasos se recogió en su lecho no sin dedicar un postrer pensamiento a su madre ausente, a todos sus familiares consanguíneos y a su familia espiritual, sus pequeños protegidos comenzando por Abigail y terminando por el pequeño y endeble Santiaguito, que salía a esperarle a mitad del camino para obtener un donativo mayor.

— ¡Pobrecillo!... —murmuró Jhasua, cuando ya el sueño casi le cerraba los párpados— ¡Cuántos pastelillos de miel te daría si estuviese a tu lado!... Mas, cierto estoy que la abuela Ruth y Abi tendrán buen cuidado de ti, según mi deseo.

" ¡Que tu divina piedad, Señor, se extienda como un manto suave sobre todos los que ama mi corazón!

Y el niño Luz, el niño Amor, vencido por el sueño, olvidó el plano físico para dar lugar a su radiante espíritu a saciarse en lo Infinito, de la Belleza y la Bondad que buscaba en vano en la Tierra.

Pidamos a la Eterna Energía, lector amigo, que dé alas poderosas a nuestra voluntad y a nuestro anhelo, para seguir siquiera de lejos a su divino Ungido, cuando el sueño físico le llevó más allá de la Esfera Astral de la Tierra.

Sus Guías le esperaban en la inmensidad infinita para reconfortarle y animarle, en estos sus primeros desfallecimientos de hombre aprisionado en la materia.

—Por piedad, hermanos míos, ¡no me dejéis volver a mi cautiverio terrestre!... —fueron los primeros pensamientos que las grandes Inteligencias Guías de Jhasua descubrieron en su Yo íntimo.

También ellos en otras épocas habían saboreado el cáliz amargo de las encarnaciones en planos físicos de poca evolución, y comprendían muy bien el estado de desaliento de su compañero.

Sabían también que era un estado transitorio y fugaz, que no duraría más que el tiempo que aquel espíritu heroico tardase en desprenderse de la vestidura fluídica con que había atravesado la esfera astral de la Tierra.

En el desprendimiento espiritual durante el sueño físico, percibió la dulzura infinita del amor entre sus hermanos del cielo esplendoroso de los Amadores.

Los Mesías que juntamente con él encarnaron en sus planetas correspondientes, le hicieron también sus íntimas confidencias reveladoras de sufrimientos acaso más dolorosos que los suyos.

El holocausto sublime había sido decretado y aceptado voluntariamente. Aun se podía dar marcha atrás. Era tiempo todavía. Varias Inteligencias superiores se brindaban a la sustitución, comprendiendo bien que nadie está obligado al supremo sacrificio.

Ante este dilema Jhasua buscó la mirada leal y sincera de su alma gemela encarnada en Venus, y leyó en su pensamiento estas palabras:

"Si te vuelves atrás, ya no entrarás conmigo al séptimo portal de nuestro cielo de los Amadores".

Una ligera vibración de dolor percibió en aquellas palabras, y valientemente hizo vibrar este pensamiento en la anchurosa inmensidad:

No vuelvo un paso atrás. Seguiré hasta el fin como tú. Resonancias de armonías inefables parecieron dilatarse como un eco sonoro del pensamiento de Cristo, y Jhasua se despertó con una emoción indescriptible.

JHASUA Y NEBAI

La mañana era ya avanzada y Jhasua sintió que en el Archivo desenrrollaban papiros, algunos de los cuales al chocar unos con otros producían un ruido como de hojas secas.

Miró por entre la cortina de junco que separaba su pequeña alcoba y vió al Esenio archivero que buscaba en las alacenas de piedra y entre el inmenso montón de rollos amarillentos. Era Melkisedec un hombre joven aun, pues contaba 49 años y sólo llevaba siete en el Monte Tabor.

Era originario de Hamath sobre el gran río Orontes, la arteria fluvial más importante que corría de Norte a Sur entre Fenicia y Siria. Había sido formado espiritualmente en la Escuela Esenia del Santuario del Hermón, y fue elegido para uno de los diez maestros que debían ayudar al Mesías, niño aún, a despertar las poderosas facultades espirituales que estaban en él semiadormecidas, por ese lapso de tiempo que en la vida física llamamos *infancia.*

Alma de cristal y de seda, era el alma de Melkisedec, cuya clarividencia era tal, que percibía aun a distancia los distintos estados de ánimo de un espíritu al cual él estuviese ligado por amor, por afinidad y también por deber. Los Ancianos juzgaron prudentemente al ponerle junto a Jhasua, cuya alma de exquisita sensibilidad necesitaba de otra alma en la cual hallaran eco todas sus íntimas impresiones.

Pocas palabras había cruzado el niño con él, pero lo suficiente para sentir la suave ternura de aquel Esenio de ojos castaños y cabellos de bronce, como su barba larga y sedosa. Su belleza física le hacía además atrayente. Todas estas impresiones recogía Jhasua a través de la cortina de junco y pensaba en silencio.

—Paréceme que voy a encariñarme mucho con este Esenio que es dulce y bueno como el pan y la miel —decía a media voz.

El Esenio miró hacia la cortina de juncos y sonrió. Se fue acercando poco a poco, cual si se hubiera sentido llamado.

Jhasua salió diciendo la frase habitual: "La paz sea contigo".

—Y contigo, querido mío —le contestó el esenio—. Iba yo hacia ti y tú me sales al encuentro. Parece que coincidimos, ¿eh? Veo que has padecido fuertes impresiones anoche.

—¿En qué lo conoces?

—En el círculo violeta de tus ojos y en la vibración de pena y cansancio que irradia toda tu persona.

—Es verdad, pero ya se me pasará.

—Ahora ve a tomar el alimento y yo te espero aquí para que juntos salgamos a la pradera en busca de tu descanso. Después estudiaremos los problemas que te conciernen.

—Entonces vuelvo en seguida.

Y el niño fue a la gruta que era cocina, donde el esenio encargado del alimento para todos, le sirvió al momento y se quedó sentado junto a él.

—¿No comes tú? —le preguntó el niño.

—Los Esenios no comemos sino dos veces al día. La primera ya pasó y la segunda vendrá a la caída de la tarde. Pero esto Jhasua no reza contigo, pues tú eres una plantita en crecimiento y necesitas comer cuatro veces al día. De modo que ya lo sabes; cada vez que tengas necesidad, ven aquí, que encontrarás las cestas llenas de cuanto podemos ofrecerte. Yo estoy siempre, pero a veces salgo al huerto por hortalizas o frutas y tú puedes tomar de aquí lo que quieras.

Y el buen Esenio cocinero fué abriendo una tras otras las enormes alacenas labradas en la roca misma, y donde Jhasua vio una gran provisión de quesos, frutas secas, manteca, miel y una enorme cesta de panecillos dulces, muy semejantes a los que hacía su madre.

—Y si yo fuera un huésped glotón y os lo comiera todo, ¿qué diríais? —preguntó graciosamente el niño.

—Hay aquí provisión para medio año, chorlito, ¿y vas a comerlo tú, que comes menos que un ruiseñor? Dueño eres, ¿eh?

—Gracias, hermano, gracias. Veo que vas a cuidar mi persona tanto como mi madre, que no pensaba sino en que yo comiera.

—Mira, niño —decía el Esenio palmeando la espalda de Jhasua—, tanto y tanto me han encargado de ti, que me tendrás detrás de ti a cada momento.

—Bien, bien, ahora vuelo al Archivo, que allí me espera mi maestro.

Pero el cocinero, que iba a hacer el papel de celador de la alimentación del niño, le retuvo aun un tiempo más, hasta que él terminó cuanto le había servido.

—Ahora puedes volar pajarillo, que ya no desfallecerás en el vuelo.

—¡Bendición de Dios!... —murmuraba el Esenio viéndole alejarse a toda carrera—. ¿Por qué he merecido yo la gloria de cuidar de ese cuerpo, templo del Verbo Divino que ha de salvar a esta humanidad? ¡Pobrecillo! Es endeblito aun, pero yo le pondré fuerte y vigoroso y será un bello doncel de bronce!

Y Jhasua acompañado de su maestro Melkisedec salió al vecino valle plantado de granados y de naranjos, y en cual se veían como cintas blanquecinas diversos senderitos que seguramente llevarían a aldeas o cabañas vecinas y frecuentadas por los solitarios.

—¿Me podéis decir hacia donde conducen estos caminos que arrancan del Santuario y se pierden detrás de las colinas? —preguntó Jhasua.

—Al final de cada uno de ellos hay un nido blanco y tibio, ocupado por avecillas salvadas de las tormentas de la vida y que hoy gozan de paz y de ventura.

—¡Oh! ¿De veras? Mi corazón se ensancha y salta de gozo como un cabritillo cuando veo seres arrancados al dolor y puestos en el camino de la paz.

—¿Te gustaría visitarles? —preguntó el Esenio.

—Si tú lo juzgas oportuno, con mucho gusto —contestó Jhasua.

—Vamos por este senderito entre riscos y aguadas. Es de lo más pintoresco que hay, ÿ al final nos encontraremos con una casita de piedra entre las piedras y todo cubierto de trepadoras, que no dejan traslucir donde comienza y donde termina la casa. A más, bueno es que sepas que la familia que la habita está vinculada contigo desde tu nacimiento.

—¿Cómo es eso? Yo nada sabía.

—Pues ahora vas a saberlo Jhasua, y verás qué interesantes son los habitantes de la casita de piedra. Yo suelo venir con frecuencia porque, a decir verdad, encuentro ancho campo para mis estudios y observaciones de orden metapsíquico.

—¿Son muchos?

—No; solamente los padres, dos muchachos ya hombres y una niña que tiene dos años menos que tú, y que es una preciosa cotorrita que llena de risas y alegrías todo rincón por donde pasa.

"La historia de esta familia es algo que hay para escribir un libro. Su tragedia duró casi tres años, y nuestros Terapeutas remediaron todo justamente cuando iban a llevar a Moab el anuncio de tu nacimiento. Ellos dicen por esto que tu llegada a la Tierra les trajo su salvación.

—Contádmela, pues, si es que tardamos todavía en llegar.

Y mientras el Esenio refiere a Jhasua la historia de la casita de piedra, yo recuerdo al lector la tragedia aquella de la mujer tenida por loca en la Torre de la Fortaleza de Masada, al sur de la provincia de Judea, encerrada con sus dos hijos, mientras su compañero, como un león enfurecido merodeaba por las cuevas y matorrales vecinos en espera de un momento oportuno para vengarse y libertar a sus cautivos.

Después de haber escuchado el relato de la tragedia de aquella familia, Jhasua preguntó:

—¿Cómo es que nada me dijeron de todo esto en mi estadía anterior en el Tabor?

—En aquel tiempo aun temían los Terapeutas que el causante de la desgracia buscara nuevamente sus víctimas y se guardó un profundo secreto referente al lugar de su refugio. Ahora ya es diferente, porque el Procurador romano que los hundió en la desgracia, hace tres años que fue sacado del país y enviado a tierras lejanas. El que actualmente gobierna la región es otro que nada sabe del asunto y de allí que esta familia goza ahora de paz y felicidad.

"El esposo y padre de la familia es de origen griego, aunque nacido en Rhodas, pero por su casamiento con Sabad, que es de Jericó, se establecieron en dicha ciudad, donde ella tenía sus padres que gozaban de una excelente posición.

"El, que es escultor y grabador, viajaba siempre, pus tomaba contratos fuertes en las ciudades que construía el rey Herodes, y mientras él trabajaba en ornamentar palacios en Cesárea y Sebaste en la provincia de Samaria, el Procurador romano pasaba como un huracán de fuego destruyendo su hogar, su honra, la vida de sus ancianos padres y todo cuanto forma la dicha de una familia.

—¿Y todo esto, por qué? —preguntaba inocentemente Jhasua.

—Porque Sabad, la esposa, es de una belleza tal como se encuentran pocas mujeres en esta tierra, y eso que es tierra de muy bellas mujeres. Y al verse burlado en su funesta pasión, el Procurador la mandó encerrar en la torre de la fortaleza de Masada con sus dos hijos, de once y trece años, pero separados en forma que la madre no sabía de ellos, ni ellos de la madre.

—¿Y cómo ella pudo burlar el amor de él? —preguntó Jhasua.

—Tenía ella una vieja criada árabe que le dió a beber un filtro que produce hinchazón y amoratamiento en las carnes tal como si estuviera leprosa; pero tales efectos desaparecen al poco tiempo. Fue hacia ella, la encontró en tales condiciones, averiguó lo ocurrido, mató a la infeliz criada, confiscó la casa y los bienes, los padres a la miseria y al abandono, y Sabad a la fortaleza de Masada, donde la tendría segura para el caso de que el mal desapareciera. Pero ella contrajo un histerismo agudo, casi como una locura furiosa, y una vez que el Procurador intentó visitarla, lo tiró escaleras abajo arrojándole un cofre de encina que tenía a su alcance.

"En tal situación fue cuando nuestros Terapeutas tomaron intervención en el caso.

"Pero ya estamos entrando al huerto de la casa —añadió el Esenio apartando a un lado unas varas de plátano, que colocadas entre dos rústicos pilares de piedra cerraban la entrada.

—¿Venís a despedir los viajeros? —fueron las primeras palabras que luego del saludo habitual oyeron ambos visitantes.

—¿Viajeros?... ¿quiénes viajan?

—Mis dos hijos y yo —contestó Harvoht, que tal era su nombre.

"Ayer a la mañana lo comuniqué al Servidor de vuestro Santuario para requerir de vosotros la tutela de mi hogar, pues queda aquí Sabad y la niña con la vieja criada y su marido nada más.

—¿Por mucho tiempo es vuestra ausencia? —volvió a preguntar el Esenio, mientras Jhasua observaba un pequeño remanso circuido de grandes piedras donde se sacudían al sol innumerables palomas blancas.

—He tomado un trabajo grande en Ribla sobre el río Orontes.

—¡Oh mis tierras lejanas, mis montañas queridas!... ¡mi gran río rumoroso!... —exclamó el Esenio con entusiasmo.

—¿Eres de allí? —interrogó el dueño de casa.

—Un poco más al norte, en Hamath. ¡Oh mi amigo, vas a una tierra de delicia que nada es comparable a ella! Ribla, pleno Líbano, un Edén... lo más bello que puedes imaginar a la orilla del Orontes... Te felicito pues.

—¿Sabes quién es este adolescente que me acompaña? —preguntó.

—¡Si no me lo dices!...

—Descubre el secreto tú mismo. ¿Cuántos años hace que nuestros Terapeutas te encontraron en la caverna aquella, vecina a la fortaleza de Masada?

—Quince cumplieron el invierno pasado.

—¿Recuerdas qué asunto les llevaba a ir al Monte Moab?

—Supe que llevaban el anuncio de la llegada de un gran personaje que iba a revolucionar todo el país, como así sucedió en efecto, pues luego no más fue la persecución a los niños Bethlemitas.

—Pues este adolescente es el personaje en cuestión. Había nacido cuatro días antes de que te encontraran los Terapeutas.

—¿Cómo?... ¿Y le traes a mi casa?

—¿Y por qué no? Y, aunque no conocéis todavía a fondo la misión con que el Altísimo le ha enviado a la Tierra, bien puedes creer que es portador de todos los bienes y vencedor de todos los males.

—Y para mí fue en verdad mensajero de dicha y de paz, pues al nacer él, yo recobré mi esposa y mis hijos, y hoy viene a mi casa cuando yo me incorporo de nuevo a la sociedad de los hombres.

"¡Bienvenido sea este futuro hombre justo que trae el bien a la tierra y aniquila el mal!

—¡Jhasua! —dijo en alta voz el Esenio—. Deja un momento las palomas del remanso y ven que te presentaré al dueño de esta casa.

—Me han recibido vuestras palomas, símbolo de ternura y de paz —dijo el niño al encontrarse con Harvoth— y por lo tanto podemos pensar que iniciamos una amistad leal y durable.

—¡Así lo desea este vuestro servidor! ¡Lástima grande que llegáis cuando yo debo partir!

—Eso no es nada, siempre que la partida sea para vuestro bienestar —contestóle Jhasua.

Y les llevó a la casa que mostraba muy claramente a sus habitantes, como artífices de la piedra y de la madera.

El huerto y el jardín aparecían adornados de bloques de piedra pulimentados, ya en forma de columnas rotas, de cabezas de animales asomando detrás de un árbol, o de un peñasco.

Y ya en el interior de la casa, se veían esculturas en madera, flores, animales, niños que jugaban, capiteles de distintas formas y estilos.

El arte del padre había pasado a los hijos, pero éstos habían elegido para sus obras el duro tronco de los árboles, que con tanta generosidad les brindaban los bosques de la fértil provincia galilea.

—Un sacerdote cretense, descendiente de Radamanto, quiere construir un pequeño templo a Homero y me ha contratado para dicha obra. Partiré con mis dos hijos varones de aquí a tres días —añadió el dueño de casa.

—¿Y has dicho que en Ribla?

—Sí, un destierro voluntario; por desgracias de familia le han obligado a expatriarse de su país natal, Creta. Mi trabajo debe ser una copia del templo de la diosa Cibeles existente en el Monte de Ida de aquel país, del cual me ha dado planos y croquis.

—¿Monte de Ida en Creta?, ¿en la isla de Creta? —preguntó Jhasuá interesándose de pronto en la conversación.

—Justamente, tal es el detalle.

—¡Qué hermosas historias tienen los Ancianos del Monte Carmelo, de la isla de Creta y de las cavernas del monte Ida!

—Sí, sí efectivamente —dijo Melkisedec—, pues allí se refugiaron los últimos Dacthylos cuando se vieron perseguidos en el Atica prehistórica. Y los Ancianos del Carmelo son los continuadores de los solitarios del Monte Ida en Creta.

—Pues todo eso me lo sé de memoria —añadió Jhasua— y me interesaría todo lo referente a ese buen cretense que os contrata para construir un templo a Homero.

—Yo os traeré cuantas noticias pueda recoger —contestólo Harvoth.

"En ese instante salió de la casa como un remolino de oro, una niña rubia y vestida de color naranja. La corría una gacela doméstica que pronto le dió alcance.

—¿Qué haces Nebai? Ven acá que tenemos visitantes —le dijo su padre.

La niña se detuvo de pronto y miró muy sorprendida a Jhasua a quien veía por primera vez. El Esenio le era ya familiar.

Arregló con disimulo sus cabellos desordenados por la carrera, e inclinándose graciosamente dijo a media voz:

—¡Para serviros!

—Es un príncipe de otros mundos, Nebai, que viene a visitarnos —añadió el padre.

—¡Grandeza! —dijo la niña inclinándose nuevamente.

—No lo creas niña —explicó Jhasua ruborizado —tu buen padre bromea. Soy hijo de un artífice de la madera como tus hermanos.

—¡Oh!... mejor así, porque los príncipes me causan susto. Siempre son malos, y vos parecéis muy bueno.

—Vé y avisa a tu madre que estamos en este cenador.

La niña fue y volvió trayendo de la mano a una hermosa mujer rubia como ella, que no obstante sus 45 años, conservaba una delicada apariencia de juventud.

—Sabad, este adolescente fué el origen y causa de nuestra salvación —dijo Harvoth.

La dama se inclinó y en sus miradas podía notarse claramente este interrogante:

—¿Por qué?...

—Para anunciar su nacimiento al Santuario de Moab, iban aquellos Terapeutas que me encontraron en las cuevas vecinas a la Fortaleza de Masada.

—¡Oh, Dios!, ¡qué pesadilla!... —exclamó la mujer aún horrorizada— ¡Bendito sea Jehová que nos permite conocernos!

—Es justo que celebremos este acontecimiento. Trae pues, lo mejor que tengas en tu bodega, que bajo este rosal blanco han de abrirse las almas a la amistad y al amor.

—Voy, voy enseguida —decía Sabad mirando los ojos de Jhasua que para ella tenían suaves fulgores de estrellas.

—¡Con que éste es el niño que Israel esperaba! —murmuró con tierna devoción—. ¡No sabíamos pedir otra cosa las doncellas de Jericó, sino la venida del Salvador de Israel!

Y los ojos color de ópalo se inundaron de llanto, que ella disimuló dando vuelta hacia la casa para traer lo que su esposo pedía.

Aquel cenador cubierto por un rosal blanco resplandeciente de capullos próximos a abrirse, escucharía las más tiernas y tristes confidencias.

Jhasua parecía meditar y casi como si estuviera lejos de todo cuanto le rodeaba.

Cuando ya Sabad no podía oírlo dijo:

—¡Cuánta semejanza encuentro entre vuestra esposa y mi madre! Algo así como si fueran de la misma familia, sólo que mi madre tiene el cabello y ojos castaños.

—Y ambas son de Jericó —insinuó el Esenio—. Podía muy bien darse el caso de que fueran parientas.

Y unos momentos después Sabad ayudada por su hija y la vieja criada disponían sobre la mesa del cenador, frutas, dulces y jarabes, más unos pastelitos de almendras, que Jhasua les había probado ya al llegar al Tabor.

—Ahora sabemos Melkisedec —decía Jhasua— de dónde provenían esos pastelitos. ¿Los haces tú, Nebai? —preguntó a la niña que aún permanecía de pie a su lado.

La forma tan familiar que Jhasua le habló, quitó a la niña su timidez, y sentándose al lado de él le contestó:

—¡No, yo no! Es mi madre quien los hace con frecuencia para los ancianos.

Y entre ambos adolescentes se estableció una corriente de simpatía que parecía irles llevando a encantados mundos de luz y de armonía.

Ambos tenían muchos conocimientos superiores a sus doce años, porque los solitarios habían encontrado en aquella niña una inteligencia tan despierta y una tan marcada inclinación hacia todo lo bello y bueno, que no descuidaron el cultivo de aquel espíritu que una circunstancia no buscada, ponía en su camino. Y en cuanto a Jhasua, ya nos es bien conocida la forma en que los Ancianos le habían cultivado en los más grandes conocimientos de su tiempo.

Por fin y después de haber ahondado bastante en el recíproco conocimiento y comprensión, Jhasua inisinuó una proposición que hacía ya rato se estaba saliendo de su corazón.

—Nebai —le dijo— veo que tú eres muy dichosa. Yo lo soy también. Pero me parece que seremos muy egoístas si no pensamos en hacer dichosos también a otros.

—¿Y a quién Jhasua? ¿No son todos dichosos por estos campos y praderas llenas de frutos y de flores?

—Hay muchos que sufren y lloran Nebai y a quienes tú y yo podemos llevar un poquitín de alegría con sólo quererlo.

—Pues querámoslo y que todos canten y rían como nosotros. Dime pues, dónde están los que sufren y haremos por aliviarles.

—Los Ancianos de todos los Santuarios Esenios saben bien donde se oculta el dolor, Nebai, y ellos nos guiarán. —Y alzando la voz dijo a Melkisedec, el Esenio—:

—"Hemos hecho un pacto con Nebai si vosotros nos ayudáis a cumplirlo.

—¿No os decía yo que este rosal blanco tiene magia y como abre sus flores al sol y al rocío llena también los corazones de cantos y de luces? —dijo Harvoth que parecía desbordando de dicha y entusiasmo.

Jhasua expuso la proposición que había insinuado a Nebai, y Sabad y el Esenio se encargaron de orientar a los niños hacia dónde pudieran satisfacer sus anhelos de llevar alegría y esperanza a los atormentados de la vida.

Había en la montaña un hermoso vallecito, donde unas antiguas ruinas denotaban haber existido una aldea que daba justamente en el límite de los territorios que en el lejano tiempo de la ocupación de Palestina por el pueblo de Israel, habían sido asignados a las Tribus de Zabulón, Neptali e Isachar. Se llamaban *ruinas de Dobrath,* que tal había sido el nombre de la población.

Quedaba a menos de una hora caminando a pie del sitio donde estaba el Santuario del Tabor.

Y los buenos Esenios, que no dejaban cosa utilizable que no lo empleasen para el bien del prójimo, tuvieron la idea de utilizar aquellas ruinas como refugio de ancianos desamparados y de enfermos que carecían de un techo que les cobijase.

Esto bastaba, para que el vallecito de las ruinas fuera un lugar espantable para la mayoría de las personas a quienes inspira pavor un lugar habitado por el dolor y la enfermedad.

Apartado de carreteras y caminos frecuentados, sólo los Terapeutas visitaban aquellos parajes. Este fue el campo de acción en que Jhasua y Nebai, adolescentes, hicieron desbordar de sus almas el amor y la ternura que estaban rebosantes.

¡Alianzas sublimes que se despiertan en las almas elevadas en momentos dados, y a veces por causas insignificantes y pueriles si se quiere, pero que llegan a grandes realidades en el futuro! De tal manera prendió en el alma de Nebai aquel eterno: "Ama a tu prójimo como a ti mismo", fundamento y coronación de la doctrina del Cristo, que ya no fue dueña de apagar aquella intensa llamarada que la impulsó en el futuro a sublimes obras de amor fraternal.

La naturaleza había vaciado en aquellos parajes todas sus exhuberantes bellezas, y el amor del Cristo adolescente primero y hombre después los inundó de ese aroma de tierna piedad y mística adoración, de que él saturaba todo cuanto le era familiar. Así consagró y embelleció más tarde la apacible Bethania, el Monte de los Olivos, el Huerto de Gethsemani, la fuente de Siloé, el Pozo de Sichen, el lago Tiberiades, y hasta el pavoroso y árido monte Gólgota adquirió contornos maravillosos que los siglos no han podido borrar.

Hablan los Evangelios con mesurada parquedad de un hecho ocurrido en el Monte Tabor, *La Transfiguración de Jesús* o sea la exteriorización radiante de su purísimo espíritu, que sólo fue presenciado por algunos de sus discípulos. ¿Por qué ocurrió tal fenómeno psíquico en este lugar y no en otro? sería de preguntar. Tales exteriorizaciones radiantes ocurrieron en casi todos los sitios y lugares donde el alma del Cristo, dominando por completo el plano físico, pudo inundar su propia materia con las luminosas vibraciones que le llegaban a intervalos desde el cielo de los Amadores, de donde había bajado. Pero el Tabor y sus alrededores, hermoso paraje de la provincia de Galilea, había bebido a saciedad del alma divina del Cristo, durante gran parte de su vida, desde la adolescencia hasta su muerte. Pudiera muy bien decirse que cada arbusto, cada árbol, cada colina y hasta las florecillas silvestres de los caminos en aquellos lugares, eran misteriosos cofres que guardaban las íntimas vibraciones de amor de aquel gran ser, que durante 33 años, inundó a la Tierra con las sutiles radiaciones de su amor misericordioso.

Y Nebai, la vehemente niña que secundó las obras de amor de Jhasua adolescente, intensificó en aquella hora su preparación, que en muchas etapas fue subiendo de tono hasta culminar en la Edad Media, en la epopeya gloriosa de la Doncella de Orleans, Juana de Arco, sacrificada por la libertad y derechos del pueblo francés.

Cuando Jhasua volvió al Santuario después de la excursión, había desaparecido todo el desaliento, el pesimismo y la duda que le atormentaran días atrás.

Veía claramente que se ensanchaba su campo de acción, que existía en el mundo mucho más dolor y miseria del que había visto hasta entonces.

Ya no era solamente Abigail, su flor silvestre pisoteada en los caminos, y los niños menesterosos de Nazareth quienes necesitaban de él. Florecillas de Dios destrozadas por la inconsciencia humana, había en todos los lugares a donde tendiera su mirada. Ojos que lloraban sin que nadie más que el viento les secara el llanto; corazones que sollozaban de angustia; manos que temblaban de frío y de hambre, por las callejas enlodadas o a lo largo de los caminos, eran cuadros como pintados a fuego ante el alma del Cristo adolescente, que se despertó como en una explosión de energía, de vitalidad, de generoso entusiasmo.

—¡Quiero aniquilar el dolor en esta tierra! —exclamó un día como poseído de un ardor sobrehumano—. ¡Quiero hacer felices a todos los que sufren! ¡Decidme cómo he de hacerlo, vosotros que todo lo sabéis!

Tales palabras iban dirigidas a los Ancianos del Tabor, dos días después de la excursión a la oculta casita de piedra habitada por Harvoth y su familia.

—Poco a poco, Jhasua —le indicó el Servidor— que a todo llegarás con el favor de Dios.

Y comenzaron metódicamente a desarrollar las grandes facultades y poderes ocultos en aquel espíritu soberano, capaz de convulsionar al mundo.

—Tú has dicho la gran palabra, Jhasua —decíale un día uno de sus maestros— *"Quiero aniquilar el dolor en este mundo".* ¡Pues bien, manos a la obra!

—Concentra diariamente tu pensamiento en esas palabras, que por la fuerza de tu voluntad, podrán convertirse en un poder irresistible.

Y diez días pasaron en que Jhasua decía desde el fondo de su alma puesta a elevada tensión:

¡"Quiero aniquilar el dolor en este mundo" Dios-Amor! "Quiero el poder de hacer felices a los que sufren"

Terminadas las concentraciones profundas, le invitaban sus maestros a salir a la pradera circundada de colinas y frondosas arboledas.

—Ahora, Jhasua —le decían— ensaya en lo que creas oportuno, el poder y la fuerza que has acumulado en la concentración mental, comenzando primero por sujetos de los reinos inferiores al humano, o sea el vegetal y el animal.

"Son también criaturas de Dios sujetas al dolor, a la enfermedad y a la muerte.

Y al borde de un senderillo en las montañas vecinas al huerto, encontraron un cerezo raquítico, nacido en el hueco de una roca donde el escaso alimento le había impedido crecer. Aún no podía abrir sus florecitas color arrebol, cuando sus congéneres habían arrojado sus flores convertidas ya en frutos. Jhasua miró al arbolito enfermo, y le acarició con sus manos que temblaban por la abundante acumulación de fluido magnético.

—Te ha faltado agua, tierra y amor —le dijo con creciente energía. —El amor te lo doy en este instante; la tierra y el agua te la daré en seguida. —Y mirándole con inmenso amor como si fuera un ser con vida orgánica, volvió unos pasos hacia atrás, entró en el huerto allí cercano, llenó un recipiente de agua, y un saco de tierra de abono, y con extraordinaria rapidez volvió hacia el pequeño cerezo enfermo.

Observó con asombro que los diminutos pimpollos estaban hinchados y gruesos como si hubiesen recibido una inyección de vitalidad y energía.

—El amor te ha revivido —decía como hablando con el cerezo enfermo— esta tierra te será alimento y esta agua será tu elixir.

Y así diciendo, vació el saco de tierra hasta llenar el hueco en que el arbolito había nacido; y después de haber sumergido en el agua del recipiente, sus manos que ardían como llenas de fuego, lo arrojó rápidamente al tronco del arbolito.

—No te dejaré hasta ver tus flores abiertas —le dijo y esperó unos momentos más. Las florecitas comenzaron a abrirse lentamente obedientes al mandato mental de aquel adolescente, que encerraba en sí el poder creador de la Divinidad.

Así comenzó Jhasua la exteriorización de los poderes ocultos, que por su alto grado de elevación espiritual, llevaba latentes y como adormecidos en su personalidad humana y divina.

Muchos casos como el del cerezo enfermo se presentaron ante el Hombre-Dios adolescente, hasta que el fenómeno de la transfusión de vitalidad fue tan fácilmente realizado, que los maestros comprendieron que Jhasua ejercía ya completo dominio sobre el reino vegetal.

Y con idénticos ejercicios metódicos y controlados, pasó a dominar también el reino animal, después el reino humano y finalmente los elementos de la Naturaleza.

El lector verá que en breves líneas ha sido dicho todo en síntesis; pero justo es que participemos en los detalles de los grandes progresos y éxitos, que el joven Mesías iba recogiendo en su fructuosa estadía del Monte Tabor.

En uno de aquellos senderitos que se bifurcaban por las colinas inmediatas al Santuario, se levantaba una humilde cabaña donde vivía un anciano matrimonio, cuyos dos hijos le habían nacido con sus extremidades inferiores inutilizadas por la parálisis. No contaban con más recursos que una majada de cabras y ovejas, tres o cuatro enormes castaños, un exhuberante emparrado, algunas higueras de largos años y un olivo centenario. El jefe de la familia ya septuagenario, llevó al Tabor la noticia de que sus cabritas estaban enfermas. Les había atacado la sarna, debido a lo cual estaban como afiebradas y habían disminuído más de la mitad de la leche.

Sus dos hijos estaban desesperados, pues, ordeñarlas y fabricar los quesos, sentados en sus banquillos de ruedas, era lo único que podían hacer en ayuda de sus ancianos padres.

Los Esenios del Santuario llevaron a Jhasua a la pobre cabaña del viejo Tobías, para que hiciera ensayos de su poder espiritual y fuerza magnética en la majada enferma.

Conoció antes a los dos ancianos. Si Tobías era la mansedumbre personificada, la anciana Beila era dulzura de madreselva acariciando cuanto sus ojos y manos tocaban.

Estaba hilando y llorando. Con los copos de blanca lana secaba su llanto silencioso. El anciano escardaba sus hortalizas, y los dos muchachos desgranaban legumbres en un recipiente.

Un silencio tenaz y doloroso formaba un ambiente de plomo que asfixiaba a los sensitivos. Los Esenios y Jhasua observaron este cuadro unos instantes, a través de las espesas enredaderas que cercaban el patio.

Jhasua avanzó el primero y como si un impulso ajeno a su voluntad, le hubiese llevado precipitadamente.

—¿Por qué tenéis tanta amargura en vosotros? —preguntó espontáneamente sin esperar que llegasen los Ancianos y le presentaran.

Todos le miraron a la vez, pues aquella vocecita de delicioso timbre les caía en el alma como una campana de fiesta.

—¡Oh qué visión de Dios!... —exclamó la dulce anciana dejando el huso y la rueca para correr hacia el niño que aparecía, en efecto, como un recorte de nácar sobre el verde obscuro de la fronda.

Llegaron los Ancianos que hicieron las presentaciones oportunas:

—Este niño es aquél, a quien sabéis anunciaron los profetas, y a quien Israel espera.

Una exclamación conjunta y una tierna devoción se reflejó en todos los semblantes.

—Ya sabéis —añadió el Servidor— que ha bajado a la Tierra para aniquilar el mal y traer el bien a todos aquellos que crean en él. El dolor os aflige en este momento. Pedid al Señor que os muestre su poder por intermedio de su Elegido.

La anciana volvió a su llorar silencioso y los tres hombres decían:

"Que Jehová tenga misericordia de nosotros".

Jhasua estaba como petrificado, devorando con sus ojos fijos las lágrimas de la anciana, hasta que también sus ojos se llenaron de lágrimas, y entonces dió dos pasos hacia Beila y tomándole sus manos enflaquecidas y rugosas la besó en una mejilla mientras le decía:

—iNo lloréis más, que el Padre Celestial es dueño de todos los tesoros del mundo, y si sois buenos hijos, El no se olvida nunca de mostrarse padre, más bueno que todos los padres!

El llorar de la anciana se convirtió en un sollozo que partía el alma, y su cabecita de cabellos blancos se apoyó sobre un hombro de Jhasua como encontrando un descanso largo tiempo buscado.

Y la diestra del niño pasaba con suavidad de flor sobre la cabeza de la viejecita.

Aquel cuadro de emotiva ternura conmovió a todos tan hondamente, que los Esenios llegaron a comprender que una poderosa corriente de amor envolvía a Jhasua, haciendo oportuna su intervención espiritual y magnética sobre los animales enfermos.

—Traed la majada al redil —dijo el Servidor al oído del anciano Tobías.

—Ya están allí —le contestó. —Vamos todos —dijo a media voz. Y se acercó a Jhasua al cual tomó la diestra, diciéndole: Ya es la hora, vamos Beila a cumplir la voluntad del Señor.

Cruzaron en silencio el patio y llegaron al establo.

Una corriente poderosa y suave a la vez, mantenía a todos semi inconscientes. Los dos muchachos se habían dormido en sus carritos de ruedas... con ese sueño de la hipnosis producida por aquella misma corriente.

Suavemente dos Esenios los empujaron también al establo.

Los Ancianos que habían llevado a Jhasua, le formaron cadena magnética, de tanta fuerza que a pocos momentos su rostro se fue encendiendo de un vivo rosado como si la sangre en oleadas quisiera brotar a su frente, de sus mejillas, de sus manos extendidas hacia adelante.

Un cuarto de hora duró esta intensa vibración espiritual y magnética. Los ojos del niño se cerraron como fatigados y sus brazos cayeron lánguidos a lo largo de su cuerpo que se dejó caer suavemente sobre un montón de paja seca.

El rebaño quieto hasta entonces, comenzó a moverse en busca de los bebederos y pesebres.

—La curación ha comenzado —dijeron los Ancianos a Tobías y Beila que no salían aun de su asombro, pues nunca habían presenciado nada semejante.

A poco despertaron los dos muchachos diciendo a la vez que habían tenido un sueño muy hermoso que cada cual contaba a su manera, pero que en el fondo era uno mismo:

Algo así como la aparición de un ser luminoso, que debía ser un ángel según ellos, que Jehová dejó acercarse a su pobre cabaña para aniquilar el mal y derramar sobre ella la paz y la abundancia.

Una alegría desbordante resplandecía en todos los rostros.

Sólo Jhasua permanecía quieto y grave sobre el montón de paja en que se había sentado. Parecía absorto en pensamientos muy ajenos a lo que allí ocurría.

Pronto los Esenios comprendieron que las Inteligencias Guías le mantenían en concentración mental profunda, a fin de devolverle toda la fuerza vital que había gastado en su primer ensayo de dominio sobre el reino animal.

Y cuando le vieron salir de ese estado psíquico, le hicieron beber un tazón de jugo de uva con miel y su estado normal se restableció prontamente.

Ensayos como éste fueron haciéndose más y más frecuentes, hasta que pasadas diez lunas y cuando Jhasua estaba a mitad de sus 17 años, esa gran parte de la Naturaleza que llamamos Reino Animal, era ya sumiso y obediente a sus mandatos mentales y a la poderosa corriente magnética que su voluntad ponía en acción.

Por vía de aclaración y con el fin de evitar equivocada interpretación en tan delicado asunto, debo decir que, el lector no se figure por esto, que está al alcance de todos, la posesión de poderes semejantes.

Son inherentes si, al alma humana; pero el éxito completo dependerá siempre y en todo momento de la elevación espiritual y moral del ser que quiere ejercerlos.

Y así, debe saberse y no olvidarse jamás, que un ser inferior que aun no ha eliminado de sí mismo las pasiones bajas y groseras propia de una escasa evolución, no puede ni debe darse a experiencias como ésas, que le darían como fruto, el ser tomado de instrumento por entidades y fuerzas malignas que lo llevarían a un desastroso fin para sí mismo, y para todos los que cayesen bajo su influencia.

Este fue el significado oculto de aquellas palabras del Cristo a sus discípulos: "Buscad primeramente el Reino de Dios y su Justicia; y todo lo demás se os dará como añadidura".

Un examen sereno y ecuánime de sus propias capacidades y aptitudes, dará a conocer a cada uno si puede o no hacer ensayos para adquirir estos poderes en grado máximo.

Si hay sinceridad en el alma del buscador de poderes internos, fácilmente conocerá qué finalidad le lleva.

¿Es su propio engrandecimiento y el deseo de adquirir celebridad?

¿Es la avaricia de acumular tesoros y riquezas para satisfacer ambiciones y deseos materiales?

Si vuestra condición moral y espiritual está comprendida en estas interrogaciones, no deis un paso, en busca de poderes supra-normales por las razones antedichas.

Si por el contrario, podéis decir con toda verdad las palabras de Jhasua adolescente:

"¡Quiero el poder de hacer felices a todos los que sufren! ¡Quiero el poder de anular el dolor en esta tierra! entonces ya es asunto diferente. Estáis en el camino de comenzar el desarrollo de los poderes internos del alma humana. Y vuestro éxito será de acuerdo con el desinterés y el altruísmo de que estéis animados".

Que llegada el alma a estas alturas en su evolución, la Ley Eterna es aún más inexorable, y el divino mandato:

"Ama a tu prójimo como a ti mismo" —le sale al alma al encuentro en este difícil camino y parece preguntarle:

—¿Te impulsa el amor al prójimo o el amor de ti mismo?

¡Si es el primero adelante! ¡Es el camino de los redentores!

Si es el segundo, vuélvete atrás, porque es el camino de los réprobos: de los que utilizan las cosas santas y divinas en provecho propio; de los que lucran con el engaño y la mentira y arrastran a las multitudes a la ignorancia y al embrutecimiento. Espantosa pendiente en la que muy pocos se detienen, yendo la mayoría a parar a mundos de expiaciones terribles, de las cuales tuvo pleno conocimiento el gran filósofo Atlante, Antulio, y que hemos dado a conocer en un ligero esbozo al reseñar las exploraciones espirituales profundas a que él se dedicó en aquella lejana etapa mesiánica, con el fin de iluminar a la humanidad de entonces y que estuviera en condiciones de comprender las verdades eternas, tales como son.

En todas sus jornadas mesiánicas el Cristo y sus seguidores fieles, iluminaron a la humanidad con la Eterna Verdad, pero la maldad y refinado egoísmo de los que comercian con las cosas divinas, arrojaron montañas de ceniza y arena sobre la verdad hasta obscurecer o desfigurar sus claridades, para que la ignorancia completa de las masas les permitiera ejercer sobre ellas el mas completo dominio.

Tal ha sido el proceso seguido desde los más remotos tiempos.

Las edades y los siglos, se levantan del polvo removido nuevamente en esta hora solemne de la eterna peregrinación humana, para decir a las generaciones que llegan:

El *Juicio Final*, está a la vista. Llegó la hora de la Justicia y de la Verdad. Ningún error será tolerado. Ningún engaño quedará oculto.

¡Mercaderes de las cosas divinas! ¡en ningún mundo con vida tendréis un lugar para vosotros! ¡Vampiros de sangre humana, verdugos de conciencias, asesinos de los derechos del hombre y de las libertades del alma humana!... la Vida os niega sus bellezas y sus bondades. Para vosotros fue escrita la frase lapidaria y formidable de los videntes y los inspirados de la Verdad Divina: "Polvo eras y en polvo te convertirás".

"Mundos en decrepitud, formando en los vacíos siderales, inmensos cementerios de globos muertos, serán los que os reciban, hasta que de grumos de polvo o granillos de heladas cenizas, comencéis de nuevo la larga serie de vidas embrionarias e inconscientes!

Esta dolorosa meditación de un momento, ha pasado sin duda por vuestra mente, lector amigo, como una luz de relámpago quizá, pero lo bastante clara para comprender la tremenda responsabilidad del espíritu que hace un comercio con los poderes y facultades internas inherentes al alma humana; para quienes explotan las cosas divinas en provecho de sus ambiciones personales y de sus mezquinos egoísmos.

Continuemos pues, nuestra narración.

Desde el primer momento de conocer a la humilde familia de Tobías, le habían interesado a Jhasua sus dos hijos Aarón y Seth, que habían nacido mellizos y con sus extremidades inferiores inútiles por una extrema debilidad de los huesos.

Su padre Tobías, era hermano de aquel anciano Simón, portero del Santuario del Tabor, y padre del que fue más tarde Pedro el apóstol. Con esta familia ya hizo el lector amistad tiempo atrás y debido a esto, ninguna mención de ella hemos hecho en esta segunda estadía de Jhasua en el Tabor.

Por medio de Simón se acercó Tobías a los Esenios del Santuario, y así silenciosamente y sin violencia alguna iba extendiéndose la esfera de acción de los Ancianos, lo cual preparaba los caminos para cuando el Verbo de Dios saliera a su vida pública.

La Luz Eterna, esa divina maga de los cielos infinitos, que ve y sabe todas las cosas aun las más secretas y ocultas, nos contará con su fidelidad acostumbrada lo que Jhasua de 17 años realizó con Aarón y Seth de 19 cumplidos.

El grande y esclarecido Espíritu de Luz, que tenía sobre si el peso enorme de la humanidad, pasaba algunas tardes a la puesta del sol, sentado en un silloncito de plátano y juncos ante los carritos rodantes de los dos muchachos retardados.

¿Qué comparación tenía esta amistad con la amistad de Nebai, la espléndida flor de oro que había encontrado prendida en los platanares que rodeaban la casita de piedra de Harvoth el escultor?

Jhasua, psicólogo profundo que empezaba a leer en las almas como leía en los amarillentos papiros, encontró la más tierna y emotiva comparación.

—Nebai —decía él— es la flor de la dicha y del amor, y no puede estarse cerca de ella sin percibir poderosas y fuertes, esas dos vibraciones reflejos puros de la Suprema Belleza: la dicha y el amor. Ella surgió a la vida física del amor y la dicha de sus padres, que se reunían de nuevo después de una dolorosa y cruel separación. Se habían creído muertos, la desesperación más espantosa hizo presa en ellos. De pronto se abren las nubes, los cielos clarean y la tormenta es arrastrada lejos por el fresco viento de un amanecer nuevo.

¿Cómo no había de ser Nebai lo que era, flor de dicha y de amor, como hecha a propósito para servirle de agente al amor redentor y benéfico, de que me siento inundado y desbordante?

Así pensaba Jhasua una tarde sentado ante los carritos de ruedas de sus dos silenciosos amigos Seth y Aarón, que tejían con admirable ligereza cestas de caña y juncos, que su padre vendía luego a los labriegos de Naim, de Caná y de Mágdalo cuando se acercaba la recolección de frutas y legumbres.

Y su pensamiento continuaba como tejiendo una divina red de oro y seda en que iban quedando prendidas multitud de almas, que la Eterna Ley ponía en su camino de Misionero.

—¡Nebai!, ¡Nebai! fresco panal de miel que el Padre puso en mi camino para que yo endulce las aguas salobres que bebe la humanidad. Tú tienes que venir aquí donde la tristeza ha echado raíces como la cizaña que ahoga las semillas del labrador.

—En las ruinas de Dobrath hemos hecho amanecer un día nuevo, y la alegría y el amor de que hemos inundado aquel sombrío valle, predispone los cuerpos y las almas a la salud y a la paz. ¡Nebai!... ¡tú tienes que venir aquí, y estos dos seres echarán a correr por los campos sembrados como cerbatillos, que van en busca de la madre que les llama con sus senos rebozantes del elixir de la vida!

La concentración de Jhasua en este pensamiento se fue haciendo más y más profunda. Su alma sentía apremio de espantar la tristeza de aquellos dos jovenzuelos que movían ágilmente sus manos tejiendo el junco, y sus piernas permanecían quietas inmovilizadas por un mal que vino junto con su nacimiento.

Los últimos resplandores del sol poniente envolvían en tenues gasas de amatista y ópalo, el paisaje de colinas verdeantes y florecidas.

De pronto se abrieron las trepadoras que cercaban el patio de la cabaña, y apareció ligera y grácil, asustada y nerviosa, una linda gacela que lucía en el cuello un lazo encarnado.

Jhasua daba la espalda hacia aquel sitio, pero los dos hermanos la vieron, gritando al mismo tiempo:

—Ya estás aquí ladrona de castañas.— Jhasua se dió vuelta y vio a la gacela que reconoció enseguida. Era la gacela de Nebai.

—Silencio —dijo— no la espantéis. Su dueña no debe estar lejos porque la he llamado.

Los dos muchachos se miraron sin entender palabra.

Jhasua ejerció presión con su pensamiento sobre el hermoso animalito, que no huyó cuando él se le acercó con suavidad.

—Te has escapado de la tutela de tu guardiana y vienes aquí. Aquí te llaman ladrona, pero tú aprenderás también a no hurtar como manda la Ley.— Y Jhasua se acercó tanto que pudo rodearle el cuello con sus brazos.

—¿Dónde está Nebai? ¿lo sabes?

—Estoy aquí —dijo la hermosa adolescente abriendo las enredaderas florecidas de campánulas azules, que formaban hermoso marco alrededor de aquella cabecita de oro.

Sonreía como siempre.

—Mi "Chispa" me hizo correr tanto, que por alcanzarla estoy toda fatigada —decía Nebai dejándose caer sobre el verde césped.

—Es la niña de Harvoth el escultor —dijo Jhasua a los muchachos.

—Sí, sí, la conocemos. Algunas veces vino a buscar queso y leche —contestó uno de ellos.

—Con mi pensamiento, te he llamado desde hace rato Nebai.

—Y yo a mi vez —decía la niña— sin saber por qué, pensaba en tí, sin imaginar que estuvieras aquí. Te creía en el Santuario entregado a tus largos estudios.

—Ya ves Nebai cómo nuestro pensamiento ha formado una corriente que podemos hacer más y más fuerte, en beneficio de los que padecen.

—¡Siempre tú pensando en los que padecen! —exclamó la hermosa niña mirando a Jhasua como se mira a esa estrella vespertina que suele anunciarnos la pronta llegada de la noche—. ¿Se puede saber cuándo será la hora de que pienses en ti mismo y te sientas feliz y dichoso como yo?

—Esa hora no sonará nunca para mí en la Tierra, Nebai, ¡nunca! ¿lo oyes?

Y al decir así, los hermosos ojos de Jhasua se entornaron como para que su interlocutora no leyera en el fondo de su pensamiento.

La hermosa gacela se había echado también sobre el césped junto a su ama, y Jhasua apoyado en el tronco de un árbol, parecía irse sumergiendo en un suavísimo ensueño que lo apartaba del mundo exterior.

—¡Jhasua! —díjole la niña—. Yo comprendo que tú eres todo diferente de las demás personas que viven en la tierra. Y más de una vez me he preguntado ¿por qué Jhasua mira todas las cosas como si fuera ya un hombre maduro, cargado de experiencia y de reflexión? Y no sé darme la contestación. ¿Me la puedes dar tú, Jhasua?

—¡Nebai! Tú estudias la Ley de Moisés y los libros de los Profetas. ¿Verdad?

—¡Oh sí! Fue de muy pequeñita que mi madre me los enseñaba y explicaba, porque ella estuvo tres años con las viudas del Templo antes de casarse con mi padre. ¿Por qué me preguntas esto?

—Pues porque si has estudiado la Ley de los Profetas, debes saber lo que forma el cimiento y coronación de ese templo de la Divina Sabiduría que ayuda a los hombres a andar por los senderos de Dios.

—¿Y te parece que yo no ando por los senderos de Dios?

—No digo eso, Nebai. Quería solamente darte la contestación a tu interrogante. La ley dice: "Amarás al Señor Dios tuyo, con toda tu alma, con todas tus fuerzas, y al prójimo como a ti mismo". Si yo quiero ser fiel cumplidor de la Ley, no puedo, Nebai, ser indiferente para el dolor de mi prójimo. Su dolor debe ser mi dolor. Su llanto debe quemar mis entrañas. Sus angustias y sus desesperaciones deben sacudir mi corazón, que no encontrará momento de reposo hasta ver aliviados todos aquellos dolores.

"Mira Nebai ese cuadro a pocos pasos de nosotros.

Y Jhasua llevó su mirada a los dos hermanos que seguían tejiendo junco, inmóviles en sus carritos de ruedas y con sus rostros pálidos y tristes de enfermos incurables.

—¡Sí, es verdad! —dijo la niña—. Debe ser algo terrible estar así paralizados sin poderse valer de sus pies para nada.

—¡Y bien Nebai! ¿Puedo ser yo feliz y dichoso mientras ellos beben el cáliz amargo de su impotencia? ¿Amaré yo a mi prójimo como a mí mismo dejándoles solos con su dolor, mientras yo gozo de todos los bienes y alegrías de la vida?

"Ya tienes dada la contestación a tu interrogante, Nebai.

"¡Ya sabes por qué la hora de la dicha y la alegría no sonará jamas para mí en esta Tierra!

"No puedo reír y gozar cuando otros lloran y sufren. ¿Comprendes, Nebai? ¡No puedo!"

Y Jhasua levantó su mirada a la azul inmensidad, cual si preguntase el Infinito por qué sólo él sentía tan honda la casi infinita pesadumbre del dolor de sus semejantes.

Una corriente de profunda emoción pasó en ese instante del alma de Jhasua hacia la de Nebai, que entristecida quizá por la primera vez de su vida, inclinó su cabecita rubia, y dejó correr lágrimas silenciosas que fueron a caer sobre el cuello de su gacela "Chispa", que había recostado su cabeza sobre las rodillas de su ama.

De pronto miró a Jhasua apoyado siempre sobre el tronco del árbol, y le apareció como envuelto en una suave claridad, que no podía definir si era la luz del sol que se ponía. Vio sus ojos llenos de llanto que no corría, porque estaban fijos en un punto de las nubes purpurinas y doradas del atardecer.

—Ahora te comprendo, Jhasua —dijo a media voz la niña, de pie ya y acercándose hacia él—. Ahora sufro contigo por los que sufren, y lloro también por los que lloran. ¡Tú eres un ángel de Jehová venido a la Tierra para aliviar los dolores humanos!... ¡Ahora comprendo que no eres un hombre como los demás!... ¡No sé lo que eres Jhasua! ¡Acaso el misterio de Jehová cubriendo la Tierra! ¡el Amor de Dios embelleciendo la vida!...

Jhasua tomó la diestra de Nebai y la llevó hasta los dos jóvenes paralíticos.

Un silencio solemne y grave se esparcía en el ambiente saturándolo todo de recogimiento y casi de pavor.

Parecería que un formidable soplo de misterio, de divinidad, de majestad suprema, se cirniera sobre los seres y las cosas.

—¿A dónde me llevas? —preguntó a media voz la niña dejándose conducir.

—Al altar de Dios, Nebai... hermana mía: ¡el dolor de los que sufren, donde tú y yo seremos los sacerdotes del Señor usando de su poder y de su bondad!

Los dos jóvenes Aarón y Seth les miraban acercarse lentamente, y como absortos en un pensamiento que no llegaban a comprender.

— ¡Nebai!... seamos capaces de amarles como a nosotros mismos y ellos serán dichosos —díjole Jhasua, y puso sus manos sobre la cabeza de ambos enfermos.

Los ojos de Nebai se cerraron como al impulso de un suave sopor, y puso sus manos sobre las de Jhasua.

— ¡Aarón y Seth! —dijo Jhasua en alta voz y con una emoción que le hacía temblar—; ¡sed dichosos, con salud y energía, con vitalidad y con fuerza, porque os amamos como a nosotros mismos y porque Dios nos ama a todos como a Sí Mismo!

La voz de Nebai suave como el arpegio de una lira, iba repitiendo las palabras de Jhasua, cual si fuera el eco de ellas mismas que volviera a resonar más dulce, más íntimo, más sugestivo.

Algo así como una sacudida eléctrica estremeció a los dos inválidos, que poseídos de profunda emoción se echaron en brazos uno del otro, como si entonces comprendieran la desgracia que les tenía amarrados a sus carritos de ruedas.

El tiempo que este estado intenso duró en los seres que actuaron, no lo podemos precisar, pero cuando todo volvió a su estado normal, Aarón y Seth tomados de las manos de Jhasua se incorporaron lentamente y se pusieron de pie, ante los atónitos ojos de Nebai que no podía creer lo que veía.

Jhasua les dejó sin sostén unos momentos. Ambos como electrizados, miraban con ansiedad profunda a los ojos de Jhasua, que les miraba sin pestañear.

—Ahora quiero que andéis hacia mí —les dijo retirándose a tres pasos de ellos.

Ambos se apoyaron uno en el otro tomándose de las manos, y algo vacilantes aun, obedecieron el mandato de Jhasua que iba retirándose lentamente obligándolos a seguir caminando hacia él.

Cuando llegaron, se colocó él entre los dos diciéndoles:

—Apoyaos en mis brazos y vamos juntos al hogar donde vuestra madre nos dará la cena.

Y continuaron andando, aunque sumidos todos en ese pavoroso recogimiento, mudo y silencioso de los acontecimientos grandes, inesperados e inexplicables, para quienes desconocen la fuerza ultra poderosa de una voluntad, puesta a tono con el más intenso y desinteresado amor.

Nebai reaccionó la primera y corrió hacia la cocina gritando con todas sus fuerzas:

— ¡Madre Beila!... ¡Vuestros hijos dejaron los carritos y caminan solos! ¡Venid a verlos!

La anciana salió sin entender los gritos de la niña.

Al ver el cuadro inesperado de sus dos pobres hijos débiles y paliduchos, andando apoyados en los brazos de Jhasua esbelto, erguido como un joven roble de firme tallo, la buena mujer comenzó a llorar y reír como bajo la acción de una crisis histérica.

— ¡Milagro de Jehová!... ¡Dios ha bajado a nuestra cabaña!... ¡No puedo creer lo que veo!... ¡Tobías, Tobías!... ¡Tobías!...

Y la pobre madre cayó sin sentido sobre montones de lana que ella misma puso a secar aquella mañana.

Tobías que escardaba sus hortalizas y regaba y removía sus plantaciones, oyó las voces de su mujer llamándole y corrió a ver que nueva desgracia venía sobre su hogar.

Nebai socorría en ese instante a la pobre madre que no había resistido con serenidad al estupendo espectáculo de ver andando a sus dos hijos tullidos de nacimiento.

Tobías miraba a sus dos hijos y a su mujer sostenida por Nebai. Lo comprendió todo y cayendo de rodillas en medio del patio se cubrió el rostro con ambas manos y comenzó a llorar a grandes sollozos.

Jhasua inmutable, sereno, impávido como si nada viera de cuanto pasaba, continuó caminando con ambos enfermos hasta llegar con ellos a donde Beila había caído.

— ¡Madre, madre! —exclamaron ambos muchachos inclinándose hacia ella—. Mirad que de verdad estamos curados.

— ¡No puede ser... ¡no puede ser! —decía entre sollozos la madre.

— ¡Sí, que es, Beila!... ¿Acaso Dios ha perdido el poder de hacer dichosos a sus·hijos! —le dijo Jhasua tomándola de una mano—. Levántate y pon el blanco mantel de tu mesa porque hemos sido obreros del Padre Celestial y nos hemos ganado el jornal. ¡Tobías!... ya el Señor sabe tu agradecimiento y tu amor, acércate y abraza a tus hijos a quienes el amor ha hecho felices.

Y Jhasua de pie junto a Nebai, asistió conmovido al íntimo abrazo de aquellos padres felices con sus dos hijos ya curados de su mal.

—Mi amor y el tuyo Nebai —díjole a media voz Jhasua— fue el poderoso imán que trajo sobre esta buena familia todo el Bien que emana de Dios.

—Ahora hemos sido capaces de amarles como a nosotros mismos y el Señor ha compensado nuestra fidelidad a su Ley.

Aarón y Seth fueron de los primeros seres de la especie humana que curó el Verbo Encarnado en la última etapa de su mesianismo en la Tierra.

Pasaron dos lunas en que Jhasua continuó sus mismos ejercicios espirituales y sus obras de amor a sus semejantes. No hubo más incidente que la llegada de su madre a visitarle acompañada de Jhosuelin y de Abigail, que era una linda mujercita de 14 años.

Y Myriam explicó que había muerto casi repentinamente la abuela Ruth que le hacía de ama y de madre, y por lo tanto la niña no podía permanecer allí, pues el Hazzan tomaba un criado para su servicio.

La alegría de la niña al ver de nuevo a Jhasua fue una verdadera explosión de júbilo, que hacía reír a los Ancianos por sus espontáneas manifestaciones.

Era interminable en sus noticias de todos los pequeños protegidos, cuya excesiva glotonería, según ella, las traía fatigadas a la abuela Ruth, a la madre Myriam que las ayudaba, y ella misma, que "hasta altas horas de la noche se ocupaba de las exigencias de todos aquellos pequeños tragoncillos" que por poco no se la comían desde la cabeza a los pies. Jhasua reía de buena gana oyéndola en sus ardorosas expresiones de protesta.

—¿Todo esto significa que ya estás cansada Abi de ser alegría y esperanza de los desvalidos? —le preguntaba Jhasua sondeando hasta donde llegaba el amor fraterno de la niña.

—No, no, eso no! ¿verdad madre Myriam que siempre he cumplido con mi deber?

Y Myriam, la incomparable Myriam, alma de paloma incapaz de soltar una gota de hiel en otra alma, decía a su hijo mirándole con tiernísima devoción:

—Si encontrases muchos colaboradores como Abi para realizar tus sueños de felicidad humana, podrías estar muy contento hijo mío.

Y después de departir largamente con su hijo sobre todas las cosas relativas a la familia y amigos de Nazareth, deliberaron sobre lo que harían con la huérfana Abigail, que prefería cualquier situación antes de volver con la áspera y gruñona tía Michal de sus primeros años.

El Monte Tabor quedaba solamente a medio día de viaje a pie desde Nazareth, pero se hacía un tanto dificultoso debido a las alteraciones del terreno completamente montañoso y cubierto de bosques, en partes, casi impenetrable. Y el Santuario se hallaba precisamente en el sitio en que mas cubierto quedaba de aquellos que debían ignorarlo.

La pobre cabaña de Simón el portero, estaba a la terminación del último vallecito a donde se podía llegar con relativa facilidad.

Allí comenzaba la maraña impenetrable de la selva y de las rocas, que parecía haberse unido en un abrazo de hierro para defender las vidas de los solitarios, en un espacio de dos leguas a la redonda, después de lo cual continuaba el paisaje de vallecitos interpuestos, con las verdes colinas frondosas y de los arroyuelos de incomparable frescura.

Un tercio de luna permaneció Myriam al lado de su hijo, hospedada en casa de Simón el portero a donde Jhasua bajaba diariamente por el secreto camino de las rocas.

La hermana de Pedro, Noemí que conoce ya el lector, se había casado y vivía en Séphoris.

Abigail podía muy bien ocupar su lugar al lado de Juana esposa de Simón, ya de edad avanzada. ¿Pero quién reemplazaría a Abi para con los desamparados en Nazareth?

He aquí las cavilaciones del Hombre-Luz con sólo 17 años y con la clara conciencia de su deber para con aquella doliente porción de humanidad.

Su madre vino a sacarle de su dolorosa preocupación.

—No creas hijo mío —le dijo— que la abuela Ruth y yo nos hemos descuidado con tus protegidos. A más, los Terapeutas han colocado a varios en sitios donde se ganan honradamente el pan.

"En el taller de tu padre, Jhosuelin tiene como aprendices a cuatro niños de aquellos, y ya ayudan con su pequeño jornal a las necesidades de su familia. ¿Recuerdas a Santiaguito que salía a esperarnos al camino?...

—¡Oh sí! ¿cómo podría olvidarle en sólo año y medio que estoy aquí?

—Pues ha entrado con su padre despedido del molino como recordarás, al servicio del Hazzan con lo cual la familia no carece de lo necesario. Los Terapeutas levantaron del lecho a su madre, que después de larga convalecencia ahora se encuentra bien de salud.

Y las buenas noticias de esta índole fueron siguiendo, en aquellas tiernas confidencias de la madre y el hijo.

En una explosión de agradecimiento, Jhasua abrazó tan efusivamente a su madre, que ésta le dijo:

—Ya veo cuánto amas a los desheredados de la vida por el solo hecho de serlo. ¿Cuándo amarás también así a los tuyos que necesitan a su vez de amor y de solicitud?

Y Myriam quedóse mirando a su hijo en lo profundo de sus ojos.

El sintió el suave reproche, y apretando a sus labios una mano de su madre, que éste le contestó:

—Vosotros no necesitábais de mi como todos esos desamparados que arrojaban de todas partes... Vosotros no sólo tenéis vuestra vida asegurada, sino que aun gozáis de una posición que os pone a resguardo de todas las contingencias y alternativas de la vida.

—Sí, es verdad lo que dices, pero tu padre y yo no llenamos con nada el vacío dejado por ti en nuestra casa. ¿Cuándo regresarás hijo mío?

—Cuando vosotros queráis —le contestó Jhasua—. ¿Cómo es que no vino contigo mi padre que me lo había prometido por los últimos Terapeutas que vinieron desde allá?

—Tu padre, Jhasua, empieza a sentir un mal de corazón que nos tiene apenados a todos. El no ha querido que tú lo supieras antes, a fin de que permanecieras aquí tranquilamente... He aquí la razón por qué yo te decía que también nosotros necesitamos de tu solicitud y cariño.

—¿El subir a estas monañas, le produciría gran agitación, verdad? —preguntó Jhasua algo alarmado por la noticia.

"Yo iré hacia él entonces, y lo haré cuanto tú regreses. Nos iremos juntos madre, y no volveré al Santuario hasta que él, esté completamente curado.

"Abigail —dijo a la niña que se acercaba en ese instante—, ven con mi madre que vamos al Santuario para resolver con los Ancianos si debo volver a Nazareth con vosotras.

—¡Oh, Jhasua! está tan entristecida Nazareth sin ti, y sin la abuela Ruth que no tengo ningún deseo de volver allá...

—Pensemos en que Dios nos revele su voluntad, que en cumplirla está nuestra paz y nuestro bienestar.

Y guiados por el anciano Simón, padre de Pedro y de Andrés, futuros apóstoles del Cristo, se internaron por el camino secreto de las rocas que sólo tenía salida en una de las grutas del Santuario.

Para Abigail, aquello era un espanto. ¡Vivir así entre las rocas como las raposas y los lagartos! —decía asustada.

—Abi —le dijo seriamente Jhasua—. Ya eres una mujercita y debes aprender a ver, oír y callar.

—Si vuelves a Nazareth, nada debes mencionar de los solitarios que aquí viven, porque sería un atentado a su tranquilidad y a sus vidas. Porque creo que puedo confiar en ti, te he traído. ¿Lo oyes?

—Seré discreta Jhasua, no temas por mí. No he recibido sino bien de ti y de los Terapeutas. ¿Cómo podría yo ser capaz de traicionaros a todos? No, no... antes me dejo cortar la lengua.

Y riendo a veces de las alarmas y sustos de la niña, llegaron por fin a la gruta donde tenía salida el camino, y que era algo así como una sala de espera que no presentaba aspecto alguno de continuidad, pues aparecía como una gruta aislada y para que tomasen descanso los viajeros. Unos bancos rústicos, un cántaro con agua y un saco de higos secos, así lo indicaba.

—Sentáos aquí —dijo Simón el guía—, que yo daré la llamada.

Y el buen viejo hundió el brazo por un hueco de la gruta lleno de musgo, y se oyó el sonido lejano de una campana.

A poco se destapó una abertura en un lado de la techumbre por donde la gruta era más baja que el alto de un hombre, y el Esenio cocinero que tan asiduamente cuidaba de Jhasua asomó su cara plácida y serena.

—¿Eres tú mi chorlito?...

—Sí, soy yo pero no vengo solo sino con mi madre y una hermanita más pequeña que yo.

"Deseamos conversar con los ancianos porque hay novedades en mi familia de Nazareth. Preguntad si ellos vendrán aquí o podemos nosotros pasar.

—Vuelvo en seguida —contestó el Esenio cerrando nuevamente la rampa que abriera al llegar.

—¡Oh, qué pena!... —exclamaba Abigail—. ¿Por qué deben esconderse tanto si son buenos como tú?

—Piensa en que tú, sin ser mala te viste obligada a huir de tu tía Michal —contestóle Jhasua—. Como Michal y aun mucho peor que ella es gran parte de la humanidad, Abi, y los justos que no están defendidos por las leyes arbitrarias del país, se ven perseguidos y hasta llevados al tormento y a la muerte.

—¿Recuerdas —dijo Myriam— la historia que te he contado algunas veces de la persecución a los niños menores de dos años nacidos en Bethlehem cuando nació Jhasua?

—¡Oh, sí!... lo recuerdo muy bien.

—¿Qué mal podían haber hecho niños menores de dos años?

—La maldad de los hombres, Abi, cuando les dominan las más bajas pasiones, llega hasta la ferocidad. Eso es todo.

Simón el portero se había vuelto desde que los visitantes fueron atendidos.

A poco rato bajaron por la rampa el Servidor y dos Esenios más: Tholemi y Melkisedec, los tres maestros de Jhasua que ya conoce el lector.

Eran tres seres de la alianza del Cristo desde lejanas edades, que por ley divina se encontraban nuevamente a su lado para colaborar con él en su postrera jornada mesiánica.

Sólo el Servidor conocía personalmente a Myriam, pues estaba en el Santuario desde su juventud. Los otros dos habían llegado hacía poco tiempo, o sea cuando se formó ese liceo de instructores escogidos para colaborar en los desarrollos mentales y espirituales del Cristo adolescente.

—No necesitas presentarnos a tu madre, Jhasua, porque el parecido es tan grande de uno con otro que, con sólo verlos, está todo dicho —decía el suave y delicado Melkisedec saludando a Myriam silenciosa y retraída.

—En cambio la hermanita no tiene parecido físico —añadió Tholemi.

—Es hermana por afinidad solamente —contestó el niño.

—Para mi hijo son hermanos todos los desamparados y huérfanos, y esta niña lo es. —Así explicó Myriam a sus interlocutores.

—Se llama Abigail —dijo Jhasua— y desde que vine al Tabor ella ha cumplido la tarea que yo dejé empezada, o sea cuidar de los pobres niños sin pan y sin techo que andan como perrillos sin dueño por las plazas y las aceras.

—¡Oh... es una gran mujer!... —decía el Servidor— o una madre pequeña que se desvela por otros más pequeños que ella.

—¡Ah, Jhasua! —decía de pronto la niña—. Se me había olvidado decirte que el tío Jacobo, no podrá en adelante dejar que duerman en la caballeriza nuestros amiguitos sin casa. —Y sus ojillos desolados miraban tristemente al niño como preguntándole ¿qué hacemos ahora?

Ante un desastre semejante, Jhasua perdió el aplomo y la serenidad.

—¡Cómo!... ¿Así me falta a lo prometido el tío Jacobo? Tengo que irme inmediatamente —determinó Jhasua con una intranquilidad penosa.

—Cálmate hijo —dijo su madre—, que esto no será hasta la próxima luna debido a que el buen Jacobo entrega en pago de deudas la mitad de su huerto que es donde está la caballeriza vacía que él prestaba a los niños. No te enfades con él, que harto dolor tiene con desprenderse de la mitad de su posesión.

—Y Thadeo, su hijo mayor, ¿qué hace? —preguntó nervioso Jhasua.

—Está desesperado, pues fue él quien cayó en el lazo de un falso mercader de lana que pasó por Nazareth, arruinando a gentes de buena fe —le contestó su madre.

Mientras esta conversación, los Esenios escuchaban en silencio y ataban cabos en esta sencilla red, tejida con las dificultades y angustias de sus semejantes, cuyas vibraciones dolorosas afectaban de cerca y con bastante intensidad a Jhasua, que convivía con el dolor de su prójimo.

El *buen Jacobo* mencionado, era un esenio del grado tercero, hombre justo a quien el Servidor conocía de tiempo atrás.

Su hijo Thadeo fue años más adelante, uno de los doce apóstoles del Cristo.

—Oyeme, Jhasua —intervino el Servidor—. Por la conversación que acabas de tener con tu madre, veo que tú y nosotros no podemos permanecer en nuestro tranquilo paraíso, mientras nuestros hermanos se debaten mar adentro, en una lucha desesperada. Vamos pues hacia ellos y remediemos sus dolores con el favor de Dios.

—Comenzando por tu padre enfermo, trataremos de aliviar a todos de sus pesadas cargas. ¿Qué os parece a vosotros? —preguntó a sus dos compañeros que permanecían en silencio.

—¿Queréis que acompañemos nosotros a Jhasua? —preguntó Tholemi que era el mayor de los tres.

—Vosotros dos y yo —dijo el Servidor— que como conozco palmo a palmo el país, pues fuí Terapeuta más de la mitad de mi vida, creo que el Señor me permitirá usar de mi influencia personal cerca de algunos que puedan remediar tantos males.

—¿Y qué hacemos con Abi? —preguntaba Jhasua—. El ama que tenía ha muerto, era la esposa del Hazzam. Podíamos dejarla aquí con la esposa de Simón.

—¡Pobrecilla! —dijo el Servidor— ¿qué quieres que haga más que languidecer de aburrimiento en esta soledad y entre dos ancianos que vegetan en su tranquila quietud? Dos años más y esta niña podrá tomar esposo y formar un nuevo hogar. Con sólo darle pan y techo no arreglamos su vida.

—Eso es verdad —dijo Myriam— y creo que ya hay un jovencito honesto y trabajador que ha pensado en ella.

Jhasua miró alarmado a Abigail que se puso roja como una cereza.

—¿Con que así pensabas tú en mi rebaño de corderitos abandonados? —le dijo entre severo y burlón.

—¡Yo no sé nada Jhasua! ¡no sé nada! —dijo afligida la niña que se abrazó de Myriam y rompió a llorar.

—No seas tontuela hijita —le dijo Myriam—, que Jhasua bromea contigo.

—Es verdad lo que dice, pues ella sólo sabe que Benjamín el hijo mayor de tu hermano Matías, la ayuda a repartir ropas y golosinas a tus protegidos y aporta cuanto puede con este fin.

—Soy yo que he oído la confidencia del muchacho que tuvo franqueza de contarme lo que piensa.

—Ver florecer el amor en la juventud es hermoso, hija mía —le dijo el Servidor—, y no tienes por qué avergonzarte de esto. Voy viendo que hay muchos cabitos que atar por allá, donde las buenas gentes luchan por este rudo vivir.

—Ayudar a todo lo bueno, bello y grande, y evitar todo el mal posible, es el compendio sublime de la ley de amor fraterno.

—Con que a disponer el viaje para dentro de diez días ¿qué os parece?

—Como vos lo digáis, Servidor —dijeron varias voces a la vez.

El campo de acción del Hombre-Luz iba ensanchándose más y más cada día.

Y dos días después de la escena que acabamos de narrar, le encontramos con su madre en la casita de piedra de Harvoth el escultor.

Myriam y Sabad se habían reconocido como parientes cercanas, pues la segunda, era hija de una hermana de Ana, madre de Myriam.

Desde la desgracia ocurrida a la familia de Harvoth y que fue de gran resonancia entre las familias pudientes de Jericó nada había vuelto a saber de su infeliz prima. Su encierro, en la Fortaleza de Masada fue un secreto impenetrable, igualmente que su libertad y refugio en las montañas del Tabor.

Sabad era diez años mayor que Myriam, y no se veían desde la niñez, debido a que Myriam estuvo varios años internada entre las vírgenes del Templo de Jerusalén.

Bien puede pues imaginarse el lector, las interminables confidencias que ambas mujeres debieron hacerse en los días que Myriam pasó en la casita de piedra.

Tanto una como otra se apercibieron de la afinidad que se había despertado entre Jhasua y Nebai, aunque no acertaban a definirla bajo su verdadero aspecto. ¿Sería amistad? ¿sería amor, o un simple compañerismo por el ideal piadoso y tierno que florecía en ambos como un resplandor del amor divino sobre todos los seres?

Las dos madres se entregaban a conjeturas o formaban castillos de oro y de nácar, sueños de hadas con velos de ilusión, y nosotros lector amigo sabemos a fondo lo que germina y crece en las almas vehementes y sensitivas de Jhasua y de Nebai, si les seguimos de cerca en sus andanzas por las ruinas del vecino vallecito de Dobrath, a donde hacían frecuentes visitas al atardecer.

Y mientras las madres hablaban en el jardín de las esculturas, Jhasua decía a Nebai sentada en la fuente de las palomas:

—De aquí a tres días me voy a Nazareth con mi madre, y tú quedarás sola a cuidar de nuestros protegidos de Dobrath. ¿Sabrás hacerlo Nebai con la misma solicitud que ahora?

La niña guardó un breve silencio. Sin disimular su pena, preguntó a su vez:

—¿Querrías exigir constancia en mí para una tarea que tú abandonas Jhasua? el iniciador fuiste tú y ahora la dejas. A decir verdad, no tendrás derecho para esperar que yo continúe con igual entusiasmo.

La contestación de la niña llevaba en sí un suave reproche, unido a una amargura disimulada.

—Tienes razón, Nebai, pero si yo me voy, es sólo por poco tiempo y por motivos que no puedo vencer. Mi padre está enfermo, y los Ancianos piensan que debo ir hacia él. Mas, así que se cure, volveré. ¡Sería para mí tan triste partir, sin la certeza de que tú continuarás lo que juntos hemos comenzado!

—¿Me pides una promesa formal? —preguntó la niña.

—No te la pido, Nebai, porque no tengo ningún derecho para ello; pero si me la hicieras espontáneamente, me darías una grande satisfacción.

—Yo debo hacerte una confesión Jhasua y no lo tomes a mal. Hasta ahora he luchado conmigo misma para vencer la repulsión natural que me producen algunos de nuestros enfermos y ancianos. ¡Son tan sucios y tan malos, que casi, no puedo quererlos!

—Lo que hice por ellos, lo hice por darte gusto, por verte feliz, por merecer tu amistad, tu cariño, y porque te sientas unido a mí, como estas palomas blancas con la fuente. ¿Ves Jhasua como ellas se miran en el agua de la fuente y beben en ella, y se reflejan en ella y tienen toda su alegría en estas piedras que dora el sol, y que ellas salpican cuando sacuden las alitas mojadas? ¿lo ves, Jhasua?

—Sí, Nebai... veo toda esta belleza de Dios hasta en las más pequeñas cosas, y celebro que tú también las veas.

—Pues bien, yo había pensado que tú y yo seríamos siempre como las palomas y la fuente, inseparables...

"¿Qué será de la fuente si vuelan lejos las palomas?

"¿Qué será de las palomas si la fuente se agota? ¿Lo sabes tú, Jhasua?

Y la hermosa niña, con una sombra ligera de tristeza, sumergía las manos en el agua y salpicaba las mansas palomas adormecidas entre las piedras y el césped florecido.

—Si las palomas aman de verdad a la fuente, no volarán muy lejos y pronto volverán, Nebai; y si la fuente ama a las palomas, no se agotará jamás: ¿entiendes, Nebai? Estamos haciendo un simil de las palomas y de nosotros mismos.

"Si hay en nosotros un amor grande y verdadero, nos reflejaremos uno en otro como las palomas en la fuente.

"Mi pensamiento te seguirá a todas partes, y aun a distancia, sentiré la alegría de nuestros enfermos y ancianos cuando tú vayas a ellos para consolarles en nombre mío.

"Créeme Nebai, que mi pensamiento será contigo como una paloma blanca reflejándose en la fuente; y estaré en la cabeza blanca de la anciana que peinas, en el enfermito que vistes, en el niño que conduces de la mano, en la llaga que curas, en las lágrimas que secas, y hasta en los ojos sin luz que cierras cuando la muerte los haya apagado...

"¡Oh, Nebai... mi querida Nebai!... —exclamó Jhasua, tomando una mano de la niña— prométeme que me verás en todas las obras de misericordia que realices durante mi ausencia, porque en todas ellas yo estaré contigo.

—Prometido, Jhasua, ahora y para siempre —Y al decir tales palabras inclinó su rostro sobre la fuente para esconder la emoción que había llenado de llanto sus ojos.

—También tú te reflejas en la fuente, Nebai, como las palomas —dijo Jhasua mirando en el agua quieta, la hermosa imagen de la niña—. Y la fuente me cuenta que tienes lágrimas en los ojos y tristeza en el corazón.

—He aprendido de ti, Jhasua. ¿No me dijiste un día que la hora de ser feliz no sonaría jamás para ti en esta tierra?...

Jhasua guardó silencio y se sumergió en su mundo interno durante unos momentos.

—Cierto, Nebai, cierto: Yo te he traído tristeza... yo que quisiera inundar de luz y de alegría a todos los seres... ¡Pobre Nebai mía!... Tú has sido la fuente en que me he reflejado yo mismo. Tanto me has comprendido criatura de Dios, que has llegado a beber el dolor de la humanidad que yo he bebido desde que fui capaz de comprender y de pensar...

—Nuestras madres vienen para aquí —dijo la niña mirando hacia la casa—. Que ellas ignoren siempre el misterio de las palomas y de la fuente.

—¡Oh, las madres, Nebai!... ellas lo saben todo, porque el amor les descifra todos los misterios.

—Sí, sí, lo sabemos todo, niños y no se nos oculta lo que guardáis en vuestros corazones —dijo sonriente Sabad, que era más expansiva y espontánea que Myriam. Esta se limitó a envolver a los dos adolescentes en una de esas miradas indescriptibles que son todo un poema de ternura, de dicha interior y de misterioso anhelo para aquellos a quienes va dirigida.

Un velo sutil de purpúreo arrebol resplandeció como una aurora en el hermoso rostro de Nebai que guardó silencio, mientras Jhasua como divinizado por una idea radiante contestó:

—El amor de madre, Sabad, transformaría a todos los seres en arcángeles de Dios, si fuesen capaces de comprender de qué excelsa naturaleza es el amor verdadero.

Cuando los visitantes se alejaron, Nebai quedó sola al borde de la fuente.

La primera estrella se levantaba como una lámpara de amatista en un fondo de turquesa, atrayendo naturalmente las miradas de la niña que parecía sumergirse más y más en una profunda meditación.

Luego murmuró a media voz algunas de las últimas palabras de Jhasua...

"Créeme, Nebai, que mi pensamiento será contigo como una paloma blanca reflejándose en la fuente".

—¡Y lo será!... sí que lo será, porque él lo quiere y yo lo quiero también —dijo la niña con tal decisión y energía, que toda ella revivió en una radiante explosión, como una flor que de pronto recibe un raudal de agua fresca.

Y desde aquella hora, fue Nebai el instrumento de la Divina Ley, para que la fuerza telepática o transmisión del pensamiento se desarrollase en Jhasua, hasta un punto jamás alcanzado por un ser humano sumergido en el plano físico terrestre.

—Esperaré tu pensamiento en todas las horas del día —le había dicho Nebai a Jhasua, al despedirse al borde de la fuente— pero lo esperaré a la puesta del sol, y cuando asoma en el cielo la primera estrella. Me dirás cuanto quieras y yo lo anotaré en mi carpeta y cumpliré tus mandatos.

Fue la mente de Nebai, flor de montaña, la clara fuente en que se reflejó el pensamiento del Hombre-Luz como chispazo primero de la ley de la Telepatía, que él pondría en acción en años más adelante y no en un solo sujeto, sino sobre numerosas multitudes.

El regreso de Jhasua a Nazareth fue recibido por Joseph, su padre, con una tierna emoción.

Lo veía ya un hermoso joven de 17 años, alto, delicado y grácil, como un bambú, de las orillas del lago.

—Eres Myriam... todo Myriam, a medida que creces —le decía mirándole de la cabeza a los pies, mientras le tenía parado junto a su sillón de enfermo.

Pero Jhasua ya no oía ningún ruido ni rumor de la tierra. Se había concentrado profundamente mientras abandonaba sus manos entre las de su padre; y su pensamiento se había clavado como un dardo de oro en aquel corazón enfermo que latía irregularmente.

Joseph echó atrás su cabeza cana que se apoyó en el respaldo del sillón. Un suave sopor lo invadió, produciéndole un sueño tan profundo y sereno que cuando Myriam entró con vasos de jarabe de cerezas, se quedó sorprendida, pues le pareció que no respiraba.

Un momento después lo comprendió todo. Su clarividencia percibió aunque muy tenue, un rayo de luz dorada que iba de la cabeza de su hijo al pecho de su esposo enfermo. Quedóse quieta, inmóvil, sin respirar casi, porque una secreta intuición le decía que así ayudaba a su hijo a la curación que hacía sobre su padre. Por fin éste se despertó y sus ojos revelaban una inmensa alegría.

—¡Qué largo sueño, y qué hermoso despertar! —exclamó viendo aun a Jhasua, cuyas manos retenía entre las suyas, y a Myriam a dos pasos con el jarabe de cerezas que parecía rubí líquido.

—¿Qué soñaste padre? —preguntó Jhasua sentándose a su lado mientras Myriam les ofrecía a ambos el precioso jarabe preparado por ella.

—Que numerosos ángeles del Señor me sacaban del pecho el corazón enfermo y me ponían el tuyo hijo mío, el tuyo joven y sano como un racimo de cerezas maduras. Y a fe que podía creerse así según lo bien que me siento. Todo dolor ha desaparecido y ya no me golpea en el pecho como los martillos sobre el banco. ¡Oh, Jhasua!... mi viejo corazón quería verte cerca, muy cerca, y golpeaba con furia llamándote. ¿Lo ves?... Oh, pícaro corazón de viejo que empieza a tener mañas buscando mimos.

Y Joseph reía como pocas veces le habían visto.

—Es nuestro hijo que te ha curado —díjole Myriam—. No ha sido infructuosa su estadía en el Tabor. Los Ancianos me han hecho relatos de grandes cosas que ha realizado allí. El Altísimo le ha tomado como instrumento para aliviar todos los dolores humanos.

—¡Van llegando los anuncios, Myriam!... ¡Van llegando!...

"Muchas cosas grandes y hermosas quiero ver en ti, hijo mío... pero no quiero verte padecer ni morir. ¡Eso no!... ¡eso no!

Y Joseph se agitó en el sillón.

—¡Cálmate padre! cálmate, que nada de eso verás —díjole suavemente Jhasua—. ¿Por qué te da por traer esos pensamientos en esta hora de tanta alegría?

—Verdad, Joseph, que no debes amargarnos estos momentos tan dichosos —añadió Myriam con su voz de alondra.

—Tenéis razón... me estoy volviendo de verdad viejo, y caigo en desvaríos tontos sin ninguna justificación.

Aquellos dichosos padres celebraron la llegada del hijo excelso, con una comida íntima al siguiente día. Todos los hijos de Joseph con sus familias, mas el Hazzan y los tres Esenios compañeros de viaje formaban un buen número de comensales.

—No digas nada de tu curación padre —díjole Jhasua— y así, todos creerán que es la alegría de tenerme a tu lado que te produce ese alivio.

Hay que tener en cuenta que de todos los hijos de Joseph, sólo el menor Jhosuelin era afiliado a la Fraternidad Esenia. Los demás eran simpatizantes con los Terapeutas por el bien que de ellos recibían, pero nunca se preocuparon de otra que de cumplir sin mayores esfuerzos la ley de Moisés, y sin poner en ello un marcado entusiasmo. Pertenecían a esa turba multa de seres buenos en el fondo, viviendo nada más que para el trabajo y los deberes de familia. Pacíficos por naturaleza, nunca se mezclaron en las alteraciones políticas de su tiempo, dejando a *los de más arriba* como ellos decían, el cuidado de velar por los intereses del pueblo. Este detalle explica claramente que ellos no vieron con buenos ojos los afanes de Jhasua por buscar solución a los problemas de los indigentes y desvalidos.

Habituados a bastarse a sí mismos y a encerrar toda su vida entre el huerto hogareño y sus talleres de artesanos, no comprendían que hubiera almas que sintieran otros anhelos e inquietudes. Y se volvían todo censuras contra los que buscaban complicaciones a su vida saliéndose de la órbita cerrada del hogar y del taller.

La parentela de Myriam ya era diferente, pues los hermanos de Joaquín y de Ana, sus padres, entre los que hubo varios Sacerdotes y Levitas, dejaron hijos e hijas con los cuales Myriam mantuvo siempre amistad, y fue entre ellos que encontró Jhasua en el futuro, ambiente más conforme con sus grandes ideales de mejoramiento humano.

Unos más y otros menos, todos esperaban que el hijo de Myriam como más comúnmente le llamaban para distinguirle de sus hermanastros, estaba destinado a ser el que diera brillo a la familia, pues no ignoraban que en su nacimiento hubo acontecimientos extraordinarios. Sabían también, que los Santuarios Esenios ocultos entre las montañas eran la Escuela de los Profetas, de los grandes Terapeutas, y guardaban todas las reservas convenientes. Y así su amor propio y un poco de vanidad les hacía ver con más agrado que Jhasua se instruyese en los Santuarios, que no su afán de mirar por los mendigos y chicuelos harapientos de la calle.

Alrededor de este modo de pensar, se desarrollaron todas las conversaciones durante la comida. Los Esenios daban miradas de inteligencia a Jhasua para que guardase silencio, en obsequio a la paz y la armonía en el seno de la familia reunida en su homenaje. Y el Servidor, en un discreto doble sentido, decía para dejar a todos tranquilos:

—No dudéis de que nuestro Jhasua será un fiel cumplidor de la Voluntad Divina en todo momento.

Cuarenta días permaneció Jhasua entre los suyos de Nazareth, donde recibió las visitas de toda la parentela de sus padres y amistades, que eran muchas, por ser Joseph conceptuado como un hombre justo en toda la extensión de la palabra, de cuyo consejo prudente y discreto y aun de ayuda material, casi no había un vecino de la comarca que no lo hubiese necesitado alguna vez.

Jhasua pudo recoger el fruto de sus desvelos de adolescente por sus hermanos desamparados y comprobar a la vez cómo los esfuerzos bien encaminados de parte del Hazzan, de la abuela Ruth, de su misma madre, con el gran apoyo de los Terapeutas, había eliminado por completo la indigencia ambulante en las calles y suburbios de Nazareth.

La buena voluntad de todos puesta en acción con idéntico fin, había dado como resultado que el trabajo distribuído con altruísmo y justicia había aniquilado el horrible monstruo del hambre y de la miseria, que asolaba a casi todas las ciudades de la Palestina. El lago de Tiberiades, que sería en años futuros uno de los más pintorescos centros de acción del Divino Maestro, estaba poblado en todas sus costas de barquillos pescadores, debido a que el solitario castellano de Mágdalo había donado a los Terapeutas la tercera parte de las maderas de sus grandes bosques para que los carpinteros sin trabajo construyesen pequeñas barcas pescadoras, que luego se alquilaban por un precio ínfimo, pagado con pesca, a todos aquellos que no teniendo recursos, quisieran sacar del pequeño mar galileo el sustento para sus familias.

Más de una vez los ojos del joven Mesías se humedecieron de feliz emoción, cuando en aquella estancia de cuarenta días en su tierra natal, recorrió las márgenes del lago de aguas doradas, en una u otra de las barquillas pescadoras de aquellos que dos años antes había él recogido de los suburbios fangosos de la ciudad, sin más perspectiva para ellos que el encontrar abundantes mendrugos de pan duro o residuos de comidas arrojadas al muladar.

Y ante tales hechos, se hacía carne en su corazón este profundo sentir:

—Si en la humanidad no hubiese tanto egoísmo, ningún ser humano sufriría la miseria y el hambre. Habría paz, felicidad y amor para dar a cada uno lo que de derecho divino le pertenece, puesto que, la ley de la vida, la da Dios para todas sus criaturas por igual.

No olvidó visitar al pequeño Juanillo, hijo de Zebedeo y Salomé, nacido como sabemos en el derrumbado santuario de Silos, camino de Jerusalén, cinco años atrás.

—Si te apuras a crecer y hacerte hombre, te llevaré conmigo a todas partes donde yo vaya —decíale el que pocos años después recorrería desde Idumea hasta Fenicia, y desde el Mediterráneo hasta la ardiente Arabia, llevando en verdad a Juan a su lado y llamándole *"estrella de mi reposo"*, en los momentos de íntimas confidencias con que el gran Apóstol descansaba de sus fatigas y desazón interior.

Cuando se cumplieron los cuarenta días de permanencia en Nazareth, el Hombre-Luz encontró su propio corazón rebosante de la dicha de haber proporcionado a todos cuantos se le acercaron unas migajas del festín divino del amor, que es consuelo, paz y esperanza.

—¡Madre! —decía enternecido a Myriam— nunca fui tan feliz como ahora, que no dejé a ninguno con la copa vacía de todos aquellos que la pusieron ante mí.

¡Oh! ¡Si los hombres supieran la alegría infinita de darse a todos sin esperar recompensa, este mundo sería un paraíso!

Y con el alma desbordante de amor y de alegría, Jhasua emprendió el regreso al Santuario, dejando a todos sus amiguitos contentos por saber que debían esperarle, pues él cumpliría su promesa.

—Volveré pronto —les había dicho— y quiero encontraros a todos como os encontré ahora: con el pan en la mesa y el fuego encendido, lo cual significa que trabajáis bajo la mirada de Dios, que bendice vuestros esfuerzos y fatigas.

Abigail se escondió entre la multitud de adolescentes y jovenzuelos que despedían a Jhasua en el huerto de su casa con el fin de despedirse la última.

—Jhasua —le dijo— yo me quedo con tu madre para cuidarla y amarla hasta que tú vuelvas.

—Bien, Abi, bien, y para cuando yo regrese celebraremos tus esponsales con Benjamín, mi sobrino. ¡Cuidado que no quiero riñas! ¿Eh? Nuestro Dios Amor te hará dichosa porque tu amor a los desvalidos te ha conquistado la felicidad.

Y al caer de la tarde se encontraba Jhasua de nuevo en las pintorescas grutas del Monte Tabor, donde le esperaban agradables noticias.

La última caravana del norte había traido un interesante envío desde Ribla; de parte de Harvoth, el escultor, que cumplía la promesa dada antes de partir.

Aquel sacerdote cretense que le contrató para construir un pequeño templo a Homero, eran un ser extraño para todos; pero en el que todos reconocían un hombre justo, en quien resplandecía un ardiente entusiasmo por todo lo bello, grande y bueno.

Era viudo y vivía solo con dos hijos: Nicanor y Lastenio, de 20 y 18 años, respectivamente.

A estas noticias iban añadidas otras que para los Esenios eran de gran importancia:

El sacerdote cretense, cuyo nombre era Menandro, poseía un valioso archivo de épocas muy remotas, cual si fueran visiones fantásticas de viejas civilizaciones, que ya no vivían ni aun en el recuerdo de los hombres. Y Menandro afirmaba que aquel archivo era la única herencia dejada por Homero, su ilustre antepasado, y que por conservarlo se había desterrado voluntarimante a la silenciosa Ribla, escondida en el corazón de la cordillera del Líbano. Allí no le encontrarían los interesados en cuestionarle sus derechos sobre aquel valioso tesoro.

El anciano estaba dispuesto a enseñarlo a quienes, con fines de estudio, quisieran revisarlo. Unicamente pedía discreción y silencio.

En la formidable Historia de las Edades que los Esenios venían formando desde que Esen, discípulo de Moisés, fundó la Fraternidad Esenia, había muchas lagunas, períodos vacíos, como si la marcha incesante de la humanidad se hubiese detenido a intervalos. Y a llenar de historia esos vacíos, tendían los esfuerzos de los solitarios para que la humanidad pudiera saber el orden completo en que la Divina Sabiduría pasó, como una estrella radiante por el cielo de este planeta, sembrando civilizaciones como el labrador siembra sus campos.

De tan inestimable valor era para los Esenios esta noticia, que no tardaron en disponer un viaje a Ribla. Irían cuatro de los diez que formaban el alto cuerpo de maestros, llevando con ellos a Jhasua.

Entre los cuatro Esenios viajeros, poseían las principales lenguas o dialectos en que los hombres habían expresado sus pensamientos desde lejanos tiempos.

Y mientras los ancianos contrataban las bestias a los caravaneros en Tiberias y ultimaban las diligencias del viaje, Jhasua dialogaba con Nebai, su flor de la montaña, sobre cómo había cumplido sus promesas y los mensajes mentales que le había enviado desde Nazareth.

Por vía de instrucción para el lector daré la copia de ambas carpetas, la de Nebai y la de Jhasua, que sentados en las piedras de la fuente, mientras las palomas se arrullaban y la buena Sabad les brindaba melodías de su laud al caer de la tarde, ellos comparaban día por día los resultados de su constancia admirable, para emitir el pensamiento Jhasua, y para recibirlo Nebai.

Desde luego que hubo fallas a veces, por diversos motivos, pues dadas las condiciones del plano físico en que ambos sujetos actuaban, la perfección completa no siempre es fácil y posible en un período largo ya, pues fueron cuarenta días de prueba.

Primer día: "Más o menos a la hora en que Jhasua debió llegar a Nazareth, me pareció sentir que me decía: ayúdame Nebai para aliviar a mi padre enfermo del corazón. Yo cerré los ojos y pensé con fuerza: Quiero que Jhasua cure el corazón enfermo de su padre.

—¡Exacto! —decía Jhasua mirando las anotaciones de su carpeta—. ¿Y qué más te dije ese día, Nebai?

—Yo no sentí nada más.

—Entonces no oíste el final, pues yo añadí: *"Si tu amor es grande como el mío, mi padre será curado".*

—¿Y no fue curado?

—Sí que lo fue.

—Entonces, Jhasua, será que mi amor es tan grande como el tuyo —contestaba valientemente la niña, fortalecida por el éxito.

La madre Sabad dejaba de tocar el laúd y sonreía ante este diálogo en que se veía el juego maravilloso de aquellos sentimientos como el rozarse de cristales límpidos, que transparentaban las luces de un arrebol sin sombras.

—No hay nada más hermoso y sublime que el amor en almas puras, que flotan en planos sutiles y diáfanos, adonde no pueden llegar los seres vulgares y mezquinos —pensaba la dichosa madre, testigo de aquel divino dialogar entre almas que la Ley había hecho encontrarse para grandes obras de amor y redención humana.

Y Nebai miró de nuevo su carpeta y continuó leyendo:

Segundo día: "Nebai: gracias por tu cooperación. Mi padre fue aliviado de su mal. No olvides el valle de Dobrath, pero no vayas sola sino con tu madre o la criada.

—¡Bien Nebai, muy bien! —exclamó Jhasua comparando con su carpetita—. Hay pequeñas diferencias de expresión, pero en el fondo dice lo mismo. Oye: "Nebai, gracias por la ayuda mental que me diste. Mi padre no sufre ya el mal. Acuérdate de nuestro valle de Dobrath, y cuando vayas, que seas acompañada con tu madre o la criada". ¿Ves, Nebai? Está casi igual.

—¿Has visto Jhasua cómo me llegaron tus mensajes? —decía la niña plena de satisfacción y alegría.

Cuando los pensamientos se perciben así a través de las distancias, es porque tú y yo estamos sumergidos juntos en la irradiación infinita de nuestro Dios-Amor. ¿Lo comprendes, Nebai?

—¡Oh, sí, Jhasua, lo comprendo! Me figuro a Dios como un inmenso mar luminoso, en el cual flotamos tú y yo como dos pececillos plateados, que muy juntitos van hacia un mismo lugar. ¿No será así ese Dios-Amor, Jhasua?

—Sí, Nebai, es así. Y así como ahora nos escuchamos y comprendemos, porque estamos en un mismo plano de vibración, y la atmósfera y el éter es uno mismo, de igual manera pasa a las almas en el espacio infinito cuando el amor recíproco, desinteresado y puro, las coloca en una misma onda vibratoria. Así me han enseñado mis sabios maestros.

—Y si tú y yo no nos amásemos y fuésemos indiferentes uno al otro o nos tuviéramos antipatía, ¿podríamos percibir así los pensamientos? —preguntó la niña.

—¡Oh, no, Nebai! ¡Nunca! Nuestro amor desinteresado y puro, es quien nos ha sumergido en ese mar luminoso que es Dios, según tú lo imaginas, y así como los dos pececillos plateados se hablan y se comprenden en el seno infinito de Dios-Amor.

—¿Y no podía ser lo mismo si yo te enviara mis mensajes con el pensamiento? —preguntó Nebai—. ¿Lo percibirías tú?

—Claro está que sí; probemos a hacerlo desde mañana a la hora que nosotros fijemos —contestó Jhasua.

—La quietud me viene a mí a la caída de la tarde, Jhasua, y cuando asoma la primera estrella. A esa hora ya no juego ni corro, ni río como una loquilla.

Sentada aquí en la fuente espío en el cielo la aparición de la primera estrella y me invade una suavidad y quietud que parece una oración. A esa hora puedo mandarte mi mensaje al Santuario. ¿Qué haces tú a esa hora, Jhasua?

—Estudio a los profetas, o medito yo solo en el santuario, o debajo de los árboles.

—Convenido, ¿eh, Jhasua? —insinuaba suavemente la niña con la misma ternura e intensidad con que otros niños piden un juguete o una golosina.

—Convenido, Nebai, y con todo el entusiasmo de mi corazón.

Y siguieron recorriendo las carpetitas hasta llegar a una anotación que decía: "Desde el amanecer me sentí acosada por la idea de que Jhasua no quería más dejar Nazareth, y volver al Tabor. Y entristecida por tal idea vine a la fuente al caer de la tarde, según costumbre, y encontré que una de las piedras que forman el borde se había salido de su sitio, y que al rodar sobre el césped aplastó una palomita nueva que hacía poco salió del nido. Esto me causó gran tristeza, y cuando me aquieté para esperar el pensamiento de Jhasua, creí sentir estas palabras:

—"Nebai: estoy vacilante entre quedarme con los míos en Nazareth o volver al Tabor y esto me hace padecer enormemente. Ayúdame a encontrar el camino de la Ley"

—¡Exacto, exacto... Nebai! —exclamó Jhausa—. ¡Qué hermosa sensibilidad la tuya, que así te hace percibir mi pensamiento dirigido a ti!

—Sí, sí pero yo lloré tanto aquella tarde con tu mensaje que lo asocié a la pena causada por la palomita muerta bajo una enorme piedra.

"¿A que no adivinas, Jhasua, lo que yo pensé en aquel momento?

—¡A ver!... Espera, espera. Piénsalo fuertemente, Nebai, y yo te lo diré.

La niña entornó los ojos y pensó...

Jhasua cerró también los suyos y se concentró en su mundo interno.

—Tú pensaste, Nebai —dijo después de unos momentos de silencio—, en que tú serías como la palomita aplastada por esa piedra si yo no volvía al Tabor. ¿Acerté?

—¡Oh, sí, Jhasua!... ¡Eres un mago! —exclamó la niña mirándolo con sus grandes ojazos asustados.

—No, nada de magia hermanita. Somos dos pececillos plateados sumergidos en la misma corriente... La irradiación divina de nuestro Dios-Amor. ¿No quedamos en eso? Las ondas de esa corriente traen y llevan los pensamientos del uno al otro. ¡Eso es todo!

—¡Oh, qué maravillosa es tu sabiduría, Jhasua! ¿Por qué los ancianos no enseñan a todos los hombres eso mismo que te enseñan a ti?

—Pues porque a los hombres no les interesa aprenderlo, Nebai. Ellos están demasiado ocupados en acumular tesoros materiales, en hacerse grandes, en luchar por dominarse unos a los otros, por avasallarse, para satisfacer los gritos de la soberbia que les impulsa a aplastarse los unos a los otros en un incontenible furor.

"Ahora es Roma, luego será Cartago, Macedonia, la Iberia, la Germania, la Bretaña. ¡Oh, los hombres de esta tierra, como una avellana, se creen señores de la Creación cuando han echado la zarpa sobre los pueblos débiles e indefensos! ¡Oh, Nebai, qué malos son los hombres cuando más pequeños y miserables!...

Y Jhasua, sentado sobre el borde de la fuente descansó su cabeza entre sus manos y guardó un largo silencio.

—¿Te hice daño, Jhasua, con mis preguntas? —se oyó la media voz suave de la niña que interrogaba.

—No, Nebai, tú nunca puedes hacerme daño. Es la visión de la maldad humana que me despedaza el alma como con flechas envenenadas...

Melkisedec, el maestro de Jhasua, llegó en ese momento diciendo que saldrían tres días después para Ribla, pues todo estaba dispuesto.

Y nosotros, lector amigo, les seguiremos de cerca, ya que la Eterna Ley nos permite ser como la sombra de Jhasua, que les sigue a todas partes, para conocer a fondo su vida de Verbo de Dios encarnado en la tierra por última vez.

A LAS MARGENES DEL ORONTES

Las últimas estrellas salpicaban aun las gasas de la noche que se iban diluyendo en los primeros reflejos del amanecer, cuando los Esenios y Jhasua emprendieron la marcha hacia Tiberias, donde se incorporarían a la caravana que a medio día pasaba por la fastuosa ciudad, edificada por Herodes en homenaje a Tiberio César.

Estaban a la mitad del estío y el calor era sofocante, por lo cual se detuvieron a la orilla del Lago Tiberiades, desde donde veían las cúpulas y columnas de la flamante ciudad, edificada diez años antes en lo más pintoresco de la región y sobre una meseta desde la cual se dominaba una larga extensión en todas direcciones.

La caravana llegó poco después, y nuestros viajeros se unieron a ella con rumbo al norte.

Al pasar costeando el lago, siguiendo el único camino existente entre él y el peñón en que estaba asentado el castillo de Mágdalo, como un centinela de la aldea de ese nombre, encontraron en la orilla una hermosa embarcación blanca entoldada de colgaduras azules. Allí jugaba una niña rubia de unos diez años de edad, acompañada de una mujer que tendría 40 y que vestía a la usanza de las mujeres griegas, con el ancho peplo de vistosos colores que el viento agitaba como alas gigantescas de exóticos pájaros de la India.

Los viajeros debían pasar a tres pasos de la barca, en cuyo centro se veía una mesita con la cestilla de los hilos con que, la griega tejía encaje, y otra cesta de uvas y cerezas, de donde la niña desprendía los granos y se los comía graciosamente.

Dado que los asnos andaban con lentitud por lo estrecho del sendero, Jhasua miró con insistencia a la hermosa criatura que comía uvas y cerezas, y sus dorados cabellos le recordaron a Nebai.

La niña corrió a la borda para ver el paso de la caravana, y gritó:

—¡Elhida!... Mira ese lindo zagalito que monta el asno obscuro. Es rubio como yo.

—Calla niña, y no te metas con los viajeros —le dijo la mujer.

Jhasua le sonrió al ver el gesto de enojo que puso a la ama que la reprendía.

—Me parece que te gustan mis uvas y mis cerezas —dijo la niña—. ¿Las quieres?

Jhasua movió negativamente la cabeza, pero el Servidor que sabía que aquella niña era hija del señor del castillo, que donó las maderas de sus bosques para barcas pescadoras, intervino en el acto.

—No desprecies el don Jhasua, que su padre remedió las necesidades de tus protegidos de Nazareth. Además aquí se toma mal una negativa así.

Jhasua se desmontó y se acercó a la barca, con cierta alarma de la griega que no perdía de vista a la niña. Esta, con gran soltura y franca alegría, extendió a Jhasua la cesta, diciéndole:

—Tómalas todas, que yo tengo muchas en el huerto.

Jhasua tomó la cesta y repartió racimos de uvas y cerezas a sus compañeros de viaje que estaban más cercanos.

—Por ahora sólo puedo darte las gracias —le dijo al devolverle la cesta—, pero te traeré al regreso un nido de ruiseñores del Líbano.

— ¡Oh, gracias, gracias! Vuelve pronto y no olvides la promesa.

Y de pie en la popa de su barca, continuaba agitando su manecita que decía adiós al zagalito viajero. ¿Quién podría adivinar, amigo lector, que años más adelante, en un día trágico y pavoroso, aquella niña rubia, ya mujer, cruzaría enloquecida por entre una turba rabiosa y feroz, para arrojarse ante un patíbulo y abrazarse a los pies del hombre que allí moría crucificado?

El generoso rasgo de la niña interesó a Jhasua, y ella, a su vez, decía a su ama griega, Elhida:

—Más que por interés de los ruiseñores, quiero que vuelva para mirar otra vez esos ojos que tiene... *¡Es un Adonis!*, como dice mi padre cuando se le pone delante un jovenzuelo hermoso.

—Y tú, Nelia, está mal que seas tan entrometida con las gentes que pasan... —decía el ama reprendiendo a la niña.

— ¡Nelia a secas, no! Nelia María como mi madre, quiero llamarme, ya te dije Elhida.

"Ese Nelia, abreviado de *Cornelia*, me suena mal. María, María... Sí que es musical y armonioso, y las hermosas sirias lo pronuncian como un gorgeo: ¡Myriam!...

Esta conversación distraída de la niña rubia y la mujer griega, aún llegó a los oídos de Jhasua, pues la serenidad de aquel atardecer de verano junto al lago, llevaba las ondas sonoras por la costa a través del suave viento del Sud, que soplaba siempre al anochecer.

Este encuentro puramente casual, pronto fue olvidado por ambos protagonistas de la brevísima escena. ¡Tantos viajeros iban y volvían por aquel mismo camino! Y para Jhasua, aquella niña feliz, llena de cuanto puede causar satisfacción al gusto más exigente, no hizo impresión alguna en su yo íntimo. Otra cosa hubiera sido si la hubiese encontrado sumida en la desgracia.

Esa noche pernoctaron en Minyhe hasta la salida de la luna. Era otra pequeña aldea como Mágdalo, dormida a las orillas del lago con su pequeña población de pescadores, labriegos y leñadores. Al mediodía siguiente se encontraron en Corazín, ciudad de más importancia, donde algunas familias esenias les hospedaron por las horas que estuvo detenida la caravana. Aquí residía la madre viuda de Felipe, el que más adelante formó entre los doce apóstoles.

Felipe colmó de dones a Jhasua cuando, bajo gran secreto, el Servidor le manifestó quién era este jovencito, cuya belleza física llamaba tanto su atención.

La madre de Felipe padecía de una úlcera cancerosa en la rodilla izquierda, lo cual tenía entristecidos a todos en aquella casa.

La comida se hizo bajo el emparrado a la orilla misma del lago, y durante ella Felipe refería con tristeza los dolores que sufría su madre, por más que él y su esposa se preocupaban grandemente de aliviarla sin conseguirlo.

Jhasua se levantó de la mesa y alzó el tazón en que había bebido vino, se inclinó sobre las aguas del lago, alzando de ellas cuanto cabía en el recipiente.

—Si me ayudáis —dijo—, y somos todos capaces de amar a la abuela Débora, como nos amamos a nosotros mismos, ella será curada.

Su nuera le quitó las vendas y Jhasua, fuertemente concentrado, fue derramando gota a gota el agua que había vitalizado con su hálito y su mirada.

La pobre anciana exhaló un gemido doloroso como si bruscamente le hubieran arrancado un trozo de piel. La llaga se puso roja, en carne viva, y comenzó a destilar gotas de sangre, que el aliento de Jhasua fue secando lentamente. El agua del tazón se terminó y la herida fue nuevamente vendada.

—El sol del amanecer te encontrará curada, abuela —le dijo amorosamente Jhasua, besándola en una mejilla.

— ¡Bendito seas ángel de Dios! —exclamó la buena mujer llorando de alegría—. Para cuando regreses tendré tejida para tí una túnica azul como el cielo, y del hilo más fino que han hilado mis manos.

Desde aquella época esta mujer y todos sus familiares y amigos, fueron el círculo adicto al Divino Maestro en sus años de apostolado, en los cuales hizo de la ciudad de Corazín uno de los escenarios más movidos de su obra misionera.

La casa de Débora, madre del apóstol Felipe, fue la casa del Maestro en Corazín, como la de Martha y Lázaro lo fue en Bethania, y la de Lia, la viuda en Jerusalén.

Peregrino errante en busca del amor sobre la tierra, encontraba nido y abrigo allí donde había almas capaces de comprenderle y amarle, y más que todo, capaces de asimilar su doctrina sublime, basada únicamente en el amor de los unos para los otros, pero elevado al máximo: *"amar al prójimo como a si mismo"*.

¡He ahí el lago sereno de aguas de plata en que debe reflejarse la conciencia de todo seguidor del Cristo! ¡He ahí el espejo de la luna fiel que ha de copiar el desfile ininterrumpido de los actos todos de nuestra vida física, si queremos tener derecho a llamarnos con verdad y justicia, *seguidores del Cristo.*

Desde Corazín en adelante, el viaje no tenía ya los encantos de la hermosa perspectiva, pues hasta llegar a Cesárea de Filipos, gran capital limítrofe entre Galilea y Siria, era en general escabrosa, y sus montañas con grandes precipicios y enmarañado boscaje, era buena guarida para las fieras y los bandoleros. Al atravesar el Jordán junto al lago Meron, y a poca distancia de Corazín, se encontraron con una familia del país de los Itureos, que buscaba la caravana para ir a Damasco.

Cinco hijos varones y cuatro mujeres, más el padre y la madre, eran ya once personas. Montaban asnos y arrastraban consigo una hermosa majada de antílopes africanos y ovejas del Irán, que eran su fortuna.

Se ausentaban de su tierra natal porque se veían desalojados de los pocos parajes donde había pastos y agua potable.

— ¡Pero es una locura! —advirtió el jefe de la caravana—. Vais a perderlo todo en este viaje tan largo. En vuestra majada, casi la mitad son crías de la última luna, y bien véis que no podemos ir todos los viajeros llevando en brazos un corderillo o un antílope pequeñín. ¡No puede ser, no puede ser!

Las mujeres se echaron a llorar desconsoladamente.

—Ibamos a los lagos cercanos de Damasco donde un pariente nuestro posee tierras allí que nos da en arriendo por poco precio —decía el padre.

Mientras esta conversación, Jhasua escuchaba y meditaba, y acercándose luego a la madre y a las hijas que lloraban en silencio, les dijo.

—No lloréis más, que vuestro llanto me hace daño. Soy el último de la caravana, pero creo que os puedo arreglar este asunto.

La mujer le miró asombrada.

—¿Tú, niño?... ¿Y qué vas hacer, si ni aún te asoma la barba?

—No necesito la barba, sino un poco de amor y piedad de vuestro dolor —le contestó—. Y eso es lo único que tengo. Esperad.

Y corrió hacia el Servidor, que ya lo esperaba, pues era imposible que Jhasua viese un dolor sin apiadarse de él.

— ¡Servidor! —le dijo emocionado y con sus ojos húmedos de llanto—. Por el amor que vosotros me tenéis, os ruego que ayudéis a salvar esa pobre gente.

—¿Qué quieres hacer con ellos? —le interrogó el anciano.

—Protegerlos en nuestra tierra galilea, tan fértil, y donde los valles repletos de pastos abundan, sin que nadie los utilice. Vos Servidor podéis enviarles con una epístola a cualquier paraje vecino del Jordán. ¡Vos conocéis a tantos y sois amado de tantos!

—Bien, Jhasua, bien; no estéis desconsolado por esto. Entre Corazín y el lago Merou que acabamos de pasar, vive un hermano de Débora, la madre de Felipe, que vive solo con su mujer, ambos viejos ya y llenos de achaques.

"Ellos poseen una buena porción de tierra que por lo fértil y abundante es una bendición de Dios. No tienen hijos y pasan una vida en triste soledad. Enviaremos allí esta pobre familia hasta que regresemos de Ribla y entonces, con tiempo y calma, veremos lo que se hace.

El lector puede adivinar la felicidad de Jhasua, que no acertaba si a llorar o a reir. Y corrió como un cervatillo sediento en busca de agua, para secar el llanto de la infeliz familia iturea, que se hallaba sin patria, y ahora iba a tenerla entre amigos de los Esenios del Tabor.

Una epístola del Servidor entregada al jefe de la familia con las señas y detalles del sitio en que se encontraba la vieja cabaña de Labán, tío de Felipe, a la orilla del Jordán y junto al Lago Meron, fue lo bastante para hacer la dicha de aquella pobre familia desterrada, que en unas pocas horas se encontraría en refugio seguro para ellos y sus animales.

Jhasua todavía les acompañó a ponerles en el camino que corría casi paralelo al que había traído la caravana, y del cual se bifurcaba el senderillo entre collados y bosques que conducía directamente a la cabaña de Labán.

La caravana, siguiendo el trillado camino conocido y recorrido desde largo tiempo, atravesaba parte de Golonítide y de Iturea, que como ya dijimos presentaba un aspecto fragoroso por sus montes, como cortados a pico, y su enmarañada selva que ocultaba traidores precipicios y encrucijadas peligrosas. Innumerables leyendas espeluznantes alteraban la tranquilidad de los viajeros al llegar a este lugar que se creía escenario propicio para seres malignos, ya les llamasen *demonios, brujos,* o simplemente *almas en pena.*

Por tal motivo la caravana procuraba no detenerse a pernoctar allí en cuanto les fuera posible, sino que forzando un poco la marcha, atravesaban la región desde la primera luz del día hasta la llegada de la noche, que ya les encontraba en la riente llanura vecina a Cesárea de Filipos.

Pero en este viaje ocurrió algo inesperado. Un calor excesivo y por demás sofocante, enfermó a gran parte de las bestias cuando aun no habían terminado de atravesar la región montañosa y sombría, y la caravana se vio obligada a detenerse en lo más despejado del camino y donde un arroyito nacido de una vertiente escondida entre las rocas, les proporcionaría agua potable para hombres y bestias. Este arroyuelo nacido en las vertientes del Monte Hermón, cruzaba los arrabales de Cesárea y venía a desembocar en el Jordán, junto al lago Meron, que cruzaran dos días antes.

En la pequeña explanada que eligieron para aquel forzoso descanso cuando la noche les sorprendió, se unía también el camino de las caravanas que iban y venían de Tiro, el hermoso y bullanguero puerto fenicio, que ponía en contacto con el mar toda aquella región.

No bien se vieron resplandecer las hogueras que los viajeros encendieron para alumbrarse y condimentar sus alimentos, oyeron gritos pidiendo auxilio.

Las voces partían de una obscura garganta de los montes a cincuenta pasos de la explanada. Armados de antorchas, de lanzas y de fuertes varas, el Kabir de la caravana y sus hombres, más los Esenios acudieron a aquel lugar que con las sombras de la noche aparecía más pavoroso aun.

Encontraron allí una familia amarrada a los troncos de los árboles.

Era el padre de edad madura, la madre algo más joven, un muchacho de 19 años y una niña de 14. La madre yacía en el suelo desmayada y la niña era la que daba aquellos dolientes gemidos, mientras los dos hombre atados y amordazados, forcejeaban en vano por romper los fuertes cordeles que ya casi les sacaban sangre de los brazos y pies amarrados.

El servidor y Jhasua habían quedado con los viajeros en la explanada donde levantaron las tiendas.

Las víctimas eran viajeros venidos desde Chipre, originarios del golfo de Chitín. Unos asaltantes de caminos les habían quitado sus cabalgaduras y equipajes, dejándoles en el lastimoso estado en que les encontraron.

El padre se llamaba Alipio, el hijo Hallevi, la madre Ecli y la niña Dorcas. Se habían venido desde Chipre y buscaban unirse a la caravana que volviera de Damasco hacia el sur, con destino a Joppe sobre el mar.

Los padres de Ecli, ya muy ancianos, les llamaban ansiosamente porque veían acercarse sus últimos días sin tener a su lado ni uno solo de sus hijos que cerrasen sus ojos, y recibieran la valiosa herencia de un campo que era el más rico olivar y viñedo de aquel lugar.

El Kabir de la caravana sólo se ofrecía a llevarles hasta Cesárea de Filipos, ya casi a la vista. Pero, ¿qué harían en aquella gran capital sin amigos y sin medios de vida? Les habían despojado de todo y la situación no podía ser más desesperante.

Los Esenios, paño de lágrimas de cuanto dolor humano les salía al paso, encontraron enseguida el dedo de la Ley, que les señalaba: "Ama a tu prójimo como a tí mismo".

Y la Divina Ley, madre fecunda de todo bien, les dio la solución de aquel doloroso problema. Lo inminente era conducir a la mujer desmayada a las tiendas y dar alimento a los demás que desfallecían más de sed que de hambre.

Al verles llegar con aquella camilla improvisada con lanzas y varas creyeron que conducían un cadáver.

—Un poco menos que cádaver —decía el Kabir—; pero ¿qué se le va hacer? Si no revive, le enterraremos como Dios manda.

La pobre niña lloraba desconsoladamente creyendo muerta a su madre.

Los cuatro Esenios se arrodillaron en torno a la camilla y le aplicaron compresas de agua fría en la cabeza y un grueso paño mojado en vino en el plexo solar. Hiciéronle beber agua de flores de naranjo y le friccionaron las extremidades. El corazón latía débilmente, pero no reaccionaba en forma ninguna.

Jhasua, sentado a cuatro pasos del dolorido grupo, asemejábase a la estatua inmóvil y silenciosa de la meditación. El hondo y dolorido llanto de la niña Dorcas, pareció sacarle de aquel estado, y acercándose a ella le dijo:

—No llores y espera del Padre Celestial que dejará vivir a tu madre. ¡Yo quiero que no llores! Ven conmigo.

Y tomándola de la mano le llevó junto a la camilla. Los ancianos, que tanto conocían la acción poderosa de las fuerzas superiores cuando se apoderaban de Jhasua, comprendieron al verlo que había en él una enorme condensación de dichas fuerzas y que la curación de la enferma iba a producirse de inmediato.

El y la niña se arrodillaron de un lado y otro de la camilla y por encima del cuerpo inmóvil, Jhasua tomó las manos de la niña que había cesado de llorar y que lo miraba como hipnotizada por algo que ella viera en él, y que era invisible para los demás. Aquellas cuatro manos unidas temblaban como cuerdas puestas en elevada tensión y agitadas por el viento.

Los ojos de Jhasua estaban fijos en los ojos cerrados de la enferma, que de pronto se abrieron llenos de espanto al principio y llenos de llanto después.

Luego, una descarga de sollozos como una tempestad largo tiempo contenida, y por fin una suave laxitud que denotaba paz y descanso.

—¿Ves? —decía Jhasua a Dorcas—. ¿Ves cómo el Padre Celestial escucha el gemido de sus hijos?

Un gran asombro se esparció como un velo agitado que envolviera a todos, y una sola pregunta surgió de todos los labios.

—¿Quién es este jovencito que así domina las enfermedades y la muerte?

Comprendiendo los Esenios que alguna explicación había que dar a los profanos que les rodeaban, el Servidor dijo:

—Este jovencito es hijo del hombre más honrado y justo de Nazareth, y parece que ya se diseña en él un profeta de Jehová, más grande quizás que los que en seis generaciones de profetas iluminaron el horizonte de Israel. Pero como son las primeras manifestaciones del poder divino que reside en él, no conviene darlo a publicidad hasta que el Señor manifieste su voluntad.

—Es el caso —decía uno— que yo tengo mi hijo enfermo de una lenta fiebre que le va consumiendo.

—Y yo mi madre —decía otro.

—Y yo mi mujer —añadió un tercero.

—Y yo un hermano loco furioso que nos trae trastornos a todos —decía un cuarto.

Y así sucedió que casi no había uno de los viajeros que no tuviese algún enfermo en su familia.

El Servidor miró a Jhasua y comprendió que aun estaba poseído de las fuerzas superiores que le hacían capaz de vencer el mal.

—¿Creéis todos vosotros los que padecéis en vuestros familiares, que el poder de Dios, Señor y Dueño de cuanto existe, puede curarles?

—¡Lo creemos, lo creemos! —repetían todos— puesto que habéis vuelto a la vida a esa mujer que estaba como muerta.

—Os pido una sola cosa... Que en gratitud al Señor por el bien recibido, seais misericordiosos de hoy en adelante con todos los desamparados que sufren hambre y miseria —dijo Jhasua con la entonación de voz de un inspirado que ejerce una autoridad suprema.

—¡Os lo prometemos! —dijeron todos a la vez.

Jhasua entornó sus ojos y extendió sus brazos lentamente hacia los cuatro puntos cardinales. Emitió con fuerza su aliento también en las cuatro direcciones y guardó silencio.

—El poder de Dios —dijo luego—, visitará a vuestros queridos enfermos si es verdad que creéis en ese divino Poder.

Durante esta escena, la enferma se había sentado en la camilla y acariciaba las manos de su hija que recostada en el césped no se hartaba de mirar a su madre viva, cuando ya la creyó muerta.

Y como ya estaban casi a la vista de Cesárea de Filipos, resolvieron llevar allí la familia encontrada en tan tristes condiciones, para proveerlas de los medios necesarios para llegar a Joppe en la Judea, hacia donde habían emprendido su viaje.

Como los mulos y asnos no eran suficientes, se hizo necesario que algunos compartieran su cabalgadura con otro de los recién incorporados a la caravana, y así fue que el jovencito Hallevi montó a la grupa de la cabalgadura de Jhasua.

—Pesáis entre ambos tanto como uno de nosotros —había dicho el Kabir—, y creo que por solo siete estadios que faltan, el asno os resiste bien.

Pero Jhasua, cuya alma toda compasión, no le resistía ver lo que juzgaba un inaudito esfuerzo para el animal, se empeñó en bajarse y caminar a pie al lado de Hallevi, montado en su asno. Este hecho, al parecer de tan poca importancia, le valió una gran conquista para el futuro de su obra grandiosa de misionero.

Descubrió en Hallevi una clara inteligencia y un alma digna de ser cultivada con esmero. Se hicieron grandes amigos. El jovencito asimismo, quedó convencido de que Jhasua era un profeta. Y como en las escuelas filosóficas de Chipre se hablaba mucho de la ley de reencarnación, Hallevi pensaba en silencio viendo la nobleza y dulzura de Jhasua, que caminaba a su lado.

—¡Será éste uno de los *grandes* que ha vuelto y arrastrará las muchedumbres y revolucionará el mundo!...

A Jhasua le llegó claro este pensamiento de su amigo, y mirándole afablemente le dijo:

—Y tú, Hallevi, darás vida real a mis sueños de confraternidad humana en una capital sobre el mar.

—¿Cómo lo sabéis? —le preguntó el jovenzuelo.

—¿No estás pensando que soy un Profeta? Piensa también que me vino esa inspiración.

Hallevi calló.

Y para ilustración del lector decimos aquí que Hallevi, después de la muerte de Jhasua, se presentó a los Apóstoles aun reunidos en Jerusalén y les refirió detalladamente este hecho, cuyo vivo recuerdo conservaba en su mente.

—¡Baar-ñaba! —exclamaron varios a la vez—. Tú eres el que nos anunció el Señor que llegarías con tu alma llena de fuego y tus manos llenas de oro para la fundación de una gran escuela de misioneros. ¡Baar-naba!... te llamaremos, porque eres *hijo de una profecía* que tardó años en cumplirse.

Este nombre de Baar-naba se transforma con el tiempo hasta quedar en *Bernabé.* Fue el fundador y el alma de la gran iglesia cristiana de Antioquía, donde se comenzó a dar el nombre de *Cristianos* a los adeptos, y donde fueron recibidos hombres y mujeres de todas las razas de la tierra en contraposición a la iglesia de Jerusalén, que sólo abrió sus puertas a los judíos de nacimiento. El nuevo nombre dado a Hallevi significa en sirio caldeo: *hijo de una profecía.* Fue Bernabé también el introductor de Pablo convertido al seno de los discípulos de Cristo.

Y fue la de Jhasua una *doble* conquista en esta oportunidad, pues Dorcas, la niña hermana de Hallevi que permaneció siempre en Joppe en la antigua granja de sus abuelos maternos, abrazó con entusiasmo la doctrina del Profeta Nazareno, a quien debía la vida de su madre que le vivió hasta pasados los ochenta años. Dorcas, nombre griego, fue traducido al sirio-caldeo al nombrarla entre los discípulos de Cristo, y esta traducción lo convirtió en "Thabitta", que fue la célebre mujer de este nombre tantas veces mencionada en las crónicas de aquel tiempo, como una generosa benefactora del Divino Maestro y sus discípulos.

Como su hermano Bernabé en Antioquía, Thabitta fue en la Judea el alma de toda obra cristiana, pues su abundante patrimonio la ponía en condiciones de subvenir a las necesidades de la comunidad cristiana del primer siglo, en aquella desventurada Judea, la más intransigente y dura de toda la Palestina, y que acaso por eso mismo fue regada con la sangre del Divino Mártir.

Fue la fundadora de la primera obra femenina de socorros mutuos, pues en su propia casa abrió un taller de hilados y tejidos, a donde concurrían las mujeres del pueblo a confeccionar ropas para todos los cristianos necesitados.

El Apóstol Pedro, que después de muerto el Maestro, fue como el consejero íntimo de Thabitta, tuvo para ella ternuras de padre.

¡Cuán fecunda y feliz fue pues la doble conquista de Jhasua a los 17 años, en el fragoroso y sombrío camino hacia Cesárea de Filipos, donde los encontraron maniatados por los asaltantes de la Iturea!

A mitad de la mañana, nuestros viajeros entraban en los suburbios de la gran capital, donde debían detenerse el tiempo suficiente para renovar las provisiones y entregar mercancías y encargos traídos del Sur y destinados a comerciantes o particulares radicados en esta capital.

Jhasua con Hallevi y el Esenio Melkisedec, su maestro, quisieron recorrer la ciudad cuyo movimiento comercial era intenso.

Allí se reunían los tres más importantes caminos de todo aquel país. De allí arrancaba el camino de las caravanas a Tiro, la gran capital marítima de Fenicia sobre el Mediterráneo.

A Cesárea llegaba la larga carretera del Sur desde Idumea y Madian, igualmente la que bajaba del Norte desde la lejana Tiphsa sobre el Eufrates y recorría Hamàth, Ribla y Damasco. Y aunque era una ciudad reedificada al estilo romano, la parte antigua seguía siendo la vieja ciudad siria con sus grandes mercados y bazares, donde los turbantes y las mujeres veladas hacían sentir el ambiente oriental, mezcla indefinible de quietud y de actividad, de misterio y de timidez.

La mezcla de razas, había producido desde luego una verdadera confusión de lenguas y dialectos de los más variados. Y la necesidad de vender y de comprar establecía una verdadera lucha para hacerse comprender, por lo cual abundaban allí los que se vinculaban al comercio desempeñando el papel de intérpretes y escribas.

Uno de estos intérpretes llamó la atención de Jhasua, observador por naturaleza. O sería, quizás, que su fina sensibilidad percibía los grandes dolores ocultos y secretos, aunque se escondieran en el fondo del alma más impenetrable.

—¿Qué os parece ese hombre? —preguntó a media voz a su maestro Melkisedec, que hasta ese momento no había reparado en él.

—Es un hermoso tipo árabe y parece ser persona de calidad. Sus modales lo delatan, aunque sus vestidos, ricos en otro tiempo, demuestran un largo uso. ¿Por qué lo preguntas?

—Porque desde que le ví, estoy sabiendo que lleva la muerte en el corazón —contestó Jhasua.

—Y tú ya no vives por el anhelo intenso de curar ese corazón ¿no es verdad?

—¡Oh sí maestro Melkisedec y perdonadme! El dolor de ese corazón, está envenenando al mío.

—¡Bien, bien!... Ahora sacaremos todos ese veneno a fin de que te quedes tranquilo —contestóle el Esenio y acercándose al desconocido personaje le habló en un correcto árabe como se hablaba entonces.

—Somos extranjeros en esta ciudad, y necesitamos un guía para visitarla durante el tiempo que permanezca aquí detenida la caravana que nos trae del Sur.

¿Podríais prestarnos vuestros servicios?

—Con todo gusto —le contestó—. Pero ¿cómo es que habláis tan correctamente el árabe?

—Porque soy un aficionado a ese estudio, y siempre me ha interesado todo lo de vuestro país.

Habían comenzado a caminar por las tortuosas callejas de la ciudad vieja.

—Esta es la mezquita más importante que aquí tenemos — dijo deteniéndose ante un edificio vetusto, aunque bien conservado en su venerable antigüedad. Sus minaretes esbeltos y gallardos se veían desde larga distancia.

—Aquí se conservan algunas escrituras del Profeta del fuego (alude a Elías) y de su discípulo Eliseo, a los cuales se les tiene un fervoroso temor, y se conserva aquí un trozo del manto de Elías y un mechón de cabellos de Eliseo como talismanes contra todos los males.

—¡Oh, qué maravilla! —exclamó el Esenio—. Hay tantos males en la tierra' que todos los talismanes son pocos para remediarlos.

—Los de mi tierra en general —añadió el intérprete— tienen fe ciega en los talismanes del profeta. Soy yo el único que no creo.

—¿Vos? Y ¿cómo es eso?

—Pues porque jamás me dieron resultado. Y para no renegar de la fe de mis mayores he resuelto el problema pensando que tales objetos no serán del Profeta, aunque dicen que muchos fueron curados con sólo poner la mano en el cofre de cristal y de oro en que están guardados.

—¿Y tan sólo para vos, el talismán fue mezquino de sus dones? —preguntó el Esenio, mientras Jhasua y Hallevi les seguían muy de cerca escuchando la conversación, sin entenderla completamente.

—Así es en verdad —contestó secamente el árabe.

—En esta caravana —añadió el esenio —venimos varios médicos de una escuela muy antigua que se llama *La Divina Sabiduría.*

"A ella pertenecen los Terapeutas que aciertan a curar casi siempre los más extraños males.

—Oh sí, he oído hablar de esos Terapeutas, pero nunca se me puso uno delante —contestó el intérprete.

—Pues aquí tenéis uno que está a vuestra disposición, y en la parada de la caravana hay tres más. ¿Tenéis enfermos en vuestra familia?

—No sé el mal que es; sólo sé que una inmensa desgracia cayó sobre mí debido a los sortilegios malignos de una bruja, a quien maldigo desde el fondo de mi corazón.

—No maldigáis a nadie amigo, que no es ése el camino para conseguir el bien que anheláis.

"Contadme lo que os ocurre sin reparar en estos jovenzuelos que no comprenden vuestra lengua, y yo os diré si vuestro mal puede ser remediado.

El relato era éste:

Era hijo tercero de un príncipe de la familia Hareth que tenía grandes dominios en la Arabia.

Se había casado secretamente con una prima suya que estaba destinada a desposarse con el heredero del Rey de Etiopía, el mas poderos de los soberanos del Africa, y su padre al saberlo los maldijo a entrambos, y obligó bajo pena de muerte a la más funesta maga que tenía en su reino, a que por medio de horribles sortilegios volviera loca furiosa a la hija desleal y desobediente que se había rebelado contra la autoridad paterna. Y loca estaba desde hacía cuatro años que se habían unido, y a tal punto que ni a él mismo lo reconocía.

—Me llamo Ben-A-Bar —díjole de pronto— y os prometo ser vuestro esclavo toda la vida si me curáis mi dulce Zafira que es para mí más que mi vida. Tomad en prenda este anillo regalo suyo.

—¡No, no!, nada de eso amigo mío. Guardad vuestra alhaja que los Terapeutas nada queremos por el bien que nuestro Dios nos permite hacer. Jhasua —dijo volviéndose hacia él— avisad a nuestros hermanos que tenemos aquí un trabajito que hacer.

Jhasua, cuya intuición hacía conocer todo aquel drama íntimo, corrió hacia donde quedaron los Ancianos y les encontró a la vuelta de una de las calles.

—Hemos recibido aviso de que nos necesitáis ¿qué pasa Jhasua?

—Un enfermo que reclama auxilio. —Fue ésta la contestación que dio.

Reunidos ya todos, el árabe les condujo a su casa situada en lo que llamaban la *torre vieja* y que era un suburbio muy antiguo, en el centro del cual existía una vetusta torre almenada y respaldada por un peñón, al cual aparecía adherida como si fuera parte de el mismo.

—Aquí está todo mi mundo —díjoles Ben-A-bar—. Esta torre que fue fortaleza y presidio en otros tiempos es lo único que poseo, pues me vino por herencia materna.

"Pasad y veréis mi pobre esposa loca sin alivio alguno.

Hallevi temblaba de miedo sin saber por qué.

Los Esenios conocedores de las terribles fuerzas extraterrestres que actúan en estos casos, sentían asimismo esa vibración de pavor y de espanto de que los genios del mal rodean todas sus obras, para producir una fuerte sugestión, que es el primer escalón en el descenso al abismo de tinieblas en que precipitan a sus víctimas.

— ¡Hallevi! —le dijo con sonora voz Jhasua— Si te acomete así el miedo, no entres, quédate en la puerta.

—Es mejor, pues acaso su pensamiento sin cultivo, entorpezca nuestro trabajo —indicó uno de los Ancianos -. Y el joven medio extenuado por la poderosa vibración fluídica, se sentó en un estrado de la puerta.

Jhasua sintió compasión de él, y acercándose le dijo:

—Mira Hallevi: vete por esta calleja y al final de ella está la caravana donde tu familia espera.

"Dentro de unos momentos iremos a reunirnos contigo.

—Pero tú ¿qué harás aquí? —preguntóle el joven.

—¿No has pensado tú que yo soy un Profeta? Mucho mal está encerrado en esta vetusta torre y los Profetas son enviados de Jehová para aniquilar el mal en la Tierra. ¿Comprendes ahora?

— ¡Oh, sí, Jhasua, comprendo! Vais a dar vida seguramente a otro muerto como la disteis a mi madre.

Jhasua se quedó mirándole.

-- ¡Pobre Hallevi! —dijo a media voz—. Aun eres un pichoncillo implume, pero ya llegará tu hora y serás un gigante entre los gigantes.

Entró de nuevo en la torre y encontró a los Esenios que con varios criados negros hacían llenar de agua una piscina de mármol que había en un vestíbulo contiguo a la habitación de la enferma, adornado de esculturas y de grandes macetas con plantas de invernáculo.

El vetusto aspecto de la torre desaparecía al penetrar en ella, donde se encontraban todas las bellezas con que los nobles árabes adornan sus viviendas.

Grandes cortinados de sedas y gasas flotaban como brumas celestes y oro al más tenue vientecillo, y un fuerte perfume de incienso de Arabia se hacía sentir por todas partes.

Mientras los criados llenaban la piscina, los Esenios deliberaban sobre la forma de sacudir aquella organización de mujer que se hallaba en su período de laxitud, después de un furioso acceso que la dejaba siempre extenuada.

—Dejadnos ver vuestro guardarropas —dijo de pronto Tholemi, cuya clarividencia percibió sin duda lo que les convenía hacer después de haber oído en detalles, la explicación del árabe, como empezó esta locura.

:-La más horrible impresión sufrida por la enferma —decía el Esenio— ha sido la maldición de su padre que le negaba el consentimiento a su amor. Entonces de aquí debemos extraer su curación tratando de producirle una impresión agradable que destruya aquélla.

Aunque Ben-A-Bar se veía en mala situación económica, había preferido trabajar como intérprete en los mercados y bazares antes de vender ni una sola de las riquezas que en trajes y joyas tenía él y su esposa. Vender lo que fue grandeza y gloria de sus antepasados, es un crimen para los hijos de la ardiente Arabia.

Y así fue que los Esenios se encontraron con el guardarropas de un príncipe en todo su esplendor.

—Vos que sabéis bien las costumbres de vuestra tierra, elegid los mejores ropajes que deben vestirse en una boda, porque vamos a simular que os casáis con toda la solemnidad acostumbrada en personas de vuestra clase —decía el Servidor a Ben-A-Bar que les miraba perplejo.

—Pensad que todo lo hacemos para curar a vuestra esposa. ¿Podéis proporcionarnos músicos?

—Sí, tengo esclavas que tocan la guzla y el laúd maravillosamente.

—Escojamos la sala para la ceremonia —dijo Tholemi.

—Mirad este salón —dijo el árabe abriendo una enorme puerta que daba al gran patio de entrada.

Todo encortinado de damasco carmesí y con grandes candelabros de plata, era en efecto un majestuoso recinto.

—Bien, muy bien —dijeron los Ancianos—. Aquí debe haber flores, música, perfumes, personajes vestidos con toda la riqueza de vuestro país. Serán los representantes del padre de vuestra esposa, que vienen a presenciar la ceremonia nupcial. ¿Comprendéis la comedia con que deseamos borrar en vuestra esposa la impresión que le produjo la locura?

—Sí, sí, ¡lo comprendo todo! —decía Ben-A-bar lleno de animación y de entusiasmo. Hasta sobre él empezaba a obrar la sugestión benéfica que trataban de producir los Esenios.

—Ahora, dejemos estas obscuras túnicas y que aparezcan nuestras vestiduras blancas —decía el Servidor—. Todos a cubrirnos de capas y turbantes blancos.

Y subieron al piso alto donde dormía la enferma.

Antes de llamar su atención hicieron una fuerte cadena fluídica en la antecámara. Durante esta concentración Jhasua cayó en hipnosis y fue recostado en un diván allí mismo.

Ben-A-Bar quedó en el salón y ya vestido con su rico traje de bodas. Dos esclavas de edad madura se hallaban junto al lecho.

—Id a vestiros convenientemente, porque va a celebrarse la boda de vuestra ama —les dijo el Servidor.

Las mujeres habituadas a la obediencia ciega, no pusieron reparo alguno, por más asombro que la orden les causó.

Los Ancianos, solos ya con la enferma, la llamaron mentalmente y con tal fuerza que ella abrió los ojos. Una inmensa pena se reflejaba en ellos y algo de fiebre en el rojo rubí de sus labios que temblaban ligeramente.

Un círculo violeta rodeaba sus grandes ojos negros.

—¡Alteza!... —le dijo el Servidor— vuestro padre nos envía aquí para presenciar en su nombre vuestra boda. En el salón os espera Ben-A-Bar, con su séquito. Ya estáis curada de la enfermedad que retardó este acontecimiento, que no debe demorarse por más tiempo.

La joven que no tenía más de 18 años, se incorporó, y pasó varias veces su mano por los ojos, por la frente, palpó sus cabellos, su cuerpo mismo.

—¡Yo duermo... yo sueño!... Acercaos que os toque.

Los Esenios le tendieron la mano.

—¡Pobre Princesita enferma, os tuvo tan mal la fiebre que aun creéis estar delirando —decía Melkisedec, cuya dulce voz pareció animar a la enferma.

—Vamos, aquí vienen vuestras esclavas a vestiros el traje de bodas.

En efecto las mujeres en número de ocho entraban con grandes cajas abiertas, donde se veían sedas, gasas, perlas en una abundancia que espantaba.

—¡Bendición de Alá!... ¡qué horrible pesadilla he tenido! —exclamaba la joven comenzando a explicarse a sí misma lo que le había ocurrido.

La sugestión benéfica comenzaba su obra. Los clarividentes vieron el espíritu radiante de Jhasua dormido, que se acercaba al lecho de la enferma y le ponía las manos sobre la cabeza.

—Idos vosotros —dijo a los Ancianos— que me vestirán en seguida.

—Muy bien; cuando estéis lista os conduciremos al salón —le contestó el Servidor.

La pobrecita abrazaba a todas sus criadas a las cuales decía contenta y feliz:

— ¡Por fin consintió mi padre!, ya no estoy maldita, ¡oh bendición de Alá!

La sumergieron en la fuente cuyas aguas habían sido magnetizadas, y la vistieron con el más hermoso de sus trajes, blanco y oro, según la costumbre, y envuelta en el espeso velo que la ocultaba a todas las miradas.

El Servidor la tomó de la mano, y precedidos de los otros Esenios y seguidos de sus ocho esclavas bajaron las escalinatas, al pie de la cual la esperaba Ben-A-Bar con unos cuantos caballeros de blancas capas y turbantes cuajados de piedras preciosas.

Penetraron al salón donde el Servidor bendijo la unión, después de lo cual, Ben-A-Bar le levantó el velo para ver el rostro de la desposada según el ritual árabe para los casamientos.

— ¡Ya no estamos malditos, Ben-A-Bar! —fue la primera frase de la pobre enferma—. ¡Cuán feliz soy con tu amor y la bendición de mi padre!

Jhasua se había despertado al sonido suavísimo de la música arabeña cuando Zafira bajaba la escalera, y él siguió también bajando detrás del cortejo.

En su corazón de Hombre-Amor resonó también un concierto nupcial, porque veía la felicidad y el amor resplandeciendo en dos corazones que hasta pocas horas antes eran dos sepulcros en que anidaba la muerte.

Abrazó a Ben-A-Bar con toda la efusión de su alma y besó la mano de Zafira.

— ¡Qué hermoso doncel! —exclamó ella mirando a Jhasua.

—Es un Profeta de Alá que comienza su vida de luz sobre la tierra —díjole el Servidor.

—En nombre de nuestro Dios-Amor, os digo: Sed felices con el amor que os une en este instante —díjole Jhasua conmovido profundamente.

Los jóvenes desposados querían obsequiarles con hermosas alhajas, pero ellos rehusaron toda compensación material.

—Que diga Jhasua — propuso el Servidor— cuál es la recompensa que deseamos. —Todos miraron hacia donde él estaba.

—Vuestro amor debe ser fecundo como el amor de Dios del cual nace —dijo Jhasua después de un breve silencio—. Y nosotros seríamos tan dichosos como vosotros en este instante, si nos vamos de aquí sabiendo que vosotros dos seréis como los padres de los desamparados que sufren hambre y miseria.

Cuando Ben-A-Bar tradujo para Zafira estas palabras la joven corrió hacia Jhasua y le dijo en árabe:

—Os juro por la memoria de mi madre muerta, que seré dulce como la lluvia para todos los que tienen penas en su corazón.

La feliz pareja entregó poco después la vieja torre a los Terapeutas para refugio de ancianos, enfermos y huérfanos, y se trasladaron a Tiro con el fin de alejarse de la proximidad peligrosa de la Arabia, donde persistía el odio de los familiares de Zafira que se habían visto defraudados en sus grandes ambiciones.

En la capital fenicia se establecieron con un taller de tejidos, de telas de Persia y la fabricación de perfumes de Arabia. Por varias veces les visitó Jhasua, y se hospedó en su casa cuando ya empezaba su vida de misionero. Hallevi, años más adelante cuando ya estaba convertido en el apóstol Bernabé, les incorporó a la Iglesia de Antioquía, donde vivieron hasta el fin de sus días. Sus hijos nacieron ya en el seno del cristianismo que empezaba a difundirse por toda el Asia Central.

Una hora después la caravana emprendía la marcha por la hermosa llanura tapizada de verde césped, y atravesada en todas direcciones por los arroyuelos del río Narh-el-Avagg, que desemboca en los lagos del Sur-Este de la ciudad de Damasco hacia donde se dirigían.

A uno y otro lado del pintoresco camino se encontraban granjas, cabañas, huertos de una fertilidad maravillosa. A lo lejos y hacia el Oeste, se veía como recortado en el azul sereno de los cielos, el magnífico Monte Hermón con sus cedros gigantescos y sus platanares interminables.

Algunos de los Esenios se habían formado en aquel escondido Santuario, que fue en verdad nido de ruiseñores del Amor Divino y de la Divina Sabiduría.

Jhasua mismo recordaba con amor los años de su primer infancia, transcurridos allí hasta cumplidos los siete en que volvió con sus padres a Nazareth.

—Allí está la tumba de mi primer maestro Esenio, Hilarión de Monte Nebo, que con frecuencia me da breves mensajes escritos anunciándome que vendrá a escucharme de cerca cuando yo *salga del nido.*

Esto decía Jhasua a Melkisedec que marchaba a su lado.

—¿De modo que tu antiguo preceptor te da una cita para el plano físico?

—Así parece. Y ¿qué entendéis vos por ese *salir del nido*? —preguntaba Jhasua a su compañero.

—Pues sencillamente, cuando comiences tu enseñanza a la humanidad.

—Así lo he creído yo; pero decidme ¿cómo nos encontraremos y cómo haré yo para reconocerle?

—¡Oh!, en cuanto a eso, descuida, que la Ley tiene caminos ocultos e insospechados.

—En uno de sus mensajes me dice: que cambiará desde esta etapa de vida, la forma de evolución, porque la Ley le marca pruebas y misiones bien diferentes de las que ha tenido desde lejanos tiempos. Dice que debe volver a lo que fue hace ocho mil años.

—Supongo —dijo el Esenio— que conoces algo de la actuación de las Escuelas de Divina Sabiduría en los Orígenes de la Civilización Adámica, hace ocho mil años.

—Lo sé de referencia y de paso, podría decir —contestó Jhasua— porque me hicieron estudiar a fondo la filosofía Antuliana y la historia de esa época. Me falta profundizar en la filosofía Kobda, de los comienzos de la Civilización Adámica.

—Pues en aquella época, tu primer maestro Esenio hacía su evolución en el sexo femenino, y fue la madre de aquella Evana que había aceptado traer a la vida al Hombre-Luz, Abel, en su quinta jornada mesiánica.

—Sí, sí, algo sé de todo eso —contestó Jhasua.

—Y pronto sabrás a fondo todo lo referente a esa época, cuyos acontecimientos conoce a medias la humanidad actual —díjole el Esenio, que a su regreso de Ribla, sabía ya que Jhasua comenzaría sus estudios mayores.

—Yo tengo esperanzas de buenos descubrimientos en el Archivo que vamos a revisar —añadió el Esenio—. Y me son demasiado largos los días que tardamos en llegar a Ribla.

—Pero ¿qué os falta por saber? —preguntó Jhasua creyendo sinceramente que sus maestros Esenios lo sabían todo.

— ¡Oh, Jhasua! ¡Es tanto lo que ignoramos! Hay lagunas de siglos entre unos y otros acontecimientos, de los que están vinculados con la obra de elevación espiritual de la humanidad.

—A través de los hechos que desenterramos de entre el polvo amontonado por los siglos, queremos descubrir las huellas del gran Instructor de la humanidad y de las Escuelas filosóficas que cooperaron con El en la grandiosa obra de la evolución humana. Se nos han perdido muchos rastros, Jhasua, y aunque nuestros hermanos desencarnados nos indican dónde hallar algunos vestigios, tenemos que encontrarlos a toda costa.

"Y esos rastros espero hallarlos en Ribla.

"Se perdió el rastro de los Kobdas que secundaron a Abel.

"Unicamente sabemos que Adamú fue el último Phara-Home de Negadá sobre el Nilo, antes de la decadencia y destrucción del gran Santuario.

"Sabemos que su hijo Abel fue el *Thidalá* de la Gran Alianza de Naciones, pero ignoramos por cuánto tiempo y cuál fue la terminación de ese glorioso período.

"Un pavoroso silencio de siglos viene después, hasta que un nuevo resplandor de luz, se nos aparece en el horizonte lleno de nebulosas y de impenetrable misterio. Y los Esenios, Jhasua, no nos resignamos a desaparecer del escenario del Planeta, sin dejar bien eslabonada toda la cadena de oro y diamantes de la obra redentora del Hombre-Luz.

"Cada Planeta es una morada, es una Escuela, y el Director de esta Escuela con sus numerosos auxiliares ha ido levantando actas, estadísticas, anales de su actuación y desenvolvimiento general, de las obras civilizadoras y educativas con que ha propendido al progreso de la humanidad que le fuera encomendada.

"Todo ello significa el rastro luminoso que ha quedado. Mas ese rastro se ha perdido en muchos siglos, y los Esenios no podemos descansar hasta que consigamos unir los eslabones de la inmensa cadena que aparece rota.

"¿Comprendes Jhasua?

"En su época, los Antulianos, harían lo mismo, los Kobdas igual, pero en estos momentos solemnes en que se realiza la jornada final, es justo que dejemos limpio el gran libro-historia de la evolución humana a través de las edades.

"La Ley Eterna pedirá esta cuenta clara a la Fraternidad Esenia, que es la continuadora de las grandes Escuelas espiritualistas del pasado.

Tholemi apresuró en ese instante su cabalgadura hasta ponerse al lado de Melkisedec.

—Acabo de recibir un mensaje de viva voz y la intuición me dice que es la respuesta a algo que vosotros veníais hablando.

— ¡A ver, a ver! —dijeron juntos Melkisedec y Jhasua.

—Oíd: "Todo llega a su tiempo. En el Archivo de Ribla encontraréis algo de lo que buscáis; algo más en el fondo de las viejas ruinas de Monte Casio, en las afueras de Antioquía, y si revisáis el Archivo de Alejandría por intermedio de nuestro hermano Filón, hallaréis cuanto necesitáis saber para llenar las lagunas que hay en vuestra larga historia".

— ¡Colosal!, hermano Tholemi —exclamó Jhasua dando ruidosas palmadas.

—En efecto —añadió Melkisedec—, pues de eso veníamos hablando con Jhasua para acortar las jornadas de nuestro viaje.

—Aquí llegamos al primer arroyuelo de los tres que hemos de vadear —gritó el Kabir de la caravana—, y es bueno que las bestias beban, coman y descansen.

Todos se desmontaron, y los guardianes de las bestias se encargaron de ellas, mientras los viajeros se tendían en el césped bajo la sombra de los plátanos, que marcaban el curso de los arroyuelos con sus verdes y esbeltas siluetas.

—Hemos hecho la primera jornada de las tres que tenemos hasta Damasco —decía el Servidor, que muchas veces había hecho este camino.

Aquí —añadió— tengo unos viejos amigos a los cuales visito cada vez que viajo por estos lugares. Y ahora hace ya más de cuatro años que no les veo.

—¿Me queréis acompañar? —preguntó a sus compañeros.

—Pero ¿dónde están esos amigos si aquí no se ve casa ninguna? —interrogó Jhasua mirando en todas direcciones.

—¿Que no? Pues ya lo verás. —Y el Servidor se echó a andar hacia una lomada verde cubierta de arbustos y de enredaderas, y donde algunos olivos centenarios y unas enormes higueras flanqueaban la verde loma como protegiéndola de los vientos ardientes de la Arabia, que de tanto en tanto soplaban cual huracanes de fuego.

Al dar vuelta a la lomada por el lado del oriente, se vio como si estuviera cortada verticalmente, y ese corte aparecía todo cubierto de fuertes troncos de plátano. Entre un tronco y otro había una puerta, y sentados junto a ella dos hombres, anciano el uno y joven el otro. Hacían unos extraños cordeles con tiras muy finas de cueros de animales. Cada uno tenía al lado un grueso rollo del cordel que iban tejiendo.

Al ver al Servidor, dejaron todo y corrieron a abrazarle. Al oir las exclamaciones de regocijo asomó a la puerta una mujer ya de edad con un niño de pocos años, que se agarraba a sus faldas y le impedía andar.

—¡Toda una familia! —exclamaba Jhasua— Toda una familia bajo esta loma de tierra. Esto es maravilloso.

Llegaron hasta la puerta de la mísera cabaña, con grandes gritos del niño que huía de las gentes como un corso asustado.

—Aumentó la familia por lo que veo —dijo el Servidor tratando de consolar con caricias al pequeñín que chillaba más y más, ocultándose entre los pliegues del vestido de la mujer.

—Sí, sí —decía el anciano— a los pobres nos caen estos regalitos como una pedrada en un ojo.

—Pero debes confesar Yuref que esta pedrada es hermosa —continuaba diciendo el Servidor—. Trae aquí unos bancos y te visitaremos todo el tiempo que la caravana descanse.

Entre el anciano y el joven que dicho sea de paso tenía una de sus piernas de palo, por lo cual andaba con cierta dificultad, sacaron bancos. El niño fue demostrando algo de amistad al Servidor que le había levantado en brazos.

Jhasua mientras tanto observaba con interés la extraña vivienda, donde los troncos por dentro y por fuera hacían el oficio de pilares que sostenían la cueva hábilmente abierta en la loma de tierra pedregosa, donde los musgos sedosos hacían bien el papel de decoración natural.

La mujer ya de unos sesenta años y de aspecto triste y sufrido, les ofrecía una fuente de higos y pan fresco cocido al rescoldo y que aun estaba caliente. Era cuanto tenía.

—Cuéntanos Yuref de tu vida y sobre todo cómo te vino este niño —decía el Servidor a su viejo amigo.

—El paso de las caravanas siempre nos trae algún socorro, porque el Kabir ya nos conoce y deja cuanto sobra a los viajeros después de la parada. Y hace unos tres años y meses, que una tormenta de viento, lluvia y relámpagos detuvo en Cesárea a la caravana y sólo se arriesgó un viajero que decía tener mucha prisa de llegar a Damasco. Pasó a todo correr de su caballo como un negro fantasma de la noche y sólo alumbrado por la luz de los relámpagos.

"No bien había pasado, sentimos los gritos de una criatura que a pesar de la lluvia y los truenos, llegaban a nosotros tan lastimeros, que aun a costa de vernos tirados a tierra por el vendaval salimos mi hijo y yo hasta el camino.

"Nos encontramos este niño que debía tener unos seis meses y que era tan hermoso como es ahora.

"¿Quién es?, ¿de dónde viene?, ¿por qué le arrojan sus padres?

"Todo es un secreto que no podemos descifrar. Cuando pasada la tormenta llegó aquí la caravana, yo fui al Kabir para averiguar si él sabía algo de este secreto. Nada sabía y sí sólo podía decir que el viajero que se adelantó hacia Damasco, se había unido a la caravana en Cesárea de Filipos y que llevaba como único equipaje un fardo pequeño, ropas a lo que parecía puesto en una alforja. Era ésta, mirad dijo el anciano descolgando de un soporte en los troncos una alforja de esparto rayado que tenía dos compartimientos.

"Aquí estaba el niño —señaló el viejo— y aquí estaba un rollo de ropas y un bolsillo con unas pocas monedas de plata que aún conservamos.

"Esta es toda la historia.

Jhasua sentado en un pequeño banquito que era un retazo de tronco de plátano, se había conquistado la amistad del niño que se acercaba a él sin temor alguno.

—¿Tiene nombre? —preguntó uno de los Esenios.

—Entre el bolsillo de las monedas venía una tablilla pequeñita con esta palabra: Boa-ner-jes. Y así llamamos al niño sin saber lo que decimos.

—Tal palabra es árabe antiguo y quiere decir: *hijo de la tempestad* —dijo Melkisedec que conocía a fondo desde los remotos orígenes de la lengua nacida en el antiguo *Peñón de Sindi*, que más recientemente se conocía por Monte Sinaí.

—Pues está bien puesto el nombre —decía el anciano— que en una noche de tempestad llegó a nuestra cabaña.

—Bien, bien Yuref —dijo el Servidor— no te pese la obra de misericordia que hiciste, que acaso por ella Jehová te dé la paz y la abundancia.

—Así es Servidor —dijo la mujer cuyo nombre era Fati— pues desde que el niño vino, es abundante la caza de animales salvajes y más pedidos hay de los cordeles que nos compran los viajeros para llevarlos a otros países. Mi marido y mi hijo trasnochan para cumplir con los encargues.

—Enseñadnos la tablilla y las monedas si no hay inconveniente —dijo de nuevo Melkisedec.

—Oh, ninguno —contestó el anciano y fue a buscar en una botija de barro debajo de su cama de troncos y pieles, lo que le habían pedido. —Estas monedas —observó el Esenio— no son del Gobierno Romano, sino que provienen del Iram. Son persas.

—¡Qué misterio! El nombre árabe y las monedas persas.

—¿Qué os parece Servidor, si tomamos las monedas y damos igual valor en plata romana? Nos servirían para estudio y como hilo para descubrir el origen de este niño. También la tablilla.

—¿Consientes Yuref? —preguntó el Servidor.

—Ni me lo preguntéis —contestó el viejo—, ¿qué hace este pobrecito con estas monedas y con la tablilla?

—Muy bien. Ahora va a darte Jehová el gran premio por tu obra de misericordia. Preparad todas vuestras cosas y a nuestro regreso vendréis con nosotros a la provincia Galilea donde con vuestro oficio de cordeleros podéis muy bien mejorar de situación.

—Pero ¿y la cacería de animales salvajes? —preguntó el joven de la pierna de palo que habló por primera vez.

—Los escabrosos montes de Samaria son más ricos en cacería que esta llanura, y con solo que aproveches la temporada, tienes de sobra para tejer cordeles por cinco años —le contestó el Servidor—. Aquí haces una vida demasiado dura y ya no sois jóvenes ni tú ni tu mujer.

La mujer dejó correr algunas lágrimas que acaso estaban sepultadas en su corazón desde quién sabe qué tiempo.

—¿Verdad Fati que quieres venir a Galilea? —le preguntó el Servidor.

—¡Oh, sí! Es tan horrible vivir como salvajes en la soledad.

—No se hable más. Y a esta cabaña le pondremos una tablita escrita que diga: *"Refugio para caminantes"*.

"Dejaréis vuestro pobre moblaje de troncos y yerbas secas, vuestros cántaros y pieles. Allá en el Tabor tendréis cuanto necesitéis.

Jhasua estaba encantado del niño, que en una media lengua encantadora les enseñaba unos pobres pajarillos medio estropeados que guardaba en un cestito y que luchaban por echarse a volar. —Vamos a darles libertad —dijo el niño llevándole de la mano hacia fuera. Y soltó las avecillas que sólo dieron un corto vuelo y cayeron en tierra. El chiquillo iba a llorar, pero Jhasua obsequió a su nuevo amiguito con algunas baratijas y golosinas adquiridas en los bazares de Cesárea, y que él había destinado para sus amiguitos de Nazareth. Al niño le encantó una pequeñita flauta, especie de okarina, de la cual comenzó a arrancar sonidos que le hacían reir de tal manera que todos acabaron por celebrar la gracia musical del niño.

Así comenzó su vida Boanerges el pastorcillo músico que llenaba con sus cantos las praderas galileas y que ayudó con sus sutiles y emocionantes inspiraciones poéticas, a Mària de Mágdalo a encontrar su camino en seguimiento del Hombre-Luz.

Era Bohindra de los Kobdas de la Prehistoria, que volvía a la vida como un *hijo de nadie*, para serlo tan sólo del Amor Eterno al que voluntariamente se había consagrado.

Desde aquella hora, Jhasua y Boanergues se siguieron de cerca, si bien no se reconocieron hasta los días de la vida pública del Cristo en las praderas de Galilea.

El camino de las caravanas recorre desde entonces la más hermosa y risueña llanura de toda aquella comarca hasta llegar a Damasco. Poblada de huertos de

maravillosa fertilidad, de bosquecillos de nogales, de olivos, ciruelos y albarico-
ques, a los cuales no estaba impedido el acceso por cerca ninguna, hacía a los
viajeros dueños hasta cierto punto de la abundancia con que la madre naturaleza había dotado aquella verde y exuberante campiña.

Discretos grabados en tablas colgadas de los árboles, decían de tanto en
tanto: "Viajeros: usad sin abuso de los dones de la naturaleza y tendréis refrige-
rio para todos vuestros viajes".

Algunos pastores de antílopes y de ovejas, vigilaban gratuitamente por el
cumplimiento de dichas indicaciones, aunque sin usar violencia alguna.

Jhasua observador como siempre dijo de pronto a sus maestros Esenios:

—No sé por qué me parece encontrar aquí rastros de nuestros Terapeutas.

—No estás equivocado —le contestó el Servidor—. Los Terapeutas salidos del
Santuario del Hermón, tienen todo este radio como campo de acción.

"En mi juventud he recorrido estos caminos varias veces cada año.

—Y yo igualmente —añadió Tholemi que también había pasado su juventud
en el Hermón—. Ahora verás —dijo y se acercó a uno de los pastores que tocaba
una flauta sentado a la sombra de un nogal.

—¿Tú eres dueño de este huerto? —le preguntó.

—Como si lo fuera, pues a cambio del pasto que consumen mis antílopes,
cuido que no sean estropeados los árboles.

—¿Me darías un puñado de ciruelas para este compañerito que tiene hambre
y sed? —preguntó de nuevo.

—Tomad las que gustéis, basta no romper las ramas.

—¿Conoces a los Terapeutas?

—Soy sobrino de uno de ellos —le contestó—. Hace sólo un mes que pasó
por aquí.

—Somos terapeutas del Tabor y vamos a Damasco —le dijo Tholemi abriendo su obscura túnica y mostrando sobre su pecho la estrella de cinco puntas,
distintivo usado por los Terapeutas que habían llegado al grado séptimo.

— ¡Oh, bien venido!... ¡Jehová sea con vos, maestro! —exclamó el pastor.

Jhasua escuchaba en silencio.

—¿Vas con frecuencia a Damasco? —Volvió a preguntar.

—Casi todos los sábados a la Sinagoga de Ananías, hermano de mi madre.

—¿Dónde vive?

—En la calle grande, Tharik-el-Adva, hacia la izquierda entrando por la puerta Oriental de donde arrancan las columnatas.

Apenas paséis la puerta, encontraréis la primera fuente; allí está siempre un
viejo vendedor de frutas. Preguntadle por Ananías y él os dirá, pues le cuida el
establo por la noche.

— ¡Bien, muy bien, hermano, gracias! ¿Tu nombre para mencionarte ante tu
pariente?... —preguntó de nuevo el Esenio.

—Todos me llaman Judas, hijo de la viuda Sultane. Mi madre y yo vivimos
en el huerto de Ananías donde me crié.

—¿De modo — añadió el Esenio— que tu casa y la de Ananías es una misma?

—Casi, casi —contestó el muchacho— con la diferencia de que él es el dueño
y nosotros somos los huéspedes desde que mi padre murió. Mi tío el Terapeuta,
era hermano de Tadeo, mi padre.

—Entonces ya podemos contar que tenemos casa de familias en Damasco

—añadió el Servidor—. Nuestra antigua costumbre es hospedarnos en casa de un familiar o de un Esenio, y aquí son ambas cosas a la vez.

—Yo estaré con vosotros así que guarde el ganado al anochecer —dijo el joven pastor, no sin dar una elocuente mirada a Jhasua que parecía atraerle como un imán.

El Esenio que percibió la onda de amor reverente que nacía en el alma de Judas hacia Jhasua, dijo:

—Este jovencito es un estudiante del Tabor y viene de Nazareth. Esta noche la pasaremos juntos en tu casa, Judas.

—¡He oído tantas cosas de un niño de Nazareth que ahora debe tener los años de éste!... —exclamó pensativo el pastor—. Y no sé por qué se viene a mi mente tal recuerdo. Mi tío el Terapeuta ha llevado para él, una vez, un cofre venido desde el Golfo Pérsico de parte de unos solitarios del Indo.

—Y desde entonces —intervino Jhasua— ¿amáis al niño de Nazareth sin conocerle?

—Así es y hasta le he soñado y ¡creo que erais vos! —volvió a decirle el pastor.

—Sí, Judas, era yo y agradezco tu amor, del mismo modo que agradecí el cofre con oro que me llevó tu tío el Terapeuta cuando yo cumplía los doce años.

—¡Entonces vos sois aquél!... —exclamó con los ojos llenos de asombro y húmedos de emoción—. Mi madre y mi tío Ananías esperan vuestra presencia en Damasco desde hace más de cinco años.

—¿Y por qué esperan?

—Porque una voz del cielo les dijo al mismo tiempo en sueños, "que *el esperado* estaba en Nazareth y que un día vendría a Damasco".

"¡Y ellos han tenido constancia de esperar cinco años, el cumplimiento de lo ofrecido!

—¿Crees tú en la verdad de esas voces internas? —le preguntó Jhasua.

—¡Oh, sí lo creo!... la vida de justos que hacen mi madre y mi tío, me permite pensar que se merecen esas voces del cielo. La casa de ellos es el hogar de todos los desamparados.

—¿Son ellos discípulos de los Terapeutas? —preguntó Jhasua.

—No sé lo que son; únicamente sé que son buenos cumplidores de la Ley de Jehová.

—¡Damasco a la vista! —gritaron de pronto muchas voces mientras Judas el pastor iba siguiendo junto a las cabalgaduras de Jhasua y los Esenios, como si no pudiese detener su paso entre ellos.

—Queda en paz Judas, amigo mío, que esta noche la pasamos en tu casa —le dijo dulcemente Jhasua.

El pastor se detuvo como un poste inmóvil en el camino, apoyado en su cayado de vara de almendro, y sus ojos bondadosos siguieron a Jhasua por mucho tiempo.

—"Las estrellas y las almas se parecen" —decía Melkisedec como contestando al pensamiento del joven Maestro que marchaba silencioso a su lado.

—¿Por qué dices eso? —le preguntó Jhasua.

—Porque he visto la órbita que sigue el alma de ese pastor desde lejanos tiempos, como una estrellita que corre alrededor de un sol en el infinito.

—¡No os comprendo!...

—O no os atrevéis a profundizar en mi pensamiento. Cuando Abel fue el Hombre-Luz de los Kobdas, este pastor fue hijo de un Caudillo importante, y fue tomado por las fuerzas del mal como instrumento para aniquilar a Abel, a cuyo lado fue puesto con ese siniestro fin, como ocurrió varias veces.

—¿Y qué resultó? —preguntaba pensativo Jhasua.

—Que el presunto asesino de Abel fue tocado por el amor del Hombre-Luz, y de enemigo, se transformó en entusiasta seguidor.

—La estrellita ha seguido su órbita marcada desde la eternidad, y hoy encuentra el paso de su sol al cual seguirá ineludiblemente.

Para el lector anticipamos que este joven pastor de antílopes fue en el futuro del Divino Maestro, el apóstol Judas de Gamala, llamado *el justo*, para distinguirlo de Judas de Iscariote, el que le entregó en la noche de Getsemaní. Se lo conoce también por *Judas hijo de Tadeo.*

Y poco después los viajeros entraron a Damasco por la puerta oriental Bab-Scharquis, donde un vendedor de frutas junto a una fuente, indicaba a los Esenios cuál era la casa de Ananías, el Hazzan de la más frecuentada Sinagoga de la gran ciudad cosmopolita, cuyo aspecto exterior era más árabe que romano, no obstante las grandiosas columnatas estilo romano que la atravesaban en doble fila de oriente a occidente.

La gran ciudad, foco del comercio de aquella época en la vasta llanura al pie de la cordillera del Líbano, iba a tener por unas horas al Deseado de Israel anunciado por seis generaciones de Profetas, y en Damasco sería intensamente amado por hebreos y paganos, como lo fue en todas partes donde asentó su planta.

Tan sólo Jerusalén con su Templo de oro y su corte sacerdotal sibarita y envilecida, debía ser el nidal de víboras que cortaría las alas al divino ruiseñor del Amor Eterno, cuyo cantar inmortal: *ama al prójimo como a ti mismo* sonaba mal en los oídos de los hipócritas, que bajo la sagrada investidura vivían del altar e inconciencia de su pueblo.

Un día y una noche se detuvo la caravana en Damasco, y Jhasua tuvo tiempo para recorrer la gran columnata, acompañado de su maestro Melkisedec y guiados por su nuevo amigo Judas, que les detallaba ampliamente lo más interesante que se ofrecía a la vista de los viajeros.

Alrededor de la gran columnata y bajo su esbelta y bien decorada techumbre, parecía vaciarse toda la vida de Damasco bajo lo múltiples aspectos que ofrecía.

Allí acudían las esclavas de las damas opulentas en busca de cuanta fantasía pudiera imaginar su voluptuoso capricho.

Compradores y vendedores, mercaderes en general de toda clase de mercancías y hasta de honras y vidas, bajo aquellas columnatas tenían el obligado escenario dramas o tragi-comedias, que la inconsciencia y el egoísmo humano creaban a cada instante.

Y Jhasua, bien pronto se dio cuenta de ello. Le bastó sólo observar que muchos de los transeúntes contaban las columnas, que cual mudos centinelas formaban la doble fila en cada lado del brillante pavimento. Y una vez contadas, se apostaban como distraídamente apoyados en la columna que era el número 6, 8 o 15 de aquella interminable fila.

Aquel era sin duda el lugar de la cita que pocas veces era de fugaces amoríos, sino más bien por móviles lucrativos y siniestros.

En la excursión que hiciera Jhasua al caer la noche que en Damasco permaneció la caravana, su estrella fiel de Ungido del Amor, le presentó algunas bellas y emotivas oportunidades que su fina intuición supo utilizar maravillosamente.

Vio a una esclava etiope alta y fornida, muy envuelta en oscuro manto, que llevaba a la fuerza y poco menos que a rastras, a una jovencita de menudo cuerpo y piececitos blancos, metidos en babuchas adornadas de cuentas de cristal que brillaban a la luz de las antorchas. Un manto de color amarillo le cubría la cabeza y gran parte de su pequeño cuerpo. A Jhasua le pareció que aquella jovencita lloraba.

Vio que la esclava contaba las columnas desde la fuente del vendedor de frutas, y que se detenía al llegar al número 20, que quedaba frente a la salida de una oscura calleja junto a un enorme plátano.

Lo hizo notar de su maestro Melkisedec y de Judas, el cual dijo como viejo conocedor de lo que allí pasaba.

—Será una bonita venta, o una forma de sacar del medio a alguien que estorba. Eso es tan común aquí, y no habiendo derramamiento de sangre, no hay por qué preocuparse.

—¿Cómo que no? —interrogó vivamente Jhasua—. Judas, ¿te gustaría que con una hermana o hija tuya se cometiera una infamia semejante?

—Seguramente que no; pero por fortuna no tengo hermanas, ni tengo hijas —contestó el aludido.

—Toda criatura humana es un prójimo, y la Ley dice: Ama a tu prójimo como a ti mismo.

"¿No es esta la Ley? —preguntó volviéndose a su maestro.

—Si hijo mío, pero bueno es usar prudencia y no precipitarnos.

—Sentémonos en este banco como paseantes que descansan y observemos.

Se hallaban a pocos pasos de un viejo vendedor de baratijas al cual nadie se acercaba, y Jhasua le compró flautas y sonajas pensando en sus amiguitos de las ruinas de Dobrath y de Nazareth.

Melkisedec entendió que la esclava decía a la niña:

—Te quedas aquí que pronto aparecerá por esa calleja el que será tu amo. Y a callar y obedecer, ¿eh?, que de lo contrario ya sabes lo que te espera. Contenta debes estar que entre mi marido y yo te hemos salvado de que te arrojasen a los lagos con una piedra al cuello.

Entonces se percibieron ahogados y profundos, los sollozos de la muchacha.

Jhasua quería hablar a aquella mujer para echarle en cara su crimen, pero su maestro lo detuvo.

—Déjame hacer a mí —le dijo en voz baja.

Para irse la mujer, debía pasar cerca de ellos.

El Esenio se le acercó.

—Buena mujer —le dijo en la lengua que la oyó expresarse—. Veo que acabas de hacer una acción que no está bien en una hija de Alá.

"Yo soy un viajante que observo por orden superior cuanto se hace en las grandes capitales, y no quiero causarte daño alguno. Yo te doy pues el precio que te han pagado por esa niña que debe ser restituída a su madre.

La mujer asustada murmuraba palabras de excusa, mientras miraba cautelosamente hacia la oscura calleja.

—La madre de esta niña es una esclava griega —dijo por fin— y como la chicuela molesta a el ama porque el heredero la quiere para sí, decretaron su muerte.

"Yo he querido hacerle un bien salvándole la vida, a cambio de un bolsillo de monedas de plata que me ha dado el que será su amo. ¿Hay en esto algún mal?

—Sí que lo hay, y grande. ¿No sabes que sólo Alá es dueño de la vida y destinos de los hombres?

—Sí amo, sí, así dice la ley de Alá, pero para nosotros los esclavos, no hay más ley que el látigo.

"También mi hija fue vendida y no la vi más.

—Bien, bien, veo que eres más infeliz que mala. Yo puedo conseguirte la libertad para ti, para esa niña y para su madre. Acaso podré también devolverte tu hija.

"Alá es bueno y poderoso cuando sus hijos cumplen la Ley.

—¡Oh amo!... ¡Sois un arcángel de Alá!... Yo quiero hacer cuanto vos decís, pero temo caer en desgracia y ser torturada horriblemente.

—No temas nada. Dame la niña en seguida y vete a traer su madre. Yo te espero junto al brocal de la fuente de entrada—. La mujer se encubrió aún mas con el manto y desapareció en la oscuridad, dejando a la jovencita apoyada en la columna llorando silenciosamente.

Jhasua corrió hacia ella primero, y tomándola de la mano procuraba atraerla, pero ella no comprendiéndolo, se resistía. Melkisedec le habló pocas palabras.

—Nosotros vamos a salvarte a ti y a tu madre —le dijo— ven sin miedo alguno. —La pobre muchacha que sólo tendría quince años lo más, se dejó llevar hacia la fuente. Dejaron a Judas en observación para averiguar si llegaba el hombre que había comprado a la niña.

Llegó en efecto unos momentos después, y luego de mirar hacia todos lados, contó y recontó las columnas hasta el número 20.

Se paseó nervioso a lo largo de las veinte columnas y se acercó por fin al viejo vendedor de flautas y sonajas, y le interrogó si había visto una esclava con una niña.

—Amo mío —le contestó el viejo— pasan tantos y tantos a cada instante, y me preguntáis si he visto una esclava y una niña.

Judas temeroso de que el hombre se quedase más tiempo y sorprendiera la vuelta de la esclava, se le acercó y le dijo:

—Yo he visto aquí en esa columna las personas que buscáis, pero como la niña gritaba y forcejeaba tenazmente, intervino el guardián del orden y se las llevó a entrambas.

Oído esto por el hombre, volvióse apresuradamente hacia la oscura calleja y desapareció como tragado por las tinieblas.

En la rápida huída, Judas comprendió que aquel malvado tenía miedo de la justicia, y riéndose satisfecho, se dirigió a la fuente donde el Esenio y Jhasua le esperaban.

Encontró que a la niña le habían despojado de su manto amarillo vivo, que pudiera ser una señal de reconocimiento y le habían comprado un manto celeste con bieses purpurinos muy usados por las doncellas de buena familia. Juntamente con Jhasua comían dorados racimos de uva y parecían viejos amigos.

Algunos mercaderes empezaban a encajonar sus mercaderías, señal, según explicaba Judas, de que pronto sonaría la campana en la vecina Torre de Guardia, hora que debía cesar toda actividad comercial en la columnata, lo cual ocurría en la segunda hora de la noche, que equivale a lo que para nosotros las 10.

Ya estaban casi para retirarse y sólo les retenía la ansiedad de la niña que esperaba a su madre, cuando vieron aparecer a la esclava etíope con su marido y una joven y enflaquecida mujer, a la cual la niña se abrazó fuertemente. Ambas lloraban en tal forma que conmovía profundamente.

Jhasua con los ojos húmedos de lágrimas y el corazón estremecido, contemplaba en silencio aquella dolorosa escena.

El Esenio habló en voz baja con la esclava etíope y su marido, a los cuales les compraron algunas prendas de ropa que les permitía un cambio a su aspecto exterior, y con varios rodeos por otras calles volvieron a la casa de Judas.

Allí tendrían lugar las aclaraciones conducentes a resolver el problema de vida o muerte de estos infelices cautivos del feroz egoísmo humano.

Jhasua regresaba exhuberante de dicha. Pocas veces se había sentido tan feliz como en aquella noche pasada en Damasco. La gran columnata aquella no se le olvidaría jamás.

—¡Esto es amar al prójimo como a sí mismo! —exclamaba—. Así es como quiere el Padre Celestial que nos amemos los unos a los otros. ¡Qué bella noche en Damasco!, en que se han abrazado tres razas que el egoísmo humano ha dividido con odios profundos: la griega, la etíope y la hebrea.

—Este es el amor de Dios y del prójimo que manda la Ley de Moisés.

Se celebró consejo entre los Esenios y Ananías el Hazzan de la Sinagoga, teniendo por base las informaciones que dieron los cuatro seres salvados de la desgracia.

Resultó que la mujer griega y su hija habían salido de su tierra natal dos años antes acompañadas del jefe de la familia padre de la muchacha. Venían a desembarcar en Tiro, para de allí emprender viaje a la provincia de Galilea donde un tío suyo que gozaba de buena posición les llamaba a trabajar a su lado. El tío se llamaba Hermes de Falérea y era poseedor de hermosos campos y bosques en un lugar llamado *Mágdalo* sobre el Mar de Galilea.

—¡Oh, sí, sí! —gritó entusiasmado Jhasua—, es la niña de la cesta de frutas en aquella hermosa barca blanca y azul.

—El lugar es ése —dijo el Servidor—, mas no sabemos si el padre de aquella niña será el pariente que les llama.

—Yo lo sé —afirmaba Jhasua— pues en la proa de la barca yo leí ese nombre: Hermes.

—Bien, Jhasua —decía otro de los Esenios— ya tenemos la mitad del problema resuelto.

—Y yo que ofrecí a aquella niña traerle ruiseñores del Líbano ¡mirad que avecillas le llevo!

El jefe de la familia griega había muerto en la travesía, y de ello resultó que un viajero ambicioso de oro se incautó de la madre y la hija mediante engaños, las vendió a un eunuco de un príncipe damasceno que las compró para el harén de su amo, pues ambas eran hermosas.

En cuanto al matrimonio etíope, resultó que sólo era esclava la mujer, pero el marido nunca pudo pagar su rescate debido a los mezquinos jornales que a los hombres de color se les pagaba por los más duros y penosos trabajos. La hija de la esclava con sólo 14 años había sido vendida tres años antes, y su padre había averiguado que estaba en Sidon, la segunda ciudad y puerto fenicio sobre el

Mediterráneo. Formaba parte del serrallo de un príncipe etíope desterrado de su país, por haber pretendido destronar al soberano reinante. Había querido tener cerca de sí un grupo de bellezas de su tierra natal; y los encargados de satisfacer este capricho de su señor, habían recolectado en Siria las más lindas doncellas de color que pudieron encontrar. Y la infeliz madre aseguraba, que en rescatarla hubiera empleado el oro que le prometían por la niña griega, que tan oportunamente acababa de ser salvada.

Uno de los cuatro Esenios compañeros de viaje de Jhasua era sidonio de origen, y prometió hacer intervenir a sus familiares residentes allí para tratar de rescatar a la joven esclava negra.

Cuando Ananías y su hermana, la madre de Judas, vieron los extraños huéspedes que les traían, se sorprendieron grandemente. Y el Servidor con mucha gracia les decía:

—A esto se expone el que hospeda en su casa a un Profeta de Dios.

—Donde pone su pie nuestro Jhasua, de seguro aparecen luego sus protegidos, todos los cuales traen consigo una enorme carga de dolor.

—Que él os explique pues lo que significan estas cuatro personas que hemos recogido en la gran columnata.

La buena Sultane acariciaba a la niña griega diciendo:

—Su misma edad tendría mi hija Sarai si hubiera vivido.

Entre buenos servidores de Dios, los nuevos huéspedes fueron recibidos alegremente, prometiendo retenerles hasta el regreso de Jhasua y los Esenios, que al día siguiente emprendieron la marcha hacia Ribla.

Desde aquel momento, el viaje se realizó costeando colinas y cerros cubiertos de exhuberante vegetación. Nada podía compararse a los vallecitos risueños que continuamente alternaban con las primeras cumbres majestuosas de la cordillera del Líbano.

—Hermosa es nuestra Galilea —decía entusiasmado Jhasua— pero es pobre comparado con esto. Imposible parece que pueda albergarse el dolor entre tanta belleza y abundancia como ofrece la madre Naturaleza. ¿Verdad Servidor que en estos hermosos parajes, ningún hombre padece?

—No hables muy alto zagalito, que puede ser que aún te encuentres con alguna sorpresa —le contestó afablemente el anciano Esenio Tholemi que conocía bastante la región.

Era ya casi el final de la mañana y sentían retumbar los golpes de los hachadores, que en grandes cuadrillas tronchaban cedros gigantescos, para las magnícas construcciones de las capitales vecinas.

Manadas enormes de asnos y mulos arrastraban los trozos de tronco hasta la orilla de los ríos, en cuya corriente los prácticos del lugar los soltaban en forma de balsas, que eran así conducidas hasta los aserraderos que tenían sus carpas de trabajo en las inmediaciones.

Entre aquellos inmensos bosques y serranías, era difícil distinguir las viviendas humanas que sólo podían adivinarse por las columnitas de humo, que de vez en cuando se diseñaban sobre el límpido azul de aquel cielo de cristal y raso. De una de aquellas cabañas ocultas entre la selva salió un grupo de hombres llevando camillas al camino de la caravana.

—Por piedad —dijeron al Kabir— llevad a Ribla estos dos mozos que se han desgraciado en el trabajo; tienen allá sus familias, y nosotros no podemos curarles.

—Pero, ¿cómo queréis que les lleve imposibilitados al extremo que están? —argüía el de la caravana.

—Ya te lo decía zagalito —repetía desmontándose Tholemi el Esenio, al mismo tiempo que Jhasua echaba pie a tierra y con él varios de los viajeros.

Los heridos se quejaban dolorosamente.

—Esperad por favor unos momentos —dijo el Servidor al jefe de la caravana— y veremos qué clase de heridas tienen.

—El uno parece tener rota la columna vertebral y el otro tiene una pierna y un brazo rotos.

—Dejad las camillas sobre el césped, que algo haremos por aliviarles —añadió otro de los Esenios.

—Son accidentes del trabajo que aquí ocurren con mucha frecuencia —decía uno de los que conducía las camillas—. Esos pícaros cedros son traicioneros, y en algún nudo malo, rebota el hacha que juntamente con el hachador salta a gran distancia. Otras veces, un nudo quebradizo divide al tronco antes de tiempo, y el árbol y el hachador son tirados a tierra en forma inconveniente.

Los Esenios examinaron a los dos enfermos.

Se trataba de una dislocadura de la columna vertebral en uno, y fractura de la tibia y del brazo poco más abajo del hombro en el otro.

—Aquí seremos testigos de otro milagro como aquel de la mujer de los montes de Iturea —decían varios de los viajeros.

Y con gran curiosidad prestaron atención.

—Estos Terapeutas son magos —decía otro— y hacen cada cosa que mete miedo.

—Lo mejor de todo es que lo hacen sin cobrar dinero, cosa nada común entre los de su oficio —añadía otro.

—Ayudad todos con el silencio —dijo en alta voz el Servidor—. Y pensad que cualquiera de vosotros podía verse en igual caso y le gustaría ser socorrido.

—¡Sí maestro, sí maestro! —se oyó resonar entre todos los viajeros.

Juntaron las dos camillas y Jhasua se arrodilló a la cabecera de los heridos.

Los Esenios quedaron en pie y se concentraron en su mundo interno, para emitir hacia Jhasua toda su fuerza espiritual y magnética.

Unos veinte minutos habrían transcurrido, cuando el herido de la columna vertebral exhaló doloroso gemido y se incorporó en la camilla, como si un resorte impulsor le hubiera levantado. El otro se quejaba también y movía el brazo y la pierna como un molinete.

Los viajeros buscaban ver el rostro de Jhasua, pero los Esenios le habían formado un estrecho círculo que le ocultaba a las miradas profanas, que hubieran podido perjudicar la delicada operación quirúrgica que realizaban en ese instante las fuerzas puestas en acción por medio del pensamiento y de la voluntad.

Los Esenios clarividentes percibieron nítidamente las manos fluídicas de Jhasua saliéndose de su envoltura material y tomando sustancias del éter para injertar los huesos rotos y los tejidos lesionados. Cerca de una hora duró aquella extrema tensión de vibraciones magnéticas, que formaron como una atmósfera fresca en torno a los dos enfermos.

Los dolores sufridos desde la tarde anterior los habían puesto en estado febril, que les hacía temblar en fuertes sacudimientos.

Se les vio irse aquietando poco a poco hasta caer en un sueño profundo.

Jhasua estaba poco menos que extenuado, y los Esenios le hicieron recostar sobre sus mantas de viaje.

—¡Pobrecillo! —exclamaban algunos viajeros—. Cura a los otros y enferma él.

—No paséis cuidado por él —dijo el Servidor que los oyó—. Es un Profeta de Dios que cumple con su mensaje de amor a la humanidad, y el Señor le dará de nuevo lo que dio a sus hermanos. —Le dieron luego a beber jarabe de uvas en agua de flores de azahar, y pronto se le vio reanimarse y que su rostro se coloreaba de suave carmín.

Ligeramente inquieto por lo que hubieran podido pensar los viajeros en cuyos rostros veía el asombro, les dijo en voz baja:

—No me toméis por un genio que obra maravillas. Soy un hombre como vosotros a quien el Poder Divino ha tomado como instrumento para derramar el bien sobre la tierra.

—Sois un hombre de Dios —decían algunos— Acordaos de nosotros y tened piedad de cuanto mal nos sucede.

—Tenedla vosotros mismos obrando en todo conforme a la Ley, y vuestros males serán mucho más llevaderos.

Mientras se hacía este breve diálogo, los Esenios recomendaban a los conductores de los enfermos que les dejaran dormir cuanto quisieran y que al despertarse podrían ya volverse por sus propios pies.

—¿Llegaremos a Ribla sin otro incidente? —preguntaban los Esenios riendo al jefe de la caravana.

—No sé maestro, no sé. Las gentes adivinan sin duda que venís vosotros en la caravana y acuden en tropel con todas sus dolencias.

—¿No os acobardáis de unos viajeros que os acarrean tantos entorpecimientos? —preguntó de nuevo el Servidor.

—No en verdad, porque si yo me viera en igualdad de condiciones me gustaría asimismo ser socorrido.

—Habéis pensado justamente. Con que ahora, rumbo hacia Ribla y que Jehová nos permita llegar cuanto antes.

—Será mañana a medio día: a no ser que queráis caminar toda la noche, y entonces llegamos al amanecer —contestó el Kabir—.

"En toda esta tarde podemos pasar lo más dificultoso que es la *"Entrada de Joamath"* en cuyo laberinto de cerros y grutas nace el Orontes. Al caer la tarde ya sentiremos el rumoroso saltar de sus aguas desde una altura que espanta.

—Y nada hay más hermoso que vadear el río en una noche de luna —añadió alguno de los viajeros.

De acuerdo entre todos se convino que forzarían la marcha, ya que habían tenido un largo descanso con motivo de los heridos, y así llegarían a Ribla al amanecer caminando toda la noche.

—¿Con qué ánimo te encuentras Jhasua para esta jornada? —preguntó Melkisedec viéndole silencioso y sin hacer manifestación alguna de su entusiasmo por la bellezas del paisaje que recorrían.

—¿Recordáis, maestro —contestó— que yo hacía ensayos de telepatía con Nebai, la niña de Arvoth?

—Lo recuerdo muy bien, pero eso en nada se relaciona con mi pregunta.

—Sí, es verdad; pero es el caso que desde que terminamos de curar los heridos, estoy sintiendo el pensamiento de Nebai que llorando me dice:

"Se derrumbó un muro de las ruinas de Dobrath y quedaron sepultados once niños con la ancianita que los cuidaba".

— ¡Oh, qué desgracia si es una realidad! Pronto lo sabremos.

Y el Esenio habló en voz baja con Tholemi y Azarías ambos que tenían la facultad de desdoblarse espiritualmente y averiguar lo que ocurría a distancia.

Dejaron pasar a todos los viajeros y se quedaron detrás de todos. El Servidor dijo al Kabir.

—En seguida os alcanzamos.

Se desmontaron los cinco y se sentaron en los peñascos a un lado del camino.

—Si podéis ver lo que ocurre en Dobrath, nos daríais un gran consuelo —díjoles Melkisedec, el único que conocía el pensamiento recibido por Jhasua.

Tholemi y Azarías se concentraron profundamente. Pasados unos momentos, ambos abrieron sus ojos y escribieron en silencio en sus carpetas de bolsillo estas palabras, el uno:

"Yo, Azarías de Sidón declaro haber visto un derrumbamiento parcial en las ruinas de Dobrath y que hay desgracias personales en los refugiados allí".

El otro leyó en la suya:

"Yo, Tholemi de Rhodas declaro haber comprendido que en las ruinas de Dobrath se desmoronó una muralla y aplastó a varias personas".

Con diferentes palabras, ambos clarividentes confirmaban el pensamiento percibido por Jhasua.

Pronto alcanzaron la caravana, cuya marcha era lenta debido a los cargamentos que conducían.

La noche caía lenta sobre aquel soberbio paisaje de montañas gigantescas cubiertas de vegetación, y los rumores formaban concierto a medida que se acercaban al nacimiento del río Orontes.

Una obscura grieta como si fuera la enorme boca de una cabeza monstruosa, se veía desde la ladera en que estaba el camino; y de esa grieta manaba sin cesar y en gran abundancia un manantial que parecía de leche por la fuerte presión con que salía, de quien sabe qué profundidad de la roca.

Pronto vieron otra y luego otra más de aquellas negras bocas que abría la montaña para dejar escapar el hermoso líquido de su seno repleto.

— ¡Son tres Orontes! —exclamó Jhasua, cuando en el recorrido descubrió las tres grandes filtraciones de agua en aquella serranía maravillosamente fértil y fecunda.

—Es uno solo, niño —díjole el Kabir— porque los tres brazos de agua se precipitan a un mismo punto de la llanura y corren juntos a desembocar en el mar a muchas jornadas de aquí.

Los reflejos del sol poniente daban a intervalos reflejos de púrpura y de oro a aquellas límpidas aguas, que en rizadas ondas corrían entre las piedras tapizadas de musgos, helechos y begonias.

Los ruiseñores del Líbano con los que había soñado Jhasua, comenzaban su concierto nocturno como un numeroso conjunto de tiples que cantasen, teniendo por contrabajo el estruendo sonoro de las aguas del Orontes precipitándose en la llanura.

— ¡Oh, si pudiéramos trasladar al Sur este retazo de tierra! —exclamaban algunos de los viajeros que venían de las arideces de Madián y Judea.

—¿Qué sucedería entonces? —preguntóles Jhasua.

—Que nuestras calcinadas piedras se cubrirían de viñedos y nuestros arenales de trigo y heno.

—La fe de Moisés hizo brotar agua de las ardientes rocas del Sinaí —dijo el Servidor— y si los príncipes y caudillos del Sur en vez de gastar tiempo y oro en contiendas y vicios que les consume la vida, se hubiensen unido para desviar el curso del Jordán, como soñaba uno de nuestros Terapeutas, no estaría perdiéndose esa gran corriente en la ciénaga del Lago Muerto, y todas aquellas comarcas habrían sido transformadas en tierras de regadío y de producción. ¿No fue así desviado el curso del Eufrates en la remota antigüedad por el rey de Babilonia ya reconstruída? El Eufrates es de un caudal de agua diez veces más que el Jordán.

"Si Herodes el Grande construyó como por arte magico, ciudades maravillosas casi en el tiempo en que se levanta una tienda en el desierto, y eso, trasladando a fuerza de mulos, trozos de murallas y de columnas de marmol de monumentos y templos griegos abandonados, y todo ello para complacencia de César, y suya propia ¿no podría haber removido un estadio de tierra para que el Jordán no llevara sus aguas a las venenosas del Mar Muerto? Habría dado vida a varias regiones azotadas por la sequía y por el hambre.

—En general los dirigentes de pueblos se aman desmedidamente a sí mismos, y aprecian más la satisfacción de su orgullo, que las necesidades de sus pueblos —dijo otro de los Esenios—. Los palacios fantásticos que construyen, son para sus placeres y su vanidad. Mientras que las aguas del Jordán sólo harían nacer trigales para dar pan a los hambrientos.

EL ARCHIVO DE RIBLA

En la caravana comenzó a extenderse un rumor sordo de conversaciones y de protestas, contra la injusticia de los poderosos que reinaban entonces.

—Ya vendrá el Mesías que Israel espera —dijo por fin un viejo rabino que venía desde Judea— y él pondrá todo en orden como Dios manda.

—¡Oh, que venga pronto! —exclamaban varias voces a la vez— porque si tarda vamos todos a morir de hambre.

—¿Le esperáis para pronto? —preguntó uno de los Esenios.

—Es que ya debe estar aquí —volvió a decir el viejo rabino—. Y no acierto con el misterio que hay, que no se descubre ante su pueblo.

"Niño, tú que pareces un esbozo de profeta de Dios —dijo dirigiéndose a Jhasua—. ¿No podrías decirnos si ha venido y dónde está el Mesías que espera Israel?— Los esenios prestaron todos atención a la respuesta que iban a oír.

—Israel espera un Mesías que lo haga poderoso para dominar al mundo —contestó Jhasua—. Y yo creo que el Altísimo no enviará su Hijo para que los hombres se maten en guerras de conquista, sino para que se amen unos a los otros como cada cual se ama a sí mismo.

—Moisés salvó a Israel del yugo de los Faraones de Egipto y también fue el hombre enviado por Jehová en beneficio de su pueblo —arguyó el rabino—. ¿Por qué pues no podemos esperar que el Mesías sea el libertador de Israel del yugo romano?

—El yugo romano es una pajilla si se le compara con el yugo de los Faraones —dijo otro de los viajeros—. Yo no miro con malos ojos la dominación romana.

—¿Y sois vos un hijo de Israel? —preguntó escandalizado el Rabino.

—Justamente porque lo soy, miro las cosas desde el punto de vista de la conveniencia. ¿Qué sería del pobre pueblo hebreo sometido tan sólo a la autocracia de la casta sacerdotal que lo absorbe y domina todo en estos últimos tiempos?

—La autoridad romana les ha cortado un tanto las garras, y aunque son buitres que lo devoran todo, por lo menos no son dueños de vidas y haciendas. La autoridad romana nos defiende de la codicia sacerdotal. Yo lo entiendo así.

—Habéis desviado la conversación —dijo el Rabino—. Yo quería que este zagalito rubio se sintiera inspirado de Jehová y nos dijera si ha nacido el Mesías como indicaron los astros, o si han mentido las estrellas como mienten los hombres.

—Los astros no han mentido, buen anciano —contestóle Jhasua mirándole fijamente a los ojos—. El Mesías estará en medio de los hombres, pero escrito está, que los hombres de su pueblo le desconocerán, porque sólo pueden reconocerle y sentirle los que quieren de verdad ser purificados.

"Israel quiere un Mesías rey de naciones, y está escrito que "El no romperá la caña que está cascada, ni apagará la lamparilla que aún humea; que partirá su pan con los hambrientos y que será llamado varón de dolores. El que tiene oídos, que oiga. El que tiene inteligencia que comprenda". ¿No es así el anuncio de los Profetas?...

Una bruma de oro resplandeció desde lo alto del cerro tras el cual se escondía el sol, y la cabeza rubia de Jhasua parecía irradiar un sutil polvillo dorado. Los Esenios clarividentes percibieron una inmensa aureola de oro y azul que le envolvía hasta hacerle casi desaparecer.

El anciano rabino fue de pronto iluminado por la luz divina porque era hombre justo y de buena fe, y desmontándose de un salto se acercó a Jhasua y comenzó a besarle los pies mientras lloraba a grandes sollozos.

—Tú eres el Mesías de Israel esperado, ¡Niño de Dios!... —exclamaba como enloquecido dejando a los viajeros estupefactos, pues la mayoría de ellos habían puesto poca atención a los asuntos religiosos—. He visto la luz de Dios sobre tí y el corazón no me engaña.

Los Esenios intervinieron.

—Montad buen hombre, que éste no es lugar para tratar estos asuntos. Cuando lleguemos a Ribla hablaremos detalladamente —le dijeron.

—Ese viejo tiene el seso reblandecido —decían algunos— y nos quiere hacer un drama sacro a mitad de camino.

La mayoría de los viajeros diseminados unos detrás de los otros a lo largo del camino, no se enteraron de esta conversación, pues sólo podían oírla los que marchaban junto al grupo formado por Jhasua y los cuatro Esenios.

El rumor del Orontes lo dominaba todo y apenas dejaba oír la voz sonora del guía que gritaba:

—¡Alto!... Llegamos al Puente de las Caravanas y debemos hacer un breve descanso...

Se desmontaron para tenderse sobre el césped. La jornada había sido larga y el cansancio se apoderaba de todos.

Las primeras sombras de la noche lo envolvían todo, con esa suave penumbra de las noches de oriente que deja percibir todos los objetos como si el azul diáfano del cielo y las primeras estrellas hicieran más tenue el manto de las tinieblas. Jhasua tendido cuan largo era sobre el verde brillante del césped, parecía una estatua yacente de un Adonis dormido.

El viejo rabino se sentó hacia sus pies, para contemplar a su sabor aquel bello rostro adolescente, entre un marco de cabellos bronceados que le caían abundantes sobre los brazos cruzados por debajo de la cabeza.

—He aquí el modelo perfecto para que un artista del mármol forge un Abel muerto —dijo el anciano al oído del Servidor, que se sentó a su lado.

—O de un Abel dormido a las orillas del Eúfrates —intercedió el Esenio sacando algunas viandas de su maleta de viaje.

Los otros Esenios se unieron al grupo.

—Por piedad, dejadme entre vosotros —díjoles el viejo rabino— que prometo ser discreto. Bien veis que casi estoy terminando mis días, y la luz que he vislumbrado, no quiero que se apague más.

—Bien, vos lo habéis dicho. La luz que el Señor enciende nadie puede apagarla. Quedaos pues y compartiréis nuestra cena.

El anciano viajaba con un criado, el cual abrió ante su amo una gran alforja repleta de comestibles.

Hicieron una mesa redonda con el rabino y su criado, y cuando todo estaba dispuesto, el Servidor llamó suavemente a Jhasua.

—¿Duermes Jhasua? —le preguntó.

—Soñaba —dijo incorporándose lentamente—. Soñaba que atravesaba por un desierto, abrasado por el sol y que extenuado de sed me tendí a morir en un camino. Vi que un viejo labriego me encontraba y me daba de beber. El anciano ése tenía el mismo rostro y expresión que tenéis vos —dijo al Rabino.

Este miró a los Esenios como preguntando si el joven hablaba dormido aún.

—Los inspirados de Jehová —dijo el Servidor— reciben la luz divina en muchas formas. Y acaso el sueño de Jhasua será una escena pasada o una escena futura.

—Ahora, a alimentar los cuerpos que pronto nos llamará el Kabir a las cabalgaduras.

—Y esta vez será para dejarnos a las puertas de Ribla —añadió otro de los Esenios haciendo las partes de frutas, pan y queso que correspondía a cada uno.

Durante la comida intimaron aún más con el Rabino, y de esta intimidad resultaron algunas confidencias inesperadas. Y así los Esenios y Jhasua supieron que el anciano Rabino cuyo nombre era Miqueas, tenía varios hijos, uno de los cuales era Gamaliel, el joven doctor de la Ley que tanto había admirado la clara luz de Jhasua en la difícil y complicada ciencia de Dios y de las almas, cuando a los 12 años le llevó José de Arimathea para que escuchase a los Doctores y maestros de Israel.

Yerno suyo era Alfeo que vio a Jhasua en la cuna la noche de su nacimiento. Cuñada suya era Lía, la viuda de Jerusalén que conocemos. Había pues vinculación directa entre él y los amigos y familiares del Cristo que le conocieron desde su primera infancia.

—¡Pobre de mí! —decía condolido el viejo—. Todos habían visto la luz y sólo yo estaba a obscuras.

—¡Cómo se ve, que el secreto andaba entre Esenios, que así estuvo oculto durante tanto tiempo!

—¿Cómo fue que mi yerno Alfeo nada me dijo de esto? ¿Cómo calló así mi cuñada Lía, cuando en varias ocasiones estuvo con Susana mi mujer?

—En los designios divinos —contestó el Servidor— todas las cosas tienen su hora, y mientras esa hora no llega, densos velos encubren lo que el Eterno quiere que sea encubierto. Acaso por especiales combinaciones muy comunes en la vida humana, no estarías en condiciones de saber estas noticias.

—Así es por desgracia —contestó el anciano pensativo—. Tenía yo una atadura de hierro hasta hace cerca de dos años. Mi hermano mayor que murió en este tiempo, era el intérprete y traductor hebreo que más apreciaba Herodes el Grande, cuya amistad para con el alto sacerdocio de Jerusalén era ocasionado por estas relaciones de mi hermano. Y como por cuestiones de intereses yo dependía de él, siempre me encontré maniatado a sus opiniones y modos de ver en todo orden de cosas. Su muerte me libertó de esta esclavitud y recién ahora me considero hombre libre.

—Ya lo veis pues. Había una poderosa razón para que el Altísimo mantuviera velados para vos sus grandes secretos —añadió de nuevo el Servidor.

—¡Ahora sí que no os dejo escapar! —decía entre enternecido y risueño el anciano Rabino, mirando a Jhasua que estaba muy ocupado en romper almendras y avellanas, para que los comensales las encontrasen ya limpias.

—Ya veis —decíale, el jovial Esenio Melkisedec—- habéis llegado al festín divino un tanto retrasado, pero aún tenéis la satisfacción de ocupar un puesto en la mesa del Profeta de Dios y comer almendras y avellanas peladas por sus propias manos. —Lo dijo al mismo tiempo que Jhasua con su gracia y dulzura habitual ofrecía al anciano en el hueco de sus manos, una porción de dichas frutas ya descortezadas.

El le tomó ambas manos y las estrechó sobre su pecho mientras sus ojos se inundaban de llanto.

—Ahora no me agüéis la fiesta que yo estoy muy contento —díjole Jhasua viendo la emoción del anciano.

Poco después de esta escena, la caravana se ponía en marcha siguiendo el curso del río Orontes, cuyo armonioso rumor semejaba un salmo de gratitud al Hacedor Supremo, según era la vibración del íntimo gozo espiritual que se había extendido sobre los viajeros.

Y la luna llena y pálida como una hada misteriosa, encendía su fanal de plata sobre los cerros y los bosques cargados de perfumes y de rumores, y sobre las ondas serenas del río que continuaban desgranando sus salmodias de cristal.

En la última parada antes de llegar a Ribla, el Kabir contrató un joven y fornido aldeano, para que con su buen caballo se adelantase a llevar la noticia de que llegaban al amanecer, pues viajeros de Palmira le esperaban con urgencia.

—Decid a cuantos encontréis en la Puerta de las Caravanas, que nos hemos adelantado en muchas horas y que antes de salir el sol, estaremos entrando en la ciudad.

Esta orden dada por el Kabir a su mensajero, fue causa de que Arvoth el escultor y sus dos hijos, se encontrasen apostados a la gran puerta de entrada a la espera de los Esenios que traían a Jhasua.

—¡Por fin! —decía él con mucha gracia—- por fin nos encontraremos con ese famoso Archivo, que ya lo veo hasta cuando parto el pan.

"Pero, cuidado amigo Arvoth, que si ese Archivo no es conforme a lo que tenemos soñado mis maestros y yo, puede que os demos algún castigo!

—O puede ser que yo os lo dé a vosotros, por haber tardado tanto en traerme noticias de mi hogar abandonado ---contestaba el escultor riendo de la amenaza de Jhasua.

—Abandonado no, señor escultor —agregó de nuevo Jhasua-- porque del Santuario va todos los días el hermano repostero con su ayudante, para llevar cuanto necesita vuestra esposa y vuestra hija Nebai.

"No estaréis vos mejor cuidado que ellas.

Los Esenios reían del fuego que ponía Jhasua en sus afirmaciones, que Arvoth agradecía, aunque dominado por una profunda emoción.

Y mientras la caravana se dirigía a las grandes cuadras donde las bestias descansarían hasta el regreso, los viajeros se diseminaron por la ciudad, cada cual al sitio en que era esperado.

Los Esenios y Jhasua siguieron a Arvoth que les condujo hacia la ancha calle llamada de "Los Bazares", por la gran cantidad de ellos que había en todo el trayecto, aún cuando a esa temprana hora, no estaban abiertos.

Sólo encontraban a los leñadores con sus yuntas de asnos o de bueyes que entraban cargados de fardos de leña y los labriegos de los campos vecinos, con grandes alforjas de esparto repletas de frutas y de hortalizas.

Encontraron que Ribla tenía gran parecido con las ciudades galileas, las cuales debido a las alteraciones del terreno, unos edificios estaban sobre un pequeño cerro, otros en honduras, que las exhuberantes plantaciones les daban el aspecto de terrazas al aire libre, pues sus techumbres estaban a más bajo nivel que las copas de los árboles que les rodeaban.

Encajonada la ciudad entre enormes bastiones naturales de piedra, entre los cuales brotaban árboles como la paja en las llanuras, era en verdad un conjunto de nidales de águilas perfectamente defendidos por la naturaleza.

Por tres lados estaba Ribla defendida por los grandes platanares de las riberas del Orontes, pues quedaba justamente donde el río formaba un ángulo agudo con uno de sus afluentes, que corría tumultuosamente al pie mismo de la muralla que daba al oriente. Al pie de aquella muralla estaba la vieja casona habitada por Menandro, el sacerdote de Homero poseedor del Archivo.

El anciano dejaba el lecho a mitad de la mañana, y Arvoth tuvo tiempo para hacer conocer a los viajeros aquel vetusto edificio, cuyo aspecto exterior denotaba varios siglos de existencia. Algún gran caudillo guerrero debió ser su dueño primitivo, a juzgar por las formidables defensas que tenía hacia el exterior. Sus ventanales eran caladuras hechas en los mismos bloques de piedra, y sus torrecillas almenadas conservaban señales de agresiones ya lejanas.

Desde las terrazas admirablemente resguardadas, se contemplaba el maravilloso panorama que ofrecía el gran río, serpenteando como un movible sendero de cristal rizado por entre montañas, bosques y praderas.

—¿Qué me decís del cofre que guarda el Archivo? —preguntaba Arvoth a los Esenios, asombrados de aquella ciclópea construcción.

— ¡Qué es digno de guardar toda la historia de la humanidad!... —le contestó el Servidor.

Nicandro o Nicanor que es lo mismo, era el hijo mayor del dueño de la casa, y fue quien primeramente les recibió diciéndoles que su padre les esperaba en la biblioteca porque se sentía algo atacado del reuma.

En efecto, el hermoso anciano descendiente de Homero les recibió sin moverse de su sillón.

Lo primero de que se extrañó, fue de ver un jovencillo como Jhasua entre los estudiosos que venían de tan larga distancia, en busca de un archivo cuyos polvorientos pergaminos relataban leyendas que tenían siglos.

—Vosotros los descendientes del gran poeta, decís que las Musas le mimaron desde su niñez... —decía Tholemi, gran conocedor de las tradiciones griegas.

—Y fue así con toda verdad —interrumpió el anciano.

—Nosotros decimos —continuó el Esenio—, que este jovencito es un mimado de la Luz Eterna y de la Divina Sabiduría.

Jhasua se vio precisado a acercarse al anciano que le tendía ambas manos temblorosas.

—Rubio como Apolo, y tus ojos como los suyos, tienen dardos que queman el corazón —le dijo estrechándole las manos—. ¿Por qué has venido?, di la verdad, ¿por qué has venido?

—Por el Archivo y por el guardián del Archivo —le contestó Jhasua con una dulzura tal, que al viejo sensitivo le resonó su voz como un canto de alondra.

—¡Oh, gracias, precioso Apolo de la Siria! Y ¿qué esperabas encontrar sino al reuma en el viejo guardián del Archivo? —volvió a interrogar el anciano Menandro como si el hablar de Jhasua le causara un gozo inefable.

—No pensé en vuestra enfermedad, sino en la comprensión y firme voluntad que demostráis al desterraros voluntariamente de vuestro país por conservar un Archivo. Difícilmente se encontrarían hoy diez hombres en el mundo, que hicieran lo mismo.

—Tienes la sabiduría a flor de labio como tenía Homero sus cantos inmortales. Siéntate en este taburetito donde solía sentarse mi joven esposa, cuando quería arrancarme un *sí* y yo quería decir *no.* —Jhasua sonreía sintiendo la suave caricia de la ternura de aquel anciano, y se sentó en el sitio indicado. Mientras sucedía esta escena, los Esenios habían formado cadena de fluidos magnéticos con sus pensamientos puestos en acción, para aliviar de sus dolores al buen sacerdote de Homero, que iba a prestarles tan importante servicio.

—Vamos a ver —continuó el anciano—, ¿qué quieres tú del Archivo y del guardián del Archivo?

—Del Archivo, quiero sus secretos y de vos quiero la salud y la alegría —le contestó Jhasua que había dejado de sonreír, y miraba a los ojos del anciano con una energía y una fijeza tal, que el viejo se estremeció involuntariamente.

—Los secretos del Archivo los tendrás, pero mi salud y mi alegría están ya muy lejos... —murmuró con tristeza.

—También yo estaba lejos y hoy me tenéis a vuestro alcance. La salud y la alegría son palomas mensajeras del Altísimo, y van y vienen como las ráfagas del viento y los rumores del Orontes —le dijo Jhasua acariciando suavemente con sus manos que vibraban, los brazos y las rodillas del anciano sobre los cuales se había apoyado.

Había comprendido que los Esenios emitían fuerza magnética sobre él para que aliviase a Menandro, y lo hizo con tan buen éxito, que de pronto le vieron ponerse de pie y que agitando los brazos exclamaba lleno de satisfacción y alegría:

—¿Pues no digo? Eres Apolo, y has puesto fuego y vida en mi cuerpo y alegría en mi viejo corazón.

Y empezó a dar fuertes abrazos a los recién llegados para hacerles ver que la energía y la salud habían vuelto, aún cuando él las creía tan lejos.

Si bien dispuesto estaba el anciano hacia los Esenios, lo estuvo por completo después de esta escena que acabo de relatar.

El mismo les guió al Archivo y lo puso a su disposición, dándoles las indicaciones que pudieran servirles de guía para encontrar lo que deseaban.

Un pequeño libreto especie de *índice* les hizo ver en conjunto lo más importante que aquel Archivo guardaba: Crónicas del Continente Lemur (desaparecido). Crónicas del Continente Atlante (desaparecido). Crónicas de Atica, de Escitia, del Indostán, de Irania, del Nilo, de Mauritania y de Iberia.

—Deseamos primeramente las Crónicas de la península Indostánica —dijo Melkisedec.

Y el anciano sacerdote de Homero les sacó un grueso rollo de papiro en cuya envoltura exterior se leía:

"Crónica escrita por Arjuna, discípulo de su Grandeza Krishna, el príncipe filósofo del amor y de la paz".

—¡Esto es lo que buscábamos! —dijeron a la vez los cuatro Esenios, mientras Jhasua esperaba en silencio.

—Bien, mis amigos: este archivo es vuestra casa. Tenéis entera libertad en él —díjoles el anciano y apoyado en su hijo salió al parque de la casa a su paseo matutino de que hacía varios meses estaba privado.

—También yo los dejo —añadió Arvoth—. Mis hijos y yo tenemos otra clase de trabajo que les haré ver cuando les plazca. Los mármoles están rabiosos por tomar formas definidas, y también tengo yo prisa de volver al hogar. Con que hasta luego.

Cuando él salía, entraba un criado llevando jarabes y pastelillos con que el dueño de casa obsequiaba a los visitantes.

Sigamos en su tarea a nuestros cuatro Esenios con Jhasua, y así sabremos cuánto ellos van descubriendo en aquel archivo milenario.

El papiro encerrado en un tubo de piel de foca y muy recubierto por una fina tela de lino, fue cuidadosamente abierto y colocado en los atriles especiales para estudiar esta clase de trabajos. Era doble, o sea escrito en dos cintas de papiro unidas al medio por pequeñas obleas engomadas. Una de las tiras estaba escrita en la lengua de los antiguos Samoyedos, que en su lenta emigración de los hielos del Norte fundaron *Hisarlik,* la gran capital del Atica prehistórica. La otra cinta era una traducción de aquella lengua muerta al griego de la época Alejandrina, que se divulgó bastante por Asia y Africa debido a las correrías de conquista de Alejandro Magno.

Era pues tarea fácil para los Esenios la lectura del papiro en la escritura griega antigua.

Melkisedec fue designado lector, y notarios, Azarías y Tholemi. El Servidor y Jhasua escuchaban.

El papiro comenzaba así: '

"En la inmensidad donde giran estrellas y soles, resonó la voz eterna repetida por los ecos y marcó la hora inmortal. La Legión protectora de la sexta Jornada Mesiánica en globos gemelos del Planeta Tierra, entró en actividad, y elevadas inteligencias penetraron en la atmósfera astral de los planos físicos, para anunciar el gran acontecimiento a los encarnados que habían de antemano aceptado el encargo de ser instrumentos del designio divino en el plano que ocupaban.

"Una elevada inteligencia, un arcángel fue el heraldo elegido para buscar aquellos instrumentos perdidos en las selvas terrestres, y se le apareció en sueños a una mujer de vida pura cuyo nombre era Sakmy, desposada recientemente con el doncel Baya-Dana, ambos pertenecientes a la numerosa parentela del joven Rey de Madura, país del Sur indostánico sobre el mar. Vedo-Van-Ugrasena era un rey justo y piadoso con su pueblo, que le amaba y reverenciaba por su gran misericordia.

"La hermosa visión anunció a la joven esposa Sakmy, que la hora era llegada de que un rayo de Luz Eterna bajase a la tierra, y que ella sería madre de la elegida por los Genios Tutelares de la Tierra, para vaso purísimo que encerrara al *Divino elixir de vida* para la humanidad, enferma de muerte por sus propias miserias.

"Y cuando fue el tiempo, les nació la hermosa niña a quien llamaron Devanaguy y en cuya crianza y educación pusieron sus padres un esmero muy superior a lo habitual, ya que conocían los elevados designios divinos sobre aquella criatura.

446

"Cuando esta llegó a la pubertad, fue tomada como esposa por Vasuveda, gentil y noble mancebo, hijo segundo del buen rey Ugrasena, que al poco tiempo fue desposeído de su reino por su hijo mayor Kansa, erigido en caudillo de los poderosos descontentos por la misericordia de Ugrasena para con el pueblo.

"El buen rey había sido encerrado en una Torre, y sus fieles servidores y amigos, reducidos a esclavitud, habían perdido toda esperanza de salvarle.

"Lloraba el triste rey su obscura suerte de caer en prisiones, cuando apenas se habían extinguido los ecos de los himnos nupciales del desposorio de su hijo Vasuveda con la niña elegida por los dioses para que *"Vishnú"* encarnase en ella, y hecho hombre, salvara a la humanidad de la muerte que le amenazaba.

"Devanaguy, su joven nuera, inspirada por los Genios del bien y del amor, disfrazada de chicuelo vendedor de frutas azucaradas, logró introducirse con su venta en la Torre, presidio de su suegro, y cuando a través de los barrotes de su puerta pudo hablarle, se dio a conocer y le dijo que los Devas querían que viviese para ver la gloria de *Vishnú* que se acercaba. La adolescente esposa estaba ya encinta en la quinta luna, y mientras aparentaba ofrecer sus golosinas al cautivo le decía: Alégrate Ugrasena, padre mío, porque *"Vishnú"* encarnado en mi seno, será tu salvador.

"Mientras tanto Vasuveda su esposo, y segundo hijo del cautivo, hacía correr secretamente la gran noticia entre los que permanecían adictos a su padre, que en su mayoría se hallaban en la dura condición de siervos, desposeídos de todos sus bienes.

"Desde aquel momento se formó una numerosa alianza entre los desposeídos y esclavizados, para prepararse a la llegada del Libertador.

Con la mezquina concepción de la vida y del bien que tuvo siempre la humanidad, la mayoría de estos desposeídos y esclavizados, esperaban un *Vishnú* salvador de su penosa situación y no al Rayo de Luz Divina que venía para toda la humanidad.

"Mas la Eterna Sabiduría, que aún de las ignorancias humanas extrae el bien para sus criaturas, de este gran entusiasmo popular extrajo la divulgación del sentimiento de justicia y protección divinas, para quienes la merecen con su buen obrar.

"Los sucesores de aquellos Flámenes originarios de Lemuria, vivían como anacoretas en los bosques y grutas que llamaron sagrados con el tiempo, por las maravillosas manifestaciones del poder divino que en ellos se obraban, debidos, según el vulgo, a la vida penitente y de oración continua que los solitarios hacían.

"¿A quiénes, pues, habían de acercarse los desposeídos y esclavizados, sino a estos pobres solitarios que se contentaban con los frutos que les daba la tierra para sostener sus vidas?

"De aquí vino que el pueblo empobrecido y tiranizado por Kansas y sus partidarios, formó unión con los anacoretas hindúes, conservadores de las doctrinas de los Flámenes, aunque ya algo transformadas y desfiguradas, por la acción devastadora de los siglos y de la incomprensión humana.

"Los solitarios, cuya vida de alta contemplación y estudio de las Leyes Divinas, les ponía en condiciones de seguir la luminosa estela de la Divina Voluntad con relación al planeta Tierra, sabían que el tiempo de la llegada de la Luz Divina había sonado ya en los arcanos eternos, y esperaban de un día al otro el gran acontecimiento.

"Sus antiguas profecías decían bien a las claras: "Cuando hayan pasado cuarenta centurias desde que el sol se durmió en las riberas del Eufrates, el sol nuevo se levantará al sur del Indostán junto al mar. Su llegada será anunciada por el hecho insólito de un hijo en rebelión contra su padre-rey, al cual encadenará en un calabozo".

"Para los contemplativos anacoretas hindúes, el sol dormido a orillas del Eufrates, era Abel. Las cuarenta centurias habían ya pasado, y al sur del Indostán, junto al mar, en la gran capital de entonces, Madura, un hijo, *Kansas*, se había rebelado contra su padre Ugrasena, y le había puesto en calabozo. Era pues allí y en esos momentos, en que debía aparecer el nuevo *sol de justicia.*

"Otro anuncio profético que contaba varios siglos de existencia, y que había cantado un bardo sagrado en las selvas Indostánicas decía: "Cuando los grandes ríos del oriente bajen sus aguas hasta entregar a los hombres las arenas de su cauce para amurallar ciudades, y suban luego hasta que los monstruos del mar crucen por encima de sus techumbres, alegraos corazones que latís, porque siete lunas pasadas, aparecerá un lucero nuevo en el horizonte, a cuyo influjo irresistible y suave todo pájaro cantará en su nido".

"Este hecho relacionado desde luego con movimientos y evoluciones astrales, había ya tenido lugar y estaba terminando la séptima luna de la profecía.

"Y los contemplativos solitarios de las grandes montañas y selvas de la India, alentaban a la inmensa turba de los desposeídos y esclavizados, con la divina esperanza de un ungido del Amor que se apiadaría de ellos.

"Y de las inmensas cavernas del Himalaya y de los Montes Zuleiman, bajaban de dos en dos y en interminable caravana, hacia el sur del Indostán. Las grutas de la cordillera Windyha junto al caudaloso Narbhudha que desemboca en el Golfo de Cambayha, dieron asilo a aquellos infatigables visionarios que extraían de los abismos estelares y del fondo de las aguas, los indicios anunciadores de que un rayo de la Luz Increada iba a iluminar la Tierra.

"La Energía Eterna, fuerza impulsora que es vendaval que arrastra, y relámpago que ilumina las tinieblas, les hizo encontrarse sin buscarlo y sin pensarlo, con los últimos vestigios de una ya desaparecida civilización que en el ostracismo de las cavernas vivían también esperando. Y los solitarios indostánicos, cenizas vivas de los muertos Flámenes Lemures, se encontraron en la legendaria Bombay con las últimas lucecillas que dejara en pos de sí el *sol dormido en las orillas del Eufrates y en los valles del Nilo* según la antigua profecía. Se encontraron, se reconocieron, y como todos buscaban la luz de un nuevo amanecer, se refundieron en un abrazo que permaneció anudado durante largas edades. Y por esas maravillosas combinaciones que solo teje y desteje la Ley Divina, se encontraron unidos al S.O. de la península Indostánica, los Dacthylos de Antulio con su clara sabiduría extraída de los abismos estelares, con los Kobdas azulados de Abel, con su ciencia arrancada del estudio del humano corazón ávido de amor y de paz; y los Flámenes Lemures de Numú, cuya *llama viva* sabía el secreto de transformar la bestia humana harta de carne y sangre, en buscadores de una estrella nueva que debía aparecer en el horizonte terrestre.

"Y apareció el niño Krishna hijo de Vasuveda, hijo segundo del rey de Madura Ugrasena, y de Devanaguy, hija primogénita de Baya-Dana y de Sakmy la sensitiva, que recibió la primera visión precursora del acercamiento divino.

"Mas, como las sagradas profecías eran también conocidas de las inteligencias tenebrosas que persiguen a la luz, un mago negro hizo llegar a Kansas al hijo usurpador y rebelde, que como un rayo de la Justicia Eterna nacería de Devanaguy mujer de su hermano Vasuveda, y mandó a sus esclavos para que la raptaran del hogar y la encerrasen en una dependencia de la misma Torre en que tenía secuestrado a su padre.

"Y aunque los hijos de las tinieblas apagan toda luz, los hijos de la claridad la encienden hasta en las piedras de los caminos. Y fue así, que los que conocían el gran secreto, se valieron de ingeniosos ardides para rondar alrededor de aquella Torre y ocupar en ella puestos ínfimos de limpiadores de acueductos y de fosos, de leñadores y de picapedreros, con el fin de evitar que el niño que iba a nacer fuera asesinado tal como Kansas el usurpador· había mandado.

"Las tinieblas de su propia maldad cegaron a los que buscaban apagar la luz divina que venía a la tierra, mediante un túnel abierto secretamente desde la Torre-presidio a la orilla del mar, Devanaguy fue sacada antes de ser madre y sustituida por una joven que había muerto al dar a luz su hijo.

"El guardián Donduri, discípulo de los solitarios y adicto al rey encarcelado, estaba en el secreto del cambio, y se limitó a dar parte a Kansas el traidor, que la cautiva había perecido al dar a luz sin socorro alguno.

"El malvado usurpador hizo grandes fiestas celebrando su triunfo y el de sus magos sobre los hijos de la luz, y durante el mismo año fue libertado el rey justo por los mismos medios, quedando en su lugar uno de los solitarios que se le parecía, y que se brindó al sacrificio a fin de que Ugrasena quedara en libertad para organizar con Vasuveda y su pueblo fiel, la liberación de Madura.

"Krishna que significa, *"secreto guardado en sombras"* fue encargado a un pastor llamado Nanda que vivía a orillas del Nerbuhdah, al pie de los Montes Windhyah donde los solitarios tenían el más antiguo y numeroso Refugio-Santuario hábilmente oculto en las cavernas y entre los bosques más impenetrables".

Hasta aquí habían llegado los Esenios en la lectura del papiro, cuando Arvoth se llegó al Archivo para anunciarles que el anciano sacerdote de Homero con sus hijos, les esperaba para la comida del medio día.

Y otra vez se realizó el hecho tan comúnmente repetido, de que al partir el pan y verter el jugo de la vid en las ánforas de plata, se forman grandes alianzas y florecen las amistades y los encuentros de almas que juntas estuvieron en lejanos tiempos, y que el Eterno Amor reúne en un momento dado.

Los hijos de Menandro, se habían hecho grandes amigos con los hijos de Arvoth el escultor, si bien éstos eran de menos edad que los otros.

El anciano les refirió durante la comida los viajes y excavaciones que tuvo que hacer en ciertos parajes de la antigua Grecia, sobre todo en las grutas del Monte Himeto que en la prehistoria se conoció por Monte de las Abejas, en cuyas oquedades profundas y rumorosas, se decía que salían genios benéficos, enviados por las Musas al bardo inmortal Homero, sobre todo la luminosa Urania, que escuchaba el danzar de las estrellas, cuyas grandiosas epopeyas las refería en divinos poemas representados por dioses [1].

[1] El Monte de las Abejas fue en el Atica el refugio de los Dacthylos de Antulio.

Les refería que en algunas grutas había encontrado hombres petrificados y escrituras en láminas de mármol.

—Homero, mi glorioso antecesor —decía orgullosamente el anciano—, tenía coloquios íntimos con las Musas y con los genios enviados por ellas, para contarle las tragedias de hombres y dioses en los abismos de luz y sombra, en que viven su eternidad las estrellas.

Era encantador para los Esenios escuchar a aquel anciano que parecía tener música en los labios y fuego en el corazón cuando hablaba de los poemas inmortales de Homero. Parecía haberlos vivido él mismo y que su palabra, llena de santo entusiasmo los fuera de nuevo esbozando en aquel ambiente de serena simpatía que le rodeaba.

— iCuán feliz hubiera sido Homero, mi padre, si hubiera tenido este divino Apolo sirio a su lado... así tan cerca como le tengo yo!... —exclamaba de pronto el anciano embebido en la contemplación de Jhasua que a su vez le miraba con vivísima simpatía. —Entonces sí que hubieran bajado las musas, para contarle leyendas del Infinito que descubrirían ante los hombres bellezas no imaginadas por ellos.

—Habláis de vuestro padre Homero con un entusiasmo que raya en delirio! —dijo en voz baja Jhasua mirando al anciano que tenía a su lado— y no habéis pensado que la Ley de las reencarnaciones ha hecho de vos una repetición de Homero el de los cantos inmortales.

—¿Qué habéis dicho Apolo mío? —preguntó el anciano como queriendo arrancar de los ojos profundos de Jhasua el secreto que acaso ellos habían leído en el insondable Infinito—. ¿Qué habéis dicho?

—Lo que habéis oído —contestó firmemente el joven Maestro con aquella voz elocuente de inspirado, que a veces tenía vibraciones metálicas como si fuera una campana de bronce sonando en la inmensidad.

Un silencio inmenso, solemne se estableció en el espacioso cenáculo donde tales palabras habían resonado, como si el misterioso enigma de la Verdad Eterna hubiera sobrecogido las almas de un sentimiento profundo de religiosa adoración.

— iEs verdad! —exclamaron luego los Esenios—. Y nunca lo habíamos pensado.

—Y acaso —prosiguió Jhasua— cuando explorábais las grutas del Monte Himeto, y sacábais esas momias convertidas en piedra, no pensaríais que una de ellas os había pertenecido en edades lejanas.

—Niño, niño!... Me amedrentáis con vuestra luz que sondea los siglos... —exclamó el anciano poniendo su diestra temblorosa sobre la fresca mano de Jhasua, apoyada blandamente sobre el mantel—. ¿Creéis acaso que tanto he vivido sobre la tierra como para que un cuerpo que fue mío se haya convertido en piedra?

—¿Y por qué no? ¿Qué son los siglos ante la eternidad del alma humana? —le preguntó nuevamente Jhasua.

—En los papiros que guardan los Esenios —continuó diciendo— he conocido las vidas de unos solitarios que habitaron las grutas del Monte Himeto, en aquel entonces *Monte de las Abejas*, donde se cuenta que conservaban embalsamados los cuerpos que les sirvieron para realizar sus vidas físicas, y los mantenían ocultos en huecos abiertos en la roca viva. Y como ésta va creciendo por la lenta acumulación de átomos y moléculas, se concibe muy bien que los cuerpos quedan al fin de los siglos, como incrustados en la montaña de la que quedan formando parte.

Como el anciano buscara con la mirada en los rostros de los Esenios, para saber hasta qué punto podía abismarse en aquellas verdades, el Servidor intervino.

—Nuestros hermanos del Monte Carmelo —dijo— se creen sucesores directo de los solitarios del Monte Himeto, y conservan momias y relatos sobre ellos. Les llamaron Dacthylos porque su fundador llevaba ese nombre, con el cual se presentó ante el mundo que le acogía al llegar emigrado de Atlántida sumergida bajo las aguas del océano, después que había tenido por dos veces en medio de ella, al Hombre-Luz sin haberlo reconocido.

"Los Dacthylos fueron los depositarios de la sabiduría de Antulio, el gran profeta atlante.

"Hilcar II príncipe de Talpaken, fue el que trajo al Atica prehistórica toda la grandeza de Antulio, y tomó el nombre de Dacthylos para ocultar su procedencia. El reunió niños desamparados y proscriptos de la sociedad, y fundó una escuela de Divina Sabiduría como la que había tenido Antulio su Maestro. ¿Quién puede negar con fundamento que Homero vuestro glorioso antepasado no estuviese en aquella escuela que vivió en la obscuridad durante muchos siglos?

"La ley de la reencarnación de las almas abre horizontes tan amplios como la eternidad misma. Y como toda ley divina, se cumple en todos los seres con igualdad y justicia inexorable. Comprobada la eternidad del espíritu humano, y que él progresa indefinidamente mediante la Ley de reencarnaciones sucesivas, la buena lógica nos lleva de inmediato a la clara conclusión que los que hoy vivimos la vida en la carne, hemos vivido esa misma vida innumerables veces, en cada una de las cuales hemos ido dejando los harapos del atraso primitivo, y hemos ido adquiriendo lentamente las pequeñas claridades que alumbran hoy nuestro camino.

"¿No es esto lo único que está en acuerdo con la eternidad de Dios, que ha querido hacer participante a su criatura de su misma inmensa eternidad?

El anciano sonrió afablemente para decir:

—Vuestra sabiduría es hermana gemela de la de Homero mi glorioso padre, como lo comprobaréis cuando estudiéis su libro secreto, escrito por él mismo en láminas de cuero curtido al blanco y que él tituló: "Sueños de Inmortalidad".

EL SACRIFICIO DE KRISHNA

—Este libro es mi gran secreto que ha sido transmitido de padres a hijos, como un depósito sagrado y que ojos profanos no vieron jamás. Ni yo mismo lo había comprendido hasta este momento inolvidable, en que este radiante Apolo de la Siria ha descorrido el Velo de Minerva para dejármela en su pura y divina desnudez.

"Y aunque sé que mi espíritu es inmortal, no lo es este viejo cuerpo que me acompaña, y que no tardará mucho en buscar la fosa para descansar.

"Mis hijos seguirán o no el camino de su padre, y no puedo obligarles a que carguen también ellos el enorme peso que yo tuve fuerza de soportar toda mi vida: *el peso de los secretos de Homero* sostenido por nueve generaciones, en medio de las cuales hubo siempre un guardián fiel que supo guardarlo a despecho de todas las maldades, ambiciones y egoísmos.

"Por estas razones declaro aquí mi inquebrantable resolución, de entregar este sagrado depósito a este hermoso Apolo Sirio y a la escuela de Sabiduría de que él forma parte. Yo iré a morir entre vosotros con mi sagrado depósito para que quede cumplido mi juramento de guardarle hasta la muerte.

"Allí donde repose mi cadáver estarán también los *"Sueños de Inmortalidad"* de Homero. Conmigo termina la novena generación que le ha rendido el culto perenne que para él quisieron las Musas inmortales. "Pasadas nueve generaciones —dice él mismo— seré tenido por un mito, por un ser que no fue humano, por un fantasma irreal de un pasado brumoso, como hizo siempre la humanidad con todo aquel que le hizo vislumbrar lo Infinito que no comprende.

"¿Estamos todos de acuerdo? —preguntó el anciano recorriendo con la mirada a cuantos le rodeaban.

—Por nuestra parte, de acuerdo —contestaron los Esenios.

—Vuestros hijos dirán lo demás.

—Nuestro padre obra con acierto —dijo el mayor, Nicandro o Nicanor—, porque nosotros extranjeros en Ribla, no sabemos nuestro destino mañana.

—Yo digo igual que mi hermano —dijo Thimon el menor.

—¿Y el templo a Homero que me había mandado construir? —preguntó Arvoth estupefacto ante una resolución tan insólita a su parecer.

—Terminadle cuanto antes, y yo lo entregaré al Delegado Imperial de Siria, para que en él sea honrada siempre la memoria de Homero el bardo inmortal de mi Grecia Eterna.

—Pero entonces caería en manos profanas que no sabrán darle el valor ni el significado que él tiene en vuestro sentir y pensar —dijo el Servidor.

—Entonces ¿qué he de hacer?

—Si algún derecho me asiste como constructor de él —dijo Arvoth— yo propongo que sea entregado a los Terapeutas peregrinos que recorren todo estos parajes consolando los dolores humanos.

"Estos mantendrán este pequeño templo como un lugar de oración y de refugio, en vez de un sitio de orgía y de placer, como los templos de los dioses paganos.

—Las Musas hablaron por tu boca Arvoth —díjole el anciano—. Los Terapeutas son eternos viajeros en busca del dolor humano. No pueden encadenarse a cuidar este bello amontonamiento de mármol blanco.

"Arvoth: me has dicho que tienes una esposa y una hija niña aún. Ella será la sacerdotisa del templo de Homero para que su lámpara no se apague, y resuene siempre la cítara con sus cantos inmortales. Sólo así descansará mi corazón tranquilo en la tumba.

Se hizo un gran silencio porque Arvoth reflexionaba en el traslado de su familia a esta apartada capital.

—¡Arvoth! —díjole Jhasua—. ¿Tienes miedo del templo de Homero, o de la Ribla silenciosa y solitaria?

—No, Jhasua, nada de eso, sino que pienso si esto agradará a mi esposa y a mi hija.

—Pues yo te digo que si aquí estuviera Nebai, hubiera saltado de gozo. Habéis dicho tantas veces que los Terapeutas son vuestros padres. Aquí estaréis con ellos como estáis allá con los del Tabor. ¿Qué diferencia tiene?

—Cuando tú hablas, Jhasua, la luz se enciende en seguida. Está bien, acepto.

Todos celebraron jubilosos el hermoso horizonte que se abría hasta larga distancia, porque en aquella vieja y sólida casona se encendería el fuego sagrado del amor al prójimo, pues se transformaría con el tiempo en refugio para los doloridos del alma y para los enfermos del cuerpo.

Los Esenios reanudaron la interrumpida lectura de los viejos papiros del Archivo.

Continuaba así:

"El pastor Nanda, ya de edad madura, vivía solo en su cabaña donde fue oculta Devanaguy con su pequeño Krishna, alrededor del cual se percibieron grandes manifestaciones del Poder Divino que residía en él.

"Entre las selvas impenetrables del Indostán, existían en distintos parajes algunas ramificaciones de la formidable Escuela de Magia Negra llamada *Serpiente Roja*, cuyos orígenes se perdían en la noche de los tiempos, pues había venido desde la desaparecida Lemuria, y continuaban sembrando destrucción y muerte allí donde lograban poner sus fatales *anillos*.

"Cada anillo de la terrible serpiente, era un núcleo de cuatro magos que siempre encontraban el medio de aliarse con los piratas, con los mercaderes de esclavos, con los usureros y las prostitutas. De todo este bajo y ruin elemento humano, pestilencia dañina en medio de la sociedad, la Serpiente Roja tomaba sus agentes y espías para introducirse en las casas más poderosas, en las residencias de los *Maharajás* y dominar el Continente Asiático, como había dominado a Lemuria hasta producirse su desquicio y su ruina total.

"Debido a sus criminales prácticas y manejos, Kansas el mal hijo, se había rebelado contra su padre hasta llegar a ponerle encadenado en un calabozo. Desde luego se comprenderá que la Serpiente Roja era quien gobernaba en todo el sur del Indostán, en rededor de Madura, su Capital. Y no tardó en enterarse de que había sido puesto a salvo el poderoso ser venido a la tierra para destruir definitivamente su fuerza. Y desataron como manadas de lobos hambrientos sus más perversos agentes para encontrar al futuro vencedor de la Serpiente Roja. Más que en el plano físico, fue tremenda la lucha en la esfera astral del planeta, donde la numerosa Legión de Espíritus de Justicia se puso en acción, cortando las comunicaciones entre los genios tenebrosos descarnados, con los encarnados de la maligna institución.

"Debido a esto, los componentes de la Serpiente Roja, se vieron desorientados, corriendo como enloquecidos por entre selvas y montañas sin poder dar con el paradero del niño Krishna ni de sus padres, ni de su abuelo el rey Ugrasena.

"Los solitarios de los Montes Suleiman, les tenían ocultos en su ciudad de cavernas y grutas inaccesibles para los profanos. Y habiendo entre ellos muchos clarividentes y auditivos, conocían a fondo los caminos obscuros y tortuosos por donde se arrastraba la Serpiente Roja, en busca de inocentes presas para devorar.

"Las grandes cavernas de los Montes Suleiman, resultaban ya estrechas para dar refugio a los perseguidos por los agentes de Kansas el usurpador. La montaña se fue horadando más y más durante las noches, abriendo túneles, pasadizos y caminos, para que aquella enorme población oculta bajo las rocas, pudiera salir de tanto en tanto a buscarse lo necesario para no perecer de hambre. Los solitarios mismos se vieron a veces entristecidos y desanimados casi al borde de la desesperación, cuando varios de ellos, vieron en clarividencia al niño Krishna que sostenía el globo terrestre en su pequeña mano, y que tocaba con su dedo una montaña árida y reseca, y toda ella se convertía en una montaña de dorado trigo.

"En estas visiones espirituales, los solitarios Flámenes comprendieron el oculto aviso que desde el plano espiritual les daban, de que teniendo al Espíritu Luz en medio de ellos, no debían temer al horrendo fantasma del hambre para el numeroso pueblo que habían albergado en sus cavernas.

"Cuando más recias eran las persecuciones de los agentes de Kansas, que eran de la Serpiente Roja, algunos solitarios tuvieron otra visión simbólica que les aquietó el alma conturbada: vieron al niño Krishna con una espada en la mano cortando las cabezas a una enorme manada de panteras negras que, avanzaba hacia ellos con las fauces abiertas para devorarles.

"La montaña de trigo dorado llegó desde el Golfo Pérsico en enormes barcazas salidas del Eúfrates, enviadas por Nadir, rey de Urcaldia, cuyos dominios abarcaban los fértiles valles del Eúfrates y el Tigris. Este buen rey estaba casado con una hermana de Ugrasena, y quiso socorrer al pueblo que seguía fiel a su rey, pues que los Flámenes que tenían Santuario en las cavernas de los Montes Kirthar, sobre el Mar de Arabia, le anunciaron las angustias que sufrían los refugiados en las cavernas.

"Los Flámenes diseminados por valles, montañas y selvas iban llevando discretamente la doble noticia del advenimiento del Salvador y de los sufrimientos de los creyentes en él, que le esperaban. Y secretamente fuése formando una enorme coalición de esclavos, de perseguidos, de azotados por la injusticia de los prepotentes que habían llegado al latrocinio más voraz y criminal, hurtando hasta niños y niñas de corta edad, para ser vendidos como víctimas de dioses iracundos y coléricos que exigían una fe sellada con sangre de seres puros e inocentes.

"El criminal sacerdocio que oficiaba en los altares de tales dioses, pagaba oro en barras por las inocentes víctimas que aplacarían la cólera infernal de sus dioses, y las madres huían enloquecidas como ovejas perseguidas por lobos, a esconder en las madrigueras disputadas a las bestias, sus hijuelos para salvarlos de la rapiña feroz y monstruosa de los mercaderes de sangre humana.

"La familia, base de toda sociedad bien constituida, estaba aniquilada y deshecha, pues la avaricia hizo presa en muchos padres que buscaban y se procuraban abundante prole, para venderla a quienes tan generosamente le pagaban.

"En la isla de Bombay llamada *la isla misteriosa*, se formó entonces una fuerte alianza espiritual, entre los sucesores de los antiquísimos Kobdas de Abel, civilizadores de tres continentes, con los Flámenes, cuyo origen se remontaba a la desaparecida Lemuria. En una peregrinación de muchos milenios de años, habían ido pasando desde las grandes islas del Mar Indico, al montañoso Birmanh y luego al Indostán.

"Mientras, los últimos Kobdas habían bajado desde el Eúfrates por el Golfo Pérsico, hasta el caudaloso Indo, al pie de los Montes Suleiman.

"Y ambas corrientes de bien, de justicia y de amor, se unieron en la misteriosa Bombay, donde dejaron como exponente milenario de aquella eterna alianza, cuarenta y nueve torres, número símbolo de 7 x 7, y cada torre, era un templo de estudio y concentración y cultivo de los poderes mentales, y de las fuerzas superiores del espíritu.

"Rodeada de jardines y bosques, de corpulentos árboles, la isla de Bombay era inaccesible, pues distaba más de una milla dentro del mar y sólo en barquillas podía llegarse a aquel lugar de silencio y de misterio, donde a decir del vulgo habitaban las almas de los muertos. De allí les vino el ser llamadas *Torres del Silencio*, alrededor de las cuales se tejieron innumerables leyendas terroríficas, que los solitarios dejaron circular como medio de tener ellos mismos mayor seguridad.

"Las 49 torres estaban unidas a otras por pasadizos interiores, sólo conocidos por los solitarios ancianos, que tomaron el nombre compuesto de Kobdas-Flámas, que significaba "Corona de llamas" como una sutil remembranza del nombre kobda, que significa corona y flama, llama, alusivo a los antiguos flámenes. Cuando la persecución de Kansas y de los agentes de la Serpiente Roja, fue más persistente y terrible, Krishna con sus familiares y adeptos, fue ocultado en las silenciosas Torres de la isla de Bombay, donde no había temor que se acercase hombre alguno por el terror pánico que aquel lugar inspiraba a todos.

"En aquellas 49 torres, para los sucesores de los kobdas estaba representado como un sueño milenario, el gran Santuario de Neghadá junto al Nilo y sobre el Mar Grande (Mediterráneo), como las Torres de Bombay quedaban sobre el Mar de Arabia y a corta distancia de los corpulentos brazos del delta del gran río Nerbhudah, que fertiliza toda la comarca. Para los sucesores de los flámenes, las 49 Torres de Bombay eran copia fiel de sus ciclópeas torres de Lina-Pah-Kanh, labradas en las montañas inaccesibles de la costa Lemur, sobre el Pacífico Norte. Y los kobdas-flamas hacían revivir allí sus perdidos recuerdos a favor de los diseños, en piedra o en cobre que les habían dejado sus mayores en aquellas construcciones que parecían haber sido concebidas por superhombres y construidas por gigantes.

"Bajo aquellas formidables Torres, en aquella isla circundada por el mar, se desarrolló la infancia y adolescencia del futuro príncipe de la Paz y de la Justicia, salvador de una raza, de una dinastía en desgracia, para el vulgo inconciente de los valores espirituales que vienen desde lo Eterno adheridos por leyes que desconocen, a seres superiores que tomaron sobre sí la tremenda misión de salvar a la especie humana en un período de decadencia espiritual, moral y física que le lleva a una inevitable ruina.

"Por el gran desarrollo físico adquirido, Krishna a los 15 años representaba un doncel de 20, y su clara inteligencia podía parangonarse a la luz interna de sus viejos maestros.

"Bajo las bóvedas vetustas de aquellas Torres silenciosas, obscurecidas por la acción de los siglos, se forjó la liberación de la especie humana, representada entonces en el vasto *Dekan* (Indostán) donde la aglomeración de gentes de todas las razas dominadoras de la humanidad, hacía de aquella parte del globo terrestre, un mercado de todo cuanto podía utilizarse para el bien y la dicha de los hombres. Y otra vez se repitió el hecho más grande de todos los tiempos: la aparición de la Luz Divina como un blanco loto, en medio del fango en que perecía la humanidad. Los kobdas-flamas dejaron por un momento en los siglos, sus túnicas cenicientas para vestirse de cuero de búfalo y de cobre, con el carcaj, el arco y las flechas a la espalda, para organizar las filas libertadoras en torno de Krishna el Príncipe de la Justicia.

"Kansas el hijo traidor, cuando tuvo conocimiento que de las cavernas y de los bosques brotaban arqueros que se extendían como una ola por el Dekan y avanzaban sobre Madura, huyó despavorido hacia la costa del mar, buscando su salvación en un barco velero anclado allí por los piratas que acechaban las ventas posibles de carne humana viva. Como le vieron cargado de oro y piedras preciosas que buscaba salvar, como medio de asegurar su vida, el jefe pirata le atravesó el pecho con su puñal y le arrojó medio muerto al mar donde fue devorado por los tiburones.

"El rey Ugrasena entre el delirio de sus pueblos, fue restaurado en el trono de sus mayores, y como la Justicia y la Paz se restablecieron prontamente, los solitarios kobdas-flamas tornaron a sus torres silenciosas, desde donde cooperaron con el Enviado a eliminar el mal, con que los magos negros de la Serpiente Roja habían envenenado las corrientes humanas, hasta el punto que los padres procreaban hijos para venderlos como carne de mercado a quien más oro les daba.

"Vasuveda, padre de Krishna, había muerto durante la niñez de su hijo, por lo cual el Hombre-Luz permaneció al lado de su abuelo y de su madre, a fin de que el anciano rey fuese respetado en vista del sucesor legítimo que dejaba, con lo cual se impedía que se levantara de nuevo el afán de otra usurpación.

"La noticia de la nueva legislación de justicia se extendió rápidamente por el Dekan y países circunvecinos, que se apresuraron a enviar embajadas en busca de alianza y protección con aquel príncipe sabio y justo, que daba a cada cual lo que era suyo, no reservándose para sí, ni aun las horas del sueño necesarias a todo ser humano, pues que durante la noche y acompañado sólo de algún amigo o criado fiel, recorría sin ser notado los distintos barrios de la Capital para asegurarse de que las órdenes eran cumplidas.

"Y durante noventa lunas consecutivas viajó desde el Indo al Ganges, y desde los Himalayas hasta el Cabo Camorín que se hunde en el Mar Indico, anudando alianzas y despejando de tinieblas y de crimen aquel vasto país en el que había nacido y que fuera tomado como cueva infernal de la Serpiente Roja, con toda su corte de malhechores de la peor especie.

"La adhesión de los oprimidos y de los hambrientos, respondió con creces a todo cuanto Krishna hubiera podido imaginar, pero las clases pudientes miraban con desconfianza al joven innovador, que pedía libertad para los esclavos e igualdad para todos los seres humanos. Y se desencadenaron dos poderosas corrientes en formidable lucha: los oprimidos y los opresores.

"En aquella parte del papiro que los Esenios iban traduciendo, aparecía un grabado explicativo: se veían dos torrentes que se precipitaban uno contra otro con irresistible potencia, y en el lugar donde debía ser el choque, un doncel fornido con la cabellera suelta al viento y los brazos abiertos hacia ambas corrientes que se amansaban a sus pies y continuaban corriendo como arroyuelos de regadío.

"Significaba a Krishna, encarnación de Vishnú pacificando a la humanidad.

Y continuaron la lectura que seguía así:

"Los anillos de la Serpiente Roja habían perturbado la fe sencilla de los pueblos, ignorantes en su gran mayoría, y habían propalado principios erróneos para inocular en las conciencias el virus del terror a la divinidad, como medio de sujetar a las masas al carro triunfal de su avaricia y feroz egoísmo.

"*Indra* o sea el aire, tenía a su disposición el rayo, el vendaval que todo lo destruye. *Agni* o sea el sol, era dueño del fuego, que pedía continuas víctimas consumidas en sus llamas para aplacar su cólera; mientras *Indra* quería víctimas arrojadas desde los más altos montes, o colgadas de los árboles en cestas de flores, hasta que el hambre las consumía o los buitres les devoraban. De aquí surgió el bárbaro comercio de niños y niñas menores de diez años.

"Y Krishna en sus largos y continuos viajes, no pedía a sus aliados y amigos otra contribución que la de destruir esa ignominiosa y criminal doctrina de Indra y de Agni, que ponía tan obscura venda en las inteligencias respecto de la Divinidad. Cuando el prudente príncipe entró a actuar en el escenario lóbrego y siniestro que dejamos esbozado, los *Indranitas* y los *Agnianos* luchaban a muerte unos contra otros, atribuyéndose cada bando el derecho de ser los depositarios de la verdad de Vishnú.

"Y Krishna apareció entre las tinieblas como un genio benéfico con su antorcha encendida, rasgando las sombras casi impenetrables de tanta ignorancia y fanatismo.

"¿Qué hacéis? —les preguntaba el Apóstol de la Verdad—. Ni Indra que es el aire, ni Agni que es el fuego, son nada más que simples manifestaciones del Poder Supremo, que sopla en el aire y calienta en el fuego. ¿Por qué, pues, lucháis locamente por lo que todos por igual necesitáis del Supremo Dador de cuanto es vida, fuerza y bienestar para el hombre? Inclinad vuestras frentes y prosternad vuestro corazón ante el Gran Atman, autor de todo Bien que os ama a todos por igual, pues que todos sois sus hijos.

"Dejad vuestras flechas y vuestras hachas para las bestias feroces que consumen vuestro ganado, mientras vosotros perdéis el tiempo en mataros unos a otros. El gran Atman, está en su Eterno Amor en todas las cosas, y sobre todo dentro de vosotros mismos y si El fuera capaz de cólera, la tendría, de ver que os matáis sin ningún respeto a la vida que os dió para amarle en todos vuestros semejantes y en todos los seres y las cosas; la tendría, cuando vendéis vuestros hijos para ser asesinados sobre un altar donde habéis entronizado al crimen; la tendría cuando compráis y vendéis vuestros semejantes que llamáis esclavos y siervos, porque carecen del oro que habéis acumulado con la sangre, el sudor y la vida de cuantos infelices cayeron en vuestras garras de buitres sin alma.

"Los pueblos se levantaban en torno de Krishna, en un despertar de júbilo y de gloria. Nadie podía contener las masas enardecidas de esperanza y de entusiasmo; enloquecidas de dicha ante la palabra de aquél príncipe de Madura, que les hablaba de amor y de libertad.

"Y desde el Golfo Pérsico hasta el Mar de China, y desde el Tibet hasta Ceilán, estalló como un incendio incontenible, un levantamiento general de los pueblos clamando por su libertad y por sus derechos de hombres.

"El viejo rey Ugrasena, estaba espantado de la ola formidable que su nieto había soltado a correr como un torrente que lo invadía todo. Los kobda-flamas repetían las palabras del Gran Apóstol, reprimiendo toda venganza, toda violencia, toda lucha armada. El arma era la palabra, el verbo de fuego de Krishna que hablaba a los hombres de libertad, de amor, de justicia, de igualdad, pues todos eran hijos del gran Atman, que encendía el sol para todos y enviaba las lluvias para todos.

"¿Qué haría el Príncipe con aquella enorme ola humana que lo esperaba todo de él?

"Sus adversarios que eran en general los acaudalados y los que se enriquecían con la esclavitud y la muerte de sus semejantes, decían alegremente:

"No haya inquietud entre nosotros, que cuando este temerario doncel buscador de gloria y de fama se vea como un ciervo acorralado por toda esa jauría de lobos hambrientos que le van a devorar, él mismo se dará por vencido, y comprenderá que es insensata locura pretender levantar a la altura de hombres, esas masas imbéciles, más que bestias que nos sirven para la carga. El Príncipe tenía sólo 18 años y representaba 30, porque sentía profundamente la carga de la humanidad que pesaba sobre él.

"Bajo todos los bosques, a la vera de los ríos caudalosos, en los valles más pintorescos, ordenó a aquella masa humana echar abajo los árboles de las selvas y construir cabañas de troncos, de ramas, de pajas y de lodo, en toda la extensión de los dominios de Ugrasena, su abuelo.

"Fue tal el humilde origen de casi todas las ciudades del sur del Indostán, que pocos años después, se convirtieron en florecientes poblaciones que resplandecían de paz, de justicia, de libertad y de trabajo.

"La figura de Krishna crecía día a día, hasta llegarse a dudar de si era un hombre de carne, sangre y huesos, o era un dios mitológico que realizaba por arte de magia tan estupendas obras.

"Temían por momentos verle desaparecer en una nube que pasaba, en un soplo de viento que agitaba la selva, en el incendio púrpura del amanecer, o entre los resplandores de fuego del ocaso.

"¡No te vayas de nosotros, señor!... no te vayas porque seremos encadenados nuevamente, y nuestros hijos serán asesinados en los altares de los dioses, le clamaban a voces.

"Las arcas reales de Madura se iban agotando rápidamente en el rescate de esclavos y en alimentar aquella inmensa ola humana semidesnuda y hambrienta. El dolor del valeroso Príncipe crecía también hasta hacerse desesperante y angustioso, cuando un poderoso príncipe que reinaba en las regiones del Ganges y de Birman le envió emisarios anunciándole que deseaba amistad porque quería para sus pueblos la ley que Krishna daba a los suyos.

"Se llamaba Daimaragia y su alianza fue tan firme, que jamás retiró su mano de la mano que había estrechado.

"Mi pan_es tu pan —le dijo cuando ambos príncipes se encontraron en Calcuta—. Salvemos juntos al Dekan de la iniquidad y del crimen y si has consumido tus tesoros, yo conservo los míos que sobran para hacer feliz la tierra donde descansan nuestros antepasados.

"Detrás del rey Daimaragia llegaron otros de más modesta alcurnia, el de Penchad, de Belhestán y de Nepal, que se pusieron a las órdenes del Príncipe de Madura para devolver la justicia, la paz y la prosperidad al Dekan, que caminaba a la más espantosa ruina, la desnatalidad, pues las mujeres se negaban a tener hijos que les eran arrebatados para venderlos como víctimas propiciatorias de un culto de crimen, de muerte y exterminio.

"Y alrededor de Krishna, se amontonaron como palomas perseguidas por los buitres, 26 centurias de mujeres en estado de gravidez, pidiéndole protección para el ser que latía en sus entrañas. Y en la más grande fortaleza de Madura, en Thinneveld sobre el mar, hospedó a aquellas infelices víctimas del egoísmo humano, todas ellas en la segunda edad, en la adolescencia y primera juventud [1].

"De este hecho, los adversarios levantaron al Príncipe espantosas calumnias, diciendo que había robado a sus maridos las más bellas mujeres del Dekan para formar el más grande serrallo que príncipe alguno hubiese tenido.

"Krishna había puesto la segur a la raíz del árbol dañino que destruía el país: la mortandad de niños en los altares de dioses sanguinarios, creaciones horrenda de la avaricia humana. Las infelices madres defendidas por él, se sintieron fuertes para defender a su vez a los hijos que aún no habían nacido y desde los torreones de la fortaleza, organizaron ellas mismas una defensa contra la que nada pudieron las flechas de sus perseguidores, que rodearon la Fortaleza para sacarlas a la fuerza. Aquellas mujeres se tornaron fierecillas contra los que pisoteaban sus sentimientos de madres y arrojaban a sus enemigos hachones ardiendo de cáñamo engrasado, lluvia de piedras, recipientes de aceite hirviendo, y todo cuanto pudiera servirles para exterminar a aquellos que lucraban con la vida de sus hijos.

"Otro acontecimiento inesperado se cruzó en el camino del Gran Apóstol del Dekan, creándole nuevas dificultades y mayores sacrificios. Un poderoso Maharajá del país del Golkonda sobre el gran golfo de Bengala, tenía entre sus muchos tesoros una hija llamada Malwa, cuya hermosura y sabiduría atraían a cuantos príncipes llegaron a conocerla. Bicknuca, su padre, la reservaba celosamente, a fin de hacer con ella una alianza ventajosa para sus

---

[1] La vida humana estaba dividida en edades de diez años; o sea que la primera edad duraba hasta los diez años, la segunda hasta los veinte, la tercera a los treinta y así sucesivamente.

intereses. Mas, el corazón de la hermosa doncella le desbarató los proyectos y esperanzas, enamorándose muy secretamente de un doncel extranjero traído al país entre un grupo de rehenes, por los guerreros de Bicknuca que hacían largas excursiones por el Norte fantástico, poseedor de incalculables riquezas.

"De la antigua y legendaria Samarcanda, era el hermoso doncel de los ojos azules y cabellos dorados como las piedras y arroyuelos de su tierra natal. Se llamaba Oflkan, y de tal manera se enamoró de él la hija del Maharajá, Malwa, que no tardaron en hallar el medio de burlar la vigilancia en que se guardaba a los rehenes, los cuales sacaron partido de este amor oculto, para escapar de sus guardianes y huir a su país.

"Malwa se vio grandemente comprometida ante su padre y los guerreros, algunos de los cuales sospecharon que por amor a uno de los rehenes, la joven princesa les había ayudado a escapar. Iba a ser juzgada su conducta si los rehenes no eran encontrados, y se le daría la pena que se daba a las doncellas nobles que traicionaban su raza y su país. Se las encerraba en una torre-templo, consagrada toda su vida al culto de su dios, sin tornar a ver a ningún ser viviente sobre la tierra. De estas infelices secuestradas, había varias, y entre ellas una que tenía fama de grande sabiduría, por lo cual era consultada detrás de rejas y velos, por aquellos que se hallaban en situaciones difíciles.

"Malwa fue a consultarle, y aquella mujer recluida hacía muchos años, le contestó:

"Sólo hay un hombre que puede salvarte de caer en el fondo de esta Torre y es el Príncipe de Madura. Hazle llegar tu queja, dile que en tus entrañas alienta un nuevo ser, y sólo él tendrá compasión de tí".

"La infeliz princesa que a nadie había descubierto el secreto de su estado, se llenó de asombro cuando la reclusa se lo dijo, y se echó a llorar amargamente.

"Tu maternidad no es un crimen —prosiguió la reclusa.

"Crimen cometen los hombres que ponen precio al corazón de sus hijas, y crimen ha cometido el hombre que te hizo madre y te abandona a tu suerte".

"El postiguillo de hierro se cerró ante la llorosa princesa, que volvió a su morada dispuesta a cumplir la orden de la reclusa.

"Y un mensajero suyo, fue en busca de Krishna con el mensaje de Malwa escrito en un trozo de blanco lino, y encerrado en un tubo de plata.

"Toda una noche caviló el príncipe sobre la extraña encrucijada que le salía al paso, y a la mañana siguiente, pidió permiso a su abuelo para tomar como esposa a la hija del Maharajá de Golconda.

"Y al momento salió un convoy de suntuoso cortejo a solicitar a Bicknuca la mano de su hija para el Príncipe heredero de Madura.

Los caballos del convoy corrían como el viento y llegaron cuando sólo faltaban horas para que Malwa fuera sometida a juicio y condenada a reclusión.

"El Maharajá complacido por la ventajosa unión, olvidó su agravio, y su cólera se convirtió en júbilo porque el reino de Madura era de los más antiguos y poderosos del Dekan.

"Siguiendo la costumbre, entregó su hija al cortejo, que la encerró en una pequeña carroza de oro y seda sin que nadie viera su rostro, y la transportó a Madura donde el viejo rey y el príncipe la esperaban.

"Cuando pasaron las grandes fiestas populares por el matrimonio del príncipe, su madre Devanaguy le llevó la esposa a la cámara nupcial, y por primera vez en su vida, se encontró Krishna solo con una mujer.

"La infeliz se arrojó a sus pies para besarlos, porque le había salvado algo más que la vida, la honra, pero Krishna levantándola, la hizo sentar a su lado y le habló así:

"Mujer: no te acuso ni te recrimino. No tengo nada que perdonarte porque sólo eres una víctima del egoísmo humano. Hago tal como tú lo has querido, para salvarte. Adopto tu hijo como si fuera mío, para que sea el heredero de Madura, pero no me pidas un amor que tengo ya entregado a la humanidad que me rodea.

"Estaré contento de tí, si sabes ser tan discreta, que todos vean en ti la fiel y honorable esposa, consagrada al amor de su hijo, al cuidado de mi madre y de mi abuelo.

"—Y para vos ¡oh príncipe generoso y bueno! ¿nada queréis de mí que me doy a vos como una esclava? —preguntó tímidamente la joven.

"—¡Nada! Seguid amando al hombre que os hizo madre, y que acaso gime en el mayor desconsuelo por no haber podido esperar la llegada de su hijo, y si algo queréis darme, venga vuestra mano de aliada para trabajar a mi lado por la igualdad humana en esta tierra de esclavitudes y de injusticias.

"La princesa tomó con las dos suyas la mano tendida de Krishna, y le dijo con la voz temblando por un sollozo contenido:

"—¡Aliada hasta la muerte príncipe... y para siempre! Razón tienen los que piensan que no sois un hombre, sino *Vishnú* encarnado para salvar a los hombres.

"Y Malwa rompió a llorar en tan angustiosa forma, que Krishna se conmovió profundamente.

"—Si lloráis así con tanta desesperación —le dijo— lamentaré el haberos atado a mí con el lazo del matrimonio, que os impedirá ir a encontraros con el que amáis.

"—Lloro de agradecimiento por vuestro sacrificio en mi obsequio, puesto que tampoco vos podréis tomar una esposa que os dé hijos para el trono de Madura —le contestó Malwa, cuyo corazón había casi olvidado al padre de su hijo, que la tomó como un medio para salvarse a sí mismo y a sus compañeros.

"—Si él me hubiera amado como yo le amaba, no me hubiese abandonado, sino que hubiese huido conmigo —decía a su salvador cuando la calma renació en su agitado espíritu.

"Ni aun Devanaguy madre de Krishna conoció nunca el secreto que murió con ellos mismos. Y cuando el niño nació, el viejo rey de Madura lo presentó al pueblo que así podía estar seguro de que la dinastía de Ugrasena permanecería por mucho tiempo al frente de su país.

"Malwa cumplió su palabra de aliada, y se convirtió en madre de las madres perseguidas para arrancarles sus hijos, que destinaban a los sacrificios. A tal punto se identificó con el pensamiento y el anhelo de Krishna, que sus adversarios decían llenos de ira:

"Este príncipe audaz y temerario, se unió a la princesa de Golconda porque era el reverso de su propia imagen".

"El viejo rey murió cuando su glorioso nieto estaba próximo a la tercera edad, o sean los 25 años cumplidos. Y el niño de Malwa que aún estaba en la primera edad, fue proclamado heredero de Krishna el mismo día que él fue coronado Rey. Y Bicknuca, Maharajá de Golkonda, proclamó a su pequeño nieto heredero también de su trono, por lo cual quedaban unidos en una alianza fuerte y solemne los dos más grandes reinos del Dekan.

"Si como heredero Krishna hizo tan grande obra civilizadora en aquellos países, cuando ocupó el trono de su abuelo su acción se extendió enormemente, pues tuvo aliados poderosos hasta más allá de los Himalayas por el norte, hasta los Urales por el noroeste, y hasta el Irán por occidente.

"Y como sabía que su vida era breve en los arcanos de Atman, asoció a todos los actos de su gobierno a la admirable mujer que era su aliada, Malwa, a fin de que ella fuese la guía de su hijo cuando éste fuera subido al trono.

"Una inmensa paz se extendió como una ola suave y fresca, que hacía felices a los pueblos a quienes llegaba la influencia de aquel rey ungido de Atman, para llenar de dicha y abundancia a los pueblos.

"Y entonces Krishna comenzó su labor de orden interno y espiritual, para lo cual abrió casas de estudio y de meditación allí donde lo creyó oportuno, poniéndolas bajo la dirección de los Kobda-Flamas de las Torres del Silencio.

"Y retirándose él mismo en días y horas determinadas, escribió el admirable *Baghavad-Gita* y los *Uphanisad*, colección de máximas de una moral sublime, como aquel, es, el tratado magno de la más elevada y sutil espiritualidad".

El Esenio lector enrolló el papiro, porque ya el sol se ponía tras de los cerros que encerraban a Ribla en un círculo de verdor.

Aquella lectura les había absorbido el alma de tal forma, que se hizo un largo silencio.

—¡Así era el Krishna que yo me había figurado! —exclamó de pronto el Servidor.

—¡Qué falsa figura era ese Krishna guerrero, matador de hombres que han presentado grotescamente sus biógrafos! —añadió Tholemi.

—¿Qué dices tú, Jhasua? —preguntóle el Servidor.

—Digo que él hizo como yo hubiera hecho en igualdad de condiciones.

—¿En todo? —inquirió Melkisedec.

—En todo no —contestó firmemente Jhasua—. Porque yo no me hubiese dejado coronar rey, sino pacificados los pueblos, hubiese dejado a Malwa con su hijo al frente, y me hubiese retirado a las Torres del Silencio para dar a las cosas del alma, la otra mitad de vida que me restaba.

"¡Pobre príncipe Krishna, que toda su vida fue como un vértigo de actividad para los demás, mientras su alma debía llorar sin que nadie la oyese!

—Fue feliz al encontrar en su camino a Malwa, que tan admirablemente lo secundó en sus obras de apóstol —dijo uno de los Esenios.

—Como ha encontrado Jhasua a Nebai en su adolescencia —añadió Tholemi, cuya sutil clarividencia había entreabierto los velos dorados del Enigma Divino, y había visto que Malwa y Nebai eran el mismo espíritu.

Jhasua lo comprendió todo. Los velos sutiles que encubrían el pasado se esfumaron en la púrpura de aquel atardecer, y su mente se sumergió en un abismo de luz en que la Divina Sabiduría le susurró al fondo del alma.

"Eres una flor de luz eterna que te enciendes y te apagas, que mueres y naces, que vas y que vienes en formas y medios diversos, hasta terminar la jornada marcada por tu Ley".

Los Esenios que iban leyendo en su pensamiento claro como a través de un límpido cristal, dijeron todos a la vez:

—¡Ya has llegado al final! ¡Más allá la Luz Increada, el Enigma Eterno, el Amor Infinito!

—¡Ya era la hora! —murmuró quedo el joven Maestro, cuya emoción era profunda.

Al día siguiente continuaron la lectura de los viejos papiros que les hacía conocer la verdadera vida de Krishna príncipe de Madura:

El Esenio lector comenzó así:

"Los mercaderes de carne humana viva, eran los únicos descontentos y perjudicados en su insaciable acumular tesoros a costa de vidas humanas, y casi todos se habían retirado a países bárbaros para extender allí la zarpa y comenzar de nuevo sus latrocinios y crímenes.

"Y cuando Krishna iba a cumplir la tercera edad o sea los 30 años, vióse rodeada Madura de una numerosa turba de malhechores armados de hachones encendidos y de flechas envenenadas que gritaban como energúmenos:

"Entregadnos a vuestro rey que nos ha llevado a la miseria y al hambre, porque de lo contrario moriréis todos abrasados por las llamas o envenenados con nuestras flechas.

"Hombres y mujeres corrieron a todas las puertas y murallas para formar una infranqueable defensa de su amado rey, pero como habían sido tomados de sorpresa se veían en situación desventajosa para enfrentarse con aquella numerosa turba de malhechores y de tribus salvajes, que parecían demonios escapados del abismo donde anidan como víboras venenosas todos los males de la tierra.

"Krishna después de tres días de meditación, reunió su Consejo de Gobierno que estaba formado por los representantes de cada uno de los príncipes, sus aliados, por Malwa que representaba a Golkonda y por sus tres discípulos y confidentes: Adgigata que era el *Asura* (quiere decir inspirado para las escrituras sagradas). Paricien, pariente cercano de su amigo el rey Daimaragia, y el más sabio filósofo y médico de su tiempo. Y Arjuna, llamado el vidente por su clara visión de los planos astrales y espirituales en casos determinados.

"El joven rey quería entregarse a aquella muchedumbre de fieras hambrientas de su sangre, a fin de que no atormentasen a su pueblo fiel. Pero su Consejo se oponía, pensando que una vez desaparecido Krishna, el pueblo desorientado y el desorden, acabarían por arruinarlo todo.

"Los días pasaban, y cada uno de ellos marcaba un número de víctimas entre el pueblo de Madura. Y cada víctima arrancaba un sollozo del corazón de Krishna que decía:

"—Mueren por mí!

"Malwa y su pequeño hijo que ya tenía diez años, no se apartaban del rey ni un momento por temor de que él se entregase a sus enemigos. Y la inteligente y discreta princesa que había despachado desde el comienzo de la lucha, emisarios secretos a su padre, esperaba cada día la llegada de los bravos guerreros de Golkonda que salvarían la situación.

"A su vez y por separado y también silenciosamente, Paricien había pedido socorro a su pariente el rey Daimaragia de Calcuta; Adgigata y Arjuna lo había pedido a otros dos príncipes aliados, el de Bombay y de Rhanpur y todos ellos sin descubrir a nadie su secreto, esperaban. El único que no había pedido auxilio a nadie era Krishna, que creía llegada la hora de sacrificarse por su pueblo, para dar ejemplo de amor fraterno y de amor a la paz, que había procurado imponer como un ideal sublime en la tierra.

"Cincuenta y dos días llevaba Madura de estar sitiada, y como aún no faltaban los alimentos necesarios, el pueblo se sentía fuerte en resistirse a la entrega de su rey. Sus feroces enemigos aullaban como lobos alrededor de las fuertes murallas naturales que le formaban las rocas cortadas a pico de los montes Cardamor en que estaba edificada.

"Krishna en continuo contacto con su pueblo, le exhortaba a la calma y les hacía comprender que para él nada significaba la muerte si con ella les había de proporcionar la paz.

"—Sin vos señor seremos de nuevo esclavizados —le decían a gritos—. Vivid, vivid, que sólo así seremos felices.

"De pronto comenzaron a aparecer en todas direcciones del horizonte numerosas huestes guerreras, que como una avalancha cayeron sobre los sitiadores de Madura.

"Sobre los cerros que circundaban la vetusta ciudad hacia el oriente, ondeaba el pabellón de Golkonda como una ala gigantesca de sangre y oro, y esto sólo les llenó de espanto, pues sus guerreros eran tenidos por los más bravos de aquella época. Poco después de ellos, comenzaron a llegar los guerreros de los demás países.

"Los torreones de la vieja fortaleza se llenaron de banderas blancas, como si una bandada de palomas aleteara sobre ella. Luego a través de una bocina se oyó la voz de la princesa Malwa que decía:

"—Soy yo que he llamado a los guerreros de mi padre para defender a mi esposo, del injusto y traicionero ataque que le habéis hecho. En nombre de él os prometo el perdón si os retiráis tranquilamente a vuestras casas. De lo contrario, los guerreros de Golkonda os aniquilarán completamente.

"Espantados alaridos se oyeron hacia todos lados que decían:

"—Que nos devuelvan nuestros esclavos y nuestras mujeres. ¡Muera la extranjera! Muera el que atropelló con nuestros derechos y nos redujo a la miseria. Ante tales groseros insultos el pueblo perdió toda serenidad, y viendo que los guerreros de Golkonda bajaban de los cerros como una ola humana a todo el correr de sus corceles de guerra, los sitiados subieron a los torreones y almenas, a las copas de los árboles y a todos los sitios más elevados, y una lluvia de piedras, de flechas, de hachones encendidos cruzaron en todas direcciones. La voz del príncipe calmó de nuevo a su pueblo enfurecido y dijo a los sitiadores:

"No sé quiénes sois. Bien veis que estáis vencidos por las numerosas huestes guerreras de nuestros aliados. Os doy diez días de plazo para que me mandéis emisarios que resuelvan conmigo pacíficamente el problema de vuestras reclamaciones.

"Los sitiadores se retiraron desordenadamente, y Madura quedó rodeada por un bosque de lanzas que brillaban a los últimos resplandores del sol poniente.

"Todos eran felices en la vieja ciudad de Ugrasena; y pueblo y guerreros se entregaron jubilosamente a festejar el triunfo. Sólo Krishna sufría honda tristeza en su corazón. Había dado cuanto de sí puede dar un hombre animado de buena voluntad y contando con los medios para hacer felices a sus semejantes, puestos por el gran Atman en medio de su camino. Y aún así, veía con dolor que si había dado la dicha a los unos, había despertado odio profundo y rencorosa aversión en los otros. Y sumido en el silencio de su alcoba en penumbras, pensaba hora tras hora:

"¿Dónde encontrar la dicha de los hombres?"

"Sus genios tutelares, los grandes Devas sus amigos, que custodiaban desde sus altos planos luminosos, el sacrificio de su compañero, tejieron para él con los hilos mágicos de la Luz Divina, una hermosa visión que llenó su alma dolorida de claridad y de paz.

"'Vio una larga escala de transparente cristal, que desde el plano terrestre iba subiendo hasta perderse de vista en lo infinito del espacio y de la Eterna Luz. Todos los matices del iris resplandecían a través de su nítida transparencia. Estaba dividida en nueve tramos, y cada uno de ellos irradiaba a larga distancia una luz diferente. Y Krishna se vio a sí mismo subiendo el sexto tramo de aquella radiante escala de cristal.

"Y una voz íntima que vibraba sin sonidos en lo más hondo de su ser le decía:

"Estás terminando de andar la sexta jornada, en la que has creado para la humanidad una justicia y una paz a medida de la Voluntad Eterna. Has hecho cuanto debías hacer. En tu subida al próximo tramo de esa escala se te descubrirá dónde puedes encontrar la felicidad para los hombres, y la tendrán todos los que sigan tu ruta".

"Cuando el príncipe ya sereno y tranquilo descorría las cortinas de su ventana, para que la luz solar entrase por ella, vio al pequeño *Shanyan*, su hijo adoptivo, que subido a lo alto de un corpulento magnolio, cuyas ramas tocaban a su ventana, esperaba tranquilamente con su flauta de bambú en la mano. Sus miradas se encontraron, y Krishna le sonrió afablemente.

—¿Qué haces allí? —le preguntó.

El niño no contestó, sino que empezó a tocar una hermosa melodía que él le había enseñado desde chiquitín y le había dicho: "Esta melodía se llama *Busco tu amor*, y la tocarás para todo aquel que tenga tristeza en el alma".

El príncipe bueno y justo comprendió que el pequeño había adivinado su tristeza, y buscaba curarlo con la tierna y dulce cadencia de su flauta.

El alma pura y sensible de Krishna sintió como una suave oleada de ternura que la inundaba. Vio en el amor inocente y franco de aquella criatura, el amor de todos los hombres que llegaron a comprenderlo, y tendiendo sus robustos brazos hacia el magnolio, se asió de sus ramas y las atrajo hasta alcanzar la mano de Shanyan, que como ágil pajarillo de las selvas, saltó de rama en rama hasta encontrarse entre los brazos de su padre que en verdad sentía la dicha de aquel inocente amor.

—¿Has visto cómo te sanaste, padre, con mi flauta de bambú?

—Sí hijo mío, me has curado la tristeza diciéndome que *buscas mi amor.* Tal debes hacer con todos aquellos que llevan sombra gris en los ojos. Ven ahora conmigo al pabellón de los heridos y veremos si hay forma de aliviarles.

—Ya fui con mi madre y hemos llevado raciones de pan y miel para todos. No había ninguno triste, por eso no toqué en mi flauta. Sólo tú estabas triste, padre, y todos saben que tú llevas la tristeza en el alma.

—Es que me hicieron rey, hijo míc, y ningún rey puede estar contento en esta tierra si sabe lo que es la carga que lleva sobre sus hombros. ¿Qué harías tú si estuvieras en mi lugar?

—¿Yo? Pues llenaría todas las bodegas de pescado seco, harina y miel para que ninguno tenga hambre. Les daría a todos flautas de bambú para cantar tu canción favorita y espantar la tristeza. ¿No es así como se hace dichosos a todos?

—Sí, hijo mío, sí. Pero si los hombres rompieran y pisotearan tu flauta, y despreciaran tu pescado, tu harina y tu miel, ¿qué harías?

Los ojos castaño claro del niño parecieron sombrearse de una imperceptible bruma de tristeza y contestó:

—Si rompen las flautas y rechazan los dones, será porque son malos y gustan apoderarse de lo que no es suyo. Y entonces yo tomaría un látigo y les daría azotes como hacen los guardianes en los fosos de esta fortaleza con las fieras, cuando se enfurecen contra sus cuidadores.

—Serías un rey justiciero —dijo Krishna.

—Yo sí. Pan y miel al que es bueno y quiere la flauta de bambú. La tristeza y el látigo para los malos que no dejan vivir tranquilos a los demás.

—¡Pobrecillo! —dijo el buen rey acariciándolo—. Que Atman llene tu corazón de nobleza y de bondad, para que llegues a amar aún a los que desprecien tu flauta de bambú.

Los diez días que el príncipe dio de plazo a los descontentos pasaron, y él esperó en vano verles llegar a exponer sus reclamaciones. Llegó el gran festín del pueblo al cumplir su rey la tercera edad, o sea los treinta años, y ningún acontecimiento adverso vino a turbar el júbilo de aquel pueblo que se sentía dichoso bajo la protección de su soberano.

Y cuando su suegro Bismuka, Maharajá de Golkonda, se sintió morir, llamó a su heredero para dejarle coronado rey. Krishna quiso que la princesa Malwa llevase a su hijo para asistir también ella a recoger la última voluntad de su padre. Y partió el convoy de la princesa custodiada por cien arqueros. Krishna le acompañó en la primera jornada y se tornó a Madura en compañía de Arjuna, Paricien y cuatro arqueros formando un pequeño grupo de siete caballeros en ligeros corceles. Mas al llegar a una encrucijada de la montaña sombría de árboles y a la escasa luz final del ocaso, les cortó el paso una turba de ochenta jinetes armados de hachas, puñales y flechas que aullaban como lobos rabiosos. Arjuna, que era el de más edad y menos apto para las armas, corrió hacia Madura para traer una legión de defensa. El príncipe no quería defenderse; pero Paricien y los cuatro arqueros armaron rápidamente sus lanzas y formaron círculo a Krishna.

—Vamos a ver qué quereis que así aulláis como las fieras de la selva. ¿No os dí plazo para solucionar vuestro problemas?

—No queremos otra solución que la entrega inmediata de las 2.600 mujeres que guardáis en la Fortaleza y de los 40.000 esclavos que nos habéis quitado para que se paseen triunfantes por las ciudades y los campos.

—Seguidme a Madura y allí hablaremos. Tened en cuenta que esos esclavos han sido rescatados con el oro de las arcas reales. Vosotros lo habéis recibido a satisfacción y ahora reclamáis por ellos. Obráis con injusticia manifiesta y con tan mala fe que os asemejáis a malhechores que asaltan en los caminos a las personas honradas.

—No queremos más filosofías que nos perjudican. Firmad aquí mismo una orden de que nos sean devueltos esclavos y mujeres y os dejamos continuar libremente vuestro camino.

—¡Un momento! —gritó con desesperación Paricien, temiendo más que de la turba de bandoleros, del mismo Krishna que nada permitiría hacer para salvarle. Y apartándolo hacia atrás de los arqueros, le dijo en voz baja:

—Prometedles que les complaceréis para dar tiempo a que vuelva Arjuna con el auxilio pedido.

—¿Qué es lo que me pides, amigo mío? Eso sería una mentira por debilidad, por temor de la muerte. ¿Cómo puedo prometerles que les complaceré, si sé que no debo hacerlo y que no lo haré jamás?

—Pensad que no sería por salvaros de la muerte, sino por la salvación de esas mujeres, de esos niños y de todos esos infelices esclavos.

—¡Es mi hora, Paricien, es mi hora! Feliz de mí si compro con mi vida los grandes dones de Atman para la humanidad. Necesito de ti Paricien para que me ayudes a morir como me ayudaste a vivir en la voluntad de Atman. Venga un abrazo que será el postrero —. Paricien sollozando hondamente estrechó al príncipe que pronto se arrancó de sus brazos.

—Idos con él —dijo a los arqueros— que yo sólo me basto para tratar con estas gentes. —Y avanzando hacia la turba que le esperaba con el arco ya dispuesto, cruzó sus brazos sobre el pecho y les dijo: —¡Tirad!

—¿Te niegas, pues, a grabar tu nombre al pie de esta orden? —gritó uno de los bandidos.

—Sí, me niego —les contestó.

—Mira que morirás aquí mismo y de igual modo asaltaremos la Fortaleza de las mujeres y cazaremos como gamos a todos nuestros esclavos.

—¡Lo habéis oído! —dijo Krishna a los suyos—. Idos a tomar las medidas necesarias para evitarlo.

Un arquero salió a todo correr de su caballo.

—Contaremos hasta cien —propuso uno de los bandidos—. Si en ese tiempo no grabas tu nombre dispararemos nuestras flechas.

—Perdéis el tiempo —contestó impasible el príncipe.

—¡Idos he dicho! —volvió a insistir Krishna dirigiéndose a Paricien y sus arqueros, que obedecieron en el acto, pero sólo para introducirse en una caverna a la vuelta del cerro ante el cual se hallaban y quedarse allí en observación.

—¡Preparad vuestras flechas y disparad contra los cuatro tiradores de ellos, antes que ellos lo hagan contra él —dijo Paricien a sus tres arqueros. Y cuando el que contaba entre los bandidos iba a llegar a cien, Paricien y los suyos dispararon flechas contra los tiradores que debían matar a Krishna, y tres de ellos cayeron muertos, más la flecha disparada por el cuarto había dado en el blanco y Krishna cayó herido de muerte, pronunciando estas sublimes palabras:

—¡Gran Atman..., he cumplido tu voluntad! ¡Dadme Señor la paz y el amor entre los hombres!

Al ver tres de sus hombres muertos, los bandidos juzgaron que llegaban los ejércitos de Madura y huyeron hacia la Fortaleza de las mujeres para asaltarla antes de que pudieran defenderla.

Paricien y los suyos corrieron hacia el príncipe que aún estaba consciente.

—Amigo mío —le dijo— no amargues mi agonía con tu desesperación. Ya era la hora de mi libertad y de mi paz. Piensa en Malwa y en mi hijo y con Arjuna y Adgigata ayudadla a ocupar mi lugar.

—¡Mi Rey! —gritó con suprema angustia Paricien—. Que Atman te reciba en su luz y su gloria y seas el genio tutelar del Dekan para que no vuelva a las tinieblas.

Krishna estrechó débilmente la mano de su amigo, mientras sus arqueros le besaban los pies llorando amargamente. Con el incendio purpurino del ocaso que doraba el paisaje, se cerraron sus ojos a la vida material para abrirse los de su espíritu a su gloriosa inmortalidad.

Paricien sólo conservó a su lado uno de los arqueros y los otros dos fueron enviados para avisar a los príncipes aliados que debían disponerse para la defensa, pues la Serpiente Roja estaba dispuesta a levantar de nuevo la aplastada cabeza.

Y cargando en su propio caballo el cuerpo de su rey, siguió camino hacia Golkonda, donde se encontraba la princesa con su hijo.

El rey Bismuka aun vivía y se le ocultó el triste acontecimiento, hasta que terminado el trabajo de embalsamamiento del cadáver se organizaron los solemnes funerales de las hogueras encendidas en círculo alrededor del féretro durante siete días consecutivos, pasados los cuales, el féretro era paseado en una balsa cubierta de flores y antorchas sobre el Ganges, el río sagrado, desde cuyas ondas, según la tradición del país, los Devas recogían el alma pura del justo que había muerto por el bien.

—No quiero que mi cadáver sea tomado para adoración de los hombres —había dejado escrito el santo príncipe en sus cartapacios, y los Kobdas-Flamas, de acuerdo con Malwa y los tres amigos íntimos, le ocultaron muy secretamente en un gran peñasco de Bombay, al cual estaba adherida la Torre que tenía el número 49 que era la destinada a panteón funerario de las momias de los grandes maestros de la viejísima Institución.

Y la princesa Malwa cubrió aquel sagrado túmulo que guardaba la momia de Krishna con el manto de oro y diamantes que su padre había mandado tejer con todos los diamantes de Golkonda para cuando su hija fuera coronada reina.

—Si algún día —dijo ella a sus consejeros— los países que Krishna hizo dichosos padecieran carestía y hambre, su Rey guarda en la tumba más de lo suficiente para alimentar por diez años a todo el Dekan. Ya lo sabéis.

Y el culto hacia aquel gran ser que fue para ella más que su padre y su madre, porque era Vishnú encarnado, la hizo fuerte para gobernar hasta la mayoría de edad de su hijo, los dos más poderosos reinos de aquella época: Madura y Golkonda.

Las dinastías de Ugrasena y de Bismuka, unidas, mantuvieron la justicia y la paz de Krishna durante tres centurias y media más.

Más tarde, el egoísmo de los hombres comenzó de nuevo la siembra de iniquidad que fue ahogando lentamente la buena simiente. Pero las lámparas vivas de las Torres del Silencio, no se apagaron por completo, y esas lucecitas símbolo perpetuo de una fe inmortal y de un amor eterno, alumbrarán de nuevo los campos de la humanidad''.

Debajo de este relato aparecían cuatro nombres grabados con punzón ardiente: Adgigata, Patriarca de las Torres del Silencio; Arjuna, Asura del Reino de Madura; Paricien, Primer Consejero; Malwa, Reina madre de Madura y de Golkonda.

Dos días después de haber terminado el papiro de la vida de Krishna, fue inaugurado el templo de Homero con grandes fiestas a que el anciano Menandro invitó a toda la población de Ribla, a la cual hizo comprender el significado de aquel personaje, el poeta máximo de la Grecia de la luz y la belleza eternas, y esperó a que Arvoth trasladase allí su familia para consagrar él mismo, en su calidad de sacerdote de Homero, a la nueva sacerdotisa Nebai, a la cual entregaría el laúd de oro y la corona de laurel de oro y rubíes, que la Grecia Eterna había ofrendado a su genial antepasado, cuando ya estaba paralítico y ciego en su lecho de muerte.

El anciano Menandro hizo a Jhasua, el Apolo Sirio, como él lo llamaba, la ofrenda de su archivo compuesto de 270 rollos mayores y 420 menores, para cuyo transporte les dio una caravana de diez mulos con los aparejos necesarios.

El les seguiría, así que hubiese realizado la consagración de Nebai como sacerdotisa de Homero.

Pocos días después, Jhasua y los Esenios emprendieron el viaje de regreso acompañados de Arvoth y de los conductores de la pequeña tropilla de mulos que conducían al Monte Tabor gran parte de la historia de la humanidad sobre el planeta Tierra.

Y diez días después les encontramos ya en el Santuario del Monte Tabor, cuya vegetación con todo de ser exhuberante y bellísima, parecíales pobre comparada con la maravillas del Líbano, por cuyos cerros y valles habían dejado correr la fantasía que soñaba allí con edenes que no eran de la tierra.

Por los Terapeutas peregrinos se supo en todos los Santuarios Esenios que el Hombre-Luz había vuelto del Monte Hermón trayendo el tesoro inestimable de un Archivo que venía a llenar las lagunas existentes en la historia de la evolución humana.

Y la Fraternidad Esenia consideró desde ese momento al anciano Sacerdote de Homero, Menandro, como un benefactor que la ayudaba a cumplir su sagrado pacto, de mantener encendida la luz de la Verdad confiada en esa época a la vieja Institución.

—¡Cuanto has cambiado Jhasua en este viaje que hiciste! —decíale Nebai cuando de nuevo junto a la fuente de las palomas, se encontraron por primera vez.

—¡Es cierto Nebai, es cierto! Yo mismo observo este cambio. No sé si para bien o para mal. He subido a un altiplano desde el cual veo todo muy diferente de lo que antes lo veía.

—Y algo muy íntimo dentro de mi ser se va agrandando, ensanchándose casi hasta lo infinito, sin que yo pueda impedirlo.

—¡Tú debes estar enfermo Jhasua! —continuaba Nebai con gran inquietud—. Tus ojos no parecen fijarse en nada, y hasta tu memoria se ha debilitado. Ni siquiera me preguntas por tus amigos de las ruinas de Dobrath, y eso que hubo un derrumbamiento.

—¡Cierto, Nebai! Perdóname. Me llegó tu pensamiento cuando eso ocurrió. En aquel momento sufrí mucho. Ahora ya no.

—¿Cómo?... ¡Once niños heridos y una guardiana ancianita... muerta!

—¡Oh, Nebai!... mi querida Nebai. Ese es un pequeño dolor comparado con todos los dolores de la humanidad.

"¡Ribla, Ribla! Tus jardines silenciosos y tus grandes bosques solitarios, han enfermado mi alma para siempre y ya nunca más podré tener alegría.

—¿Por qué, Jhasua, por qué? La vida tiene bellezas. El hacer el bien es una belleza. Consolar al que llora es una belleza. ¡Amar es una belleza! ¡El amor de tu madre es una belleza, Jhasua!... ¡El amor de todos los que te amamos es una belleza!... ¡Jhasua, Jhasua! ¡Fuiste con el corazón lleno de vida y has vuelto con tu corazón casi muerto!...

Y cubriéndose el rostro con ambas manos, la niña rompió a llorar desconsoladamente.

Jhasua reaccionó ante el inesperado dolor de Nebai, y acercándose con ternura hacia ella, la tomó de la mano y la llevó hacia la fuente que estaba con sus bordes casi cubiertos de flores.

—Siéntate aquí, Nebai, y escúchame. Así me comprenderás. ¿Viste esa caravana de mulos cargados de fardos?

—Sí, los he visto. ¿Es por eso que estás apenado?

—En esos fardos Nebai, he aprendido todos los dolores de la humanidad. Los he conocido demasiado pronto. Aún no tengo cumplidos mis 18 años, y ya me siento como si tuviera 30.

"Y después de saber muchas cosas que ignoraba, yo pregunto: ¿Dónde podemos encontrar la dicha para el corazón humano?

—Mira Jhasua: yo nada sé en comparación de lo que tú sabes; pero yo pienso tranquilamente en que la justicia divina da a cada uno según lo que merece. Y si esta Justicia nos da a ti y a mí cuanto necesitamos, el calor de un hogar, de una familia, y nos añade todavía la satisfacción de hacer el bien que podemos a quienes lo merecen, ¿por qué tenemos que padecer por dolores que acaso son un merecido castigo por maldades que ignoramos?

"¿Preguntas dónde encontrar la dicha para el corazón humano? Yo creo que en darle a cada uno lo suyo. Por ejemplo, tú tienes padres como yo. La dicha de ellos estará seguramente en vernos felices con nuestro buen obrar. ¡Jhasua, yo sé lo que pasa en tu corazón!

"Me figuro que has trepado a una cima muy alta y has visto de una sola mirada todo el dolor que hay en toda la humanidad.

"Pero como no tenemos el poder de remediar a todos, evitemos el dolor de aquellos que nos rodean comenzando por la familia, los amigos, los que se cruzan en el camino. Y si procuramos que en otros se despierten estos mismos sentimientos de conmiseración, ensancharemos más y más el círculo de los que pueden ser aliviados y consolados.

"En cambio si nos dejamos aplastar el corazón por todos los dolores humanos, seremos nosotros mismos un dolor para aquellos que nos aman.

"Tu madre, Jhasua, tu dulce madre, ¿qué sentiría en su corazón si te viera tal como te vi yo al llegar aquí esta tarde?.

—¡Oh, Nebai... ¿qué ángeles buenos estan soplando en tu oído esas suaves palabras? ¡Habla, Nebai! Habla que estás curando todas las heridas de mi corazón.

—Pero dime ¿cómo es que tus maestros han permitido que así padezcas sin ningún alivio? Ellos que son un bálsamo para todos, ¿no lo han sido para ti?

—No les culpes, Nebai. Ellos no han podido evitarlo. Yo he visto más de lo que ellos querían que viese.

"Y es verdad que cada cosa tiene su tiempo. Aún no era hora de que yo subiera a esa cumbre y mirase hacia abajo. Aún soy un jovenzuelo y he creído poder soportar lo que soportaría un hombre viril.

"¡Gracias, Nebai! En tu inocencia de niña me has dado una gran lección. Aún no es la hora de que yo sienta todos los dolores de la humanidad. ¡Un ángel de Dios te ha inspirado Nebai! ¡He aquí un jovenzuelo que quiere remediar los dolores humanos y comienza por causarte, pobre niña, el más grande dolor que acaso has tenido en tu vida! ¡Pobre madre mía si hubiera llegado hasta ella como llegué hasta ti!

"¡Oh, Nebai!... ¡Has sido hoy el rayo de luz divina que ha iluminado mi corazón en sombras!

"Eres una niña, y has dicho la verdad. Otra vez se cumple la escritura que dice: "Dios habla a veces por la boca de los niños".

Y de la alta cima del futuro Redentor de una humanidad, Jhasua, con esa dócil y sutil complacencia propia de las grandes almas, descendió a la llanura del verde césped y de las florecillas diminutas, para ponerse a tono con las almas sencillas y puras que le rodeaban. Fue de nuevo el Jhasua adolescente, ingenuo y afable y ternísimo que hasta ahora habíamos conocido. Y se entregó de lleno a pensar, no en dolores inmensos que no podía evitar, sino en las puras y hermosas alegrías que podía proporcionar a los demás.

—¿Nebai, sabes que traigo tres nidos de ruiseñores del Líbano?

—¿De veras? ¡Dicen que no los hay aquí como aquéllos!

—Uno para ti, otro para mi madre, y el otro para una niña que apenas conozco, pero que nos obsequió con una cesta de frutas cuando teníamos mucha sed.

—¡Ya ves Jhasua cuántas alegrías traes contigo y sólo pensabas en el dolor! —exclamaba Nebai, contenta y feliz de encontrar en su amigo de la infancia, el mismo que había visto antes del largo viaje.

INDICE DEL TOMO 1°

LLAVE DE ORO
Los Maestros
Josefa Rosalía Luque Alvarez
(Hilarión de Monte Nebo)

Este libro está dirigido al lector de la Obra de Fraternidad Cristiana, a aquel que la aceptó como algo propio y le hace decir: ¡Esta es la verdad que vive en mí!

Contiene las enseñanzas dadas por los Guía y Maestros espirituales con la finalidad de fortalecer las almas, y orientadoras de qué es y qué significa fraternidad cristiana para los seguidores del ideal que inculcara en nuestros corazones el Guía e Instructor de esta humanidad: el Cristo.

Psicografiadas por la autora de la Obra, doña Josefa Rosalía Luque Alvarez, a lo largo de másde treinta años, nos dan en la medida de nuestra voluntad y capacidades, el conocimiento para que el alma tome posesión de su personalidad humana como hijo de Dios.

El Alma, viajero eterno, llega a un punto de su peregrinaje que decide o quedarse saboreando el néctar de las ilusiones mentales, fugaces y efímeras; o buscar a Dios Verdad-Justicia y Amor, forjando la "Llave de oro" que abra la puerta al jardín interno, introduciéndolo al conocimiento, a la conciencia del bien, del amor, de la justicia y de la verdad.

La paz sea contigo.

Josefa Rosalía Luque Alvarez
(Hilarión de Monte Nebo, F.E.)
ARPAS ETERNAS
Alborada Cristiana

Tres tomos en su nuevo formato de 17 x 26
con alrededor de 1.450 páginas

Los amantes del Cristo en la personalidad de Jesús de Nazareth, encontrarán en este inspirado libro la más alta delineación biográfica del Gran Espíritu, símbolo de la bondad y de la más perfecta belleza moral.

Y es que la grandeza del Maestro Nazareno, no está, pues, fundamentada tan sólo con su martirio, sino en su vida toda, que fue un exponente grandioso de su doctrina conductora que él cimentó en dos columnas de granito; la paternidad de Dios y la hermandad de todos los hombres.

Toda su existencia fue un vivo reflejo de estas dos ideas madres, en que basó toda su enseñanza por la convicción profunda que le asistía, de que solo ellas pueden llevar a la humanidad a su perfección y felicidad. Sentir a Dios como padre, es amarle sobre todas las cosas.

Sentirnos hermanos de todos los hombres, es traer el cielo a la tierra. Esto es lo que se expone en esta inigualada obra, que representa el esfuerzo de veinte años de investigación, y cuyo resultado es el más fiel relato e imagen de Jesucristo que enfocado espiritualmente pueda darse a la estampa.

Josefa Rosalía Luque Alvarez
(Hilarión de Monté Nebo, F.E.)
MOISES
El Vidente del Sinaí
Se presenta en un tomo de 890 páginas
Formato 14 x 20

Moisés no es un mito, ni su vida es una leyenda. Es una inteligencia de muy avanzada evolución, un Enviado Divino a la humanidad terrestre, que encarnó en el hijo de una Princesa Real del antiguo Egipto, cuando la Esfinge y las Pirámides ya nada decían de sus remotos orígenes perdidos en un pasado nebuloso.

Moisés era la séptima personalidad humana de aquel "Agnus Dei" vislumbrado millares de siglos antes por los Querubes de los mundos más puros y luminosos de los infinitos cielos de Dios. En remotas edades anteriores a El, había sido fuego purificador y vara de justicia en el Continente Lemur; fue Juno, el "Mago de los Mares"; fue piedad, compasión y misericordia, personificadas en un pastor de corderos y antílopes: fue el Numu de la Prehistoria que los Kobdas del antiguo Egipto hicieron revivir como prototipo perfecto del creador de fraternidades idealistas, educadoras de pueblos y transformadoras de Hombres.

Vivió como Rey de la noble dinastía Tolsteka de la bella Atlántida devorada por las aguas del mar; fue Anfión, a quien apellidaron el "Rey Santo", y más tarde Antulio, el filósofo médico que sanaba cuerpos y ennoblecía almas; y por último Abel y Krishna, en Asia, iluminado con los rayos de la Sabiduría, la Paz y el Amor.

Y todo esto reunido como en un cofre de diamantes, invulnerable ante los golpes, las furias y las tempestades: el Moisés confidente de Aheloín, el hombre hecho de bronce y piedra, y cuya alma vibrante de fervor y fe pudo imponer la Ley Eterna a la humanidad terrestre, como pudo arrancar agua fresca de las peñas para dar de beber a las criaturas sedientas...

Josefa Rosalía Luque Alvarez
(Hilarión de Monte Nebo, F.E.)
CUMBRES Y LLANURAS
Los Amigos de Jhasuá

2 tomos en un solo volumen - 814 páginas
Formato 17 x 26

"Las.penumbras del anochecer caían sobre el Mar de Galilea y los amigos de Jhasua continuaban mirando en silencio aquel retazo de cielo azul donde su visión había desaparecido. La voz del Servidor del Santuario del Tabor, que los invitaba a seguir los caminos trazados por El, se esfumaban también en las sombras y ellos no podían decidirse a abandonar aquel sitio amado, lleno aun con su presencia, con la vibración poderosa de su amor que los envolvía como una eterna caricia..."

Así comienza esta obra encantadora que llega hasta nosotros con unción y ternura... Y quien la lea entonará un jubiloso aleluya al percibir que cuanto aquí se ofrece es un don de la Luz Eterna, grabadora infatigable de todo lo pensado y realizado en los Mundos del Vasto Universo.

¿No será esa Luz la que puso un día en los Labios del Cristo encarnado en Nazaret aquellas sugestivas palabras que la tradición nos transmitió: "Pedid y recibiréis. Buscad y encontraréis. Dios da su luz a los humildes y la niega a los soberbios?..."

Es ésta pues una gentil invitación a vestir la blanca túnica de los ágapes sagrados de los esenios y de recibir con amor estos secretos de los Archivos de la Lumbre Eterna, esta perla escondida que poseyeron los solitarios de la Palestina y que ahora poseerá el lector: La realización del pensamiento del Cristo, en el amanecer del Cristianismo, a través de **Cumbres y Llanuras.**

Josefa Rosalía Luque Alvarez
(Sisedon de Trohade)
ORIGENES DE LA CIVILIZACION ADAMICA
Vida de Abel
Tomos 1º y 2º en un solo volumen - 584 páginas
Tomo 3º - 448 páginas
Tomo 4º - 576 páginas
Formato de cada tomo 16 x 23

Reconstruir sucesos históricos impone al indagador serio una tarea agobiante. Pero cuando a la necesaria compulsa de textos documentales se suma el aporte inspiracional, suele intervenir un factor esclarecedor que trasciende los usuales escalones lógicos. Así ocurre con Sisedón de Trohade quien, con la clara intención de dirigirse a los sinceros buscadores de la Verdad, va relatando acontecimientos de diez mil años atrás.

Desfilan ante nuestra vista, en capítulos cargados de animación y asombrosas descripciones: Los caminos de Dios; Joheván y Aldis; Leyenda del pasado; Funerales Kobdas; La transmigración de Bohindra; Abelio de Cretasia; Milcha la heroica; La alianza del Eufrates y el Nilo; Las enseñanzas de Tubal; Adamú y Evana; Los precursores del Verbo de Dios;

La historia de Shivá; El joven Maestro; Madeo de Ghanhna; El habitante de Sirio; Num-Ma-li; El camino de las tinieblas; Abel y Zurima; El nido de la Cruz; A la puerta del Santuario; Iber, el joven Chalit; La voz del desierto; La justicia de Iber; la redención de Marván; Los amantes de Dios; La vuelta de los mensajeros; Fredick de Kusmuch; Medhuajel de Baudemir; Resurrección...

A través de estas páginas usted hallará elementos de juicio y situaciones diversas a través de los cuales se dinamizarán los impulsos de amor fraterno, de justicia, verdad y bien. Una voz, que llega desde los abismos de la historia, busca perpetuarse y lo consigue cabalmente en una suerte de lazo inconfundible, dos veces milenario, por el que los humanos lo somos de verdad: "Amaos los unos a los otros como el Padre os ama a todos por igual, porque esa es toda la ley".

**Josefa Rosalía Luque Alvarez
(Hilarión de Monte Nebo, F.E.)
PARAFRASIS DEL KEMPIS
(Imitación de Cristo)
y el HUERTO ESCONDIDO**

en un tomo formato 16 x 27

Leer estas páginas luminosas exige una preparación especial: la de
quien purifica su corazón de toda destemplanza y eleva su alma
a las alturas de la espiritualidad.

La autora tuvo el privilegio —bien ganado por cierto— de beber en
las aguas transparentes y sagradas de lo sublime, extasiarse en visiones portentosas, y de expresarse con una voz inmortal que es canto,
deliquio, mensaje y cadencia redentora, de perfiles inconfundibles.

Josefa Rosalía Luque Alvarez fue dueña de un gran don poético,
que le permitió realizar con calidad y calidez indudables esta **Paráfrasis del Kempis...**

Paráfrasis del Kempis tiene sonoridad, magisterio, trascendencia.
Sondea los abismos azules de la Deidad y ensaya, paso a paso, una
nueva senda de aproximaciones místicas. La autora de **El Huerto
Escondido,** que se incluye en esta obra, consigue así inmortalizarse
de verdad.

Este libro se terminó de imprimir en
octubre de 2003. Tel.: (011) 4204-9013
Gral. Vedia 280 Avellaneda
Buenos Aires - Argentina
Tirada 2000 ejemplares